新版 ▶キーワードブック
KEYWORD BOOK
特別支援教育
インクルーシブ教育時代の基礎知識

編著

玉村公二彦	TAMAMURA Kunihiko
黒田　　学	KURODA Manabu
向井　啓二	MUKAI Keiji
平沼　博将	HIRANUMA Hiromasa
清水　貞夫	SHIMIZU Sadao

クリエイツかもがわ
CREATES KAMOGAWA

発刊にあたって

　本書は、2005年、『キーワードブック障害児教育—特別支援教育時代の基礎知識』として初版を発行して以来、版を重ね、2015年には『キーワードブック特別支援教育—インクルーシブ教育時代の障害児教育』としてタイトルを変更して全面的な見直しを行い刊行いたしました。多くのみなさまから好評を得て、大学の教科書や参考書として、学校現場、自治体での資料として大いに活用していただき、読者のみなさまに深く感謝しております。

　さて、今般の改訂は、前回刊行の2015年3月以来の施策の動向や実情の変化にあわせた改訂となっております。特に、2017年に新しい学習指導要領（幼小中高、特別支援学校）が公示されたのに伴い改訂し、新たな項目も起こしています。また、障害者総合支援法は、2018年4月には全面実施となり、新たな施策が掲げられました。

　他方で、2016年の神奈川県津久井やまゆり園事件（19名殺戮、26名負傷）、2018年の旧優生保護法下の強制不妊手術被害者による国家賠償請求訴訟に見られるように、いわゆる優生思想のもつ問題性がクローズアップされています。また中央官庁における障害者雇用のいわゆる「水増し問題」のように、障害のある人の働く権利が脅かされています。障害者権利条約時代において、障害のある人の尊厳や権利をいかに保障するのか、改めて考えなければならない深刻な事態も生まれています。共生社会の構築にふさわしい特別支援教育、インクルーシブ教育はどうあるべきか、根源的な問いかけが必要となっています。

　今般、以上のような実情と動向を踏まえ、新たな内容を加え、改訂し『新版・キーワードブック特別支援教育—インクルーシブ教育時代の基礎知識』といたしました。本書は、学校教育関係者、特に通常教育や特別支援教育に携わろうとする学生、学校現場の先生方、自治体の職員のみなさんに手に取ってほしいと願っています。

　特別支援教育関係の教育学、心理学、福祉学、歴史学等の講義では、教科書や参考書として利用できるように企図しています。また、卒業論文執筆のための基礎知識やテーマ設定の際に、教職大学院などへ進学して特別支援教育をさらに深めたいと考える際にも、活用してもらえれば幸いです。

　最後になりますが、本書は、さらに引き続き必要な修正、改訂を重ねていく予定をしていますので、みなさまからの忌憚のないご意見をいただければと存じます。

2019年4月

編集委員会／玉村公二彦、黒田学、向井啓二、平沼博将、清水貞夫

① **章名**（章の名称）

③ **節名**（節の名称）

② **章番号**（章の番号）

⑤ **項目の通し番号**（1～131）

④ **項目名**
特別支援教育と障害児教育・福祉に関連する131の項目を収載。

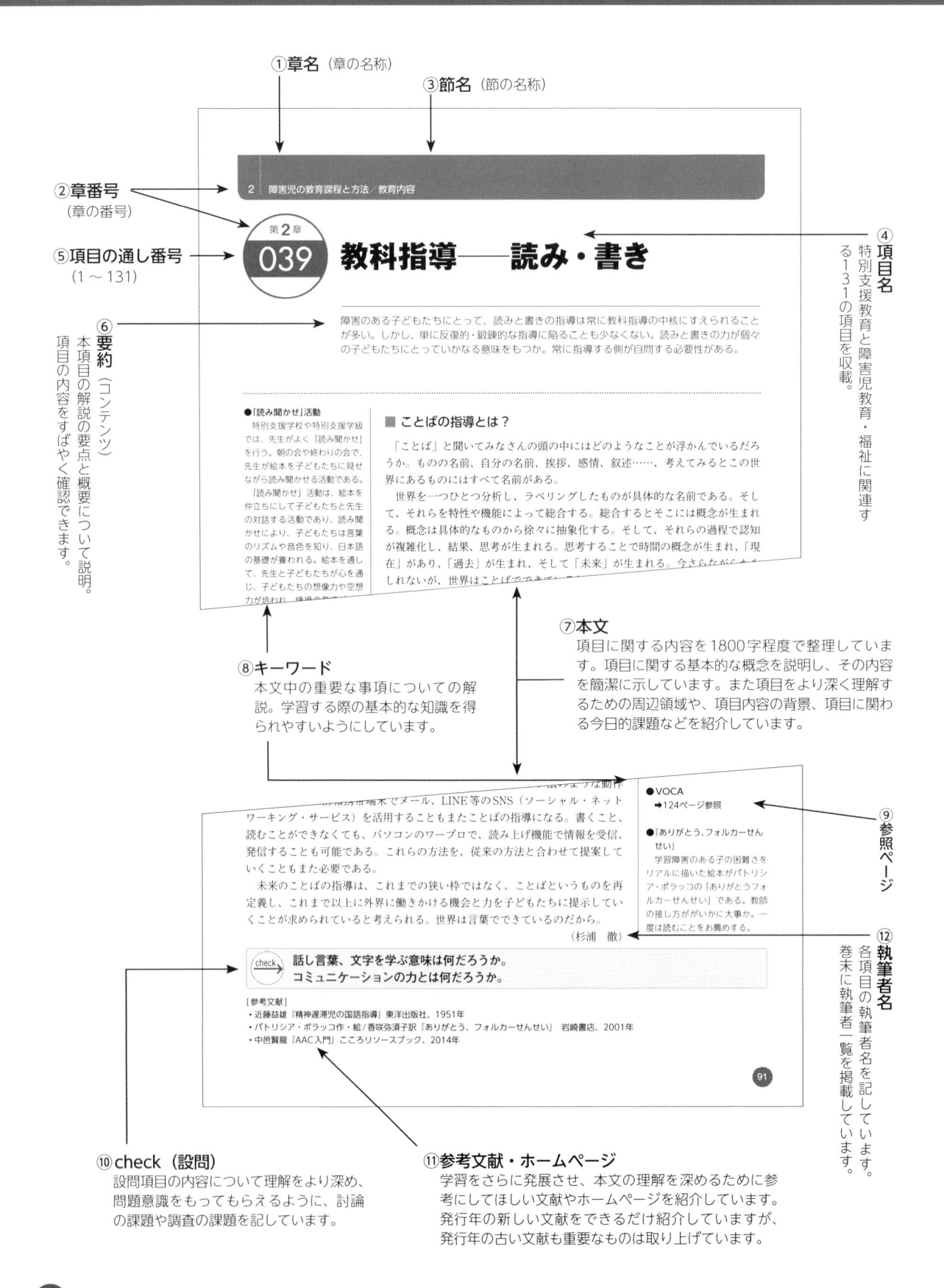

2　障害児の教育課程と方法／教育内容

第2章 **039** 教科指導──読み・書き

障害のある子どもたちにとって、読みと書きの指導は常に教科指導の中核にすえられることが多い。しかし、単に反復的・錬練的な指導に陥ることも少なくない。読みと書きの力が個々の子どもたちにとっていかなる意味をもつか。常に指導する側が自問する必要性がある。

⑥ **要約**（コンテンツ）
本項目の解説の要点と概要について説明。項目の内容をすばやく確認できます。

●「読み聞かせ」活動
　特別支援学校や特別支援学級では、先生がよく「読み聞かせ」を行う。朝の会や終わりの会で、先生が絵本を子どもたちに見せながら読み聞かせる活動である。
　「読み聞かせ」活動は、絵本を仲立ちにして子どもたちと先生の対話する活動であり、読み聞かせにより、子どもたちは言葉のリズムや音色を知り、日本語の基礎が養われる。絵本を通して、先生と子どもたちが心を通じ、子どもたちの想像力や空想力が培われ、

■ **ことばの指導とは？**

　「ことば」と聞いてみなさんの頭の中にはどのようなことが浮かんでいるだろうか。ものの名前、自分の名前、挨拶、感情、叙述……、考えてみるとこの世界にあるものにはすべて名前がある。
　世界を一つひとつ分析し、ラベリングしたものが具体的な名前である。そして、それらを特性や機能によって総合する。総合するとそこには概念が生まれる。概念は具体的なものから徐々に抽象化する。そして、それらの過程で認知が複雑化し、結果、思考が生まれる。思考することで時間の概念が生まれ、「現在」があり、「過去」が生まれ、そして「未来」が生まれる。今さらながら、しれないが、世界はことばでできている。

⑧ **キーワード**
本文中の重要な事項についての解説。学習する際の基本的な知識を得られやすいようにしています。

⑦ **本文**
項目に関する内容を1800字程度で整理しています。項目に関する基本的な概念を説明し、その内容を簡潔に示しています。また項目をより深く理解するための周辺領域や、項目内容の背景、項目に関わる今日的課題などを紹介しています。

情報通信端末でメール、LINE等のSNS（ソーシャル・ネットワーキング・サービス）を活用することもまたことばの指導になる。書くこと、読むことができなくても、パソコンのワープロで、読み上げ機能で情報を受信、発信することも可能である。これらの方法を、従来の方法と合わせて提案していくこともまた必要である。
　未来のことばの指導は、これまでの狭い枠ではなく、ことばというものを再定義し、これまで以上に外界に働きかける機会と力を子どもたちに提示していくことが求められていると考えられる。世界は言葉でできているのだから。

（杉浦　徹）

●VOCA
→124ページ参照

●「ありがとう、フォルカーせんせい」
　学習障害のある子の困難さをリアルに描いた絵本がパトリシア・ポラッコの「ありがとうフォルカーせんせい」である。教師の接し方がいかに大事か。一度は読むことをお薦めする。

⑨ **参照ページ**

⑫ **執筆者名**
各項目の執筆者名を記しています。巻末に執筆者一覧を掲載しています。

check 話し言葉、文字を学ぶ意味は何だろうか。
コミュニケーションの力とは何だろうか。

[参考文献]
・近藤益雄『精神遅滞児の国語指導』東洋出版社、1951年
・パトリシア・ポラッコ作・絵／香咲弥須子訳『ありがとう、フォルカーせんせい』岩崎書店、2001年
・中邑賢龍『AAC入門』こころリソースブック、2014年

91

⑩ **check（設問）**
設問項目の内容について理解をより深め、問題意識をもってもらえるように、討論の課題や調査の課題を記しています。

⑪ **参考文献・ホームページ**
学習をさらに発展させ、本文の理解を深めるために参考にしてほしい文献やホームページを紹介しています。発行年の新しい文献をできるだけ紹介していますが、発行年の古い文献も重要なものは取り上げています。

本書のねらいは、特別支援教育にかかわって必ず知っておいてほしい基礎的概念を5つの章、10の節、132の項目に分類しながら、その内容の解説だけでなく今後の教育的課題や教育の方向性を示すことです。単なる概念レベルの説明にとどめずに、障害児教育が培ってきた理論的、実践的蓄積をひもとき、読者が問題意識をもちながら現在の特別支援教育をめぐる課題を考え、理解を深めてもらうことを願っています。

　本書は、誰もがわかりやすく学習できるように、各項目を以下のように整理し、レイアウトを工夫しています。

　各項目では、見開き2ページを基本にして、①章名、②章番号、③節名、④項目名、⑤項目の通し番号、⑥要約（コンテンツ）、⑦本文、⑧キーワード、⑨参照ページ、⑩check（設問）、⑪参考文献・ホームページ、⑫執筆者名を記しています。

　⑥要約（コンテンツ）は、各項目の解説の要点と概要を記しています。項目の内容をすばやく確認できます。

　⑦本文は、項目に関する内容を2000字程度で整理しています。項目に関する基本的な概念を説明し、その内容を簡潔に記しています。また項目をより深く理解するための周辺領域や、項目内容の背景、項目にかかわる今日的課題などを紹介しています。

　⑧キーワードは、本文中の重要な事項について解説しています。学習する際の基本的な知識を得られやすいようにしています。また関連する項目について、参照ページを示している場合もあります。

　⑨参照ページは、⑧キーワードに関連する内容をより詳しく理解できるように記しています。あわせて読んでみてください。

　⑩check（設問）は、項目の内容について理解をより深め、問題意識をもってもらえるように、討論の課題や調査の課題を記しています。

　⑪参考文献・ホームページは、学習をさらに発展させ、本文の理解を深めるために参考にしてほしい文献やホームページを紹介しています。発行年の新しい文献をできるだけ紹介していますが、発行年の古い文献も重要なものは取り上げています。

　⑫執筆者名は、各項目の執筆者の氏名を記しています。巻末に執筆者一覧を掲載しています。

　その他、巻末には索引を掲載していますので、キーワードの検索に役立ててください。資料として「日本障害児教育史年表」を掲載しています。幕末以降、障害児教育関係の歴史的事項を主として、関連する教育・福祉一般・社会的背景の事項を記しています。また、「コラム」として項目以外に注目してほしいことがらや視点を紹介しています。

新版・キーワードブック特別支援教育　インクルーシブ教育時代の基礎知識

 # インクルーシブ教育への転換

インクルーシブ教育の国際動向

特別支援教育とインクルーシブ教育

第2章 障害児の教育課程と方法

教育課程

教育内容

第3章 障害児者の発達・障害・生活

第4章 障害者のライフステージと教育・福祉

就学前から就学へ、そして青年期から成人へ

第5章 障害児者教育の歴史

装丁：佐藤 匠

第1章

インクルーシブ教育への転換

インクルーシブ教育の国際動向

特別支援教育とインクルーシブ教育

第1章 001 2つのノーマライゼーションから社会的包摂へ

ノーマライゼーションが障害者福祉や障害児教育のめざす理念として社会で定着してきている。ノーマライゼーションの理念は、障害者を特殊な存在でなくサポートを必要とする通常の人として認識する思想であり、障害者福祉や障害児教育に与えた影響は計り知れないものがある。

●知的障害者権利宣言（要旨）
（国連・1971 年採択）
1．他の個人と同等の権利を有する。
2．教育、訓練、リハビリテーション及び指導を受ける権利を有する。
3．経済的保障の権利を有する。
4．家族又は里親と同居し、社会生活に参加すべきである。居住施設が必要とされる場合は、できるだけ通常の生活に近い環境でなければならない。
5．後見人をつけられる権利を有する。
6．搾取や虐待から保護される権利を有する。
7．権利の制限又は排除が必要とされる場合、乱用防止のための法的保障が行われる。

●障害者権利宣言（抄）
（国連・1975 年採択）
3．障害者は、人としての尊厳に関して固有の権利を有する。障害者はハンディキャップとディスアビリティの原因、性質、程度に関係なく可能な限り通常の十分な、しかるべき生活を享受する権利を有し、同年齢の人々と同じ基本的権利をもつ。

●ノーマライゼーションの用語
　"正常化" あるいは "ノーマリゼーションという訳語" が使用されることもある。筆者がウォルフェンスベルガーと直接会話したとき、彼は "ノーマリゼーション" と発音していた。また、ノーマリゼーションの最大の弱

■ 北欧のノーマライゼーション

　ノーマライゼーション／ノーマリゼーションは、北欧でのそれと北米でのそれが存在する。北欧のノーマライゼーションは、デンマークのバンク-ミッケルセン（Bank-Mikkelsen）により、居住施設に居住していても可能な限り通常の（ノーマルな）生活を知的障害者に保障する運動として概念化された。バンク-ミッケルセンと連携したのはスウェーデンのニィリエ（Nirje, R.）であり、彼は「すべての知的障害者に日常生活の様式や条件を、社会の通常の環境と生活様式に可能な限り近づける」とノーマライゼーションを定義し、次のような 8 つの具体化目標を提起した。

　①一日の生活リズムをノーマルにする、②一週間の生活パターンをノーマルにする、③年間の生活パターンをノーマルにする、④ライフスタイルでの経験をノーマルにする、⑤選択や願望および要求を尊重する、⑥異性と共生する社会生活を保障する、⑦ノーマルな所得と経済生活を保障する、⑧生活する場の家屋・規模・立地をノーマルにする。

　バンク-ミッケルセンが生み、ニィリエにより育てられたノーマライゼーションは、障害者の分離的処遇への批判だけでなく、障害者の人間としての尊厳と権利保障の思想として国際的な理念として流布することになる。

■ 北米のノーマライゼーション

　北米におけるノーマライゼーションは、ウォルフェンスベルガー（Wolfensberger, W.）が唱導したものである。彼は北欧で生まれたノーマライゼーションを「可能な限り規範となっている手段を利用することで可能な限り規範とされる個人の行動や特徴を確立し、それを維持すること」と定義しなおす。この定義では、手段と目標のノーマル化が主張されている。

　手段のノーマル化とは、ノーマルと社会から認められている手段のことである。また目標のノーマル化は、障害者をノーマルな人にするというのではなく、障害者が社会の中で「逸脱」した人と見られないようにするということである。

バンク-ミッケルセン
(1919〜1990)

ニィリエ
(1924〜2006)

ウォルフェンスベルガー
(1934〜2011)

ウォルフェンスベルガーのノーマライゼーションでは、障害者は逸脱した人であり、社会の中で逸脱しているとラベリングされないようにすることが目標になる。

ウォルフェンスベルガーは、ニィリエのノーマライゼーションとの混同をさけるために、その後、自らの理論を「社会的役割の有価値化（social role valorization）と変更することになる。

■ ノーマライゼーションと脱施設化と地域生活

ノーマライゼーションは、世界各地に伝播し、居住施設中心の障害者施策を地域での生活中心に作り直すことをめざした脱施設化運動に、またそこから生まれた地域生活運動に多大な影響を及ぼしてきた。また、ノーマライゼーションは、障害者の人間としての尊厳と人権保障の実現をめざす思想であり、それにも多大の影響を及ぼした。国連において、1971年には、知的障害者権利宣言が、また1975年には、障害者権利宣言が、さらに2006年には、障害者権利条約が採択されたのは、ノーマライゼーション思想の浸透の成果といえよう。

しかし、今日、ノーマライゼーションの声はあまり聞かれなくなった。それは、ノーマライゼーションの掲げた理念が実現したからではない。日本においても、脱施設化は未だ残された課題であり続けている。また障害者の地域生活の保障も同じように課題であり続けている。さらに障害者の尊厳と人権保障も道半ばである。

■ ノーマライゼーションから社会的包摂へ

今日、ノーマライゼーションにとって代わってきているのが社会的包摂である。社会的包摂／ソーシャル・インクルージョンは、日本では「共生社会」の用語があてられている。

「インクルージョン」は、「包摂」の意味であり、「排除」を意味する「エックスクルージョン」の反対語であるから、非排除、非差別、平等を意味している。そして、社会的包摂は、非排除、非差別、平等をもとにして、マイノリティを含む多様な人々を包み込む社会の形成を意味している。社会的包摂は、その反対語である社会的排除／ソーシャル・エックスクルージョンと闘う社会政策であり思想である。日本での「共生社会」も、そうした意味で理解されるべきであろう。

ノーマライゼーションが社会的包摂に代わってきた背景には、障害者ケアが居住施設中心からコミュニティでのサポートに変化する中で、障害者がコミュニティ生活の過程で疎外・排除・差別されるなど社会周辺に追いやられている実態が明らかになってきたことがある。同時に、そうした障害者と同じような境遇に押し込まれている人たちの実態が明らかになってきたことがある。なお、社会的包摂をめざす教育が、インクルーシブ教育である。それは、「共生社会」を実現するための教育であり、それに漸進的に向かっていく過程である。（清水貞夫）

点は、「"ノーマル"が文化で異なり相対的概念であり、それが別の社会、あるいは倫理上から"非ノーマル"とされることもある」と話していた。

●社会的役割の有価値化

ウォルフェンスベルガーのノーマライゼーションである「社会的役割の有価値化」では、障害者が逸脱していると見られないようにする対応策が重視される。以下はその一部の紹介である。

〈逸脱者の社会的イメージの向上〉

・居住環境の内装・外装を通常のものにして逸脱者の居住と見られないようにする。社会福祉対象者を同じ立地に集中させない

・プログラムの名称等から逸脱をイメージさせるようなものは除去するとともに、通常のものと並置する

・活動等を年齢や文化に適合したものにする

・「特別」なイメージを他者に付与しない教室名などを使用する

〈逸脱者の個人のコンピテンシー向上〉

・統合された社会資源を可能な限り利用し、リスクの存在する環境で生活する

・性的役割を実現させるとともにプログラムの個別化を図る

・私的所有物の増加を図る

●脱施設化

脱施設化とは、障害者の入所施設を単に解体することでなく、障害者が通常の人々と同様に地域で生活できる諸条件（住居、就労、医療、福祉など）を整備することと、施設に新規に入所せざるを得なくする状況を解消することで、入所施設を漸進的に解消しようとすることである。地域の生活の場としては、グループホームが想定されている。

 ソーシャル・インクルージョンの思想がわれわれに突きつけるものとして何があるかをディベートしてみよう。

[参考文献]
・ニィリエ（河東田博他訳）『ノーマライゼーションの原理』現代書館、1998年
・清水貞夫『インクルーシブな社会をめざして』クリエイツかもがわ、2010年

インテグレーションと インクルーシブ教育・特別なニーズ教育

インテグレーションはインクルーシブ教育にとって代わられた。しかし、統合か分離かの論争は続いている。インクルーシブ教育は漸進的に進展してこそ、障害児を含む特別なニーズ児への適切な教育が確保されると考えるべきである。インクルーシブ教育は「ダンピング」ではない。「ダンピング」は適切なサポートなしで通常の子どもと特別なニーズ児を一緒に教育する試みである。

●多様なインテグレーション論

・イギリスのウォーノック報告
（1978年）では、次の3つのインテグレーションの形態が示されていた。

(1)立地上のインテグレーション：通常教育と特殊教育は分離されているが同一場所に立地する形態

(2)社会的インテグレーション：通常の教育活動は分離しているが昼食や遊びなどの社会的相互作用で共同する形態

(3)機能的インテグレーション：特別なニーズ児が通常学級に参加しカリキュラムでの共同が伴う形態

・カスケード論
　米国では、「小滝」を意味するカスケードがメインストリーミングとして主張されたときがあった。すなわち、分離か統合（インテグレーション）かの議論の中で、通常学級とは最大に異なる「環境」を頂点として、底辺の通常学級（メインストリーム）にいたる就（修）学の場をピラミッド型に描き、通常学級に順次流れ込むこと（メインストリーミング／インテグレード）を障害児教育の目標とすることが主張された。このカスケード論は現在では破綻し通常学級に選択できる多様な支援サポートを用意するシステム論がインクルージョンとして主張されている。

　日本では、「多様な学び場の連続性」が主張されているが、それはカスケード論である。

■ インテグレーションとインクルーシブ教育

　インテグレーション（integration）は、教育制度論では、分立した学校制度を統一することを意味し、「接続」を意味するアーティキュレーション（articulation）と対をなす用語である。そして、それは、男女別学、人種別学、階級による別学などの複線型学校体系の単線型への転換として立論されてきた。障害児分野では、インテグレーションは、統合教育と訳出され、通常教育と障害児教育の教育制度論的一体化を可能な限り進める思想として論議されてきた。そして、米国では、メインストリーミング（主流化）の用語が使用されている。

　障害児教育の成立とともに、統合教育か分離教育かの議論が対立し、統合教育／インテグレーションは、さまざまな立場から、分離的障害児教育の制度的整備に対する疑問として主張されてきた。現実には、重篤な障害児に教育を保障する立場を含めて、連続的な学びの場を確保しつつ交流や共同の機会を増大させる構想で制度整備が進められてきた（カスケード論）。しかし、統合教育／インテグレーションでは、障害児教育の権利論的アプローチが弱く通常教育システムの改革は論じられず、障害児就（修）学の「場」の通常教育への近接化であった。だが、現実には、近接化はあまり進まない状況で、連続的な学びの場は特定の就（修）学の場への障害児の「あてはめ」に過ぎないと批判された。

　ところが、1990年代に入って、インテグレーションに代わって、インクルーシブ教育が登場する。インクルーシブ教育は、統合教育／インテグレーションの主張を超えて、「人権」に裏打ちされた「反差別」「非排除」の思想と「サポート付き教育」の思想を通常教育システム内に内包させるものと理解される。またインクルーシブ教育の主張は国際社会の強い支持に支えられた。

　インクルーシブ教育は、国際的には「サマランカ声明と行動大綱」（1994年）で登場する。そのときサラマンカ声明はインクルーシブ教育と同時に特別なニーズ教育を主張していた。サラマンカ声明は、障害児だけが特別なサポートを必要としているのではなく、言語的・民族的マイノリティの子ども、社会的不利の立場の子どもなどを「特別な教育的ニーズ児」として理解し、そうした子どもたちを包摂するインクルーシブ教育を主張したのである。その意味でインクルーシブ教育は特別なニーズ教育と一体である。

　翻って、日本の特別支援教育は障害児教育である。特別支援教育は方法概念としてニーズの応じた教育指導を主張するが対象概念としてニーズを主張しない。そのため、特別支援教育は特別なニーズ教育ではない。日本の教育システ

ムは、要日本語指導児などにサポートを提供しようとするが、障害児教育とは区別される事業としての提供である。スティグマの付きやすい障害児をはじめ言語的・民族的マイノリティや社会的不利の立場の子どもなどを区別しないで、「特別な教育的ニーズ児」と一括して、差別なしに一人ひとりのニーズに対応した教育指導を提供するまでになっていない。

■ 社会政策論としてのインクルージョン

他方で、インクルーシブ教育は、より広く社会政策論としてのインクルージョンの教育分野への適用である。インクルージョンは「包摂（包み込み）」を意味し、「排除」を意味するエックスクルージョンの反対語である。インクルーシブ教育が登場する背景には、社会的文脈でのインクルージョンの登場があり、それを促す社会におけるエックスクルージョンの顕在化があったのである。

1980年代後半以後、政治・経済の新自由主義（ネオリベラリズム）の強まりのもと、貧困の蓄積と格差の拡大が社会に浸透し、社会における共生（social cohesion）の破壊が進む。例えば、イギリスやフランスを含むEUでは、アフリカ系移民が流入し、移民は非正規労働市場を占め社会周辺化し、貧困層を形成する。彼（女）らの貧困は、主流たる文化や人間的絆からのエックスクルージョンを伴い、教育へのアクセスを狭め、知識・技術の習得を阻害し、貧困→教育へのアクセスの阻害→知識・技術習得の貧困化→貧困というように円環すると認識された。この円環を断ち切る闘いとして、インクルージョンがEUでは主張されたのである。この主張は、社会的排除と闘う社会政策の必要性の訴えであった。そして、教育政策としては、インクルーシブ教育の叫びを惹起させたのである。

■ 漸進的プロセスとしてのインクルーシブ教育

21世紀に入って、インクルーシブ教育を求める声は国際的なものになった。それが、国連・障害者権利条約の発効である。日本政府も批准した障害者権利条約は、憲法の下位に位置づくものの、それ以外の国内法の上位に位置づくものである。日本においては、インクルーシブ教育への支持・不支持の論争は続いている。その論争は分離教育か統合教育かの論争の続きともなっている。

日本においてインクルーシブ教育を推進するには、まずもって、通常教育の改革が必要である。通常教育の改革なしのインクルーシブ教育の主張では、インクルーシブ教育の実現は困難である。過度に過大な学級では、障害児を含む多様なニーズをかかえた子どもたちを「包摂」することはできない。また過大な競争的文化が学校現場で支配している限り、「反差別」「非排除」の思想の浸透は困難である。適切・十分なサポートのない通常教育では、障害児を含む多様なニーズをかかえた子どもたちは、通常の子どもたちと「共生」することができない。教職員の超多忙な状況で、障害児を含む多様なニーズをかかえた子どもたちは、「放置」「排除」されてしまう。 （清水貞夫）

●インテグレーションとインクルーシブ教育の差異

本文でも両者の差異に触れたが、触れることのできなかった重要ポイントを以下に示す。

・障害児を分離的教育システムから通常教育に移行させるとき、インテグレーションでは、障害児個人が通常教育において生活と学習で落伍しないで適応できる状況にあるか否かを問う。インクルーシブ教育では、そうした問いは障害児の通常教育への移行を阻止する理由になり、インテグレーションが"エリート障害児"だけのものになりさがってしまうと抗議する。

・インテグレーションは、障害児個人に焦点をおいて当該障害児の通常教育の移行の可否を問題にするが、インクルーシブ教育は、障害児の移行先である通常学級や通常学校の環境や組織を変革させることを抜きに通常教育への障害児の包摂はあり得ないと主張する。つまり、インクルーシブ教育の実現は、障害児の通常教育への"投げ込み（ダンピング）"ではなく、通常教育でのサポート付き教育の実現であり、通常教育の改革に随伴した漸進的な過程と考えられている。

 check インクルーシブ教育が通常教育の改革であると考えたとき、いかなる改革が必要であるかをディベートしよう。

[参考文献]
・清水貞夫『インクルーシブ教育への提言』クリエイツかもがわ、2012年
・渡部昭男『日本型インクルーシブ教育システムへの道、中教審報告のインパクト』三学出版、2012年

003

サラマンカ声明：インクルーシブ教育と特別なニーズ教育

ユネスコにより採択されたサラマンカ声明は、障害によるだけではなく、さまざまな要因により教育を受ける権利を享受していないすべての子どもたちを特別な教育的ニーズをもつ子どもとして理解し、そうした子どもたちが学校教育を享受できるためには通常学校がインクルーシブな学校へと変革する必要性を提起した。しかし、サラマンカ声明および特別なニーズ教育は、障害児学校等を否定するものではない。

●ユネスコの活動

　教育の分野で、読み書きのできない人びとをなくす運動を進め、1985年の第4回国際成人教育会議では、学習権宣言を採択している。

　同文書は、「学習権とは、読み書きの権利であり、問い続け深く考える権利であり、想像し創造する権利であり、自分自身の世界を読み取り歴史を綴る権利であり、あらゆる教育の手立てを得る権利であり、個人的・集団的力量を発達させる権利である」とうたっている。

　ユネスコは「すべての者に教育を！」を展開し、障害児教育分野では、1981年に「サンドバーグ宣言」を採択する。同文書では、障害児教育は統合教育であるべきことを宣言し、統合は障害の性質や程度で判断されるのではなく個別のニーズと学校のサポートとの関係で決められるとした。

　この時点で医学的な障害概念ではなく、ニーズという概念で子どもを把握する考えを示していたといえる。こうした経過の中で、サラマンカ声明が採択された。

●サラマンカ声明（抄）

　・すべての子どもは誰であれ、教育を受ける基本的権利をもち、受容できる学習レベルに到達し、かつ維持する機会が与えられなければならない。

　・すべての子どもは、ユニークな特性、関心、能力および学習のニーズをもっている。

■ サラマンカ声明とは

　1994年6月、スペインのサラマンカにおいて、ユネスコとスペイン教育・科学省は「特別なニーズ教育に関する世界会議」を共催した。この会議には92の政府機関と25の国際機関が参加し、「特別なニーズ教育に関するサラマンカ声明と行動大綱」が満場一致で採択された。同声明（5項目）と行動大綱（85項目）は、「特別なニーズ教育」という概念とともに、インクルーシブ教育とインクルーシブな学校の推進を打ち出したことで知られている。

　ユネスコは「すべての者に教育を！（Education for All）」運動を進めてきた。サラマンカでの世界会議は、その延長線上に位置づく。そこでは、1948年の「世界人権宣言」に保障されたすべての者の教育に対する権利を再確認し、1990年の「すべての者のための教育に関する世界大会」で締結された協定を更新し、障害のある者の教育が教育システムの不可分の構成部分であることを確認した1993年の国連「障害者の機会均等化に関する基準規則」に盛られた諸原則を想起し、あらためてすべての子どもの教育に対する権利をうたっている。

■ 「特別な教育的ニーズ」 とは

　「行動大綱」を特徴づける基本原則は、「学校は、子どもの身体的、知的、社会的、情緒的、言語的、あるいはその他の条件にかかわりなく、すべての子どもを受け入れなければならない」ということであり、「障害児や優秀児、ストリート・チルドレンや働いている子ども、辺境地域の子どもや遊牧民の子ども、言語的、民族的、文化的マイノリティの子ども、その他の社会的に不利な立場にある人びとや周辺に追いやられた集団に属する子ども」を「特別な教育的ニーズを有する子ども」として含まなければならないとしている。

　特別なニーズ教育は、障害の有無よりも、子どもの学習や生活上の困難に着目し、特別な支援のニーズ（必要性）をもとに、そのニーズを充足するために受けるサポートを子どもの権利として提供しようとする。

　制度的には、旧来の障害児教育システムに加えて、通常学校や学級が多様な特別なニーズに対応できるように物的・人的条件を整備したシステムを構築しようとする。特別なニーズ教育を制度として初めて打ち出したのは、1972年の米国・マサチューセッツ州法766であり、続いてイギリスで法制化された（1981年教育法）。これらの法制では、障害児を含めて同年齢の大多数よりも学習で著しい困難をもつ子どもを、障害児という用語に代えて「特別な教育的ニーズ

を有する子ども」として把握し、特別な教育的支援の対象を拡大した。マサチューセッツ州およびイギリスでは、約18〜20%の子どもが特別な付加的サポートを必要とする子どもとして、特別なニーズ教育の対象とされた。特別なニーズ教育では、障害児に対応する特別学校が引き続き存在するとともに、通常学校が特別なニーズ教育の主要な場として理解され、サポート付き通常教育を保障するために学校ぐるみの取り組みが奨励される。

■ 障害の種別と程度に応じた「特別の場」での教育

障害児教育は、その対象とする障害種別を増加させることで発展してきた。最初、盲者や聾者に対する教育として出発し、その後、肢体不自由者と身体虚弱者が、そして最後に知的障害者が対象に加えられた。こうした歩みは、障害種別と程度別に「特別の場」を設ける形で進められた。

障害種別と程度別の障害児教育には、さまざまな疑問が提起された。

その一つは、重篤な重複障害児に対応するのに障害種別の考えが必ずしも適切ではないのではないか。二つに、学習障害や情緒障害に対応するのに、旧来の障害種別や程度別に「特別の場」を用意するという考えを適用することができないのではないか。三つに、障害というラベルにまとわりつく偏見・差別・誤解を払拭する必要があるのではないか。四つに、障害の状態は連続体を構成しているのに、障害児教育の対象を決める線引きは恣意的とならざるを得ず、その線引きは社会が決めているのではないか。五つに、障害児は個人内病理をもつ者として認識されるが、障害内病理は環境と相互作用するばかりか、現実には、障害は個人の学習や生活での困難状態（状態像）で判断されるものではないか。六つに、子どもが障害病理をかかえているとは必ずしも言えなくとも、学習や生活での困難が示されるなら、特別な支援が行われるべきではないか、というものである。

■ 特別支援教育と特別なニーズ教育

文部科学省によると、特別支援教育とは「障害のある…幼児児童生徒一人一人の教育的ニーズを把握し、その持てる力を高め、生活や学習上の困難を改善又は克服するため、適切な指導および必要な支援を行うものである」としている。他方、特別なニーズ教育のニーズ論は、ニーズの生起を個体と環境との相互作用の結果として把握する。加えて、特別なニーズ教育は、ニーズを細切れな欠陥としてではなく、発達的観点を踏まえつつ権利論と切り離さないで把握する。

特別支援教育は、学習障害児、注意欠陥・多動性障害児、自閉症児などを新たに対象として加えたが、それは「障害」の範囲を広げたにすぎず、また依然として「場」によって障害の種別と程度を限定的に設定し、サポートの濃淡に線引きをしている。特別なニーズ教育が主張する障害以外の要因による特別な教育的ニーズ児を包摂するものではなく、「特別な場所」に応じた部分のニーズにしか対応しないという限界をかかえるものである。 （児嶋芳郎）

・教育システムはきわめて多様なこうした特性やニーズを考慮にいれて計画・立案され、教育計画が実施されなければならない。

・特別な教育的ニーズをもつ子どもたちは、彼らのニーズに合致できる児童中心の教育学の枠内で調整する、通常の学校にアクセスしなければならない。

・このインクルーシブ志向をもつ通常の学校こそ、差別的態度とたたかい、すべての人を喜んで受け入れる地域社会をつくり上げ、インクルーシブ社会を築き上げ、万人のための教育を達成する最も効果的な手段であり、さらにそれらは、大多数の子どもたちに効果的な教育を提供し、全教育システムの効率を高め、ついには費用対効果の高いものとする。

●イギリスの特別ニーズ教育

1978年の『ウォーノック報告』で従来の障害児教育制度の全般的な見直しが行われ、特別なニーズ教育が成立する。

同年齢から著しく学習等の遅れた子どもを「特別な教育的ニーズをもつ子ども」として把握し、約20%の子どもに「特別な教育的支援」を行う制度が構築された。

そこでは、分離された特別学校の存在は否定され、通常学校と連携する機関として位置づけられた。

また、通常学校では学校ぐるみでの取り組みを、また通常学級ではサポートを付加した支援が行われる。

 check サラマンカ声明および行動大綱を読み、障害児教育について何が提言されたのか、また通常教育の課題として何が示されたのかを考えよう。

[参考文献]
・日本特別ニーズ教育学会編『テキスト 特別ニーズ教育』ミネルヴァ書房、2007年
・特別なニーズ教育とインテグレーション学会編『特別なニーズと教育改革』クリエイツかもがわ、2002年

国連・障害者権利条約への道
——国連人権条約と障害者問題

「世界人権宣言」からはじまる国際的な人権保障の取り組みは、国際人権規約、女性差別撤廃条約や子どもの権利条約などの人権条約として具体化されてきた。1970年代には国連の障害者問題へのアプローチとして拡大され、障害者権利宣言、障害者の機会均等化に関する基準規則がつくられてきた。その集大成として、これまで到達してきたすべての人の人権の内容を、障害のある人に具体化し、その実現を促す国際条約として、2006年、障害者権利条約が成立した。

●国連における人権条約

国連における主な人権条約は、総論として、国際人権規約「市民的及び政治的権利に関する国際規約」「経済的、社会的及び文化的権利に関する国際規約」（いずれも、1966）があり、特定の個人や集団の差別の撤廃として、「人種差別撤廃条約」(1965)、「女性差別撤廃条約」(1979)、そして、残虐な行為の禁止として「拷問禁止条約」(1984)が位置づく。

また、子どもや障害分野における包括的な権利の保障として、「子どもの権利条約」(1989)、「障害者権利条約」(2006)がある。

●子どもの権利条約と障害児

子どもの権利条約は、1989年、国連総会で採択された国際条約。国際条約として、障害を理由とした差別の禁止を初めて明記した。

子どもの一般的権利である、子どもの最善の利益、意見表明権、表現・情報の自由、健康・医療・社会保障・教育への権利、休息・余暇の権利、遊び・レクリエーションの権利、文化的生活および芸術に自由に参加する権利などは、障害児に即しても保障される。

第23条は、「障害児の権利」として、①尊厳を確保し、自立を促進し、地域社会への積極的な参加を助長する条件の下で、十分かつ相当な生活を享受すべきこと、②障害児への「特別なケアへの権利」を認め、そのための援助の拡充を行うこと、③

■ 世界人権宣言と人権条約——国連における人権保障の発展

国連憲章では、その前文において、「二度まで言語に絶する悲哀を人類に与えた戦争の惨害から将来の世代を救い」として、悲惨な戦争の反省を行い、続いて、「基本的人権と人間の尊厳及び価値と男女及び大小各国の同権とに関する信念をあらためて確認し」として、基本的人権と人間の尊厳を掲げた。国連は、設立当初から、一貫して人権保障の取り組みを重大な課題としてきた。

その第一は、自由と基本的権利を保障する人権一般への取り組みである。戦後すぐの1948年には世界人権宣言を採択した。この宣言には、それまでの人権思想を社会権と自由権という二つに整理し、定式化している。そして世界人権宣言にうたわれた権利を国際的な条約として確認するために、1966年、二つの国際人権規約、すなわち「経済的、社会的及び文化的権利に関する国際規約（社会権規約）」、「市民的及び政治的権利に関する国際規約（自由権規約）」が採択された。この国際人権規約は、すべての人の基本的な人権を示し、最も基本的で包括的な人権保障の国際的な総論として機能していくこととなる。

第二には、人権一般の保障をうたっただけでは、真に人権が保障されない集団に対する人権保障の国際的な展開である。世界人権宣言はその第二項で「いかなる事由による差別」もあってはならないことをうたっているが、そこに列記された事由とは「人種、皮膚の色、性、言語、宗教、政治上その他の意見、国民的もしくは社会的出身、財産、門地その他の地位」である。これに照らして、自由と基本的人権を保障するために取り組みを特別に強化する必要があるとの認識にたって、個別の宣言や条約がつくられてきた。すなわち、「人種差別撤廃の宣言」(1963年)と「人種差別撤廃条約」(1965年)、さらには「女性差別撤廃の宣言」(1967年)と「女性差別撤廃条約」(1979年)などがその典型である。さらに、「児童の権利に関する宣言」(1959年)を踏まえ、人間の発達・成長の過程における特別な時期に着目して人権をとらえ、子どもに即した総合的な性格をもつ「子どもの権利条約」(1989年)も人権保障の発展の中に位置づけられたものである。

■ 国連の障害者問題へのアプローチと障害者権利条約特別委員会

人権保障の取り組みは障害者分野においても、障害者の権利宣言（1975年）を起点に、国際障害者年（1981年）、障害者に関する世界行動計画（1982年）、そして、国連・障害者の10年（1983-1992）の取り組みへと進展した。

1980年代後半、国際的な条約の必要が指摘されはじめたが、1993年、拘束力

の少ない「障害者の機会均等化に関する基準規則」が採択されることとなった。国連・障害者の10年以降、基準規則のモニタリングが行われるとともに、地域的にはアジア・太平洋障害者の10年などが取り組まれていく。そして、2000年以降、「アフリカ障害者の10年」（2000-2009）、「新アジア・太平洋障害者の10年」（2003-2012）、「ヨーロッパ障害者年」（2003年）など、世界各地で障害者の取り組みがなされることになった。このような世界的な障害者の取り組みと相まって、2001年国連総会においてメキシコ大統領によって障害者権利条約の提唱が行われ、障害者権利条約特別委員会の設置が決められた。障害者権利条約に関する審議は、2002年7月から2006年8月まで、国連本部で開催された8回にわたる特別委員会においてなされた。この特別委員会には、障害のある人が政府代表の委員となることが奨励されるとともに、障害関係のNGOの参加と発言が認められた。2004年に設置された作業部会には、世界ろう連盟なども正式委員として草案の作成に力を発揮した。審議の過程では、「私たち抜きで私たちのことを決めないで（Nothing About Us Without Us）」として、当事者参加が強調された。この取り組みは、国連の世界人権宣言を起点とする人権保障に関する取り組みを前提とし、障害者問題に対する四半世紀余りにわたる取り組みの到達点をもたらすものであった。

■ 障害者権利条約の内容

障害者権利条約特別委員会での審議は、（1）障害のある人の権利の実現のためには、既存の人権諸条約により保障された権利は、全て障害のある人も等しく享受すること、（2）言論の自由、参政権をはじめとする政治的市民的権利と、文化的生活・人たるにふさわしい生活の確保といった経済的社会的権利の双方を含めることが共通認識としてあった。その上で、（3）権利条約には、障害に基づく差別禁止の規定に加え、障害のある人が障害のない人と同等の暮らしを可能にするための積極的措置も明記することが強調された。

障害者権利条約は、前文と本文50条からなり、目的、定義、一般原則、一般的義務、平等および非差別といった総論的条項、女性、子どもといった特定の集団に関する条項、そして、生命、危機のある状況、身体の自由など障害のある人の自由と自己決定などを保障する自由権に関する条項、アクセシビリティやモビリティといった移動や社会参加へのバリアの除去、交通や情報へのアクセスに関わる条項、教育、健康、リハビリテーション、労働、社会保障及び十分な生活水準などの社会権に関する条項、そして、政治参加、文化的な活動・レクリエーションへの参加に関する条項、国際協力、国内的国際的モニタリングのメカニズムに関する条項、手続き条項によって構成されている。障害者権利条約は、全体にわたって、これまで到達してきたすべての人の人権の内容を、障害のある人に具体化し、その実現を促すという意味で、自由、生存、生活、医療・保健、労働、教育、リハビリテーション、移動、環境など、すべての分野を視野に入れたものとなっている。　　　　　　　　　　（玉村公二彦）

 国連等のウェブサイトで、それぞれの人権条約の歴史的な成立の過程を確認するとともに、障害者権利条約の内容と締約国の報告内容を確認してみよう。

［参考文献・ホームページ］
・藤井克徳『私たち抜きに私たちのことを決めないで―障害者権利条約の軌跡と本質（JDブックレット）』やどかり出版、2014年
・松井亮輔・川島聡編『概説 障害者権利条約』法律文化社、2010年
・国連障害者権利条約ホームページ（United Nations Enable HP）http://www.un.org/disabilities/

障害児の「特別なニーズ」を認め、可能な限り全面的な社会的統合と文化的および精神的発達を含む個人の発達の達成を目的とする無償の教育、訓練、保健サービス等の機会を確保・保障すること、④医学、心理学、教育などの分野での国際協力と情報の交換の促進が規定されている。

●障害者権利宣言
　➡12ページ参照

●障害者の機会均等化に関する基準規則

1993年採択された「障害者の機会均等化に関する基準規則」は、障害者分野における「平等な参加への前提条件」「平等な参加への目標分野」「実施方法」を定めたものである。

「目標分野」として、アクセシビリティ、教育、就労、所得保障と社会保障、家庭生活と人間としての尊厳、文化、レクリエーションとスポーツ、宗教の8分野が設定されていた。そして、その「実施方法」として、とくに「政府は、障害のある人の完全参加と平等という目的を達成するための方策の法的根拠を作成する責任をもつ」として各国政府の立法の重要性を指摘していた。

国連・障害者権利条約と障害差別禁止

第1章 005

1990年代以降、世界の障害者法制は、障害に基づく差別を禁止し、障害のある人の市民権を確立する志向をもつ。この特徴は、障害者権利条約の基本的原理ともなった。障害者権利条約の差別禁止条項を中心に概説するとともに、「障害者差別解消法」の成立と内容を示した。「障害に基づく差別」の禁止と支援の関係は、障害者施策の発展が差別撤廃を促し、差別禁止法の制定が障害者施策を発展させるという相互連関の関係にある。

● 1990年代の障害者差別禁止法の導入

1990年「障害のあるアメリカ人法（Americans with Disability Act）」が成立し、90年代をリードする障害者法制の成立がみられた。この法律（ADA法）は、雇用・公共サービス等での差別を禁止するものである。またその後には「1992年オーストラリア障害者差別禁止法（Disability Discrimination Act 1992）」「1995年イギリス障害者差別禁止法（Disability Discrimination Act）」などが成立した。

●障害者差別禁止法の広がり

2003年、オランダにおいて「障害または慢性疾患に基づく平等処遇に関する法律」、同年、スペインにおいても「障害のある人の機会均等、非差別、普遍的アクセスに関する法律」がそれぞれ成立した。

また、2005年には、フランスにおいて「障害者の市民権と社会参加、機会と権利の平等に関する2005年2月11日法」が成立しており、さらに、2006年、イタリアにおいても「障害者差別禁止法（2006年3月1日法律第61号）」が成立をみている。

ヨーロッパを中心に新たな障害者法制の成立の動向をみていくと、障害者権利条約の審議の内容と連動して国内的整備を行っていることが見てとれる。あわせて、アジアにおいては、韓国で、2007年3月、「障害者の差別および権利救済等に関する法律」が成立している。

■ 国連・障害者権利条約の差別禁止条項

1990年代の各国における障害者法制は、障害に基づく差別を法的に規制し、障害のある人の市民権を確立することが目的という特徴があった。このような動向は、21世紀に入って国連・障害者権利条約の成立を促すものとなった。国連・障害者権利条約は、「無差別」を一般原則とし、平等および無差別を基調としている。加えて、その第2条（定義）では、「障害に基づく差別」が次のように規定されている。

「障害に基づくあらゆる区別、排除又は制限であって、政治的、経済的、社会的、文化的、市民的その他のあらゆる分野においても、他の者との平等を基礎としてすべての人権及び基本的自由を認識し、享有し又は行使することを害し又は妨げる目的又は効果を有するものをいう。障害に基づく差別には、あらゆる形態の差別（合理的配慮の否定を含む。）を含む。」

さらに、第3条（一般原則）には「無差別」が掲げられ、第4条（一般的義務）においては、締約国の義務として、いかなる種類の差別もなしに、人権及び基本的自由の実現を確保し促進する義務が述べられ、具体的に「障害者に対する差別となる既存の法律、規則、慣習及び慣行を修正し又は廃止するための全ての適当な措置（立法を含む。）をとること」などが規定されている。また、独立した条項として第5条（平等及び無差別）がおかれ、無差別・平等の保護と利益を受ける権利を認めること（第1項）、障害に基づくあらゆる差別を禁止し、平等を促進すること（第2項）、「合理的配慮」を確保する適切な行動をとること（第3項）が規定され、第4項では、実質的な平等を促進し、達成するために必要な特定の措置は差別と解してはならないとしている。

各論において、直接に差別に言及している条項としては、障害のある女子（第6条）、家庭及び家族の尊重（第23条）、教育（第24条）、健康（第25条）、労働及び雇用（第27条）、相当な生活水準及び社会的な保障（第28条）、政治的及び公的活動への参加（第29条）、文化的な生活、レクリエーション、余暇及びスポーツへの参加（第30条）などがある。

■ 「障害に基づく差別」の類型と内容

「障害に基づく差別」は、定義によれば、障害に基づく区別、排除または制限によって基本的人権と自由を侵害するものであるとされ、「合理的配慮」の否定を含むあらゆる形態の差別を含むものとされている。「障害に基づく差別」

の類型としては、「直接差別」「間接差別」「合理的配慮の否定」があげられる。「直接差別」は、障害に基づいて明確にその権利を侵害するものであるが、「間接差別」は、雇用などにおいて形式的には平等のようにみえるが、障害がある場合、要件や条件の面で障害のない人と比して実質的な制限が加えられる場合をいう。実質上、障害があることによって受諾できないような条件がある場合や「合理的配慮」が行われない事案が多く存在することからも、「間接差別」の内容も含めて、なにが「障害に基づく差別」に相当するかを明確にしつつ、その基準を明示していくことが求められる。

　「障害に基づく差別」の禁止は、基本的人権と自由に関する処遇の不利益や不平等、さらには権利の侵害を防止するという意味で、当該の事由となる「障害」の概念と範囲が問題となる。権利条約において、定義化はみおくられたが、前文や第1条において示されているように、「障害」は、「形成途上にある概念であり」、機能障害のある人と態度や環境など種々の障壁との相互作用によって、平等を基礎として社会に参加することが妨げられるところに生ずる概念である。この意味では、社会との相互作用として社会的に構成されるものと考えられる。障害と差別という角度からいうと、二重の意味で社会的な問題であり、その解決は、社会的あるいは公的な責任としてとらえられるべきものである。

■ 障害者施策と障害者差別禁止法─障害者差別解消法と教育

　障害者権利条約の批准によって、日本では、「障害のある人の事実上の平等を促進し又は達成する」ためにインクルーシブな一般施策の充実、「合理的配慮」の提供、そして「必要な特定の措置」の確保が必要とされる。障害者総合支援法による障害者福祉施策、特別支援教育、障害者雇用制度などを通じて、障害のある人の生活・教育・労働の権利を確保することが求められる。学校教育では、特別な場での教育実践、「合理的配慮」の提供による教育実践の展開も含めた豊かで質の高い教育実践が進められることが必須条件である。排除的な一般教育制度の継続や障害のある子どもに対する劣等的な処遇が継続されるならば、それは、平等を促進し達成するものとしては認められないことになろう。

　障害者基本法の「差別の禁止」規定を具体化する法律として、2013年、「障害者差別解消法」が成立した。この障害者差別解消法は、差別解消の基本方針を確立し、差別解消措置や差別解消支援措置などを通じて、障害に基づく差別の解消を推進し、共生社会の実現に資することを目的とするものである。差別解消のための措置として、「不当な差別的取扱い」の禁止を規定し、「社会的障壁の除去の実施について必要かつ合理的な配慮」を行政機関等には義務づけ、社会全体としてその努力を行っていくものとした。

　障害のある人を社会と権利の主体として、インクルーシブ教育施策も含めた障害者施策の充実と障害者差別の撤廃のための方策が両輪となり、社会的障壁を除去し障害のある人の全面参加と平等を実現することが求められる。（玉村公二彦）

●障害者差別禁止法の改定と発展

　障害者差別禁止法を制定してきた国においても、判例の蓄積や法律の見直しなどがなされ、その改正・修正が行われてきた。例えば、アメリカ合衆国は、1990年代末の連邦最高裁判決による「障害の定義」を狭く限定し、「障害のあるアメリカ人法（ADA）」の保護対象を著しく狭める判例など、当初のADA法の理念実現への反動がもたらされてきた。しかし、ADA法の理念の回復措置として、2008年、ADA改正法を成立させた。この2008年ADA改正法によって、「障害に基づく差別」に直面する全ての人々を広く保護することがADA法の目的であることを再度明確にした。

　オーストラリアは、2007年7月、権利条約をいち早く批准し、権利条約に対応した法制度として、2009年7月に「障害差別とその他人権法に関する改正法（Disability Discrimination and Other Human Rights Legislation Amendment Act 2009）」を成立させた。イギリスにおいては、障害のみならず、性、年齢、民族などに基づく差別を禁止する総合法として、「2010年平等法（Equality Act 2010）」が成立している。

障害者権利条約サイドイベントにおいて障害者人権法制について説明するデーゲナー博士（サリドマイド障害）

---

check 世界の障害者差別禁止法を踏まえ、「障害者差別解消法」の基本方針や差別解消措置等について、権利保障の実態を基礎に批判的に検討してみよう。

[参考文献・ホームページ]
・長瀬修・川島聡・東俊裕編『障害者の権利条約と日本─概要と展望』生活書院、2012年
・玉村公二彦「障害者権利条約における『差別の禁止』法制度整備の課題」『リハビリテーション研究』No.142、2012年3月
・松井亮輔・川島聡編『概説 障害者権利条約』法律文化社、2010年
・各国の障害差別に関する委員会（イギリス：平等と人権委員会http://www.equalityhumanrights.com/）等

第1章

006

国連・障害者権利条約と「合理的配慮」

「合理的配慮」は、障害者権利条約においてはじめて国際人権条約に組み込まれた概念である。障害はそれぞれ多様で固有性をもっており、障害のある人の平等についても高度に個別化した環境の調整や資源の配置が必要とされる。「合理的配慮」は、教育や雇用・労働分野において障害を考慮にいれて実質的に同じ処遇となるよう環境を変更ないし調整することを求めるものである。

●「経済的、社会的および文化的権利に関する国際規約」に関する一般的意見第5号（「障害者の権利」1994年）

国連「経済的、社会的及び文化的権利委員会」が、特定の条項・権利の解釈に関する一般的意見（general comment）として、障害のある人の人権の保障に関する提言を行ったものである。

前文、締約国の一般的義務、実施手段、障害に基づく差別を撤廃する義務、社会権規約における固有の規定によって構成されている。

この一般的意見の「障害に基づく差別を撤廃する義務」では、障害者への法制と実態の両面での差別は長い歴史をもち、さまざまな形態をとっていることを指摘した上で、「この規約（社会権規約）の目的のために、「障害に基づく差別」とは経済的、社会的、文化的権利の認知、享受、行使を無効にする、もしくは損なう効果をもつような、障害に基づく全ての区別、排除、制限もしくは優遇、または合理的配慮の否定を含むと定義されうる」としている。

そして、障害に基づく差別は教育、就労、住宅、移動、文化生活、公共施設・サービスへのアクセスの分野でとくに深刻であると述べ、障害に基づく差別を撤廃し、平等の機会の確立のための施策の重要性を提起していた。

■「合理的配慮」の概念

「合理的配慮」の概念は、1990年代にアメリカ合衆国、オーストラリア、イギリスなどで成立した障害者差別禁止法において使われてきた概念である。障害のあるアメリカ人法（ADA法）では「合理的配慮（reasonable accommodation）」、イギリスなどでは「合理的調整（reasonable adjustment）」の用語が使われている。「合理的配慮」の原理は、すべての障害はそれぞれ多様で固有性をもっており、障害のある人の平等についても高度に個別化した環境の調整や資源の配置が必要とされるので、障害のある人とない人との形式的な同一処遇というより、障害を考慮に入れて実質的に同じ処遇となるよう環境を変えることを求めるものである。

国連においては、「経済的、社会的および文化的権利に関する国際規約」に関する一般的意見第5号（「障害者の権利」1994年）において言及されてきたが、障害者権利条約においてはじめて国際人権条約の中に導入された概念である。障害者権利条約では、「合理的配慮」は次のように定義されている。

「障害者が他の者との平等を基礎として全ての人権及び基本的自由を享有し、又は行使することを確保するための必要かつ適当な変更及び調整であって、特定の場合において必要とされるものであり、かつ、均衡を失した又は過度の負担を課さないものをいう」（障害者権利条約第2条「定義」）

障害者権利条約では、単に障害のある人に対する差別の禁止を規定しただけでは実質的に平等の実現が保障されないことを考慮して、障害のある人が通常の環境で活動が可能となるように施設や設備を改善し、配慮や便宜を与えられることを「合理的配慮」として規定したものである。障害者権利条約では、「合理的配慮」の否定は障害に基づく差別として認識されており、「平等を促進し、及び差別を撤廃することを目的として、合理的配慮が提供されることを確保するための全ての適当な措置をとる」ことを締約国に義務づけている（第5条）。

「合理的配慮」は、「特別措置」とは異なり、主に、通常の環境での障害のある人の参加と活動という特定の状況を想定している。また、提供される配慮は、当該の障害と必要とされる活動に対応して「合理的」でなければならず、また、「不釣合いな負担」を課さないものという限定がある。このような合理的配慮の提供は、分野としては主に教育や雇用の分野において必要とされる。合理的配慮の提供について、教育や雇用の分野で国内法の改善が求められる。個々の障害の状況にあわせた特定の条件整備にとどまらず、合理的配慮の積み重ねによっ

て、いつでも提供されるように普遍化され、ユニバーサルな基礎的環境やサービスとなっていく必要がある。また、それが可能になるための公的な特別措置も必要とされる。日本では障害者権利条約での「合理的配慮」の規定を受けとめ、2013年、「障害を理由とする差別の解消の推進に関する法律」（いわゆる「障害者差別解消法」）が制定された。国・地方公共団体等では「合理的配慮」の提供は法的義務とされ、民間事業者では努力義務となった。

●教育における「合理的配慮」
➡021 「通常学校の合理的配慮」 52ページ

■ 教育における「合理的配慮」

　障害者権利条約教育条項（第24条）の中に盛り込まれた「合理的配慮」の概念は、インクルーシブかつアクセシブルな通常の教育という文脈において、障害のある個々の子どもが学習と活動に主体的に参加できるよう、施設・設備といった物理的環境の調整、教授メディアやコミュニケーションの配慮・便宜を提供することなどの教育条件整備とそのもとでの教育実践を要請している。

　「共生社会に向けたインクルーシブ教育システムの構築に向けた介護特別支援教育の推進（報告）」（2012年）では、合理的配慮の定義について、次のように述べている。

　「合理的配慮」とは、「障害のある子どもが、他の子どもと平等に『教育を受ける権利』を享有・行使することを確保するために、学校の設置者及び学校が必要かつ適当な変更・調整を行うことであり、障害のある子どもに対し、その状況に応じて、学校教育を受ける場合に個別に必要とされるもの」であり、「学校の設置者及び学校に対して、体制面、財政面において、均衡を失した又は過度の負担を課さないもの」と定義した。なお、障害者の権利に関する条約において、「合理的配慮」の否定は、障害を理由とする差別に含まれるとされていることに留意する必要がある。

　また、同報告では、「合理的配慮」とその基礎となる「環境整備」をあわせて検討しているが、「合理的配慮」の観点として、(1)教育内容・方法、(2)支援体制、(3)施設・設備をあげ、障害種別に即して例示している。「合理的配慮」については、個別の配慮・支援からユニバーサルな環境の整備へと発展していくものもあり、また、特別な措置としての濃密な特別指導や支援などから「合理的配慮」へと発展するもの、さらに、例えば労働環境への移行支援過程での「合理的配慮」の提案・発展など、その形態や位置づけの発展もある。なお、「合理的配慮」という訳語の使用については、権利性に乏しいとする批判があり、権利に基づいた合理的便宜提供や合理的条件整備として理解・解釈する必要が提起されており、教育条件整備と教育実践の双方での位置づけと具体化が要請される（図参照）。（玉村公二彦）

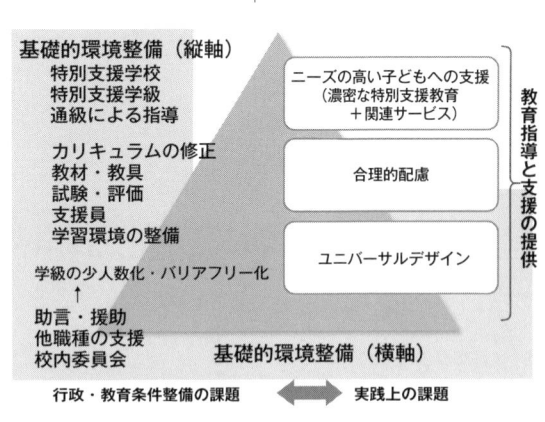

図　特別な支援、合理的配慮及びユニバーサルデザインと基礎的環境整備の関係・構造

check　障害者権利条約審議過程で「合理的配慮」の議論を資料や文献から跡づけ、各国の学校や教育における「合理的配慮」の具体化の状況を調べてみよう。

［参考文献・ホームページ］
・玉村公二彦「国連・障害者権利条約における「合理的配慮」規定の推移とその性格」『障害者問題研究』34(1)、2006年
・松井亮輔・川島聡編『概説 障害者権利条約』法律文化社、2010年
・清水貞夫『インクルーシブ教育への提言』クリエイツかもがわ、2012年
・インクルーシブ教育システム構築支援データベース http://inclusive.nise.go.jp/

第1章 007 国連・障害者権利条約の教育条項

障害者権利条約の第24条は、教育条項であり、5項目で構成されている。内容的には、障害のある人の教育の権利の確保、排除のない質の高いインクルーシブ教育を実現するために、合理的配慮を提供し、必要な場合には個別の支援措置と教育環境を保障するような教育施策を求めている。障害者権利条約は、特別支援教育とともに教育制度全体の改革を求めるものとなっている。

●障害者権利条約特別委員会における教育条項の審議過程

国連・障害者権利条約特別委員会において、教育条項は各国の教育制度の違いもあり、多くの論議がなされるものとなった。内容としては、教育制度、インクルーシブ教育の位置づけ、特別措置の内容、合理的配慮の規定などである。

ユネスコなどの国際機関からも意見があげられ、インクルーシブ教育をプロセスとしてとらえる考え方などが紹介された。最終盤には、議論のファシリテーターの役割をオーストラリアの車椅子ユーザーのローズマリー氏が果たした。

写真 教育条項のファシリテーターを務めたローズマリー氏

●「一般的な教育制度(general education system)」

一般的教育制度に特別支援教育が入るかどうかについて、さまざまな議論がなされてきた。イギリスは、条約の批准に当たって、特別学校を含めてその制度は一般教育制度に入るとの解釈を表明している。

日本政府は、明確な定義や考え方の表明をせずに障害者権利条約の批准を行った。現在の日本の教育制度全体の吟味をふまえて、今後の議論が待たれる。

■ 国連・障害者権利条約教育条項（第24条）の内容と構造

障害者権利条約における教育条項は第24条に位置づき、5項目によって構成されている。その概要は次のようなものである。

第1項は、障害のある人の教育権を認め、教育に関して差別なしにあらゆる機会の平等を実現するために、自由と多様性の尊重、最大限の発達、社会参加の確保を指向するインクルーシブ教育の制度（「障害者を包容するあらゆる段階の教育制度」）と生涯学習を確保することを規定している。

第2項は、第1項の実現のために締約国が確保しなければならない内容について示したものである。すなわち、教育の権利を実現するために、締約国は、障害に基づいて一般教育から排除をなくし、インクルーシブで質の高い無償の初等教育・中等教育へのアクセスの保障と合理的配慮の提供を行うこと、一般教育制度内での必要な支援の保障、発達を最大限にする環境での効果的で個別化された支援方策の提供を確保することとしている。とりわけ、質の高いインクルーシブ教育の実現として確保すべき教育環境の基本的考え方、合理的配慮、個別化された濃密な指導・支援など、学校教育の制度と実践の今後のあり方を導くものとなろう（図参照）。

第3項は、障害のある人が地域社会の構成員として教育に完全かつ平等に参加することを容易にするための生活技能および社会性の発達技能の習得をあげ、盲、ろう、あるいは盲・ろうの人たちの固有のコミュニケーションやアクセスの様式・手段・技能（点字、手話、歩行など）の習得を促進することを規定している。

第4項は、手話や点字などの専門性をもった教員の配置や研修などを規定したものとなっている。さらに、第5項は、一般の高等教育、職業研修、成人教育および生涯学習へのアクセスとそのための合理的配慮の提供を規定している。

以上のように、障害者権利条約の教育条項は、すべての障害のある人の教育への権利を明示し、それをインクルーシブな教育制度と生涯学習として具体化することを求めている。

■ 障害者権利条約教育条項とインクルーシブ教育

日本政府は、第7回権利条約特別委員会までは消極的な対応が目立っていたが、2006年8月、条約審議の最終段階の第8回特別委員会において教育条項全体を是認し、インクルーシブ教育を受け入れることを表明した。「特殊教育か

ら特別支援教育への転換」を掲げて、2007年度から特別支援教育が発足したが、その開始にあたって、インクルージョンの理念を踏まえて、特別支援教育の定着・発展を図ることが強調された。2008年、国連・障害者権利条約の国際的な発効、障害者権利条約批准に向けた障害者制度改革の中での特別支援教育の再検討がすすめられ、特別支援教育の在り方に関する特別委員会報告として、『共生社会の形成に向けたインクルーシブ教育システム構築のための特別支援教育の推進』（2012年7月）が出され、特別支援教育施策の充実が意図された。「多様な学びの場の連続性」と「スクールクラスターでの教育資源の組合せ」などが強調され、障害のある子どもの就学のシステムの改定、合理的配慮の提供などの教育施策がすすめられていくことになった。

■ 障害者権利条約教育条項と教育改革の課題

　今後の教育改革におけるインクルーシブ教育に関する理解の深化と具体化については多くの課題がある。障害の「多様性」を配慮したインクルーシブ教育の保障は大きな課題である。また、質の高いインクルーシブ教育の具体化については、図に示した教育条項の第24条第2項が重要である。障害者権利条約24条2項のパラグラフの内容と構造の理解が、「ユニバーサルデザイン」「合理的配慮」「特別な措置（個別化された支援措置）」などとあわせて重要となる。一般教育制度自体をユニバーサルでアクセシブルなものとすること、そして、「合理的配慮」の具体化と教育環境の整備を進める課題がある。「合理的配慮」の概念は、インクルーシブかつアクセシブルな一般的な教育という文脈において、施設・設備といった物理的環境の調整、教授メディアやコミュニケーションの配慮・便宜の提供などの教育条件整備を要請している。また。完全なインクルージョンという目標に合致する、「学業面発達および社会性の発達を最大にする環境」「効果的で個別化された支援措置」の提供として、障害の重い子どもたちも含めた発達保障の環境の整備が求められる。

　障害者権利条約教育条項は、インクルーシブな社会への参加、地域社会でのインクルージョン（権利条約第18条）や雇用・労働の条項（第27条）とも連動する教育実践を要請している。教育制度の到達点をふまえ、また、障害のある人も含めた多様性の尊重という観点から、障害のある子どもの最大限の発達と社会参加が実現されるよう、特別なニーズを十分考慮した柔軟で多様な一貫した支援が可能となるよう本格的な教育改革が求められている。　　　（玉村公二彦）

この点は、特別支援学校の現状、一般教育制度における合理的配慮の提供の実現という観点から、障害者権利委員会への日本政府の報告とそれへの権利委員会からの勧告の中心的な論点となるものと考えられる。

●特別学校・特別支援学校等の位置づけ

　障害者権利条約教育条項は、インクルーシブ教育を前面に出しており、特別学校・学級への明示的な言及はない。重い障害やニーズの高い子どもたちの発達を最大にする環境として、特別学校・学級が期待されている。

　それらが、障害者権利条約第5条（平等及び無差別）において規定している差別と解してはならない。「事実上の平等を促進し又は達成するために必要な特別の措置」に該当するものというためには、特別な場での障害児教育実践の質が決定的に重要である。

　二流で劣等的な管理的処遇が継続されるならば、それは、事実上の平等を促進し達成する「必要な特別の措置」としては認められないことになろう。

権利の実現に当たり、次のことを確保する。
(a)障害者が障害に基づいて一般的な教育制度から排除されないこと及び障害のある児童が障害に基づいて無償のかつ義務的な初等教育から又は中等教育から排除されないこと。
(b)障害者が、他の者との平等を基礎として、自己の生活する地域社会において、障害者を包容し、質が高く、かつ、無償の初等教育を享受することができること。
(c)個人に必要とされる合理的配慮が提供されること。
(d)障害者が、その効果的な教育を容易にするために必要な支援を一般的な教育制度の下で受けること。
(e)学問的及び社会的な発達を最大にする環境において、完全な包容という目標に合致する効果的で個別化された支援措置がとられること。

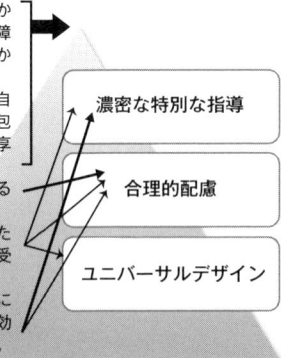

図　障害者権利条約第24条第2項「ユニバーサルデザイン」「合理的配慮」「特別な措置」の関係

 国連・障害者権利委員会での各国の権利条約実施報告等を把握し、委員会での教育に関する論点を検討し、報告で必要とされる観点を考えてみよう。

[参考文献・ホームページ]
松井亮輔・川島聡編『概説 障害者権利条約』法律文化社、2010年
玉村公二彦・中村尚子編『障害者権利条約と教育』全国障害者問題研究会出版部、2008年
玉村公二彦『障害児の発達理解と教育指導』三学出版、2005年
UNESCO　http://www.unesco.org/ の inclusive education（インクルーシブ教育）を参照のこと

先進国のインクルーシブ教育

欧米先進国における障害児教育は、各国における学校教育の歴史的経緯の違いから多様な展開を見せているが、ユネスコ「サラマンカ声明」（1994年）、子どもの権利条約（1989年）、障害者権利条約（2006年）によって、各国の教育改革は障害児者の教育権保障をインクルーシブな教育制度と生涯学習の具現化として求められるようになった。

●イギリスの
インクルージョン政策

イギリスでは労働党が、政権復帰とともに、政策文書「全ての子どもに卓越さを」を1997年に、また翌年「アクション計画」を発表した。そこでは、インクルーシブ教育を唱導するサラマンカ声明支持が表明され、特別学校のセンター的機能とクラスターの拡充、通常学校でのインクルージョンの推進、学校のバリアフリー化推進など、特別な教育的ニーズ（SEN）児への対応の質的転換が打ち出された。また内閣府に学校からの排除に対応する部局を新設した。

労働党政権は、インクルージョンをプロセスとして把握し、特別学校の廃止などを打ち出したわけではない。なお、労働党政権は2010年に保守党・自由民主党の連立政権に交代した。
（清水貞夫『イギリス労働党政権下でのインクルージョンに向けた取り組み』宮城教育大学紀要37、2002年）

■ 特別ニーズ教育とインクルーシブ教育

欧米先進国における障害児教育は、各国における学校教育の歴史的経緯の違いから多様な展開を見せているが、1994年のユネスコ「サラマンカ声明」によって、特別なニーズ教育とインクルーシブ教育、インクルーシブな学校が提起されたことで、それらの理念に基づく転換がなされてきた。さらに、子どもの権利条約（1989年）、障害者権利条約（2006年）に引き継がれ、各国の教育改革は障害児者の教育権保障をインクルーシブな教育制度と生涯学習の具現化として求められるようになった。

これらの動きに先鞭をつけたのがイギリスの「ウォーノック報告」（1978年）であり、同報告に基づいて法制化された「教育法」（1981年）である。これらは、旧来の障害カテゴリーを見直し、特別な教育的ニーズ（SEN）のある子ども（学習上の困難をかかえた子ども）へと教育対象を拡大した。

■ OECD（経済協力開発機構）の報告に見る特別ニーズ教育

OECD加盟各国における特別な教育的ニーズのある学齢児（義務教育対象児）の比率と教育措置の状況は図、表の通りである。ただし、いくつかの国では、SENが障害児の一般的な定義として使用されているが、他方、SENに十数の異なるカテゴリーを適用して分類している国もあり、障害定義に関する各国の定義にはばらつきが見られる。

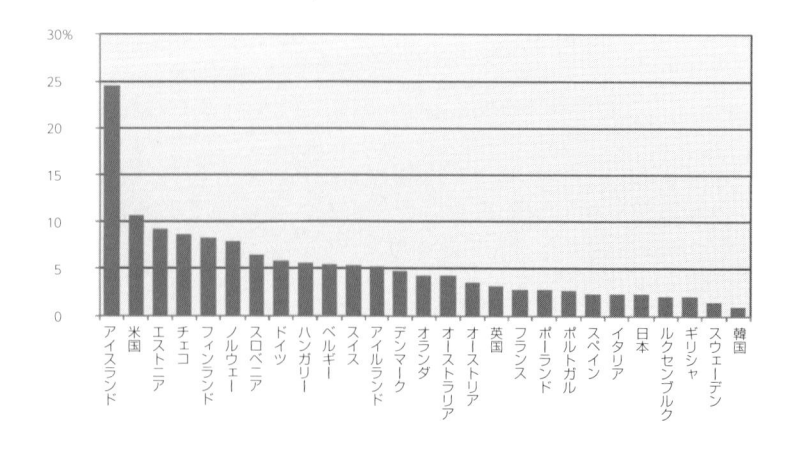

図　特別な教育的ニーズのある学齢児（義務教育）の比率（OECD、2007-2010年）
出所) OECD Child Well-being Module, OECD-Social Policy Division-Directorate of Employment, Labour and Social Affairs, updated 14 May 2012, p.2 (http://www.oecd.org/social/family/50325299.pdf) をもとに筆者邦訳。

国	2008年			2010年		
	特別学校	特別学級	通常学級	特別学校	特別学級	通常学級
オーストリア	36.9	7.7	55.4	41.3	3.4	55.3
チェコ	40.9	11.7	47.3	41.9	9.8	48.4
デンマーク	21.8	70.2	8.0	37.8	56.3	5.9
エストニア	18.1	7.1	74.7	32.2	14.0	53.8
フィンランド	16.1	32.7	51.2	14.9	32.0	53.1
フランス	22.4	46.7	30.9	21.2	45.2	33.6
ドイツ	84.9		15.1	83.2		16.7
ギリシャ	26.2	73.8		25.0	75.0	
ハンガリー	50.0	50.0		46.7	53.3	
アイスランド	7.5	17.9	74.6	1.3	3.3	95.4
アイルランド	39.5	60.5		14.7	7.0	78.3
イタリア	0.4	不適用	99.6	不明	不明	不明
ルクセンブルク	52.8		47.2	48.3		51.7
オランダ	67.0	不明	33.0	62.1	不明	37.9
ノルウェー	6.1	不明	93.9	4.0	10.9	85.1
ポーランド	54.3	不適用	45.7	46.8	不適用	53.2
ポルトガル	8.0	3.0	89.0	7.3	5.9	86.8
スロベニア	14.4	3.3	67.4	26.9	3.8	69.3
スペイン	23.7	76.3		16.7	83.3	
スウェーデン	3.6	96.4		3.7	96.3	
スイス	不明	不明	不明	39.0	61.0	不明
英国―イングランド	41.4	7.4	51.2	42.6	7.2	50.3
英国―北アイルランド	不明	不明	不明	29.1	13.4	57.5
英国―スコットランド	18.7	5.7	75.6	14.7	3.3	82.1
英国―ウェールズ	21.7	21.1	57.1	23.8	22.0	54.1

表　特別な教育的ニーズのある子どもの教育措置（OECD）（%）

出所）OECD Child Well-being Module, OECD - Social Policy Division - Directorate of Employment, Labour and Social Affairs, updated 14 May 2012, p.3. (http://www.oecd.org/social/family/50325299.pdf) をもとに筆者邦訳。

注）2008年、2010年の表記となっているが、各国の学校暦に基づいて、おおよその年を示している。

●スペインのインクルーシブ教育

スペインは1994年の「特別なニーズ教育に関する世界会議」の開催地であり、「サラマンカ声明」の採択によって、スペインおよび各国のインクルーシブ教育・特別ニーズ教育に大きな影響を及ぼした。

表から、スペインにおけるSENのある子どもに対する教育措置の割合は、特別学校および特別学級が16.7%、通常学級が83.3%（2010年）（同23.7%、76.3%、2008年）となっており、通常学級の比率はOECD諸国で相対的に高い。

スペインは、2008年4月、国連・障害者権利条約を批准し、それに伴って、2011年に「条約の規範適用に関する法律」(Act26, 2011)を制定している。学校教育制度は、1990年制定の「教育制度総合整備組織法」(LOGSE)、2006年「教育に関する組織法」(LOE) に基づき、小学校6年、中学校4年（義務教育）と定められ、教育改革がすすめられてきた。公教育に対する財政支出の割合は、10.8%（2010年）であり、OECD加盟32カ国中、25位（OECD平均、13.0%）である。（黒田学ほか「スペイン・カタルーニャ自治州における障害児教育・福祉に関する調査研究」立命館産業社会論集、49-2、2013年9月）

■ イタリアのインクルーシブ教育

イタリアは、1970年代の教育法制度改革によって、障害の有無に関わりなく通常学校への通学を保障し、インクルーシブ教育を推進してきた。表からイタリアにおける特別な教育的ニーズのある子どもに対する教育措置の割合は、特別学校（視覚障害、聴覚障害）が0.4%、通常学校・通常学級が99.6%（2008年）となっている。学校教育制度は、小学校5年、中学校3年の8年間を第1課程と定め、5年間の高等学校を第2課程とし、義務教育は高等学校2年までの10年間となっている。

1991年に子どもの権利条約を、2009年に障害者権利条約をそれぞれ批准し、障害児者施策を推進してきた。教育法規には、民間機関を含め幼稚園レベルから大学レベルまで障害児者を受け入れる義務を明記し、学校におけるバリアフリー化、個別教育計画（IEP）の作成、学校のプログラムやカリキュラム改革などを積極的に推進してきた。しかし他方で、教育予算は削減（414億2千万ユーロ〈2011年〉、対前年比4.5%減）され、教師数も2007年から2012年の5年間で2万人が削減された。障害者施策、社会サービスに関する国の最低基準はなく、その実施やモニタリングは各州に委ねられている。そのため義務教育学校の建設や支援教師の養成などは、州間に格差がある。　　　　　（黒田　学）

check　先進各国のインクルーシブ教育の実施状況を調べて、日本の特別支援教育の課題は何か、考えてみよう。

［参考文献・ホームページ］
・黒田 学、平沼 博将、石川 政孝、バユス・ユイス、小西 豊、荒木 穂積、野村 実「イタリア共和国エミリア・ロマーニャ州における障害児教育・福祉に関する調査研究」立命館大学産業社会論集、50-2、2014年9月
・OECD Family database: Child Well-being Module (http://www.oecd.org/els/family/oecdfamilydatabasechildwell-beingmodule.htm)

第1章

009 開発途上国のインクルーシブ教育
（アジアを中心に）

2008年に発効した国連・障害者権利条約の批准に伴い、アジアを中心とする開発途上国でも、インクルーシブ教育は重視され、その実施・充実のために努力がなされている。その実情を知ると同時に、私たちはどのような国際協力が可能なのか考えてみたい。

●**開発途上国**

　発展途上国という言い方もする。途上国の中でもより経済発展が遅れている国を後発開発途上国という。

　どの国を開発途上国と見るかの基準は、国連、世界銀行、OECD（経済協力開発機構）によって異なる。

　本稿では世界銀行が途上国と評価した国を基準としているが韓国は1997年途上国リストから除外された。

●**随班就読**

　中国の伝統的障害児教育の形態がインテグレーションなどの理念を入れ推進されてきたもので、障害児が通常学級に適応するよう求めたもので、インクルーシブ教育が求める障害児のニーズに合致した教育を提供するものとは異なる。

●**アジア・太平洋障害者10年**
　（1993〜2002年）

　1981年の国際障害者年を契機に、国連「障害者の10年」（1983〜1992年）が設定され、「障害者世界行動計画」が政府の政策実践ガイドラインとして策定された。

　それらの成果を受けて、1992年、北京での国連ESCAP（アジア太平洋経済社会委員会）総会で、「アジア太平洋障害者の10年」（1992〜2002年）が日本と中国により提案、採択された。

　行動計画のもと、10年間で障害についての担当部署や省庁横断的調整機関が27か国でつくら

■ 中国と韓国のインクルーシブ教育

　中国は、2008年に国連・障害者権利条約を批准した。1990年の障害者保障法で、障害者教育に関する章が設けられ、これを推進するために1994年には障害者教育条例が制定された。また、2006年に改正された義務教育法では、障害のある学齢児童・生徒が義務教育を受けられるよう保障する（第6条）とともに特殊教育学校・学級を設置すること、普通学校では普通教育を受ける能力を有する障害児童・生徒は普通学級の中で学ばせる（随班就読）ことが決められた（第19条）。中国では、従来この「随班就読」教育が中国独自の障害児教育の方法だと考えられてきたが、障害者権利条約批准などを通じ、障害児のニーズに合致するインクルーシブ教育（全納教育・融入教育）を整備する必要が理解され、現在まず、法整備が進められている最中である。

　韓国は、2008年に障害者権利条約を批准した。すでに、1977年、特殊教育振興法が制定され、1994年に改正された同法は、インクルーシブ教育の法的根拠となった。2007年には特殊教育法が制定され、同法は2009年、全面施行された。また、2007年には障害者差別禁止法も制定された。特殊教育法では、「インクルーシブ教育とは、特殊教育対象者が、一般学校において、障害種別・障害の程度により差別を受けることなく、同年代の仲間とともに、個人の教育的要求に適合した教育をうけること」（第6号）と規定し、一般学校内に設置された特殊学級でインクルーシブ教育を実施する（第11号）としている。韓国ではすでに、インクルーシブ教育の理念は定着し、実施されているが、教育の質が障害をもたない児童・生徒と同じだけ保障されるまでには至っておらず、今後よりいっそうの努力が必要だとされている。

■ モンゴルのインクルーシブ教育

　モンゴルは、1924〜1990年までの社会主義時代（モンゴル人民共和国）、首都ウランバートルに知的障害児学校4、視覚・聴覚障害児学校4、全国に障害児学校17があったが、2004年にはウランバートルに公立障害児学校が5つあるだけとなっている。学齢時（6歳）に達した児童のうち障害児は8％（3万4000人）である（2012年統計）。モンゴルはかつて旧ソ連の影響を受け、ソ連や東欧圏の大学や研究所で障害児教育の専門教育を学んだ教員が教育に当たってきた。しかし、現在、彼らが次第に定年退職を迎える時期にあたっており、インクルーシブ教育を進めるだけの力量をもつ教員を養成することと、それを実施できる

だけの学校の増設が必要とされている。 （向井啓二）

■ ベトナムのインクルーシブ教育

　ベトナムは、国連・障害者権利条約を2007年に署名し、障害者法を2010年に制定している。「2001～2010年 教育発展戦略についての首相決定」（2001年12月）において、障害児への教育施策の方向性が定められ、インクルーシブ教育（通常学校）、セミ・インクルーシブ教育（特別学級）、特別教育（特別学校）の3つの形態の1つによって学習の機会を増やし、障害児の就学率を2005年までに50％、2010年までに70％にすることを目標とした。しかしながら、障害児の就学率は40％程度（2009年推計）に留まっており、法制度の整備と就学実態には大きな隔たりがある。また、教育訓練省管轄の正規の学校だけではなく、労働傷病兵社会省や保健省などが管轄する施設（センター）においても教育が実施されているが、政府統計等では把握されていない。

■ タイのインクルーシブ教育

　タイは、1999年の「国家教育法」と「障害者のための教育年」を受け、障害児教育が本格化する。その後、国連・障害者権利条約を2007年に署名し、2008年に批准したことで、2007年の「タイ国憲法」には障害者の権利（差別禁止、社会福祉のアクセス保障など）が規定された。同年、総合的な障害者法として「障害者エンパワーメント法」（タイにおける最初の障害者法である「障害者リハビリテーション法」〈1991年〉の改正法）が制定され、また、「2007-2011年 障害者の生活の質発展のための国家戦略」（第3次）が策定された。2008年には「障害者教育法」が制定され、教育機会の促進と職業教育の保障が定められている。

■ キューバのインクルーシブ教育

　キューバの障害児教育は50余年の歴史があり、2012年は、「障害児教育の50年」という記念年を迎えた。1962年に障害児教育を学校教育制度（6・3・3制）に位置づけ、教育省に障害児教育担当課を設置した。1980年代の障害児教育改革は、教育改革全体のプロセスに組み入れられ、新しい教科書の作成とともに、障害児学校の新設が進められた。8つの障害種別（知的、精神発達、視覚、聴覚、視覚と聴覚、自閉症、行動障害、その他）に沿って特別学校が設置されている（397校、児童生徒数3万9千人、教師と専門家数1万9千人。2012年）。義務教育は9年制で、特別学校では21歳まで教育年限の延長が可能である。小中学校では、通常学級でのインクルーシブ教育が実施されており、担任教師とニーズに沿った補助教師が加配されているが、特別学級は設置されていない。 （黒田 学）

れ、13か国で障害者に特化した法律が策定された。第2次アジア太平洋障害者の10年（2003～2012年）、さらに次の10年（2013～2022年）の行動計画としての「仁川戦略」が採択されている。

● 「仁川（インチョン）戦略」（2013～2022年）

　国連ESCAP（アジア太平洋経済社会委員会）は、2012年「びわこミレニアム・フレームワーク」に代わる次の10年（2013～2022年）の行動計画としての「仁川戦略」を採択した。同戦略は、障害者権利条約に沿って、10の目標、27のターゲット、62の指標から構成されている。10の目標は、①貧困の削減と雇用の改善、②政治プロセス、政策決定への参加、③物理的環境、公共交通機関、知識、情報およびコミュニケーションへのアクセス、④社会的保護の強化、⑤早期介入と早期教育、⑥ジェンダーの平等、⑦災害対応、⑧障害統計の信頼性向上、⑨障害者権利条約の推進、⑩地域間協力である。

　（日本障害フォーラム〈JDF〉仮訳を参照）

---

 check → 　**世界の開発途上国における経済社会問題と障害児者の教育、社会福祉の到達点と課題について具体的に調べてみよう。**

[参考文献・ホームページ]
- 小林昌之「中国の障害者教育と法」小林昌之編『開発途上国の障害者教育―教育法制と就学実態』調査研究報告書、アジア経済研究所、2013年3月、（http://www.ide.go.jp/Japanese/Publish/Download/Report/2012/pdf/C39_ch2.pdf）
- 崔栄繁「韓国の障害者教育法制度と実態」小林昌之編『開発途上国の障害者教育―教育法制と就学実態』調査研究報告書、アジア経済研究所、2013年3月、（http://www.ide.go.jp/Japanese/Publish/Download/Report/2012/pdf/C39_ch1.pdf）
- 世界の動き（障害保健福祉研究情報システムのHP、http://www.dinf.ne.jp/doc/japanese/world.html）
- 黒田学編『アジア・日本のインクルーシブ教育と福祉の課題』クリエイツかもがわ、2017年
- 黒田学「ベトナムの障害者教育法制と就学実態」小林昌之編『アジアの障害者教育法制―インクルーシブ教育実現の課題』アジア経済研究所（アジ研選書38）、2015年

特殊教育、特別支援教育、インクルーシブ教育

第二次世界大戦後の学校教育法で、日本の障害児教育は「特殊」教育と規定されていたが、2006年の学校教育法の一部改正（2007年実施）によって特別支援教育にかわり、その後、特別支援教育の充実がインクルーシブ教育であると言われて、今日を迎えている。

●「特別支援教育について」
（通知）（一部）　2007. 4. 1.
文科省・初等中等教育局長
[特別支援教育の理念]

特別支援教育は、障害のある幼児児童生徒の自立や社会参加に向けた主体的な取組を支援するという視点に立ち、幼児児童生徒一人一人の教育的ニーズを把握し、その持てる力を高め、生活や学習上の困難を改善又は克服するため、適切な指導及び必要な支援を行うものである。

また、特別支援教育は、これまでの特殊教育の対象の障害だけでなく、知的な遅れのない発達障害も含めて、特別な支援を必要とする幼児児童生徒が在籍する全ての学校において実施されるものである。

さらに、特別支援教育は、障害のある幼児児童生徒への教育にとどまらず障害の有無やその他の個々の違いを認識しつつさまざまな人々が生き生きと活躍できる共生社会の形成の基礎となるものであり、わが国の現在及び将来の社会にとって重要な意味を持っている。（一部略）

[障害種別と指導上の留意事項]

障害のある幼児児童生徒への支援に当たっては、障害種別の判断も重要であるが、当該幼児児童生徒が示す困難に、より重点を置いた対応を心がけること。また、医師等による障害の診断がなされている場合でも、教師はその障害の特徴や対応を固定的にとらえることのないよ

■「特殊」教育

学校教育の骨格を規定した学校教育法は1947年に成立した。同法により、規定された障害児の教育は「特殊」教育という用語で表記された。同法の下、盲学校とろう学校の義務制が年次進行で1948年度から開始された。知的障害などの義務制は1979年度になってからのことであった。その間、障害児の教育現場は、障害児は「特殊」な存在ではなく、その教育は通常の子どもたちの教育と切り離された「特殊」なものではないと主張し、「特殊」教育ではなく障害児教育の用語を使用してきた。だが、「特殊」教育は2006年の学校教育法改定で「特別支援教育」へと名称変更された（2007年実施）。「特別支援教育」時代になって、盲学校、ろう学校、養護学校は「特別支援学校」に統一されて複数の障害種の子どもの教育指導を行うことができるように、また「特殊」学級は「特別支援学級」に、さらに、「特別支援学校」の目的は、古色蒼然たる「欠陥」という用語が「障害」に改められ、「障害による学習上又は生活上の困難を克服し自立を図るために必要な知識技能を授ける」となった。「特別支援教育」には、「特殊」教育の時代には見られなかった新しい考え方が盛り込まれている。

■ 特別支援教育の新しさ

特別支援教育は「特殊」教育と同様に引き続き障害児教育であるものの、いくつかの特徴がある。第1の特徴は、特別な教育指導の対象となる障害児の拡大が図られたことである。具体的には、「特殊」教育時代以来の障害児だけでなく、学習障害（LD）、注意欠陥・多動性障害（ADHD）、高機能自閉症などの障害児も特別な教育指導の対象とされたのである。文部科学省・調査研究協力者会議の『今後の特別支援教育の在り方について（最終報告）』（2003年）により、LD、ADHD、高機能自閉症などの状態を示す児童生徒が約6％存在すると報告され、障害児教育の対象は飛躍的に拡大することになったのである。LD、ADHD、高機能自閉症などの状態を示す児童生徒は、知的機能に大きな遅れがないことから、多くが通常学級に在籍していた。

このことは、特別支援教育では、通常学級が障害児教育の場の一つと初めて位置づけられたということである。これが、特別支援教育の第2の特徴である。「特殊」教育時代、文部省（当時）は、「障害児は通常学級には在籍していないことになっている」として、通常学級を障害児教育の場として条件整備する姿勢を示してこなかった。特別支援教育は、こうした姿勢を180度転換したとい

うこともできる。実際、改定学校教育法第81条には、特別支援学級（「特殊」教育時代の特殊学級）の設置に加えて、「幼稚園、小学校、高等学校および中等教育学校においては、……特別の支援を必要とする児童、生徒および幼児に対し、……障害による学習上又は生活上の困難を克服するための教育を行うものとする」と規定されたのである。

特別支援教育の第3の特徴は、障害児一人ひとりの教育的ニーズに対する支援が打ち出されて、学校は保護者と連携・協力のもと、「個別の指導計画」を作成して教育活動を組むとともに、学校・地域の関係機関・保護者が連携して「個別の教育支援計画」を作成するとされたことである。

特別支援教育の第4の特徴は、乳幼児期から学校卒業後まで一貫した支援を打ち出したことである。乳幼児期においては、障害の早期発見と早期対応がなされ、それが就学期にはきちんと引き継がれ、学校においては必要なサポートが継続され途切れないようにしなければならない。多くの障害者は、学校卒業後もサポートを必要とすることから、学校での教育指導は学校卒業後の関係機関に引き継がれる必要がある。こうした生涯にわたる相談・支援とサポート体制を構築することをめざしているのが特別支援教育である。この体制構築には地域の医療・福祉・労働等の連携が必須なことは当然である。

■ 文部科学省のインクルーシブ教育

今日、特別支援教育が完成したわけではない。しかるに、インクルーシブ教育が叫ばれている。中央教育審議会は特別支援教育特別委員会の報告『共生社会の形成に向けたインクルーシブ教育システム構築のための特別支援教育の推進（報告）』（2012年7月）を了承した。そして、文部科学省は「インクルーシブ教育」の推進をとなえているものの、それは現行の障害児教育である特別支援教育の充実することであり、障害以外の要因で学習や生活上で困難をかかえた「特別な教育的ニーズ児」を十分に包摂するものとなっていない。さらに、インクルーシブ教育を漸進的に進行させるためには、過度に競争的な通常教育や過大すぎる学級規模をかかえる通常教育の改革が何より求められるが、それには手がつけられていない。しかしながら、文部科学省は、同報告後（2013年）、「インクルーシブ教育システム構築事業」を立ち上げている。

（清水貞夫）

う注意するとともに、その幼児児童生徒のニーズに合わせた指導や支援を検討すること。

［学習上・生活上の配慮及び試験などの評価上の配慮］

各学校は、障害のある幼児児童生徒が、円滑に学習や学校生活を行うことができるよう、必要な配慮を行うこと。また、入学試験やその他試験などの評価を実施する際にも、別室実施、出題方法の工夫、時間の延長、人的な補助など可能な限り配慮を行うこと。

［生徒指導上の留意事項］

障害のある幼児児童生徒は、その障害の特性による学習上・生活上の困難を有しているため、周囲の理解と支援が重要であり、生徒指導上も十分な配慮が必要であること。

特に、いじめや不登校などの生徒指導上の諸問題に対しては、表面に現れた現象のみにとらわれず、その背景に障害が関係している可能性があるか否かなど、幼児児童生徒をめぐる状況に十分留意しつつ慎重に対応する必要があること。

そのため、生徒指導担当にあっては、障害についての知識を深めるとともに、特別支援教育コーディネーターをはじめ、養護教諭、スクールカウンセラー等と連携し、当該幼児児童生徒への支援に係る適切な判断や必要な支援を行うことができる体制を平素から整えておくことが重要であること。

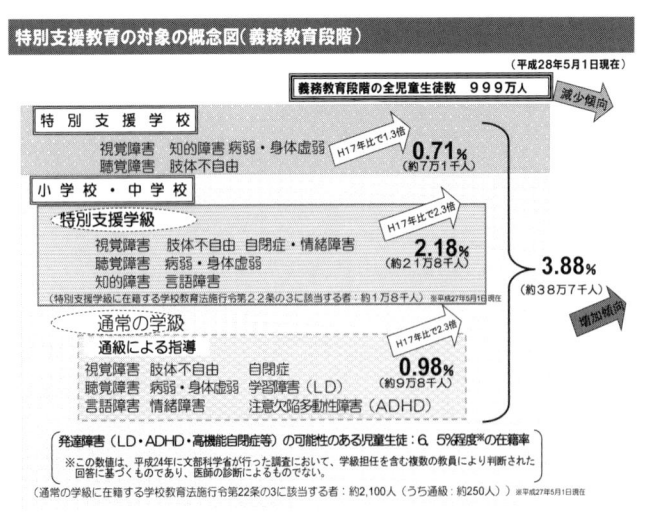

図：特別支援教育の対象の概念図（義務教育段階）

check➜ 図から**特別支援学校の現状**についてわかることを書き出し、グループで議論しよう。

［参考文献］
・渡部昭男編『日本型インクルーシブ教育システムへの道』（三学出版）、2012年
・清水貞夫『インクルーシブ教育への提言』（クリエイツかもがわ）、2012年

第1章 011 特別支援学校の役割と機能

特別支援教育の時代になり、特別支援学校は複数の障害種に対応する学校になることを求められたりして多様化している。その多様化の中で、障害児に適切な教育を保障する機関の一つとして、専門性を発揮することなど多くの役割が期待されている。

●特別支援学校の教室不足

特別支援学校の教室不足が続いている。都市部の特別支援学校では会議室や特別教室等を普通教室として転用している。文部科学省調査によると、2016（平成28）年10月現在での不足は3,430教室であり、神奈川県、愛知県、東京都、埼玉県、千葉県などでは200教室以上が不足している。文部科学省は、都道府県立特別支援学校新増設については国庫補助が5.5/10の補助金制度があることを広報して、教室不足に対応しようとしている。

●特別支援学校の位置的統合

都道府県によっては、教室不足解消のために分校や分教室を、少子化を迎えている通常の小・中・高校内に設置しているところもある。これらは、位置的統合ではあり、児童生徒相互が交流及び共同学習できる機会をもつものの、それが本当に実現するか否かは両学校の連携・協力次第である。

●特別支援学校は重度・重複化？

特別支援学校は重度・重複化しているといわれるが、小・中学部全児童生徒数のうち重複障害児数は、2009年度をピークに逓減している。高等部生徒のうち重複障害児数も2007年度がピークで逓減している。また、訪問教育対象小・中学部児童生徒数も2013年度がピークであった。

■ 複数の障害種に対応する特別支援学校

特別支援学校は、「特殊」教育の時代において盲学校、ろう学校、養護学校（知的障害、肢体不自由、病弱）と分かれていたが、学校教育法改定に伴い2007年度から特別支援教育時代になり、盲・ろう・養護学校は一つに統一され特別支援学校になった。そして、各学校が教育指導の対象とする障害児については、各学校の設置者が立地地域の実情や教育条件等に応じて判断し明示するとされた（学校教育法第73条）。特別支援学校への名称変更は、障害児の重度・重複化に伴い、障害種別をこえた障害児一人ひとりのニーズへの柔軟な対応が求められた結果である。この変更の背景には、学校教育法改定以前において、複数の障害種別の児童生徒を同一校内で教育する併置校、とくに知的障害児と肢体不自由児の知肢併置校がすでに存在し、一定の教育成果をあげていたという事実が存在したのである。

また特別支援学校の目的については、「欠陥を補う」が「障害による学習上又は生活上の困難を克服し自立を図る」に代わり、「幼稚園、小学校、中学校又は高等学校に準じる教育を施すとともに、障害による学習上又は生活上の困難を克服し自立を図るために必要な知識技能を授けることを目的とする」（学校教育法第72条）と改定されている。「準ずる教育」は、1948年に学校教育法制定時以来、改定されていない規定であり、「準ずる」は法律用語としては「下位」の意味をもたないと説明されてはいるものの、通常人の言語感覚では受け入れがたい用語法である。

■ 多様な特別支援学校

特別支援学校は、1979年の養護学校義務制の実施前後に多くが創設されて以後、今日では約1100校を数えるまでになっているが、その在り方は多様になっている。設置者は、都道府県が主流ではあっても、私立や市立の特別支援学校が存在する。また寄宿舎を設けている特別支援学校がある一方で、寄宿舎をもたない特別支援学校がある（学校教育法第78条では特別な事情があるときは寄宿舎を設けないことも認めているが原則設置するものと規定している）。寄宿舎を付置しているか否かは、スクールバスを運行しているかいないかにも関係し、寄宿舎を付置しない特別支援学校では12 〜 15台のスクールバスを運行している学校もある。

さらに、障害児入所施設に付設するかたちで特別支援学校が立地するところ

と、そうでない学校がある。病弱特別支援学校は病院に付置して立地しているところと、医療機関とは別に立地しているところがある。病院付置の病弱特別支援学校では、医療の進展に伴い病院に入院してくる児童生徒が変化したことと、病院入院期間の短期化などの影響を受けている。

　学校教育法第76条では、特別支援学校は小学部と中学部を設置することを原則とし、幼稚部又は高等部の併置あるいはその一つだけを設置することが可能と規定している。だが、知的障害特別支援学校では、幼稚部の併置・設置は限られている。また、多くの特別支援学校が高等部を併置しているものの、通常学校の特別支援学級から進学してくる高等部の生徒が増加し、学校の狭隘化とカリキュラム運営での困難を惹起させている。そうしたことから、小・中学部を卒業して高等部へ進学した生徒の高等部とは別に、特別支援学校を「高等学園」等の名称で中学校特別支援学級卒業生に限定して入学試験を実施している地方自治体がある。その他、高等部に別科ないし専攻科を設けることができる（学校教育法第58条）とされているが、これらは主に旧盲学校と旧ろう学校に設置されている。

■ インクルーシブ教育時代の特別支援学校

　インクルーシブ教育の漸進的進行過程において特別支援学校は障害児の適切な教育保障の場であり続ける。しかしながら、そのことは現状でよいということではない。特別支援学校は、児童生徒の居住地から遠く離れて立地し、適正配置でないことが多い。その中には、通学のために片道約90分もかかる学校がある。また、都市部に立地する特別支援学校は、少子化にもかかわらず漸増し狭隘化が進んでいる。とくに、高等部就（修）学者が増加している。そのため、教室が不足して、法定された学級編制をとることができないで、学級の合併でしのいでいる。特別支援学校が引き続き障害児の適切な教育保障の場であり続けるには、適正規模による小規模化・適正配置が進められなければならない。

　その際、特別支援学校の分校・分教室を通常の小・中・高校に設置する動向が見られるが、特別支援学校分校・分教室を高等部の過密化を解消するための臨時措置として整備するのでなく、障害児が居住するコミュニティにおいて適切な教育を受ける場所として通常学校内に分校・分教室を設置するという考え方をとって整備していく必要がある。通常学校内に特別支援学級と分校・分教室の二つが整備されるなら、当事者と保護者は、居住地校において支援付き通常学級、特別支援学級、特別支援学校の分校・分教室という三つの中から適切と考える教育の場を選択できることになろう。

　今日、特別支援学校は、新しい機能として「クラスター」化と「センター的機能」の充実が求められている。これは、特別支援学校が通常学校といかに連携・協働して障害児の適切な教育保障に取り組むかの課題である。だが、その連携・協働は、教育機関だけに留まらないで福祉・労働・医学の各機関との連携はもとより地域との連携・協働が必要となっている。　　　　　　　　　　　（清水貞夫）

表　特別支援学校の現状（2017年5月1日）

	学校数	幼小中高児童生徒数	重複障害学級在籍者数
視	62	2,633	672
聴	86	5,546	906
知	553	80,528	13,792
肢	122	10,221	8,388
病	57	2,236	869
視・知	2	305	56
視・病	1	33	8
聴・知	10	884	124
知・肢	147	26,301	8,198
知・病	14	2,289	452
肢・病	30	3,066	2,023
視・肢・病	1	71	56
聴・知・肢	3	743	182
知・肢・病	29	4,611	1,509
聴・知・肢・病	2	280	98
視・知・肢・病	1	141	－
視・聴・知・肢	1	273	149
視・聴・知・肢・病	14	1,783	535

2004年度において、病弱特別支援学校は全国に92校存在したが、現在は57校になっている。これは他障害種学校と統合したり、廃校になったことによるものと考えられる。こうした動向は、医療の変化を反映しながらも、病虚弱教育の質的低下が起きないかと懸念される。

 特別支援学校を訪問し、「学校要覧」（最新版と10年前の「学校要覧」をコピーしてもらう）を入手し、そこからわかることを考察してみよう。

［参考文献］
・文部科学省・特別支援教育課「特別支援学校で必要な専門性とは」（季刊　特別支援教育、No.23）、2006年
・文部科学省・特別支援教育課『特別支援教育資料』平成15〜25年

第1章 012 特別支援学校のクラスターとセンター的機能

特別支援学校の新しい役割といわれるものに「センター的機能」と、その発展形態である「クラスター」がある。特別支援学校が「センター的機能」として取り組む活動は、学校の立地する地域の実情や、学校がかかえる子どもの実情によっても異なったものとなる。

● 2015(平成27)年度・特別支援学校のセンター的機能の取組状況調査(一部)

① 小・中学校等の教員への支援機能

学校種別の相談件数は、公立小学校からの相談件数が最も多く約5割。相談者別では、公立では特別支援学級担任から、国立校では通常学級担任から、私立校では管理職からの相談が最も多い。相談内容別では、国公私立校全体で「指導・支援に係る相談・助言」が最も多く、次いで「障害の状況等に係る実態把握・評価」「就学や転学等に係る相談・助言」であった。

② 特別支援教育等に関する相談・情報提供機能

子どもおよび保護者からの相談では、国公立校では「幼児園等の幼児」と保護者からの相談が最も多く、「乳児」「小学校児童」および保護者を含めると、全体の約4分の3を占める。子どもおよびその保護者からの相談内容は、国公立校では「就学や転学等に係る相談・助言」が最も多く、次いで「子供との接し方に係る相談・助言」「障害の状況に係る実態把握・評価等」である。

③ 障害のある幼児児童生徒への指導・支援機能

国公立校において、自校以外の子どもへの直接的な指導を実施している特別支援学校が3割を超えている。子どもへの直接的な指導の内容は「特別支援学校へ来校してもらい、教育課程外で個別指導を行っている」が最多である。

■ 特別支援学校の「センター的機能」の登場

特別支援学校は、障害児だけの学校であることもあって、障害児教育に関する専門性が高く、情報だけでなく知恵が集中・蓄積している。その専門性を自校だけでなく、地域の小・中・高校、幼稚園や保育所などにも広げることが望ましいということで、特別支援学校の「センター的機能」として主張されるようになった。その主張は、2001年の『21世紀の特殊教育の在り方について(最終報告)』(文部科学省・調査研究協力者会議)で初めて打ち出されたが、今日では、学校教育法第74条に、特別支援学校は「幼稚園、小学校、中学校、高等学校又は中等教育学校の要請に応じて…児童、生徒又は幼児の教育に関して必要な助言又は援助を行うよう努めるものとする」と規定されるまでになっている。この規定では「助言又は援助」となっているが、特別支援学校が「センター的機能」の一環として取り組む活動は、「助言又は援助」に限られないで実際に多種・多様なものとなっている。

■ 特別支援学校の「スクール・クラスター」

「スクール・クラスター」は、一般的に、一つの学校が教育指導上で必要となる人材や教材教具をなにもかも用意できないとき、連携する学校間で効率的・効果的に融通しあうことを意味する。これは、世界的に見られることであり、僻地の小規模校など、財政的制約のある学校でとくに盛んに行われる。特別支援教育の分野では、前述したとおり、特別支援学校の「センター的機能」が学校教育法に規定されたことで、各地で多様な「センター的機能」が取り組まれるようになったものの、それは往々にして特別支援学校から小・中・高校への単方向の活動であることが多いが、それを打破して双方向化することで「スクール・クラスター」が成立すると考えてよい。

しかしながら、特別支援学校の通学区域は広いことが多いので、通学区域内の幼・小・中・高校のいずれともクラスターを組むことも可能ではあるが、クラスターの活動が活発化するに連れて、教育資源の相互活用が制約を受けることになろう。それを避けるためには、特別支援学校の小規模・分散化を図り、クラスターを組む地域(支援地域)を適正規模にする方策が必要になろう。また、支援地域が広大なときは支援地域を分割化して、特別支援学校以外にも「センター的機能」や「クラスター」の役割を担える機関を用意することが望ましいだろう。さらに、クラスターが教育資源の共有化のための協働を推進するため

には、定期的に地域支援会議を開催して意思統一をはかることも望まれる。

■「クラスター」と「センター的機能」の中心は？

「クラスター」や「センター的機能」の中心は、特別支援学校が担うとする風潮が強いが、必ずしもそうではない。特別支援学校には、障害児だけが在籍する学校として、障害児教育の経験を積んだ人材がいるばかりか、障害児教育のための教材・教具があり、心理検査機器が準備されている。さらには、特別支援学校には校内組織として地域支援部が立ち上がっているところもある。そうしたところでは、地域支援部の先生方が「センター的機能」や「クラスター」の活動に専念できる。そうした意味で、特別支援学校が「センター的機能」「クラスター」において、中心的役割を担うことになるのは理解できる。

だが、特別支援学校以外にもそうした役割を担える機関が存在する。例えば、通級による指導を行う通級指導教室の中には、支援地域をもち、通常の学齢児童生徒に対する通級による指導のほかに、保育所・幼稚園などと連携し、保育所や幼稚園などへの出張による相談支援、通級による指導としての幼児指導、就学前時の就学相談などを行っているところがある。通級指導教室は一定地域内の拠点校に開設されていることもあり、当該地域の「センター的機能」ないしは「クラスター」の中心になりやすいともいえる。こうした事例から、特別支援学校だけが「センター的機能」や「クラスター」の中心になり得るわけではない。

なお、「センター的機能」や「クラスター」は、それぞれの特別支援学校や通級指導教室で運営できる機能ではあるが、行政の支援があって充実したものになるといえる。「センター的機能」や「クラスター」の活動が拡大すると、支援地域の医療・福祉・労働との連携が必須になり、それは行政の縦割りをこえた連携とならざるを得ないからである。　　　　　　　　　　（清水貞夫）

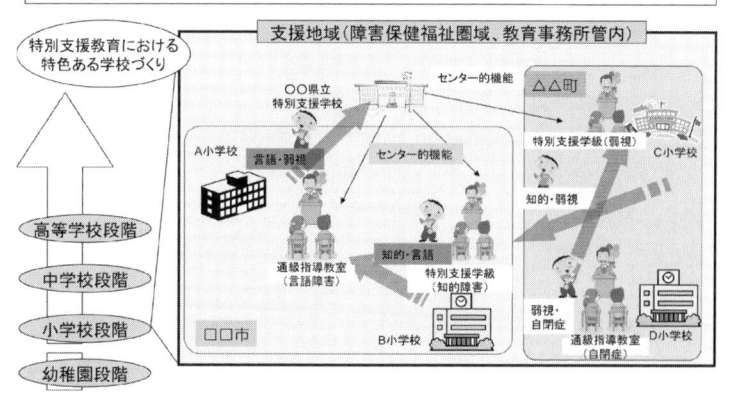

図　スクール・クラスターのイメージ

支援地域内の教育資源（幼、小、中、高、特別支援学校、特別支援学級、通級指導教室）それぞれの単体だけでは、そこに住んでいる子ども一人一人の教育的ニーズに応えることは難しい。こうした域内の教育資源の組合せ（スクールクラスター）により域内のすべての子ども一人一人の教育的ニーズに応え、各地域におけるインクルーシブ教育システムを構築することが考えられる。その際、交流及び共同学習の推進や特別支援学校のセンター的機能の活用が効果的である。また、特別支援学校は、都道府県教育委員会に設置が、小・中学校は市町村教育委員会に設置義務があることから、両者の連携の円滑化を図るための仕組みを検討していく必要がある。

④福祉、医療、労働などの関係機関との連絡・調整機能

公立校において「特別支援連携協議会など機関間の連携の仕組みに参画している」特別支援学校は8割を超えている。また、「福祉機関とのネットワークを地域の小・中学校等の支援に活用している」特別支援学校は半数以上であるが、「労働機関とのネットワークを地域の小・中学校等の支援に活用している」特別支援学校は約2割5分に留まる。

⑤小中学校等の教員に対する研修協力機能

国公立校で「学校や地域で、特別支援教育に関する研修会・講演会を実施」しているのは8割を超え、「学校の校内研修会を地域の小・中学校等の教員に公開」したり、「地域の小・中学校等の校内研修会に講師として参画」している学校は6割以上になっている。

⑥障害のある幼児児童生徒への施設設備等の提供機能

公立校の約6割が「教材について情報提供・貸出」を行っている。次いで、「プール、作業室、自立活動関係教室等について情報提供・貸出」を行っている学校は約3割である。

⑦教員および子ども・保護者から相談の障害種別

国公私立校で、「知的障害」「自閉症」「ADHD」に関連する相談が上位3つを占める。

⑧障害高校生の職業教育・就労センター的機能

公立校では、「高校教員への職業教育・進路指導についての助言」が最も多く、「高校生及びその保護者からの直接的相談」「高校教員への実習先・就職先、就労支援機関等に関する情報提供」「特別支援学校の職業教育・進路指導に関する研修会・講演会」が同程度実施されている。

check　複数の特別支援学校を訪れて「センター的機能」の実情を聴取し、相互比較を行い、差異は何によるものであるかを考えてみよう。

［参考文献］
・文部科学省・特別支援教育課「盲・聾・養護学校のセンター的機能」（季刊　特別支援教育、No. 9）、2003年
・清水貞夫「イギリスにおける特別学校と通常学校との協働の発展」（SNEジャーナル、8号）、2002年

第1章
013

特別支援学校の併置と
分校・分教室

分校・分教室は、盲・聾・養護学校の時代から入所施設や病院内などに設置されていた。近年の特徴として、特別支援学校の在籍者の増加への対応という側面を色濃くもちつつ、とくに知的障害特別支援学校高等部を通常の小・中・高等学校内に分校・分教室として設置する状況がある。また、通常高校と同一敷地内に高等部単独の知的障害特別支援学校を設置する動きもある。

●分校の学級数

特別支援学校には「設置基準」が存在しない。現在の過大・過密化を解消するためには、根本的にはこの「設置基準」の策定が必要であると、現在全国各地で運動が展開されている。

「設置基準」がない状況は分校においても同様である。小・中学校の分校を設置する場合には、小学校に関しては学校教育法施行規則第42条で「小学校の分校の学級数は、特別の事情のある場合を除き、五学級以下」としている。また、中学校に関しては同第79条で「二学級」以下としている。

この基準によれば、分校はあくまでも小規模なものであることがわかるが、現状の特別支援学校の分校は、本校と同規模のものが多い。

大規模の分校が、分校であり続ける合理的な理由を見出すことはできず、特別支援学校の「設置基準」策定の運動を展開する際には、このことも視野に入れる必要がある。

また、分教室については、教育行政による明確な基準が存在しておらず、その教育環境整備の根拠となる基準を策定させることが必要である。

●神奈川県の分教室

現在、通常の高等学校の空き教室を利用して、在籍者の増加が著しい知的障害特別支援学校高等部の分教室を設置する動きが全国的に見られる。

なかでも、神奈川県では20校

■ 特別支援学校の併置と分校・分教室

特別支援学校は、盲・聾・養護学校と呼ばれていた時代から、本校とは別に分校や分教室が設置されてきた。分校は、本校とは異なる場所に校舎を置き、校長こそ本校との兼任であるが、その他の教職員については本校と同じように配置され、学級数の算定も分校独自に行われる。『特別支援教育資料（平成29年度）』（文部科学省、2018）によると、2017年度に全国に設置されている特別支援学校（国・公・私）は1135校であるが、そのうち108校が分校である。従来は単独設置される場合が多かったが、近年は通常の小・中・高等学校の敷地内に設置されたり、時には通常小学校と同一校舎内に設置されている。

分教室は、盲・聾・養護学校時代にも、施設に入所していたり、医療機関へ長期入院している児童生徒の教育権保障の役割を担っていた。文部科学省は分教室の数を発表していないが、児嶋・細渕（2014）によると、2013年度に設置されている都道府県立特別支援学校の分教室は118教室である。分教室の場合は、設置場所は本体の特別支援学校の外部に位置しているが、その数は本校の学級数としてカウントされる。本体の特別支援学校には、分教室を含んだ数の学級数に応じて教員が配置される。分教室には、その学級数に応じた教員が配置されるのは当然としても、本体の特別支援学校とは位置が異なるため、特別支援学校全体の教職員が連携して分教室の教育にあたることが困難であり、学級担任などの負担は大きくなる。最近は、医療機関などだけではなく、たとえば神奈川県に代表されるように、通常の高等学校内に、空き教室（余裕教室と呼ばれる）を利用して分教室が設置されるケースが増えてきている。

また、県立高等学校と同一敷地内に知的障害特別支援学校高等部単独校を併設する動きも見られ始めている（たとえば、滋賀県立長浜高等養護学校、同甲南高等養護学校、同愛知高等養護学校、兵庫県立昆陽特別支援学校）。これまでも、通常の小・中・高等学校に隣接して設置されている特別支援学校はあったが、それらは、通常学校と特別支援学校を隣接させるという明確な意図をもった動きというよりも、学校を設置できる場所が限定されていて、期せずしてこのような形になったという側面が強い。近年の動きには、すでに取得している土地を使って、急増する知的障害特別支援学校高等部の生徒に対応するという側面があることも否めないが、新たな取り組みとして注目される。あわせて、長野県須坂市立須坂特別支援学校は、須坂市立須坂小学校と同一校舎に設置されている。特別支援学級ではなく、同一校舎内により手厚い教育ができる特別

支援学校を併設するものである。多様な学びの場を保障する取り組みとして、今後の動向を把握する必要がある。

■「基礎的環境整備」としての分校・分教室の設置

中央教育審議会初等中等教育分科会特別支援教育の在り方に関する特別委員会が2012年7月に発表した『共生社会の形成に向けたインクルーシブ教育システム構築のための特別支援教育の推進（報告）』では、多様な学びの場の整備と学校間連携等の推進のために、「特別支援学校を分校、分教室の形で、小・中・高等学校内や小・中・高等学校に隣接又は併設して設置するなど、地域バランスを考慮して、都道府県内に特別支援学校を設置していく」ことが、「基礎的環境整備」の「方策の一つとして考えられる」としている。

それに先立つ2003年3月の特別支援教育の在り方に関する調査研究協力者会議による『今後の特別支援教育の在り方について（最終報告）』では、「全ての子どもの学習機会を保障するとの視点から、量的な面において概ねナショナルミニマムは達成されているとみることができる」とし、「近年の国・地方公共団体の厳しい財政事情等を踏まえ、既存の特殊教育のための人的・物的資源の配分の在り方について見直しを行う」としていた。

通常の小・中・高等学校では少子化に伴う児童生徒数の減少により空き教室のある学校が出ている。逆に近年、特別支援学校、とくに知的障害特別支援学校の在籍者数は激増しており、運動場にプレハブ校舎を建てて対応するだけではままならず、特別教室を普通教室へ転用したり、食堂の一角を教室として使用する、一つの教室をカーテンで仕切って使用する、廊下で体育の授業をするなど、通常の教育活動の遂行が厳しいだけではなく、児童生徒の安全を確保することすら難しい状況が生まれている。しかし教育行政は、増加する特別支援学校在籍児童生徒への対応を安上がりな形で進めようとしており、その方策の一つが、分校・分教室の設置を進めることであると考えられる。

■ 多様な学びの場を保障するために

分校・分教室を通常の小・中・高等学校に設置したり、県立高等学校と同一敷地内に知的障害特別支援学校高等部単独校を新設する動きなどは、特別支援学校に入学すると地域から分離されるというイメージからすれば、方向性を転換し、特別支援学校の地域分散化が進んでいると受け取ることもできる。しかし、それはとりもなおさず十分な教育条件整備が伴ってこそ有効に機能するものである。また、十分な教育条件整備が伴った場合には、現在大きな問題となっている特別支援学校の過大・過密化の解消に寄与する可能性もある。

今後は、特別支援学級との役割の違いなどとともに、その在り方自体に対して検討を進めていく必要がある。　　　　　　　　　　　　　　（児嶋芳郎）

の県立高等学校内に知的障害特別支援学校の分教室が設置されている。いずれも1学年2学級、3学年の合計で60人ほどの規模である。

特別教室や体育館などを共用するために不自由が生じることがあったり、通常高校の生徒との関係をどう築いていくかなど課題も多い。

制度的には高等学校にも特別支援学級を設置することは可能であるが、教員配置の基準が存在しないなどのために、現状では困難な状況である。しかし、そういった中で、この分教室が高等学校における特別支援教育にどのような役割を果たすことができるのか、今後の動向に注目する必要がある。

●分校・分教室の類型

特別支援学校の過大・過密化への対応としての分校・分教室と、特別支援学校の地域分散化の役割を担う分校・分教室が存在する。

後者の場合には、職員室を同居する小・中学校と同じにして、双方の教職員が連携体制を取ることができる。

小・中学校の特別支援学級は、特別支援学校からの支援を得やすくなる。

児童生徒や保護者の立場からは、地域にある「多様な学びの場」からの選択が可能となる、などのメリットが期待できる。このような事例として、岩手県・千厩町立小学校、同中学校に設置された岩手県立一関清明支援学校の分教室がある。

 あなたの住む都道府県の特別支援学校の設置状況について調べ、今後どのような改善策が必要か考えてみよう。

[参考文献・ホームページ]
・文部科学省初等中等教育局特別支援教育課『特別支援教育資料（平成29年度）』(http://www.mext.go.jp/a_menu/shotou/tokubetu/material/1406456.htm)
・児嶋芳郎・細渕富夫「特別支援学校分校・分教室の現状と課題－小規模・分散化に資する可能性の検討を中心に」『特別支援教育臨床研究センター年報』第5号、2014年

特別支援学校の地域化とコミュニティ・スクール

障害児教育の一番大きな目的の一つは、子どもたちが地域で生きていくための力を養うことである。その中で、特別支援学校の地域化は、どんなに困難があろうとも進めていかねばならない取り組みである。

●特別支援学校の地域化と適正配置

特別支援学校の最大の弱点は、在学する児童生徒の居住地から遠くに立地することである。その弱点を解消するには、特別支援学校の適正規模と適正配置を追及しなければならない。

現在、特別支援学校は、都市部を中心にして、マンモス校化して、教育環境が悪化しているが、それを解消するためにも、適正規模と適正配置は守られるべきであろう。特別支援学校は、地域に支えられた存在になるためにも、在籍児童生徒の居住するコミュニティに立地する必要がある。

特別支援学校の適正規模については、神奈川教育委員会の"新しい養護学校再編整備委員会"の「養護学校再編整備の在り方について（報告）」(2006年)では、知的障害教育部門単独校で児童生徒数100人から130人程度、知的障害・肢体不自由等の併置校では130人から160人程度という数値がある。

しかし、この数値はかなり大きい数値であり、小・中・高等部を合わせて100人前後が適正規模であろう。

適正規模と適正配置が同時的に考慮された特別支援学校づくりが特別支援学校の地域化に必須条件となろう。

●コミュニティ・スクール

コミュニティ・スクールは、地域住民が学校運営の一部に関わる学校形態として制度化され

■ だれもが地域で学べるために

障害のある子どもたちの教育の主たる目的は何か。それはいろいろあるだろうが、すべてのことは、その子が将来地域社会で暮らすための力の育成とそのための環境整備に集約されるのではないか。

障害の軽重にかかわらず、だれもが地域で生きる社会をめざすことが何より重要であることは今さら言うまでもない。そのような目的のために、障害のある子どもたちの教育に関わる特別支援学校があるわけだが、専門的な支援を受けるために、特別支援学校に通うことで地域から分離されてしまうという矛盾が生まれた。このような課題を解決するために、特別支援学校の分校、分教室の設置は早くから望まれていたと考えられる。

■ 地域に根ざす特別支援学校──長野県の場合──

その一つの例として、長野県での特別支援教育の地域化の取り組みを紹介する。長野県では、2004（平成16）年「第1回養護学校地域化推進協議会」がスタートした。世界的なインクルーシブ教育への転換を受け、これまでの長野県の障害児と地域との関係を再考し、現状での課題を洗い出し、今後の方針を導き出そうという試みであった。計4回の協議会を経て2005（平成17）年に出された最終報告の中で、義務教育段階の子どもたちの支援の方向性として、小・中学校に特別支援学校の分教室の設置が提案され、以下のような設置目的を据えている。

(1)「センター的機能」の充実
(2)「通学の利便性」の向上
(3)「専門化」の進展
(4)「等生（共生）化」の拡大
(5)「理解啓発」の推進

すなわち、これまで特別支援学校に集中していた指導の専門性、障害と障害児を含めた社会的弱者への理解と啓発を図る等の機能を地域の小・中学校にももたせようとする試みであり、いわば特別支援学校の出城として地域で子どもたちのサポートを充実させるという分教室の役割がクリアに示されている。

この報告をもとに、長野県ではモデル事業として2006（平成18）年、小諸養護学校小学部・中学部の分教室として佐久穂町立佐久西小学校、佐久穂町立佐久中学校に「ゆめゆりの丘分校」が開設された。続けて、2008（平成20）年度、伊那養護学校小学部、中学部の分教室として、駒ヶ根市立中沢小学校に小学部「はな

ももの里」分教室、2010（平成22）年度には駒ヶ根市立東中学校に中学部「はなももの里」分教室が開設された。成果として、分教室と設置校の児童生徒の日常的な交流および共同学習を通して相互理解の進展などの成果が報告されている。

同時に、高等学校でも分教室の設置が進められた。2005（平成17）年稲荷山養護学校更級分教室（更級農業高校）が設置された。そして2009（平成21）年、「第1期長野県高等学校再編計画」が策定され、「各通学区に1校程度の分教室の設置」の方針が明示されたことで加速し、2010（平成22）年、安曇野養護学校あづみ野分教室（南安曇農業高校）、2012（平成24）年、伊那養護学校高等部分教室（上伊那農業高校）にも設置されて、2014（平成26）年に、小諸養護学校高等部分教室（臼田高校）が開室されれば、県内の4つの高校通学圏に分教室が設置されることになる。

■「地域化」を支える立場を超えた相互的なコミュニケーション

長野県での地域化の経緯を概観すると、地域での障害児教育の実際を再考した上での計画の立案、世界的な障害観の変化にシンクロしたシステムの更新として、「地域化」はあらねばならないことがわかる。単なるシステムとしての地域化は可能かもしれないが、これらを実働させていくには継続的な地道な活動、すなわち、交流教育、教育相談による巡回、就学指導、卒業後の就労支援等を含めた包括的な支援の網を張り巡らせる努力が必要である。近年、特別支援教育への移行に伴って、特別支援学校高等部の入学者数が爆発的に増加してきている。これはある意味での地域化の不全ともいうべき現象であろう。小・中学校で学習や生活に困難さのある子どもたちがピックアップされるものの、そこでの手法は未だに「特殊教育」的な個別的、専門的なアプローチがメインである。したがって小学校から中学校にすすむにつれ、通常学級ではなく、特別支援学級で学ぶ子どもたちが増え続けた結果、義務教育終了後の行き場として特別支援学校高等部が選択されている。その結果生じている増加であろう。

また一方で、特別支援学校にも問題がある。従前の知的障害を中心とした経験主義的な指導内容（教育課程）のままの特別支援学校が存在している。そこでの教育的な技法や教材が、教科学習や情緒における困難さをもつ、いわゆる発達障害のある子どもたちに適用できないでいる場合が少なくない。地域の小・中学校と特別支援学校とが今以上に関係性を深くしていく必要があると考えられる。実際に関わる教員の専門性は言うまでもないが、それ以上に、行政もその運営には高い志をもつことが求められる。そのためには学校間、組織間、行政組織間のコミュニケーションが何より重要になってくるだろう。協働的な活動を通じたコミュニケーションの蓄積の深みが、子どもたちへの支援の厚みにつながると考えられる。なお、長野県では、2011（平成23）年3月に「長野県特別支援教育推進計画」を発表している。同計画によれば、「できる限り身近な地域で必要な支援を受けられ、すべての子どもが共に学び育つことのできる教育を目指」すとされている。 （杉浦　徹）

た。学校に学校運営協議会を置くところから地域運営学校と称された。そして、学校に置かれる学校運営協議会は、

(1)学校運営に関して、教育委員会や校長に意見を述べること
(2)校長の作成した方針等を承認すること
(3)当該校の教職員の任用に関して意見を述べること

などの権限が与えられ、学校評議員よりも強い権限を持っていた。

こうしたコミュニティ・スクールは、「地方教育行政の組織及び運営に関する法律」の2004年度改正で制度化された。

だが、2015年12月の中央教育審議会の「新しい時代の教育や地方創生の実現に向けた学校と地域の連携・協働の在り方と今後の推進方策について」（中教審第186号）により、新学習指導要領での「社会に開かれた教育課程」の下、学校と地域はパートナーとして連携・協働していく必要性が提言され、コミュニティ・スクールの仕組みである学校運営協議会制度の改定が答申された。

具体的には、学校運営協議会の目的として学校を応援することを明確にし、教職員の任用に関する意見に関して柔軟な運用を確保し、全公立学校がコミュニティ・スクールを目指すとされた。この答申を受けて、2017年に法律が改正されて、学校運営協議会の設置が任意設置から努力義務とされた。同時に、校長のリーダーシップへの応援の役割が明確にされた。

 コミュニティ・スクールの指定を受けた特別支援学校を訪問して、同校と指定されていない学校では学校運営がいかに異なるかを調査してみよう。

［参考文献］
・金子郁容・鈴木寛・渋谷恭子『コミュニティ・スクール構想—学校を改革するために』岩波書店、2000年
・長野県教育委員会『長野県特別支援教育推進計画』2011年

第1章 015 二重在籍（登録）

特別支援学校の弱点は、子どもたちの居住地から離れたところに立地し、立脚すべき地域を持たないということである。そのために在校生はスクールバスで遠距離通学を余儀なくされる。また、生徒の居住地での活動も制約されることになる。これを少しでも改善するために、二重在籍／登録制度がある。これにより、特別学校就学者は、居住地との関係を維持できる。

●諸外国での二重在籍／登録

二重在籍のシステムは、在籍者総数を単位にして学校に運営予算を配分するシステムを採用している国では当然視されている。

そうした国では、障害児には非障害児とは別に付加的なサポートのための費用がかかることを想定して、割り増しの予算を配当するが、そのとき、障害児が在籍校以外の学校で付加的なサポートを受けるとき、その在籍校以外の学校に対しても予算配分するために、二重在籍（登録）をシステム化しているというわけである。

フランスの教育法典では、障害児の居住地校にすべての障害児が登録し、その居住地校の提案に基づき、保護者の同意のもと、個別就学計画を開発し、他の学校に学籍登録して教育指導を受けるとされている。

●「学籍」という概念

「学籍」概念は、今日の教育法制には存在しない。1949年に学校教育法施行規則の一部改定以前においては、「学籍簿」というものがあり、それにより、児童生徒の記録が管理されてきたという歴史がある。

そのため、今日においては、「学籍簿」は「指導要録」に名称変更されているものの、学校に在籍する児童生徒の氏名、生年月日、現住所、保護者、入転学、卒業等の在学あるいは身分に関する記録を「学籍」と通俗的に呼ぶこともある。こうしたこと

■ 国連・障害者権利条約と二重在籍・登録の必要性

特別支援学校に就（修）学した場合の最大の問題は、就（修）学児童生徒が、住み慣れた地域から切り離されて学校生活を送ることである。特別支援学校は、通常の小・中学校とは異なり、通学区域が広範囲であり、時には寄宿舎に入ることが必要になるし、寄宿舎が用意されていないときは、かなりの時間をかけてスクールバスで通学しなければならない。それ以上に、地域での生活から切り離されてしまうことになる。通常の子どもたちは、地域で居住し、地域の各種資源を利用して生活していくのに対して、特別支援学校に就（修）学した児童生徒は、それがないのである。

たとえば、特別支援学校に就（修）学した児童生徒は、学級・学校活動として公園やコンビニエンス・ストアーを利用するが、それは学校周辺の公園やコンビニエンス・ストアーであり、居住地の公園やコンビニエンス・ストアーではない。また友達と遊ぶにしても、通常の子どもは、放課後や休日に友達をよんで一緒に遊ぶが、特別支援学校の就（修）学した児童生徒は、保護者が自動車を使用して、子どもを友達の家に連れて行かなければ特別支援学校の友達と一緒に遊べないということになる。

こうした実情に対して、国連・障害者権利条約第24条2項(b)では「障害者は、他の者との平等を基礎に、その生活する地域（コミュニティ）において、インクルーシブで質の高い無償の初等及び中等教育にアクセスできる」と規定されていることに留意する必要がある。

■ 地域生活からの引き離しを緩和する方策

地域生活からの引き離しを少しでも緩和させる方策は、特別支援学校の適正規模・適正配置による小規模・分散化がなされなければならないが、それとて完全な解決策ではない。これ以外には、通常学校内に特別支援学校の分校・分教室ないしは神奈川県横浜市が試みているように通常の小学校内に特別支援学校を埋め込む方策が考えられる。だが、これとて、特別支援学校に就（修）学する児童生徒に地域生活を完全に保障することにはならない。それは、すべての通常学校に分校・分教室ないし特別支援学校を設置するのは困難であるからである。

さらには、神奈川県川崎市が試みているように、「中・重度」障害児の特別支援学級を通常学校内に設置する方策もあるが、同様の理由で完全ではない。加えて、特別支援学校に就（修）学する児童生徒に二重在籍・登録／副籍・支

援籍を付与するという考えがある。これは埼玉県、東京都、横浜市などで試みられているものである。これとて、特別支援学校に就（修）学する児童生徒に地域生活を完全に回復するものではないが、試みられてよい制度である。

二重在籍・登録／副籍・支援籍の制度は、特別支援学校に就（修）学する児童生徒が、障害がなければ通学するはずの居住地域の通常の学校にも合わせて学籍をもつようにするという制度である。そうすることで、特別支援学校に就（修）学する児童生徒は、「副籍・支援籍」や「登録」のある居住地校の学校・学級行事や活動などに気軽に参加し、通常の子どもたちと共同することができるのである。特別支援学校に就（修）学する児童生徒に居住地校の「副籍・支援籍」や「登録」を付与するというだけでは、この制度は有効性が少なく、居住地校が「学校だより」「学級だより」など保護者向け通信を発行したら必ず届けるなどとともに、また、特別支援学校に就（修）学する児童生徒が入学式や卒業式には居住校と特別支援学校の双方に出席できるようにすべきである。換言すれば、居住地交流・共同学習が豊かに展開するとき、「副籍・支援籍」や「登録」の制度は活きるといえる。 (清水貞夫)

を考えれば、「二重学籍」という概念は成立しないといえる。換言すれば、「二重学籍」は「二重在籍」という意味と理解するのが望ましいということになる。

しかし、「在籍」という用語は、在籍者数に基づき学級編制が行われ、教職員定数が決まったり、児童生徒への無償教科書の配布が行われるので、「二重在籍」も適切な用語とはいえない。

より適切な用語は「二重登録」といってよい。なぜなら、障害児が居住地校で交流・共同学習に参加しても、「登録」により学級編制や無償教科書の配布が重複することがないからである。

	東京都	埼玉県	横浜市
名称	副籍	支援籍	副学籍
定義	特別支援学校小中学部児童生徒が居住地域の小中学校に副次的な籍をもち、直接交流や間接交流を通じて、居住地域とのつながりの維持・継続を図る制度	ノーマライゼーションの理念に基づく教育を推進する観点から、障害のある児童生徒と障害のない児童生徒が一緒に学ぶ機会の拡大を図るとともに、障害のある児童生徒に対して適切な教育的支援を行うため、「個別の教育支援計画」及び「個別の指導計画」に基づき、必要な支援を在籍する学校または学級以外で行うための仕組み	ノーマライゼーションの理念に基づく教育を推進する観点から、特別支援学校の児童生徒と小中学校の児童生徒が一緒に学ぶ機会の拡大を図るとともに、特別支援学校の児童生徒に対する必要な教育的支援を居住地の学校で行うための仕組み
目的	乳幼児期及び卒業後は地域でサービスを受けるなど居住地域とのつながりがあるが、学齢期でも地域とのつながりを維持・継続することが必要であり、そのための一方策。両校在籍者の他、教員や保護者への障害理解や相互理解が深まる	障害のない子どもは、「心のバリアフリー」を育む。障害のある子どもは「社会で自立できる自信と力」を育む。とくに特別支援学校に在籍する子どもは地域との関係を深める	共に学び育つことのできる体制づくりをすすめ仲間意識を育てる。障害のある子どもは、社会で自立できる力を育むとともに、地域との関係をより深める。障害のない子どもは「心のバリアフリー」を育む
対象	直接交流は特別支援学校在籍者のうち、校長、保護者、主治医等が協議し実施可能と判断し、地域指定校と協議し校長の了解が得られ、交流に関わる送迎や授業中の支援について保護者等の協力が可能な者	保護者の申し出を受けて、校内で対象者を調整の上、先方の学校との間で支援籍実施校連絡会議（両校の校長・コーディネーターによる）等の打ち合わせを経て支援籍取得が決定される	特別支援学校在籍者のうち、居住地校交流を保護者が希望する者
付き添い	直接交流は保護者の付き添いが原則	支援籍学習に係わる通学においても在籍校の学校管理下として取り扱う。付き添いが必要なケースが多いことから、安全に配慮しつつ、可能な限り福祉制度やボランティアの活用が図られるよう支援し、保護者の負担軽減に配慮	副学籍校への登下校は保護者の責任。副学籍校内における指導は在籍校教員が実施するのが原則。在籍校教員ができない場合には保護者が付き添う。ただし、状態によっては教育上の見地から、両校及び保護者の了解のもと、副学籍校内での付き添いを行わないことも認められる

中央教育審議会・特別支援教育に関する特別委員会会議に提出された資料により作成

 check 二重登録・副籍・支援籍の制度をとる特別支援学校を訪問し、居住地校交流の回数、保護者付き添いの有無などを調査し、この制度の課題を考察してみよう。

[参考文献]
・渡部昭男・窪島務「教育的インテグレーションをすすめる障害児教育制度試案」藤本文朗・渡部昭男編『障害児教育とインテグレーション』旬報社、1986年

学校選択権

障害児の就学に際して、保護者の「学校選択権」の主張は一方的・機械的な場合の教育行政による「学校指定」への対峙としては有効であるが、よりよい教育を創造していくことをめざした「教育要求権」へと結びつけることが求められる。

●区域外就学（障害児の場合）

2013年の学校教育法施行令の一部を改正する政令（平成25年政令第244号）により、障害児の就学事務手続きが大きく改正された。

旧政令では、公立小・中学校等への区域外就学の対象規定から障害児が除外されていたが、新政令で障害児は原則として特別支援学校に就学するという前提条件が改められたため、区域外等の小中学校等（国立・私立を含む）へ障害児が就学することについても規定を整備し、その可能性を想定している。

●学校選択制

市町村教育委員会は、就学校を指定する場合に就学すべき学校について、あらかじめ保護者の意見を聴取することができる（学校教育法施行規則第32条第1項）。文部科学省によると、この保護者の意見を踏まえて市町村教育委員会が就学校を指定する場合を、「学校選択制」と表現している。

学校選択制は地域によっても実態は異なるが、便宜的に分類されているタイプでは「自由選択制」（市町村内の全ての学校から希望する学校へ）、「ブロック選択制」（市町村内をブロックに分けて、ブロック内で希望する学校へ）、「隣接区域選択制」（隣接する区域内の希望する学校へ）、「特認校制」（特定の学校にその市町村内のどこからも就学可能）、「特定地域選択制」（特定地域内で希望する学校へ）など

■「学校選択の自由」

子どもの就学に際しては、市（区）町村教育委員会が、その事務を担い、設置する学校が2校以上ある場合は、学校ごとに就学予定者の就学すべき通学区・学校を指定する（学校教育法施行令第5条第2項）。例外として、保護者からの申し立て理由が「相当」と認められるとき、学校指定の変更と「区域外就学」が認められる（同第8条、9条）。

この場合、「相当」な理由としては、地理的な理由、身体的な理由、いじめの対応を理由というものが想定され拡大してきているが、本来は居住地に住む子ども同士が同じ学校に就学することを想定し、「学校選択の自由」はかなり限定的なものとされてきた。しかし、1980年代の臨時教育審議会や財界提言などを背景として、わが国での「学校選択の自由」は「通学区域弾力化」という形で、当時の文部省も容認する状況へと変化した。

特別支援教育の領域においては、特別支援学校や特別支援学級への就学ではなく居住地の通常の学級を希望する際に、しばしば「学校選択の自由」ないし「学校選択権」が主張される。たとえば、「障害者の教育権を実現する会」の津田道夫は、「親（本来的には本人）の学校選択権」の存在を示し、まず権利は子どもが有することを前提として、実際には保護者がそれを行使する「学校選択権」という権利主張を行ってきた。

■「学校選択」か「学校指定」か

津田の主張は、単なる権利主張に留まるものではなく、障害児の就学システムにおいて見られた「行政の学校指定権優先の原理」への対峙として理解される。わが国の就学システムにおいては、子どもや保護者の「学校選択の自由」や「学校選択権」は制限され、市（区）町村教育委員会から「学校指定」の形で就学先が決定する（学校教育法施行令第5条第1項）。また、障害児においては就学指導の場で、行政からの一方的・機械的な就学判別が生じた例もあり、そのような場合での「学校選択権」の主張に有効性があるという見方もあった。

「学校選択権」の法的根拠を導くのは容易ではないが、国連の世界人権宣言においては、保護者が子どもより優先的に教育の種類を選択する権利を有しているとされた（第26条第3項）。また、同じく子どもの権利条約では、子どもが権利を行使するにあたって、保護者の「子どもの能力の発達と一致する方法で適当な指示および指導を行う責任、権利および義務」を認め（第5条）、保

護者は「子どもの養育および発達に対する第一次的責任を有する」としている（第18条第1項）。2006年に改正されたわが国の教育基本法でも、保護者は「子の教育について第一義的責任を有するもの」（第10条）とはされたが、いずれも「学校選択権」を明確に導くものとは言い難い。

しかし、判例上の「学校指定」は就学する学校との関係で保護者に就学させる義務を発生させる行政処分とされたため、津田は子どもの「法定代理人」である保護者が「学校選択権」の権利を行使することは可能とし、教育行政の「学校指定権」（権限）に立ち向かう「武器」として「学校選択権」（権利）を主張してきた。

■「貧困な選択」から「豊かな連携」に向けて

障害児の就学をめぐって、従来から「特別支援学校か、地域の学校か（通常学級もしくは特別支援学級）」というような択一的な選択に陥ることが少なくない。いわば、単一の学籍を求めた「あれか、これか」という状況である。その際、通常学級を希望する障害児の「学校選択権」が主張されることがあった。しかし、就学先の決定においては、渡部昭男が言うように「貧しい選択」ではなく「豊かな連携」に向けて、予定調和ではない緊張的関係の下でもなお積極的に教育要求を組織し、「よりよい教育を創造していくための『教育要求権』」にまで高めていくことが求められよう。

たとえば、「居住地校交流」や「通級による指導」、そして自治体レベルでの「二重在籍」に向けた試み等により、特別支援学校と地域の通常学校間をオーバーラップした多様な教育形態が広がっていることにも注目しておきたい。また、「就学」に際して学校内での合理的配慮に関する合意形成や、放課後や長期休業中の活動など、「修学」を支える条件整備を求めることも必要である。単に、津田のように「学校選択権」のみを強調する形では、希望する学籍を求めた就学先の獲得に終始し、真の意味での「子どもの最善の利益」に基づいた学校教育の保障には至らないだろう。

法学の立場では、日本国憲法第14条（法の下の平等、差別の禁止）との関係で「学校選択権」を議論すべきという意見もあるが、「子どもの最善の利益」を考えれば、憲法13条（幸福追求権）との関係にも注意を払う必要がある。

そこで、就学期の相談会や個別支援会議などの機会においては、学校もしくは学級選択を目的とした就学手続きのノウハウを求めたり伝えたりすることではなく、必要な教育内容や学齢期の生活を支える視点から関係者の助言が不可欠となる。子どもと保護者の合意形成を図るシステムの下、「教育要求権」を軸とした「子どもの最善の利益」を保障しうる専門的な情報の提供と、関係機関とのネットワークの形成を生むことで、就学に際しての「豊かな連携」へと結実させていくことが必要である。　　　　　　　　（國本真吾）

がある。

●本人・保護者の意見聴取

学校教育法施行令第18条の2の規定では、就学先の通知に際しては「保護者及び教育学、医学、心理学その他の障害のある児童生徒等の就学に関する専門的知識を有する者の意見を聴くもの」とされ、子ども本人の意見については明記されていない。

しかし、施行令改正時の文部事務次官通知（文科初第655号）では、中央教育審議会初等中等教育分科会「共生社会の形成に向けたインクルーシブ教育システム構築のための特別支援教育の推進」報告において「市町村教育委員会が、本人・保護者に対し十分情報提供をしつつ、本人・保護者の意見を最大限尊重し、本人・保護者と市町村教育委員会、学校等が教育的ニーズと必要な支援について合意形成を行うことを原則とし、最終的には市町村教育委員会が決定することが適当である」との提言を基本的な前提として位置づけている。

したがって、市町村教育委員会が設置する「教育支援委員会」では、本人・保護者の意見も含めて、就学先についての総合的な判断が行われることが求められる。

➡「教育支援委員会」
67ページ参照

check 　学校選択権を教育要求権に高めるため、就学相談や支援会議の際に、どのような内容を関係者間で議論・確認したらよいかを考えてみよう。

［参考文献］
・日本教育法学会『教育法の現代的争点』法律文化社、2014年
・野村みどり・山田英造編『障害児が地域校に学ぶとき』社会評論社、2012年
・植木淳『障害のある人の権利と法』日本評論社、2011年
・渡部昭男『障がいのある子の就学・進学ハンドブック』青木書店、2008年

第1章
017

共生社会とインクルーシブ教育の構築（報告）

2012年7月に発表された「共生社会の形成に向けたインクルーシブ教育システム構築のための特別支援教育の推進（報告）」は、障害者権利条約の批准を見据え、2011年の障害者基本法の改正及びその後の「障害者差別解消法」の制定などとともに、「共生社会」をキーワードに、障害児の「学びの場」及び「合理的配慮」の提供について検討された。就学システムにおいては、「認定特別支援学校就学者」の創設など、大きな変更が行われている。

●インクルーシブ教育システム推進事業

　文部科学省の実施事業の一つに「インクルーシブ教育システム推進事業」がある。文部科学省はその趣旨を「インクルーシブ教育システムの推進に向けた取組として、特別な支援を必要とする子供への就学前から学齢期、社会参加までの切れ目ない支援体制整備、特別支援教育の専門支援人材の配置・活用、医療・保健・福祉・労働等との連携強化の推進のための特別支援連携協議会及び教員の専門性の向上のための研修を行い、特別支援教育の体制整備を図る」と述べている。

　また、具体的な内容としては、「Ⅰ．特別な支援を必要とする子供への就学前から学齢期、社会参加までの切れ目ない支援体制整備【新規】（①就学前から卒業後にわたる切れ目ない支援体制の構築、②教育・保健・医療・福祉・労働部局・関係機関が連携して支援する仕組みづくり、③個別の教育支援計画等を活用した引継ぎの仕組みを構築、④切れ目のない連携支援体制の成果・普及の実施）」「Ⅱ．特別支援教育専門家等配置（①医療的ケアのための看護師【拡充】、②早期支援コーディネーター、③就労支援コーディネーター【新規】、④外部専門家、⑤発達障害支援アドバイザー【新規】、⑥合理的配慮協力員）」、「Ⅲ．特別支援教育の体制整備の推進をする場合に要する経費の一部を補助する（①特別支援連携協議会、

■ 共生社会の実現

　現在「共生社会」は、障害者政策のキーワードの一つとして挙げられる。障害者基本法は2011年の改正において、第16条（教育）に「可能な限り障害者である児童及び生徒が障害者でない児童及び生徒と共に教育を受けられるよう配慮しつつ」という一文を追加した。「共生社会」の実現のためには、共に学ぶ環境が必要であるとの認識が示されている。

　中央教育審議会初等中等教育分科会特別支援教育の在り方に関する特別委員会が、2012年7月に発表した「共生社会の形成に向けたインクルーシブ教育システム構築のための特別支援教育の推進（報告）」（以下、「推進〈報告〉」）は、2008年8月に文部科学省に設置された「特別支援教育の推進に関する調査研究協力者会議」及び「障がい者制度改革推進会議」での検討を基礎としており、「推進（報告）」においても、「共生社会」の形成に重点が置かれている。

■ 「推進（報告）」の概要

　「推進（報告）」は、①共生社会の形成に向けて、②就学相談・就学先決定の在り方について、③障害のある子どもが十分に教育を受けられるための合理的配慮及びその基礎となる環境整備、④多様な学びの場の整備と学校間連携等の推進、⑤特別支援教育を充実させるための教職員の専門性向上等の5つの柱で構成されている。

　そこでは、「学校教育は、障害児の自立と社会参加を目指した取組を含め、『共生社会』の形成に向けて、重要な役割を果たすことが求められて」おり、「障害者の権利に関する条約に基づくインクルーシブ教育システムの理念が重要であり、その構築のため、特別支援教育を着実に進めていく必要がある」との認識を示すとともに、「インクルーシブ教育システムにおいては、同じ場で共に学ぶことを追求するとともに」、「その時点で教育的ニーズに最も的確に応える指導を提供できる、多様で柔軟な仕組みを整備することが重要である」としている。

　「多様で柔軟な仕組み」のイメージとしては、「日本の義務教育段階の多様な学びの場の連続性」（図）が示されている。

■ 就学システムの変更

　「推進（報告）」で示された内容は、2013年の学校教育法施行令の改正で一部具体化された。主なものとして、就学先を決定するシステムの大幅な変更が挙

げられる。これまで都道府県教育委員会が行っていた特別支援学校への就学の決定を市町村教育委員会が行うようになった。また、学校教育法施行令第22条の3（「就学基準」）に示されている障害の種類・程度の子どもで、市町村教育委員会が、「その者の障害の状態、その者の教育上必要な支援の内容、地域における教育の体制の整備の状況その他の事情を勘案して、その住所の存する都道府県の設置する特別支援学校に就学させることが適当である」と認める者を、「認定特別支援学校就学者」とした。従前は「就学基準」に該当しても、特別な事情がある場合には地域の小中学校に「認定就学者」として就学することが可能だったが、改正では通常の小中学校に就学することが原則であり、特別支援学校に就学することが「特例」であるとしたのである。

■ インクルーシブ教育と特別支援教育

「推進（報告）」では、現在の特別支援教育がめざす方向を進めていけばインクルーシブ教育を達成することが可能であるとの認識に立っている。しかし、特別支援教育はあくまでも、文部科学省が「障害」であると認定した児童生徒のみを対象とするものである（対象とする障害の制限列挙）。本来インクルーシブ教育は、障害に限らず特別な教育的ニーズをかかえる子どもを広く対象としている。また、インクルーシブ教育は、子どもたちが教育を受ける「場」の問題に留まらない。そして、インクルーシブ教育が強く求めるのは、特別な教育的ニーズをかかえる子どもたちが学校教育から排除されないための通常学校の改革であり、そこでの教育内容・方法の改善である。

文部科学省は、インクルーシブ教育システムの構築において、「合理的配慮」の提供に焦点をあてている。しかし、現在は文部科学省が「特別支援教育を受けている者」と表現する、特別支援学校・学級の在学者及び通級による指導を受けている児童生徒の数が激増しており、特別支援学校の過大・過密化などが大きな課題となっている。「基礎的環境整備」が貧しい状況の中で、その整備の公的責任をなげうち、さまざまな事柄を「合理的配慮」を提供して解消しようとしている。子どもは根本的に学校教育を受ける権利を有する（有資格者）。有資格者であるかどうかが問われる「合理的配慮」の提供が、学校教育においてそもそも成り立つのかという問題も、本来は検討しなければならない。

わが国でインクルーシブ教育を達成するために、教育行政は特別支援教育の推進ではなく、通常学級の標準定数の在り方など、教育制度全体の抜本的な見直し、十分な予算的措置を公的責任において果たす必要がある。　　（児嶋芳郎）

日本の義務教育段階の多様な学びの場の連続性

同じ場で共に学ぶことを追求するとともに、個別の教育的ニーズのある児童生徒に対して、自立と社会参加を見据えて、その時点で教育的ニーズに最も的確に応える指導を提供できる、多様で柔軟な仕組みを整備することが重要である。小・中学校における通常の学級、通級による指導、特別支援学級、特別支援学校といった、連続性のある「多様な学びの場」を用意しておくことが必要。

自宅・病院における訪問学級
特別支援学校
特別支援学級
通級による指導
専門的スタッフを配置して通常学級
専門家の助言を受けながら通常学級
ほとんどの問題を通常学級で対応

（必要のある場合のみ　可能になりうる事柄）

②研修）」の3つの柱を示している。

●学校教育法施行令第5条（入学期日等の通知、学校の指定）

市町村の教育委員会は、就学予定者（法第十七条第一項又は第二項の規定により、翌学年の初めから小学校、中学校、義務教育学校、中等教育学校又は特別支援学校に就学させるべき者をいう。以下同じ。）のうち、認定特別支援学校就学者（視覚障害者、聴覚障害者、知的障害者、肢体不自由者又は病弱者（身体虚弱者を含む。）で、その障害が、第二十二条の三の表に規定する程度のもの（以下「視覚障害者等」という。）のうち、当該市町村の教育委員会が、その者の障害の状態、その者の教育上必要な支援の内容、地域における教育の体制の整備の状況その他の事情を勘案して、その住所の存する都道府県の設置する特別支援学校に就学させることが適当であると認める者をいう。以下同じ。）以外の者について、その保護者に対し、翌学年の初めから二月前までに、小学校、中学校又は義務教育学校の入学期日を通知しなければならない。

---

 check 「共生社会」の実現ということで、小・中学校において具体的にどのような取り組みが行われているか調べてみよう。

［参考文献・ホームページ］
・文部科学省「共生社会の形成に向けたインクルーシブ教育システム構築のための特別支援教育の推進（報告）」
（http://www.mext.go.jp/b_menu/shingi/chukyo/chukyo3/044/houkoku/1321667.htm）
・清水貞夫『インクルーシブ教育への提言－特別支援教育の革新』クリエイツかもがわ、2012年

第1章 018 交流及び共同学習

インクルーシブ社会の実現を展望したとき、障害のある児童生徒が地域社会の中でその一員として豊かに生きるためには、障害のない児童生徒との交流及び共同学習を通し、相互理解を図ることがきわめて重要である。すなわち、交流及び共同学習は、障害のある子どもとその教育に対する正しい理解と認識を深める絶好の機会である。

●小学校新学習指導要領（平成29年告示）

第5節 2 「家庭や地域社会との連携及び協働と学校間の連携」のイに、「他の小学校や、幼稚園、認定こども園、保育所、中学校、高等学校、特別支援学校などとの連携や交流を図るとともに、障害のある幼児児童生徒との交流及び共同学習の機会を設け、共に尊重し合いながら協働して生活していく態度を育むようにすること」と書かれている。

●特別支援学校小学部・中学部新学習指導要領総則〔2017（平成29）年告示〕

「他の特別支援学校や、幼稚園、認定こども園、保育所、小学校、中学校、高等学校などとの間の連携や交流を図るとともに、障害のない幼児児童生徒との交流及び共同学習の機会を設け、共に尊重し合いながら協働して生活していく態度を育むようにすること。特に、小学部の児童又は中学部の生徒の経験を広げ積極的な態度を養い、社会性や豊かな人間性を育むために、学校の教育活動全体を通じて、小学校の児童又は中学校の生徒などと交流及び共同学習を計画的、組織的に行うとともに、地域の人々などと活動を共にする機会を積極的に設けること」

■ 交流及び共同学習の意義

私たちの国は、国連・障害者権利条約を批准し（2014年2月）、障害の有無にかかわらず、すべての人びとが相互に人格と個性を尊重し合える共生社会の実現をめざしている。

その実現のためには、障害のある人と障害のない人が互いに理解し合うことが重要である。したがって障害のある幼児児童生徒と障害のない幼児児童生徒及び地域社会の人びととが交流し共同して活動し、相互に理解を深める機会を設けることが求められている。

このことは特別支援学校や、小学校・中学校・高等学校の学習指導要領にも規定されている。特別支援学校や特別支援学級に在籍する障害のある幼児児童生徒が幼稚園、小学校、中学校、高等学校等の幼児児童生徒とともに活動することは、双方の子どもたちの社会性や豊かな人間性を育成するうえで、重要な役割を果たすのである。

■ 教育課程との関連

交流及び共同学習を授業時間内に実施する場合、特別支援学校では、児童生徒の在籍校の授業として位置づけられる。したがって在籍校が教育課程上の位置づけ、指導の目標などを明確にし、適切な評価を行うことが必要となる。とくに、教科等の授業において交流及び共同学習を実施する場合は、教科等の位置づけやその授業でのねらいを明確にしておくことが大切である。

しかし、特別支援学校と交流先の小・中学校が、同一の教科・領域等として交流及び共同学習を位置づける必要はない（たとえば、特別支援学校では生活単元学習とし、交流先の小学校では総合的な学習の時間とするなど）。特別支援学校において取り組まれている交流及び共同学習については、「学校間交流」、「居住地校交流」と「地域社会との交流」の三つに分けられる。

• 学校間交流

特別支援学校と小・中学校等との学校間で行われるもので、特別支援学校の児童生徒が、小・中学校等の児童生徒等と学校行事や総合的な学習の時間、一部の教科で活動をともにする直接的にふれあう活動のほか、作品の交換やインターネットによるやりとりなど間接的な活動も行われている。

• 居住地校交流

特別支援学校の子どもたちが、自分が住んでいる地域の小・中学校等との間

で行う交流である。小・中学校等の遠足などの学校行事に参加したり、一部の教科等の学習をともに受けたりするなどの活動が行われている。

• **地域社会との交流**

特別支援学校の子どもたちと地域社会の人たちの間で行われるもので、文化祭等の学校行事に地域の人たちを招き、学習の様子を紹介したりする活動である。また、地域での行事やボランティア活動に子どもたちが参加している例もある。

また、新しい学習指導要領では「社会に開かれた教育課程」の実現が求められており、「コミュニティスクール」が推進されている。「コミュニティスクール」とは、学校運営協議会を設置し、地域の人々と学校教育目標やビジョンを共有することで、地域と一体となって子どもたちを育む取り組みである。学校教育を学校内に閉じずに、学校と地域とが相互補完的に連携・協働しながら学校教育目標の実現にあたる。地域社会との交流も「コミュニティスクール」の推進を基盤として実施されている。　　　　　　　　　　　　　　　　（相澤雅文）

表　交流及び共同学習の展開に向けて

関係者の共通理解と組織づくり	・関係学級、学校間で幼児児童生徒の教育的効果を確認 ・連携や協力体制を確保するために交互に関係者連絡会を実施 ・交流及び共同学習に関する研修会の実施 ・打ち合せを年間計画に位置づける
活動計画の作成	・年間指導計画や活動ごとの指導計画の作成 ・交流及び共同学習の教育課程上の位置づけ、評価計画、内容、回数、時間、場所の確認 ・両者の役割分担、協力体制等について検討
事前学習の実施	・障害のある児童生徒は、活動内容や役割分担等について練習したり移動の手立てを知ったりするなど基礎基本の学習を行う ・障害のない児童生徒や関係者は、障害についての正しい知識、障害のある子どもたちへの適切な支援や協力の仕方等についての理解を促す
交流及び共同学習当日	・最優先することは安全確保、過重負担とならない ・主体的活動を促す ・見通しのもちやすい活動、体験的な活動
事後学習の実施	・活動の様子を学校だより等活用して広く伝える ・感想や印象を作文や絵にまとめる ・手紙の交換 ・写真やビデオ等の効果的な利用
評価の視点	・事前から目標を明確にしておく ・相互理解が進んだか ・共に助け合い支え合って生きることが意識されていたか

● **障害者基本法の改正**
　（平成16年6月）第14条に追加

「国及び地方公共団体は、障害のある児童及び生徒と障害のない児童及び生徒との交流及び共同学習を積極的に進めることによって、その相互理解を促進しなければならない」

● **障害者総合支援法の施行**
　（平成25年4月1日）
　基本理念　第一条の二

「障害者及び障害児が日常生活又は社会生活を営むための支援は、全ての国民が、障害の有無にかかわらず、等しく基本的人権を享有するかけがえのない個人として尊重されるものであるとの理念にのっとり、全ての国民が、障害の有無によって分け隔てられることなく、相互に人格と個性を尊重し合いながら共生する社会を実現するため、全ての障害者及び障害児が可能な限りその身近な場所において必要な日常生活又は社会生活を営むための支援を受けられることにより社会参加の機会が確保されること及びどこで誰と生活するかについての選択の機会が確保され、地域社会において他の人々と共生することを妨げられないこと並びに障害者及び障害児にとって日常生活又は社会生活を営む上で障壁となるような社会における事物、制度、慣行、観念その他一切のものの除去に資することを旨として、総合的かつ計画的に行わなければならない」

 あなたの学級（または学校）で地域の人々との交流及び共同学習を計画すると仮定します。その際、留意する点を三つ挙げ、その理由を説明してみよう。

[参考文献・ホームページ]

• 国立特別支援教育総合研究所『共に学び合うインクルーシブ教育システム構築に向けた児童生徒への配慮・指導事例』ジアース教育新社、2014年
• 冨永光昭『小学校・中学校・高等学校における新しい障がい理解教育の創造―交流及び共同学習・福祉教育との関連と5原則による授業づくり』ジアース教育新社、2011年
• 全国特別支援教育推進連盟『交流及び共同学習事例集』ジアース教育新社、2007年
• 交流及び共同学習ガイド（文部科学省）：http://www.mext.go.jp/a_menu/shotou/tokubetu/010/001.htm

特別支援教育コーディネーター

特別支援学校では地域の小・中学校への支援および地域の関係機関などとの連携・協力において中心的な役割を果たす者としてコーディネーターを指名することになっている。また、幼・小・中・高等学校では、園ぐるみ、学校ぐるみで特別なニーズ児に対応するにあたっての中心的な役割を担うものとしてコーディネーターを指名することになっている。

●小・中学校のコーディネーターの仕事
①校内の関係者や特別支援学級との連絡調整
②地域の関係機関との連絡調整
③保護者に対する相談窓口
④学級担任への学習集団づくりを含む支援
⑤専門家チームや巡回相談員との連携
⑥校内委員会での推進役
⑦特別なニーズをかかえる子の記録保持
⑧特別支援学校との連絡調整
⑨「個別の教育支援計画」の作成
⑩進学先校への引き継ぎ
⑪障害児の個人情報保護管理
⑫学習サポーターやボランティア等の指導
⑬教育相談の実施計画の立案と実施

●イギリスのコーディネーター
イギリスには「特別ニーズ教育コーディネーター (special educational needs codinator; SENCO)」の制度がある。

イギリスでは、児童生徒の約20%になると推測される特別なニーズ児に対応するために、SENCOを配置する。

就学前では、保育現場の責任者がSENCOになり、保護者や専門家との連絡調整、保育士に対する助言・支援、個別教育計画の作成。子どもの記録と管理を担当することになっている。

初等および中等教育学校では、SENCOは、校長や学校理事会と協同して、特別ニーズ児への校内対応のキーパーソンと

■ 特別支援教育とコーディネーター

コーディネーターは、国語辞書では、「物事を調整する人／間に立ってまとめる人」と説明されている。特別支援教育を推進するうえで中心的な役割を果たす者として、特別支援教育コーディネーター（以下では、コーディネーターと略記）が想定されている。そのため、小・中学校および特別支援学校は、特別支援教育コーディネーターを指名し校務に位置づけることが求められた。高校および幼稚園においても、コーディネーターないしコーディネーター的役割を担う者の指名は、特別支援教育の推進のために必要と考えられている。

学校における特別支援教育コーディネーターの指名に言及したのは、『今後の特別支援教育の在り方について（最終報告）』（2003年）であった。同最終報告では、特別支援教育コーディネーターは「保護者や関係機関に対する窓口として、また学校内の関係者や福祉、医療等の関係機関との連絡調整役としての役割」を担う者として記述されている。

■ 校内支援型と地域連携型のコーディネーター

特別支援教育コーディネーターは、小・中学校と特別支援学校とで、その役割が多少異なることに注意が必要である。小・中学校のコーディネーターは、校内委員会の実質的なマネジャーであり、校内委員会を媒介として、校内の特別な支援を必要とする子どもたちへの支援を組織化し、そのために必要な教員研修や校内の取りまとめ役を担うことになる。

それに対して、特別支援学校のコーディネーターは、学習と生活の困難を克服し児童・生徒の豊かな発達を保障するために地域の関係機関と連携するとき、また特別支援学校がセンター的機能のための活動を展開するとき、関係機関や保護者との調整を行うキーパーソン的人物である。そこで、小・中学校のコーディネーターを校内支援型コーディネーターと呼ぶなら、特別支援学校のコーディネーターは地域連携型コーディネーターと呼ぶことができる。

■ コーディネーターの資格

コーディネーターは、法令的な根拠はないために、教職員定数として配置されることになっていない。そのため、教頭、教務主任、生徒（児童）指導主任、特別支援学級担任、養護教諭、進路指導担当など、学校によっていろいろな指名のされ方がなされている。教育委員会によっては、各学校のコーディネーター

とは別に独自にコーディネーターを指名して、行政区域内の各小・中学校を巡回して教員や保護者に対する特別支援教育推進の助言・指導に従事させているところもある。また特別支援学校では、通学区が複数の市町村にまたがり広域であったり、小・中・高等部ごとにコーディネーターを指名したり、複数のコーディネーターを指名して仕事を分担している。

いずれにしろ、コーディネーターが、その仕事を本格的に果たそうとすると、仕事量は多く、教員の定数配置が必要であり、それが実現しない限りでは、コーディネーターの校務の軽減措置が求められよう。また学校規模や学校の立地により、また教頭や校務主任の仕事とのすみ分け具合などにより、コーディネーターの仕事が多少異なる。小・中学校においては特別支援学級（障害児学級）が設置されているということだけで、その学級担任がコーディネーターとして適任であるとは限らない。

なお、コーディネーターに特段の資格は求められていない。各都道府県では、コーディネーター養成研修を開講して、その知識・技能の向上を図っている。なお、文部科学省・調査研究協力者会議の『今後の特別支援教育の在り方について（最終報告）』（2003年）では、コーディネーターは「障害のある児童生徒の発達や障害全般に関する一般的な知識およびカウンセリングマインドを有すること」が望ましい旨を提言しているが、障害に関する専門的な知識・技能と同僚や関係者と協働できる指導的力量ならびに連携のコミュニケーション能力が必要であろう。

■ 不登校対応とコーディネーター

コーディネーターは、障害児のためにだけ校内指名が求められているのではない。文部科学省・調査研究協力者会議による「今後の不登校への対応の在り方について（報告）」（2003年）は、多数にのぼる不登校児に対して学校ぐるみで取り組むために「コーディネーター的役割を果たす教員」を校内に位置づけることを提言している。

同報告は、学校、家庭、地域、民間施設やNPOなどとの連携ネットワークによる支援を推進すること、また「心の居場所」「絆づくりの場」としての学校の実現を図る校内サポートチームの立ち上げを提言した。その際、「コーディネーター的役割を果たす教員」が中核的な役割を果たすとした。不登校児は、特別な支援を必要とする子どもであることを考えるなら、また地域の関係機関と連携・協力を図りながら支援することを考えるなら、コーディネーターとして機能する教員が学校内にいることが望まれるといえる。

その場合、特別支援教育コーディネーターが不登校対応コーディネーターを兼務するか、それとも両者を別々に考えるかは、対象児童生徒の数や学校規模などを勘案しなければならないであろう。なお、文部科学省は、2008年度、不登校や虐待への対応のために「スクールソーシャルワーカー活用事業」を立ち上げている。

（清水貞夫）

され、日常的な教育的対応の調整、保護者や学校外機関との協働、同僚教師との協働と助言、学習支援員等の研修と監督、教育心理士や理学療法士などの手配、ボランティアとの連絡調整に当たるとされている。SENCOの全国基準があり、その職務は「実践要綱（SEN Code of Practice）」に規定されている。

●スクールソーシャルワーカー（SSW）

文部科学省は、2008年度、SSWの配置に乗り出した。いじめ・不登校・暴力行為・児童虐待などが深刻化する中でSSWの配置が教育現場から強く求められた結果である。

SSWは、「問題解決は、児童生徒あるいは保護者、学校関係者との協働によって図られる」との考えの下で、問題解決を代行する者ではなく、自らの力によって解決できるような条件づくりに参加するというスタンスをとる。

また、問題を個人の病理としてとらえるのではなく、社会システムや自然までも含む「環境との不適合状態」としてとらえる。それゆえ、対応としては、「個人が不適合状態に対処できるよう力量を高めるように支援する」あるいは「環境が個人のニーズに応えることができるように調整をする」ことになる。

2015（平成27）年の中教審答申「チームとしての学校の在り方と今後の改善方策について」では、「専門性に基づくチーム体制の構築」が、今後の学校運営に求められるとして、「国は、スクールカウンセラーやスクールソーシャルワーカーを学校等において必要とされる標準的な職として、職務内容等を法令上、明確化することを検討する」とした。

 特別支援学校のコーディネーターと小・中学校のコーディネーターを訪問し、仕事内容を聴取し、両者を比較してみよう。

［参考文献］
・相澤雅文・清水貞夫・二通諭・三浦光哉編著『特別支援教育コーディネーター必携ハンドブック』クリエイツかもがわ、2011年
・清水貞夫・渡辺正敏訳『インクルーシブ教育とコーディネーターの仕事―イギリスにおける特別ニーズ教育コーディネーターの役割と機能―』、田研出版、2006年

第1章 020

学校ぐるみの特別支援教育と校内委員会

通常学級には、特別な支援を必要とする子どもたちが在籍している。そうした子どもたちへの教育指導を学級担任だけに任せるのでなく、学校が一丸となって取り組むために特別支援教育校内委員会がある。この校内委員会が核になって、学校全体が特別支援教育に取り組まなければならない。

●特別支援教育支援員

2007年度4月より、文部科学省は、地方交付税付金により、小・中学校に特別支援教育支援員を配置している。これは、各市町村で教員養成大学の学生やボランティアによって特別支援教育の補助役を担ってもらう取り組みが一般化してきたのを受けて、それに対する支援である。

文部科学省は、2007年に「特別支援教育支援員を活用するために」を発行した。同文書によると、特別支援教育支援員の役割は、次の事項である。

①基本的生活習慣確立のための日常生活上の介助
②発達障害の児童生徒に対する学習支援（板書の読み上げ、飛び出し児童生徒の安全確保など）
③学習活動、教室間移動等における介助
④児童生徒の健康・安全確保など
⑤運動会、学習発表会、修学旅行などの学校行事での介助
⑥周囲の児童生徒の障害理解促進

●米国のRTIモデル

米国では、「教育指導（介入）への応答（Response To Intervention:RTI）」モデルが通常学校での学習に困難を示す子への支援として主張されている。

RTIは、知能と実際の達成度の格差をもとにしたLD判定方法に代わるものとして米国では教育現場に導入され、LDの増加により障害児教育財政の増大を

■ 学校ぐるみの特別支援教育

通常学級には、学習障害（LD）や注意欠陥・多動性障害（ADHD）などの障害児を含む特別なニーズをかかえる児童生徒が在籍している。そして、通常学級は特別支援教育の場の一つである。そのことは、通常学級の担任だけが、その特別支援を提供するということではない。むしろ、学校の教職員が、一丸となって、特別なニーズ児の適切な教育を保障すると考えるべきである。特別なニーズ児の在籍する通常学級担任だけに、そうした児童生徒の指導を任せきりにするのでなく、教職員が同僚性を発揮して協働しなければならない。一つの学校に所属する教職員がみんなで全児童生徒一人ひとりを指導しているのである。

■ 校内委員会の仕事

学校ぐるみの取り組みで中心的な役割を担う学校内組織が特別支援教育校内委員会である。同委員会は、幼・小・中・高校のいずれにおいても組織されなければならない組織である。「必要に応じて」開催するのでなく定期的にもたれるべき委員会である。同委員会は、概略、次のような仕事を任務にすると考えられている。

①教職員に対する研修の組織化
②学校内在籍の特別なニーズ児に関する情報収集と実態把握
③特別なニーズ児に対する対応策の立案（学級担任による「個別の指導計画」作成への支援、通常学級内での座席配置や個別指導・援助等の学級集団づくり方策の明確化、特別なニーズ児に対応した環境づくりと資源確保）
④関係機関との調整・連携のための活動（教育委員会や専門家チーム・巡回相談員、医療機関や特別支援学校など）
⑤保護者への相談・支援と連携（保護者の願いの受け止め）
⑥立案・実施した特別なニーズに対する対応の定期的なレビュー

特別支援教育校内委員会は、特別支援教育の対象児ないし特別なニーズ児に関わる校内委員会であるが、不登校児もその対象児に含めてもよいであろう。不登校は、学校が子どもを引きつける力を減退する中で、多様な要因で生起してくる現象であり、どこの学校にも見られる現象である。そして、その数は、小・中学生で約14万人（2017年）に達している。

なお、国連の障害者権利条約が批准され、障害者基本法の改定と障害者差別解消法が制定されたことにより、「合理的配慮」の提供が学校には義務づけら

れたが、障害者本人・保護者が「合理的配慮」の提供を校内委員会に求めることも考えられる。「合理的配慮」の提供は学校設置者が負うものであるが、校内委員会は、その窓口になり、必要に応じて、協議が求められることもあるであろう。

■ 校内委員会と授業研究

文部科学省統計（平成29年度特別支援教育体制整備状況調査）によると、校内委員会の設置は、幼稚園93.2%、小学校100%、中学校99.9%、高校99.3%であるから、公立小・中学校には必ず設けられているといってよい。だが、その機能状態は不明である。校内委員会が機能するか否かは、学校ぐるみでの特別なニーズ児対応を支える同僚性という学校風土・文化が存在するか否か、また校内委員会は、管理職（校長・副校長）、特別支援学級担任、養護教諭、生徒指導責任者、教育相談責任者、コーディネーター、研究部責任者等で構成されるのが通常であるが、特段の定めはない（幼稚園などでは職員会議が当てられる）。むしろ、学校規模に応じて適宜柔軟に対応するのが望ましいであろう。だが、校内委員会のキーパーソンは特別支援教育コーディネーターであり、校内委員会が機能するか否かは、管理職が的確なバックアップをするか否かである。

しかしながら、特別なニーズ児に対する学校ぐるみの取り組みが効果を上げるには、校内組織である授業研究を行う研究部や現職研修部などの校内委員会と連携する必要がある。それは、児童生徒が特別な支援のニーズを顕在化させるのは授業過程においてであるからである。学校生活の中心は授業であり、その授業が児童生徒にとってわかりやすく楽しいものであれば、児童生徒が特別の支援を必要とすることはないといえる。そうした授業を創る努力が授業研究である。

授業研究と校内委員会は、共同・協働して特別なニーズ児の出現を予防できる。予防こそ最善の対策である。そうでないと、校内委員会は事後対策的後始末の処理に追われるだけとなろう。校内委員会が機能し効果を発揮している学校では授業研究が活発である。

■ 特別支援教育支援員や介助員など

学校ぐるみの特別支援教育を推進するには、まずもって、通常学級の人的教育条件の改善が求められる。その改善には、次のような事項があろう。すなわち、①学級規模の縮減による少人数学級の実現、②必要に応じた教員の配置（少人数指導やティーム・ティーチング以外にも学級担任をもたない教員の配置）、③必要に応じた学習支援員や介助員の配置、などである。

物的条件整備としては、バリアフリー化が求められる。加えて、一定規模以上の通常学校には、特別支援学級、通級による指導を担う通級指導教室、個別的に学習を支援する学習支援室や教育相談室、落ち着きを取り戻すための小規模な空間などが必要であろう。　　　　　　　　　　　　（清水貞夫）

防げる方略と考えられた。

しかしながら、そうした判定方法というより、日常的に子どもを観察しながら、子どもの実態に即した教育指導（介入）度合を高めて、達成度の低い子どもが特別支援教育の対象になるのを防ぐ方略と考えるべきであろう。

RTIでは、最初に、通常教育のすべての子どもに質の高い教育を保障しつつ、全員のスクリーニングテストを行い、学習に困難をかかえる子を明らかにする。次に、その子をモニターしながら、教育指導（介入）の度合を順次強めていくことになる。

教育指導（介入）は、カリキュラムを基礎にして行われ、通常学級内での教育指導（介入）から少人数指導、個別指導へと変化していき、最終的に障害児教育へと引き継がれることもあると考えられている。

また、当初は、通常教育教師が担当しながらも、教育指導（介入）がうまくいかないときは、順次、障害児教育担当者が子どもにかかわる度合を増すことになる。

●同僚性

昔、職員室にお茶を飲む空間があり、先生方はそこで子どもや教材のことを談じた。また先生方は、帰路の途中、一杯飲み屋で子どもや授業の話をした。今や、そうした風景も見られない。こうした気楽な空間の中で、新米教師は叱咤激励されて教師として成長していった。また、教師の同僚性が育まれた。

先生方は、年齢、性別、役職の有無に関係なく協働し得た。こうした空間が消滅した今、教師が同僚性を育む職場づくりが必要である。

 小学校と中学校を訪問し、校内委員会で取り上げられる協議題を聞き取り、両者を比較考察してみよう。

［参考文献］
・文部科学省「特別支援教育の推進について」（通知）、2007年
・小貫悟監修『特別支援教育スタンダード校内委員会の1年間月別マニュアル』東洋館、2014年

通常学校における「合理的配慮」

第1章
021

国連・障害者権利条約の批准に伴い、通常学校における「合理的配慮」の提供とその整備が喫緊の課題となっている。学校における「合理的配慮」は主に、(1) 施設・設備、(2) 教育内容・方法・評価、(3) 支援体制の三つの観点から考えることができる。

●障害者差別解消法と「合理的配慮」

2013年制定の障害者差別解消法(2016.4.1施行)は、社会的障壁(社会における事物、制度、慣行、観念その他一切のもの)の除去と合理的配慮を規定している。そして、同法の広報用リーフレットで、「どのような配慮が合理的配慮に当たるかは個別ケースで異なる」とし、「典型的な例としては、車椅子の方が乗り物に乗る時に手助けをすることや窓口で障害のある方の障害の特性に応じたコミュニケーション手段(筆談、読み上げなど)で対応することなどが挙げられます」と説明している。なお、この法律では「合理的配慮」は国の行政機関・地方公共団体などが法的義務で、民間事業者は努力義務となっている。障害者差別解消法には障害者教育についての条項はない。

地方自治体では、障害者差別の解消のための条例を制定するところが増加してきている。そうした地方自治体条例は「合理的配慮」の義務を規定するとともに、教育の条項をもつ条例もある。その若干を紹介する。

岩手県の「障がいのある人もない人も共につくる岩手県づくり条例」(23.7.1.施行)のパンフレットを見ると、「教育」の項目に、発達障害のある人が修学旅行前に、「なにかあると困るので親の付き添いがないといけない」といわれるようなことは条例違反と例示されている。また不服申し立てとして、市町村社会福祉協議

■ 障害者権利条約の批准と「合理的配慮」の定義

2006年12月に障害者権利条約が国連総会で採択され、日本は2014年1月に批准した。この障害者権利条約第24条「教育」では、「個人に必要な『合理的配慮』の提供」が記されている。わが国では、中央教育審議会初等中等教育分科会特別支援教育の在り方に関する特別委員会のもと、この「合理的配慮」とは「障害のある子どもが、他の子どもと平等に『教育を受ける権利』を享有・行使することを確保するために、学校の設置者及び学校が必要かつ適当な変更・調整を行うことであり、障害のある子どもに対し、その状況に応じて、学校教育を受ける場合に個別に必要とされるもの」であり、「学校の設置者及び学校に対して、体制面、財政面において、均衡を失した又は過度の負担を課さないもの」と定義された。

■ 学校における「合理的配慮」

通常学校の中で「合理的配慮」を考える上で、大きな観点としては、(1)施設・設備、(2) 教育内容・方法・評価、(3) 支援体制の三つがあげられる。

(1) 施設・設備

まず考えられるのが、校内環境のバリアフリー化である。視覚・聴覚に障害のある子どもや肢体不自由の子どもが安全かつ円滑に学校生活を送れるためのスロープや手すり、誘導ブロック、エレベーターの整備、多機能トイレの設置、校内の段差の解消などが求められる。また、種々の学校行事への主体的な参加を促すためには、体育館での鑑賞会でスクリーンに字幕を映すなどの環境整備も必要となる。その他、校内放送が聞こえない子どもへの情報を保障するモニターの設置など緊急災害時に備えた整備を進めていくことも重要である。

(2) 教育内容・方法・評価

障害のある子どもが通常学級や通常学校で学ぶうえでは、その障害特性やニーズに応じた学習内容の変更や調整、多様な学習方法の保障が求められる場合がある。たとえば難聴の子どもが学習する際の手話通訳や、弱視の子どもが読みやすい拡大教科書の導入はその一例である。その他に、今日の通常学級でLD、ADHD、高機能自閉症など発達障害の子どもも多く学んでいることから、彼らが経験している困難に即した学習方法を柔軟に取り入れていくことも重要だろう。たとえば、LDで「書く」ことに困難をもつ子どもの場合であれば板書を写す負担を軽減するためにプリントを用意する、パソコンの使用を認める

などの配慮を考えることが可能である。また、注意集中の困難さをもつ子どもにはプリント1枚あたりの問題数を減らしたり、活動の合間に短い休憩時間を入れたり、一つひとつの活動を短時間で切り替えていくことが有効な学習支援となる。また見通しの持ちにくさから不安を感じることの多い子どもにとっては、冒頭で授業の流れを示すことが落ち着いて学習に向かう手立てとなりうる。2017年に改訂された新学習指導要領では、「各教科等」において、「障害のある児童（生徒）などについては、学習活動を行う場合に生じる困難さに応じた指導内容や指導方法の工夫を計画的、組織的に行うこと」と明記された。このことから、個々の子どもが学びの過程で経験している困難さに応じた指導上の配慮や支援は「どの教科」「どの授業」でもますます重要となっているといえる。

さらに、彼らの学習の成果を適切に評価するためには、評価方法の多様化を図ることも「合理的配慮」の重要な視点となる。たとえば文章を書いて意見をまとめることが苦手な子どもの場合は、口頭で自分の意見を発表できる場を設けることで理解力を測ったり、「読む」ことに困難を経験している子どもであれば、試験時間の延長や代替手段（問題文の漢字に仮名を振る、問題を読んでもらうなど）を講じることで、その子の読解力を適切に評価することが可能となる。このように一人ひとりのニーズに合わせて教材や授業の進め方、評価方法を工夫することが「合理的配慮」のポイントである。

(3) 支援体制

各学校では校内委員会が組織され、特別支援教育コーディネーターが、その役割を発揮しつつある。また、特別支援学校のセンター的機能や専門家チームなど学外の関係機関との連携も行われ、必要に応じて特別支援教育支援員を配置したり、巡回相談を通じて校内や学校と家庭の共通理解を図る試みも進められたりしている。今後は、こうした連携を含めた学校全体として指導・支援体制をさらに充実させていくことが「合理的配慮」の重要な観点の一つとなる。

■ 柔軟で適切な「合理的配慮」の決定と充実に向けた課題

「合理的配慮」は子ども一人ひとりの障害の状態や教育的ニーズなどに応じて決定されるものである。「合理的配慮」の否定は障害を理由とする差別にあたるとされる一方で、それを提供するための人的・物的資源や財源は無限ではない。各学校の設置者や学校側はその体制・財政面の制約を勘案しながら、何をもって必要な「合理的配慮」とするのか、何から優先して提供していくのかなどを、当事者および保護者と十分に相談・検討を重ねて合意形成を図っていく努力が求められる。大事なのは「合理的配慮」の中身だけでなく、その決定プロセスである。だからこそ、「合理的配慮」とは一度決定したら、それで十分なのではなく、子どもの成長や課題の変化に合わせて、柔軟に見直していくことも忘れてはならない。 　　　　　　　　　　（窪田知子）

会が第一次的な相談窓口になり、岩手県広域振興局等が当事者への確認・調整・アドバイスを行い、最終的に岩手県本庁と専門家が解決するとしている。

「京都府障害のある人もない人も共に安心していきいき暮らしやすい社会づくり条例」（2015.4.1施行）また「障害のある人もない人も共に暮らしやすい千葉県条例」（2007.7.1施行）では、障害者教育について、意見聴取や必要な説明なしに障害者の就学決定は差別に該当すると規定されている。

●文部科学省「合理的配慮等環境整備検討ワーキンググループ報告」（2012年2月報告）
(1)-2-1　情報・コミュニケーション及び教材の配慮
（一部抜粋）

自閉症・情緒障害	自閉症の特性を考慮し、視覚を活用した情報を提供する（写真や図面、模型、実物等の活用）。また、細かな制作等に苦手さが目立つ場合が多いことから、扱いやすい道具を用意したり、補助具を効果的に利用したりする。
学習障害	読み書きに時間がかかる場合、本人の能力に合わせた情報を提供する（文字を読みやすくするために体裁を変える、拡大文字を用いた資料、振り仮名をつける、音声やコンピュータの読み上げ、聴覚情報を併用して伝える等）。
注意欠陥多動性障害	聞き逃しや見逃し、書類の紛失等が多い場合には伝達する情報を整理して提供する（掲示物の整理整頓・精選、目を合わせての指示、メモ等の視覚情報の活用、静かで集中できる環境づくり等）。

 check 学校を訪問し、「合理的配慮」として具体的に校内でどのような支援や配慮を行っているか聞き取りをしてみよう。

［参考文献・ホームページ］
・文部科学省：「合理的配慮」の例（2010年9月6日）
　http://www.mext.go.jp/b_menu/shingi/chukyo/chukyo3/044/attach/1297377.htm
・国立特別支援教育総合研究所：「合理的配慮」実践事例データベース
　http://inclusive.nise.go.jp/?page_id=15

022 小・中学校の「通級による指導」と通級指導教室

「通級による指導」が制度化されたのは比較的新しい。特別支援教育の発足以降、毎年、指導を受ける子どもたちが増大しているのは「通級による指導」の場である通級指導教室である。しかし、通級指導教室の設置数は、まだ不足しているし、制度的にも改善すべき課題も少なくない。

●「通級による指導」の指導時間

〈改正前〉

指導内容	標準年間指導時間
自立活動	年間35〜105単位時間（週1〜3単位時間）
教科指導の補充	自立活動と併せて概ね合計280単位時間以内（週8単位時間程度）
合計	年間35〜280時間（週1〜8単位時間程度

〈改正後〉

指導内容	標準年間指導時間
自立活動及び教科指導の補充	年間35〜280単位時間（週1〜8単位時間）ただしLD・ADHDは年間10〜280時間（月1〜週8単位時間程度）

（「自立活動」と「教科指導の補充」を併せた標準時間のみ規定した）

●「巡回による指導」

小・中学校や特別支援学校あるいは教育センターの教員が他学校を訪問して指導する形態を言う。これは、「通級による指導」の一形態である。この場合、教育課程外の個別指導として行われたり、特別支援学校の「センター的機能」の一つとして行われている例がある。

また、小・中学校の児童生徒が特別支援学校（聴覚支援学校）で「特別の指導」を受けることが広く行われている。これも「通級による指導」の一つである。また辺地では、町内の小・中学校の特別支援学級の担当教師が曜日を定めて辺地校のために出向による指導を行ってもいる。

■「通級による指導」の制度化

旧文部省・調査研究協力者会議の『通級による指導に関する充実化方策について（審議のまとめ）』（1992年）を受けて、学校教育法施行令の改正後、正式に制度化されたのが「通級による指導」である（1993年）。この制度化以前では、「通級による指導」の対象児は通常学級の中で留意して指導するとされていたのである。「通級による指導」は、通常の学級に在籍しながら、特別の指導を受ける指導形態として特別支援教育体制の一つとして位置づけられている。

「通級による指導」は正式に制度化される以前から存在していた。それは、1960年代後半以後、難聴児や言語障害児（吃音・口蓋裂など）が「きこえ・ことば教室」と呼ばれる「特殊」学級に在籍しながら通常学級でほとんどの授業を受ける形態として運営されてきていた。旧文部省・調査研究協力者会議は、そうした現実を正式の制度に変更し、同時に、対象児を学習障害児等にも拡大しようとしたのであった。だが、同会議は、学習障害児等の定義や判別基準が明らかになっていないとの理由で、学習障害等の「通級による指導」の対象として認知しないまま、「学習障害及びこれに類する学習上の困難を有する児童生徒の指導方法に関する調査研究協力者会議」（1992年設置）へ引き継いだ。

その後、1999年になって、「学習障害及びこれに類似する学習上の困難を有する児童生徒の指導方法に関する調査研究協力者会議」は『学習障害児に対する指導（最終報告）』をまとめる。旧文部省は、同報告を受けて、「学習障害児（LD）に対する指導体制の充実事業」を立ち上げる。同事業は、小・中学校に校内委員会を設置し実態把握を行い、また教育委員会に専門家チームを派遣し教育的対応を決定するという指導体制の構築をめざすものであった。この事業が教育現場に入り込むことで、小・中学校は、通常学級に在籍してはいるが同時に特別な支援を必要とする児童生徒の存在に意識を向けることになる。そして、学習障害児等の通常学級在籍の特別なニーズ児を「困る子」ではなく「困っている子」として理解すべきとの認識を示す。

■ 文部科学省による特別支援教育への組み込み

2001年1月6日、中央省庁再編により、文部省と科学技術庁が廃止され、これらを統合した文部科学省が設置される。文部科学省・調査研究協力者会議の『21世紀の特殊教育の在り方について（最終報告）』（2001年）は、学習障害（LD）を「通級による指導」の対象とする方針を示し、注意欠陥・多動性障害（ADHD）・

高機能自閉症等については実態調査を行うとした。そして、『今後の特別支援教育の在り方について』が、特殊教育に代えて特別支援教育を打ち出すとともに、LD・ADHD・高機能自閉症等の児童生徒が通常学級に約6％在籍する実態調査の結果を報告して、特別支援教育体制の中への組み入れを急ぐこととした。LD・ADHD・高機能自閉症等の児童生徒が約6％も通常学級に在籍するという実態調査結果は、当時、教育・社会問題化していた「学級崩壊」と重ねられ、発達障害者支援法（2005年施行）の制定につながったと言える。

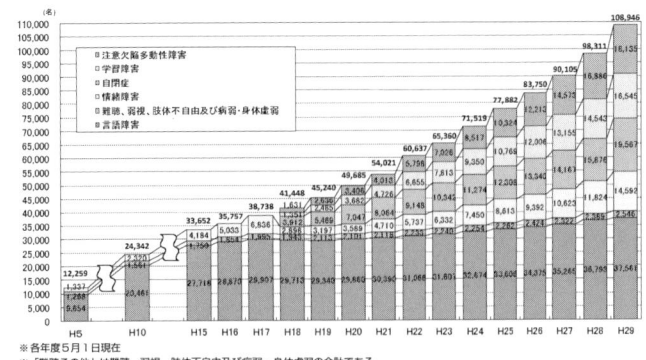

図　通級による指導を受けている児童生徒数の推移（障害種別／公立小・中学校合計）

※各年度5月1日現在
※「難聴その他」は難聴、弱視、肢体不自由及び病弱・身体虚弱の合計である
※「注意欠陥多動性障害」及び「学習障害」は、平成18年度から通級指導の対象として学校教育法施行規則に規定
（併せて「自閉症」も平成18年度から対象として明示、平成17年以前は主に「情緒障害」の通級指導の対象として対応）

　特別支援教育に組み込まれた「通級による指導」は、学校教育法施行規則第140条を法的根拠としている。同条項によると、「言語障害者、自閉症者、情緒障害者、弱視者、難聴者、学習障害者、注意欠陥・多動性障害者、その他」であり、指導は「障害に応じた特別の指導」であり、その内容は「自立活動と各教科の補充指導」である。「通級による指導」を受ける児童生徒は、小・中学校の通常の教育課程に加えて、「自立活動や各教科の補充指導」を受けるケースと、その一部に替えて「自立活動と各教科の補充指導」を受けるケースがある。

　対象となる児童生徒については、「通級による指導の対象とすることが適当な自閉症者、情緒障害者、学習障害者又は注意欠陥・多動性障害者に該当する児童生徒について（通知）」（平成18年3月31日、文科初1178号）で示されている。以下は同通知の一部である。

　「…通級による指導の対象にするか否かの判断に当たっては、保護者の意見を聴いた上で、障害のある児童生徒に対する教育の経験のある教員等による観察・検査、専門医による診断等に基づき、教育学、医学、心理学等の観点から総合的かつ慎重に行うこと。その際、通級による指導の特質に鑑み、個々の児童生徒について、通常の学級での適応性、通級による指導に要する適正な時間等を十分考慮すること。…」

■「通級による指導」の課題

　「通級による指導」の場である通級指導教室の整備は十分ではない。これは、通級指導教室を担当する教員の配置が、加配という方式で行われていたためである。また「通級による指導」を受ける児童生徒の整備は、放課後に保護者付き添いによる他校へ通級のために出向く方式が過半を占めている。加えて、特別支援学級や通常学級の知的障害児は、「通級による指導」になじまないとされ除外されている。現実に、知的障害児の中には、通級により言語指導や教科の補充を希望していることを考えると是正されるべきであろう。これは、制度上の合理的配慮提供違反と考えることもできる。

（清水貞夫）

●通級指導教室担当教員の定数化

　「通級による指導」の教員は、いわゆる「義務標準法」の加配により配置されていた。加配による配置では、各年度の予算で決まることから見通しをもった運営ができないという問題を抱えていた。2016年度末の予算折衝で翌年度から、要日本語指導児教員とともに、対象児童生徒数に応じた基礎定数による配置に転換した。これにより指導体制が安定化すると期待された。しかし、10年間で加配定数（2016年度約6.4万人）の約3割の基礎定数化計画であり、「通級による指導」では対象児童生徒数13人につき1名（要日本語指導児では18人に1人）の配置である。

●知的障害と通級による指導

　知的障害は通級による指導から外されているが、2015（平成27）年12月22日の閣議で、「研究成果の検証を踏まえて、平成31年度中に結論を得る。その結果に基づき必要な措置を講ずる」とされた。

---

 check　各自で地元の市町村の小・中学校配置地図の中に、通級指導教室設置校を朱書して、相互比較して考察しよう。

［参考文献］
・文部科学省特別支援教育課「新たな『通級による指導』の始まり」（季刊『特別支援教育』、No.22, 2006年）
・文部科学省編『通級による指導の手引き（改訂版）』第一法規、2007年

第1章
023

高等学校での特別支援教育
および通級指導

2007年度からの特別支援教育法制化により、高等学校においても特別支援教育の推進が求められるようになった。しかし、高等学校の特別支援教育は設置者の違いや設置学科の多様性、入学者選抜の実施なども作用して、義務教育段階と比べて、その整備状況に課題がある。2018年度からは、義務教育段階と同様に「通級による指導」も開始された。

●高等学校の特別支援学級

　学校教育法の規定では高等学校にも特別支援学級を置くことができるとされているが、実際には高等学校に特別支援学級は置かれていない。

　その理由はさまざまだが、学校教育法施行規則では特別支援学級の学級定数・教育課程に関する規定が義務教育段階に限定されており、高等学校が除外されている（公立高等学校の適正配置及び教職員定数の標準等に関する法律も同様で、高等学校の学級編制の規定に特別支援学級はない）。

　また、高等学校設置基準においても、小学校・中学校の設置基準とは異なり、「校舎に備えるべき施設」に特別支援学級が規定されていない。

　その一方で、学級ではないが特色ある学科・コースを設けることで、特別な教育的ニーズを有する生徒を受け入れている高等学校は存在する。

●大阪府「知的障がい生徒自立
　　支援コース・共生推進教室」

　大阪府は、「共に学び、共に育つ」教育の推進から、高等学校での知的障害生徒の受け入れを行っている。5年間の調査研究の期間を経て、2006年度から「自立支援コース」と「共生推進教室」を府立高校に設けた（2019年度、自立支援コース設置は9校。高校内に共生推進教室を置く高等支援学校は4校で、8校の高校が連携）。

　「自立支援コース」は、府立の

■ 義務教育段階より遅れた体制整備

　高等学校における特別支援教育は、高等学校自体がそれ以前の義務教育段階とは異なり、学校設置者の違いや設置学科の多様性、また高校入試といった入学者選抜が実施される関係から、必ずしも全国一律的な形でその教育が展開されているわけではない。学校教育法第8章「特別支援教育」では、第81条第1項において高等学校にも他の学校種同様に「障害による学習上又は生活上の困難を克服するための教育を行う」ことを規定し、同第2項では高等学校にも「特別支援学級を置くことができる」としている。しかし、実際には高等学校の特別支援学級は設置が行われず、障害の有無にかかわらず通常の教育課程で学ぶことが一般的である。一部の学校では、知的障害を対象としたコースを設けている例が存在するが、発達障害においては通信制の課程で積極的に受け入れることを打ち出している学校も存在している。

　「通級による指導」については、長らく義務教育段階に限られ、義務教育段階での通級指導を受ける児童生徒数の増加を踏まえ、高等学校においても通級指導の実現が望まれてきた。2018年度より、学校教育法施行規則第140条の規定で「小学校、中学校、義務教育学校、高等学校又は中等教育学校」と通級による指導を行う学校種が後期中等教育段階にも拡大され、ようやく高等学校での通級による指導が実施されることとなった。

　高等学校学習指導要領（2009年告示）では、第1章総則において特別支援学校等の助言・援助を活用しながら、個別の指導計画や個別の教育支援計画を作成することにより、個々の生徒の障害の状態等に応じた指導内容・方法の工夫を組織的・計画的に行うように記されていた。2018年に告示された新たな学習指導要領では、通級による指導の実施を踏まえた内容が加わっている。また、通級による指導の運用にあたって、障害に応じた特別の指導を高等学校の教育課程に加えたり、一部（必履修教科・科目等を除く）に替えることができることとされた。そして、障害に応じた特別の指導に係る修得単位数を、年間7単位を上限に全課程の修了を認める必要な単位数に加えることも認められている。

■ 高等学校に対する支援体制づくりの動き

　後期中等教育に位置する高等学校は義務教育ではないとはいえ、就学状況をみるとほぼ義務教育並みの準義務化の状態である。また、中学校の特別支援学

級卒業者の進学状況においては、2017（平成29）年春で39.1%が特別支援学校高等部ではない後期中等教育の場（高等学校・中等教育学校後期課程・高等専門学校）へ進学している。統計上、高等学校における障害児の在籍状況を把握することは容易ではないが、発達障害等の困難のある生徒に限ると、文部科学省が公表している数字では、高校進学者の約2.2%、課程別で全日制1.8%、定時制14.1%、通信制15.7%の在籍率が指摘されている。数字の大小は別として、高等学校において一定数の障害生徒が入学して学んでいるのが現実である。

文部科学省は、2007年度より「高等学校における発達障害支援事業」を開始し、指定したモデル校において専門家を活用したソーシャルスキルの指導や授業方法・教育課程上の工夫、就労支援等について実践的な研究に取り組んだ（2010年度〜「特別支援教育総合推進事業」に組み入れられる）。2009年には、特別支援教育の推進に関する調査研究協力者会議高等学校ワーキンググループが「高等学校における特別支援教育の推進について」の報告をまとめ、2011年度からは特別支援教育支援員（地方財政措置）の対象校種を高等学校にも拡大している。

その後、体制整備の遅れを取り戻すための取り組みが行われた。2012年には、中央教育審議会初等中等教育分科会が「共生社会の形成に向けたインクルーシブ教育システム構築のための特別支援教育の推進（報告）」を公にし、高等学校において自立活動等を指導することができるよう、特別の教育課程の編成の検討が必要と指摘した。以降、2014度から「高等学校における個々の能力・才能を伸ばす特別支援教育充実事業」を開始、2015年10月から調査研究協力者会議を設置して、2016年に「高等学校における通級による指導の制度化及び充実方策について」の報告書を取りまとめ、これらを踏まえて2018年度からの高等学校における通級による指導の実施に必要な法令改正を行った。

■ 高等学校における課題

通級による指導が、義務教育段階に続いて高等学校でも実施されるとはいっても、高等学校教育の特性や青年期の発達課題をめぐる諸問題を考慮すると、その教育内容は義務教育段階とは異なる視点をもつ必要がある。指導形態は、義務教育段階同様に自校通級・他校通級等が考えられているが、他校通級は地域や高校の事情からその実施が容易ではない可能性がある。また、高等学校では、義務教育段階での支援を十分に受けられなかったことが理由で、困難さを抱え続けて二次的な課題を抱えている生徒の存在も指摘されている。通級による指導の制度実施に先行した文部科学省のモデル事業の事例では、ソーシャルスキルトレーニング（SST）を中心としたものが多く報告されているが、青年期の発達課題に寄り添ったていねいな教育の展開が期待される。　　（國本真吾）

高等学校における知的障害生徒を対象としたコースである。学籍は高等学校で、教育課程や授業内容を工夫することで、障害の有無にかかわらず共に高校生活を送ることがめざされている（大阪市立の高校2校にも設置）。

「共生推進教室」は、職業学科を設置する府立の高等支援学校が、同じく府立の高等学校に設置する場である。生徒は高等支援学校の学籍で、週4日は高等学校で、残り1日は高等支援学校で学ぶ。

●私立校での特別支援教育

私立の高等学校における特別支援教育の推進は、教職員の意識に対して設置者（経営者）の方針が大きく左右することがある。

地域によっては、多様な特別な教育的ニーズを有する生徒の受け皿として、結果として私立校がその役割を果たしてきた場合もある。例えば、鳥取県では私学所管部局が2008年度から「私立高等学校等特別支援教育サポート事業」を創設し、公立校より先に特別支援教育体制整備に着手したが、私立校に対してこの事業を創設したのは、そのような地域事情が背景にある。

●高校通級指導通知（文科初第1038号、2016年12月9日）

高校での通級による指導を開始するに際し、文部科学省は「学校教育法施行規則の一部を改正する省令等の公布について」の通知を発した。

留意事項として、①単位認定・学習評価等、②実施形態、③担当教員、④実施手続き、⑤個別の教育支援計画及び個別の指導計画の作成・引き継ぎ等を示している。

 check 高等学校における特別支援教育（通級指導を含む）の取り組みについて、近隣の自治体の施策や私立校などの実態を調べてみよう。

［参考文献］
・文部科学省初等中等教育局特別支援教育課「高等学校における『通級による指導』実践事例集」2017年
・田部絢子『私立学校の特別支援教育システムに関する実証的研究』風間書房、2014年
・特別支援教育の推進に関する調査研究協力者会議高等学校ワーキンググループ報告「高等学校における特別支援教育の推進について」2009年
・日本特別ニーズ教育学会編『高校特別支援教育を拓く』（SNEブックレットNo.3）、2008年

024 特別支援学級の役割と機能

第1章

特別支援学級は、その多くが通常学校内に設置され、多くが通常学級と交流や共同学習を行っている。インクルーシブ教育時代になって、特別支援学級の役割が大きなものになることはあっても縮小することはない。しかしながら、かかえる課題も少なくない。例えば、無学年制であり、児童生徒の学習レベルが多様で、一人の教師で対応できない学級もある。

●特別支援学級の教育課程

特別支援学級の教育課程は、子どもの実態に即して、特別の教育課程によることができるとされている（学校教育法施行規則第138条）そして、特別な教育課程によるときは、「特別支援学校小学部・中学部学習指導要領を参考とすることが望ましい」とされている。

また検定教科書の使用が適当でないときは、学校設置者（市町村教育委員会）の定めるところにより適切な教科用図書を使用できるようになっている（学校教育法施行規則第139条）。知的障害特別支援学級のほとんどが特別の教育課程によっていると理解してよい。

●特別支援学級の多様な設置

東京都では特定の小・中学校に特別支援学級を集中させて設置しているところがある。特別支援学級の集中している学校では、発達と暦年齢を考慮した学級編成が可能になっている。

また石川県金沢市や北海道千歳市では、特別支援学級だけで構成された小・中学校が存在する。そうしたところでも、発達と暦年齢を考慮した学級編制が可能になっている。

●病院内学級

子ども病院や大学付属病院には近隣の小・中学校の特別支援学級が院内学級という名称で設置されていることが多い。そこでは、病気入院中の児童生徒に対し教育指導を行っている。転

■ 「特殊」学級から特別支援学級へ

主に「軽度」障害児が在籍し、そこで生活し学習する場が特別支援学級である。2006年の学校教育法改定以前、「特殊」学級（「特殊」の用語を忌避して障害児学級と呼ばれることも多い）ないしは「75条学級」（学校教育法第75条による学級としてこう呼ばれた）と呼称されてきた。さらに、この学級は、通級指導教室のように教育課程の一部について特別の指導を受ける場ではなく、通常学級との交流・共同学習を行うものの、学級在籍の児童生徒を受け入れることから「固定」式「特殊」学級と呼ばれたりしてきた。

2006年の学校教育法改定で特別支援学級と名称変更された。特別支援学級は、知的障害、肢体不自由、身体虚弱、弱視、難聴、情緒障害、言語障害の七つの障害種の子どもたちが対象児である。情緒障害特別支援学級については、自閉症も対象児になり得ることから、自閉症・情緒障害特別支援学級として編成される。また特別支援学級は、原則、七つの障害種別ごとに設置することとされている。そのため、一つの学校内に特別支援学級が複数設置されていることもある。

■ 特別支援学級の役割と機能

特別支援学級の特徴は、特別支援学校とは異なり、居住地から遠く離れた立地ではなく、地域に立地する通常学校内に設置される学級であるというところにある。地域の子どもたちは、居住地の通常学校内の年齢別に編制された学級で学ぶが、そうした学級の一つが特別支援学級である。しかも、最大8人で一学級が編制されることから少人数での教育指導がなされる場と考えてよい。加えて、周囲に通常の子どもたちが生活・学習していることから、交流・共同学習がしやすいことになる。ほとんどの特別支援学級が、通常学級と交流や共同学習を組織し、在籍児の一人ひとりが年齢相当の「協力学級」をもっていたりもする。

しかし、特別支援学級は、少人数指導が可能とはいえ、ほとんどの場合、それは、無学年制の学級であり、興味や関心、行動・意欲・学習達成度など多様に違っている子どもたちが、在籍することになるために、教育指導は困難をきわめるといえる。それを改善するには、少なくとも、学級編制は「学年2年を越えてはならない」などの規定が求められると同時に、必要に応じて、複数担任制が取り入れられるようにすべきである（東京都では学級数＋1名の教員を

配置している）。また交流・共同学習がしやすいということについても、特別支援学級は一人ひとりの発達状況を踏まえたカリキュラムをもち、それは通常学級のカリキュラムとは異なることから、事前の綿密な計画のもとに交流及び共同学習が実施されなければならないといえる。加えて、特別支援学級の担任になる教師は、特別支援学校の教員免許状の所持を求められていないために、ときには、特別支援教育に関する知識・技能を持ち合わせない教員が学校内事情で担任になり、苦労するということになる。

■ 特別支援学級の将来的課題

特別支援学級はすべての通常小・中学校で設置されているわけではない。高等学校においても、学校教育法上は、設置できることになっているものの、未だ設置をみていない。加えて、その設置数は市町村間で格差がある。その格差を是正するためにも、すべての小・中・高校に設置が促されるべきである。特別支援学級は障害児教育の拠点として条件整備が進められるべきである。

法制度上、知的障害児をはじめとする各種障害児に限定して特別支援学級の編成ができることになっているが、特別な教育指導上のニーズをかかえた児童生徒のために特別支援学級を必要に応じて設置できるようにすべきであろう。不登校児・学業不振児、アレルギー疾患児や被虐待児など、特別なニーズをかかえた子どもの中には、特別支援学級という少人数学級で学ぶことが必要な子どもがいる。そうした子どもたちに対応するためにも、特別支援学級の設置は必須である。

その際、中央教育審議会報告『特別支援教育を推進するための制度の在り方について』（2005年）には、特別支援学級の次の三つの形態が示された。

特別支援教室Ⅰ（ほとんどの時間を特別支援教室で特別の指導を受ける形態）、特別支援教室Ⅱ（多くの時間を通常学級で受けつつ相当程度の時間を特別支援教室で受ける形態）、特別支援教室Ⅲ（一部の時間だけ特別支援教室で特別の指導を受ける形態）。不登校児・被虐待児・アレルギー疾患児などのことを考えると、こうした三形態の整備を検討すべきであろう。

また、特別支援学級はいわゆる「軽度」障害児の教育指導の場であるとする観念が広く流布しているが、インクルーシブ教育の漸進的進行の過程で通常学校で学ぶ「中・重度」障害児も増加すると考えられる。そうしたとき、「中・重度」障害児の特別支援学級（神奈川県川崎市では実現している）が、特別支援学校と同等の教員配置と子ども数のもと、「軽度」障害児の特別支援学級と同時並行的に設置されるべきであろう。

現在、各地方自治体では、特別支援学校の分教室・分校を通常の小・中・高校に設置しているが、そうした分教室・分校の設置は、特別支援学校のマンモス校化／狭隘化対策としてではなく、すべての障害児に対して適切な教育を地域で保障する一環として考えて、「中・重度」障害児の特別支援学級の一形態として位置づけることも必要である。　　　　　　　　　　　　（清水貞夫）

校が済んでいない子どもについても、聴講生ないし他校籍児童生徒として教育指導を行う。

教師は、病院の許可のもと、病室や無菌室にも入って教育指導を行う。しかし、入院期間の短縮化に伴い、子どもの移動が激しく、また児童生徒が多学年にまたがり、学習状況に大きな差異があることで指導上の困難が伴っている。

➡068「病虚弱教育と学校教育」148ページ参照

●全国の特別支援学級の現況

特別支援学級の現状
2017年5月1日

小学校	学級数	児童数
知的障害	18,371	77,743
肢体不自由	2,244	3,418
病弱・身体虚弱	1,468	2,480
弱視	358	413
難聴	793	1,242
言語障害	539	1,570
自閉・情緒障害	18,091	80,403

中学校	学級数	生徒数
知的障害	8,683	35,289
肢体不自由	790	1,090
病弱・身体虚弱	643	1,021
弱視	119	134
難聴	329	470
言語障害	126	165
自閉・情緒障害	7,636	30,049

---

 check　複数の学生と共同して、それぞれが居住地の特別支援学級を見学・参観し、教師に面会して質問した結果を相互比較して討議してみよう。

［参考文献］
・品川文雄『障害児学級で育つ子どもたち』全障研出版部、2004年
・村上公也＋赤木和重『キミヤーズの教材・教具』クリエイツかもがわ、2011年

第1章
025 ユニバーサルデザイン教育

ユニバーサルデザイン教育は、学習環境を整え、指導の工夫を図ることにより、すべての子どもたちが活動に参加できることの保障と、わかりやすさを追求するものである。具体的な方法は無数にあり、教員のアイデア次第で広がりをもつ。またユニバーサルデザイン化された教育現場では、個別の追加的支援を行いやすくし、多様なニーズに応えることを可能とする。

●ユニバーサルデザイン教育の用語

UD教育を表す語には統一したものはなく、授業のUDというように「○○のUD（化）」、「UDを考慮した○○」という使われ方をする。

本項では、学習環境や指導場面を含む広い語として「UD教育」を用いた。

●国連・障害者権利条約第2条定義

「ユニバーサルデザインとは、調整又は特別な設計を必要とすることなく、最大限可能な範囲で全ての人が使用することのできる製品、環境、計画及びサービスの設計をいう。ユニバーサルデザインは、特定の障害者の集団のための補装具が必要な場合には、これを排除するものではない」と定義づけられている。

●UDIとUDL

UDI（Universal Design for Instruction）は指導のためのUDを表し、「さまざまな学習者の利益のために先を見越したデザインとインクルーシブな教育方法を用いる教え方のアプローチ」であり、「教育をデザインしたり見直したりするときに使用し、『特別な』調整の必要を最小化する枠組み」とされる。

一方、UDL（Universal Design for Learning）は、学習のためのUDを表し、ヴィゴツキーの発達の最近接領域の理論をとりいれ、子どもにとって難しすぎず、簡単すぎない課題を設定す

■ ユニバーサルデザインと教育への適用

ユニバーサルデザイン（UD）は、国連・障害者権利条約第二条にもあるように、年齢や性別、民族などにかかわらず、可能な限りすべての人が使用できる製品、参加できる環境、受けられるサービスなどを追求したデザインである。このことから、建築分野や文具、インテリア等をはじめ都市計画に至るまで、多様性に応じた社会を実現するために広く応用・実施されている。UDは7原則の基本的視点とともに、1980年代にノースカロライナ州立大学UDセンターのロナルド（ロン）・メイス氏によって提唱された。この考え方を教育分野で応用したUD教育は、現在、学校等の現場で広く実践されている。

UD教育の発端は、1970年代後半の、アメリカにおけるアクセシビリティの確保とされるが、このときは、視覚障害や聴覚障害の子どもが対象であり、ノートテイカーや手話通訳者といった、現在の合理的配慮とされる内容にとどまっていた。これが1990年代に入り、学習障害や異なる文化的背景をもつ多様な子どもが学校に多くみられるようになったことを受け、UD、とくに、支援技術（assistive technology）が検討されるようになった。UDはやがて、UDI（指導のためのUD）やUDL（学習のためのUD）として広く浸透していくこととなる。

日本においては、1990年代から建築や製品等の分野において、UDという用語が使われ始め、2000年以降、教育界でも知られるようになった。2016年には、日本授業UD学会も設立された。UD教育の利点は、学年（年齢）、性別、障害の有無に関係なくすべての校種に導入できること、すべての子どもたちの活動への参加を可能にし、わかりやすい授業を提供できること、特別な支援を目立たなくし、子どものプライドにも配慮できること、失敗を減らすことで予防的対応が可能になること、などがある。

■ ユニバーサルデザイン教育の具体的な取り組み

UD教育は、アイデア次第で無数に広げ工夫していくことができる。大きくは、教室設営など学習環境を整えるというハード面と、指導の方法、工夫をしようとする意識、といったソフト面から考えることができる。前者では、より集中しやすくするために、余計なものを隠して黒板周りをすっきりさせることや、色分けをして掲示すること、テニスボールを机の脚につけて、余分な音や机のがたつきを防止することなどがある。後者では、スライドや図表を用いて説明すること、アイデアマップの作成や制作過程を写真等で順に示すことなど

が考えられる。このように、情報を伝達する際に複数の方法を用いることで、一つのクラスに混在していると想定される、情報処理のタイプが異なる子ども（視覚的情報処理型と聴覚的情報処理型、継時的処理タイプと同時的処理タイプなど）にも同時に対応できるのである。

幼稚園で用いられている視覚的補助の例

ほかにも、モチベーションや表現の仕方に焦点をあてることで、レベルや問題数、マス目や図の大きさが異なるワークシートを用意し、選べるようにすることや、発表や調べ学習を含めた多様な活動を行うこともUD教育と言える。なお、授業でUDを用いる際には、指導目的を明確にすることで、評価基準を変えずにUDを取り入れることができる。たとえば算数の公式の応用が目的であるときに、計算は計算機を用いてもよいとすることである。それぞれの子が、これだったらできる、やってみよう、という気持ちになり、活躍できる場面がどこかに用意されていることも大切である。

さらに評価における工夫も重要である。学年が上がるにつれ筆記試験が多くなると、時間内に書き言葉で表現することに苦手さを覚える者も生じるであろう。このことからも、評価方法を筆記試験に加えてレポートや発表、表現などとの組み合わせにすることや、筆記試験問題を記述式、選択式、穴埋め式など多様な解答形式で作成することも必要である。

■ ユニバーサルデザイン教育に期待される役割

UD教育は、特別支援教育の開始に伴い、発達障害のある子どもへの支援の視点として広がった。とくにUD教育は、従来の日本の教育現場で培われた指導技術（発問・板書・教材）の工夫に通じる内容が多く、学級経営や教科指導とも結びついて実践例が蓄積されてきている。通常学級では、特定の子どもだけに支援する難しさがある状況や、学年が進行するにしたがって目立たない支援が求められることから、UD教育の「すべての子どもを対象とする考え方」は重宝される。

これをきっかけに、障害のみならず、多様なニーズへの対応を考えることにもつながり、近い将来すべての子どもに教育的利益をもたらすものとしても期待される。そしてこのことこそ、通常教育の変革を求めるインクルーシブ教育実現の一歩とも言えるのではないだろうか。

一方、UD教育が主に特別支援教育サイドから紹介されたことから、これさえやっておけば特別な支援は十分と考えられる場合があるが、UD教育はあくまでも「ベース」となるものであり、特別なニーズのある子どもに対しては、（個別的な）追加的支援を行うことが必要となるため、留意が必要である。

今後は、教育上のUDについての概念整理や、関係づくりといった意識を含む内面への働きかけにおいても、UD教育を応用していくことが検討課題と言えよう。

（片岡美華）

ること、何を、どのように、なぜ、学ぶのかという視点に立つこと、そのうえで学習へのバリアをなくし、長所を伸ばし、成功に導くさまざまな方法を認めるためのカリキュラム開発を行うという三原則が提案されている。

●UDと新学習指導要領

新学習指導要領においては、「ユニバーサルデザイン」という語は出てこないが、「主体的・対話的で深い学び」が求められており、これを達成するには、学習の改善や充実が求められる。また、「子供の発達を支援」するための「学習上の困難に応じた指導の工夫」なども求められており、UDの視点や取り組みが役立つであろう。

●ロン・メイスの7原則

①公平な利用、②利用における柔軟性、③単純で直観的な利用、④認知できる情報、⑤失敗に対する寛大さ、⑥少ない身体的な努力、⑦接近や利用のためのサイズと空間。

7原則は、アセスメントツールとしての評価項目となり、指導技術の向上にも役立つ。

●バリアフリーとUD

環境づくりにおいては、障害のある人や高齢者が、社会の中で活動（利用）するときに妨げとなるものをバリア（障壁）とよび、それをなくすことを「バリアフリー」として整備を行ってきた。対してUDは、障害のある人や高齢者のみならず、さまざまな人が社会にいることを前提に、できる限り、すべての人が利用しやすいよう、あらかじめデザインするものである。

check UDを取り入れた教室環境や教科指導の内容を考えてみよう。また、自ら考えた指導を7原則により評価し、さらに工夫ができないか考えてみよう。

［参考文献・ホームページ］
・東京都日野市公立小中学校全教師・教育委員会with小貫悟『通常学級での特別支援教育のスタンダード：自己チェックとユニバーサルデザイン環境の作り方』、東京書籍、2010年
・柘植雅義編著『ハンディシリーズ発達障害支援　特別支援教育ナビ　ユニバーサルデザインの視点を生かした指導と学級づくり』、金子書房、2014年
・日本授業UD学会　udjapan.org/index.html

通常学級での "気になる子"
―― LD、ADHD、高機能自閉症児など

通常学校には、LD、ADHD、高機能自閉症児をはじめ、さまざまな "気になる子" が学んでいる。そうした子どもたちは周囲から "困った子" とレッテルを貼られることも多いが、"困っている" 子どもたちとしての理解と対応が求められている。具体的には個々のニーズに応じた指導の工夫と同時に、授業づくりや学級・学校経営という視点から支援を考えることが重要である。

●文部科学省「通常の学級に在籍する発達障害の可能性のある特別な教育的支援を必要とする児童生徒に関する調査」（2012年12月結果報告）

児童生徒の困難の状況

学習面又は行動面で著しい困難を示す	6.5%
学習面で著しい困難を示す	4.5%
行動面で著しい困難を示す	3.6%
学習面と行動面ともに著しい困難を示す	1.6%

学年別集計

小学校	7.7%
1年生	9.8%
2年生	8.2%
3年生	7.5%
4年生	7.8%
5年生	6.7%
6年生	6.3%
中学校	4.0%
1年生	4.8%
2年生	4.1%
3年生	3.2%

この表からわかるように、小学校・中学校ともに学年が上がるにつれて、学習面・行動面で著しい困難を示すとされた児童生徒の割合は小さくなる傾向にある。とくに小学校低学年で1割弱と数値が高いことから、「小1ギャップ」と呼ばれるように就学に伴う環境の変化により困難を示す子どもについては、年

■ "困った子" ではなく "困っている子" として理解する

文部科学省が2012年に行った実態調査では、通常学級の中で学習・行動面で何らかの困難を経験していると思われる子どもは約6.5%にのぼると報告された。そうした子どもたちは、LD、ADHD、高機能自閉症等の発達障害の可能性がある子どもたちと考えられる（ただし、あくまで「発達障害の可能性がある」ということであり、彼らが「発達障害である」と診断するものではないことに注意が必要である）。

こうした子どもたちは、「困った子」「聞き分けのない子」「わがままな子」と見られたり、あるいは「甘やかされている」「家庭での躾ができていない」など育て方に原因があると言われることがある。しかしながら、読み・書きや注意集中の苦手さゆえに授業に参加することが難しい子どもや、対人・社会性の未熟さゆえに学校生活を円滑に送ることに困難を経験している子どもというように、何よりも子どもたち自身が "困っている" という視点で子どもたちを理解することが重要であり、そうした子どもたちのニーズに応じた支援や配慮を考えていくことが、どの学校、どの学級でも大切になる。

■ 学習・生活上の困難に配慮した指導の工夫

2017年に改訂された学習指導要領では、総則において、こうした通常学校で学んでいる子どもたちについて「個々の児童（生徒）の障害等に応じた指導内容や指導方法の工夫を組織的かつ計画的に行うもの」と明記された。これは、通常学校において、今まで以上に、学習・生活上の困難に配慮した指導が求められることを意味しているといえるだろう。

一例として、教室の中で子どもたちが経験している困難に即して、指導の工夫についてみていこう。LDの定義の一つである「書く」ことに困難さをもつ子どもの場合、板書を写すのに時間のかかることが考えられる。「書く」ことに精一杯で授業内容を聞き逃したり、「書ききれない」ことで自己肯定感が低下することも懸念される。この場合、ノートの代わりに穴埋め式のプリントを用意したり、手書きの代わりにパソコンやタブレットなどの電子機器を取り入れることで書くことへの負担を軽減し、授業内容の習得に集中することを助けることが指導の工夫として考えられる。

また、「漢字が読めない」「どこからどう写せばいいかわからない」ことで板書が写せない子どももいる。その場合には、黒板の漢字に必要に応じて読み仮

名を振ったり、写し始める場所に印をつけることでスムーズに活動に参加できる子もいる。とくに小学校高学年以上になると板書で漢字が用いられる頻度が増え、「読めない」「わからない」ことで学習への意欲が低下することを防ぐためにも授業内でのこうした工夫が重要である。

また、図工や音楽、体育のような実技を伴う授業の中では、教室の移動や活動の煩雑さ、道具の操作などに困難を感じている子どももいる。教室が変わっても「どこ」で「何」をすればよいのかがわかりやすいような見通しをあらかじめ伝えておくことや、慣れない道具も少しずつ「できる」「わかる」実感を積み重ねて、最後まであきらめずに活動に参加できるようにスモールステップで目標を設定することなどの工夫が重要となる。

これらは工夫の指導のほんの一例にすぎない。一言で「書くことが苦手」「実技が苦手」といっても、その原因や理由はさまざまに異なる。大切なのは目の前の子どもが"なぜ"困っているのか、その背景を探り、一人ひとりのニーズに応じた手立てをオーダーメイドで工夫していくことである。

■ "気になる子"がかかえている多様なニーズに応える学級のあり方

通常学校で"困っている"子どもは、発達障害の子どもだけではない。たとえば、母語が日本語ではない外国籍の子ども、虐待を受けている子どもなど、通常学級にはさまざまな学習・生活上の困難を経験している子どもたちがいる。そのほかにも、性同一性障害や食物アレルギーなど、学校には多様なニーズをもつ子どもたちがともに学んでいる。いじめや不登校を経験している子どもたちも、通常学校の中で"困っている"子どもたちといえる。こうした子どもたちのもつさまざまなニーズに応えていくことが求められている今日、それは特別な配慮や支援の必要な子どものためだけの支援ではなく、「すべての子どもにとって学びやすい」授業づくり、「すべての子どもにとって居心地のよい」学級づくり、そして「すべての子どもが安心して通える」学校づくりという視点から支援のあり方を構築していくことが求められる。

たとえば、読み・書きや注意集中の苦手さゆえに学習上の困難が際立っている子どもへの対応は、苦手さを克服するための訓練によるスキルアップをめざすことや、苦手さをカバーする代替の学習手段を用意するだけが支援ではない。その子どもを含めた学級集団として、多様なニーズをもつ子どもたちそれぞれの「わかり方」に配慮した学習への参加を保障する授業づくりも、重要な支援となる。そのためには、発問や学習形態の選び方、板書計画などを含めた教材研究が重要である。

通常学級での"気になる子"への指導とは、こうした多様なニーズに応える学級における指導のあり方、すなわち、通常学校教育そのもののあり方を問い直していくことを意味すると理解していくことが肝要である。　　　　(窪田知子)

齢が上がるにつれて周囲の理解が深まり、適切な対応がとられて子どもが落ち着くことなどが想定される。その一方で学年が上がるにつれて該当する行動が観察されにくくなるなど、必ずしもそれぞれの困難自体が解消しているわけではない可能性も含め、今後の詳細な検討と研究が求められている。

●性同一性障害

生物学的には性別が明らかであるにもかかわらず、心理的にはそれとは別の性別であるとの持続的な確信を持ち、かつ、自己を身体的及び社会的に他の性別に適合させようとする意思を有する者であって、そのことについてその診断を的確に行うために必要な知識及び経験を有する2人以上の医師の一般に認められている医学的知見に基づき行う診断が一致しているものをいう。(「性同一性障害者の性別の取扱いの特例に関する法律」より)

文部科学省が2013年に行った状況調査によれば、約600人の児童生徒が学校に悩みを相談し、そのうち約6割の学校で戸籍上の性と異なる制服着用やトイレの使用を認めるなどのなんらかの配慮を行っていることが報告された。

●食物アレルギーへの対応

「学校のアレルギー疾患に対する取り組みガイドライン」(公益財団法人日本学校保健会発行、2008年)

check ➡ **各自治体の教育委員会が中心となって、通常学級で"気になる子ども"へのかかわりについて啓発しているホームページや資料を調べてみよう。**

［参考文献］
・落合みどり『十人十色なカエルの子』東京書籍、2003年
・大和久勝編『困った子は困っている子—「発達障害」の子どもと学級・学校づくり』クリエイツかもがわ、2006年
・湯浅恭正・吉田茂孝・新井英靖『特別支援教育のための子ども理解と授業づくり：豊かな授業を創造するための50の視点』ミネルヴァ書房、2013年

第1章 027

外国にルーツをもつ児童生徒の教育と特別支援教育

共生社会をめざすインクルーシブ教育は、特別なニーズや多様性への対応を求めており、特別ニーズ教育は、多様性として性別、宗教、言語、障害などの固有のニーズへの対応へと広がりをもつ。外国にルーツをもつ子どもの教育の現状は各自治体で様相が異なるが、今後、拡大していくことが予想され、改善・充実すべき課題も多い。日本語指導などの体制整備と「特別な教育課程」の実施は、特別支援教育と区別しつつも、関連をもたせ、実践的に発展させるべきものである。

●国際人権規約の教育条項

国連総会で採択された国際人権規約：経済的、社会的及び文化的権利に関する国際条約（社会権規約）第13条（1966年採択）

第1項において、「教育についてのすべての者の権利を認め」「教育が人格の完成及び人格の尊厳についての意識の十分な発達を指向し並びに人権及び基本的自由の尊重を強化すべきことに同意する」と規定している。

第2項では、具体的に、(a)初等教育の義務制・無償制、(b)中等教育への漸進的な無償制の導入、利用可能性と機会の付与、(c)高等教育への無償制の漸進的な導入と高等教育への均等な機会の付与、(d)初等教育を受けなかった者等への基礎教育の奨励、(e)奨学金制度と教職員の物的条件の改善を規定している。

第3項で保護者の私立学校等選択の自由、宗教教育等の確保の自由、そして第4項で、教育機関の設置・管理の自由と基準への適合性を規定している。

●日本語指導が必要な外国籍児童生徒の在籍の多い都道府県（1,000人以上）

関東─群馬、埼玉、千葉、東京、神奈川

東海─岐阜、静岡、愛知、三重

関西─滋賀、大阪

※全国の日本語指導が必要な外国籍児童生徒の母語別に多い順に示すと、ポルトガル語、中国語、フィリピノ語、スペイン語、英語となっている（上位5言語、その他をのぞく）。

■ 多様性の尊重とインクルーシブ教育──外国にルーツをもつ児童生徒の就（修）学保障

1990年代以降、国連をはじめとする国際機関の取り組みは、多様性を尊重したインクルーシブな社会をめざした教育の構築を特徴とするものであった。1989年に採択された子どもの権利条約や2006年に採択された国連・障害者権利条約は、人種・宗教・言語・障害・性別などによる差別と排除を払拭し、教育を受ける権利を確立することを規定している。すべての人が発達とインクルーシブな教育への権利をもち、差異と多様性を尊重し、固有なニーズへの対応を求めている。インクルーシブ教育は、そうした多様なニーズを満たす特別ニーズ教育とも重なるものである。

外国にルーツをもつ児童生徒への対応については、近年入国管理法の改定（2010、2014、2018年に在留資格を新設）などがあり、在留外国人数は年々増加している（平成28年6月末における在留外国人数は230万人強）。わが国では、憲法26条に基づき国民に対し義務教育を保障しているが、外国籍の保護者は「国民」とはみなされないため、子どもを就学させる義務から除外される。文部科学省は「教育についてのすべての者の権利を認める」とする国際人権規約を踏まえ、「外国籍であっても本人が希望すれば就学できる」として受け入れを自治体に委ねている。

また、日本国籍であっても、外国をルーツにもつ子どももいる。厚生労働省の「人口動態統計」から19歳以下の日本国籍をもつ子どもの中で、外国にルーツをもつ子どもは、43万人弱であると推計されており、この数は外国籍を持つ子どもの約1.5倍となる。

■ 外国にルーツをもつ児童生徒と日本語教育

外国にルーツをもつ児童生徒には、日常的な日本語での会話や学習に課題があり、教員も意思を理解することに難しさがある場合が多い。教育を成り立たせる基盤として言語があり、外国にルーツをもつ児童生徒には、言語教育の課題は特別な教育的ニーズとして対応することが必要となっている。文部科学省は、「特別の教育課程」の編成・実施の制度化を行い（2014年）、「学校における外国人児童生徒等に対する教育支援の充実方策について」（有識者会議報告）（2016年）を受けて、「教員採用等の改善に係る取組について（通知）」（2017年）には専門性として「外国人児童生徒等に対する教育支援」の記載をいれ、さらに、

新学習指導要領の「総則」において、特別な配慮の一つに「日本語習得の困難」を記載し、学校での対応を促してきた。

■ 日本語指導と「特別の教育課程」

外国にルーツをもつ児童生徒といっても多様であり、国籍、年齢、滞在年齢、入国年齢、母語力、その他の要因（家族等の状況）を考慮する必要がある。児童生徒が日本語指導の対象となるかどうかの判断は、学校長の責任の下で、日本語指導担当教員を中心とした実態把握をもとに行われる。

児童生徒の学習ニーズによって、①担任・教科担任等の授業者による配慮を行う、②「入り込み」指導により支援を行う、③「取り出し」指導により日本語指導を行うという対応を行っていく。この「取り出し」指導による特別の指導が「特別な教育課程」によるものとなる。

この指導は、日本語指導担当教員及び指導補助者が、個々の児童生徒の日本語の能力や学校生活への適応状況を含めた生活・学習の状況、学習への姿勢・態度等の多面的な把握に基づき、指導の目標及び指導内容を明確にした指導計画を作成し、実施し評価を行う。この「特別の教育課程」は、日本語指導教員の「巡回」なども想定されており、特別支援教育における通級指導教室での指導の運用と類似したものとなっている。

■ 外国にルーツをもつ児童生徒と特別支援教育

特別支援学校おいても、日本語指導が必要な児童生徒が在籍しており、同時に日本語の十分でない保護者とのコミュニケーション・家庭との連携の課題も存在している。

小・中学校の場合でも、ブラジルなどからの外国人が集まる地域の公立小学校の特別支援学級に多くの外国人児童が在籍している実態がある。外国人が多い地域において、日本語指導の制度が整っておらず、授業の場面で情緒不安定になっている児童生徒、言語発達の課題のある児童生徒が、情緒障害や知的障害の特別支援学級に在籍している事例があり、学校における言語環境の整備や日本語指導の体制の確立を必要としているが、日常生活においても発達と学習の支援をどのように行っていくかといった課題も提起している。

特別支援学級は、通常の学級より人数が少なく、きめ細やかな指導が可能ではあるが、障害を前提として設置されている。通常の学校において生活習慣の指導や保護者への多言語対応などを担う担任へのサポートの不足を背景とした在籍であれば、安易で問題の多い措置であり、学校や地域での全体での取り組みが求められている。

現在の日本語指導の体制は、義務教育段階にとどまっており、後期中等教育への進路とそこでの修学、あるいはその後の就労なども含めて、外国にルーツをもつ児童生徒の教育の解決すべき課題は多い。　　　　　　　　（玉村公二彦）

●外国籍の就学不明児

全国100自治体を対象にした毎日新聞のアンケート調査では、日本に住民登録し、小・中学校の就学年齢にある外国籍の子どもの少なくとも約2割にあたる約1万6000人が学校に通っているか確認できない「就学不明」になっていることが明らかになった（「毎日新聞」2019年1月6日）。既に帰国している事例もあるとみられるが、外国籍の子は義務教育の対象外とされている。

●＜超・多国籍学校＞は今日もにぎやか！

横浜市立飯田北いちょう小学校では、2017年12月現在、外国籍児童は120名（約44％）、外国につながる日本国籍児童は8名（約10％）で合計148名、全校児童の約54％が外国に関係のある児童である。

同校で2018年3月まで教諭をつとめてきた菊池聡先生は、学校という枠をこえ、幼稚園・保育園から中学・高校との連携、地域ボランティア団体などとの協働を進め、多文化共生と日本語教育を含めた子どもたちの教育を推進し、多文化共生の地域づくりに取り組んだ（岩波ジュニア新書）。

地元の小・中学校や特別支援学校を訪問し、そこでの外国にルーツをもつ子どもの在籍や教育の状況について聞き取りをしてみよう。

［参考文献］
・荒巻重人他編『外国人の子ども白書－権利・貧困・家庭・文化・国籍と共生の視点から』明石書店、2017年
・文部科学省初等中等教育局国際課「日本語指導が必要な児童生徒の受入状況等に関する調査（平成28年度）の結果について」文部科学省、2017年

028 就学先決定の仕組みと手続き

特別な教育的支援を必要とする幼児児童生徒に対し、一人ひとりのニーズに応じた適切な就学を支援することは重要なことである。「教育支援委員会」は就学時のみならず、学校入学後も児童生徒の発達の程度、適応の状況等を総合的に勘案し、本人・保護者の意向を十分に踏まえたフレキシブルな就学相談・支援が行われる。

●認定特別支援学校就学者

　視覚障害者等（視覚障害者、聴覚障害者、知的障害者、肢体不自由者又は病弱者〔身体虚弱者を含む〕で、その障害が、学校教育法施行令第22条の3の表に規定する程度のものをいう）のうち、当該市町村の教育委員会が、その者の障害の状態、その者の教育上必要な支援の内容、地域における教育の体制の整備の状況その他の事情を勘案して、その住所の存する都道府県の設置する特別支援学校に就学させることが適当であると認める者をいう。

●制度改正が「不十分」との批判

① 「認定特別支援学校就学者」の就学先が特別支援学校のままであるのは、インクルーシブ教育の理念に反するという意見。
② 就学先の最終決定者を現行通り市町村教委としたため、保護者の権利が侵害されると批判する意見。
③ 市町村教委の意識の違いにより保護者の意向をどれだけ尊重するかといった視点で対応に格差が出ると懸念する意見。などがある。

●就学認定基準

（学校校教育法施行令第22条の3）
　特別支援学校に就学させる視覚障害者、聴覚障害者、知的障害者、肢体不自由者又は病弱者の程度は、次に掲げるとおりとする。
・視覚障害者：

■ 就学先の決定等の仕組みの改善

　2013年9月、学校教育法施行令の一部が改定された。インクルーシブ社会の実現に向け「就学基準に該当する障害のある子どもは特別支援学校に原則就学するという従来の就学先決定の仕組みを改め、障害の状態、本人の教育的ニーズ、本人・保護者の意見、教育学、医学、心理学等専門的見地からの意見、学校や地域の状況等を踏まえた総合的な観点から就学先を決定する仕組みとすることが適当である」とされた。就学認定基準による障害認定、すなわち特別支援学校入学ではなくなったということである。

　また、就学にあたっては「市町村教育委員会が、本人・保護者に対し十分情報提供をしつつ、本人・保護者の意見を最大限尊重し、本人・保護者と市町村教育委員会、学校等が教育的ニーズと必要な支援について合意形成を行うことを原則とし、最終的には市町村教育委員会が決定することが適当である」とされ、保護者や市町村教育委員会が、それぞれの役割と責任を果たしていくことを求めている。さらに、「就学時に決定した『学びの場』は、固定したものではなく、それぞれの児童生徒の発達の程度、適応の状況等を勘案しながら、柔軟に転学ができることを、すべての関係者の共通理解とすることが重要である」とされ、就学相談の初期の段階で、就学先決定についての手続きの流れ（図）や就学先決定後も柔軟に転学できることなどについて、本人・保護者に説明を行うことが必要とされた。

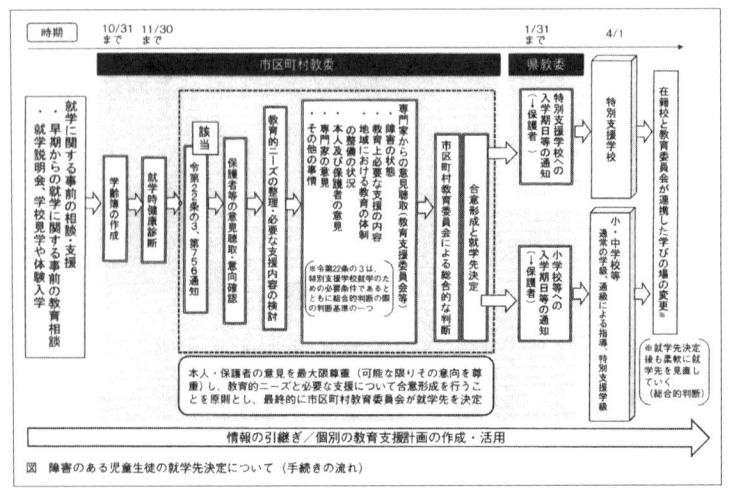

図　障害のある児童生徒の就学先決定について（手続きの流れ）

図　就学先決定についての手続きの流れ【2021年改訂】

■ 認定就学者制度の廃止

就学認定基準により障害があると判定された子どもは、原則として特別支援学校に就学することになっていた。しかし、通常の小・中学校への入学を希望する保護者も多く、就学先をめぐっては保護者と市町村教育委員会が設置する就学指導委員会との間で困難な状況に陥ることもあった。

文部科学省は2002年4月、障害のある子どもは特別支援学校に就学するという原則を維持しながらも、受け入れ態勢が整っているなど「特別の事情」のある場合は、「認定就学者」として一般の小・中学校に入学できることを制度上、明確化したのである。

しかしながら、今回の改定で、障害のある子どもは特別支援学校に就学するという原則を改め、子ども一人ひとりの障害の状況など、総合的な観点から就学先を決定することとなった。これによって通常の小・中学校における「認定就学者」の制度は廃止され、代わりに視覚障害等により、特別支援学校に就学する子どもが「認定特別支援学校就学者」となることが規定された。

■ 「就学指導委員会」から「教育支援委員会」へ

これまで「就学指導委員会」は、幼児児童生徒の適正な就学の検討をしてきた。今後は、早期からの教育相談・支援や就学先決定時のみならず、その後の一貫した支援についても助言を行うという観点から、「教育支援委員会」（仮称）といった名称とすることが提案された。

今後、以下のように機能を拡充することで、一貫した支援をめざすうえで重要な役割が期待されている。

- (ア) 障害のある子どもの状態を早期から把握する観点から、教育相談との連携により、障害のある子どもの情報を継続的に把握すること。
- (イ) 就学移行期においては、教育委員会と連携し、本人・保護者に対する情報提供を行うこと。
- (ウ) 教育的ニーズと必要な支援について整理し、個別の教育支援計画の作成について助言を行うこと。
- (エ) 市町村教育委員会による就学先決定に際し、事前に総合的な判断のための助言を行うこと。
- (オ) 就学先の学校に対して適切な情報提供を行うこと。
- (カ) 就学後についても、必要に応じ「学びの場」の変更等について助言を行うこと。
- (キ) 「合理的配慮」の提供の妥当性についての評価や、「合理的配慮」に関し、本人・保護者、設置者・学校の意見が一致しない場合の調整について助言を行うこと。 （相澤雅文）

両眼の視力がおおむね0.3未満のもの又は視力以外の視機能障害が高度なもののうち、拡大鏡等の使用によっても通常の文字、図形等の視覚による認識が不可能又は著しく困難な程度のもの

・聴覚障害者：
両耳の聴力レベルがおおむね60デシベル以上のもののうち、補聴器等の使用によっても通常の話声を解することが不可能又は著しく困難な程度のもの。

・知的障害者：
1 知的発達の遅滞があり、他人との意思疎通が困難で日常生活を営むのに頻繁に援助を必要とする程度のもの
2 知的発達の遅滞の程度が前号に掲げる程度に達しないもののうち、社会生活への適応が著しく困難なもの

・肢体不自由者：
1 肢体不自由の状態が補装具の使用によっても歩行、筆記等日常生活における基本的な動作が不可能又は困難な程度のもの
2 肢体不自由の状態が前号に掲げる程度に達しないもののうち、常時の医学的観察指導を必要とする程度のもの

・病弱者：
1 慢性の呼吸器疾患、腎臓疾患及び神経疾患、悪性新生物その他の疾患の状態が継続して医療又は生活規制を必要とする程度のもの
2 身体虚弱の状態が継続して生活規制を必要とする程度のもの

備考：
1 視力の測定は、万国式試視力表によるものとし、屈折異常があるものについては、矯正視力によって測定する。
2 聴力の測定は、日本工業規格によるオージオメータによる。

---

 check 保護者から、特別支援学級から通常の学級に移りたいと就学相談を受けたとき、あなたはどのような説明を行いますか、考えてみましょう。

[参考文献・ホームページ]
・清水貞夫『インクルーシブな社会をめざして』クリエイツかもがわ、2010年
・教育支援資料（文部科学省）：http://www.mext.go.jp/a_menu/shotou/tokubetu/material/1340250.htm
・就学相談・就学先決定の在り方について（文部科学省）
http://www.mext.go.jp/b_menu/shingi/chukyo/chukyo3/siryo/attach/1325886.htm

就学前から小学校への移行支援

乳幼児期から就学期まで、障害のある子ども・保護者に対し、保健・医療・教育・福祉等関係機関が情報を共有し、連携しながら支援の継続を図る。保育所・幼稚園等で作成する個別の教育支援計画、保護者が記入する相談支援ファイルが子どもの小学校移行支援のためのツールとなる。小学校等への就学においては、関係者による早期からの相談と教育支援委員会（仮称）の助言が就学先決定の総合的判断を支える。

●幼稚園教育要領
（2017年告示）

幼稚園教育要領には、障害のある幼児などについて、集団生活への発達への配慮、個々の障害の状態などに応じた指導内容や指導方法の工夫とともに、「家庭、地域及び医療や福祉、保健等の業務を行う関係機関との連携を図り、長期的な視点で幼児への教育的支援を行うために、個別の教育支援計画を作成し活用することに努めるとともに、個々の幼児の実態を的確に把握し、個別の指導計画を作成し活用することに努めるものとする」と示されている。

●小学校学習指導要領
（2017年告示）

小学校学習指導要領解説は「幼児期の教育との接続」について次のように記している。

「……幼稚園教育要領などにおいては、「知識及び技能の基礎」「思考力、判断力、表現力等の基礎」「学びに向かう力、人間性等」の三つの柱から構成される資質・能力を一体的に育むように努めることや、幼児期の教育を通して資質・能力が育まれる幼児の具体的な姿を幼児期の終わりまでに育ってほしい姿として示している。この幼児期の終わりまでに育ってほしい姿を手掛かりに幼稚園の教師等と子供の成長を共有することを通して、幼児期から児童期への発達の流れを理解することが大切である。……」

■ 早期からの支援と相談支援ファイルの活用

障害のある子ども・保護者へ、早期から相談・支援を行うことは、小学校等での適応を促すことにおいて、その意義は高い。発達障害者支援法（2005）施行後、市区町村では、乳幼児健康診査後のフォロー事業の整備が行われている。健康診査でスクリーニングされた子ども・保護者に対して、保健師による育児相談、心理士等による発達相談、親子教室等の継続したフォローが行われ、療育が必要と判断された子どもには通園施設等が紹介され、療育等の支援が開始される。

療育等特別な支援を必要とする子どもへ一貫性のある支援を行うためには、障害の発見から支援に関する必要な情報を保健、福祉、医療、教育等の関係機関が共有することが重要である。「相談支援ファイル」は、文部科学省・厚生労働省が情報共有のツールとして推奨し、福祉関係機関や教育委員会を中心に普及がすすめられており、各自治体が独自の名称の使用や様式の作成をし配布を行っている。保健センター、教育委員会、特別支援学校等の関係機関が連携して普及を行っている自治体もある。

「相談支援ファイル」の内容は、氏名、住所、家族構成、診断名等の欄からなるフェイスシート、医療情報、成育歴、所属歴、生活習慣、本人の特性、コミュニケーション、医療的な管理・処置等で構成されている。「相談支援ファイル」の記入・保管は保護者が行う自治体が多いが、社会福祉課や教育委員会が保管・活用している自治体も見られる。「相談支援ファイル」が就学移行期における関係者の情報共有ツールとして活用されるためには、その意義と利用方法を保護者はもとより、学校、病院、施設等で周知されることが重要になる。

■ 保育所・幼稚園等での子どもの支援と個別の教育支援計画の作成

保育所・幼稚園で担任保育士等が子どもの発達が気になった場合、①保健センターや教育センターが実施している心理士による発達相談（前述）を紹介する、②保健センターや教育委員会等が設置する巡回相談を要請する、③特別支援学校のセンター的機能である訪問による教育相談を依頼するなどが考えられる。例えば、市区町村の巡回相談では、専門機関のスタッフ（心理士、学識経験者等）が保育所・幼稚園等を訪問し、子どもの活動を観察し、子どもの状況を判断し、担任保育士等へ助言を行う。必要に応じて子どもに発達検査を行ったり、保護者の相談を行ったりすることもある。

保育所・幼稚園等で支援が必要であると判断された子どもについては、園内委員会等で支援内容を検討し、個々のニーズに対応した支援が開始される。幼稚園教育要領には、個別の教育支援計画・個別の指導計画を作成することにより子どもの状態に対応した支援を行うことが示されており、特別支援学校の特別支援教育コーディネーターの助言を受けながらすべての保育所・幼稚園で個別の教育支援計画や個別の指導計画を作成している自治体も出てきている。

就学移行期に作成される個別の教育支援計画は、保育所、幼稚園等における子どもの状況等を踏まえながら就学先の小学校等における支援内容が含まれるものである。

この支援計画は医療・福祉等の関係者や保護者の参加を得て、子どもに最もふさわしい教育的支援を行う就学先を決定していく過程で作成され、保護者の了承のもとで小学校等に引き継がれる。

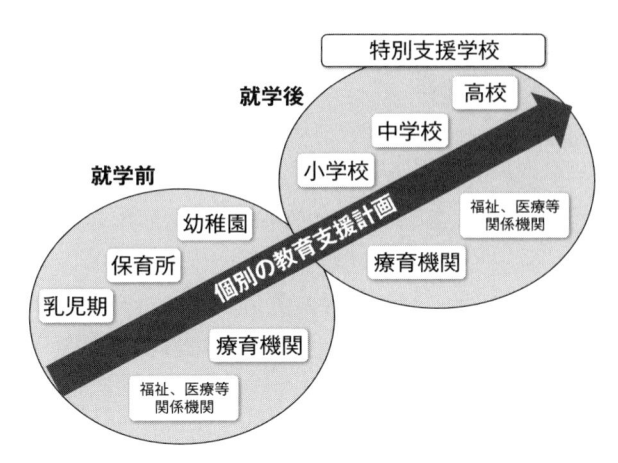

■ 就学先の決定に向けた相談支援

障害のある子ども・保護者にとって、就学先の決定は初めて経験する大きな岐路である。それゆえに、できるだけ早期の段階から保護者等へ就学に関する相談を開始することが大切になる。就学にかかわる相談には、①市区町村教育センター等での相談、②就学先の小学校や特別支援学校での相談、③特別支援学校のセンター的機能である、地域の子ども・保護者を対象にした教育相談、④就学時健康診断での相談等がある。

就学相談では、子どもの保育所・幼稚園等や通園施設等での様子や発達の状況等、子どもに関する情報を保護者に提供して理解を深めていく。また、保護者に小学校・特別支援学校を見学して施設・設備の状況や学習の様子を見てもらうことも必要である。

就学先の決定については、本人・保護者と市区町村教育委員会、学校等が教育的ニーズと必要な支援について合意形成を図ることとなる。そのためには、子どもの可能性を最も伸長する教育が行われることを前提に、子ども・保護者の意見を可能な限り尊重したうえで、教育支援委員会（仮称）の助言を受けながら、市区町村教育委員会が総合的に判断することが重要である。　　（井上和久）

●巡回相談

特別な支援を必要とする子どもへの支援の充実のため、特別支援教育および発達障害の知識、アセスメントの技能等を有する者が、保育所、幼稚園、小中学校を巡回して担任、特別支援教育コーディネーター、保護者などの相談を受け助言することであり、2007年4月の「特別支援教育の推進について（通知）」によって示された。

巡回相談の役割としては、授業や遊び等の観察、幼児児童生徒の教育的ニーズの把握、指導・支援内容等への助言、校内支援体制づくりへの助言、個別の指導計画等作成への協力、専門家チームと学校へのつなぎなどがある。

●母子手帳方式

乳幼児期から学校卒業後までを一貫して相談・支援するために構想されたのが母子手帳方式の小冊子である。

これは、保護者が小冊子を保持し、医療機関や相談機関を訪れたりするたびに、当該機関の医師等に相談・支援の内容で関係機関に引き継ぐ事項を記入してもらうというものである。

こうした手帳方式が開発されたのは、個人情報保護の観点から、子どもに関する情報については、個人情報保護の観点を遵守しながら障害のある子どもの情報を共有し一貫したサポートを行うために、また保護者がサポートの機関を変わるたびに子どもの生育歴や相談歴を繰り返し申し述べる必要を避けるためである。

母子手帳方式
（松本市）の表紙

 障害のある子どもの支援を就学前から就学後に適切に継続していくために、どのような相談支援とツールがあるのか考えてみよう。

［参考文献・ホームページ］
・文部科学省「共生社会の形成に向けたインクルーシブ教育システム構築のための特別支援教育の推進（報告）」
　http://www.mext.go.jp/b_menu/shingi/chukyo/chukyo3/044/houkoku/1321667.htm
・文部科学省初等中等教育局特別支援教育課「特別支援資料－障害のある子供の就学手続と早期からの一貫した支援の充実－」、2013年
・文部科学省「特別支援教育の推進について（通知）」http://www.mext.go.jp/b_menu/hakusho/nc/07050101.htm

映画は障害者・マイノリティを
活写することで世界を変えてきた

1．映画は難題解決の手がかりを可視化する

ダスティン・ホフマンが自閉症役でアカデミー賞主演男優賞を受賞した「レインマン」(1989) 以前の障害者映画は、問題告発・社会変革志向もの、人生讃歌もの、ハンディキャップ・ファイターものに大別できる。ロバート・デ・ニーロやトム・クルーズなどのトップスターが続々と障害者やその家族を演じた1990年代障害者映画は、本人や周囲の者たちが、「障害」によって新しい精神世界に目覚めるなど、総じて内面形成ものとして括ることができる。その後、恋愛と性へのアクセスや自己決定という小さなトレンドを経て、2000年代は自閉症スペクトラム障害やLD、ADHDなど発達障害へとシフトし、さらに近年に至り愛着障害と性的マイノリティとしてのLGBTが席巻。課題解決の手がかりを可視化する。

愛着障害の背景にあるのは親子の離別や虐待である。2018年11月の公開作品に限定しても、「スマホを落としただけなのに」では、スマホに宿るリスクに材を取りながら、虐待を受けた若者二人の対決を描き、「銃」では、偶然拾った銃が愛着障害学生に及ぼした心的反応を描き、「母さんがどんなに僕を嫌いでも」では、母親から虐待を受けていた息子の母親に対する戦略的「理解・融和」路線を描いている。

LGBT映画の始点は、1961年の「噂の二人」だが、その後の主要作品は、「ベニスに死す」(1971)、「モーリス」(1987)、「ボーイズ・ドント・クライ」(1999) と10年に一本のペース。ところが2013年以降、「わたしはロランス」「アデル、ブルーは熱い色」「チョコレートドーナツ」「イミテーションゲーム　エニグマと天才数学者の秘密」「リリーのすべて」「キャロル」「無伴奏」「怒り」「彼らが本気で編むときは、」「ムーンライト」「BPM　ビート・パー・ミニット」「ナチュラルウーマン」「ハートストーン」「リバーズ・エッジ」「君の名前で僕を呼んで」「最初で最後のキス」「カランコエの花」「女になる」「愛と法」「いろとりどりの親子」「性別が、ない！」「ボヘミアン・ラプソディ」など枚挙にいとまがない。とりわけ、「最初で最後のキス」は、ゲイの少年が校内で射殺された事件から着想されたもので、このような悲劇を防ぐ「同性恋愛対応スキル」といったものを形象化している点で出色。

2．いま呉秀三に立ち返ることの意味

「夜明け前　呉秀三と無名の精神障害者の100年」(2018) は、呉秀三・樫田五郎『精神病者私宅監置ノ実況及ビ其統計的観察』(1918) に依拠しながら、「座敷牢」に象徴される百年以上前の精神障害者の処遇実態を明示。加えて、日本の精神医学、精神医療の先覚者・呉秀三 (1865 ～ 1932) の問題関心と認識形成の足跡を辿る。呉の「我が国十何万の精神病者は実にこの病を受けたるの不幸の外に、この国に生まれたる不幸を重ぬるものというべし」の名言は、優生保護法下における障害者の強制不妊手術の発覚に見られるように、今なお色褪せない。

（二通　論）

第2章

障害児の教育課程と方法

教育課程

教育内容

授業づくり

指導の方法

特別支援学校の制度

「次世代の学校」と特別支援教育
——中教審3答申が描く学校像

中教審3答申は2015（平成27）年12月に出された。これらは、グローバル人材の育成に向けた「社会に開かれた教育課程」と、教育方法としてのアクティブ・ラーニング等の導入を目指した新学習指導要領の改訂作業を支えた答申である。中教審3答申は、今後の学校教育のあり方として、教職員の同僚性ではなく校長のリーダーシップを強調するものであり、特別支援教育の今後のあり方にも影響を及ぼすものと考えられる。

●「チーム学校」答申

この答申は、教員組織をピラミット型に整備し「社会に開かれた教育課程」の実現やアクティブ・ラーニングなどの指導方法、カリキュラム・マネジメントが学校に求められている状況の下、教育課題の複雑化・困難化に対応して、「多様な背景を有する人材が各々の専門性に応じて学校運営に参画する」ことを提言している。

そして、「校長のリーダーシップの下、カリキュラム、日々の教育活動、学校の資源が一体的にマネジメントされ、教職員や学校内の多様な人材が、それぞれの専門性を生かして能力を発揮し、子供たちに必要な資質・能力を確実に身に付けさせることができる学校」と定義される「チームとしての学校」の実現を提言している。

●「地域と連携・協働」答申

この答申では、いじめや不登校児、特別支援教育対象児、要日本語指導児など、多様な児童生徒への対応が必要な状況となっているなど、教育課題は複雑化・困難化しており、教員だけで対応することが、質と量の両面で難しくなってきていると記されている。また、「学校のガバナンス強化の視点から、学校評議員や学校運営協議会等の制度化により、地域や保護者等の意見を学校運営に反映させる仕組みが推進されてきたが、子どもたちの育成や学校運営の改善・充実の視点からも、地域と

中央教育審議会（中教審）は総理の私的諮問会議・教育再生実行会議の提言を踏まえて三つの答申をする。一つは今後の学校組織のあり方を示した「チームとしての学校の在り方と今後の改善方策について」（「チーム学校」答申と略記）であり、二つは今後の学校と地域社会との関係のあり方を示した「新しい時代の教育や地域創生の実現に向けた学校と地域の連携・協働の在り方と今後の推進方策について」（「地域と連携・協働」答申と略記）である。三つは教員の養成・採用・研修の一体的改革を提言した「これからの学校教育を担う教員の資質能力の向上について」（「教員の資質能力」答申と略記）である。

■ 中教審3答申から文部科学省「"次世代の学校・地域"創生プラン」へ

中教審3答申を受けた文部科学省は、「「次世代の学校・地域」創生プラン」（「創生プラン」と略記）を作成（2016年1月）・政策化する。

(1)「創生プラン」では、「地域と連携・協働」答申を踏まえたコミュニティ・スクールの推進・加速のためとして、学校を応援する学校運営協議会の役割の明確化と教職員任用に関する意見の柔軟化をはかり、学校の連携・協働を促進させるとした。この政策は、2017年の「地方教育行政の組織及び運営に関する法律」改正により、学校運営協議会の任意設置から設置の努力義務へと改定、学校運営協議会役割の「協議する機関」から「運営への必要な支援」機関への変更、学校運営協議会の「教職員任用に関する意見申出」については、柔軟な運用とする等が実現する。

(2)「創生プラン」は、ピラミッド型教員組織を提言した「チーム学校」答申を踏まえ、校長のリーダーシップのもとで専門性に基づくチーム体制を構築するとして、スクールカウンセラーやスクールソーシャルワーカー、部活動指導員の職務等を省令上明確にして外部人材を活用するとともに、医療的ケア児などに対応するための看護師や特別支援教育支援員の配置を充実させるとした。

(3)「教員の資質能力」答申については、新学習指導要領の実施のために、養成・採用・研修の一体的改革として、大学での教職課程コアカリキュラムの作成、教職課程学生のインターンシップの導入、新規採用教員の「教師塾」方式の普及、初任者研修の柔軟化、文部科学省大臣による教員育成指標の大綱的指針の提示などが盛り込まれている。これらは、必ずしも法令などの改正を必要としないことから、文部科学省の各種事業として実施されている。

■「次世代の学校指導体制実現構想」から義務標準法の改正へ

　文部科学省は、「創生プラン」の後、2016年7月に「次世代の学校指導体制の在り方について（最終まとめ）」を発表する。同文書は、教科指導、生徒指導、部活動指導等を一体的に行う日本型学校教育の国際的高評価を指摘しつつ、「次世代の学校」の創設には「予算の裏付けのある教職員定数の充実」を打ち出す。文部科学省は、これを基にして10年程度を視野にいれた「「次世代の学校」指導体制実現構想」を翌2017年度概算要求として策定する。

　「指導体制実現構想」には、「専科教員の拡充」「少人数指導の充実」「通級指導教員の基礎定数化」「要日本語指導教員の基礎定数化」「貧困起因等の学力課題解消のためのスクールカウンセラーやスクールソーシャルワーカーの配置」「いじめ・不登校に対応する支援教員配置を可能にする基礎定数の拡充」などが書き込まれ、加配定員の基礎定数化が実現する。

■ 特別支援教育をめぐる近年の動向

　①特別支援教育の推進には校長のリーダーシップは必要であるが、上意下達ではなく「同僚性」を基盤とした「一丸となった学校」である。

　②外部の特別支援教育関係者を「チーム」の一員として取り込むには、コーディネート機能が必要になり、教員の超多忙化の解消につながらない。

　③特別支援学校がコミュニティ・スクールになるためには、小規模・分散化が必要であり、設置義務を都道府県から市町村に移すことも考慮すべきであろう。

　④通級による指導と要日本語指導の教員数が基礎定数化されたが、特別な支援と配慮を要する児童生徒は、これだけでない。　　　　　　　　　（清水貞夫）

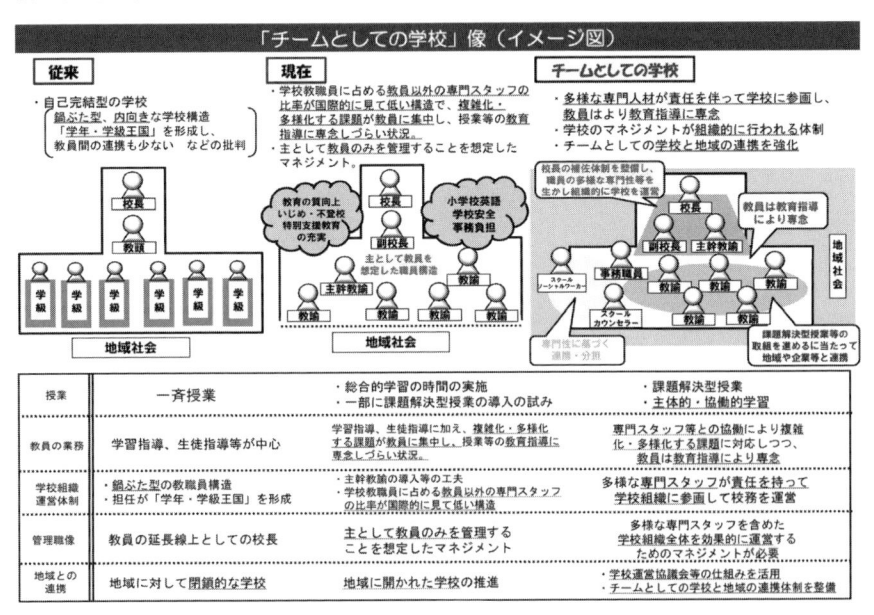

「チームとしての学校」像（イメージ図）

の一層の連携・協働が課題となっている。そして、コミュニティ・スクール／地域学校運営協議会制度を全公立学校に拡大して「地域に開かれた学校」から「地域とともにある学校」を目指すとしている。

●「教員の資質能力」答申

　この答申は、「社会に開かれた教育課程」の下、"教えの専門家""カリキュラム・マネジメントの力""アクティブ・ラーニングの学習・指導力""学習評価の力"などを備えた「学びの専門家」としての教員が必要であると記し、同時に、教員の超多忙化等などと、道徳の特別教科化、小学校での外国語教育の早期化・教科化、ICTの活用などとともに、いじめ・不登校、貧困・児童虐待、発達障害を含む特別な支援を必要とする児童生徒等への対応できる教員の不足を指摘している。

　具体的には、初任者研修のOJT (on the job trading) の重視と運用弾力化、十年研修の実施時期の柔軟化とミドルリーダー育成研修への転換、学校インターンシップの重視と教育実習との関係の明確化が指摘されている。

●中教審と教育再生実行会議

　教育再生実行会議は、内閣直属の諮問機関にすぎないのに対し、中教審は国家行政組織法により設置される機関である。安倍政権は、教育再生実行会議に次々と提言させて、それを中央教育審議会に送り、それを短期間という異例の速さの審議で政策化させる手法をとっている。その際、口実とされるのが「いじめ」問題であり、教員の超多忙であったりする。

---

check　「チーム学校」答申を読み、これからの特別支援教育の将来として考えられることを明らかにしよう。

［参考文献］
・竹内健太（2017）「教職員定数の計画的な改善と「チーム学校」の実現、立法と調査」（国会図書館）、No.390
・黒川直秀（2017）「『チームとしての学校』をめぐる議論、調査と情報」（国会図書館）、No.947

「個別最適な学びと協働的な学びの実現」（中教審答申）と特別支援学校設置基準

第2章
031

政府は、Society5.0時代を生きる全ての子どもたちに個別最適な学びと協働的な学びを保障するためにGIGAスクール構想の実現を目指してICT環境整備に多額の予算を投入している。「1人1台の端末」と「高速大容量の通信ネットワーク」という環境は学校教育の環境を確実に変えるが、特別支援教育教師は、絶えず子どもから出発した発想のもと、教育における不変性を忘れてはならないであろう。

●中教審「答申」

「答申」は、一人として取り残さず質の高い教育を受けられるようにすることが国の責務であると指摘しつつ、9年間の義務教育を通して、特に、「個別最適な学び」と「協働的な学び」の実現による学力の確実な定着・育成を図るとしている。

その上で、補充的・発展的学習指導を促進し、またカリキュラム・マネジメントの充実を求めている。

そして小学校高学年からの教科担任制、小学校・中学校両方の免許取得の促進、中学校教員による小学校免許の取得を促す制度の弾力化を求めている。

さらに、不登校児童生徒への対応の充実や、夜間中学の設置促進など、義務教育未修了者の対応の充実を求めている。

中教審「答申」は、Society5.0という新しい時代に生きる人材形成を目指し、GIGAスクール構想（Global and Innovation Gateway for All）を踏まえつつ、「日本型学校教育」を実現するとしている。「日本型学校教育」は学習指導と生活指導を一体的に行う教育指導という日本的な教育システムのことである。

なお、Society5.0とは、狩猟社会、農耕社会、工業社会、そして、現在の情報社会に続くとされる「サイバー空間とフィジカル空間を融合させたシステムにより経済発展と社会的課題の解決を両立させる人間中心の社会」とされている。これは経済界の将来予測である。

「新しい時代の初等中等教育の在り方について」を審議することを求められた中央教育審議会（中教審）は、「「令和の日本型学校教育」の構築を目指して―すべての子供たちの可能性を引き出す、個別最適な学びと、協働的な学びの実現―」を答申した（2021年1月）。特別支援教育については、有識者会議が組織され、その「報告」が中教審の「答申」に組み込まれた。有識者会議の「報告」は、「新しい時代の特別支援教育の在り方に関する有識者会議・報告」という表題のものである。

有識者会議は、特別支援教育を必要とする子どもの数が増加の一途をたどっている状況を踏まえつつ、特別支援教育の現状と課題を整理し、その充実のための方策等について検討を行うために設置された。2012年の「共生社会形成のための特別支援教育の推進（報告）」以降、文科省は、障害者権利条約に基づくインクルーシブ教育の理念を構築することを旨として特別支援教育を推進し、学習指導要領を改定し、2020年4月、小学校、特別支援学校小学部から順次全面実施を迎えた。こうした時点で、特別支援教育の現状と課題を整理し、その充実策を明示しようとしたのが、有識者会議の「報告」と理解できる。「報告」の内容は、文科省による今後の施策立案に反映されることになる。

■ 有識者会議・報告

「報告」は、「これからの特別支援教育の方向性」として、「障害のある子供と障害のない子供が、年間を通じて計画的・継続的に共に学ぶ活動の拡充」および「障害のある子供の教育的ニーズの変化に応じ、学びの場を変えられるよう、多様な学びの場の間で教育課程が円滑に接続することによる学びの連続性の実現」を指摘している。その際、教育・医療・福祉・労働など、地域における連携の必要性を随所で指摘している。特に、「学びの場の整備・連携強化」では、特別支援学校について、副次的な籍を活用した居住地の学校との交流及び共同学習の促進と、特別支援学校の慢性的な教室不足を指摘している。さらに、教師の専門性向上に向けて、全ての教師が「個別の教育支援計画・個別の指導計画などの特別支援教育に関する基礎的知識、合理的配慮に対する理解等が必要である」としつつ、特別支援学級、通級による指導の担当者には「各教科等での目標が異なる児童生徒を同時に指導する実践力が求められる」とした。

加えて、ICT利活用の促進としては、「ICTが学習指導という側面にとどまらず、障害者が情報をやり取りし、社会によりよくアクセスしていくために必要不可欠な存在になっている」と述べつつ、「特別支援学校のICT環境は、特に、

教務系のコンピューター整備率が全学校種平均を下回っているほか、統合型教務支援システムの整備率も低く、学校経営上課題が大きい」と指摘している。

■ 特別支援学校の設置基準策定を明言

有識者会議「報告」で注目されたのは、特別支援学校在籍者の増加による慢性的な教室不足を指摘して、「国は特別支援学校の備えるべき施設等を定めた設置基準を策定することが求められる」と明言したことであった。これは、中教審の「答申」にそのまま取り込まれている。

これを受けて、文科省は、2021年、特別支援学校設置基準を公表する。「特別支援学校設置基準の制定概要」によると、①必要最低の基準であり、②地域の実態に対応可能なように弾力・大綱的規定、とされている。そして、設置基準は、高等部の学科の種類や学級の子どもの数（上限）及び学級編制（同学年、同一障害による編制）、また施設・整備などが定められるとともに、これまで省令等で規定のなかった校舎や運動場の面積では、知的障害の小学部・中学部の場合、校舎面積は18人以下で1,070平方メートルなどが示されている。

なお、有識者会議「報告」が、特別支援学校の設置基準の作成を求めた背景には、長年にわたる関係者の運動があった。障害児学校の設置基準策定を求める運動は、地方議会への要請や国会への陳情・請願等を繰り返し行われてきた。

■ 慢性的教室不足は解消するか

特別支援学校の慢性的な教室不足に対して、政府は2020年度から2024年度までを「集中取組期間」とし、特別支援学校の用に供する既存施設の改修事業について国庫補助の算定割合の引き上げを行っている。しかし、公表された設置基準には、「現に存在する特別支援学校の編成並びに施設及び設備については、当分の間、なお、従前の例によることができる」と付言されている。これは、「当分の間」、現状のままでいくということである。

慢性的教室不足の解消は必要である。しかし，そのためには、小規模化と分散／適正配置が必要である。特別支援学校は、小学部、中学部、高等部という三部構成をとる学校が多いが、これは小学校、中学校、高等学校が一体化した学校と理解することもできる。小規模化のためには、三部構成を分離することも一案であり、小・中・高等部の3部編成で150名以下とすることも必要であろう。実際、生活年齢に対応した机・いす、遊具、体育施設が必要であり、図書室は、年齢横断的な書籍とともに、年齢にふさわしい書籍を所蔵すべきである。

分散／適正配置は、特別支援学校は子どもたちの居住する地域と無関係には存立しえないことから、障害児の通学しえる距離に学校は立地しなければならない。通学時間が通学バスで1〜2時間もかかる状態は障害児に過重な負担を強いているといえる。その改善には、特別支援学校の新増設ないし位置的統合が求められるといえる。　　　　　　　　　　　　　　　　　　（清水貞夫）

またGIGAスクール構想とは、1人1台端末と高速通信環境を整備し子どもたちに個別最適の学びと協働的学びを保障する施策のことである。

●学校教育法第3条

学校教育法第3条は、「学校を設置しようとする者は、学校の種類に応じて、文部科学大臣の定める設備、編制その他に関する設置基準に従い、これを設置しなければならない」と規定している。この規定により、小・中学校、高等学校、大学等については、それぞれ設置基準が定められている。

●設置基準の内容（一部）

○校舎に備えるべき施設

ア　校舎には、少なくとも次に掲げる施設を備えるものとする。（一部略）
　①教室（普通教室、特別教室等とする、ただし、幼稚部にあっては、保育室及び遊戯室とする）
　②自立活動室
　③図書室（小学部、中学部又は高等部を置く特別支援学校に限る）、保健室
　④職員室

イ　校舎には、前項に掲げる施設のほか、必要に応じて、専門教育を施すための施設を備えるものとする。

○その他の施設について

特別支援学校には、校舎及び運動場のほか、小学部、中学部又は高等部を置く場合にあっては体育館を備えるものとする。（一部略）

○校具及び教具について

ア　特別支援学校には、（一部略）必要な種類及び数の校具及び教具を備えなければならないこととする。（以下省略）

---

 check 複数の特別支援学校の学校要覧を取り寄せて、学校の教室、施設・設備、体育館、校具・教具等、人的・物的環境を調べ、必要に応じて実地調査を行い、比較した一覧表を作成し議論しよう。

[参考文献・ホームページ]
・文部科学省「特別支援学校設置基準の策定について」『季刊特別支援教育』夏No.82,
・文部科学省「『令和の日本型学校教育』の構築を目指して──全ての子供たちの可能性を引き出し、個別最適な学びと、協働的な学びの実現（答申）」、https://www.mext.go.jp>chukyo>chukyo3>sonota
・佐久美順子「特別支援学校の『設置基準』の策定を──過大過密解消に向けて」『季刊教育法』No.207,2020.12

第2章 032 通常の小・中学校の新しい学習指導要領
——「社会に開かれた教育課程」の編成

新しい学習指導要領が2017(平成29)年に公示された。そして、小学校では2018(平成30)年度から第3学年および第4学年に外国語活動を実施する等の移行措置を実施し、小学校は2020年度から、中学校は2021年度から全面実施となる。特別支援学校小・中学部は、小・中学校と同じ年度に実施される。小・中学校および特別支援学校は、新学習指導要領の下、創意工夫して「社会に開かれた教育課程」の編成が求められている。なお、幼稚園教育要領も小・中学校学習指導要領と同時に改訂された。

●新学習指導要領下の教科等

学校教育法施行規則において、小学校の教育課程は、国語、社会（3年以上）、算数、理科（3年以上）、生活（1年と2年）、音楽、図画工作、家庭（5年と6年）、体育および外国語（5年と6年）の各教科等、特別の教科・道徳、外国語活動（3年生と4年に新設）、総合的な学習の時間、特別活動で編成されることになる。中学校の教育課程は、国語、社会、数学、理科、音楽、美術、保健体育、技術・家庭、外国語の各教科等、特別の教科・道徳、総合的な学習の時間、特別活動で編成される。

「社会に開かれた教育課程」の下、グローバル人材を育成するために英語教育重視と学校の道徳化としての「特別の教科・道徳」が重視された教科編成となっている。グローバル人材として英語を話せる人材は、海外進出する企業の求めであった。

●プログラム学習

新学習指導要領は、情報活用能力の育成を図るため、次のような学習活動を計画的に実施することを求めている。

ア　コンピュータで文字を入力するなどの学習の基盤として必要となる情報手段の基本的な操作を習得するための学習活動

イ　プログラミングを体験しながら、コンピュータに意図した処理を行わせるために必要な論理的思考力を身に

■「社会に開かれた教育課程」とは

新学習指導要領は、少子化やAI等の技術革新など、急速な変化のなかで「予測が困難な時代」に、生き抜くことができる子どもの育成を目指している。

「予測が困難な時代」にあって、子どもたちは「一人一人が持続可能な社会の担い手」になることを新学習指導要領は期待しているのである。

こうした期待の下、「"よりよい学校教育を通じてよりよい社会を創る"という目標を学校と社会が共有し、連携・協働しながら、新しい時代に求められる資質・能力を子供たちに育む」とされるのが「社会に開かれた教育課程」といわれているのである。すなわち、「社会に開かれた教育課程」は、学校と社会が連携・協働する教育課程（カリキュラム）のことである。そして、それは「学校、家庭、地域の関係者が幅広く共有し活用できる"学びの地図"としての役割を果たす」とされる。

■「社会に開かれた教育課程」が育成する資質・能力

新学習指導要領は、「社会に開かれた教育課程」によって、子どもたちに育成したいとしたものは学校教育が長年、目指してきた「生きる力」であることを想起しつつ「生きる力」をより具体化させるものとして、安倍政権下の2007年の学校教育法改定（第30条2項）を基に、次の三つを挙げている。

ア　「何を理解しているか、何ができるか」（「知識・技能」の習得）

イ　「理解していること・できることをどう使うか（未知の状況にも対応できる「思考力・判断力・表現力等」の育成）

ウ　「どのように社会・世界と関わり、よりよい人生を送るか（学びを人生や社会に生かそうとする「学びに向かう力、人間性等」の涵養）

新学習指導要領は、「知識及び技能」「思考力、判断力、表現力等」「学びに向かう力、人間性等」を三つの柱として、すべての教科等の目標および内容を三つの柱で再整理している。具体的には、新学習指導要領は、教科等で目指す目標が、資質・能力の三つの柱にそって示されている。新学習指導要領は、資質・能力から教育内容へアプローチする教育課程論といえる。

■「主体的・対話的で深い学び」

三つの柱からなる資質・能力を育成するのは授業である。学校教育の中心は授業であり、三つの資質・能力を育むための授業づくりとして、新学習指導

要領が打ち出したのが、「主体的・対話的な深い学び」を実現する授業である。この「主体的・対話的な深い学び」は、新学習指導要領を用意した中央教育審議会答申（「幼稚園、小学校、中学校、高等学校及び特別支援学校の学習指導要領等の改善及び必要な方策等について」）においては、アクティブ・ラーニングという用語で説明されていたものである。

中教審答申は、「主体的な学び」を、「学ぶことに興味や関心を持ち、自己のキャリア形成と関連づけながら、見通しを持って粘り強く取り組み、自己の学習活動を振り返って次につなげる」学習と記している。また「対話的な学び」については「子供同士の協働、教職員や地域の人との対話、先哲の考え方を手掛かりに考えること等を通じ、自己の考えを広げ深める」学習と説明している。さらに「深い学び」については「各教科等の特質に応じた「見方・考え方」を働かせながら、知識を相互に関連付けてより深く理解したり、情報を精査して考えを形成したり、問題を見いだして解決策を考えたり、思いや考えを基に創造したりするように向かう」学習としている。

アクティブ・ラーニングは、教員による一方的な知識注入の学習方法でなく、学習者が能動的に学習活動に参加する指導方法の総称であって、知識や経験を含む汎用的能力の育成を図る方法である。新学習指導要領では、アクティブ・ラーニングが、特定の指導類型と誤解されないように「主体的・対話的で深い学び」の用語を使用したのであろう。こうした教育方法と資質・能力をベースにした教育課程論は「内容なしの活動主義」の危惧を抱かせるであろう。そして、主体的で対話的な深い学びを最も必要とするのは子どもたちでなく教師である。

■ カリキュラム・マネジメントとモジュール学習等

新学習指導要領は「社会に開かれた教育課程」として「社会との連携及び協働」を求め、「地域に開かれた学校」ではなく「社会／地域とともにある学校」が目指されている。そうした中で、「主体的・対話的で深い学び」を推進すると教育課程の管理は複雑化するといえる。特に、新学習指導要領は、「10分から15分程度の短い時間」での学習（「モジュール学習」といわれる）を組織すること、また、教科等横断的に学習することを重視している。さらに、学習指導要領に記述された以上の内容を加えて指導することを認め、学習指導要領に記載された事項は指導の順序を示すものでないし、一部教科では2年間かけて指導する内容が示されている。

こうした学習指導形態の多様性は、カリキュラム・マネジメントの必要性へつながっている。カリキュラム・マネジメントとは「教育課程の実施状況を評価してその改善 を図っていくこと、教育課程の実施に必要な人的又は物的な体制を確保するとともにその改善を図っていくことなどを通して、教育課程に基づき組織的かつ計画的に各学校の教育活動の質の向上を図っていくこと」と定義されている。　　　　　　　　　　　　　　　　　　　　（清水貞夫）

●「特別の教科　道徳」

「特別の教科　道徳」は第2次安倍内閣（2012年成立）下で打ち出された。安倍総理の法律によらない私的な諮問会議・教育再生実行会議は、「いじめ」問題を口実にして、「道徳の教科化」を2013年に提言する。教育再生実行会議（座長・鎌田薫早大総長）の第一次提言は、「いじめ問題等への対応について」であった。そこには、道徳の「新たな枠組みにより教科化」がうたわれていた。第一次提言は、文部科学省内の異論を封殺して中教審の審議に付され、「道徳の教科化」が既定路線となる。そして、異例といえる速さで「学校教育法施行規則」（第50条及び第72条）の改定（2015年）が行われ、「特別の教科　道徳」が国の行政命令で成立する。同時に、旧来なら学習指導要領の改定時に行われる道徳基準の改定を文部科学省は告示する。そこでは、愛国心が盛り込まれたのである。

「特別の教科　道徳」には検定教科書が発行される。また特別支援学校（小・中学部）及び小・中学校の「指導要録の改善等について（通知）」（2016年）を文部科学省は発出し、指導要録の参考様式（この様式で年度末に教育現場教師は児童生徒を評定して記録を残す）を示す。この様式には、「特別の教科　道徳」の評価欄があるとともに、「行動の記録」欄があり、「基本的な生活習慣」から「公共心・公徳心」までの10項目が並んでいるとともに、二つの項目欄は空白であり学校で記入できるようになっている。そして、学校には道徳教育推進教師をおくこととされている。

---

 check ➡ 「主体的・対話的な深い学習」のために、教師が授業運営で心掛けるべきことはなにかを討論しよう。

[参考文献・ホームページ]
・文部科学省　幼稚園、小学校、中学校学習指導要領（2017）(http://www.mext.go.jp/a_menu/shotou/newcs/yoursyou/index.htm)
・中央教育審議会「新しい時代の教育や地方創生の実現に向けた学校と地域の連携・協働の在り方と今後の推進方策について（答申）」（2017）
http://www.mext.go.jp/b_menu/shingi/chukyo/chukyo0/toushin/1365761.htm

通常の小・中学校の学習指導要領と特別支援教育
──「特別な配慮を必要とする子ども」

第2章
033

2017年に新学習指導要領が告示された。特別支援学校の学習指導要領も改訂されたが、ここでは、通常の小学校・中学校における教育課程の大綱とされる学習指導要領に焦点をあてる。それは、小学校および中学校の学習指導要領での特別支援教育に関する記述が充実して示されたからである。これは、通常学校でも特別な配慮／支援を必要とする児童生徒が在籍することが明白であることを受けてのことである。

●新学習指導要領総則の「要日本語指導児」
次の2点を記している。
ア 海外から帰国した児童（生徒）などについては、学校生活への適応を図るとともに、外国における生活経験を生かすなどの適切な指導を行うものとする。
イ 日本語の習得に困難のある児童（生徒）については、個々の児童（生徒）の実態に応じた指導内容や指導方法の工夫を組織的かつ計画的に行うものとする。特に、通級による日本語指導については、教師間の連携に努め、指導についての計画を個別に作成するなどにより、効果的な指導に努めるものとする。

●教育機会確保法と不登校児
「義務教育の段階における普通教育に相当する教育の機会の確保等に関する法律」（「教育機会確保法」）（平成28年12月）は、「不登校児童生徒に対する教育機会の確保、夜間等において授業を行う学校における就学機会の提供その他の義務教育の段階における普通教育に相当する教育の機会の確保等を総合的に推進」すると規定し、「年齢又は国籍等にかかわりなく、能力に応じた教育機会を確保する」とも規定している。
同法は、当初、フリースクールなど学校外での義務教育を行う制度として創設も検討されたが、反対意見が強く、フリース

■ 通常の小・中学校での「特別な配慮を必要とする児童（生徒）」

今回改訂された小学校・中学校学習指導要領の特徴の一つは、「総則」で「特別な配慮を必要とする児童（生徒）への指導」として、①障害のある児童（生徒）、②日本語の習得に困難のある児童（生徒）、③不登校児童（生徒）、の3類型の子どもについて記述していることである。

そして、3類型の子どものうち、「障害のある児童生徒への指導」については、「特別支援学校等の助言または援助を活用しつつ、個々の児童生徒の障害の状態に応じた指導内容や指導方法の工夫を「組織的」かつ「計画的」に行うと規定している。

加えて、①特別支援学級の「特別の教育課程」の編成にあたっては、自立活動を取り入れたり、下学年ないし特別支援学校の教科等の内容に替えたりして実態に応じた教育課程の編成をすること、②通級による指導を行い特別な教育課程を編成するときは、自立活動の内容を参考にすること、③関係機関との連携の下、個別の教育支援計画及び個別の指導計画を作成・活用すること、としている。

■ 障害はないが特別な配慮の必要な児童生徒

「日本語の取得に困難のある児童生徒」には、外国籍の子どもと日本国籍の子どもがいる。労働人口が減少する中、外国人技能実習生制度などにより、事実上の外国人労働者の受け入れが行われ、また経済のグローバリゼーションにより、多様な国籍の要日本語指導児が着実に増加している。2014（平成26）年の学校教育法施行規則改正により、日本語の取り出し指導を正規の授業時間として認められ通級による指導が行われている。

要日本語指導児が学校で直面している困難は、日本語がうまく話したり書いたりできないためだけでなく、宗教や学校文化の違いによる困難などがある。例えば、イスラム教徒の子どもたちは、毎日礼拝を必要としたり、宗教上の理由で給食に食べられないものがあったりする。社会・文化・宗教の違いを抱えた子どもたちを「手のかかる子ども」として理解するのでなく、異文化理解を促進してくれる存在として理解する必要がある。異文化理解は自己の文化を振り返る契機であり、多文化共生社会の礎となると考える。

また、「不登校児童生徒」については、保護者や関係機関との連携し、専門家の助言・援助を得ること、また個別学習やグループ別学習の工夫に努めると

している。

　なお、幼稚園教育要領においても、「特別な配慮を必要とする幼児への指導」について「障害のある幼児などへの指導」として、「特別支援学校などの助言または援助を活用し」「指導内容や指導方法の工夫を組織的かつ計画的に行う」とし、「家庭、地域及び医療や福祉、保健等の業務を行う関係機関との連携をはかる」としている。

■『学習指導要領解説』での「特別な配慮」の「工夫」

　新学習指導要領は、各教科において「指導計画の作成と内容の取扱い」で、「障害のある児童などについては、学習活動を行う場合に生じる困難さに応じた指導内容や指導方法の工夫を計画的、組織的に行うこと」とされている。そして、『学習指導要領解説』では、その「工夫」の一端が示されている。

　具体的には、小学校国語では、音読することが困難な場合に指で押さえながら読むことや拡大コピーを用意すること、分かち書きされたものを用意するなどが記述されている。また、小学校算数では、「商」「等しい」など子どもが日常使用することが少なく、抽象度の高い言葉が困難な場合には、子どもが具体的イメージを描けるよう、子どもの興味・関心や生活経験に関連の深い題材を取り上げて、既習の言葉やわかる言葉に置き換えるなどの配慮をする、としている。また、空間図形のもつ性質を理解することが難しい場合、空間における直線や平面の位置関係をイメージできるように、立体模型で特徴のある部分を触らせるなどしながら、言葉でその特徴を説明したり、見取図や展開図と見比べて位置関係を把握したりするなどの工夫を行う、とされている。

　こうした記述は、通常学級には多様な障害児が非障害児と生活し学習することを想定しているのである。　　　　　　　　　　　　　　　　　　（清水貞夫）

旧小学校学習指導要領解説総則	新学習指導要領解説の「各教科」（一部）
■障害別に配慮の例を示す [障害種別例] **弱視**：体育科におけるボール運動の指導、理科等における観察・実験の指導 **難聴や言語障害**：国語科における音読の指導、音楽科における歌唱の指導 **LD（学習障害）**：国語科における書き取り、算数科における筆算や暗算の指導 **ADHD（注意欠陥・多動性障害）**、自閉症：話して伝えるだけでなく、メモや絵などを付加	■各教科での学習困難への対応例 ・実験を行う活動において、実験の手順や方法を理解することが困難であったり、見通しをもてなかったりして、学習活動に参加することが難しい場合には、学習の見通しがもてるよう、実験の目的を明示したり、実験の手順や方法を視覚的に表したプリント等を掲示したり、配布したりするなどの配慮が考えられる。（理科） ・地図等の資料から必要な情報を見つけ出したり、読み取ったりすることが困難な場合には、読み取りやすくするために、地図等の情報を拡大したり、見る範囲を限定したりして、掲載されている情報を精選し、視点を明確にするなどの配慮をする。（社会科） ・音楽を形づくっている要素（リズム、速度、旋律、強弱、反復等）の聴き取りにくい場合は、音楽に合わせて一緒に拍を打ったり体を動かしたりする。（音楽）

中学校や高等学校でも同じ。幼稚園については幼児期の特性に応じた困難さの例を示す

　クールや自宅などの学校以外を義務教育の場として選択できるとした部分は削除され、学校教育に適応できなかったり排除されたりした子どもたちの学習権の保障を中心的な理念として成立した。

　また同法は、不登校児、形式的義務教育終了者、日本語習得希望外国人など多様な人たちが学ぶ夜間中学による就学機会を確保することを地方公共団体に義務づけている。この成立によりフリースクール、夜間中学、家庭、教育支援センターなどにいる不登校児に国の責任が理念的に明確になったといえる。同法は、不登校児に対して「学校への復帰」を前提にして進められていた従来の対応を、「休養の必要性」を認めつつ学校外での成長を支援する方向へ転換することを示すとともに、夜間中学の開設に初めて法的根拠を付与したものである。

　不登校児対応の一環として、文部科学省は、1990年代に、学校外民間施設ですごすことが校長の裁量により指導要録上出席扱いとした。また、2005年には、不登校児を対象とした教育課程を編成する「不登校特例校」を設置し、2015年には、モデル事業としてフリースクールに通学する子供の必要経費を補助している。他方、夜間中学については、文部科学省は、従来の方針を転換し、夜間中学設置を地方公共団体に促し始め、2018年5月時点で、公立夜間中学校が8都府県に31校設置されている。文部科学省は、各都道府県に少なくとも1校は設置されるように促している。

 　外国人子弟が多数在宅する居住地の学校を訪問して、外国人子弟が学校で遭遇する生活や学習上の困難について調べよう。

[参考文献・ホームページ]
・文部科学省　幼稚園教育要領、小学校・中学校学習指導要領（2017）、(http://www.mext.go.jp/a_menu/shotou/newcs/yoursyou/index.htm
・中央教育審議会「幼稚園、小学校、中学校、高等学校及び特別支援学校の 学習指導要領等の改善及び必要な方策等について（答申）」(2016) http://www.mext.go.jp/b_menu/shingi/chukyo/chukyo0/toushin/__icsFiles/afieldfile/2017/01/10/1380902_0.pdf

知的障害のある児童生徒の教育課程と指導形態

——特別支援学校新学習指導要領（小・中学部）と「教科等を合わせた指導」

特別支援学校（知的障害）における教育課程のなかで、これまで「合わせた指導」として「日常生活の指導」「遊びの指導」「生活単元学習」「作業学習」が中心的な位置を占めてきた。2017年に改訂された特別支援学校学習指導要領（小・中学部）では、どのような指導形態をとるかは学校の選択であるが、その一方、目標や内容のモザイク的な構成による指導の形骸化を回避し、教育計画と教育実践との創造的な関連について議論が求められている。

●学習指導要領改訂における「領域」論の後退

伝統的な教育学では、学校教育は、教科と教科外の領域があり、そこに認識の形成と行為・行動の指導がそれぞれ固有性をもつ陶冶と訓育の機能が成立するものとして教育実践をとらえてきた。障害児教育の場合は、障害の軽減や克服との関係で、教科・教科外の領域の他に固有の「自立活動」の領域が設定されてきた。これらの「領域」の考え方は、教育実践のなかの相対的に区別される固有の人間形成の働きをする部分であり、それに働きかける専門的な内容を持ち時間などの条件整備の根拠ともなるものである。

これまで、「総合的な学習の時間」「外国語活動」の設定、今回の「特別な教科・道徳」などの設定の経緯もあり、2017年の改訂では、幼稚園や幼稚部の教育要領で「領域カリキュラム」をとる場合を除いて、通常の小・中学校と特別支援学校小・中学部学習指導要領においては、「領域」という概念の使用は控えられている。このことによって、特別支援学校での教育実践において、個々の細分化された取り組みに視野が限られ、学校教育の固有の領域をもとに教育実践を構造化してゆくという教育学的捉え方の後退が危惧される。

新学習指導要領では、これまで教科内容を中心とした改訂から、教育内容と方法へと拡大した改訂となった。すなわち「なにができるか」（「資質・能力」）を展望して、「何を学ぶか」（教科等を学ぶ意義、教科等間・学校段階間のつながりを踏まえた教育課程の編成）と「どのように学ぶか」（各教科等の指導計画の作成と実施、学習・指導の改善・充実）も軸にして指導過程にまで改訂は及んでいる。従来、特別支援学校学習指導要領では、知的障害や重複の児童生徒を教育する場合において、「特に必要な場合は各教科、道徳科、外国語活動、特別活動及び自立活動の全部又は一部について、合わせて授業を行うことができる」（学校教育法施行規則第130条第2項）という規定に基づいて、「指導の形態」として合科・統合という形での多様な授業を可能としてきた経過がある。

■ 知的障害のある児童生徒の教育課程と「指導の形態」

1963年の養護学校学習指導要領以来、各教科、特別活動等の枠組みのもとで、知的障害の「特性」を根拠として生活単元学習・作業学習などの「指導の形態」が実施できるようにされてきた。経験主義的知的障害教育においては、生活単元学習や作業学習が主流となっていた。その後、障害の重度化にともなって「日常生活の指導」「遊びの指導」が「指導の形態」に付け加えられてきた。それらは、「領域・教科を合わせた指導」と呼ばれ、日常生活の中での必要な活動や遊びを組織し、発達に総合的に働きかける実践となってきた。

2009年の特別支援学校学習指導要領解説（総則等編）では、知的障害の「特性」の記述に続いて、「各教科等を合わせた指導を行う場合」という項目で記述があり、補足的に教科別の指導、領域別の指導を記述していた。今回の改訂の『特別支援学校学習指導要領解説（各教科等編）』においては、教育課程の連続性という観点から、「教科別の指導」「道徳科、外国語活動、特別活動、自立活動の時間を設けた指導（領域別の指導）」「各教科等を合わせた指導」の順に解説をおこなっている。2009年改訂までの特別支援学校学習指導要領では、知的障害の教育課程の独自性という観点を保持していたが、2017年の今回の改訂では、「教科別指導」、「領域別指導」、「教科等を合わせた指導」へと順序性を変え、「連続性」を重視したものへと転換するものとなった。

■「各教科等を合わせた指導」

知的障害のある児童生徒の指導において重要な位置を占めてきた「合わせた指導」について、今回の特別支援学校学習指導要領解説では次のように示して

いる。

　日常生活の指導：日常生活の指導は、児童生徒の日常生活が充実し、高まるように日常生活の諸活動について、知的障害の状態、生活年齢、学習状況や経験等を踏まえながら計画的に指導するものである。

　遊びの指導：主に小学部段階において、遊びを学習活動の中心に据えて取り組み、身体活動を活発にし、仲間とのかかわりを促し、意欲的な活動を育み、心身の発達を促していくものである。「生活科の内容をはじめ、体育科など各教科等に関わる広範囲な内容」が扱われる。

　生活単元学習：児童生徒が生活上の目標を達成したり、課題を解決したりするために、一連の活動を組織的・体系的に経験することによって、自立や社会参加のために必要な事柄を実際的・総合的に学習するものである。

　作業学習：作業活動を学習活動の中心にしながら、児童生徒の働く意欲を培い、将来の職業生活や社会自立に必要な事柄を総合的に学習するものである。

　今回の学習指導要領改訂では、「生活科を中心として」（日常生活の指導）、「生活科の内容をはじめ、体育科などの各教科等」（遊びの指導）、「職業・家庭科の目標及び内容が中心となるほか」（作業学習）といった表現で教科との関係を強めた記述となっている。

■ 子どもの発達と教育内容

　子どもは、幼児期の遊び、学齢期の学習、青年・成人期の労働といった各段階を特徴づける主導的活動を通して、仲間たちと協働して、教育内容となるものを主体的に獲得して発達をとげていく。しかしながら、障害児は、その障害・発達・生活の実態により、その教育内容の獲得に特徴をもつことになる。

　ところで、知的障害のある児童生徒の指導において主流となってきた生活単元学習や作業学習などの経験主義的教育理論に基づいた教育実践は、「ねらいが明確でない」「同じことの繰り返し」、ひいては「はいまわる経験主義」として批判もされてきた経過もあった。その批判は、知的障害の捉え方とも関連しており、知的発達を軽視し、既存の枠組みに適応することを強調することに対しての批判でもあった。経験主義と経験を重視することとは、異なるものであり、経験によって培われる発達的力量を質的に把握する必要がある。教科等における細分化された目標や内容をモザイク的に構成するだけでは、主体的な活動を組織することにはならない。

　「合わせた指導」が経験主義教育や適応主義的な教育実践へと傾斜していくことへの批判と同様に、既存の教科内容を薄め、それを繰り返し教えていくような実践が「水増し教育」として批判されてきたことからも学ぶ必要があろう。特別支援学校（知的障害）の教育課程が、教科重視をすることによって、「水増し教育」や「ドリル的指導」の傾向をもたらし、教科の概念を形骸化させていくことにも注意が必要となろう。

（玉村公二彦）

●**新学習指導要領解説での「考慮事項」**
生活単元学習
（ア）単元は、実際の生活から発展し、児童生徒の知的障害の状態や生活年齢等及び興味や関心を踏まえたものであり、個人差の大きい集団にも適合するものであること。
（イ）単元は、必要な知識や技能の習得とともに、思考力、判断力、表現力等や学びに向かう力、人間性等の育成を図るものであり、生活上の望ましい態度や習慣が形成され、身に付けた指導内容が現在や将来の生かされるようにすること。
（ウ）単元は、児童生徒が指導目標への意識や期待をもち、見通しをもって、単元の活動に意欲的に取り組むものであり、目標意識や課題意識、課題の解決への意欲等を育む活動を含んだものであること。
（エ）単元は、一人一人の児童生徒が力を発揮し、主体的に取り組むとともに、学習活動の中で様々な役割を担い、集団全体で単元の活動に協働して取り組めるものであること。
（オ）単元は、各単元における児童生徒の指導目標を達成するために課題の解決に必要かつ十分な活動で組織され、その一連の単元の活動は、児童生徒の自然な生活としてまとまりのあるものであること。
（カ）単元は、各教科等に係る見方。考え方を生かしたり、働きかけたりすることのできる内容を含む活動で組織され、児童生徒がいろいろな単元を通して、多種多様な意義のある経験ができるよう計画されていること。

---

 check 「遊びの指導」「生活単元学習」などの実践の課題を、実際に特別支援学校での実践を見学して議論してみよう。

[参考文献]
・文部科学省『特別支援学校教育要領・学習指導要領解説教科等編（幼稚部・小学部・中学部）』開隆堂、2018年3月
・一木薫「特別支援学校（知的障害）における教科別・領域別指導と各教科等を合わせた指導」『平成29年度学習指導要領改訂のポイント』明治図書、2017年5月
・越野和之「発達保障論における教育実践の構想」『発達保障論の到達と論点』全障研出版部、2018年11月

「教育課程の連続性」と 特別支援学校学習指導要領

通常の学習指導要領に準じて改訂された特別支援学校教育要領・学習指導要領は、2017年6月に公示され、小学部では、2020年度から、中学部では2021年度から全面実施となる。改訂された新教育要領・学習指導要領は、「学びの場の連続性」を踏まえて、通常の学校の教育課程との連続性を重視したものとなった。以下では、主要な改訂の要点を示し、特別支援学校に即して「教育課程の連続性」「資質・能力と教育目標・評価」「カリキュラム・マネジメント」の内容と課題を示す。

●「教育課程の連続性」

文部科学省は、改訂のポイントとして、以下の点をあげている。

1. 学びの連続性を重視した対応：重複障害者の教育課程の取り扱い、「資質・能力」に基づく知的障害のある子どもの教科等の目標や内容の整理と充実

2. 一人ひとりの障害の状態等に応じた指導の充実：障害の特性等に応じた指導上の配慮事項の充実、発達障害を含む多様な障害に応じた自立活動の改善のために「障害の特性の理解と生活環境の調整に関すること」を示す等の改善と個別の指導計画の配慮事項の充実

3. 自立と社会参加に向けた教育の充実：卒業までに育成をめざす「資質・能力」を育むためのカリキュラム・マネジメントの計画的組織的な実施の規定、キャリア教育の充実、生涯学習・スポーツなどへの親しみと態度の育成、知的障害のある人の日常生活に必要となる国語、算数・数学、社会、職業・家庭などの各教科の目標・内容の充実

全体として、幼稚園、小・中・高等学校の教育課程との関連で特別支援学校の教育課程を整合させ、また、各学部間の関連性をもたせようとする傾向が見てとれる。

●「多様な学びの場の連続性」と「教育課程の連続性」

中教審「共生社会に向けたイ

■ インクルーシブ教育の推進と特別支援学校学習指導要領の改訂

2017年に公示された特別支援学校の幼稚部教育要領及び小学部・中学部学習指導要領の改訂は、通常の学習指導要領の改訂に準じておこなわれた。通常の学校の学習指導要領の改訂において、全面に出された「資質・能力」の三本柱（「知識・技能」の習得、「思考力・判断力・表現力等」の育成、「学びに向かう力・人間性等」の涵養）の明確化、「主体的・対話的で深い学び」の実現、カリキュラム・マネジメントの推進を、特別支援学校学習指導要領として具体化するものとなった。同時に、インクルーシブ教育システムの推進という観点から、障害のある子どもたちの「学びの場の柔軟な選択」をもとに「教育課程の連続性」を重視した改訂となった。

以下、特別支援学校小・中学部学習指導要領の中で、知的障害を中心に、改訂の特徴をみていきたい。

■「教育課程の連続性」と各教科

2017年の改訂においては、「何を学ぶか」として各教科、教科等間、学校段階間のつながりを踏まえた教育課程の編成、そして、「どのように学ぶか」として、各教科等の指導計画の作成と実施、学習指導の改善・充実が打ち出された。障害のある児童生徒の場合、通常の学級、通級指導教室、特別支援学級、特別支援学校などでの多様な場での学習が想定され、多様な学習履歴が考えられる。通常の各教科、その下学年対応、特別支援学校の各教科、また、その下学部の内容、自立活動、教科領域を合わせた指導などの形態の指導も想定できる。このような多様な場での学習計画と学習履歴を考慮した「教育課程の連続性」が、特に知的障害に対応する教科等において強調されている。

これまで、特別支援学校（知的障害）の各教科は、通常の学習指導要領の教科とは別に設定されてきたが、各教科のそれぞれについて目標を設定し、その下で小学部では3区分、中学部ではこれまで区分がなかったものを2区分で示した。また、特に中学部では、通常の小学校（通常の学級、特別支援学級）から進学する生徒の教育履歴やその実態を考慮して、個別の指導計画のもとで、小学校や中学校の学習指導要領の各教科の目標・内容を参考に指導できるようにした。この「連続性」は、教育内容の必ずしも系統性を意味するものではないことに留意する必要がある。児童生徒の実態把握のもとで、教育実践の専門性を媒介として、必要な場合には再学習をも組織をすることも含めて、系統性

のある教育内容を発達的に教育課題として組織をすることを求めている。

■「資質・能力」と教育目標・学習評価

学習指導要領全体の改訂にあたって、「何ができるようになるか」（育成を目指す資質・能力）と「何が身に付いたか」（学習評価の充実）という教育目標と評価の観点からの教育課程編成と教育実践の創造が要請されている。「自立と社会参加」という観点から、特別支援学校の教育目標として卒業までに育成を目指す「資質・能力」を明確にし、それに即して学習評価を行うというわけである。その際、留意されるべきは、「社会の主体者としての資質・能力の育成」か「社会への適応する資質・能力の育成」かということであろう。今回の学習指導要領改訂は、改めて教育の目的・目標を議論する契機ともなろう。

戦後障害者教育の発展を継承し、国連・障害者権利条約を批准した今日、特別支援教育においては、主体者として自己決定し、さらに自己実現がなし得る社会を創っていく主人公としての「資質・能力」が求められよう。児童生徒と共にある教職員の討議でそのような教育目標が議論され紡ぎ出されることが期待される。特別支援学校学習指導要領の総則においては、「学習評価の充実」として「児童又は生徒のよい点や可能性、進歩の状況などを積極的に評価し、学習したことの意義や価値を実感できるようにすること」と示されている。「何が身についたか」という学習評価が、成果主義的な評価へと矮小化される傾向があるとすれば、それを克服する課題があるといえよう。この観点を踏まえて、「自立と社会参加」にむけた教育課程編成は、キャリア発達、生涯学習・スポーツ、生活の質（QOL）の向上を指向した生涯発達にむけた教育の中でも貫かれることが期待される。

■ カリキュラム・マネジメントと特別支援学校の教育課程管理

『特別支援学校学習指導要領解説』では、従前以上に教育課程の実務的な手続き・手順が細かく記載されている。特に、目標との関係で、教育指導に学校全体で、PDCA サイクルを確立することが意図されている。カリキュラム・マネジメントは、教育課程の工程表や手続きの精緻化やデータ管理に矮小化され、結果的に教育実践を自己規制するものとなっては意味がない。教育実践の創造的展開、チャレンジングな課題への挑戦といった教師集団のダイナミズムを担保するカリキュラム・マネジメントによって、はじめて新学習指導要領のいう「社会に開かれた教育課程」を発信することができるといえよう。

ところで、今日の特別支援学校を担う教員層の若返り、これまでの教育経験の継承の問題など、教育現場は課題を抱えている一方、特別支援教育への多様化したニーズの増大がみられ、特別支援教育全般として、特別支援学校や学級、通級指導教室等の教育指導に必要とされる人的体制と物的環境、施設環境などの運用に、課題をもっている。このような課題の存在が、学校全体のカリキュラム・マネジメントを必要とする基盤ともなっている。　　　　（玉村公二彦）

ンクルーシブ教育システムの構築のための特別支援教育の推進（報告）」で打ち出された「多様な学びの場の連続性」を実現する方策として、新学習指導要領では「教育課程の連続性」が記述された。障害児の転校や転級を容易にするためには、教育課程が分離されないで連続性を持たなければ、転校や転級は不可能である。しかし、はたして、「教育課程の連続性」が確保されると、転校や転級が容易になるであろうか。

●各教科等の段階

新学習指導要領では学年別ではなく知的障害の程度別に、小学部で3段階、中学部で2段階に区分されて内容が示されている。
<小学部1段階>知的障害の程度が、比較的重く、他人との意思疎通が困難であり、日常生活を営むのにほぼ常時援助が必要な者を対象とした内容
<小学部2段階>知的障害が、1段階ほどではないが、他人との意思疎通に困難があり、日常生活を営むのに頻繁に援助を必要とする者を対象とした内容
<小学部3段階>知的障害の程度が、他人との意思疎通鵜や日常生活を営む際に困難さが見られ、適宜援助を必要とする者を対象とした内容
<中学部1段階>小学部3段階を踏まえ、生活年齢に応じながら、主として経験の積み重ねを重視するとともに、他人との意思疎通や日常生活への適応に困難が大きい生徒にも配慮した内容
<中学部2段階>中学部1段階を踏まえ、生徒の日常生活や社会生活および将来の職業生活の基礎を育てることをねらいとする内容
（『特別支援学校学習指導要領解説』による）

 特別支援学校の教育課程を収集し、教科等横断的な視点から検討したうえで、資質・能力として把握されている育てたい力や教育の目標を検討してみよう。

[参考文献]
・中央教育審議会「幼稚園、小学校、中学校、高等学校、特別支援学校の学習指導要領等の改善及び必要な諸方策について（答申）」2016年
・文部科学省『特別支援学校教育要領・学習指導要領解説総則編（幼稚部・小学部・中学部）』開隆堂、2018年

第2章 036 特別支援学校高等部の教育課程
——知的障害者と新学習指導要領

新しい特別支援学校高等部学習指導要領が2022年度から学年進行で実施に移される。それは、「社会に開かれた教育課程」の編成、育成を目指す資質・能力、主体的・対話的で深い学びの実現に向けた授業改善及びカリキュラム・マネジメントの確立など、初等中等教育全体の改善の方向を重視したものとなっている。高等部の教育課程は、青年期にある障害者が、充実した学校生活を送れるとともに、未来を開いていける主権者としての知識・技能を学ぶような教育課程編成であるべきであろう。

●高等部（知的障害）の現況
・生徒の実態
　重度・最重度　27.2%
　中度・軽度　68.3%
　療育手帳なし　4.5%
・設置学科の状況
　普通科　621校　86.1%
　専門学科　122校　16.9%
　（2018年度全国知的障害特別
　支援学校長会調査）

●道徳の「特別の教科」化
　今回の新学習指導要領の最大特徴は道徳教育の強化である。通常の小・中学校学習指導要領はもとより特別支援学校学習指導要領（小・中学部）、さらに特別支援学校高等部学習指導要領において、「道徳科を要とした道徳教育の展開」が強調されている。各学校は、道徳教育の全体計画を作成して、校長の示す方針の下、道徳教育推進教師を中心にして道徳教育を展開するとされている。
　高等部新学習指導要領の知的障害に関わる、「第3章　特別の教科　道徳（知的障害者である生徒に対する教育を行う特別支援学校）」においては、「中学部における道徳科との関連を図り、計画的に指導がなされるよう工夫する」などと記述されている。
　こうした動向は、内心の自由を侵し、特定の価値観を植え付けを強めるもたといえる。道徳性は、日常生活や学習の中で主体的に身につけていくものである。

■ 特別支援学校（知的障害）高等部の現況—類型化ないしコース制

　特別支援学校（知的障害）高等部（以下では高等部と略記）は、通常の高等学校と並ぶ後期中等教育機関である。高等学校生徒は減少しているが、高等部生は2008（平成20）年度と比すると、1.4倍に増えている。高等部は、特別支援学校小・中学部の後に接続する学校があるとともに、高等部単独の高等部もある。加えて、特別支援学校という名称を使用しないで高等学園（高等支援学校）などの名称をもつ学校もある。これらは高等部と一括されるが、在校生が多様化していることを示している。高等部は、特別支援学校中学部ないし通常の中学校、特に特別支援学級の卒業者で構成されている。
　中学校特別支援学級卒業生が多数を占める高等支援学校と特別支援学校中学部卒業生が多数を占める特別支援学校高等部では、その教育課程の在り方がかなり異なっている。多くの高等部では、中学校特別支援学級卒業生と、障害の比較的重篤な特別支援学校中学部卒業生が混在していることから、教育課程を類型化ないしコース制を採用しているところも少なくない。高等部卒業生は、企業等への就職、福祉的就労、自宅就労などに進むことになることから、その進路に合わせた類型設定やコースが設定されもする。

■ 高等部（知的障害）の教育課程編成

　高等部新学習指導要領では、知的障害者である生徒を教育する学校においては、（ア）各学科に共通する各教科（国語、社会、数学、理科、音楽、美術、保健体育、職業及び家庭の各教科、外国語及び情報は必要に応じて設けることができる）、特別の教科である道徳、総合的な探求の時間、特別活動並びに自立活動が全生徒の履修すべきものとされている。また地域の実態及び学科の特色に応じて学校設定教科を設けることができる。（イ）専門学科では、（ア）のほか、家政、農業、工業、流通・サービス若しくは福祉の各教科又は専門教育に関する学校設定教科のうち、いずれか1以上履修させるとされている（ただし、専門教科の履修をもって全生徒の履修させる各教科の履修に替えることができる）。これらの履修は、単位制ではなく、授業時数で定めるとされている。

■ 新学習指導要領の特徴

　高等部新学習指導要領の特徴は、一つに、特別支援学校小・中学部新学習指導要領と同様、その目標や内容が、育成を目指す資質・能力の三つの柱（「知

識・技能」「思考力・判断力・表現力等」「学びに向かう力、人間性等の涵養」）に基づき示されている、二つには、小・中・高等学校の学習指導要領の各教科等の目標・内容の一部を取り入れることができるようになっている、三つに、各教科の内容が部分的に拡張されていることである。例えば、国語科では、資料を活用して自分の考えを表現するなど、また、社会では、社会参加ときまり、わが国の国土の様子と国民生活など、さらに、保健体育では、オリンピック・パラリンピックなどの国際大会の意義や役割など、がある。四つに、生涯学習への意欲を高めるとともに、社会教育を通じてスポーツや文化芸術団体及び障害者福祉団体等と連携し、多様なスポーツや文化芸術を体験することが規定されている、などがある。

なお、高等部新学習指導要領では、各教科等の一部または全部を合わせ指導できる、また各教科、道徳科、特別活動及び自立活動の内容の一部または全部を合わせて指導できるようになっていることや、個別の指導計画を作成することなどが、旧来と同じように、規定されている。

■ 高等部のキャリア教育と技能検定

高等部新学習指導要領で、引き続き強調されるのにキャリア教育がある。キャリア教育は、特別支援学校小・中学部の旧学習指導要領解説で登場するものの、学習指導要領本文には存在しなかった。今回の改訂では、小・中・高等部学習指導要領本文に登場する。キャリア教育とは、「一人一人の社会的・職業的自立に向け、必要な基盤となる能力や態度を育てることを通して、キャリア発達を促す教育」であることが示されている。

その中で、キャリア発達とは、「社会の中で自分の役割を果たしながら、自分らしい生き方を実現していく過程」としている。近年では、児童生徒が目的意識をもって学習意欲を高めたりすることのできる技能検定等が各県の教育委員会等で開発され、地域の実態に応じた技能検定大会などが実施されている。

なお、高等部旧学習指導要領では、①就業やボランティアにかかわる体験学習の重視、②産業現場での長期実習の実施、③進路指導はキャリア教育の一環である、などが強調されていた。新学習指導要領（高等部）でも、こうした強調が引き継がれている。

■ 高等部における主権者教育の教育課程

選挙権年齢を「20歳以上」から「18歳以上」に引き下げる公職選挙法が改正されて、2015年6月に施行された。これにより特別支援学校高等部在籍の18歳以上の者が選挙権を行使することになった。しかし、当時の状況調査では、特別支援学校は、ほとんど主権者教育をしなかったとされている。

主権者教育としての政治的教養は障害の種類や程度に関係なく必要なものであり、特別支援学校の教育課程において重要な位置を占めている。　（清水貞夫）

●特別支援学校生のために開発された技能検定（一部）

広島県	清掃、食品加工、物流、ワープロ、接客
兵庫県	喫茶サービス、ビルクリーニング、物流・品出し
三重県	清掃
愛媛県	清掃、販売、情報、接客
徳島県	ビルメンテナンス、接客、介護、ICT、流通

技能検定をみると、現今の高等部の教育課程は、就労準備に傾斜しすぎているように思われる。

●「私たちが開く日本の未来」

総理府が全高校生に配布した読本

私たちが拓く
日本の未来
ReseMom
有権者として求められる力を
身に付けるために
総務省　文部科学省

 小・中・高等部をもつ特別支援学校を訪問し、教育課程をもらい、学部ごとの教育課程上の特徴を討論しよう。

［参考文献］
・初等中等教育局特別支援教育課『特別支援教育高等部学習指導要領』、海文堂出版、2018.8.
・初等中等教育局特別支援教育課「学習指導要領等の改定Ⅵ—特別支援学校高等部、高等学校における改訂の要点—」、季刊特別支援教育、No.73、平成31年春

重複障害と新学習指導要領
——重複障害児等の教育課程の取り扱い

第2章 037

特別支援学校には重度・重複障害児といわれる障害児が在籍している。そうした児童生徒の障害・発達・生活の実態は多様で一概に特定の教育課程を適用することはできない。学習指導要領は、そうした障害児に対して特別な教育課程編成を認めている。重度・重複障害児の教育課程編成においては、子どもとかかわりながら子どもの微細な反応をとらえて、それを出発点にして教育課程を編成することが望まれる。

●重複障害児学級在籍の数（変遷）

年度	小・中学部全児童生徒数	小・中学部在籍率	障害種別					高等部在籍率
			視覚	聴覚	知的	肢体	病弱	総計
2008	60,302人	41.2%	48.8%	26.1%	34.9%	64.5%	44.8%	21.3%
2009	62,302	41.2	46.5	24.9	34.5	63.8	45.5	21.9
2010	63,551	41.1	44.3	24.7	34.2	63.8	45.5	19.9
2011	64,884	40.1	45.1	24.8	33.3	61.7	43.3	19.5
2012	65,926	39.1	41.0	25.0	31.9	59.7	43.1	19.0
2013	67,173	38.2	42.2	25.7	31.1	58.0	43.8	19.0
2014	68,661	37.7	41.9	26.1	30.6	57.2	43.6	18.5
2015	69,933	37.2	41.0	26.1	30.1	55.5	43.0	18.3
2016	71,939	36.5	41.4	27.1	29.5	56.0	43.2	17.9
2017	71,802	35.9	40.6	27.8	28.9	54.0	43.4	17.8

＊2008年以降は複数の障害種を対象とする学校については障害種ごとに重複してカウントしている。

＊＊小・中・高等部の重複障害学級在籍率は逓減している。また、高等部の重複障害学級在籍率は、小・中学部のそれと比すると、かなり低いことがわかる。それは、高等部には、通常中学校の特別支援学級や通常学級から進学してくることによる。特別支援学校は「重度化」「重複化」しているといわれるが、総括的には逓減しているといえる。

●重度・重複障害と重症心身障害

　重度・重複障害という用語は主に教育分野で使用される用語であるが、福祉分野では重症心身障害という用語がある。重症心身障害者/重症者の用語が登場したのは、1960年代後期に、家庭で介護できなくなった重度の肢体不自由と重度の知的障害を併せもつ者を、このような呼び方で国立療養所に「収容」したときであった。

　濃厚な医療上の配慮を常時的に必要とする場合も少なくない。ときに、自発行動がほとんど見られず、「命を強める」ことが教育目標になるにとどまる子どももがいるとともに、コミュケーションの取れないために表情を読み取り対応せざるを得ない子ども、玩具に手を出すこともな

■ 重複障害と重度・重複障害

　重複障害とは、視覚障害、聴覚障害、肢体不自由、病弱、知的障害という5つの障害のうち複数を併せもつ場合である。重複障害が障害児教育の分野で問題として顕在化したのは、盲・聾学校が義務化された以降（1948年）、それまで就学猶予・免除者として取り残されてきた盲知的障害児、聾知的障害児、盲聾二重障害児が就学するようになってからであった。当時、肢体不自由教育分野でも、脳性麻痺の登場により、肢体不自由と知的障害等を併せもつ子どもが顕在化した。また、養護学校の義務制（1979年）が近づくとともに、障害の重複とともに、教育指導上で旧来以上に大きな困難を抱える障害児の問題が浮上した。そうした障害児たちは重度児として括られるようになる。こうした経過で、養護学校義務化前後に、教育指導上で旧来以上に大きな困難を示す障害児の一群が「重度・重複障害児」という用語で概念化されて今日を迎えている。

■ 重複障害に関する法令上の規定

　しかしながら、学校教育関係法令上に「重複障害」は存在するが「重度・重複障害」は存在しない。そして、『特別支援学校学習指導要領解説』には、重複障害は視覚障害、聴覚障害、肢体不自由、病弱の重複ではあるが、「教育課程を編成する上で、……指導上の必要性から、必ずしもこれに限定される必要はなく、言語障害、自閉症、情緒障害等を併せ有する場合も含めて考えてよい」と記されている。そのため、法令上の「重複障害」は、その用語で「重度・重複障害」を指示していると理解してよいであろう。重複障害児は、合併障害がもたらす学習上及び生活上の困難な状況は臨床的に多様であり、発達の諸側面も不均衡であって、子どもの覚醒レベルが低い場合もあり、その状態を一括りにして状態像を記述することは困難である。そのため、重複障害児を対象とした教育課程は柔軟で弾力的でなければならない。

　なお、重複障害児については、特別支援学校小・中・高等部において、「複

数の種類の障害を併せ有する児童若しくは生徒を教育する場合又は教員を派遣して教育する場合」に「特別の教育課程」によることができると学校教育法施行規則第131条で規定されている。また特別支援学校の小学部では1学級6名、中・高等部が8名で編制されるが、重複障害児にあっては、公立義務教育諸学校の学級編制および教職員定数の標準に関する法律第3条の3は3名で学級編制できるとしている。

■ 新学習指導要領

特別支援学校（視覚障害、聴覚障害、肢体不自由、病弱）での通常の教育課程は、①準ずる教育課程であるが、それ以外に、②下学年適用、③知的障害適用、④自立活動、の3類型がある。下学年適用は、各教科の目標や内容の関する一部を取り扱わない、各教科の目標及び内容の一部又は全部を当該各学年より前学年の目標及び内容によって替えるなどである。知的障害適用は、視覚障害、聴覚障害、肢体不自由、病弱で知的障害を併せもつ場合で、知的障害学習指導要領に規定する各教科や外国語（科）活動や総合的な学習/探求の時間の目標及び内容に一部ないし全部を替えることである。自立活動は、自立活動を主とした指導に替えることである。

新学習指導要領の重複障害児に関する記述は、教科等の内容の連続性へ配慮することが記されている以外、旧学習指導要領と変わらないばかりか、障害のため通学できない児童生徒に対して教員を派遣して行う教育（訪問教育）においても旧学習指導要領と同じように記述されている。なお、訪問教育においては、各教科・科目等の一部を通信により行うことができるとされている。2015（平成27）年に制度化された高等学校及び特別支援学校高等部における遠隔教育で多様なメディアを利用した履修が可能になっている。　　　　　（清水貞夫）

学習指導要領での重複障害児の教育課程

障害の状態により特に必要な場合　*重複障害者に限定した取り扱いではない	各教科及び外国語活動の目標及び内容に関する事項の一部を取り扱わないことができる。
	各教科の各学年の目標及び内容の全部又は一部を、当該学年の前学年の目標及び内容の全部又は一部によって、替えることができる。
	中学部の各教科の目標及び内容に関する事項の全部又は一部を、当該各教科に相当する小学部の各教科の目標及び内容に関する事項の全部又は一部によって替えることができる。
	中学部の外国語科については、外国語活動の目標及び内容の一部を取り入れることができる。
	幼稚園教育要領に示す各領域のねらい及び内容の一部を取り入れることができる。
知的障害を併せ有する場合	各教科又は各教科の目標及び内容に関する事項の一部を、当該教科に相当する特別支援学校（知的障害）の各教科又は各教科の目標及び内容の一部によって替えることができる。この場合、小学部の児童については、外国語活動及び総合的な学習の時間を設けないことができる。中学部の生徒については、外国語科を設けないことができる。各教科又は各教科の目標及び内容に関する事項の一部を、当該教科に相当する特別支援学校（知的障害）の各教科又は各教科の目標及び内容の一部によって替えることができる。この場合、小学部の児童については、外国語活動及び総合的な学習の時間を設けないことができる。中学部の生徒については、外国語科を設けないことができる。
重複障害児のうち、特に必要な場合	各教科、道徳科、外国語活動若しくは特別活動の目標及び内容に関する事項の一部又は各教科、外国語活動若しくは総合的な学習の時間に替えて、自立活動を主とし指導を行うことができる。

く、身体を硬直させて動きのない子どもなど、多様である。

今日、重症児の中には、人工呼吸器装着と頻回の吸引や経管栄養という複数の医療的ケアを必要とする障害児がいる。そうした子どもは超重症児と称されたりする。しかしながら、人工呼吸器や気管カニューレ装着が、教育指導上の困難さの程度を示すわけではないことに注意が必要である。

●辻村報告

「重度・重複障害」の用語を障害児教育の分野で確立したのは辻村報告というものであった。辻村報告とは特殊教育の改善に関する調査研究会会長・辻村泰男が文部省（当時）に答申した報告である。同報告「重度・重複障害児に対する学校教育の在り方について」（報告）は養護学校義務化前の1975年3月に文部大臣に答申された文書である。同文書には、重度・重複障害児の実態はさまざまであり画一的に考えてはならないとし、「重度・重複障害児の多くは、通常、医療上、生活上の規制を必要することが多いことから、医療、福祉等と一体となって教育が行われるよう配慮しなければならない」と述べている。その上で、重度・重複障害児学級の増設・施設整備をもとめ、介護が必要になることから職員組織を見直すことを指摘している。また、重度・重複障害児の判定には、障害の重複状況、発達状況（身辺処理、運動機能、社会性）、行動状況（破壊行動、自傷、多動、反抗的行動、異常な習慣、自閉、その他）を一定期間観察し関係者の意見を聞くことで確認するとした。

check → **複数の障害種の特別支援学校を訪問し、重複障害児学級の教育課程を見せてもらい、障害種によりいかなる差異があるかを調べよう。**

［参考文献］
・文部科学省「重複障害児等の教育課程の取り扱いについて　1～5」、教育課程部会特別支援教育部会配布資料、2016

第2章 038 個別の教育支援計画

「個別の教育支援計画」とは、乳幼児期から学校卒業後まで障害のある子どもやその保護者に対する一貫した相談・支援と、地域の教育、福祉、医療、労働等の関係機関が連携・協力するためのツール（道具）である。スクールソーシャルワーカー、スクールカウンセラー、特別支援教育支援員などを含む〈チーム学校〉としての特別支援教育の展開において、「個別の教育支援計画」の重要性はいっそう増している。

●「個別の指導計画」と「個別の教育支援計画」の差異

「個別の指導計画」は、教科指導等の目標、内容、方法が個々の子どものニーズに応じて示されるものであり、担任が中心になって作成する。

「個別の教育支援計画」は、地域生活、放課後生活など子どもの生活全体を視野に入れた支援のあり方が示されるものであり、教育関係者が軸になりながらも、医療、福祉、労働等の関係者によって策定されるものである。

「策定」とは、教育、医療、福祉、労働等の関係機関が協議して支援計画を決定していくことを意味している。

「作成」とは、「策定」したことを受けて、学校において指導内容・方法として具体化することを意味している。

なお、学習指導要領では「個別の教育支援計画の作成」と記述されている。状況や目的に応じて柔軟に使い分けるべきである。

「個別の教育支援計画」は、生涯を見通した支援、換言すれば長期的な支援のあり方を共有するところに真骨頂があり、短期的・中期的な教育課題については各年度の「個別の指導計画」を援用することになる。すなわち、「個別の教育支援計画」に「個別の指導計画」が組み込まれることになる。

●高等部段階の「個別の教育支援計画」

特別支援学校高等部、高等支援学校等の高校段階は将来のイ

■「個別の教育支援計画」とはなにか

2002年12月に策定された障害者基本計画及び重点施策実施5か年計画において、盲・聾・養護学校における「個別の支援計画」の策定が明記され、2003年3月に報告された「今後の特別支援教育のあり方について（最終報告）」において「個別の教育支援計画」策定の方向性が示された。「個別の教育支援計画」とは、障害のある幼児児童生徒の一人ひとりのニーズを正確に把握し、長期的な視点で乳幼児期から学校卒業後までを通じて一貫して的確な支援を行うことを目的として策定されるものであり、教育のみならず、福祉、医療、労働等のさまざまな側面からの取り組みを含め関係機関、関係部局の密接な連携協力を確保することが不可欠であるとされた。さらに、2007年の文部科学省「特別支援教育の推進について（通知）」では、小・中学校においても、必要に応じて、「個別の教育支援計画」を策定するなど、関係機関と連携を図った効果的な支援を進めることとされた。

■「個別の教育支援計画」の意義

「個別の指導計画」が学校における教育指導に焦点を絞ったものであるのに対して、「個別の教育支援計画」は、教育指導を含みつつも児童生徒一人ひとりの地域での生活や生涯を見通した支援のあり方について明示したものであり、QOL（生活の質）の向上に役立てるものである。「個別の教育支援計画」に基づく実践は、多職種連携を惹起させ、権利の総合的な保障やインクルーシブな地域および社会の創造に導く。たとえば反復して犯罪に手を染めてしまう累犯障害者やホームレス障害者の問題を解決していくことにもつながる。

■「個別の教育支援計画」の内容

「個別の教育支援計画」は、おおむね以下の内容で構成される。

(1)フェイスシート

本人の属性を記入するものであり、氏名・住所等の基本事項、各種手帳の交付、胎生期、出生期、乳幼児期の様子、就学前から青年期にかけての療育・教育の状況、医療にかかわる特記事項、特記すべき生育歴およびその他の事項が記される。

(2)児童生徒票

就学前通園センターの例では、障害の状況、診断名、諸検査の状況、保護者の主訴・ねがい等が記されたうえで、対人関係、言語伝達、理解・概念、基本

的生活習慣、身体の状況と、それらについての目標と取り組み等が記される。

小・中学校の例では、特徴（得意なこと、好きなこと、興味・関心の強いこと、苦手なこと、嫌いなこと、避けなければならないこと）、本人・保護者のねがい（本人の現在の希望と将来の希望、保護者の現在の希望と将来の希望）、課題・支援の長期目標（課題、支援の長期目標、支援の結果）等が記される。

⑶関係機関の相談・支援の記録

習い事・サークルや、相談・支援・医療機関の活用状況や結果が記される。

⑷支援マップ

以下はC市の特別支援学級児童生徒を対象とする支援マップである。社会的諸関係の豊かさがその人の発達の豊かさにつながるとするなら、支援マップは発達支援の大きな手がかりとなる。

支援マップ作成の営みは、本人の発達に影響を与えるだけではない。地域における支援資源の開発やネットワーク構築、権利の総合的な保障にもつながり、すなわち、地域の発達にも影響を与えるものであり、支援マップに基づく実践の積み上げは、インクルーシブな社会づくりに連動する。　　　　（二通　諭）

メージや進路の選択について、具体化すべき時期である。したがって、本人および保護者のねがいの記述を短期・中期・長期に分けるなどの工夫が必要になる。以下は、本人および保護者のねがい欄の区分例である。

本人：今年1年のイメージ（1年でこんな高校生になりたい）、卒業後のイメージ（3年後にはこんな青年になりたい）、10年後のイメージ（こんな大人になりたい）

保護者：今年1年の希望（1年でこんな高校生になってほしい）、卒業後の希望（3年後にこんな青年になってほしい）、10年後の希望（こんな大人になってほしい）

●ファイル方式

千歳市の「千歳市教育相談支援記録ファイル」は黄色のファイルに綴じられているので「イエローファイル」（写真）と呼ばれている。

乳幼児期から学校卒業後まで一貫して円滑に相談・支援に当たるために開発されたものである。これによって支援機関が変わるたびに生育歴・相談歴を述べるという保護者の負担が減殺される。

なお、本ファイルの作成や他機関への引き継ぎに際しては、本人や保護者の同意が必要であり、同意依頼書および同意書が取り交わされる。機関における指導が終了した後は保護者の元に戻される。

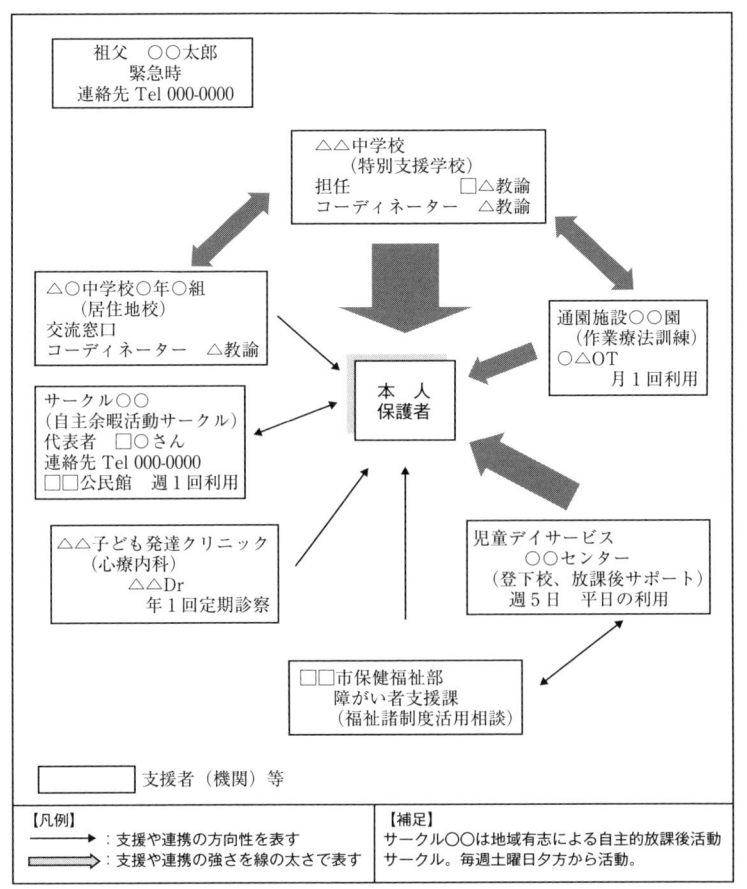

こどもの成長と支援の記録

 「個別の教育支援計画」の地域づくりにおける意義について議論してみよう。

［参考文献・ホームページ］
・清水貞夫・相澤雅文『「個別の教育支援計画」と生涯ケア　特別支援教育と障害児者の支援』クリエイツかもがわ、2005年
・清水貞夫『アメリカの軽度発達障害児教育　「無償の適切な教育」を保障』クリエイツかもがわ、2004年
・北海道教育庁学校教育局特別支援教育課ホームページ　http://www.dokyoi.pref.hokkaido.lg.jp/

個別の指導計画

第2章 039

「個別の指導計画」は、2009年の特別支援学校学習指導要領によって作成が義務づけられた。特殊教育から特別支援教育への移行の画期をなす2007年の文部科学省「特別支援教育の推進について（通知）」では、「小・中学校等においても、必要に応じて、「個別の指導計画」を作成するなど、一人ひとりに応じた教育を進めること」とされた。

●アメリカの個別教育計画 (individualized educational program: IEP)

アメリカでは1975年に「全障害児教育法」が成立し、その核心は、障害のある子一人ひとりに「無償の適切な教育」を権利として保障するところにあった。これは「特別な教育指導」と「関連サービス」の2分野によって構成されるものであった。また、「個別教育計画（IEP）」の遵守が「適切な教育」の要件とされた。

同法（2004年改訂）によればIEPチームのメンバーは、両親、通常学級教師（通常学級在籍の場合）、特別教育教師、教育行政当局の代表、本人（適切であると考えられる場合）によって構成される。

IEPミーティングは、メンバーが協働するところに真骨頂があり、一方が攻撃的で一方が防戦的な態度をとるような場ではない。意欲と創造性の喚起によって問題解決の方策を編み出す場である。

IEPの目標は、具体的で、測定可能で、動作を表す語で表現され、実現可能で、期間が限定されたものでなくてはならない。

●PDCAサイクルとエビデンス

文部科学省は、PDCA（計画・実施・評価・改善）サイクルによる教育活動を推奨している。

「個別の指導計画」はそのためのツールであり、エビデンス（科学的根拠）に基づいて作成されるものである。これには、指導

■ 「個別の指導計画」の意義

特別支援教育は、「特別支援教育の推進について（通知）」において示されているように、「障害のある幼児児童生徒の自立や社会参加に向けた主体的な取組を支援するという視点に立ち、幼児児童生徒一人ひとりの教育的ニーズを把握し、その持てる力を高め、生活や学習上の困難を改善又は克服するため、適切な指導及び必要な支援を行う」ところに本質がある。すなわち、本人がどのような力とニーズを有しているのかという現状の把握、本人の「主体的な取組」をキーワードとする指導と支援の方向の明示と集団的共有が実践手続き上の課題となる。本人の「主体的な取組」は、活動を「ほめてもらえる」「認めてもらえる」「意味づける」といった契機によって成立する。「個別の指導計画」は、幼児児童生徒個々の現実から出発しながら、ポジティブな側面に着眼し、全般的な発達を促すためのツールとして機能するものである。

■ 「個別の指導計画」の性格

「個別の指導計画」は、幼児児童生徒一人ひとりの発達課題や教育指導課題を集団的に共有するためのツールである。したがって、容易に書くことができ、かつ理解しやすいものが求められる。多忙な実践者にさらに過重な負担を強いるものなら、実践全般を停滞させ、逆効果となる。円滑さと機動性を優先させる立場から、必要に応じて別途資料や口頭で補足すべきである。「個別の指導計画」と「個別の教育支援計画」のすみ分けを図り、属性、生育歴、支援状況などの詳細は「個別の教育支援計画」に記述すべきである。以上の諸点に立脚するなら、A4判1～2ページで収めることができる。ただし、必要性及び余力の程度、通知表との連動性という観点から増ページが図られる場合もあるだろう。「個別の指導計画」の規模、様式は個々の学校の創意工夫に委ねられる。

■ 「個別の指導計画」の内容

「個別の指導計画」は、おおむね以下のような内容によって構成されている。
①児童生徒名　生年月日　学年・組　担任名　作成日等
②障害・疾患名　諸検査の記録
③保護者のねがい　本児・本生徒のよさ・興味・関心　中心課題
④生活（基本的生活習慣等）領域の実態、目標、手立て、評価
⑤運動・動作領域の実態、目標、手立て、評価

⑥行動・対人関係・社会性領域の実態、目標、手立て、評価

⑦言語領域の実態、目標、手立て、評価

⑧数量領域の実態、目標、手立て、評価

⑨特記事項

以上の項目がA4判1ページに収まり、全員分を1冊の『個別の指導計画集』としてまとめることができるので、会議の際の携行も容易であり、情報の共有が図りやすい。

以下は、上記バージョン④以降の項目を改変したものの一例である。

④長期（1年間）の目標

⑤短期（学期ごと）の目標

⑥社会性領域の実態、目標と手立て、成長した点、残された課題

⑦教科学習領域の実態、目標と手立て、成長した点、残された課題

⑧運動・動作領域の実態、目標と手立て、成長した点、残された課題

⑨合理的配慮

⑩特記事項

「個別の指導計画」と通知表を一体化させている特別支援学校の例では、科目ごとに学習目標（短期目標）と手立てと評価を記入する形式がとられている。

■「個別の指導計画」をめぐる論点

近年の「客観的に」「測定可能なように」「誰が見てもわかるような指標で」成果が求められる傾向に対して、疑問や批判の声があがっている。○メートル歩いた、○秒注視できた、○分待つことができた、といった数値至上主義的評価によって子どもの内面の変化など、見えない部分の発達に関心が払われなくなるという指摘である。

教育評価には、人間形成を助ける役割がある。重要な他者である教師の評価は児童生徒に大きな影響を及ぼす。すなわち、客観性をふまえつつも、良い点に着目し、意欲の向上を図る営みも重要である。問題行動やできなくなったという現象も否定的にとらえるのではなくて、そこに内在する発達の契機を抽出する必要がある。「個別の指導計画」は、数値による表現や、できる・できないといった表層的な把握に留まらず、批評的アプローチとしての文章表現による記述も必要である。実践者が自身の実践を批評的に対象化する営みは教育評価の集団的共有に欠かせない。

文部科学省『生徒指導提要』（2010）では、「問題のある行動をその時点で正すことにとどまらず、児童生徒自身自らがその行動の適否について判断し、その結果、そうした行動を自ら進んで行わなくなるというように、児童生徒の内面に変化が生じるようにすることが、教育本来の目的」であるとうたっている。内面の変化を捉え、評価することは、障害児教育、通常の教育を問わず教育全体に通底する普遍的な営みである。数値化しにくいという理由で、内面の変化を目標や評価の対象から外すということであれば本末転倒と言うほかない。（二通　諭）

前の実態把握や指導後の検証に注意を払わない傾向、すなわち「怠慢プレー」といったものを駆逐するねらいが垣間見える。

一方、発達の科学に立脚し、内面に寄り添いながら発達の事実を積み上げてきた実践者は、数値や目に見える行動で評価する傾向に同調しにくい。この矛盾を解決しなければ、良かれと思って始めたことも新たなストレス源になりかねない。度重なる差し戻しによって、心を病むことさえある。エビデンスの導き出し方は多様であり、強弱があるということをふまえて、おおむね妥当な方法を選択すべきだろう。

当事者の語りを重視するナラティブ・アプローチ、データを得るためのインタビュー、長期追跡研究、個人内の変化に着目する単一事例研究、自然観察法、ポートフォリオ評価法、専門家集団による協議法などから取り組みやすい方法を選択すべきである。少なくとも年1回は発達検査などを実施し、発達の状態を把握する必要がある。

●「楽しむ」「味わう」「感じる」「自信をもつ」を排除してもよいのか

目標や評価の記述において「楽しむ」「味わう」「感じる」「自信をもつ」という言葉を排除する傾向が強まっている。一方、生のミュージカルを味わうことによって、視線恐怖を克服し、舞台発表に結びついた例や、他者から頼られることによって場面緘黙を克服した例もある。

楽しむという快の体験や快の記憶づくりはトラウマ克服にもつながる重要な教育課題である。芸術・芸能、動物・植物、風景などのセラピー力・感化力も軽視すべきではない。

 子どもの発達に結びつく「個別の指導計画」のあり方について議論してみよう。

[参考文献]
・三木裕和・越野和之編『障害のある子どもの教育目標・教育評価』クリエイツかもがわ、2014年
・ピーター・ライト／パメラ・ライト／サンドラ・オコナー著　柘植雅義・緒方明子・佐藤克敏監訳『アメリカのIEP　個別の教育プログラム』中央法規、2012年
・相澤雅文・清水貞夫・三浦光哉・二通諭編『特別支援教育コーディネーター必携ハンドブック』クリエイツかもがわ、2011年

第2章 040 教科指導──読み・書き

障害のある子どもたちにとって、読みと書きの指導は常に教科指導の中核に据えられることが多い。しかし、単に反復的・鍛錬的な指導に陥ることも少なくない。読みと書きの力が個々の子どもたちにとっていかなる意味をもつか。常に指導する側が自問する必要性がある。

●「読み聞かせ」活動

特別支援学校や特別支援学級では、先生がよく「読み聞かせ」を行う。朝の会や終わりの会で、先生が絵本を子どもたちに見せながら読み聞かせる活動である。

「読み聞かせ」活動は、絵本を仲立ちにして子どもたちと先生の対話する活動であり、読み聞かせにより、子どもたちは言葉のリズムや音色を知り、日本語の基礎が養われる。絵本を通して、先生と子どもたちの心が通じ、子どもたちの想像力や空想力が培われ、情操の発達が促される。

●知的障害と「話し言葉」「言葉の読み」「書き言葉」の指導

子どもの生活が豊かになり、他者に伝えたいという思いが蓄えられない限り、「話し言葉」は生まれない。書かれた文字を読み取る必然や書く必然が生活の底から生まれないと「言葉の読み・書き」への子どもの意欲は生じない。

そして、子どもの内面に「話し言葉」「言葉の読み・書き」への必然性を育むには、子どもに多様な体験を与え、体験を経験に転じて、子どもの生活を豊かにし、子どもの全体的発達を促すようにしなければならない。子どもが社会的交流と文化の中で育ったとき、「伝えたい」「読みたい」「書きたい」という思いに駆られるものである。

しかし、子どもに豊かな社会的交流・文化を用意し、豊かな生活を確保すれば教育的指導は

■ ことばの指導とは？

「ことば」と聞いてみなさんの頭の中にはどのようなことが浮かんでいるだろうか。ものの名前、自分の名前、挨拶、感情、叙述……、考えてみるとこの世界にあるものにはすべて名前がある。

世界を一つひとつ分析し、ラベリングしたものが具体的な名前である。そして、それらを特性や機能によって総合する。総合するとそこには概念が生まれる。概念は具体的なものから徐々に抽象化する。そして、それらの過程で認知が複雑化し、結果、思考が生まれる。思考することで時間の概念が生まれ、「現在」があり、「過去」が生まれ、そして「未来」が生まれる。今さらながらかもしれないが、世界はことばでできていると言っていい。

■ 読み書きの学習

それゆえ、読み書きの指導は、障害のある子どもたちの学習の中核に据えられることが多い。一般的な学校教育の主たる指導は話し言葉、書き言葉を通じて行われるからであろう。いわゆる読み書き障害、学習障害のある子どもたちはもちろんのことながら、読み書きに困難を示すことが多い。一般的な指導として、繰り返し読む、繰り返し書くという反復的な指導方法を用いられることが多い。しかし、そのオーソドックスな方法で効果が上がる例はそんなに多くはない。

■ 読みの指導　一音一文字の原則　音記号の使用

読みの一般的な方法として、絵カードや文字カードを読ませることがあるが、これが時に逆効果を示すことがある。りんごの絵を見て「りんご」と読ませると、りんごという具体物と「りんご」の3つの音が結びついてしまうことがある。そうすると、「り」は「りんご」の「り」でしかなく、他のことばの構成要素、例えば「ごりら」の「り」とは理解されづらい。「りんご」という音は「り」「ん」「ご」それぞれの文字に一音ずつ対応していること、すなわち、読む指導において何より優先すべきなのは、一音一文字の原則である。この指導において有効な教材として「音記号」がある。障害児の教科指導の実践家、故宮下正實氏が活用していたものが、図の「音記号」である。

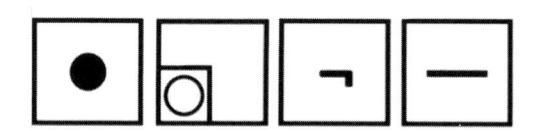

左から清音、拗音、撥音、長音である。

　例えば「きりん」なら、3つの音で構成されていることを清音のカード3枚で表せるように指導する。このような指導を経ると、よくある撥音の誤り、「きって」を「きて」と読んだり、書いたりすることを防ぐことができる。音カードで確かめることで相互の違いに気づき、子どもたちは正しく認識することができる。

■ 書きの指導　多感覚に働きかける

　読みの指導と同様に、書きの指導においても文字を形としてどう認識するかが重要である。例えば、平仮名はもともとくずし字である。故に曲線で字が構成されていることが多く、認識しづらく書くこともまた難しい。単に繰り返し書いても、その過程で誤った字を書くと、その字を繰り返し書くことでさらに誤って学習されることも多い。単に書くという運動を通じてだけでは字の獲得は難しいと言えるだろう。

　そこで書くだけではなく、他の感覚、例えば触覚を補助的に活用する方法がある。文字の形を粘土、または針金で造形する。それを指でなぞることで形のイメージが増幅されることが多いようだ。他にも、砂を張ったトレーに指で字を書くという方法もある。字を書くと砂が押しのけられ、トレーの色が出ることで字の形が現れる。または粘土を用いてもよい。指に残る粘土の抵抗感が単に鉛筆で書くよりもインパクトが強いと考えられる。

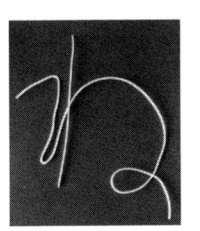

　黒板に水で濡らした筆で字を書くのもいいだろう。それぞれの子どもたちの実態に照らし合わせながら、さまざまな方法を試行することが重要である。

■ 読み書き指導は何のために？

　繰り返しになるが「読む」「書く」は学習の基本的な能力であり、「話す」を加え、いわゆることばの指導として学習指導の中核に据えられることが多い。もちろん、それらを獲得するのは大事だが、それ以上に大事なのは獲得したものを使っていかに周囲とコミュニケーションを図れるかではないだろうか。ことばの機能の多くが自分の思いを伝えることならば、マカトン法のような動作で、VOCAで、情報携帯端末でメール、LINE等のSNS（ソーシャル・ネットワーキング・サービス）を活用することもまたことばの指導になる。書くこと、読むことができなくても、パソコンのワープロで、読み上げ機能で情報を受信、発信することも可能である。これらの方法を、従来の方法と合わせて提案していくこともまた必要である。

　未来のことばの指導は、これまでの狭い枠ではなく、ことばというものを再定義し、これまで以上に外界に働きかける機会と力を子どもたちに提示していくことが求められていると考えられる。世界は言葉でできているのだから。

（杉浦　徹）

check → **話し言葉、文字を学ぶ意味は何だろうか。**
コミュニケーションの力とは何だろうか。

[参考文献]
・近藤益雄『精神遅滞児の国語指導』東洋出版社、1951年
・パトリシア・ポラッコ作・絵／香咲弥須子訳『ありがとう、フォルカーせんせい』　岩崎書店、2001年
・中邑賢龍『AAC入門』こころリソースブック、2014年

不必要かといえば、そうではない。教師は、子どもの日常的な場面を利用して、また国語の時間を設定して組織的に教育指導を試みなければならない。

　保護者は、わが子が話してほしいと、また文字を読んでほしいと、さらに自分の名前くらい書くことができるようになってほしいとねがう。教師は、そうした保護者のねがいに応えるためにも、「話し」「読み・書く」生活を子どもに保障すべきであろう。

　「書きの指導」は、「形」の指導から始まる。カタカナは直線図形、平仮名は曲線図形である。そして、「形」の指導は、○△□の弁別学習から複雑図形の弁別へと、多様な教材・方法を使用して、多様な機会を利用して進めなければならない。他方、運筆のために、「書きなぐり」などの描画活動、なぞり書き、視写や形態模写などの指導を「読みの指導」と並行させる必要もあろう。

●マカトン法

　音声言語やコミュニケーションに困難さのある子どものために、英国で開発された言語指導法。音声言語・動作によるサイン・線画シンボルの三つのコミュニケーション様式を同時に用いる。

●VOCA

➡124ページ参照

●『ありがとう、フォルカーせんせい』

　学習障害のある子の困難さをリアルに描いた絵本がパトリシア・ポラッコの「ありがとう、フォルカーせんせい」である。教師の接し方がいかに大事か。一度は読むことをお薦めする。

第2章 041 教科指導──数概念の形成

数概念形成初期（0〜3歳ぐらいまで）の指導をするとき、むやみに数えさせることは厳禁である。数えるという操作は、数えないとわからないぐらい多い数を把握するための手法である。この時期は、数の違いを瞬時に見分け、それぞれを数詞で言えるようにするべきである。そして、次の段階で数の合成分解、計算などの数概念の操作（数概念の達成）ができるようにするべきである。

●数概念

3個の積み木の色や形は、見ることができる。数字の3も見ることができる。「サン」という発音も聞こえる。積み木に触ることだってできる。しかし、『3』という数概念は見ることも、聞くことも、触ることもできない。数というのは、具体物の多くの属性を捨てて、ある一つの観点からみることによって、はじめてとらえられる純粋な抽象概念だといえる。これが、数の難しさの要因である。

●教具

また、半具体物として、一辺が2センチの黄色い積み木が最適である。一辺が1センチのものは、小さすぎて操作しにくい。板状の磁石を貼ると黒板に貼りつけることもできる。タイル状のものより、具体性があるといえる。数が増えて50とか100とかの数を扱うようになると、タイル状のものを受け入れられるようになる。

●数えるということ

「いち、に、さん……」と言って数えさせることは、数唱といい、数詞の発音とその順序を、歌を歌うように覚えさせる。発達に遅れのない子どもは、量的な数（個数や回数など）と数唱で覚えた発音と順序を自ら結び

■ 指導の心構え

発達に遅れのある子どもの数指導について、教材内容を考えるとき、「他の先生が、みんなそうしているから」とか「普通そうするものだから」などということは理由にならない。「学習指導要領に書いてあるから」とか「学校教育法施行規則に記されているから」ということさえ、拠り所にすべきではないと考える。もしマニュアル的なものを参考にするにしても、その根底にある本質を理解するように努めなければ、教材内容を伝える際の説得力がなくなる。

指導者は、数というものに対して、それまでの自己の経験を通じて、数とは何かをしっかり自分自身の頭で考えなければならない。自分自身の内面を突き詰めて考え、ありったけの洞察力をもって、指導に当たる必要がある。

発達に遅れのある子どもたちは、数概念そのものが形成されていなかったり、あるいは既成概念にとらわれないかもしれない。また経験の幅が非常に狭いという一面ももっているかもしれない。とにかく、ありきたりではない子どもたちで、ユニークな個性の持ち主であるからだ。彼らは、その思考のプロセスを簡単には明かしてくれないのである。

■ 数えないということ

数概念の形成のために、ひたすら数唱を繰り返すとか、当てもなく1対1対応を重ねるとかの指導をよく見かけるが、ずっとやっていれば、いつかわかるというものはない。こんなことをしていると、結局、機械的に計算はできるが、その意味がわからないとか、数唱はできるが、その量的、順序的な意味がわからないとか、文章題における数値の意味や関係が理解できず、単なる数字の組み合わせになっているという結果をまねく。

発達に遅れのある子どもは、この経験の幅が狭く、数の土台となるものが十分に育っていない場合がある。もちろん、それを補うように、具体物に触れたり、友だちと遊んだり、外界と関わったりもさせるが、忘れてならないのは数唱をさせないということである。この時期は、数唱だけでなく数詞を言うことすら慎重になるべきである。数えるということは、数えないとわからないぐらい多い数を把握するための手法である。いくら手法を覚えても数概念の形成にはならない。3以下の数は一見してわかる。だから、それを数えさせる必然性はない。この時期に数えさせることは、むしろ数概念の形成に妨げになるのである。数概念前期の子どもにとって、数唱を伴う1対1対応という操作は、か

えって混乱することが多くなり、よけいにわからなくなるのである。

■ 実際の指導

　発達に遅れのある子どもたちの場合、量的な数（人数、個数、回数など）を理解させるには、まず具体物（積み木、玩具など）を使って「ある」と「ない」とが区別できるかどうかを確かめる必要がある。それができないなら、それまでの経験を整理する意味でも、もっと具体物（砂あそび、玩具など）で遊びを通して、焦らず経験の幅を十分に広げ、土台を築くべきである。

　もし区別をつけることができるなら、それに応じて「ある」と「ない」が言えるようにする。このときに、具体物を蓋のある箱に入れて取り出すなどの操作をしない限り、見えなくても、消えてなくなったりせず、変わらずにあるということも確認させるようにする。また具体物が2個以上の場合は、その位置や並べ方が変わっても、数としては「同じ」であるということも理解させるようにする。これが、数の保存性とか不変性といわれるものである。算数が苦手だとされる子どもは、これが理解できていないことが多い。

　次の段階として、この積み木などの具体物を使いながら、「ない」を「ゼロ」と、「ある」を「イチ」と言い換える練習をする。そして具体物が1個ある状態を「イチ」、2個ある状態を「イチイチ」、……5個ある状態を「イチイチイチイチイチ」と呼ぶことを子どもに提案し、納得させる。これは、言いにくかったり、紛らわしかったりする。その言いにくさ、紛らわしさをいったん、経験することが重要なのである。そこで改めて、言いにくさ、紛らわしさを回避するために、「イチ」を「イチ」、「イチイチ」を「ニ」、「イチイチイチイチイチ」を「ゴ」と言い換えることを提案し、その必然性を実感させるのである。これは、自然数の構造を理解する上で大事なプロセスである。ここで初めて、数を象徴する記号として、「0」「1」……「5」という数字を教えるようにする。

　「3と4の間の壁」という言葉をよく聞く。これは、視覚的に3までの数は一見して3と認識できるが、3と4は見分けにくいことからきていると考えられる。この段階でも、まだ数えるという手法は安易に取り入れるべきではない。3までの数を合成として、4や5を把握した方が、紛れが少なくできる。つまり、数えることよりも、加法の簡単な概念を形成する方が先なのである。

　次の段階は、5個の積み木をセロハンテープで貼りあわせる作業をして、5のまとまりを意識させ、5の積み木の上に1を置いたものを6、また5の積み木の上に2を置いたものを7と名付け、……同様に5の積み木の上に4個置いたものを9とし、5の積み木の上に同じ5の積み木を置いたものを10とする。このように積み木（具体物）、発音、数字を一致させるように、繰り返しさまざまなバリエーションを経験させる。

　これらの各段階を行きつ戻りつしながら、数概念を堅固なものにすることによって、数唱や計算の意味をふまえた数の操作が達成できるようになる。　　（村上公也）

つけていく。これは、幼児期に砂遊びをしたり、友だちとおやつを分けたり、鬼ごっこや宝物を隠したりして、幅広く外界と関わってこそ可能である。そこで1対1対応、数の保存性、不変性など数の土台となるものを経験的に学ぶからである。

　ところが、発達に遅れのある子どもは、経験の幅が狭く、数唱と数の量的、順序の意味を融合できないのである。

●数の保存性・不変性

　積み木などを箱の中に入れて見えなくなっても、取り出すなどの操作をしない限り、数は変わらず保存されるとか、並べ方や位置が変わっても、数自体は変わらないという性質を数の保存性・不変性という。

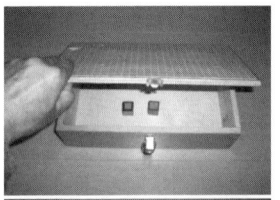

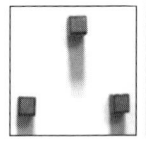 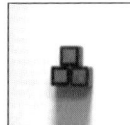

> check　数概念が形成されていない子どもは、複数の具体物をどのようにとらえているか、その心の情景を想像してみよう。

［参考文献・ホームページ］
・村上公也・赤木和重『キミヤーズの教材・教具』クリエイツかもがわ、2010年
・キミヤーズ塾ホームページ　http://d.hatena.ne.jp/kimiyazu/
・赤木和重・砂川一茂・村上公也・茂呂雄二編著『ユーモア的即興から生まれる表現の創発』クリエイツかもがわ、2019年

第2章 042 教科指導──自然認識

障害のある子どもたちの教科指導は文字や数の獲得に焦点が当てられることが多い。しかし、それらはあくまでも基本的な自然認識に基づいた力である。自然現象に興味をもち、仮説をもち、それを確かめようとする好奇心を育成するにはどうしたらいいのだろうか。

●仮説実験授業と授業書

科学に関する原理原則をスムーズに学ぶための優れた問題や実験の配列は個々の教師がとっさに考えてできるものではない。そのため仮説実験授業では、教科書、教案、読本、ノートを兼ねたものを作成し、それをもとに授業を進める。これは授業書と呼ばれている。

仮説実験授業研究会が開発した授業書はたくさんあり、そのなかには、特別支援学校や特別支援学級でも使えるものがたくさんある。特別支援学級で比較的よく使われるものとしては、「空気と水」「花と実」「空気の重さ」「足なんぼん」などがある。これらには、絵本が別に存在する。

【もんだい1】

こんどは お金を つかって しらべて みましょう。

100円玉は じしゃくに くっつくでしょうか。

100円玉は 白銅という きんぞくで できています。（50円玉も おなじきんぞくで できています）

よそう
ア．くっつく
イ．くっつかない

いけん
みんなの 考えを だしあいましょう。

じっけんのけっか

■ 世の中の仕組みを知る＝自然認識

光、風、水、土……この世界はさまざまなもので構成され、そのさまざまなものが相互に関係し、バランスをとって有機的につながっている。その循環の一端に私たち自身がいること。それを知ることが自然を認識することだと言える。

脳機能に失調のある子どもたちにとって、このことを理解するのは難しい場合が多いことは想像に難くない。世界のさまざまを言語化し、認識し、概念化する─そうする能力に課題があるのだから。

肢体不自由のあるB君に検査を行ったときのことである。

ニワトリの足の数を答える問題に「わからない」。

日常的なやりとりから当然答えられる設問のはずである。それに答えられないのはなぜであろうか。あれこれ話をしてみてわかった。

彼はニワトリを見たことがある。しかし、運動に失調があるのでニワトリが歩いている様を注視したことがない。だから足があることはわかるが、動きの速いニワトリの足の数まではわからないのである。マヒのある彼にとって、その速さに対応するのは難しかったのである。

たとえ知的には問題がなくとも、観察から情報が入らないならば正しく認識できない。それゆえ、他の鳥を見て、足が2本で翼が2枚あるから「同じ仲間である」とグループ化するという認識も持ち難いことは想像できる。知識として暗記するしかないのである。これは自然認識を深める学習とは言い難いだろう。

自然認識について、経験を増やすことで代替できるという意見もある。しかし、B君の例にもあるように単なる経験を重ねるだけでは、やはり難しいと言わざるを得ない。人間は主体的に仮説をもって、言い換えれば疑問をもって初めてそのものを理解しようとする。磁石について、ものの重さについて、空気について、大人でも知らないことが多いのはそのせいである。

疑問をもたず、主体的に考えないから知らないのだ。逆に言えば、仮説と疑問がもちやすいといったシンプルな自然現象を題材にすれば、障害の有無を問わず自然に対する認識は深めることができるかもしれない。

■ 仮説、そして実験

単なる経験ではなく、意図的な経験ができる活動。そして、できれば単に観察するだけではなく、そのことの変化について、予想を立てる。これらの活動をうまくつなぎ合わせた学習方法の一つが「仮説実験授業」である。

仮説実験授業は1963年に板倉聖宣によって提唱された。その基本的な形態は、

①具体的な実験を教師が師範する
②仮説を立てて、設問に選択肢から答えを予想する
③実験によって結果を知る。

仮説実験授業研究会ではそのまま授業に使える指導計画、「授業書」が考案され、一般にも入手は可能である。基本的な運用方法さえ身につければ、誰にでも授業ができる。そこでは、単に科学的な事象または実験結果を暗記するのではなく、仮説を立て、実験によって真実を明らかにすることを学べる。これまではその実践の多くが通常学校でのものだったが近年、特別支援学校や特別支援学級での実践も数多く報告されるようになった。

■ 授業書「ふしぎな石 じしゃく」

筆者もかつて知的障害特別支援学校で、授業書「ふしぎな石 じしゃく」を5〜6名の児童に実施したことがある。

釘がたくさん磁石にくっつくという事実を見ることから始まって、子どもたちが日常的に目にしている硬貨が、磁石につくかどうかを問う。

子どもたちは予想を立てる。経験からの判断が当たっても、しかし、別のものには当てはまらない。子どもたちは次第に予想を立てることに慎重になっていくのがわかる。そして、いくつか実験を経た後、出された問題に、ある子はこう言った。「実験すればわかるよ」。その後、それぞれの子どもたちが、磁石を持ち、校内のさまざまなものと磁石をくっつけては驚き、発見する姿が見られた。そうなのだ。経験だけでなく、真実は、仮説をもち、実験によって確認する。自然認識はこのような行動をもとにしているのだ。

授業書を使った実践は知的障害特別支援学校だけではない。細木（2002）は、盲学校での実践を報告している。視覚情報の受信が難しい子どもたちにとって、仮説実験授業の精選された実験はシンプルに科学や物理の現象をとらえるにはわかりやすいに違いない。そして、振り子の実験では、振り子が振りきったところにスイッチがついていてブザーが鳴るようにしたり、ビーカーに直接手を入れさせて温度を感じさせたり、聴覚や触覚にも働きかけられるように教材教具に工夫を加えることで細木はさらに子どもたちの理解を進めようとしている。

理論、経験から生まれる仮説、そして、実験とを合わせて重ねることで子どもたちの自然認識は育つのだろう。そして、そこからこの世界を認識する視点が生まれるに違いない。

（杉浦　徹）

●日常的な自然認識

「特殊」学級の担任先生は、子どもたちに「めずらしいもの」を見つけて教室に持ってくるように言う。子どもたちの1人はどんぐりをたくさん集めてきた。子どもたちの学習が始まる。先生に促されてルーペでどんぐりの観察である。子どもの一人が穴のあるどんぐりを見つける。そして、何の穴かをみんなで想像しながら穴から虫をとりだした。また発芽するか否かで実験もした。また綿毛のタンポポを持ち込んだ子どももいた。コオロギやカマキリ、ミミズなど多様な虫も持ち込まれる。子どもたちの持ち込んだ物や虫・草花は宝物として教室に保管される。子どもたちと話し合い、実験できるときは実験して確かめる。

カタツムリが持ち込まれたときは水槽に入れて、みんなで観察することにした。翌日、「先生、カタツムリ、ウンコした！」というので、カタツムリのウンコを取り出してみんなにルーペを渡して見せる。「ウンコ、黄色だ」「何食べたのだろう」ということになり、「草」「りんご」「どろ」など意見がだされ、「ニンジン、たべるかな、たべたら赤いウンコするんじゃない」ということで実験することになった。子どもの一人は、「この間、ニンジンたべたら、ぼく、ニンジンのかけらのウンコした」。それはそうだ。みんなでわらった。

ところで、こうした実践は、子どもたちが季節に合わせて変化する自然界への気づきと働きかけることの試みである。こうした自然認識の教育を忘れてはいけない。

 障害の有無に関係なく、子どもたちは自然の中に生きている。その仕組みを学ぶ機会を大事にするには、どんな学習を組み立てればいいかを考えてみよう。

［参考・引用文献］
・板倉聖宣『たのしい授業の思想』仮説社、1988年
・板倉聖宣『仮説実験授業のABC　たのしい授業への招待』（第4版）仮説社、1997年
・細木亮司『たのしさが原点　陽だまりの教室で』土佐町仮説サークル、2002年

作業学習

特別支援学校学習指導要領において、中学部、高等部の教育課程に「教科・領域を合わせた指導」として作業学習がある。作業学習は、作業活動を中心にしながら生活していくのに必要な一般的な知識・技能と合わせて、働く意欲・習慣・態度を養うことを総合的に学習するものである。

●新学習指導要領（小・中）解説による「留意事項」

ア．児童生徒にとって教育的価値の高い作業活動等を含み、それらの活動に取り組む意義や価値に触れ、喜びや完成の成就感が味わえること

イ．地域性に立脚した特色をもつとともに、社会の変化やニーズ等にも対応した永続性や教育的価値のある作業種を選定すること

ウ．個々の児童生徒の実態に応じた教育的ニーズを分析した上で、段階的な指導ができるものであること

エ．知的障害の状態等が多様な児童生徒が、相互の役割等を意識しながら協働して取り組める作業活動を含んでいること

オ．作業内容や作業場所が完全で衛生的で、健康的であり、作業量や作業の形態、実習時間及び機関などに適切な配慮がなされていること

カ．作業製品等の利用価値が高く、生産から消費への流れと社会的貢献などが理解されやすいものであること

●作業学習で取り扱われる作業活動の種類（新学習指導要領各教科等編小学部・中学部）

農耕、園芸、紙工、木工、縫製、織物、金工、窯業、セメント加工、印刷、調理、食品加工、クリーニングなどのほか、事務、販売、清掃、接客なども含み多種多様である。

■ 作業学習とは

　特別支援教育の教育課程において、各教科、領域、特別活動の他に、領域・教科を合わせた指導形態として、小学部では「日常生活の指導」「遊びの指導」「生活単元学習」、中学部・高等部では、「作業学習」がある。文部科学省新学習指導要領解説（小学部・中学部）の「知的障害である児童生徒に対する教育を行う特別支援教育における指導の特徴として」では、作業学習は、作業活動を学習活動の中心にしながら児童生徒の働く意欲を培い、将来の職業生活や社会自立に必要な事柄を総合的に学習するものである。とりわけ、作業学習の成果を直接、児童生徒の将来の進路等に直結させることよりも、児童生徒の働く意欲を培いながら、将来の職業生活や社会自立の基盤となる資質・能力を育むことができるようにしていくことが重要である。

　作業学習の指導は、中学部では、職業・家庭科の目標および内容が中心となるほか、高等部では、職業科、家庭科、および情報科の目標や専門科目で開設される各教科の目標を中心とした学習につながるものである。小学部では、作業活動は生活単元学習の中で道具の準備や後片付け、必要な道具の使い方など作業学習につながる基礎的な内容を含みながら単元を構成することが効果的である。

■ 戦後障害児教育（現特別支援教育）における作業学習

　1950年〜60年代にかけて中学校特殊学級（現特別支援学級）で生活主義教育のなかで「合科・統合」の基礎になった指導形態で、バザー単元が誕生した。生活と生産に直結した教育方針のもと、実際の生活経験に基づいた「現実度」の高い指導をめざした。その背景には知的障害児に対する発達観（抽象思考が弱く教科の指導は無駄と強調され、具体物と身体を使うことが有効）と家庭の経済状況があり、生徒が将来、自活するためには実際の経験が有効であり、その経験は社会に出て役立つものと考えられた。バザーを催し生徒を学校の資金作りに参加させる試みとして、作品の制作から販売までの長期単元を通して生徒の意欲が高まり、社会的責任感が自覚できるとした。この指導形態は、後の「学校工場方式」へとつながっていった。

　「バザー単元学習」「学校工場方式」は、東京を中心に盛んにおこなわれ、それは将来の職業生活への適応が大きな教育目標とされ、学校を工場とみたて、企業と直結した下請け作業が実施された。製品を期日までに納入する目標が設

定され、生徒を追い込むことで生産性をあげ、社会や職業生活の厳しさに耐えるものであった。この指導形態は、「なんとか一人前の職業人にする」ための有効な指導法として文部科学省の研究指定校実践として発表し、全国各地に類似の実践がおこなわれてきた。しかし、養護学校（現特別支援学校）義務制により中・重度の生徒が増えるにつれ、職業生活に限定した教育目標設定が困難になった。また、企業適応主義的といった批判や身体的労働と知的学習の結合した全体的な発達をめざすことが大切という立場の主張から、作業学習の教育的意義をとらえ直そうとの反省がうまれ、学校工場方式の指導形態は少なくなった。

しかし今、キャリア教育推進に伴い、ワークキャリアを中心にしながら企業就職100%をめざして高等部の教育課程が作業学習偏重になり、校内にビルメンテナンス、喫茶サービス、流通サービス、食品加工、製パン、菓子製造の設備を設け技能検定試験など実施している学校もある。そこには、技能スキル獲得をめざすあまりに、①企業に一方的に適応することをねらいにしていないか、②社会的自立を職業的自立に限定していないか、③教育課程が作業学習に特化していないか、を見直す必要があろう。

■ 子どもたちが主人公として取り組む作業学習実践

次に紹介するのは、青年期の豊かな授業としての「作業学習」の一例である。

1987年、茨城・友部養護（現：特別支援）学校では、これまでの生徒の働きかけた結果がわかりにくい、達成感に乏しい作業学習、就職を唯一の目標として世の中の厳しさに負けない忍耐強い「愛され、可愛がられる障害者」へ向かう徒弟教育の作業学習から、青年期の発達課題の授業創り「主体的な人格」に視点をおいた生徒の主体性を育てる「希望制の農園芸」作業学習を展開した。

そこでは、①楽しい雰囲気を大切し生徒を萎縮させない、②活動の提示を具体的に示し曖昧にならないようにする、③自己決定、自己選択を大切にし、自分からはたらきかける場面を多くする、④発問と答えの間をたっぷり取り、生徒が自分で答えを発見するように仕組む、⑤間違いや失敗を大切にし、自分で気づき訂正するような活動を引き出す、⑥集団での話し合い、思考、反省を大切にする、⑦能力が発揮できる活動を軸に、誰もが主人公になれるようにする、⑧活動をみんなと一緒に振り返る場面を大切にする、とした。希望制の選択肢に仕事をやらない「自由班」を選び体験するが、次の授業から自由班を選ばなかった。この働く主体性を育てる実践は、これまでの適応主義的な作業学習に問題をなげかけた。

今日では、生徒の主体性を尊重し、働く喜びや意欲を引き出すことを大切にした作業学習を導入している学校がほとんどである。作業活動のなかで生徒一人ひとりに出番があり、生徒自身が「役立つ自分」「手応え」を感じ「働く喜び」が得られるものである。 （小畑耕作）

●「あるがままにあたりまえに」
近藤原理（1931〜2017）
『発達障害研究』第20号（3）

「今は今のためにある」とし「今が将来の予備化されてはいけない」と、障害児教育も教育の普遍的原則によって貫かれることの大切さを強調した。

●作業学習は人間教育

教育としての作業学習は、「人材づくり」ではなく、「人格づくり」と明確に位置づけ、子どもたちを主人公にした全人教育の一環としての発展が求められる。そのためには、次の点が大切にされる必要があろう。

①自分で考え見通しをもって作業に向き合えるようにすること。
②失敗が許され失敗から学ぶことを大切にし、間違いに気づき修正する力を育てること。
③仲間とともに楽しく取り組むことで集団規律や主体的活動を高めること。
④全ての生徒が主人公になれるようにすること。
⑤本物にふれることで本物への探求心を深め、情操を高めること。
⑥ものをつくる喜びを人と共有し達成感を味わえるようにすること。

●キャリア教育・進路指導
→110ページ

 戦後の障害児教育の中で、作業学習や職業教育がどのように位置づけられてきたのかをまとめてみよう。

［参考・引用文献］
・名古屋恒彦『各教科等を合わせた指導』東洋館出版社、2018年
・上岡一世『キャリア教育を取り入れた特別支援教育の授業づくり』明治図書出版、2015年
・太田秀樹『特別支援教育時代の青年期教育』群青社、2006年
・荒川智「新教育運動における『生活』『作業』と障害児教育」『障害者問題研究』全障研出版部、1993年

第2章
044

自立の捉え方と教育実践

自立は、学校教育において基本的な概念の一つであり、教育法規、学習指導要領に多用されている。他方で、自立概念には相異なる捉え方があり、概念自体を検討する必要がある。障害のある子どもにとっての自立は、「援助し援助される人と関係を結ぶ力」や「周囲に援助を求める力」を保障することを通じて、人間らしい生き方がめざされるべきである。

●学習指導要領
➡46ページ参照

●自立活動
➡100ページ参照

●自立と自律
　自立と自律は、異なる概念である。自立については本文を参照してほしいが、自律は、「自分の気ままを押さえ、または自分で立てた規範に従って、自分のことは自分でやって行くこと。↔他律」(『岩波国語辞典(第7版)』)をいう。

●障害者権利条約
➡18ページ参照

■ 教育法規、学習指導要領に見られる自立

　学校教育において、自立は基本的概念の一つといえるが、教育基本法や学校教育法、学習指導要領における記述は概ね次の通りである(下線は筆者による)。

　教育基本法は、第5条の義務教育(第2項)において、「義務教育として行われる普通教育は、各個人の有する能力を伸ばしつつ社会において<u>自立</u>的に生きる基礎を培い、また、国家及び社会の形成者として必要とされる基本的な資質を養うことを目的として行われるものとする」と定めている。

　学校教育法は、第8章の特別支援教育において、第72条「特別支援学校は、視覚障害者、聴覚障害者、知的障害者、肢体不自由者又は病弱者(身体虚弱者を含む。以下同じ)に対して、幼稚園、小学校、中学校又は高等学校に準ずる教育を施すとともに、障害による学習上又は生活上の困難を克服し<u>自立</u>を図るために必要な知識技能を授けることを目的とする」としている。

　さらに、小学部・中学部学習指導要領(2017年4月公示)においては、教育目標の3つめに「小学部及び中学部を通じ、児童及び生徒の障害による学習上又は生活上の困難を改善・克服し<u>自立</u>を図るために必要な知識、技能、態度及び習慣を養うこと」を求めている。さらに、第7章<u>自立</u>活動において、「個々の児童又は生徒が<u>自立</u>を目指し、障害による学習上又は生活上の困難を主体的に改善・克服するために必要な知識、技能、態度及び習慣を養い、もって心身の調和的発達の基盤を培う」ことを目標としている。

　なお、国連・障害者権利条約においては、その前文に「障害者にとって、個人の自律及び<u>自立</u>(自ら選択する自由を含む)が重要であることを認め」とした上で、第3条一般原則の一つに「(a)固有の尊厳、個人の自律(自ら選択する自由を含む)及び個人の<u>自立</u>の尊重」を定めている。さらに、第19条には、<u>自立</u>した生活及び地域社会への包容を定めている。

■ 自立概念の捉え方をめぐって

　次に、自立概念の捉え方をめぐって、相異なる「伝統的な捉え方」と「現代的な捉え方」を軸にして検討したい。

　「伝統的な捉え方」の第1は、自立とは、「他の援助や支配を受けず、自分の力で判断したり身を立てたりすること。ひとりだち」(『広辞苑(第7版)』)というものであり、自分の意思や力だけで物事に取り組むことが自立という意味である。経済的自立や精神的自立は、この文脈で捉えられることが多い。

「伝統的な捉え方」の第2は、第1を前提にして、「義務としての自立」といわれるもので、他人の援助に頼らず行動することを是とし、社会福祉に頼らない生き方を義務とし、自己責任を強調する捉え方である。この自立概念は、いわゆる「自助・自立」であり、障害のある子どもの自立を家族の義務や責任として強調する。かつての心身障害者対策基本法（第6条）、障害者基本法（2004年改正まで）、障害者自立支援法（2006年）における「応益負担」に見られた。

これらの自立概念に対して、「現代的な捉え方」には、第1に「権利としての自立」がある。先の障害者権利条約などの国際的な権利保障やノーマライゼーション思想、自己決定権を重視するアメリカのIL運動、人格発達の権利を徹底的に保障することを求める発達保障などに見られるものである。

さらにこの「権利としての自立」を前提に、第2に「依存的自立」がある。そもそも、現代社会における私たちにとって、他者に頼らず依存しない生活はあり得ない。他者と関わり、支え合い、依存しあうことは、私的な関係（私的依存）においても、社会的な関係（社会的依存）においても、「ひとりだち」する上で不可欠である。したがって、ここでの自立は依存的な関係を認め、そのことを権利として保障しようというものである。社会保障を請求する権利に通じるものであり、また障害者総合支援法の基本理念（第1条の2）「相互に人格と個性を尊重し合いながら共生する社会」の実現、「日常生活又は社会生活を営むための支援を受けられることにより社会参加の機会」を確保することにも見られる。

このような人間の依存性に着目した観点は、哲学者のマッキンタイアの見解が参考になる。彼は、人間が依存的で理性的な動物であり、傷つきやすく障害をもちうる存在であると捉えた上で、他者への依存を承認した社会関係、コミュニティを築くことの重要性を提起している。

■ 自立の捉え方と教育実践

以上のような相異なる自立の捉え方を前提に、どのような意味での自立を教育実践で目ざすのか、また学校から社会への移行、就労保障、豊かな生活の実現とも関わらせて検討する必要があるだろう。

加藤直樹は、「依存的自立」について「他人に依存しない生活は自立というより孤立というべき」と指摘した上で、自立のために必要なことは、「援助し援助される人と関係を結ぶ力」であり、必要なときに「周囲に援助を求める力」であり、自立とは「他者の助力を求めながら、しかし可能な限り人間らしく生きること」をめざすことと述べている。このような観点は、自立の「伝統的な捉え方」を超えるものとして、教育実践の場で具体的に問われるべきである。例えば、自立活動における人間関係の形成やコミュニケーションに関わって、自己理解や他者理解を通じて、生活課題の解決に取り組み、自己決定を下すというような場面である。　　　　　　　　　　　　　　　　（黒田　学）

●心身障害者対策基本法第6条
「心身障害者は、その有する能力を活用することにより、進んで社会経済活動に参与するよう努めなければならない。2　心身障害者の家庭にあっては、心身障害者の自立の促進に努めなければならない」と述べていた。
この条項の趣旨は障害者基本法に改正されるに際してもほぼそのまま引き継がれたが、自立を障害者や家族の努力課題として法に述べるのは問題であるという意見が強まり、2004年の障害者基本法改正において第6条は削除された。

●障害者自立支援法
➡242ページ参照

●ノーマライゼーション
➡12ページ参照

●IL運動（自立生活運動）
IL運動（independent living movement）は、1960年代に、カリフォルニア大学バークレー校のエド・ロバーツ（Ed Roberts、1939-1995。ポリオによる四肢障害）ら学生グループによってキャンパス内および周辺地域の建築上の障壁を取り除く活動から始まり、1972年には、バークレーに自立生活センターが開設された。この運動は、障害のある人の自立生活と社会参加を推進する社会運動として、全米さらには世界中に広がり、障害者の権利保障に大きな影響を与えている。

●発達保障
➡156ページ参照

●障害者総合支援法
➡242ページ参照

check ▶「障害のある人よりも、障害のない人の方が社会に依存し、依存できる選択肢、社会資源が多くあるのでは？」という問いにどのように答えるのか。

［文献・ホームページ］
・加藤直樹『障害者の自立と発達保障』全障研出版部、1997年
・藤井克徳『障害者をしめ出す社会は弱くもろい』全障研出版部、2017年
・アラスデア・マッキンタイア（高島和哉訳）『依存的な理性的動物』法政大学出版局、2018年
・文部科学省のホームページ、「特別支援教育について」（http://www.mext.go.jp/a_menu/shotou/tokubetu/main/1386427.htm）

自立活動

特別支援学校は「準ずる教育」とともに「学習上又は生活上の困難を克服し自立を図る」ことが目的とされている。だが近年、国際的潮流として「困難」の原因を障害に還元したり、個人責任にしないことが強調されている。社会・環境整備を重視した「自立活動」への取り組みがのぞまれる。新学習指導要領の「自立活動の内容」は、従来とほとんど同一である。

●学習指導要領における
「自立活動」の変遷（養護学校）
・昭和32年～昭和41年
肢体不自由養護学校は「(保健)体育・機能訓練」、病弱養護学校は「養護・(保健)体育」が各教科等とされる。
・昭和46年改訂
新領域として「養護・訓練」の新設。「心身の適応」「感覚機能の向上」「運動機能の向上」「意思の伝達」の区分。
・平成元年改訂
　4区分から5区分へ変更。その区分は「身体の健康」「心理的適応」「環境の認知」「運動・動作」「意思の伝達」。
・平成11年改訂
　「養護・訓練」を「自立活動」に改称。その内容は、「健康の保持」「心理的安定」「環境の把握」「身体の動き」「コミュニケーション」の5区分。
・平成21年改訂
目標が、「障害に基づく種々の困難」から「障害による学習上又は生活上の困難」への対応と改訂された。その内容は、「人間関係の形成」の区分が加わった。

●「自立活動」の内容
1. 健康の保持
・生活のリズムや生活習慣の形成に関すること
・病気の状態の理解と生活管理に関すること
・身体各部の状態の理解と養護に関すること
・障害の特性の理解と生活環境の調整に関すること
・健康状態の維持・改善に関す

■ 自立活動とは

　自立活動とは、学習指導要領により特別支援学校（幼稚部・小学部・中学部）において教育課程に設けるとされた一領域である。特別支援学校は、「幼稚園、小学校、中学校又は高等学校に準じる教育を施すとともに、障害による学習上又は生活上の困難を克服し自立を図るために知識技能を授けること」（学校教育法第72条）と規定されている。この目的の「障害による学習上又は生活上の困難を克服し自立を図るために知識技能を授けること」とされた部分の実現を期するものが自立活動である。

　通常の小・中学校の各学習指導要領「総則」においては、特別支援学級の「特別の教育課程」の編成にあたり、「自立活動を取り入れること」とされ、また「通級による指導」を行うのに際して「特別の教育課程を編成する場合」には、「自立活動の内容を参考」にするように求めている。加えて、特別支援学級在籍の児童生徒および通級による指導を受ける児童生徒について、「個々の実態を的確に把握し、個別の教育支援計画や個別の指導計画を作成し、効果的に活用するものとする」とされている。

　なお、学習指導要領「総則」では、「重複障害者のうち、障害の状態により特に必要がある場合には、各教科、道徳科、外国語活動若しくは特別活動の目標及び内容に関する事項の一部又は各教科、外国語活動若しくは総合的な学習の時間に変えて、自立活動を主として指導を行うことができる」とされている。高等学校学習指導要領においても、通級による指導の制度が開始されたことから、同様の規定が設けられている。こうしたことから、自立活動は特別支援学校の教育課程の一領域ではあるが、小・中・高等学校のすべてに関係するものとなっている。

■ 指導内容を具体的な教育活動に転換する

　自立活動の指導においては、学習指導要領で示された内容をすべて指導することが求められてはいない。子ども一人ひとりの障害・発達・生活の実態把握の下、指導する内容を選択し、選択した内容を相互に関連づけて具体的な教育活動にまとめることが求められている。その際、各教科（視覚、聴覚、肢体不自由、病弱の各特別支援学校では外国語科を含む）、道徳科、総合的な学習の時間、特別活動、外国語活動の指導と密接な関連をもたせることも必要になる。加えて、新学習指導要領は、次の6点を具体的な指導内容の設定にあたって必

要事項として指摘している。

　ア　児童又は生徒が、興味をもって主体的に取り組み、成就感を味わうとともに自己を肯定的に捉えることができるような指導内容を取り上げること。
　イ　児童又は生徒が、障害による学習上又は生活上の困難を改善・克服しようとする意欲を高めることができるような指導内容を重点的に取り上げること。
　ウ　個々の児童又は生徒が、発達の遅れている側面を補うために、発達の進んでいる側面を更に伸ばすような指導内容を取り上げること。
　エ　個々の児童又は生徒が、活動しやすいように自ら環境を整えたり、必要に応じて周囲の人に支援を求めたりすることができるような指導内容を計画的に取り上げること。
　オ　個々の児童又は生徒に対して、自己選択・自己決定する機会を設けることによって、思考・判断・表現する力を高めることができるような指導内容を取り上げること。
　カ　個々の児童又は生徒が、自立活動における学習の意味を将来の自立や社会参加に必要な資質・能力との関係において理解し、取り組めるような指導内容を取り上げること。

■ 自立活動の指導形態

　自立活動の指導は「時間を設けての指導」だけでなく、「学校の教育活動全体」を通じて行わなければならないとされている。自立活動の時間における指導では、週時程表の中に自立活動の時間が設定され、その時間において「小グループでの指導」「学級ないし学部単位での指導」「抽出による個別指導」などが行われる。「学校の教育活動全体」での指導においては、「障害を理由とする差別の解消の推進に関する法律」により学校は「合理的配慮の提供」が法的に求められる機関であることを踏まえることが必要である。すなわち、学校が一人ひとりの学習上および生活上の困難を解消するように環境を適切に変更・調整することが前提となるということである。そのうえで、「時間を設けての指導」や各教科等との指導と密接な関連を保つことである。

　自立活動の指導は、学習指導要領では「専門的な知識・技能を有する教師を中心にして、全教員の協力の下に効果的に行われるようにする」とされているが、多くの学校では学級担任が行っているのが現実である。また学習指導要領は、「専門の医師及びその他の専門家の指導・助言を求める」とされているが、学校間で大きな格差がある。

　諸外国の障害児教育においては、自立活動は教育課程上では示されないで、「関連サービス（related services）」という用語で、必要な「関連サービス」が権利として保障され、外部専門家が提供している。こうしたこともあり、自立活動とは何か、どのように指導したらよいのかが、絶えず教育現場で提起される事情がある。

(清水貞夫)

2. 心理的な安定
・情緒の安定に関すること
・状況の理解と変化への対応に関すること
・障害による学習上又は生活上の困難を改善・克服する意欲に関すること
3. 人間関係の形成
・他者とのかかわりの基礎に関すること
・他者の意図や感情の理解に関すること
・自己理解と行動の調整に関すること
・集団への参加の基礎に関すること
4. 環境の把握
・保有する感覚の活用に関すること
・感覚や認知の特性についての理解と対応に関すること
・感覚の補助及び代行手段の活用に関すること
・感覚を総合的に活用した周囲の状況についての把握と状況に応じた行動に関すること
・認知や行動の手掛かりとなる概念の形成に関すること
5. 身体の動き
・姿勢や運動・動作の基本技能に関すること
・姿勢保持と運動・動作の補助的手段の活用に関すること
・日常生活に必要な基本動作に関すること
・身体の移動能力に関すること
・作業に必要な動作と円滑な遂行に関すること
6. コミュニケーション
・コミュニケーションの基礎的能力に関すること
・言語の受容と表出に関すること
・言語の形成と活用に関すること
・コミュニケーション手段の選択と活用に関すること
・状況に応じたコミュニケーションに関すること
（下線が今回の学習指導要領改訂で追加・加筆された事項）

check　知的障害特別支援学校と肢体不自由特別支援学校の両方を訪問して、「自立活動」がいかに行われているかを比較してみよう。

［参考文献］
・青木隆一「自立活動の意義と改訂のポイント」『特別支援教育』（文部科学省編）、No.70、pp.26-31、2018年
・文部科学省『特別支援学校学習指導要領解説（平成29年告示）、自立活動編』2018年

外部専門家の力を活かした自立活動

障害の重度化・重複化・多様化に伴って、自立活動の重要性は増している。また自立活動の効果を高めるためには、外部専門家との協働がこれからの特別支援学校の重要な仕事である。

●特別支援学校等の指導充実事業

文部科学省では、平成21年度から「特別支援学校等の指導充実事業」を立ち上げて、外部専門家を活用した特別支援教育の充実を図っている。文部科学省は、この事業を立ち上げる趣旨を次のように説明している。

1. 特別支援学校では、障害の重度・重複化、多様化が進んでいるので、特別支援学校間の協力とともに、外部専門家や関係機関との密接な連携を図った指導内容の改善を図る必要がある。
2. 小・中学校等においては、発達障害の児童生徒等に対して適切な指導支援を行う必要がある。
3. 特別支援学校（知的障害）においては、約40％が自閉症を併せ有しているので、その障害特性に応じた指導内容・方法の改善が喫緊の課題となっている。

●外部専門家活用と「個別の教育支援計画」

学習指導要領等では、医療、福祉、保健、労働などの機関と密接な連携を図るにあたって、「個別の教育支援計画」を作成することが示されてきたが、新学習指導要領では、「自立活動の指導の成果が進路先等でも生かされるように、個別の教育支援計画等を活用して関係機関等との連携を図るものとする」と記された。

■ 自立活動と外部専門家

文部科学省の調査で、近年、特別支援学校に在籍する障害のある子どもたちの65％が重度・重複学級に在籍し、そのうち6％は医療的ケアを必要としていることが明らかになった。

こうした障害の重度化・重複化・多様化に対応するためには、医学やリハビリテーションの専門的な知識・技術が必要であり、教員だけではなく理学療法士（PT）、作業療法士（OT）、言語聴覚士（ST）、心理士等の外部専門家の力を借りることが必須となりつつある。

新学習指導要領（平成21年3月告示）において、自立活動の指導計画の作成に際し、「児童又は生徒の障害の状態により、必要に応じて、専門の医師及びその他の専門家の助言・指導を求めるなどして、適切な指導ができるようにするものとする」と規定されている。

特別支援学校が外部専門家を導入する際の方法としては、①医療機関に専門家がいて学校に隣接している場合に医療機関に派遣を要請する、②発達支援機関に派遣を要請する、③専門家と個人的な契約により指導を要請する、の3通りが考えられる。外部専門家の主な業務は教員への指導・助言であるが、教員と共同した授業づくりなどの事例もある。

■ 外部専門家を活用した支援の実際　長野県の場合

外部専門家と特別支援学校とのコラボレーションの例として、長野県での取り組みを紹介する。

①コラボレートなアプローチ

長野県では文部科学省の指定研究委託を受け、2009（平成21）年からの2か年、「PT・OT・ST等の外部専門家を活用した指導方法の改善に関する実践研究事業」を松本養護学校と安曇養護学校の2校で展開した。

主な指導内容は以下のようなものである。
(1)自立活動の時間における巡回指導
(2)個別の指導計画の作成における助言
(3)校内研修

これらの取り組みは、単に「専門家が学校で指導をした」というものではない。あくまでも指導の主体は、子どもたちの一番近くにいる教師である。子どもた

ちの実態をさらにていねいに把握するためのアセスメントや子どもたちの身体の特性、コミュニケーションの評価等、専門的な視点を加味することで、教師のみでの支援に厚みを加えることができたと考えられる。協働的な取り組み、職域を超えた支援、すなわちコラボレートなアプローチを講じることが重要であると報告されている。

長野県のある特別支援学校では、近隣の病院に勤務する理学療法士が、勤務のない平日に来校し、肢体不自由のある子どもたちに対する動作面からのアプローチを10年以上続けている。これは単に理学療法的な技術を教師が習得するための取り組みではない。

身体と行動との関係、姿勢と学習等々、教師は、教育にはない視点から子どもたちの身体を見つめ直すことができる。そして、子どもたちだけでなく、教師も身体を動かしたり、子どもたちと同じ訓練を擬似的に体験することを通じて楽な動作、姿勢等を体験し、自らが指導にあたる際によりクリアなイメージをもってかかわる可能性を高めていると思われる。

② 「つなぐ」役割としての自立活動専任教員

このような協働的な取り組みを行うためには、子どもたちの実態から導かれ、教師によってすえられた課題、いわば校内のニーズとそれに対応する外部専門家の具体的な支援、双方のベクトルが合致したときに最も効果を発揮すると考えられるが、実際には容易ではない。

このような両者をつなぐポジションとして、自立活動専任教員の機能の重要性が指摘されている。教師が導き出した子どもたち個々の課題を再度精査し、外部専門家との接点をより多く導き出すことで指導と効果を倍加させる状況が見てとれる。

ともすれば学校における外部専門家の支援は、これまでの教師の支援にオプション的に配置される追加の支援として位置づけられることが多い。しかし、それでは効果が乏しいという証左は枚挙に暇がない。教師と外部専門家が自立活動専任教員等のコーディネーターの力を借り、お互いの職域を充分に理解した上で手をつなぐことで、本当に子どもたちにとって効果のある支援になるだろう。

③外部専門家を導入したときの利点

学校全体として、次のような利点がある。
・教材製作や指導方法、教室整備等に関して、外部専門家から教員仲間とは異なる角度からのヒントを得ることができる。
・新たな視点からの子どもの見方を知り指導目標を明確にして的確な指導ができる。これは個別の指導計画の充実につながり、保護者への説明に有効に生かされる。
・重度・重複障害への新たなアプローチを外部専門家から得ることができる。

（杉浦　徹）

 check→ **教師と外部専門家が、それぞれの力を活かす連携はどう作ればいいだろうかを考察してみよう。**

［参考文献］
・文部科学省『PT、OT、ST等の外部専門家を活用した指導方法の改善に関する研究事業』2008年
・長野県教育委員会『PT・OT・ST等の外部専門家を活用した指導方法等の改善に関する実践研究事業』

生活科・総合的な学習／探究の時間

生活科は、1989年の学習指導要領改訂から小学校１年生、２年生の「社会科」と「理科」を廃止して創設された教科である。2017年の改訂では、特別支援学校（知的障害）の配慮事項が追加された。一方、総合的な学習の時間は、1999年の学習指導要領改訂から小学校３年生以上（知的障害の特別支援学校は中学部以上）に創設された。2017年の改訂では、目標を新たに設定し、また、高等部において「総合的な探究の時間」に名称変更した。

●小学校の生活科と特別支援学校（知的障害）の生活科との違い

両者は、目標の程度や内容、学習期間において異なる。特別支援学校（知的障害）の生活科は、小学部全学年で指導され、年間授業時数が定められていないい。その内容を含む生活活動や生活経験そのものを指導する。一方、小学校の生活科は、小学校第１学年と第２学年で指導され、年間指導時数も定められている。具体的な活動や体験を通してその内容を指導する。

●生活単元学習と特別支援学校（知的障害）の生活科との違い

知的障害特別支援学校の生活科は、小学部の教科の一つである。一方、生活単元学習は、領域・教科を合わせた指導の形態の一つである。生活単元学習の

■ 特別支援学校（知的障害）の生活科

生活科は、見る、聞く、触れる、作る、探す、育てる、遊ぶなど、対象に直接働くかける学習活動である。そして、特別支援学校（知的障害）の小学部全学年に、生活科が設定されている。その生活科の目標は、「知識・技能」「思考力・判断力・表現力など」「学びに向かう力・人間性等」という資質・能力の３本柱にそって整理されている。つまり、目標は、要約的には、（1）活動や体験を通して、自分、身近な人々、社会及び自然への気づきと生活習慣や技能を身に付ける、（2）身の回りの生活、身近な人々、社会及び自然との関わりを理解し考えたことを表現する、（3）身近な人々、社会及び自然へ働きかけたり、生活を豊かにしょうとする態度を養う、の３つが示されている。

生活科の内容は、「基本的生活習慣」「安全」「日課・予定」「遊び」「人との関わり」「役割」「手伝い・仕事」「金銭の扱い」「きまり」「社会の仕組みと公共施設」「生命・自然」「ものの仕組みと働き」で構成され、３段階に区分されて示されてはいるが、１段階から３段階まで共通である。

生活科の指導に当たっては、家庭等との連携を図り、日々の生活を充実し、将来の家庭生活や社会生活に必要な内容を、実際の生活を通して身に付けていくようにすることが大切である。

■ 総合的な学習／探究の時間

総合的な学習の時間では、新たに目標が設定された。また、ねらいでは、「探究的な学習」「協同的」の文言が加わった。一方、学習活動や探究課題の例示として、小学校（小学部）では「地域の人々の暮らし、伝統と文化」、中学校（中学部）では「職業や自己の将来」が追加された。

視覚障害・聴覚障害・肢体不自由・病弱の特別支援学校における総合的な学習の時間は、小学部第３学年以上で実施される。しかし、知的障害の特別支援学校では中学部以上で実施され

表　特別支援学校（知的障害）の生活科における12観点の指導内容

観点	具体的な指導内容
基本的生活習慣	食事、用便、寝起き、清潔、身の回りの整理、身なり
安全	危険防止、交通安全、避難訓練、防災、
日課・予定	日課、予定
遊び	いろいろな遊び、遊具の後片づけ
人の関わり	自分自身と家族、身近な人との関わり、電話や来客の取次ぎ、気持ちを伝える応対
役割	集団の参加や集団内での役割、地域の行事への参加、共同での作業と役割分担
手伝い・仕事	手伝い、整理整頓、戸締り、掃除、後片づけ
金銭の取扱い	金銭の取扱い、買い物、自動販売機等の利用
きまり	自分の物と他人の物の区別、学校のきまり、日常生活のきまり
社会の仕組みと公共施設	学校、いろいろな店、社会の様子、公共施設の利用、交通機関の利用
生命・自然	自然との触れ合い、動物の飼育・植物の栽培、季節の変化と生活
ものの仕組みと働き	物と重さ、風やゴムの力の働き

る。これは、小学部の全学年に総合的な教科である「生活科」が設定されていることや各教科等を合わせて指導が行われていることなどから、総合的な学習の時間と同様の趣旨の指導を行うことが可能だからである。一方、特別支援学校高等部の新学習指導要領では、これまでの「総合的な学習の時間（総合学習）」は「総合的な探求の時間（総合探求）」に改定された。

「総合的な学習／探究の時間」の「目標と内容の取扱い」は、小・中学校及び高等学校に準じるとされているものの、特別支援学校（全障害種）については、次の3項目が示されている。その一つは、「障害の状態や発達の段階等を十分考慮し、学習活動が効果的に行われるように配慮すること」である。二つは、「体験活動に当たっては、安全と保健に留意するとともに、……（小・中学校児童生徒）などと交流及び共同学習を行うように配慮すること」である。これら2項目は旧来の学習指導要領で記されていたものであるが、三つに、2017年の改訂では、次の事項が書き加えられている。

「知的障害者である生徒に対する教育を行う特別支援学校中（高）等部において、探究的な学習を行う場合には、知的障害の学習上の特性として、学習によって得た知識や技能が断片的になりやすいことなどを踏まえ、各教科等の学習で培われた資質・能力を総合的に関連付けながら、具体的に指導内容を設定し、生徒が自らの課題を解決でるように配慮すること」

『特別支援学校指導要領（小学部・中学部）解説（各教科編）』（2018）では、これら3項目を敷衍して、「学習活動の効果的に行うための配慮」として、「補助用具や補助的手段、コンピューター等の情報機器」の適切な活用が指摘されている。また「体験活動に当たっての配慮」としては、体験活動として、「自然とかかわる体験活動、職場体験活動やボランティア活動など社会とかかわる体験活動、ものづくりや生産、文化や芸術にかかわる体験活動、交流及び共同学習」を例示しつつ、外部協力者を含めて安全確保。健康や衛生等の管理に配慮することを求めている。さらに「知的障害の学習特性への配慮」については、「個別の指導計画に基づき生徒一人一人の具体的な指導内容を設定」すること、また「知的障害の状態、生活年齢、学習状況や経験等を考慮して、単元を設定し、生徒が自らの課題を解決できるように配慮」することを求めている。

■ 総合的な学習の時間の授業創造

総合的な学習の時間の授業では、教科等を合わせた指導の形態の一つである「生活単元学習」との混同があり区別する必要がある。そのためには、生活単元学習で重視されている活動自体にテーマ性をもたせながら、探求的な学習に主体的・協働的に取り組めるようにする体験学習の反復を取り入れたり、時には外部講師等を招聘して興味・関心をひきつけたりするなど、活動自体を教科学習の枠を超えた横断的・総合的に展開し、その活動を発展・進化させていくなど、総合的な学習の時間に"転換"させる手法もある。　　　　　（三浦光哉）

中に、生活科の内容が含まれるということである。

●生活科の各内容の関連性

「基本的生活習慣」「安全」「日課・予定」は、主に基本的な生活習慣に関する内容である。また「遊び」「人との関わり」「役割」「手伝い・仕事」「金銭の扱い」は主に生活や家庭に関する内容、である。さらに「きまり」「社会の仕組みや公共施設」は中学部の社会につながる内容である。加えて「生命・自然」「ものの仕組みと働き」は中学部の理科につながる内容となっている。

●生活単元学習と総合的な学習の時間との相違

両者はともに活動や体験を基に展開されるが、総合的な学習の時間は、既存の教科等の枠を超えた横断的・総合的な学習であり、「自ら課題を見つけ、自ら学び、自ら考える」といった主体的・創造的に取り組もうとする学力観を反映して、より探究的な学習（物事の本質を探って見極めようとする一連の知的営み）となるように児童生徒を取り巻く社会、生活、文化、自然などへの「問づくり」を重視した展開になると言える。

●高等学校（高等部）の「総合的な探究の時間」とは

高等学校（高等部）では、各教科・科目等の特質に応じた「見方・考え方」を総合的・統合的に働かせることに加えて、自己の在り方生き方に照らし、自己のキャリア形成の方向性と関連付け「見方・考え方」を組み合わせて統合させ、働かせながら自らの問いを見いだし探究する力を育成することである。

 生活科とは何か、総合的な学習の時間とは何か、生活単元学習とは何か、それぞれのねらいを明確にして異なる授業を創造してみよう。

【参考文献】
●三浦光哉・清水貞夫編『特別支援教育の総合的な学習の時間　実践撰集』　明治図書、2003年
●田村学『今日的学力をつくる新しい生活科授業づくり』明治図書、2009年
●渡邉健治監修『創る・拓き・確かめ・響きあう知的障害教育の実践』田研出版、2013年

性教育

障害児・者の性教育を受ける権利は、障害者権利条約にも明記されている重要な権利である。しかし、性教育バッシングの影響もあり、この権利は十分に保障されているとは言えず、むしろ権利侵害が発生している。国際セクシュアリティ教育ガイダンスなどの国際社会の動向にも学びながら、障害児・者の性教育のあり方を考え、実践上、意識していきたい事項を示す。

●包括的セクシュアリティ教育

「性の権利宣言」(2014年改訂版)には、「人は誰も、教育を受ける権利および包括的な性教育を受ける権利を有する。包括的な性教育は、年齢に対して適切で、科学的に正しく、文化的能力に相応し、人権、ジェンダーの平等、セクシュアリティや快楽に対して肯定的なアプローチをその基礎に置くものでなければならない」と示されている。

●国際セクシュアリティ教育ガイダンス

世界各国の包括的セクシュアリティ教育の実践経験の蓄積を集約し、2009年にユネスコなどの国際機関が共同提案したもの。2017年になり、ようやく翻訳書『国際セクシュアリティ教育ガイダンス～教育・福祉・医療・保健現場で活かすために』(明石書店)が出版されたが、2018年にはすでにユネスコより改訂版が公表されている。

性教育実践の国際的な共通基盤となるものであり、年齢段階と性発達の課題に即して学習目標や重要な考え方が提起されている。また、障害児は、性に対してより高い脆弱性をもっており、その分、より丁寧な性教育が必要であることも示されている。

●東京都立七生養護学校事件

知的障害児入所施設に隣接する七生養護学校の子どもたちの多くは、単に知的障害があるだけではなく、被虐待を含む非常

■ 障害児・者の権利としての性（セクシュアリティ）教育

国連・障害者権利条約第23条には「障害者が子の数及び出産の間隔を自由にかつ責任をもって決定する権利を認められ、また、障害者が生殖及び家族計画について年齢に適した情報及び教育を享受する権利を認められる」とある。つまり、生殖や家族計画などに関わる情報や教育（ようするに性教育）を受ける権利があると明示されているのだ。障害のある方々に性教育を受ける権利があるということは、障害のある方々の教育や支援をする立場にある者には、年齢に適した性教育を提供する義務があるということでもある。

一部の特別支援学校では、恋愛禁止にしていたり、明確に禁止とは言わないまでも、生徒たちが「禁止されていると受け取ってしまうような指導」をしていたりする例がある。「性教育」の名を借りて、昔ながらの純潔教育や禁欲教育の域を出ない教育を未だに行っている学校も少なくないようだ。このような状況が人権侵害であることは言うまでもない。

性教育を受ける権利が障害児・者にもあるということは、国際社会ではずいぶん前から認識されている。1999年の世界性科学会議で示された「性の権利宣言」では、「性の権利は、セックス、ジェンダー、性的指向、年齢、人種、社会的階層、宗教、身体的・情緒的障害にかかわらず、いかなる差別からも解放される」と示している。この「性の権利宣言」では、保障されるべき性教育は、純潔教育や禁欲教育ではなく、「包括的セクシュアリティ教育」であるということも示している。

■ 東京都立七生養護学校事件──その判決に学ぶ

障害児教育の中で性教育がなかなか進展しない要因はさまざまであるが、その一つに、2003年におきた東京都立七生養護学校事件が挙げられる。この事件に関わる裁判で示された確定判決の中には、発達段階に応じた性教育の方法についての重要な見解が示されている。

それは「知的障害を有する児童・生徒は、肉体的に健常な児童・生徒と変わらないのに、理解力、判断力、想像力、表現力、適応力等が十分に備わってないがゆえに、また、性の被害者あるいは加害者になりやすいことから、むしろ、より早期に、より平易に、より具体的（視覚的）に、より明瞭に、より端的に、より誇張して、繰り返し教えるということなどが『発達段階に応じた』教育であるという考え方も十分に成り立ち得る」というものだ。さらに、「この考え方

が誤りであるという根拠は学習指導要領等の中に見出せない」とまで書かれている。

「より早期に、より平易に、より具体的（視覚的）に、より明瞭に、より端的に、より誇張して、繰り返し教える」というフレーズは、障害のある方々に性教育を保障していく上で、常に意識すべき方法論と言える。

■ 障害児・者への性教育の実践に向けて

障害のある子ども・若者に性教育を実践するにあたって、常に意識しておきたい原理原則のようなものを、ここでは3点に絞ってお伝えする。

①「性的問題行動」を性教育要求行動と理解する

障害のある方々の性的なニュアンスがある行動は、「問題行動」と認識され、叱責や禁止の対象になりがちである。しかし、人間は皆、性的な行動をするものである。決して「問題行動」ではない性的な行動が、「障害がある」というだけで、「問題行動」と扱われていることもある。また、ほとんどの「性的問題行動」と思われる行動は、「性教育の欠如」に起因していると言っても過言ではない。だとすれば、「性的問題行動」と思われる行動が見られたときは、性教育のチャンスだと考えられる。

②寝た子は科学的に起こす

性教育を躊躇される方の常套句に「寝た子を起こすな」がある。しかし、世の中には情報があふれており、性にかかわる情報にはデマが多いのも確かである。デマや不確かな情報が先に入ってしまい、刷り込まれてしまうことは何としても避けたいところである。だからこそ、先手を打って、科学的に正しい情報で起こすことが必要なのだ。また、性科学の分野も日進月歩であるので、教育者・支援者は、常に最新の情報を学び続けるということも大切と言える。

③禁止の言葉がけを避ける

性的な行動に対して、つい禁止の言葉を使ってしまった経験は多くの支援者にあるのではないだろうか。小さい頃に、いわゆる「性器いじり」をした際に、強く叱責され、その後、性器に触れることが困難になり、立った姿勢での排尿や洗うこともできなくなってしまったという事例をしばしば聞く。性的自立には欠かせないマスターベーションの獲得もできなくなってしまうという事態に陥ることは容易に想像できる。

性的な行動の禁止は、いわば「抑圧」であり、抑圧されたエネルギーが「性加害」という形となって表れる例も聞く。「性犯罪の加害者にしないためにも厳しく禁止をするべき」という主張も聞くが、性的な行動に対する強い禁止の繰り返しは、結果的に、その人を性犯罪の加害者に近づけることもあるということは肝に銘じておく必要がある。　　　　　　　　　　　　　　　　　　　（伊藤修毅）

に困難な経験をしていた。こういった子どもたちが見せる非常に激しい性的な行動に対し、丁寧に子どもたちと向き合い、教職員集団で検討を重ね創り出したのが「こころとからだの学習」と呼ばれた性教育実践である。

2003年、ある都議が七生養護学校の性教育が過激であるという質問をしたことを発端に、都議・都教委・産経新聞社による大規模なバッシングが行われ、前校長が降格処分に、教諭らが厳重注意を受けた。

この事件の裁判では、教諭らを批判した都議らの発言は侮辱行為で、教育への不当な支配に当たると指摘され、都教委による厳重注意も違法と判断され、七生養護学校の先生方の勝訴の形で終結した。

●性の多様性

近年、LGBTという言葉が知れ渡るようになってきた。国際セクシュアリティガイダンスでは、性の多様性（多様な性自認や多様な性指向など）の尊重の視点が貫かれている。

性別二元論や異性愛主義といった性の多様性とは正反対の考え方は、多くの日本人の意識の中に強く刷り込まれており、ここから脱却することが求められている。

また、ダブルマイノリティと呼ばれる機能障害をもったLGBT等の方々の存在も明らかになっており、教育現場等での理解や支援の検討が喫緊の課題となっている。

---

 check 性的発達の順序性や性の多様性を検討し、乳幼児期から学齢期、青年・成人期に至るまで、どのような性の学びや支援が必要か考えてみよう。

[参考文献]
・伊藤修毅編著『イラスト版発達に遅れのある子どもと学ぶ性のはなし』合同出版、2013年
・千住真理子著・伊藤修毅編『生活をゆたかにする性教育』クリエイツかもがわ、2015年
・伊藤修毅編・"人間と性"教育研究協議会障害児・者サークル著『性と生の支援』本の種出版、2016年
・木全和巳著『＜しょうがい＞と＜セクシュアリティ＞の相談と支援』クリエイツかもがわ、2018年
・浅井春夫・艮香織・鶴田敦子編著『性教育はどうして必要なんだろう』大月書店、2018年

第2章 049 学校行事

子どもたちにとって、行事は普段の生活とは異なる体験のできる「楽しみごと」である。行事は、子どもたちが日常たくわえた力を発揮し、飛躍できる場であり、豊かな学校文化を創り出していくうえで不可欠な取り組みである。

●自治的な活動

自治活動は「体験する」ことにより、民主主義を子どもたちが学び取っていく活動である。すなわち、民主主義的な考え方と、民主主義的な行動の様式を、集団を民主的集団につくりかえていく営みを通して、子どもたちがお互いに学び合う場である。

したがって将来、社会の主権者として必要な民主的な人格を形成する大きな意義をもつ教育活動の分野として、学校教育の中にしっかり位置づけ、一人ひとりの子どもに自治活動の力をつけなければならない。

●学校行事

学校行事は「学校生活を自分たちでより豊かにしていく」という自治的な活動であり、単に行動様式を身につけるだけでなく、一人ひとりの要求を育み、集団の中で個人が尊重され集団での要求を練り上げ、束ねて実現していく取り組みである。子どもたちの人格形成に大きく影響する取り組みである。

運動会

■ 学校行事のねらい

新学習指導要領では、学校行事は特別活動の内容に位置づけられている。特別活動の内容として他に、学級活動・ホームルーム、クラブ活動、児童会・生徒会が挙げられている。

学校行事の目標は、「より良い学校生活を築くための体験的な活動」を通して、集団でのルールや秩序を守って、公共の精神を養いながら、人間関係や自己形成を図ることである。だが、キャリア形成やいじめ未然防止につなげようとしたり、集団のなかでのルールや秩序を守る行動様式を身につけることを重視し、個人の尊重より集団や公共を大事にする傾向がみられ危惧される。

また、教育の中心が人類の生み出した文化遺産を正しく継承し、正しく発展させることであり、行事のねらいもそれが根底になければならない。人類の生み出した文化遺産の中でも「友情と連帯」にかかわるもの、「科学と生産」に関するもの、「美や創造」にかかわるもの、「健康」に関するものなどを、行事の中心的なねらいとして位置づけて、理論化していく取り組みが必要である。

具体的には、入学式、遠足、運動会など全校での取り組みの他に、学部や学年集団でのクリスマス会や地域と共同での夏祭りなど多様な取り組みがある。

■ 行事の教育的意義

日常の教育実践は、地道に粘り強く、子ども一人ひとりの教育課題に見合うていねいな取り組みが必要である。一方、行事は子どもたちの晴れ舞台であり、特別でダイナミックな取り組みが可能である。しかし、行事は、日常の教育実践と無関係ではなく、むしろそれまでの取り組みで子どもたちが身につけた力を発揮したり、定着させたりする絶好の場であり、飛躍の場となる。教師にとっては、それまでの教育実践の総括と新たな出発点としての節目となる。

行事は、それを軸にした多様な活動を展開できる総合的な取り組みである。その中身が豊富であればあるほど、さまざまな障害や発達段階の子どもたちが、その子の力に応じて参加することができる。企画運営の「話し合い活動や合意形成」、「準備やものづくり」、「表現活動」などが、行事に至るまでに含まれているので、子どもたちが行事に期待をふくらませてメリハリのある取り組みをすることが可能である。

さらに、行事は集団的な取り組みであり、普段よりも人との
かかわりが生まれるよい機会で、子ども同士のぶつかり合いの
中から、合意を生み出していく自治的な取り組みを基本にすえ
ることで、行事による集団の発展をはかり、集団の発展によっ
て、個人の発達も促される。

魅力的で創意あふれる行事の創造

こうした行事のねらいと意義をふまえて、行事を創造してい
く基本は、子どもたちを行事の主人公にすることである。それ
には、行事によって子どもたちの集団的・自治的な力量や文化
的な力量をどう高めるかという視点が不可欠である。行事を計画し、実行
し、総括する全過程を、できるかぎり子どもたちの手にゆだねることであ
る。可能なかぎり子どもたちに考えさせ、分担を決めてそれぞれの力を発
揮する場を保障することである。そのためにも、子ども集団のリーダーを
育てていく視点も必要である。

子どもたちが自分たちの要求に基づいて、仲間で楽しい世界を共有し既
成の文化ではなく、自分たちの文化を創造していく過程でこそ、文化的な
力も育まれる。そんな取り組みによって、独自で豊かな学級文化・学部文化・
学校文化が育まれるだろう。自治の基本は基礎集団の学級自治にあり、学級文
化が学部文化に、学部文化が学校文化に反映されるよう行事づくりを進めるこ
とで、それぞれの集団での行事が豊かに結びついていく。さらに、父母、地域
住民と連帯し、民主的な地域づくりを進める取り組みも視野に入れておきたい。

こうした取り組みを作り出していくには、教師の役割が決定的に重要である。
「行事があるから取り組む」のではなく、今までの形式や様式にとらわれず、新
しい行事を創造していく姿勢も求められるし、子ども同士の要求をつないでい
く営みが不可欠である。教職員自身が行事を通して、子どもの変化を共有し合
い、合意づくりを進め、集団的・自治的（組織的）力量を高めることが必要と
なる。

■ 行事づくりの具体的ポイント

行事一つひとつを「何のために、誰のために、何をどのように」という方針
とねらいを教師集団で十分に論議し、系統的に積み上げていく必要がある。子
どもたちのそれぞれの課題に照らして、力を発揮する場を保障し個々の子ども
と集団の目標を明確にすることである。

行事を取り組んだ後は、やりっぱなしにしないで、子どもたちの姿から、そ
の行事の意味は何で、子どもたちはどんな力を発揮し育んだのか、子ども同士
のかかわりはどう広がったのかなどをじっくり教師集団で総括することである。
一方でビデオや写真なども用いて、子ども自身が行事を振り返りの場とする工
夫も大切である。　　　　　　　　　　　　　　　　　　　（大宮とも子）

●教師集団の力量

運動会で、「フラッグ（旗）」
での表現を題材にした時に、
フラッグ操作の何が楽しい
か、フラッグ表現をみんなで
する価値はどこにあるのかな
ど、教師集団で実際に操作
して共有することが、まずは
不可欠である。その上で、子
どもたち一人ひとりが、どん
な表現操作を楽しんでいるのか、
どこに視線を注いでいるのかな
どを丁寧に協議し、共有するこ
とで、フラッグでの表現の価値
や子どもの発達的な理解を進め
ることが可能となる。教師自身
が、子どもの姿に寄り添いなが
ら、子どもへの理解を深めて、
教材や題材を深めていくことで
こそ、子どもたちの手ごたえある
充実を作り出すことができる。
子どもたちと一緒に文化を創り
出す主体として教師集団が、力
をつけていくことが求められる。

check 新しい行事を作り出すために、教師が考えなければならないことは何か、具体的な行事を
イメージして考えてみよう。

[参考文献]
・三島敏男・大久保哲夫他編『障害児のための教育課程　①編成の考え方』旬報社、1984年
・大久保哲夫・茂木俊彦他編『障害児教育実践ハンドブック』旬報社、1991年

キャリア教育・進路指導

キャリア教育とは、一人ひとりの社会的・職業的自立に向け、必要な基盤となる能力や態度を育てることを通して、キャリア発達を促す教育である。進路指導は、キャリア教育の一部分であり、学校の教育目標、教育課程と直接結びつき、卒業後の就労生活や地域生活、社会参加を生徒一人ひとりが自己を理解し、自らが将来の進むべき道を選択し、決定できる能力を育てる教育である。特別支援学校高等部卒業後の進路については、多くの課題がある。

●**キャリア発達**
　社会の中で自分の役割を果たしながら、自分らしい生き方を実現していく発達過程。

●**ライフキャリア・虹**
　一人ひとりのライフステージを社会との関係でとらえてみると、誕生した瞬間から幼児としての役割、児童・生徒・学生としての役割、社会人になっての職場人としての役割が増え、その後も市民、家庭人、夫(妻)、親の役割が増えていく。
　ライフステージで果たした役割は、つながっていて、キャリアとして積み重なっていくものである。全く同じ一生がないよ

■ キャリア教育とは

　「キャリア (career)」とは英語で、語源はラテン語で車輪の跡 (轍<ruby>わだち</ruby>) を意味しているとされ、これまで経験を積んできて、この先も積んでいくということである。われわれ人間は、社会との関係の中で自分らしい生き方を模索し、展望し、実現していく。その過程を「キャリア発達」と規定し、1980年にアメリカのドナルド・E・スーパー (1910〜1994) が「ライフキャリア・虹」を提唱した。

　近年、日本の若者の働き方がフリーター、ニートなどが増大するなかで、2004年に教育・雇用・経済政策として内閣府が「若者の自立・挑戦のためのアクションプラン」を打ち出した。1999年、中教審答申では、「小学校段階から発達段階に応じてキャリア教育を実施する必要がある」とした。

　2002年11月、国立教育政策研究所生徒指導研究センターは、「児童生徒の職業観・勤労観を育む教育の推進について」の中で、「児童生徒が将来自立した社会人・職業人として生きていくために必要な能力や態度、資質」として、「人間関係形成能力」「情報活用能力」「意思決定能力」「将来設計能力」を示した。

　2004年1月「キャリア教育推進に関する総合的調査研究協力者会議報告書」では、キャリア教育は、「児童生徒一人一人のキャリア発達を支援し、それぞれにふさわしいキャリアを形成していくために必要な意欲・態度を育てる教育 (勤労観、職業観を育てる)」であるとした。端的には、勤労観、職業観を育てるのがキャリア教育である。

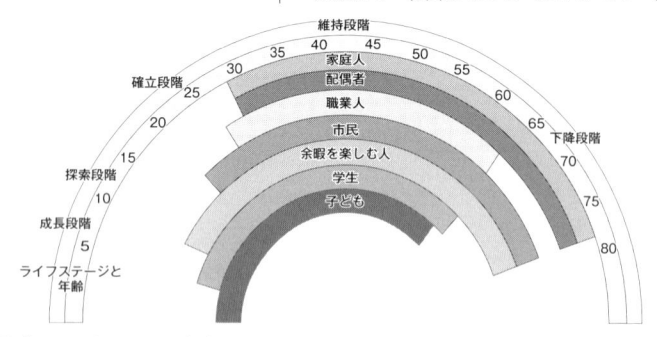

図「ライフキャリア・虹」
出典「キャリア教育ガイドブック」国立特別支援教育総合研究所編著、2011年、ジアース教育新社　p.16

うに、全く同じキャリアをたどる人間はいない。(出典『みんなのライフキャリア教育』)

●**「進路学習」の活動例**
　「進路指導」は通常学校の「社会科」ないしは「公民科」の学習で、下記の活動は例示である。

特別支援教育におけるキャリア教育の現状

　キャリア教育は、必ずしも職業教育に特化しているわけではないが、2009年、学習指導要領 (知的障害高等部編　総則第4款の4)「学校においては、キャリア教育を推進するために、地域や学校の実態、生徒の特性、進路を考慮し、地域及び産業界や労働等の業務を行う関係機関との連携を図り、産業現場等における長期間の実習を取り入れるなど就業体験の機会を設けるとともに、地域や

産業界等の人々の協力を積極的に得るよう配慮するものとする」と示した。また、国立特別支援教育総合研究所が、モデルとして「知的障害のある児童生徒の「キャリアプランニング・マトリックス（試案）」を示し、小学部から高等部卒業後の就職までの系統を示している。

特別支援教育、とりわけ知的障害教育では、望ましい勤労観、職業観の育成に特化し、就労に向けた「人材育成」と「職業自立」だけが強調されていることが少なくない。今後、人間発達としてキャリア形成を見る視点、職業人・社会人としての教養を育てる「人格形成」という観点でキャリア教育を捉える視点が重要となってくるであろう。

進路指導の目的と意義

第一に、進路は生徒たち自身が決定するもの（進路の自己決定）であり、進路指導とは生徒の自己決定を援助すること、第二に、進路指導は卒業時だけのものでなく一連のプロセスとしてとらえること、第三に、進路指導は単に進路先の選択についての援助ではなく「自分の在り方生き方」にかかわる「生き方指導」である。

進路指導は学校教育の集大成としての意味をもっており、学校の教育目標、教育課程と直接結びつくものである。また進路指導は、生徒が学校や家庭で培ってきた力を卒業後も発揮し、さらに発展させることができるよう生きがいのもてる活動の場を検討し、生徒自らが進路を選ぶための準備と援助を行い、生徒一人ひとりが卒業後社会に出て、どんな生き方をするのかを、ともに考えあうことである。生徒の障害や発達の状況を把握し、分析することも重要である。障害者の就労や社会参加の問題については、学校、家庭および企業、行政など関係機関との共通理解をすすめ、卒業生の進路保障の具体化を図ることを目的として取り組むことである。「個別の移行支援計画」の活用も望まれる。

キャリア教育・進路指導の課題

障害があると発達過程でさまざまな学習機会・生活経験の制限や失敗経験がキャリア形成に関連した意思決定などを回避する傾向がある。そのためキャリア発達に影響を及ぼす。また、キャリア教育には、「働くこと」への準備教育の側面があるが、就労先への「適応」だけを迫る教育だけでは不十分である。暮らす・楽しむの「ライフキャリア」の視点の授業づくり、「ワーク・ライフバランス」や「ディーセント・ワーク」について理解を深めることが大切である。企業や市民に「国連・障害者権利条約」の理解を求めることも重要である。

進路先の問題として、①離職率が高い、②進路の選択肢が限定、③賃金、雇用条件が悪い、④地域格差による進路先の限定、やむなく在宅となるケースもある。今後、インクルーシブな社会への進展が課題解決への大きな鍵となろう。

（小畑耕作）

①いろいろな仕事
②先輩の仕事先
③得意な仕事・不得意な仕事
④働くとは
⑤働く態度やマナー
⑥働く人の権利
⑦職場で困ったら
⑧卒業後の生活
⑨卒後生活を支える制度
趣味をもとう！など。

●111「障害者の雇用法制」
➡238ページ参照

●**ディーセント・ワーク（働きがいのある人間らしい仕事）**
1999年 第87回ILO総会で位置づけられた内容。①働く機会があり持続可能な生計に足りる収入が得られること、②労働三権などが働く上での権利が確保され、職場で発言が行いやすく、それが認められること、③家庭生活と労働生活が両立でき安全な職場環境や雇用保険、医療、年金制度などセーフティーネットが確保され、自己の鍛錬もできること、④公正な扱い、男女平等な扱いをうけること（厚生労働省訳）

●**ワーク・ライフバランス（仕事と生活の調和）**
2007年、政府、地方公共団体、経済界、労働界の合意により「仕事と生活の調和憲章」が制定され官民をあげてさまざまな取り組みが進められている。

●**国連・障害者権利条約 第27条労働及び雇用**
障害者が他の者と平等に労働についての権利を有することを認める。労働についての障害者の権利が実現されることを保障及び促進する。

---

 check 障害の重い子の「ライフキャリア教育」の学習指導案を考えてみましょう。

[参考文献]
・国本真吾「特別支援教育におけるキャリア教育の要求」『障害のある子どもの教育目標・教育評価』クリエイツかもがわ、2014年
・渡邊明宏『みんなのライフキャリア教育』明治図書、2013年9月
・全国特別支援学校知的障害教育校長会『知的障害特別支援学校のキャリア教育の手引き・実践編』ジアース教育新社、2013年
・「進路指導とトランジッション」『障害者問題研究』30-1、30-2、30-3、30-4号、全国障害者研究会出版部、2002年

051 授業づくりと集団編成

第2章

授業づくりの基本は、子どもたちを理解することから始まる。あわせて、教材理解を深めること、指導の手立てを構築すること、計画・実践・評価・調整といった PDCA サイクルによる授業展開を図ることなどが重要となる。また、アクティブ・ラーニング等、合目的な学習集団を構成し、主体的で対話的な学習から深い学びを導き出す、体験を通した授業方略を検討する必要がある。

●アセスメント

医学的所見（診断名、診断機関、診断月日など）、生育歴（首座り、始歩、発語、小さい頃の遊び、幼稚園・保育所）、発達検査（WISC-Ⅳ、ビネーⅤ、KABC-Ⅱなど）、基本的生活習慣（衣服の着脱、食事、排泄など）、コミュニケーション（聞く、言葉での表現、意思交換など）、運動能力（手指の巧緻性、粗大運動、ルールの理解）、行動観察（読字、書字、数的処理、落ち着きのなさなど）といった個体特性も重要ではあるが、物的環境（クラスの掲示物、席の位置、照明など）、人的環境（対人トラブル、クラスの友だち関係、家族関係など）、地域環境（地域の社会的資源、隣人、下校後の生活）といった環境的要因からの影響、興味・関心、家族・本人のねがいといったようなことも子どもたちを理解するうえで大切にしたい。

●授業における PDCA サイクル

①Plan:目標を設定し、それを具現化する支援方法を授業計画に落とし込む。
②Do:授業展開と役割を決めて実際の授業を行う。
③Check:目標に合った実践がなされているか、そのための授業目標は適切であったか、成果を測る評価指標は適切であったか、成果と課題から次に行うべきことは何かを省察し成果を査定・評価する。
④Action:必要に応じて修正を加える。

■ 確かな授業力を身につけるための４つの視点

視点１：子どもたちを豊かに理解する

「現時点の力を正しく受け止める」「行動の背景を豊かに受け止める」

視点２：教材を深く理解する

「教材の教育的価値を理解し解釈する」「教材同士の関連を把握する」「子どもの視点から教材をとらえる」「教材を通して育てたい力を把握する」

視点３：確かな指導法を身につける

「育みたい子どもの姿を明確にする」「実態に合わせた学習形態を工夫する」「学習意欲を高める発問を工夫する」「学習活動を支える板書を工夫する」「躓きやすい子どもへの支援を準備する」「主体的・対話的な学びを構築する」

視点４：高まりあう学習集団つくり

「仲間を認め、共に高まり合う意識を育む」「大切にしたいことを明確にする」「学習リテラシーの獲得を系統的に進める」「個々の気づきを大切にする」

■ 授業づくりのための PDCA サイクル

授業は、何かの目的をもちそれを児童生徒が獲得していくための手だてとなるものである。したがって、授業づくりを進めるには、児童生徒自身が授業に主体的に取り組んでいくための方略を構築することが求められる。主体的な学習は興味・関心・達成感と関連して実現されていく。「目標の設定」「支援の方法」をアセスメントから導き出し、「授業プランに基づいた実践」を行い、「授業評価を実施」し「次の授業構築につなげる」ことが、授業づ

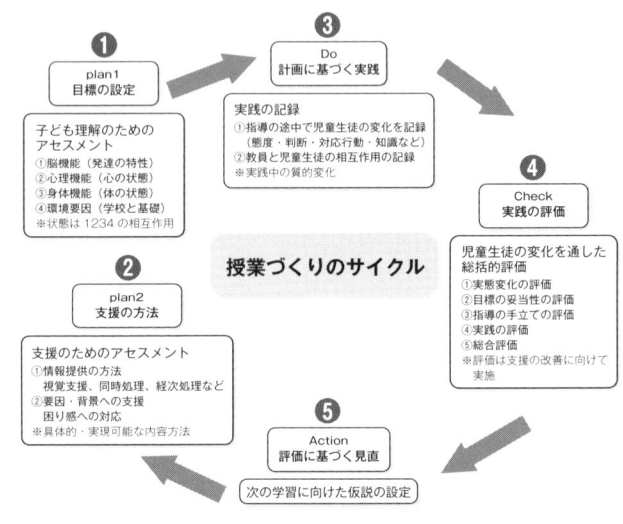

図　授業づくりの PDCA サイクル

くりのPDCAサイクルである。主体的な学習を推進する原動力として、きわめて重要な意味をもつ。

■ 学習のねらいと学習集団の編成

　学習を効果的に展開するためには、何のために、どこで、どのように、どのような学習集団を編成するのかを検討する必要がある。1時間の授業の中においても、何のために、どのような学びを実現させるかという、学習のねらいの検討が先に行われ、目標とする学習成果を得るための集団編成のあり方が検討されなければならない。すなわち、児童生徒一人ひとりの発達段階、学習の達成状況等に応じた授業展開を教員が意識して組み立てていくことが重要になってくる。

　学習集団を編成するに際には、以下のことが視点となる。
　1）編成基準の検討
・同じようなグループになるように編成する（均等分割など）。
・習熟度別、課題別、学習方法別、男女別など異なったグループを編成する。
　2）編成の手立ての検討
・教員自身が振り分けるのか、児童生徒が自己選択するのか
・自己選択の場合、選択情報をどのように提供し、どんな手立てで選択させるのか
・児童生徒と保護者への説明はどのように行うのか
　3）編成時期の検討
・単元全体を通してか、単元の途中に部分的に編成するのか
　4）編成規模の検討
・学級内か学年内か異学年か、何グループ編成可能か、何人編成にするか
　授業の目的を実現するために効果的な学習集団を編成しながら児童生徒一人一人の行動、態度、学習状況を深く観察し、個に応じた指導を展開していく。

（相澤雅文）

表　学習集団編成例

	編成方法	例
均等分割	学年・学級を均等割し、学習集団を編成する。	・学級集団、班など
習熟度別	習熟の程度に応じて学習集団を編成する。	・類型化した指導など
課題別	児童生徒の課題選択・適性に応じて学習集団を編成する。	・課題別学習、作業集団など
学習方法別	児童の学習方法の特性に応じて学習集団を編成する。	・障害別学級など

　一連のサイクルが終わったら、反省点をふまえて再計画へのプロセスへ入り、次期も新たなPDCAサイクルを進める。

●柔軟な学習集団の編成
　学習のねらいによって、個別の学びが本来の姿である学習とグループなどで一定人数の中での活動が必要になる学習、多人数であることこそ意義深い活動となる学習がある。
　ある規模の集団を二人の教員で指導することが有効な場面と小さな集団に分けてそれぞれを一人の教員が受けもって指導することが有効な場面もある。
　指導者チームは児童生徒の実態を考慮したうえで、単元構成や1単位時間の授業構想のそれぞれの段階で、どの指導形態が効果的かを合意のうえで決定し、実践していくことが大きな学習効果につながる。

●その他の集団編成の視点
　認知スタイルや学習スタイルなどの学習を支える内面的要因を考慮して、タイプごとに教材構成や指導方法を工夫するという取り組みが行われるようになってきた。
　「衝動型、熟考型」のタイプを意識しての集団編成や、「言語型、イメージ型」を意識しての集団編成などのように、質的な個人差に応じた編成を考えることも児童生徒の実態把握が行われているとよい。

 あなたの学級で活用できそうな学習集団の編成をいくつか作り、どのような場面や課題設定で活用できるか具体的に考えてみましょう。

[参考文献]
・渡邉健治・湯浅恭正・清水貞夫『キーワードブック特別支援教育の授業づくり　授業創造の基礎知識』クリエイツかもがわ、2012年
・太田正己『特別支援教育のための授業力を高める方法』黎明書房、2004年
・湯浅恭正・冨永光昭『障害児の教授学入門』コレール社、2002年

第2章 052 特別支援教育の教材・教具
——心理的な教具

教具は、一般的に子どもたちが学習内容をより理解しやすいようにするため、指導者が簡潔なモデルを提示して解説したり、または、子どもたち自身が操作して体感したりするようなものなどである。しかし、いささか変則的ではあるが、心理的な意味合いの教具もある。直接、学習内容には関連しないけれども、子どもたちの心理を考慮した教具の役割の重要性を解説する。

●クレーン現象

子ども自身が、何かしたかったり、取りたかったりしたいときに、直接自らの手でするのではなく、母親や先生、友だちなどの腕をクレーンのように持って動かすようにする行動をさす。

自閉症児の特性のように言われることが多いが、実際は自閉症に限ったことではなく、定型発達であっても限定的にこのような行動をとる子どももいる。内向的な性質だったり、引っ込み思案だったりすることで、このような行動になるのだろう。

●場面緘黙

場面緘黙症のことで、ある特定の状況では、話そうとしても極度の不安、緊張のために、どうしても声を出すことができない症状である。他の状況では、普通に話せるのである。

見方によっては、故意に逆らっているように見えたりするので、誤解されることもある。

話すことにおいて、脳機能に問題があるわけではないが、場合によって成人まで続いたり、長期にわたる場合もある。したがって、早期に、きめ細かい専門的な対応が必要である。無理に話させようとすると逆効果で、症状を強化してしまうこともあるので、注意が必要である。

■ 泣きシェルター

発表するときに、誰かに見られると緊張のあまり泣いてしまう子どもがいる。「間違っても、いいんだよ」なんて言って安心させようとしても、緊張してしまうのだから仕方ない。そこで泣くのをやめさせるのではなく、安心して泣けるシェルターを作ることにした。個室になっているので、泣いているところは、見られずにすむ。内側から窓枠をレバーでずらして、外の様子を窺うことができるようになっている。感情が治まって一息ついたら、出て来てやり直すことができるという寸法である。

重要な点は、この泣きシェルターが教室にあると思うだけで、安心するのか、緊張して泣いてしまうことが少なくなったということである。実際に、この泣きシェルターに入る機会はほとんどない。これは、ご利益のある神社のお守りみたいなものである。このような視点で教具を研究、開発することは、今までほとんどなかったのではないだろうか。いずれにしろ、そこにあるだけで効果があるのだから、早々には片付けられない教具である。

■ 相談幕（そうだんまく）

授業の中で学習したことを発表する場合、子どもたちは、いきなり発表するほどの自信がないので、『これなら、やれる』と思えるようにリハーサルをしておきたいと思う。しかし、練習は、人に見せるものではない。一方、指導者や参観者は、子どもたちが練習して上達していくプロセスも見たい。これを両立するのが相談幕である。薄いレース（布）を高跳び用のポールに取り付けて張る。この幕の向こう側は、見えないという約束にする。薄いレースなので見えているのだが、ごっこ遊びのようなものである。何も無しでは、「見えないと思いなさい」と言っても、その気にはなれない。

このレースが1枚あるのとないのとでは、まったく違ってくるのである。

■ クレーンリモコン

とてもシャイな性格で、友だちや参観者の前に出て、発表することができない子がいる。みんなの前で、何か言わないといけないと思うだけで、声を出すどころか、席を立つことすらできない。「男の子なのに、甲斐性がない」と叱責しても、意味がない。無理やり抱きかかえて前に連れてきても、よけいに拒むだけだ。一方、逆に自分の意見を主張し、大声で押し通そうとする子どもがいる。足して2で割ることができたらと思うが、そうもいかない。性格は正反対だが、意外に仲はいい。

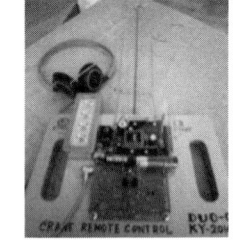

そこで二人をコンビにした。シャイな子どもは、クレーンリモコンを両手で持ち、発言はしないが、その先のステンレスのアンテナで、声が出せる子どもの腕に接触する。アンテナで触られたら、その子に代わって発表しなければならないルールである。そこで、いつもと立場が逆転するのである。発言できる子に代わりに言ってもらうのではなく、自分がコントロールして言わせていることになる。クレーン現象を逆手にとる教具であるが、少なくともシャイな子が自分の席を立ち、積極的に授業に参加できたのである。

■ ドリームスクリーン

ドリームキャッチャーならぬ、ドリームスクリーンである。これは、針金に色とりどりの毛糸を張ったものである。これを子どもの頭にかざして、「それを言葉で言ってください」と促すのである。子どもは自分の思い描いていることは取り留めのないことのように思っているので、「先生には思っていることが見えているよ」と価値づけたり、励ましたりすることで、子どもは言葉にして言おうという気になる。

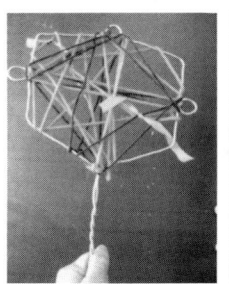 

■ 手穴教具（てあなきょうぐ）

これは、板に大、中、小の大きさの穴を開けただけの教具である。1年生で入級したばかりの子どもは、体も小さく、学習でも他の子どもたちに秀でているところはほとんどない。しかし、その子にスポットライトを当てたい。そこで「一番小さい穴に手を入れられる人が、問題の紙を取る役をしてもらいます」と言うと、学級の一員としてその子にしかできない重要な役割を担わせることができる。　　　　　　　　　　　　　　　　　　（村上公也）

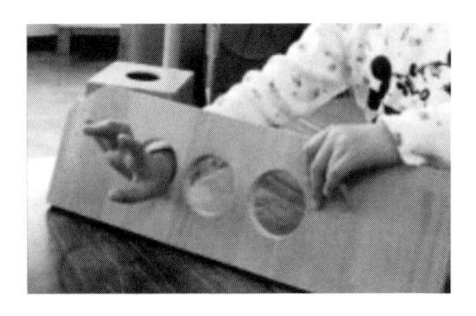

 check → 　学級経営という観点から、子どもたちが互いに、つながりを持てるようにする教具を開発、提案してみよう。

［参考文献］
・麻生武『乳幼児の心理』サイエンス社、2002年
・浜谷直人『仲間とともに自己肯定感が育つ保育』かもがわ出版、2013年
・別府哲『障害児の内面世界をさぐる』全障研出版部、1997年
・村上公也、赤木和重『キミヤーズの教材・教具』クリエイツかもがわ、2010年
・鷲田清一『新編　普通をだれも教えてくれない』筑摩書房、2010年
・赤木和重・砂川一茂・村上公也・茂呂雄二編著『ユーモア的即興から生まれる表現の創発』クリエイツかもがわ、2019年

第2章 053 ティーム・ティーチング

特別支援学校では、障害の重度重複化・多様化への対応や個々の発達課題に応じたきめ細やかな支援のために、複数の教員等のティーム・ティーチングによる授業構築や支援体制の整備が取り組まれてきた。近年、通常の学級においても教員の加配や特別支援教育支援員の配置、ボランティア、スクールカウンセラー、スクールソーシャルワーカーなどとティームを組んでの支援のあり方が問われている。

●ティーム・ティーチングの歴史

1950年代の後半、アメリカ合衆国の小・中学校において、教育内容の高度化と教育方法の多様化に伴い、リーダーの教師を中心として、何人かの教師たちが協力組織をつくり、それぞれの能力を生かし、必要に応じて学級を解体して協力しあい、授業にあたるという方式が盛んに試みられるようになった。このような教師の協力組織による授業方式がティーム・ティーチングである。

日本には1970年代の初めに、授業改善の方法としてティーム・ティーチングが紹介され、部分的にその方式が試みられてきた。しかし、教員数や施設設備の課題等から十分な展開をみるに至らなかった。

1993（平成5）年からの小・中学校の第6次教職員配置改善計画で、増員分のほぼ半数にあたる約1万4000人がティーム・ティーチング要員にあてられ、実施希望校に配置したことにより、実践校は全国的に拡大した。

●授業形態の種類

現在行われている指導形態は主に以下の6つに類別される。

・集団学習方式：
　教師1人が教科書、黒板などの教材を使い、生徒が授業を聞く形態で、一般的に公私共に行われている授業形態。

・個別学習方式：
　集団学習方式と教師と生徒の割合が同じであるが、教師が教

■ ティーム・ティーチングの基礎・基本

ティーム・ティーチング（以下：T.T.とする）は、複数の教員が役割を分担し、協力し合いながら指導計画を立て、指導する方式のことである。教員一人ひとりの特性を最大限に生かしてこそ効果が期待されるものであり、単に同じ場所に複数の教員が配置されているということではない。すなわち、それぞれの教師が分担する役割を果たすことにより成り立つ指導形態である。

特別支援学校や特別支援学級においてT.T.は伝統的に取り組まれてきた指導方式である。クラス単位や学年合同あるいは、小集団化による指導や個別化を図って指導を分担するなど、多様な指導形態の工夫がT.T.により可能とされてきた。昨今、通常の学級においても特別な支援を必要とする児童生徒への対応策として加配の教員や特別支援教育支援員、学生ボランティアなどが配置されるようになり、T.T.の重要性が増している。

T.T.による授業での教師間の関係は、MT（Main Teacher）とAT（Assistant Teacher）に役割分担を行う場合もあれば（図1）、固定的関係を設けず共同の授業者として行う場合（図2）、学習集団を分化しそれぞれがMTとして指導を行う場合（図3）などがある。このように学習課題ごとに集団編成を多様化することで集団作用の効果を期待したり、個別的支援の構造化を図ったりといったことに柔軟に対応できる。

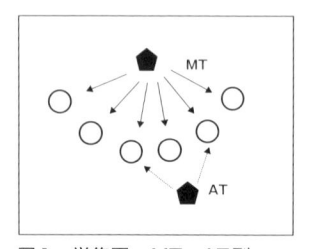

図1　単集団—MT・AT型

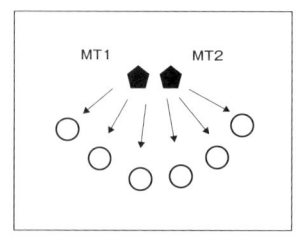

図2　単集団—MT・MT型

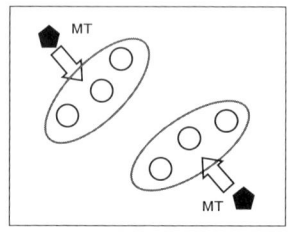

図3　複集団—複数教師型

■ T.T. による指導効果

集団での多様な活動を保障できる

複数の教師等が授業を担当することにより、活動範囲と種類が広がり、児童生徒に多様な活動を保障することが可能となる。児童生徒の主体的な活動を促す学習活動を構築するために、複数がかかわることにより、段取りのよい準備が効率的にできあがり、大がかりできめ細やかな授業準備が可能になる。

多角的な視点から児童生徒のアセスメントが可能となる

複数の教師等が児童生徒にかかわることによって、異なる視点からの意見交換が可能となる。お互いの違う見方を、検討し合うことによって、多角的な視点から児童生徒のアセスメントが可能となり、児童生徒の理解が進展する。

相互の発想・支援方法を知り、教師自身も学び合いの実践につながる

教師たちの個性や気配り、対応によって、雰囲気も流れも変わる。毎日の学校生活で、複数の教師の対応と個性の違いが絶妙に織り成されることにより、子どもへの幅のある対応を生むことができる。一人担当には一貫した実践を行える醍醐味はあるが、柔軟さに欠ける恐れもある。複数担当の種々の見解を刺激として、実践の水準を上げていくことができる、などがあげられる。

（相澤雅文）

表　T.T. を実践する上での留意点

留意点	想定される状況
指導法や児童生徒観、教育観、題材観の確認をする	・複数の教員が主担当として動いてしまい子どもが混乱してしまう。 ・ATが動きすぎると子どもの主体的活動を疎外してしまう。 ・指導法の違いや子ども観、教育観の違いがあるとT.T.がうまく機能しない。
役割分担と臨機応変さのバランスを計る	・責任の確認をし、曖昧さをなくす。 ・自分の担当ばかりになって、授業全体への視座が欠けてしまう。 ・自分がやらなくても誰かがやるだろうと他人まかせになってしまう。 ・教員の力関係または人間関係からの影響が出てしまう。
事後の十分な話し合いを行う	・別の子の担当となると担任している子どもの様子が十分にわからない。 ・次の学習の個別の目標がつかめず、担当が固定化してしまう。

ティーム・ティーチング

①領域・教科や題材・単元の指導計画を参加者全員で検討する。
②指導計画に基づいて、協力しながら教材・教具を作成・準備する。
③題材、単元などの終了後、指導の評価について協議し、次時の改善点などを確認する。

[MTの役割]
・指導計画を作成する際に中心になる。
・あいさつや活動の説明、全体への指示、見本を示すなど、授業の推進役をつとめる。

[ATの役割]
・学習活動への動機づけ、教材・教具の準備、個々に対応した支援等、全体の動きと児童生徒の様子を見ながら指導を進める。

室を巡回しながら、生徒の質問に受け答えする。児童生徒個々の能力に合わせられる。

・個人指導：
　教師と児童生徒が1対1のため、能力に合わせた能率的な授業が可能。

・ティーム・ティーチング：
　教師が複数で指導に当たるため、個々のニーズに応じることが可能。教材プリントや教具の準備も役割分担できる。

・ディベート方式：
　ある問題について賛成グループと反対グループの立場に分かれ、発言時間などの条件を同じにして意見をたたかわす形態。

・マルチ学習システム方式：
　Face to Faceの授業とオンデマンド（要求次第）な学習環境をもとに、教師と児童生徒が1対多数でありながらも1対1のような感覚で授業を受けられる形態。e-ラーニングシステムなどがある。

・少人数指導・習熟度別指導方式
　少人数指導は例えば、1つの学級を2つのグループに分けたり、2つの学級を3つのグループに分けたりして少人数で授業を行う指導方法である。その一つに習熟度別指導がある。
　習熟度別指導は、児童生徒の習熟度を基準にして分ける指導方法である。小学校・中学校等の各教科等の授業において、1つのグループを少人数にして指導を行うことにより、児童生徒一人ひとりに対してきめの細かい指導を行うことが可能となり、そのことによって指導の効果を高めることをねらいとして実施される。

 特別支援学校で縦割り活動を行う際のティーム・ティーチングの留意点について考えてみよう。

[参考文献・ホームページ]
・新井郁夫・天笠茂編　『学習の総合化をめざす　ティーム・ティーチング事典』教育出版、1999年
・教職研修総合特集　『ティーム・ティーチング読本』　教育開発研修所、1993年
・習熟度別・少人数指導について（文部科学省）
　http://www.mext.go.jp/a_menu/shotou/gakuryoku-chousa/zenkoku/08020513/001/003.htm

第2章 054 特別支援学校における学習指導案

授業づくりには、子どもの実態をつかみ、子どものねがいに応える文化を選び、子どもに伝わるように教材化することが必要である。それらのことを、教師が自分自身の言葉で語ることが指導案づくりである。

●発達

発達とは子どもが外界と自分自身にはたらきかけ、そこでの経験と創造の事実によって、自己を変革していく過程である。その際、外界とは自己をも含む自然と文化である。

教師が子どもの発達を理解するときに二つの認識が必要である。一つは子どもの活動を質的に規定する様式、そのレベルへの理解（例えば2、3歳の発達段階への理解）、二つには「レベル」という静的状況に対する理解にとどまらない、子どもの発達要求を引き起こす内的矛盾とそれが外に現れる現象（対比的な認識が獲得されたからこその「できる・できない」への不安や葛藤など）への理解である。

●子どものねがい

子どもの表現や表出に深く寄り添い、そこに込められた悲しみも含めて、人間らしく生きたいとのねがいに共感する。そうしたねがいが目の前の一人ひとりの子どもの姿の中にどう具体的に現れているのかを教師が深くつかむ、何回でもつかみ直していくことが大切である。

■ なぜ指導案を書くのか

学習指導案を書くことは、「どのような力をつけさせるために」、「どのような教材教具で」、「どのように集団を組織するのか」を具体的に考えることである。支援学校においては、複数の指導者で授業を行っていく際の共通認識のツールとしても重要である。新しい単元に入るときに、略案（本時の目標と展開、配置図）をサブの教員に配ることで、主指導者の意図や授業の流れを事前に伝えておくことが多い。そして授業を行った後にサブの教員からの感想や意見をもらったり、実際に自分でやってみたりして、改善した方がよいところを書き換えていくことでよりよい授業を作り出すことができる。

何を指導案に書くのか

指導案は、授業者の問題意識やねがいが伝わるよう書くべきものであり書式はさまざまであるが、大体以下のような内容が含まれている。

1) 題材名または単元名
2) 題材設定の理由　ここでは①児童・生徒観（個々の子どもの実態や学習集団としての様子）、②教材観（題材〈教材〉の価値）、③指導観（指導にあたっての工夫や留意点）を書く必要がある。

①児童・生徒観　子どもの実態を把握し、子どもの姿を具体的に書く。子どもの発達の状況、学習の積み重ねによる能力の獲得の到達点、なにより子どものねがいをつかむ必要がある。子どもの発達年齢や能力のアンバランスを知ることにとどまらず、「できるようになりたい」「わかるようになりたい」という発達要求をつかむことが重要である。子どもの生活現実、生活の歴史を知り、そこに共感することから「子どものねがい」に近づいていくことができるだろう。

②教材観（題材〈教材〉の価値）　題材設定では、子どもたちに価値の高い教材を選ぶ必要がある。文化として質が高いだけではなく、子どもたちの感情を揺さぶったり、子どもたちと考えを深められたりできる教材かの吟味が必要である。子どもは教材化された文化と向き合い、感性を揺さぶられ、関心と興味をもって事実を認識し、自らのものとして取り入れていく。教師は子ども自身が取り入れられるように文化を選択・加工していくことが必要である。教材観には、教材の文化としての価値と、子どもたちにとっての値打ち、この題材を学ぶ意義を書く。

③指導観　教師の意図、ねがい、指導方法の工夫、教材・教具の工夫、教師の協力体制について書く。

３）題材の目標、指導計画　ここでは単元全体の目標と計画を書く。この単元に必要な時間数を考え、第一次、第二次、第三次……と指導計画を立てる。

４）本時指導案　①本時の目標、②子どもの学習内容と指導の留意点を合わせた本時の授業展開、③配置図、を書く。この本時指導案だけを略案として、校内で活用することが多い。指導略案の例を挙げておく。

目標をどう考えるか

個別の指導計画に結びつけて、指導案の中でも個別目標を具体的にたてようとする風潮が強くなっている。子どもたち一人ひとりを正確に把握することの重要性は言うまでもなく、個人の目標を考えることもあってもよい。しかし、集団としての高まりが作り出されると教師の思惑を越えて子どもの力が発揮されることがあるし、友だちへのあこがれゆえに、次の発達の芽が生まれることも多い。集団の高まり、友だちへのあこがれをこそ、教師は組織しなくてはならないが、そこは個別の目標には書ききれない。

同時に目標に「客観性」を求められることも多い。「○○を楽しむ」などの子どもの内面を推測するような文言はあいまいで主観的だと使うべきではないと言われ、「客観的に測定可能なもの」「達成できたかできなかったか、明確にできるもの」を目標にすることが求められる。しかし、障害が重ければ重いほど、知的な活動と感情の躍動は一体のものであり、楽しいからこそ学習が成立する。そしてどの発達段階であっても、子どもの「できた、できない」という行動変容だけが教育の目標であってよいわけはない。学習の結果、子どもの内面に何が残ったかこそが教育にとっては重要なのである。内面を無視した行動上だけの目標設定では、子どものねがいは置き去りにされてしまうだろう。　　　　　（堤由香里）

表　指導案（略案）の例

授業名	ことば・かず	単元名	「あいうえおにぎり」（朗読）「うみやまがっせん」（動作化）	日時	○月○日	場所	○年○組教室
ねらい	〈朗読〉 ・リズムにのって楽しく音読や暗唱をする。（A、B、E、F児は文字を読んで朗読する。C、D児は耳から聞いて覚えた文を暗唱しながら文字で確認する。） 〈絵本の読み取り〉 ・教師の絵本の読み聞かせを集中して見聞きし、楽しむ。（全員） ・絵本の文章や絵に着目し、登場人物の細かい動きを読み取る。（A児） ・動作化では場面の意味を理解し、自分なりの表現をする。（全員） ・ひっぱりっこではリズムにのって友だちと一緒に動く楽しさを感じる。（全員） ・動作化と一緒にいくつかの台詞を言う。（A、B、C児）						

学習内容	学習活動	留意点	準備物
1 あいさつ	1 「これから2時間目のことば・かずを始めます。」		
2 あいうえおにぎり	2 ①絵本の読み聞かせを聞く。 ②一人ずつ、前の模造紙を見ながら、詩を読む。（A、B、E、F児） 教師と一緒に詩を読む。（C、D児） ③全員で教師の手拍子に合わせて音読する。	2 ①絵にも注目させながら絵本を読み、文章のイメージをもたせる。 ②ことばが正しいかどうかよりも、リズムにのって楽しんで読んでいるかを評価する。 ③サブの教師がはっきり読み、全体のリズムを作る。	詩を書いた模造紙 絵本
3 読み聞かせ	3 「うみやまがっせん」の読み聞かせを聞く。（全員） ・次の登場人物を考え、答える。（E児） ・絵本の絵や言葉に注目し、登場人物の細かい動きを読み取る。（A児）	3 次に誰が出てくるのか、子どもたちに言わせることで絵本に集中させる。ひっぱりっこのかけ声や登場した動物名を読むときにリズミカルに読み、全員の一体感を大切にする。	絵本
4 動作化	4 ①自分のやりたい登場人物を選ぶ。 ②教師の読む絵本の地の文章を聞いて、自分の登場の場面になったら前に出てきて、ひっぱりっこなどの動作をする。（全員） ・「おーい、だれかきてくれ」の台詞や掛け声を言う。（ABC児）	4 ②掛け声や動きを合わせることで、友だちと一緒に釣り竿をひっぱる楽しさを味わわせる。	釣り竿 登場人物の絵
5 終わりのあいさつ	5 動作化で自分と友だちのよかったところを認め合う。		

4、5、6年生の課題別グループでの学習である。全員ひらがなは読み書きすることができるが、「お勉強」という意識が強く、「朗読を楽しむ」経験は少ない。リズムの良い詩をテンポよく読んだり、唱えたりすることで、音読の快さを味わってほしい。

絵本に対しては全員が集中して読み聞かせを聞くことができ、内容を楽しむこともできる。動作化を行うことで、個々の子どもが絵本の読み取りを確実なものとし、さらに絵本の世界を友だちと一緒に楽しんでほしいと思う。「うみやまがっせん」は海の魚たちと山の動物たちが釣り竿のひっぱりっこをするお話である。動作化の中で友だちとの一体感が感じられるように取り組みたい。

 check 子どもの実態から、子どものねがいを読み取り、授業で伝えたいものを自分の言葉で語ってみよう。

［参考文献］
・白石正久『発達と指導をつむぐ』全障研出版部、2014年
・三木裕和・越野和之・障害児教育の教育目標・教育評価研究会『障害のある子どもの教育目標、教育評価――重症児を中心に』クリエイツかもがわ、2014年
・品川文雄・越野和之『学び合い・育ち合う子どもたち』全障研出版部、2009年

教育評価と記録

障害児教育における教育評価は、「客観的に観察可能な外的行動で表現し評価する」という傾向が強く、教師による解釈を「印象論」として排除する傾きにある。教育評価は、本来的に、子どもと教師をともに励ますものでなければならず、教師も子どもとともに成長するという教育の本質がそれを求めている。教職員による集団的理解、児童生徒の発達を踏まえた理解、長期的な視点による理解とともに、子どもの可能性をその潜在的可能態として捉える教師の専門性が重要である。

●目標準拠評価

学習活動における教育目標と評価基準を定め、その到達度で評価する評価論を目標準拠評価と呼ぶ。

これに対して、所属する集団内での相対的位置をもとに評価する方法が集団準拠評価（相対評価）である。一定割合の人数枠を設けて児童生徒の位置を示すことで評価するこの方法では客観的な学習評価は成り立たない。

また、集団の中には「できる子」と「できない子」が不可避的に存在するという宿命論的な能力観だとして、批判も根強く存在した。

●キー・コンピテンシー

OECD（経済協力開発機構）のプログラム「コンピテンシーの定義と選択」（DeSeCo）によって定義された。個人の能力開発が社会経済の持続可能な発展と世界的な生活水準の向上につながるとされた。PISA調査の学力概念の基礎をなしている。

人間の多様性を認め、自律的人間観を示すものとして、キー・コンピテンシーの先進性を評価する意見もあるが、一方で、キー・コンピテンシーの定義には発達科学の検討が弱いとの指摘がある。また、経済的側面に偏った人間観であり、キー・コンピテンシーの所有の有無が社会の分断、社会的排除、格差につながる、との危惧も強い。

■ 目標準拠評価と障害児教育

21世紀に入って、わが国の教育は教育目標・教育評価に関する大きな変革を経験した。それまでの、宿命論的な能力観に基づく集団準拠評価（相対評価）を廃し、目標準拠評価への転換が図られた。その先進性は、しかし、障害児教育現場においては独自の展開を示し、目標・評価における「客観性」「測定可能性」「成果の要求」が強く要求されるようになった。「抽象的でなく具体的な目標」「第三者においても観察可能な目標」が強調され、教師の主観的な評価は「印象論だ」として排除された。

一見、科学的に見える目標・評価論であるが、「客観的に観察可能な外的行動で表現し評価する」という試みは、教育目標の中心である知的能力や情意的特性などを軽視することにつながり、「学習とは、つまるところ、行動の変容なのだ」という教育観を招くことになる。肢体不自由教育においては「支持歩行の移動距離」など、自閉症児教育においては「スケジュールを見て自分で移動する」など、行動的用語による規定がスタンダードとなっていく。しかし、ここで問われるのは、その教育目標が本当に教育的価値を有するのかどうかという問いである。教育的価値に疑いのある目標に沿って、精緻な評価を行うという徒労が現場教師を追いつめることになった。

■ 教育評価とは

教育評価（Educational evaluation）は、子どもの知的発達、学力、行動などを評定する側面と、教師集団が自らの教育実践を振り返る側面の両側面を持つものである。教育評価において、子どもの変化は認知的側面と情意的側面から総合的に捉えられ、それを通して、教師は子ども理解を深め、教育目標の価値を問い直し、教育課程の再生産を志向するのである。

近年、特別支援教育分野でよく使用される用語としてアセスメント（Assessment）があるが、これは「学習評価」「学習結果」の概念に近い。子どもが一定の経験を繰り返すことで行動や思考にどのような変容が起きたか、それを評価する視点である。教育目標はいかに効率的に達成されたかが問われ、PDCAサイクルはこの文脈で重宝されている。ここでは、教育目標はアプリオリに設定されており、教師集団による再吟味よりも、国家的教育政策や社会的要請の影響を受けやすい。

■ 子ども理解と教師の希望

　教育目標・教育評価は本来的に、子どもと教師をともに励ますものでなければならない。子どもの変容だけが一方的に求められるのではなく、教師も子どもとともに成長するという教育本来の姿がそれを求める。

　障害のある子どもの教育評価は、測定可能な外形的変容によってのみ説明されるとは限らない。例えば、乳児期後半の発達段階にある児童が人形劇に登場するトロルを理解し、情動体験として内面化する過程を外形的に数値化することは極めて困難である。目の動き、声、腕の動きなど行動的用語で説明しようとすると、むしろ、教育的価値から遠のいた評価となるだろう。子どもの内面で起きたことを豊かに想像できる教師の専門性が必要であり、その専門性を支えるのは、教職員による集団的理解、児童生徒の発達を踏まえた理解、長期的な視点による理解である。子どもの可能性をその潜在的可能態として捉える専門性が、「希望で導く科学」として教育学に位置づくべきと言える。ここでは、子どもの発達的変化を数値化するだけでなく、言語化する努力が求められる。

■ キー・コンピテンシーと資質・能力論

　OECDは、①社会・文化的、技術的ツールを相互作用的に活用する能力、②多様な社会グループにおける人間関係形成能力、③自律的に行動する能力、からなるキー・コンピテンシーを定義したが、わが国の教育政策はこの能力観に大きく影響を受けている。特別支援教育においても「目前の状況に対して特定の定式や方法を反復継続的に当てはまることができる力だけではなく、変化に対応する力、経験から学ぶ力、批判的な立場で考え、行動する力」が望まれるとする一方、各地で展開される「職業検定」は特定スキルの反復継続学習に傾斜しており、学校現場での矛盾が生じている。「キー・コンピテンシーは経済的側面に偏っている」という国際的批判もあり、障害のあるなしにかかわらず、すべての子どもの発達保障を志向する資質・能力論の構築が求められている。

■ 「ペーパー問題」

　目標・評価の問題が顕在化するのは文書作成時である。個別の指導計画、指導案、成績などの作成時に管理が強まる。子どもの外形的行動変容を求める傾向がここでも顕著であるが、「ペーパー問題」を形式的問題として扱うことは適当でない。これらの諸文書は授業づくりを規定し、教職員の子ども観を形成する。教育が子どもの内発的自己運動ではなく、外在的価値への従属へと向かうことになるだろう。教師の授業実施権、成績評価権を侵害し、教育の自由そのものを損なうおそれがあり、極めて重要な課題であると指摘したい。　　　　（三木裕和）

> check →
> ・障害のある子どもの評価において、数値化になじみやすい領域と言語化によってのみ表現できる領域を考えなさい。
> ・個別の指導計画、成績などの文書を作成する上で、子どもや保護者を励ますような教育評価はどうあるべきか、考えなさい。

［参考文献］
・三木裕和、越野和之編著『障害のある子どもの教育目標・教育評価―重症児を中心に』クリエイツかもがわ、2014年
・中内敏夫『学力とは何か』岩波新書、1983年
・田中耕治『新しい「評価のあり方」を拓く――「目標に準拠した評価」のこれまでとこれから』日本標準ブックレット、2010年
・梶田叡一『教育評価（第2版補訂2版）』有斐閣双書、2010年

第2章 056 保護者との連携

信頼関係を基底とする保護者との連携を構築するためには、子どもへの愛情と信頼、専門的・実践的な知識やスキル、実践への情熱とともに、保護者の心理や家族の全体・諸事情の理解・共感が欠かせない。また、「療育」「発達」「自立」等の用語について、狭小な見方や期待をもっていないか、保護者にもたせていないかの自己点検も欠かせないだろう。

●親の会

各種障害について、「手をつなぐ育成会」のような全国的な組織をもつものから、単独のものまで、わが国には非常に多くの親の会がある。それらは、これまで、障害児者への社会的理解や福祉・医療・教育・労働等の充実、障害児者への理解者・支援者の育成に貢献してきている。

一方、保護者や家族にとっては、子どもへのかかわり方を学べる機会、信頼し支え合える仲間ができる機会、情報を交換し合える機会、悩みを共有したり打ち明け合ったり互いにアドバイスをし合ったりして元気を回復できる居場所として、大切な役割を果たしてきている。障害者本人にとっても、会の活動が、仲間づくりや自己表現の貴重な機会となっている。

一方、会費を伴うものであること、仕事等で活動への参加が難しい保護者の増加、他の親との親密なかかわりを求めない保護者の増加、会員の高齢化等、親の会には多くの課題も存している。

●障害児のきょうだい

障害の原因が自分にあるのではないかと考えたり、周囲から頑張りや我慢（お利口さん）を強いられたり、親に代わっての世話を期待されたり、障害のあるきょうだいがいじめられているのではないかと心配したり、教師が障害児者について誤った理解やうわべだけの関心しかもっていないのではないかと不信感を抱いたり、自分を友だち

■ 信頼関係が基本の連携

特別支援教育は子どもにとってのhappy educationやhappy lifeの実現をめざすものと言えるが、保護者との連携はそのためのみならず、保護者をはじめとする個々の家族成員（きょうだいや祖父母など）の人格的成長や充実した人生の実現、家族全体の幸せにもつながるものとして、とても大切である。

保護者（多くはないが、祖父母が保護者というケースもある）とのかかわり・協力関係は、直接の相談や支援計画作成に向けての面談、連絡帳、学級通信・学年通信・学部通信・学校通信、PTA活動、種々の行事やその準備、家庭訪問、授業参観、懇談会、学習会、他の教職員・子ども・保護者等に向けた障害説明・障害理解教育の取り組みなどさまざまな形で、直接・間接に行われている。

ここでは、特別支援学校や通常学校のみならず、幼稚園・保育所（園）、通園施設、児童デイサービス等における信頼関係を基本とする保護者との連携上の留意点をいくつか述べることにする。

■ 保護者の心理への配慮─ストレス、受容を中心に

ストレスについて：保護者の多くはとても大きなストレスを経験している。中には、そのストレスへの理解・共感者（家族、友人、専門家等）が得られず、孤立無援の状態でストレスにさらされている保護者もいる。ちなみにそのストレス源は、子どもに関すること（健康や育ちの状態、家や外での困った行動、就学や就労等）、自身に関すること（わが子の障害の受けとめや理解、周囲の人への伝え方、育て方やかかわり方、心身の健康、時間や人間関係の制限等）、家族に関すること（障害児に対するきょうだいや配偶者、祖父母などの受けとめや理解、家族成員相互の関係等）、家族外のこと（学校の友だち関係、周りの人たちの無理解、支援者の対応や支援内容等）、経済状態や福祉制度の利用に関することなど、実に多岐である。

診断・告知に至らない「障害の疑い」のある子どもの保護者や「子どもの障害を受容していない」とレッテルを貼られてしまっている保護者、「子どもの障害を受容していて協力的」と見られている保護者にも、第三者からは想像や共感をすることが容易ではない深い悩みや不安を長期間、かかえている人が多くいる。信頼関係を築くためには、無条件に子どもを愛する心を失わず、保護者を含む家族全体やその状況・事情、家族と地域との関係等に目を向けつつ、子どもと保護者に寄り添う姿勢が欠かせない。またさまざまなストレスへの理解

と共感とともに、保護者一人ひとりに合ったコミュニケーション上の配慮と工夫も大切である。信頼関係の構築には多くの時間と忍耐をも要するだろう。

障害の受容について：ドローターら（1975）は、先天性奇形の子どもをもった親の心理について、5つの段階（ショック、否認～障害があることが信じられず、否定する～、悲しみと怒り、適応～情緒面の落ち着きと、子育てへの自信の自覚～、再起～自責の念からの解放～）を経過すると指摘している。このいわば完結的な段階論は、前後の心理状態を視野に入れた保護者への心理的支援の必要性を示唆するものである。一方、中田（2004）は、障害受容は本来個人的体験であり、受容するか否かは個人の主体性にゆだねるべきであると指摘している。また重度障害児の親である児玉（2002）は、障害の受容に終わりはなく、苦痛や悲しみから始まる受容は、その形を変えて一生繰り返されると記している。

段階論をすべての保護者に一般化して、最終段階（受容～例えば、障害そのものは治らないという認識のもと、親としての自己肯定と子どもへの深い感謝の念を抱く～）への到達が保護者のあるべき姿、あるいは保護者支援の目的として重視しすぎると、心理面でよい方向への変容をなしつつも、深い不安や悲しみを払拭できずにいる保護者（例えば重度の障害や、悪性腫瘍など重い病気をもつ子どもの保護者）や、子どもの障害を否定したい気持ちと肯定したい気持ちを両方かかえながら生活している保護者の理解や関係づくりに、好ましくない影響を及ぼすだろう。

保護者との連携に際しては「障害の受容」について、さまざまな受容のなされ方や見方があるということを忘れず、安易に断定しないよう留意する必要がある。

■ 療育・成長・発達・自立ということについて

支援者は、保護者に対して、教育や療育の最良のパートナーであることや、できるだけ早く最良のパートナーとなることを期待しがちである。通園施設等での就学前からの療育や学校教育に加えて、放課後等デイサービス事業などでの学校放課後の療育も広がりつつあるが、そのような期待に添える保護者は必ずしも多くはないかもしれない。またそうなれないさまざまな事情や背景をもつ保護者も多くいることを忘れてはならない。教育や療育上の大きな期待や負担を保護者（多くの場合は母親）にかけてしまうことで、保護者が、わが子の「なかなかできるようにならないところ」にとらわれ、互いにありのままでの穏やかなくつろぎのひとときをもてなくなってしまわないよう、留意する必要がある。

一方、成長や発達という言葉の使用は～その言葉には「無限の」という形容詞が添えられることが多くある～教育や療育の実践において欠かせないものであるが、「特別支援教育」「支援計画」「障害」「自立」「社会参加」といった言葉と同様に、保護者からすれば意味がわかりにくかったり、支援者が考えるものと同様の意味で受けとめられるまでに時間がかかったり、時に保護者の心理的負担を大きくするものであることに留意する必要がある。 （今野和夫）

がどのように思っているのかと気にかけたり、親に思いっきり甘えたいと思う気持ちを抑えていたり……やさしい気持ちの育みや障害についての理解などポジティブな面も無視できないが、障害児のきょうだいは幼いころよりさまざまな心理的負担にさらされがちである。

インクルーシブ教育の浸透（きょうだいと障害児が同じ学校に在籍する可能性が増大することでもある）には、障害児のみならずそのきょうだいという存在への気づき、きょうだいの立場への理解と共感、必要に応じた支援のあり方の検討も欠かせない。

●ドローター（Drotar）の段階論について

この理論は、1970年半ば、すなわち「ノーマライゼーション」の理念の普及により施設収容が大幅に見直される以前に、先天性の奇形がある乳児に対する親の反応について構築されたものである。

学校卒業後も地域の中で「ふつうの生活、ふつうの人生」を送ることへの支援は教育、労働、福祉等のさまざまな分野で進みつつあるが、地域や一般社会の障害児者への理解にはまだまだ課題が多い。

学校卒業後の地域の中での本人や保護者・家族の生活のありようやその変化、またそれに及ぼす多様な要因を見据えて、出生から老後に至るまでのトータルな保護者の心理の変化（受容の過程）を事例的・質的に究明することが、保護者との連携・支援上も求められる。

 ボランティア活動を通して障害児の保護者と活動する機会をもとう。そして保護者一人ひとりの思いやねがい、人間や親としての魅力等にふれよう。

［参考文献］
- Drotar,D.et.al:The adaptation of parents to the birth of an infant with a congenital malformation : A hypothetical model. Pediatrics56(5),p.710-717、1975年
- 児玉真美『新版・海のいる風景——重症心身障害のある子どもの親であるということ』p229、生活書院、2012年
- 中田洋二郎『子どもの障害をどう受容するか』p.85-86、大月書店、2004年

第2章 057

ICT による
コミュニケーション指導

コミュニケーション指導にコンピュータを利用する試みは古く、VOCA などを特別支援教育で活用する事例も多い。近年普及してきた ICT とコンピュータを組み合わせることで遠隔地とのコミュニケーションのみならず、多様な、あるいは限定的なニーズにも対応が可能になってきた。一方で、有害情報等へのアクセスも容易となり、支援者側のスキルアップも不可欠である。

●VOCA（ぼか）

Voice Output Communication Aidの略。音声出力機能付コミュニケーションエイド。

コミュニケーションエイドとは、重度の言語障害を伴う肢体不自由児が、自分の意思を他者に伝えたり、自分の考えを整理したりする場合に利用する装置。

入力した文字をディスプレイに表示させたり、合成音声で発声させたり、もしくはあらかじめ録音しておいた音声情報を再生したりすることにより、言語情報を相手に伝達することが可能となる。

録音再生型VOCA

走査選択方式によるVOCA

●スクリーンリーダー
（screen reader）

画面読みあげソフトウェアをさす。

視覚障害者がコンピュータを操作する際に用いるもので、

■ コミュニケーション指導におけるコンピュータ利用

コミュニケーション指導におけるコンピュータの利用目的としては、鉛筆とノートの代用（ワープロ）であったり、自由に色が変えられる絵の具、あるいはすぐ消すことのできるキャンバス（ペイント）であったり、あるいは意思の表出（VOCA）や文章の読み上げ機能（スクリーンリーダー）であったり、絵本の絵が動いたり、注意してほしい部分が点滅したり、自分の代わりに音楽を演奏してくれるなどさまざまな用途、あるいは教材として活用されることが中心であった。もちろん、今日においてもこれらの目的においてコンピュータは多くの可能性を提供し、教室においても重要な教材としてその役割を果たしている。

これまでは単体として利用されることの多かったコンピュータが、急速に普及してきたICT（information and communication technology）、つまり情報通信ネットワーク（ネット）へ比較的容易に接続できるようになり、電子掲示板や電子メールなどの情報交換はもちろんのこと、さまざまな応用的な利用が可能となってきた。例えば、拡大・代替コミュニケーション（AAC: augmentative and alternative communication）領域では、無償で公開されているシンボルをネットからダウンロードして利用することができるようになり、校内で必要となる各種掲示や情報提示において、統一的なデザインが可能となり、わかりやすい各種表示や教材作成が可能となった。

一方で、ネットの利用は有害情報や詐欺への対策が必要となるなど、利用に対する配慮や支援者（保護者）の情報リテラシーの醸成、つまりスキルアップが急務となっていることにも注目する必要がある。

図　無償で公開されているシンボル（例、ドロップス）

■ ネット環境とアプリケーションの利用

コンピュータの動作を設定するためのソフトウェアの入手形態が、ネットの普及により様変わりしている。これまでは、専門店や通信販売を利用してパッケージソフトを購入するか、あるいは無料のフリーソフトとしてネットワーク上に公開されたものをダウンロードして利用することが中心であった。しかし、今日ではパッケージソフトからちょっとした機能のアプリケーションソフト（アプリ）、あるいは試用版など多様な形態のソフトウェアをネットからダウンロードし、わずかな時間で利用できる環境が整ってきた。

つまり、タブレットPC（次項参照）を含めたコンピュータをネットに接続することで、多様なニーズに応えることのできる環境がどこでもだれでも比較的容易に手に入れることができる。そのため、特別支援教育や福祉、リハビリテーションでの利活用の幅はさらに広がると言えよう。

近年、視線を読み取るための装置が安価に入手可能となった。ネット通販などコンピュータを利用した商行為が一般的となり、消費者の視線がwebページのどこを捉えているのかで市場調査を行い、あるいはゲームなどへの応用が進んできたことが主な原因である。

コンピュータと視線入力（アイトラッキング）装置を応用することにより、神経難病等による四肢麻痺のためスイッチの操作が不可能であったとしても、視線により意思疎通を行ったり、絵を描いたりすること等ができるようになってきた。

■ VOCAの操作性

コミュニケーション指導において利用されることの多いVOCAの操作性について、とくに入力操作について検討してみたい。

言語表出という役割をもつVOCAにおける機能として、わかりやすいシンボルが利用できること、あるいは合成音声の聞き取りやすさに力点が置かれるのは当然である。しかしながら、肢体不自由の場合と発達障害の場合とでは「スイッチを押す」という行為だけを考えても間違えずに操作するための手段が異なる場面は多く存在する。

例えば、肢体不自由で利用させることの多い走査選択（スキャン）方式による文字盤を利用する場合、選択するべき対象（文字）が近づいてくることで緊張してしまい、タイミングよくスイッチ操作ができないこともある。また、誤操作に対する恐怖（誤操作すると、選択しなおす必要があるため時間がかかる）もあり、心的ストレスが高まり、それがさらなる誤操作につながることもある。

川上らは、断続的なスキャン表示を連続的なスキャン表示にすることで先を見通せる環境を作り出し、誤操作への不安を減少させる操作環境を作り上げ、結果として製品化（パソパル他）も成し遂げた。しかしながら、それらの取り組みはその後の製品化等に継承されておらず大変残念である。　　　　（伊藤英一）

ディスプレイ画面を見ることのできない視覚障害者であっても画面に表示された情報を合成音声で読み上げることにより、コンピュータの操作が可能になる。最近は携帯電話にも搭載されている。

●AAC（えーえーしー）

Augmentative & Alternative Communication の略。拡大／代替コミュニケーション、あるいは補助代替コミュニケーション。

重度のコミュニケーション障害がある人の機能・形態障害や能力障害を補償する臨床活動の領域における多面的なアプローチをさす。コミュニケーションの獲得のみならず、コミュニケーションを通してそれ自身が拡大し、経験を経て意欲を増し、自己決定へと導くものである。

●アイトラッキング装置

眼球運動計測技術を応用した人の視線を捉える装置。

眼球がディスプレイ上のどこを捉えているのかを計測することができるため、重度のコミュニケーション障害がある人でも視線に問題がなければ意思疎通などに応用することが可能。

●文字盤（もじばん）

コミュニケーションを行うために必要な文字やシンボルなどを書き込んだ板（盤）のことをさす。

多くは板に記された文字やシンボルを指や棒でさし示す動作によって、話し手自身の意思を聞き手に直接伝えるか、あるいは聞き手が話し手の意思を確認しながらコミュニケーションをはかる。

---

 check ▶ ネット上にある有益なアプリを検索して、それをあなたのコンピュータ、あるいはタブレットPCへ導入し、試用評価をしてください。

[参考文献・ホームページ]
・ドロップレット・プロジェクト編『視覚シンボルで楽々コミュニケーション』エンパワメント研究所、2010年
・川上博久：身体障害者のコンピュータ操作性とGUI環境、第7回リハ工学カンファレンス講演論文集、p255-258、1992年
・伊藤史人「これからはじめる視線入力」https://www.poran.net/ito/archives/10113

タブレットPCの特別支援教育における活用

液晶ディスプレイとタッチパネルで構成されたタブレットPCは直接的な操作性から障害児への導入は比較的容易であるが、利用目的を明確にし、適切なアプリを利用することが肝要である。VOCAとしては、文字入力型や録音再生型それぞれのアプリを利用することができ、利用目的や用途に応じた使い分けが可能となる。

●タブレットPC
（たぶれっとぴーしー）

液晶ディスプレイとタッチパネルを一体化した表示／入力部をもつ携帯可能なコンピュータ。

具体的には、マイクロソフト社のWindows 10に対応したタブレットPCや、アップル社のiOSに対応したiPad、iPhoneの他にも、携帯電話向けのAndroid OSに対応したスマートフォンなどの携帯端末を指す。多くがノートPC等と同等な機能を有しており、ワープロやプレゼンテーションも実行可能である。

●トーキングエイドfor iPad
（とーきんぐえいどふぉーあいぱっど）

音声でのコミュニケーションが困難な人のために開発された製品。従来のトーキングエイドでは、文字入力からシンボル入力等に切り替える際、キーシートを介助者等により差し替える必要があったが、トーキングエイドfor iPadはアプリを替えることでキー（ディスプレイ）も変更される。

●ドロップトーク（DropTalk）

音声でのコミュニケーションが困難な人、自閉症や言語障害をもつ方のコミュニケーションを支援するVOCAソフトウェア。

アプリをiPhoneやiPad、iPod touch等にインストールするだけでVOCAとして利用できる。アプリには、絵記号ライブラリ「Drops」の基本語彙

■ タブレットPCの利点

　携帯電話とインターネットの融合を期に、携帯電話とコンピュータとの境目がなくなり、その中間に位置するタブレットPCへの関心の高まりが増してきている。タブレットPCとはコンピュータからキーボードやマウスをなくし、可搬性を高めるために小型化、電池駆動を実現化したものであると言えよう。しかしながら、単なる小型コンピュータではなく、インターネット（ネット）へ容易に接続できることが、その用途を拡大することの最も重要な要因である。

　ネットにつながることの利点を活かし、多様なユーザー、あるいは限定的なニーズに対応するため、特別支援教育やリハビリテーション分野における利用価値は高くなっている。例えば、拡大・代替コミュニケーション（AAC：augmentative and alternative communication）領域では、VOCA（前項参照）のアプリケーションソフト（アプリ）が手軽に入手でき、利用の拡大が進んでいる。

　これまでのVOCAの多くが単機能の製品であり、機能ごとに機種を使い分ける必要があった。例えば、文字入力型VOCAと録音再生型VOCAは別システムであったが、タブレットPCを利用することで、それぞれのアプリをネットからダウンロードすれば、1台のタブレットPCを必要に応じてそれぞれのVOCAとして使い分けることが可能となった。

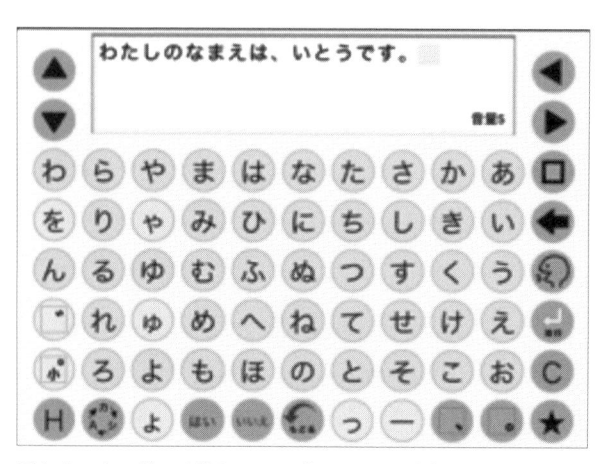

図1 トーキングエイドfor iPad「テキスト入力版」

■ 入力の工夫

タブレットＰＣの操作はすべてをタッチパネルから行う。しかしながら、肢体不自由や視覚障害のあるユーザーには使いにくい。そのためコンピュータと同様、障害のあるユーザーにも利用しやすくするためアクセシビリティ機能がある。もちろん、アクセシビリティ機能だけでは解決しない場合もあり、外部キーボードや、各種補助具の活用を検討する必要もある。

ただし、iPadやスマホなど単体で稼働するタブレットPCの場合、そのままでは別のスイッチ等を接続することができない。利用者の身体機能に適したスイッチを接続するためには、

図2　操作スイッチ（ジェリービーンスイッチ）をhook+を介してiPadに接続

例えばhook+などの製品をiPadやiPhoneに接続し、それを介して操作スイッチ等を接続することになる。

■ タッチパネルでの操作

キーボードやマウスによる操作と比べて、タッチパネルによる操作はわかりやすいため、タブレットPCは操作しやすいと言われている。それはなぜかという点について考えてみたい。

ディスプレイ上の対象を指示するポインティング操作において、マウスによる操作では机上のマウスを前後左右に動かすことで、ディスプレイ上のマウスポインタを対象まで移動させ、クリックすることで選択できる。一方、タッチパネルによる操作ではディスプレイ上の対象を指で直接タッチすることで選択できる（黒川、1994）。

つまり、タブレットＰＣの方が直接感の高い操作環境になっていることが大きな理由である。単に携帯性をよくするためにディスプレイとタッチパネルを融合したわけではなく、例えばディスプレイの拡大・縮小においても矢印を操作するのではなく、2本の指をパネル上で伸ばしたり縮めたりすることで実行しているのである。

このように直接的な操作性であることから、障害児を含めた児童生徒への導入は比較的容易である。しかしながら、教育現場で利用することから、どのような目的において、どのアプリが適しているのかを支援者がよく検討して提供することが肝要である。

（伊藤英一）

313語と、それに対応した日本語音声がすでに搭載されており、シンボルを用いたコミュニケーションがすぐに始められる。必要に応じて、支援者がその場でシンボルにする写真の撮影や録音をすることができるため、利用者のレベルに応じた環境が設定できる。

図　ドロップトーク

●アクセシビリティ機能

高齢者・障害者を含む誰もが、さまざまな製品や建物やサービスなどを支障なく利用できるようにするための機能。

障害者権利条約の発効以降、車いす利用者の移動支援サービス、視覚障害者のスクリーンリーダーなどの支援技術や、関連する製品やサービスなどが利用できるかどうかについて活発な議論が展開されている。

 指導の目的を明確にした上で、適切なアプリを検索してみよう。また、ダウンロードの後に試用し、目的に合致するか検討してみよう。

[参考文献・ホームページ]
・中邑賢龍、近藤武夫編『タブレットPC・スマホ時代の子どもの教育』明治図書、2013
・黒川隆夫著『ノンバーバルインタフェース』オーム社、1994年
・トーキングエイドカフェ　http://www.talkingaid.net

タブレット端末を使った授業づくり

第2章 059

タブレット端末を中心としたICTが教育の世界へ急速に浸透しつつある。タブレット端末を教材・教具として、どのように活用すべきなのだろうか。そして、活用の目的をどこに設定すればいいのだろうか。また、活用における課題は何だろうか。

●iPad（アップル社）

2010年に発売された携帯情報端末。画面上に触れることで、それぞれの機能をもつアプリを起動し、アプリを操作することができる。メール、ネットにもつなげることができ、これまでのPCよりはるかに機動性が高い機器。

●就学奨励費でのICT機器購入

就学奨励費とは、障害のある児童生徒等の保護者等の経済的負担を軽減するために必要な援助を行い、就学を奨励するものであり、毎年、文部科学省の事業として位置づけられてきた。

これまでも補助教材費として、3万円までの補助が付いていたが、高等部1年生は2014（平成26）年度からは、就学奨励費によってICT機器等を購入する場合は5万円までの追加予算が付くようになった。

■ タブレット端末を使った支援

①タブレット端末の興隆

科学技術の革新が、われわれの生活に大きな変化をもたらすことは、これまでも幾例もある。そのような現象は教育の世界でも同様に生じてきたが、近年のタブレット端末の特別支援教育へと与えた影響はこれまでにないものと言っていいだろう。おそらく最も活用されていると考えられるアップル社製のiPadが日本で発売されたのが2011年である。わずか十年足らずでICT、支援機器と言えばイコールタブレット端末を指すようにさえなっていると言っていい。金森（2013）によれば、タブレット端末の利点は、①起動が速く、すぐ使い始められること、②さまざまなソフト（アプリ）が手軽に入手できること、③タッチパネルの操作が容易で、操作の結果がわかりやすいこと、であるという。

このような簡便さが教育現場への導入を促進している理由だろう。

②就学奨励費での購入

加えて、これらの展開の後押しをしているのが就学奨励費の活用である。2014（平成26）年から就学奨励費でタブレット端末の購入が認められるようになった。上限額や購入学年等の規定は都道府県によって異なるが、高等部入学後の購入が可能である。このような財政的なバックアップがあることも学習活動におけるタブレット端末の活用が促進していると考えられる。

■ 実際の活用　タブレット端末の具体的活用

①教科学習での活用

教育系のアプリ、すなわち文字や数の学習のためのアプリはAndroid、Windows、iOSいずれも数多くある。多くは数概念の理解や計算の力、あるいは平仮名や漢字学習に関するものである。内容やレベル、操作の方法や形式がさまざまあり、多様なニーズに対応できると考えられる。例えば従来、漢字学習では筆順や読み方等の理解が重視されることが多い。

アプリの中には、運筆の順序を動画で表示したり、設定を変えることで一画ずつ表示したりするものがある。また、タブレット端末の画面をなぞることで実際に文字を書くことができ、正しい時には「よくできました」という音声や音楽が再生される等によって、学習に対する意欲を高める設定がさまざまある。

②コミュニケーション

これまでも話し言葉のない子どもたちのコミュニケーション支援の1つとし

て、VOCA（音声再生装置）を活用する実践は数多くある。VOCAの専用機では、それ自体で高額であったり、持ち運びに難が生じるほど大きかったりと、実用上のいくつもの課題があった。しかし、タブレット端末なら、常時身につけておくことも可能になった。これによって学校だけでなく、日常生活の中での使用が極めて容易になった。当然のことながら、他者とのかかわりが多様な場面は日常生活の中にこそあり、学校での活用の目的も、生活場面への般化を目標しているので、タブレット端末の活用は積極的になされてしかるべきであろう。

コミュニケーションを支援する代表的なアプリとして「ドロップトーク」がある。画面上で視覚シンボルをタップすることでメッセージを再生し、音声で自らの要求を伝えることができる。また、このアプリはタイマー機能やスケジューラーとしても活用することができ、情報の受信、送信を容易にし、見通しをもつことを促すことで、スムーズな学習や行動を実現する一助となっている。

■ タブレット端末活用の課題

タブレット端末の活用については留意することが多々あると考えられる。

①あくまでも手段であること

タブレット端末に限らず、すべての教材・教具は、あくまでも子どもたちの学習や生活におけるニーズを実現するためにある。「自分が欲しいものを先生に伝えたい」「鉛筆では字がうまく書けない」という時に、タブレット端末が有効ならば使えばいい。しかし、シンボルの意味が理解できないならば、具体物や写真を実際に指さしたり、提示されたものから自分で選んだりするのが有効な方法かもしれない。筆記具の工夫によって解決できる可能性もある。たくさんの絵カードやシンボルを使うようになり、たくさんの情報を蓄積できるタブレット端末に替えるというのが筋道であろう。

また手で書くより、音声認識を使った方が、早く自分の気持ちを文字に変えられるなら、使えばいい。子どもたちが学ぶべきは、それを使って人やものとコミュニケーションを図ることの楽しさや有効性であることを支援者は常に心がける必要があるだろう。

②将来にわたっての活用を想定：卒業生支援の必要性

もう一つの課題は、卒業後の活用である。タブレット端末をはじめとするICT機器は、これまでもそうであったように短期間に大きくその機能や仕様が変化することだ。在学時代に使っていたタブレット端末やアプリが、バージョンアップすることで使えなくなる可能性がある。そのような際の相談窓口をどうするかは大きな課題ではないだろうか。

それぞれの学校の卒業生支援の内容にタブレット端末に関するものを入れたり、ボランティア団体とのコラボレーションを構築したりする等の工夫が、今後求められると思われる。　　　　　　　　　　　　　　　　　　（杉浦　徹）

●ドロップトーク
➡126ページ参照。

●学校全体としての取り組み
タブレット端末を中心としたICT活用に学校を挙げて取り組む学校も出てきた。

愛知県立みあい特別支援学校では、助成金等を得て、タブレット端末を購入している。学校全体の共有財産とし、管理や貸し出しを一括して行っている。

また、実践方法の習熟や伝達等にも力点を置き、地域へと発信する、センター的機能としての役割を果たしている。

このように支援学校の地域支援においても、タブレット端末は大きな影響を与えていると言えるだろう。

check　タブレット端末でできることは何だろう。将来、子どもたちが社会でタブレット端末を使えるようになるには、どんな学習が必要だろう。

［参考文献］
・ドロップレットプロジェクト『視覚シンボルで楽々コミュニケーション2─障害者の暮らしに役立つシンボル1000』エンパワメント研究所、2017年
・金森克浩『特別支援教育におけるATを活用したコミュニケーション支援　第2集』明治図書、2013年

第2章 060 視覚障害児への自立活動

情報障害である視覚障害児の自立活動では、教科学習を円滑に進める上でIT機器を使用した情報収集能力の向上をめざす指導の他、白杖等による移動手段の技能習得やコミュニケーション能力の育成、卒業後の生活のための食事や整容のADL（activities of daily living：日常生活動作）を指導している。

●全盲児・弱視児

視覚障害児の中で視力がまったくない全盲児は少ない。まったく視力がなくとも、光を感じることができる「光覚弁」の子どもたち、目の前の指の本数は数えることができる「指数弁」の子どもたちでは文字を使用することは困難である。そのため、全盲児・弱視児という言い方ではなく、指導上、点字使用者・普通文字使用者とすることがある。

●弱視児

後掲の「弱視」（198ページ）で詳述するが、弱視の子どもたちは多様な見え方があり、指導も医師の診断をもとに、指導者が彼らの見え方を十二分に把握した上で、指導する必要がある。
➡198ページ参照

●ADL（activities of daily living）

障害者が日常生活上の動作を身につけるための訓練。視覚障害者の自立活動では、卒業後に自活するための、買い物、調理、整容などの指導がおこなわれる。
➡168ページ参照

●日常生活用具給付事業

2006年10月施行の障害者総合支援法第77条により、白杖や点字タイプライター拡大読書器等の購入には公的な補助がある

■ 自立活動の指導内容

視覚障害児への自立活動は、学習指導要領の6区分27項目に従い、発達段階と子どもたちの障害の状況を鑑みながら、子どもたちや保護者の要求や状況に応じた指導がおこなわれている。ここでは、まず、視覚特別支援学校などでおこなわれている自立活動の指導について、そのいくつかを項目に従って紹介する。なお、本稿では視力によって環境を把握するのが困難な子どもたちを全盲児、視力を保持しているが見えにくさのある子どもたちを弱視児と呼ぶ。

1. 「健康の保持」の「病気の状態の理解と生活管理に関すること」では、保有する視力の保持、自らの視覚障害の原因と状況を理解し、家庭生活や学校で活動する際の対応を指導する。
2. 「心理的な安定」の「状況の理解と変化への対応に関すること」では、特に視覚障害児は、周囲の状況を把握することが困難なことから、そのための知識や状況を理解する技術を指導する。
3. 「人間関係の形成」の「他者の意図や感情の理解に関すること」では、視覚による情報収集が困難であることから、自らはなかなか把握しにくい他者の意図や感情の把握する方法を指導する。
4. 「環境の把握」の「感覚の補助及び代行手段の活用に関すること」では、直接的には視覚以外の聴覚、触覚や嗅覚などの感覚を利用した環境の把握や、代行手段としては、光の強さを音の高低に代える感光器などの使用の指導をおこなう。
5. 「身体の動き」の「身体の移動能力に関すること」では、全盲児に対しては白杖による歩行を指導する。白杖による歩行では、直接的に得られる杖からの状況把握が主と思われがちだが、杖を地面に叩くことで出る音を利用し、その反響音を活用していることに注意して指導する。また、弱視児は本人の見え方によっては、まぶしさや視野の欠損などで、安全な歩行が確保できない状況もあることを自覚するよう指導する。
6. 「コミュニケーション」の「状況に応じたコミュニケーションに関すること」では、視覚障害を子どもたちが自覚し、環境の把握をおこないながらスムーズなコミュニケーションがおこなえるように指導する。パソコンやブレイルメモ、拡大読書器のIT機器の指導もこの内容に含まれる。

また、自立活動の内容は、他の教科と異なり、個々の幼児児童生徒に、そのすべてを指導すべきものとして示されていないことに十分留意しなければなら

ない。

■ IT機器

IT機器の発展は、情報障害である視覚障害児の活動の場を大きく広げた。点字使用者の場合、IT機器が導入される以前には音声と点字であった文字情報の処理が、機器の使用により健常者とほぼ同様の文字情報を処理することができるようになった。そのため、自立活動におけるIT機器の使用の指導は、中学校技術科や高校教科情報とは内容的に重なりつつも、より具体的な操作法に重点をおいている。

特に、6.「コミュニケーション」の中では、より具体的で実際的なIT機器の使用法を指導している。こうした機器は、視覚障害者が歩行で使用する白杖や、点字で記録するときに使用する点字盤と同様に日常生活用具給付等事業の対象となる。

■ 中途失明者への対応

事故や疾病で視力低下や視力を失った中途失明者へは、障害の受容の指導が重要であり、自立活動が中心となって対応する。文字が使用できなくなった状況では、情報収集の観点から点字指導、移動手段の確保のための白杖による歩行の指導をおこなう。しかしながら、対象となる子どもたちの多くは、視力低下や失明によって、精神的に大きなダメージを受けているため、障害受容が十分になされていないことが多い。

もちろん、点字指導や歩行指導は緊喫の課題であるが、それを優先するあまりに、拙速なこれらの指導や無理な障害受容の指導をおこなってはならない。子どもたちの精神的な安定を最優先に、これらの指導に必要な時間は、他の教科指導の時間を自立活動へ置き換えて確保し、指導する。

■ 自尊心を高める指導

他の障害のある子どもたちと同様に、視覚障害児においても彼らの自尊心を低くするような状況が生じることがある。外界の情報を取り入れる際に、視覚からの情報は全体の8割とも9割とも言われているが、その根拠となるデータは十分示されていない。そのことから、視覚障害児の情報収集力が低いと結論づけている文献もあるが、十分に検討する必要がある。これは近年のIT機器の進化と普及は、全盲生であっても文字情報の処理を可能にしているからである。

さらに視覚障害児は「自分は役に立っている」とか「自分は必要とされている」ことが言葉として理解できるものの、うなずきや視線などのノンバーバルコミュニケーションを使用しにくい。そのため、自分の発言や行動が他者にどのように受け取られているか、把握しにくい状況に自分があることを自覚するよう指導する。

(間々田和彦)

●白杖

白杖は視覚障害者が携帯、使用するものである。全盲児者だけではなく、道路交通法第14条では「目の見えない者（目が見えないものに準ずる者）は、道路を通行するときには、政令で定める杖を携え、又は政令で定める盲導犬を連れていなければならない」と定めている。

●感光器

感光器は光の強さを音の高低で示す機器で、特に理科の実験観察でよく使用される。

愛知県立名古屋盲学校のHPから。

●ブレイルメモ

点字使用者用の携帯用ディスプレイ装置である。パソコン用には1行の表示数の多いディスプレイが使用される。

●歩行指導

歩行指導の目的は、子どもたちの移動能力の獲得と向上だけと思われがちだが、空間を理解する能力を高め、子どもたちの世界を広げることも目的となっている。そのため、白杖を利用した歩行指導のはるか以前の0歳児から、音への興味関心を高め、音源へ移動をうながすことからその指導が始まる。

---

 check 　就学前、小学校、中学校等、子どもたちの発達段階に対応した具体的な自立活動の内容を考察してみよう。

［参考文献］
・香川邦生『分かりやすい「自立活動」領域の捉え方と実践──個々の実態に応じた行動要素の活用（特別支援教育ライブラリー）』教育出版、2015年
・筑波大学特別支援教育センター／安藤隆男編『講座特別支援教育3　特別支援教育の指導法（第2版）』教育出版、2016年

第2章 061 盲ろう児の指導

盲ろう児への教育は、しばしば視覚障害教育と聴覚障害教育の二つを足し合わせれば対応できると思われがちであるが、そうではない。二つの障害が重なり合うことによって、よりいっそう困難な課題が生じ独自の対応が必要となる。この教育の最も重要な課題はコミュニケーションであって、それだけにこの指導のあり方は、ひろく重複障害児に対する教育の基本にもなっている。

●盲ろうの名称

　視覚と聴覚のそれぞれの障害が重複していることから、視覚聴覚二重障害ともいう。英語圏では deaf-blind もしくは dual sensory impairment と表記されることもあったが、種々の議論を経て1995年以降はこの障害の独自性を打ち出す観点から deafblind と一語で表記するようになった。わが国でもその歴史的な経緯をふまえて盲ろう(障害) と呼び、弱視難聴の場合でもこの表現を当てている。

●カレンダー・ボックス

　日中の活動をその活動それぞれを象徴する具体物や半具体物などを並べることによって伝える教具。時系列に沿って並べて置き、子どもはそれぞれを触察するなどして活動の流れを構造的にとらえる。個々の子どもにとってその象徴性がわかりやすいものを使うことが原則で、例えば車はミニカーよりもシートベルトのバックルの方が理解しやすいなどである。

●山梨県立盲学校における 盲ろう教育

　1948年から取り組まれた全盲全ろうの2人の盲ろう児に対する教育で、後にさらに2人の子どもも加わった。1952年からは東京大学心理学教室の梅津八三ら研究者と教師、寮母とが連携する実践研究となってその後20年間続いた。その成果の一部は国際心理学会でも発表され高い評価を受けた。

■ 盲ろう障害とは

　視覚と聴覚という二つの感覚器官が同時に障害された状態を盲ろう二重障害という。視覚と聴覚の障害様相から、①全盲全ろう、②盲難聴、③弱視ろう、④弱視難聴の4つのタイプに分けることが多い。視覚と聴覚という外界からの情報を取り入れる最大の窓口が障害されることから、情報獲得に関して非常な困難を伴う。先天的あるいは生後早い時期に盲ろうになった人の場合、その発達に影響を与える付加的な問題をもつことが多い。この障害は低発生率の障害であるため、教育の場における課題は複雑になっており、先天性の盲ろう者の場合、同時に知的障害を伴うことが多く、それに加えて肢体不自由など他の障害を併せ有する場合も少なくない。したがってその状態像はとても多様である。

　盲ろう障害の原因には、視覚障害や聴覚障害をもたらす原因と共通するものが多く、特徴的なものとしては先天性風疹症候群やサイトメガロウイルスのような感染症や低出生体重やチャージ症候群、アッシャー症候群等がある。盲ろう障害がもたらす最大の課題はコミュニケーションと移動（空間定位）であり、特にコミュニケーションのための特別な方法が必要とされる。

■ 盲ろうとコミュニケーション

　盲ろう児を指導するにあたって、まずは相互にコミュニケーションできることが欠かせない。先天性の場合、そのままでは自然言語の発達は見込めないことから、早期からの意図的・専門的な働きかけが重要になる。発信や受信の手段もそれぞれその子どもが活用できる感覚系と運動系をもとに考えられなければならない。例えば、身体の一部に特定の触れ方をするタッチキュー（触サイン）によって、活動の予告を行うことができる。また、具体物や半具体物などを触らせることで、そのモノが活動を象徴することを理解できれば、これも予告のサイン、オブジェクトキューになる。眼鏡、腕時計やベルトなどは名前の代わり（ネーム・サイン）にもなる。これらを時系列に配置して順番に触らせることで、この先の活動の流れ（例えば時間割）を伝えることもできる（カレンダー・ボックス）。

　このような創意工夫によって先の見通しをもたせることが、子どもの安心感を育て、かつ期待と積極性を育てることへとつ

カレンダー・ボックス

ながる。また、子どもからの発信は、最初は表情や身体の動き、唸り声などの未分化なものであることが多い。これらを未分化だからといって無視するのではなく、あたかも意図的に発信されたかのように読み取り、その発信に応えていくことが初期にはきわめて重要である。自発運動のどの部分が相手に伝わるのかを子どもは相手からのフィードバックで理解するので、触サイン等を通じてていねいに応答していかなければならない。このような情報提供に加えて、可能な限り子どもとの共同活動を作り出して、その活動の中で意図的にやりとりを生み出していく必要がある。まだ相互的コミュニケーション関係が形成されないうちは、指示的な働きかけばかりを繰り返すのではなく、時間をかけていねいに叙述的・共感的な対応をしていくことが重要である。

相互コミュニケーションが形成されれば、高次な記号操作を伴う学習へと進めていくことが可能になる。早期からの教育例として、ローラ・ブリッジマンやヘレン・ケラーの教育記録が世界的に有名であるが、わが国の重複障害教育の礎にもなった梅津八三らによる山梨県立盲学校における実践研究の記録も、今なお高い資料価値をもっているといえよう。後天性の場合には、それまでに活用しているコミュニケーション方法が使えなくなることがあるので、子どもの感覚様相と運動機能の状態を確認しながら可能な代替手段を慎重に導入していかなければならない。点字、触指文字、触手話、さらに指点字など触覚を活用する方法は多様に存在するし、多少なりとも視覚や聴覚の活用が可能であれば、それら保有の感覚活用も図られる必要がある。

■ 指導における配慮

指導にあたっては、子どものコミュニケーションや探索活動の様子を注意深く観察し、発達可能性を探りながら指導することが求められる。通常、人は発達の過程でまず偶発的な学習によって多くのことを学んでいく。日常生活の中で見たり、聞いたりすることを通じて、さまざまな事物の機能や時間をはじめ重要な生活概念を身につけていく。けれども盲ろう障害はこのような偶発的学習を困難にし、さらには模倣をも困難にする。集団活動を意義あるものにする上で重要な模倣が困難になるため、ことさらに意図的、計画的な学習を用意することが求められる。加えて触覚を活用した学習は、継次的なものとなることを考慮すると、盲ろう児の学習は十分な時間を必要とすることに留意したい。また盲ろう障害は、情緒的な発達にも影響を及ぼすことがあるため、学習の機会を与えられていない子どもは、時折、粗暴であったり、あるいは孤立感が強く著しく活動性を欠く場合もある。見た目上の姿だけで能力を判断するのではなく、まずはていねいな対応によって通じ合うコミュニケーションの回路を作り出し、安心感を何よりも基本に据えて指導していくことが大切である。　　　　（菅井裕行）

●指点字

読み手の左右3本ずつの指（人差し指・中指・薬指）を、点字タイプライターの6つのキーに見立てて点字を打つ方法。盲ろう者独自のコミュニケーション方法の一つ。

指点字

●盲ろう児・者実態調査

平成18年に厚生労働省が行った身体障害者実態調査結果数でみると全国で推計2万2000人の盲ろう者がいると考えられている。学校に在籍している児童生徒数に関しては、平成12年に国立特殊教育総合研究所（現・独立行政法人国立特別支援教育総合研究所）重複障害教育研究部が調査した338人という結果がある。この調査では、盲学校・聾学校・知的障害養護学校・肢体不自由養護学校・病弱養護学校と当時のすべての学校種に在籍していることが明らかにされた。

●欧米における盲ろう教育

欧米における盲ろう教育のコラムの後半部分「今日、先天盲ろう児の教育については……」の箇所は、今日、先天盲ろう児の教育については、センス・インターナショナルのコミュニケーション・ネットワークが中心となって、共創コミュニケーションという新たなパラダイムによる研究が進められている。

check → **盲ろう障害の独自性とは何か、そして盲ろう児がコミュニケーションをとれるようにするための具体的指導はどうあるべきか考えてみよう。**

［参考文献］
・柘植雅義・木船憲幸（編）『改訂新版特別支援教育総論』放送大学教育振興会、2015年
・土谷良巳・菅井裕行・中村保和・岡澤慎一・笹原未来『先天盲ろうの子どもとの共創コミュニケーション──理論と実際──』盲ろう教育ネットワーク21、2016年
・社会福祉法人全国盲ろう者協会『盲ろう者に関する実態調査報告書』2013年

肢体不自由児のリハビリテーション

肢体不自由児のリハビリテーションは、身体に感覚面・運動面などからさまざまな制限をもち、自分の思うように身体を動かすことが困難・不可能な子どもたちに対して、活動の「自由度」を高めることを目的とする。子どもたちの主体的な活動を保障しながらも、さらに活動の「自由度」が高まるように運動学習を行う。学校教育を卒業した後の生活を見通した支援内容が課題となる。

●理学療法（PT）

身体に障害のある者に対し、主としてその基本的動作能力の回復を図るため、治療体操その他の運動を行わせ、および電気刺激、マッサージ、温熱その他の物理的手段を加えることをいう。これらの指導を行う専門家をPhysical Therapistといい、1966年に誕生した。

●作業療法（OT）

身体または精神に障害のある者に対し、主としてその応用的動作能力また社会適応能力の回復を図るため、手芸、工作その他の作業を行わせることをいう。これらの指導を行う専門家をOccupational Therapistという。

●言語聴覚療法

医療、介護、福祉、学校教育の分野において、発声発語機能、言語機能、聴覚機能、高次脳機能、摂食・嚥下機能など、主としてコミュニケーション機能に障害のある人に対して、言語聴覚士が検査、訓練および助言、指導その他の援助などの専門的なかかわりによって、対象者の機能の獲得や維持・向上を図り、生活の質の向上を支援する。

●言語聴覚士（ST）

この名称は新しく、1998年に法制化された。それまでは、言語療法士とか言語治療士、あるいはSpeech Therapistの頭文字をとったSTなどと呼ばれていたが、言語聴覚士に統一され

■ 活動の自由度を高める運動学習

従来よく「機能訓練」といわれていたが、近年は「運動学習」「リハビリテーション」という言葉が使われるようになってきた。

医学的リハビリテーションの担い手として、理学療法士（PT）・作業療法士（OT）・言語聴覚士（ST）がいる。相互に重なる面があるが、理学療法士は主に身体全体の運動、作業療法士は上肢や手の使い方、言語聴覚士は言語・摂食の指導を行う。

身体を動かすことに制約があり、自由に動くことができない、定型的なパターンを常に使ってしまう、制約が多く自分で自分の身体を動かすことが難しいなど、生活の中で活動の「自由度」が制限されている子どもたちに対して、それらを可能な限り改善し、機能を獲得するため自分の身体の動かし方の運動学習を行う。障害は一人ひとり異なり目的も異なるので、一人ひとりに対するきめ細かい学習への援助が必要となる。

中枢神経系の障害である脳性麻痺などは、定型的なパターンで機能を獲得することが多く、それが固定化することにより、将来「変形」「痛み」につながることが多い。可能な限り定型的なパターンにならないで「自由度」を広げるように学習をしていく。

脊髄性の障害や神経系に依存しない障害では、動く部分をしっかり強化して機能獲得していくよう学習を進める。いずれにしても、身体能力を高める、バランス能力を高めるため、身体の中心部（一般的に言われるコア）を安定させ、獲得した機能を確実なものにしていくことが大切である。

■ 子どもたちの生活を豊かにする運動学習を

肢体不自由児の中で大きな割合を占める脳性麻痺児への中枢神経系に働きかける治療法は1970年過ぎに日本でも実施されるようになった。当時は、マスコミも「脳性麻痺は治る」とセンセーションに宣伝したこともあり、子どもたちは早期から病院・施設回りに振りまわされたのも事実である。子どもたちは「ガンバル」ことを要求され、「訓練至上主義的」な傾向もあった。このことから、子どもたちは年齢にふさわしい活動を経験しないまま成長して、青年期に影響を及ぼすこともあった。

近年は、さまざまな治療法が導入され実施されているが、基本は「子どもたちの生活を豊かにする」ことが目的である。指導者は○○法にとらわれず、基

本的な解剖学・生理学・運動学・生体力学・神経生理学・発達心理学などを学習して、子どもの生活背景なども考慮、子どもに合った丁寧な援助を行う必要がある。子どもたちが意欲的に学習できるさまざまな形での指導が必要であり、子どもたちが主体的に取り組める学習内容を提供できる力量が求められる。

子どもたちは、新しいこと、今まで困っていたことを自分の力で（適切な援助は必要だが）獲得したとき、自分自身に大きな自信をもち達成感を感じ、さらに次のステップに進もうとする。その力で自分自身の生活を広げていく、そのような運動学習が求められる。

■ 学校教育では

現在、地域によって異なるが支援学校に数人の療法士が配属されている、自治体から時間を決めて派遣されている療法士が、スーパーバイザーとして各支援学校を回っているなど変化してきている。その子を一番理解しているのは担当の先生である。また、学校教育の良さは、子ども集団があり複数の先生の「眼」があること、毎日、子どもたちと接することができることである。

派遣やスーパーバイザーの療法士の助言や子どもの医療機関の医師や療法士と密に連絡をとりながら、学校教育の中での子どもの主体性を生かした運動学習に取り組む必要がある。

■ 超重症児といわれる障害の重い子どもたちの豊かな生活を

ここ数年、医療的ケアを必要とする子どもたちの在籍が増えてきていて、呼吸や嚥下など健康を維持する基盤を整えることが、教育現場で求められるようになってきた。看護師の配置が必要になってきている。

障害がどんなに重くても、子どもたちがリラックスして自分から人や外界に働きかけ、生きいきと学校生活を楽しみ、生活を広げていくことが課題となる。緊張が亢進して苦しそうなとき、呼吸が苦しそうなときなどに的確に対応できるような力量と環境整備が課題となる。

子どもたちが、援助により「苦しさ」から解放されたとき、より先生との信頼関係が深まり、さらに人や外界に働きかける力がついてきて、子どもたちの笑顔が増え生活が広がり豊かになり、「生きる」力がさらに膨らんでくる。

■ 学校教育卒業後の生活を見通した指導を

今までも学校教育卒業後のことが問題になっていたが、ここ数年さらに18歳以上の方の病院でのリハビリテーションが、政府の方針として「訪問リハ」への移行が多くなってきている。訪問リハは「生活リハ」としての意義は大きいが地域差が大きい。将来、子どもたちが二次障害で苦しまないような準備が学校教育に求められている。　　　　　　　　　　　　　　　　　　（坂野幸江）

 子どもの将来の生活を見通しながら、学校教育で必要とされる運動学習について職種を超えて集団的に検討してみよう。

[参考文献]
・猪狩恵美子他編『テキスト肢体不自由教育』全障研出版、2014年
・北村晋一『脳性麻痺の運動障害と支援』群青社、2010年
・北村晋一『脳性麻痺の運動障害と支援　実践編』群青社、2014年
・梶浦一郎・鈴木恒彦編『脳性麻痺のリハビリテーション実践ハンドブック』市村出版、2014年
・二次障害検討会編『改訂版　二次障害ハンドブック』文理閣、2007年

た。国家試験に合格した者だけがこの名称を名乗ることになる。

●二次障害

（身体的）二次障害とは、成人障害者にみられるもともとの障害の悪化、またはあらたに出現した症状や障害のことで、しばしば動作能力の低下をともなう。

二次障害発症の原因として、もともとの障害に加齢の影響が加わるだけでなく、その障害者の置かれている生活や労働の状況の影響が推測されている。

●039「自立活動」
➡102ページ参照

●肢体不自由という用語
➡263ページ参照

●脳性麻痺

1968年厚生省脳性麻痺研究班の定義があるが、2006年アメリカ脳性麻痺・発達医学会では2項目に「脳性麻痺の運動障害は、しばしば感覚・知覚・認知・コミュニケーション・行動障害・てんかん・二次的な筋骨格の問題を伴う」とし、単に運動障害だけでなく、感覚・知覚・認知の問題も含めている。

第2章
063

TEACCH® 自閉症プログラム

TEACCH (Treatment and Education of Autistic and related Communication handicapped CHildren) プログラムは、TEACCH® 自閉症プログラムと名称変更された。新しい意味は、Teaching（教え導く）、Expanding（広げる）、Appreciating（感謝する）、Collaborating（協働する）& Cooperating（連携する）、Holistic（包括的な支援）である。名称が商標登録されたため®を明記することとなった。

● TEACCH プログラムの歴史

米ノースカロライナ大学のE.ショプラーを中心に開発・発展してきた自閉症者とその家族の生涯にわたる支援システムであり、1972年に州公式プログラムとなった。日本には、1982年、故佐々木正美（前川崎医療福祉大学特任教授）によって紹介された。

● 包括的支援の実際

①自閉症児者への援助（診断・療育・社会生活への援助）
②家族への援助、ケア
③学校やその他の機関への援助（コンサルテーション）
④就労援助（ジョブコーチなど）
⑤居住への援助（家庭やグループホームへのコンサルテーション、余暇援助など）
⑥専門家の育成
⑦研究

● 構造化によって伝える情報

①物理的構造化（どこで何をするのか〜活動によって場所・空間を分ける）
②スケジュール（何を・いつ・誰と・どこでするのか〜1日・1週間・1か月などの活動予定）
③アクティビティシステム（何を・どのように・どれくらい・どんなやり方でするのか・終わったら何があるのか活動の流れを示す）
④視覚的構造化（見ただけでわかるための工夫〜やり方を絵にしたり、教材を籠に入れて分けるなど）
これらの工夫は、子どもの知

■ TEACCH自閉症プログラムの理念
（包括的サービスの提供・自閉症の文化・個別評価・氷山モデル）

「TEACCHを一言で言えば，自閉症の人たちと意味あるコミュニケーションをすることによって自閉症の人と共存・共生するプログラムである。」（ノースカロライナ大学元TEACCH部部長　G.メジボフ）

TEACCHプログラムは、残念ながら一部に指導の方法論としてのみ伝わっているきらいがあるが、自閉スペクトラム症と診断された時から生涯にわたって充実した生活を送るために、あらゆるレベルの人たちに対して総合的・包括的なサービスの提供を行うノースカロライナ州の支援プログラムである。

開発者らは、自閉スペクトラム症の学習スタイルを調べることで次のような脳機能の特徴「話し言葉の理解は苦手だが視覚的に理解することが得意・細部に焦点を当ててこだわる・時間や空間の組織化が苦手・感覚刺激への対応が苦手」を明らかにした。これらの共通した特徴や学び方を「自閉症の文化」として尊重するとともに、一人ひとりがユニークな存在であることを理解する大切さも強調されている。

したがって、段取りや優先順位をつける力としての実行機能、さまざまな情報を統合し大切な情報を抽出する中枢性統合、「心の理論」と呼ばれる相手の感じ方の理解、記憶や注意の向け方の特異性、感覚過敏や鈍麻などの個別的な評価が必要となる。そのために独自に開発された診断や評価ツールがある。

自閉スペクトラム症が不適切な行動を起こしやすいと言われるが、表面に現れた行動に目を奪われるのではなく、その下にははるかに重要な脳機能の特性が隠されており、特性を理解しない周囲の不適切な塩辛い対応の塩分濃度を反映して顕在化するとする「氷山モデル」の考え方を理解することが大切である。

■ 支援の方法──構造化された指導

構造化された指導とは、脳における学習スタイルの違いをしっかりと理解し

た支援によって、自閉スペクトラム症の人たちに周囲の意味と見通しをわかりやすく伝えることで、自己決定・自己実現できる機会を豊かにしていくことが目的となる。

　今や自閉症の人たちに話しことばだけではなく、視覚的な手がかりを用いることで理解を助ける「視覚支援」の有効性は、共通の認識になりつつある。これも脳の認知特性に合わせたTEACCH®自閉症プログラムの実践の中で早くから明らかにされてきた。

　視覚的に構造化された指導は、自閉スペクトラム症の脳の情報処理を助け、不安を取り除き学習を促進する。目的は、苦手を得意で補い自立をめざすことである。これまでの研究から、強度行動障害の方への必要かつ有効な支援の方法として、まず最初にあげられているのが構造化である。いかに環境が彼らにとって不明瞭で理解しにくいものであったのかを突きつけているのではないだろうか。構造化は支援の大前提と言っても過言ではない。

　障害の有無にかかわらず、苦手なところに対する合理的配慮が強調されているが、文部科学省などから具体的に挙げられる例を見ると、まさにTEACCH®自閉症プログラムの構造化された指導であることが多い。構造化は、誰にとってもわかりやすいユニバーサルデザイン化された教育の根幹でもあると理解できるのではないだろうか。

■ TEACCH®自閉症プログラムの今後の発展

　TEACCHプログラムがスタートして40年以上が経過した。このプログラムは世界の各地で取り入れられ、確実に成果を上げている。研究分野では、成人期の就労、自立生活、健康問題と生活の質との関連、高齢化の問題を取り上げ、追跡調査などによって新たな提起がなされている。その上で成人に必要な就労、日常生活、余暇や社会参加への支援をプログラムに取り入れて体系化されようとしている。

　自閉スペクトラム症の方たちとの共生社会をめざしてTEACCH®自閉症プログラムは、これからも、その最先端を歩んでいくだろう。　　　　（澤　月子）

スケジュール
（休日の朝の例）

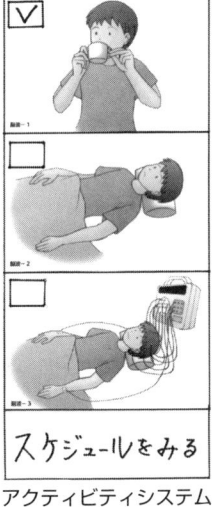

アクティビティシステム
（脳波検査の例）

的能力や集中力、感覚過敏などに配慮して、具体物・写真・絵や文字の視覚的な手段によって伝えられる。

● TEACCHで開発された　診断のためのツール

　CARS2（Childhood Autism Rating Scale2；小児自閉症評定尺度）

　人との関係・模倣・情緒反応・変化への適応など15項目にわたって行動を観察し、総合得点によって診断する。

● TEACCHで開発された　フォーマルな評価の方法

・ PEP-3（Psycho-Educational Profile-3；心理教育プロフィール）
　能力のバラツキと自閉症としての特徴を評価する

・ TTAP（TEACCH Transition Assessment Profile：TEACCH就労移行アセスメントプロフィール）
　家庭や学校（職場）、地域で自立に必要な力を評価する

●強度行動障害

　直接的他害（噛みつき、頭突き等）や、間接的他害（睡眠の乱れ、同一性の保持等）、自傷行為等が通常考えられない頻度と形式で出現し、その養育環境では著しく処遇の困難な者（行動障害（児）研究会の定義）

（注）自閉症は100人いれば100通りに違うため、DSM-5（米精神医学会；精神障害の診断と統計マニュアル第5版）では、自閉スペクトラム症という名称となった。

　氷山モデルの海面の下にある自閉スペクトラム症の特性（得意なところと苦手なところ）を明らかにし、苦手を補う合理的配慮を考えてみよう。

[参考文献・ホームページ]
・小林信篤監修『TEACCHによる成人期自閉症者への支援』エンパワメント研究所、2011年
・内山登紀夫『本当のTEACCH－自分が自分であるために』学研、2006年
・佐々木正美監修『TEACCHプログラムによる日本の自閉症療育』学研、2008年
・京都府自閉症協会http://www.eonet.ne.jp/~askyoto/「医療用カード」
・佐々木正美監修DVD『親と教師のための自閉症の人が求める支援』朝日新聞厚生文化事業団、2013年

ソーシャルスキルトレーニング (SST)

発達障害児などは、学校生活や社会生活において、場に応じた適切な行動がとれない、感情のコントロールができない、対人関係が上手にとれないためにトラブルが発生する、パニックを起こしてしまう、友だちから仲間外れにされたり拒否されるなど、さまざまな様相が見られる。その対応としてさまざまなソーシャルスキルトレーニングが行われている。

●学校教育でのソーシャルスキルとの指導内容

　佐藤・相川（2005）は、学校教育で取り上げるソーシャルスキルの指導内容として、開始スキル（①さわやかに挨拶をする、②自己紹介をする、③仲間に誘う、④仲間に加わる）、維持スキル（⑤しっかり話を聞く、⑥上手に質問をする、⑦気持ちに共感する、⑧あたたかい言葉をかける）、主張性スキル（⑨はっきり伝える、⑩きっぱり断る、⑪やさしく頼む）、問題解決スキル（⑫きちんと断る、⑬怒りをコントロールする、⑭トラブル解決策を考える）を紹介している。

●SSTの指導領域

　小貫ら（2004）は、LD・ADHDへのSSTの指導領域として、集団参加行動領域（①ルール理解・遵守スキル、②役割遂行スキル、③状況理解スキル）、言語的コミュニケーション領域（④聞き取りスキル、⑤表現スキル、⑥質問／回答スキル、⑦話し合いスキル、⑧会話スキル）、非言語的コミュニケーション領域（⑨表情認知スキル、⑩ジェスチャースキル、⑪身体感覚スキル）、情緒的行動領域（⑫自己の感情理解スキル、⑬他者の感情理解スキル、⑭共感スキル）、自己・他者認知領域（⑮自己認知スキル、⑯他者認知スキル、⑰自己－他者認知スキル）を紹介している。

●WISC-Ⅳ、KABC-Ⅱ
➡174～177ページ参照

■ ソーシャルスキル

　ソーシャルスキルとは、良好な人間関係を築くための知識や技能のことである。ソーシャルスキルの指導は、1970年代のLD児に対する学習指導、社会性指導、運動指導などの臨床場面での指導から始まったとされる。その指導の有効性は、今日のLD・ADHD・ASDなどの発達障害児へのソーシャルスキルトレーニング（Social Skills Traning：以下SSTと称す）となって広がりを見せている。

　SSTで重要な視点は、①これまで学習してこなかった行動や不適切に学習してきた行動を、これから新しくあるいは適切に学習していくこと、②学習する内容を個人の行動レベルに合わせて、視覚・運動系、聴覚・言語系などの刺激を使いながら具体的に実践しながら習得していくこと、③行動が適切であったときにその行動を強化し、日常生活場面でも般化していくこと、である。

　SSTでは、その生活年齢や発達段階により多少の差異はあるが、一般的に小・中学生には学校生活や家庭生活に関する内容、高校生や大人には社会生活に関する内容が必要とされる。

■ 発達障害児とソーシャルスキル

　発達障害児は、中枢神経系の機能障害があるために、「認知能力のアンバランス」や「調整能力の困難性」が見られる。認知能力のアンバランスは、聴覚言語、視覚運動、継次処理、同時処理などの偏りとなってあらわれる。例えば、聴覚言語や継次処理の弱さは教師や友だちの話を聞けずに何度も注意されたり、順番に物事を片付けられないことがある。また、視覚運動や同時処理の弱さは、相手の顔の表情を読み取れないために友だちとトラブルになったりする。調整能力の弱さは、時間内での仕事の見通しができないために中途で終わったり、物事を配置できなかったりする。

　このようなつまずきは、やがて「社会性のつまずき」となり、集団生活での不適応、友だち関係の不成立、不適切行動へとつながる。そして、それが引き金となり現実場面からの逃避、不登校などの二次障害にまで発展することになる。そこで、発達障害児のつまずきを正確に理解するためにも、認知能力を把握するための心理検査（WISC-Ⅳ、KABC-Ⅱ、DN-CAS等）は重要な指標となり、それを改善・克服するためのSSTは必要不可欠である。

■ ソーシャルスキルの指導技法

ソーシャルスキルの指導技法は、一般的に「教示」「モデリング」「リハーサル」「フィードバック」「般化」といった五つのSTEPで構成されている（図1）。

「教示」では、身につけさせる行動を聴覚的・視覚的な刺激（言葉・絵カード・写真・手順表など）を使いながら直接的に教えることである（図2、図3）。その際、行動する目的、理由、見通しなども明確にしておくことが重要である。「モデリング」では、その場に合った適切な行動を実行して見せることである。不適切な行動も演じることにより、両者を区別しながら自分がとるべき行動を明確にしていくことが大切となる。「リハーサ

| ウオーミングアップ
（目的を説明し、動機づけを高める） |
| STEP1：教示
（言葉・絵カード・写真・手順表などを
使って教える） |
| STEP2：モデリング
（手本を示して模倣する） |
| STEP3：リハーサル
（繰り返し練習して定着を図る） |
| STEP4：フィードバック
（振り返りながら、良い行動を強化し、
よくない行動を修正する） |
| STEP5：般化
（日常生活場面でできるようになる） |

図1　ソーシャルスキルの指導技法

ル」では、実際にロールプレイなどを用いながら適切な行動を反復しながら定着させることである。この場合には、多種多様な場面や相手を用意しながらそれに対応できるようにさせることが大切となる。「フィードバック」では、自分が行った行動をビデオ等で振り返りながら、どの行動がよかったか、どのようにすればもっとよくなるかなどを具体的に教えることである。上手にできたときには強化（言葉でほめる、シールをあげる、頭をなでるなど）を与えたり、どの程度まで改善しているのかを示していくことも必要である。「般化」では、これまでできるようになった行動をさらに日常の多種多様な場面でも可能にしていくことである。日常的な指導場面では、適切な行動ができている場合には即時にほめて認めてあげることが大切である。　　　　　　　（三浦光哉）

SST絵カードの活用例（場面を想像して文章化させる）

感情理解
（体育着を忘れてきた場面）

図2

図3　教室での適切な表現

2
障害児の教育課程と方法／指導の方法

●ソーシャルストーリー

発達障害児等が場面の認識を理解できない、どのように行動してよいかわからないといった場合に、その正しいやり方について絵や文章を用いながらシナリオとして教える方法である。目に見えないルールや対人関係を文章にすることで見えるようになり、視覚的に情報を伝えられることや構造化されることで理解しやすくなるといった特徴がある。米国のキャロル・グレイが『ソーシャル・ストーリーズ』(1991) を紹介して以来、その実践が急速に広まっている。

●SSTのポイント

(1) 実際的な活動
・教師からの一方的な説話ではなく、実際的な活動を通して活用していく。

(2) 段階をふまえた指導
・具体的な内容を細分化しながら習得状況を確認したり、支援の程度を検討しながら指導していく。

(3) 成功体験による強化
・成功することによって実際に学んだことが自己評価を高めていく。また、他者からの評価も同時に必要となる。

(4) 個別と集団
・本人に対して他者がどのように受け止め関わっていくかが重要となるので、個別指導と集団指導を並行しながら般化させていく。

●親子のSST

最近、集団生活を行う上で必要な社会性を伸ばすためにソーシャルスキルを親子で一緒に受けて、それを家庭でも実践できるようなプログラムが組まれている。

 check → 発達障害児等がかかえているさまざまなソーシャルスキルの課題について整理しながら、それを改善・克服するための方法を考えてみよう。

[参考文献]
・ことばと発達の学習室M編『ソーシャルスキルトレーニング（SST）絵カード』エスコアール、2018年
・西岡有香編・落合由香・石川聡美著『スキルアップワーク—発達障害のある子へのSST』、明治図書、2018年
・キャロル・グレイ編『ソーシャルストーリー・ブック　入門・文例集（改訂版）』クリエイツかもがわ、2010年
・小貫悟・名越斉子・三和彩『LD・ADHDへのソーシャルスキルトレーニング』日本文化社、2004年
・佐藤正二・相川充『実践　ソーシャルスキル教育』図書文化、2005年

065 「問題行動」の指導

第2章

問題行動はさまざまな形で現れる。指導や援助は「誰にとって、何がどのように問題で、望ましくないのか」と問いなおし、とらえなおすことによって、現象の背景にある集団・環境などの要因も含めた広い視野で考えることを可能にする。個人に起因する「望ましくない行動」という狭い理解から、さまざまな要因によって生じる不快・苦痛から、そうせざるを得ない行動を、発達要求としてとらえ、その要求の主体的実現をめざす集団的な指導・援助が求められる。

●逸脱行動

学校においては教師のはたらきかけや課題から逸脱する行動をさす。具体的には、教室から飛び出す、集団からはずれていく、課題に取り組まないなどである。

●挑発行動

挑発行動とは、相手の反応を引き出す行動である。一般的には、「このような行動によって、相手がどのような反応をするか」を知る、みるための行動と言える。

障害をもつ子どもの場合、これ以外にも、コミュニケーション手段としている場合、期待どおりの反応を求めて行う場合、など発達との関連で理解することが必要となる。

ASD児の反応を期待しての挑発行動は、大人の「ダメです」と言うことばのイントネーションや抑揚、表情(怒っている顔)を"おもしろい(おかしい)"と感じ、引き出そうとすることもある。

子どもの挑発行動に大人が反応することで、よりいっそうその行動が繰り返されることもある。その一方、無視することによって、不安や怒りがより増して、ますます自分の思い通りの反応を引き出そうと、挑発行動が強化されることもある。

自分へ向けられた他者の意図へ気づきはじめるものの、その相手の意図の不確かさを確かめるための行動であることも多い。

■ 問題行動の「問題」とはなにか

問題行動とは、教育や子育ての場面における指導や援助上の困難を引き起こす行動を言う。①外部へ向かう器物破壊、他害行動、逸脱行動、わざと悪い行動をするなどの挑発行動と、②内部へ向かう自傷行為、激しいこだわり、指示待ちなどがある。

これらの行動は、指導する側や養育者が対応に困ることというとらえ方を出発としている点では共通している。しかし、一方では、問題行動を向けるその対象や行動内容、あるいは場所によって、その行動が「問題」となる場合もあれば、ならない場合もある。例えば、自宅であれば、目につく物を次つぎと手にし、目の前にかざしてみる「確認行動」は、反社会的とは言えない。家族が多少困ることもあるが、「問題行動」とは考えないであろう。しかし、それが店での買い物や公共の場になれば、家族にとっての意味は変わってくる。指導・援助する大人が、そのことをどのようにとらえ、どの程度困難であるととらえているか、あるいは社会的行動、文化などの視点からとらえた時、「問題」そのものも変化する。問題行動は個人の問題だけで現れるのではなく，外界の環境，対象との相互作用によって生じる。状況や条件が異なれば，問題の現れ方も異なる。これらを視野に入れ，「問題」をとらえなおすことで，問題の見え方が変わる。

このように、「どのような場(状況)において、どのような行動が、誰にとって、どのような意味で、どう『問題』なのか」を問いなおし、とらえなおすことは、現象の背景にある集団・環境などの要因も含めた、拡張的な視野で考えることを可能にする。

■ 問題行動は発達要求

発達要求とは、単に「○○したい。したくない」といった欲求や行動ではない。現象としてある今の自分の状態、あるいは今ある自分から「こんな自分になりたい」という自己にかかわるねがいである。例えば、上手くできなかったことにイライラして物を投げつける行動は、子どもが「そうしたくてしている」のではなく「そうせざるをえない」今ある自分の姿の結果としての行動である。上手くやりたい気持ちが、実現されなかったことから生じた不快情動状態は苛立ちを生み、物を投げつける情動行動が生起したということである。

上手くやりたいというねがいとそうできない自分との間にある葛藤が怒り・

苛立ちの情動状態となって行動化されているととらえれば、その気持ちや意志を伝えることに困難をもっているととらえなおしができる。

そのような視点で考えると、対症療法的に問題行動を消去する指導では、行動変容がみられたとしても、基底にある発達要求が実現されていなければ、形を変えて同様に、あるいは別の形で問題行動が出現することに、十二分に留意する必要がある。

■「問題行動」の指導

指導や援助を考える上でまず大切なことは、その行動の意味をていねいに読み取ることである。大人との関係ではどうであったか、指導・提示した内容は問題行動の誘因になっていないか、などである。つまり、問題行動を子どもの内因だけでなく、大人も含め環境などによって生み出されていないか、といった多元的な視点で指導を考えることが重要となる。例えば、活動への参加の問題であれば、参加の可能性を探ることも大切になる。具体的で実現可能な援助として、「少し離れた場で、部分的に、途中から、途中まで可能な参加のあり方」を本人に尋ねながら探るなどである。

しかしながら、これらを考える上で最も根源的で大切なことは、子どもに尋ね（茂木、2012）、子どもの表面に現れていない発達要求、ねがいを読み取ることである。「楽しくて終わりにしたくないんだよね」「もっとやりたかったのに、終わっちゃってイヤなんだよね」と自分の気持ちをまるごと共有してくれる大人の存在によって、悔しさや辛さ、あるいは苦痛を共有する体験が生まれ、安心感がもたらされる。

指導・援助がなかなか効をなさないと、より強固な指導へ傾斜し、行動変容（問題行動の消去）のみを焦点化した「強い指導」が繰り返されることがあるが、時に、その指導によって問題行動がよりいっそう激化することもある。その指導・援助が、どのようなことをもたらしているか、客観的に振り返ることや、子どもや「問題」から離れて距離をとるなど「関係・距離の調整」も重要である。「問題」を多元的にとらえることで、時として「問題行動」の解決の方向を柔軟に示唆してくれる。その「問題」は今すぐに解決すべきか、その可能性も含め、現時点における解決（方向）、遠くない先の時点における解決（方向）という時間軸でとらえるなど、多元的な視点による理解と指導・援助がよりいっそう求められる。

自らの発達要求の実現によって、問題行動は不要となる。子どもが、自らの力で「問題行動」という矛盾を乗りこえ、それまでとはちがう新しい自分に出会えたよろこびによって、自己形成をめざす指導・援助が多くの実践によってすすめられることが期待される。子どもの発達の事実によって、問題行動は「生成―発展―消滅」するのである。

（小渕隆司）

●指示待ち状態

主体的、自発的な行動ではなく、指示されないと行動しない状態をいう。受動傾向ともいう。

一般に、自発的な行動がみられにくい場合、指示することによって行動が導かれることがある。本来、コミュニケーションは主体的な要求であり、自発的なものである。自らが発信するコミュニケーションが、他者へ伝わった実感によって、「もっと伝えたい、また伝えたい」という要求が循環していくのである。

しかし、障害を持っている子どもの場合、自らの要求によって外界の世界へはたらきかけることの力に困難を持っていることも少なくない。このような場合、子ども自身が外界へはたらきかけることより、大人から問いかけられ、はたらきかけられることが多くなる。

●情動行動

認知とは独立して発達した自律神経系や内分泌系の変化でできた生理的な「状態」を情動(emotion)という。生体的変化は、異なる情動状態を生み出し、行動表出(情動行動)されることによって身体的な平衡回復(ホメオスタシス)を取り戻す。このため、情動行動を観察することは、「うまくいっている、いっていない」適応状態のSignalでもある。

　check 「問題行動」を本人、大人や集団なども含めた環境との相互作用の視点から多元的に検討し、その指導・援助のあり方について考え、討論してみよう。

［参考文献］
・茂木俊彦『子どもに学んで語りあう』全障研出版部、2012年
・春日井敏之・伊藤美奈子『よくわかる教育相談』ミネルヴァ書房、2011年
・白石正久『発達とは矛盾をのりこえること』全障研出版部、1999年
・奥住秀之・白石正久『自閉症の理解と発達保障』、全障研出版部、2012年

医療的ケア児の就学前と学校教育

第2章
066

医療技術の進歩によって子どもたちの命が救われ、病院から自宅に戻るために在宅医療が発展した。医療的ケア児の増加を背景に、児童福祉法の一部改正（2016年6月）、医療的ケア児支援法の成立（2021年6月）が行われた。共生社会の実現や児童生徒の成長・発達を最大限に促すためには、教育と医療が協働し、就学前から学校教育への切れ目ない支援が求められる。

●乳児死亡率

ある1年間に発生する1歳未満の死亡数（1,000人当たり）。2015年のOECD（経済協力開発機構）の35か国の平均値が3.9に対して日本は、2.1。
（Health at a Glance 2017:OECD Indicators）

●喀痰吸引

肺・気管から排出される老廃物、小さな外気中のゴミ等を含んだ粘液の痰（狭い意味）と唾液や鼻水などを含んだ痰（広い意味）を自力で排出できないため、吸引器で吸い取ること。

●経管栄養

食べる機能が弱いと飲み込みの時に気管に食物が入り、肺炎になるおそれがある。そのためチューブを使って胃などに栄養を安全に送る栄養摂取法。

●認定特定行為業務従事者

医療資格のない介護職員等が喀痰吸引や経管栄養を行うためには、登録研修機関で基本研修（講義とシミュレーター人形を用いた演習）と利用者に対する実地研修を修了した後、都道府県に申請をして「認定証」の交付を受けなければならない。

●人工呼吸器

息を吸ったり吐いたりする呼吸がうまくできないので、人工呼吸器（ベンチレーター）で呼吸の補助を行う。

■ 医療的ケアと医療的ケア児

日本の乳児死亡率はOECD諸国の中で最低レベルにある（Health at a Glance 2017:OECD Indicators）。医療技術の進歩によって従来、生存が難しかった子どもたちの命が救われ、病院から自宅に戻るために在宅医療が発展した。喀痰吸引や経管栄養などのケアは、家族等が自宅で日常的に介護として行っているもので、病院で行われる急性期の治療目的の「医行為」とは異なるものという意味で「医療的ケア」と呼ばれる。「医療的ケア」という言葉は、大阪府教育委員会設置「医療との連携のあり方に関する検討委員会」報告書（1991年）に載ったのが自治体文書として最初である。委員であった松本［参考文献松本参照］は、「『キュア（CURE）治療』ではなく、『ケア（CARE）介護』」「『医療ケア』となれば、それは医療の範囲に入って、ケアは看護という意味」「教育の場で教育行為の一環として行うのですから『医療的ケア』と『的』という文字を入れました」と説明している。

社会福祉士及び介護福祉士法の一部改正（2012年4月1日施行）では、一定の研修を受けた介護職員等（認定特定行為業務従事者）が喀痰吸引および経管栄養を行えるようになった。2016年6月の改正児童福祉法では第56条の6第2項が新設され、「人工呼吸器を装着している障害児その他の日常生活を営むために医療を要する状態にある障害児」に対する支援を、地方公共団体に「必要な措置を講ずるように努めなければならない」とした。

経鼻経管栄養　鼻・口・気管切開部からの喀痰吸引　胃瘻経管栄養

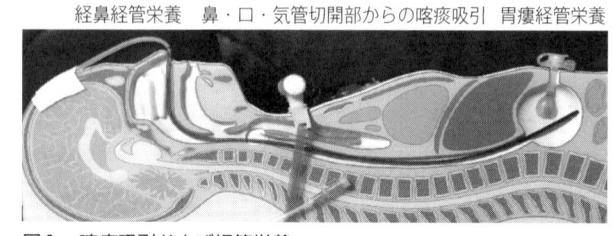

図1　喀痰吸引および経管栄養

■ 就学前の対応

医療的ケア児の中には肢体不自由や知的障害などをともなわず、喉頭軟化症等により気管切開をして吸引を必要とする子どももいる。2005年11月2日、気管切開をした女児と保護者が保育園入園を求めて、入園不承諾処分を行った市を相手に東京地方裁判所へ提訴した。判決（2006年10月25日）では、市の処分は裁量権を逸脱し違法だとして取り消し、入園の承諾を義務づける判決を行った。この裁判は、「医療的ケア」に焦点化された裁判であった［参考文献参照］。

2016年6月の改正児童福祉法を受けて、厚生労働省は2017年度から医療的ケア児を受け入れる保育所等に看護師等配置や保育士の研修などの費用の二分の一を国が補助する「医療的ケア児保育支援モデル事業」を開始した。2018年度からは、障害児通所支援事業所に通所する医療的ケア児に、保育所や放課後児童クラブとの併行通園等を行う「医療的ケア児支援促進モデル事業」を開始した。2019年4月1日施行「指定保育士養成施設の指定及び運営の基準について」の一部改正によって保育士養成課程の中に「重症心身障害児、医療的ケア児の理解と援助」が追加された。

共生社会の実現に向けて、幼児教育段階からの支援体制作りが始まっている。

■ 学校教育における対応

文部科学省は障害者差別解消法等を踏まえ、「小・中学校における保護者の付添いは、今後も合理的配慮の提供において一つの論点となるものと考えられる」として、従来、特別支援学校を対象にしていた看護師配置補助を2016年度から小・中学校等にも適用し、人数の拡充を行なった。文部科学省調査（2019年11月1日現在）によると、特別支援学校、幼稚園、小・中・高等学校に在籍する医療的ケア児の数は9845人、看護師配置数は3552人である。

高度な医療的ケア（人工呼吸器等）を要する児童生徒等の増加を背景に、文部科学省は2017年「学校における医療的ケア実施体制構築事業」、2018年「学校における医療的ケアの実施に関する検討会議」を設置し、「学校における医療的ケアの今後の対応について（通知）」（2019年3月20日）を発出した。

■ 医療的ケア児支援法の成立と医療的ケア児の就学前と学校教育の課題

改正児童福祉法は、地方公共団体の「努力義務」のため地域間格差が生じていた。そこで国・地方公共団体の責務（責任と義務）として保育所や学校における対応の充実、地域の中で相談や情報提供等を行う医療的ケア児支援センターの都道府県設置等を定めた医療的ケア児支援法が2021年6月に制定された。

立法の目的には、「医療的ケア児の健やかな成長を図るとともに、その家族の離職の防止に資する」とあり、学校への保護者の付添は大きな課題である。文部科学省は、「小学校等における医療的ケア実施支援資料〜医療的ケア児を安心・安全に受け入れるために〜」（2021年6月）を作成し、「保護者に付添いの協力を得ることについては、本人の自立を促す観点からも、真に必要と考えられる場合に限るよう努めるべきである」「やむを得ず保護者の協力を求める場合には、代替案などを十分に検討した上で、真に必要な理由や付添いが不要になるまでの見通しなどを丁寧に説明することが必要である」としている。

共生社会の実現や児童生徒の成長・発達を最大限に促すためには、医療的ケア児と家族の地域生活を支えるという視点をもちつつ、保育士や教師と医師や看護師が協働し、就学前から学校教育への切れ目ない支援が求められる。

（下川和洋）

●児童福祉法の一部改正（2016年6月3日施行）

「児童福祉法第56条の6第2項：地方公共団体は、人工呼吸器を装着している障害児その他の日常生活を営むために医療を要する状態にある障害児が、その心身の状況に応じた適切な保健、医療、福祉その他各関連分野の支援を受けられるよう、保健、医療、福祉その他の各関連分野の支援を行う機関との連絡調整を行うための体制の整備に関し、必要な措置を講ずるように努めなければならない」が新設された。

●医療的ケア児支援法

「医療的ケア児及びその家族に対する支援に関する法律（令和3年法律第81号）」（2021年6月18日公布）の略称。「医療的ケア」を「人工呼吸器による呼吸管理、喀痰吸引その他の医療行為」と定義し、これを必要とする児童（18歳未満の者及び18歳以上の者であって高等学校等（学校教育法に規定する高等学校、中等教育学校の後期課程及び特別支援学校の高等部））を「医療的ケア児」と定義した。

●医療的ケア関連の裁判等

古くは気管切開した幼児が保育所入園を求めて地裁に提訴、2006年勝訴の判例がある。

2018年7月、神奈川県では人工呼吸器を付けた子どもの就学先決定に関して、愛知県では気管切開した児童の保護者の付き添いに関して、いずれも障害者差別解消法等違反であると地裁に提訴している。

同年12月には、日本弁護士連合会が神奈川県教育委員会等に「医療的ケア児に対する県及び学校の対応に関する人権救済申立事件（勧告）」を行った。

 check 医療的ケア児の多様な状態像を理解するとともに、地域生活をおくる上で各ライフステージにおける支援と課題をまとめてみよう。

［参考文献］
・松本嘉一「医療的ケア断章──私的的観点から」大阪養護教育と医療研究会編著『医療的ケア　あゆみといま、そして未来へ』クリエイツかもがわ，pp74-85，2006年
・下川和洋「気管切開をした幼児の保育園入園に関する訴訟とその意義」『障害者問題研究』第35巻第2号、pp.68-74，2007年

第2章
067

視覚障害児と学校教育

50年ほど前まで視覚障害児の職業は、職業課程の盲学校高等部専攻科を卒業後、三療師（鍼師、灸師、あん摩マッサージ指圧師）にほぼ限られていた。IT関連機器の発展は、視覚障害児の文字処理を可能にし、官公庁一般企業への就労の門戸を大きく広げた。一方、成人後に疾病や受傷により視力低下し、三療師の資格を習得するために学齢をはるかに超えて、視覚特別支援学校へ入学するケースも多い。

●**視覚特別支援学校**

都道府県立以外の視覚特別支援学校として、国立大学法人筑波大学附属視覚特別支援学校、横浜市立盲特別支援学校、神戸市立盲学校、横浜訓盲学院（私立）の視覚特別支援学校がある。

また、重複障害児への対応を考慮した、複数の障害種課程を有する神奈川県立相模原特別支援学校や東京都立青鳥特別支援学校がある。また、秋田県立盲学校のように、その同一校地内に、秋田県立秋田きらり支援学校と秋田県立聾学校を有する例もある。

●**特別支援学校の名称**

学校教育法第71条の2の規定により、各特別支援学校は、教育の対象となる障害種別を明らかにすることとしている。そのため、文部科学省令では、当該学校の施設設備や当該学校所在地域での障害のある児童生徒等の状況等を考慮しながら、校名を学則等で明らかにするとともに、その情報を積極的に提供すべきこととしている。

多くの盲学校は視覚特別支援学校へ名称変更したが、通称としてこれまでどおり盲学校を使用している学校も多い。そのほか、「視覚支援学校（福島県等）」「盲特別支援学校（横浜市）」「埼玉県立特別支援学校塙保己一学園」等の校名もある。

■ 学びの場

現在、約5,300名の視覚障害の幼児・児童・生徒が学ぶ場所は、都道府県に各1校以上設置されている「特別支援学校（盲学校）」、普通学校に付設されている「特別支援学級（弱視学級）」がある。それとともに、普段は普通小中学校の普通学級に在籍し、必要な指導を受けるときだけ通う「通級による指導」がある。

視覚特別支援学校のほとんどが、幼稚部、小学部、中学部、高等部と、特別支援学校高等部や普通高等学校を卒業した生徒が進学する高等部専攻科の各課程が設置されており、通学が困難な子どもたちのために、その多くは寄宿舎を有している。子どもたちは、幼稚部から高等部普通科や音楽高校に相当する音楽科等までは普通教育に準じた教育を受け、寄宿舎に在籍する児童生徒は寄宿舎指導員から生活指導を受けている。

幼稚部では、在籍児への教育ばかりではなく、視覚に障害のある乳児からの早期教育にも大きな力を注いでいる。出生後、子どもに視覚に障害があることがわかったら、できる限り早期からの保護者や子どもたちへの指導の開始が必要になるからである。

現在、出生率の低下、医療の進歩などで、視覚障害児の数は減少し続けている。さらに、視覚障害がありながら普通小・中・高等学校へ進学する子どもたちが増えていることから、全校の幼児・児童・生徒在籍数が30名以下の視覚特別支援学校も少なくない。一方、特別支援学校では視覚障害に他の障害を併せ持つ重複障害児の在籍の割合は増え続けている。

■ カリキュラム

小学部・中学部・高等部のカリキュラムは、聴覚障害児や肢体不自由児へと同様に普通教育に準じたものである。したがって、各教科の内容が同じであるため、障害の特性に配慮しながら、その特性を活かした授業展開となる。例えば、理科では、光の強さを音の高低に変換する感光器を使用して色の変化を観察したり、身近な動物の外部形態の観察のかわりに骨格標本を使用する。

体育では、バレーボール（フロアバレーボール）や卓球（サウンドテーブルテニス）のような球技では、ボールを空中へ投げずに地面やテーブルの上を転がすようにするなど、障害の特性を活かしたルールやボールに鈴を入れるなどの教具の変更をおこなう。バレーボールを元にしたフロアバレーボール、卓球を

元にしたサウンドテーブルテニスがその例である。体育の内容として独自な競技にゴールボール（Goal ball）がある。これは目隠しした競技者が鈴の入ったボールを転がしてゴールに入れるもので、パラリンピックの正式競技となっている。

高等部では、普通高校のカリキュラムに準じた普通科（本科と称することがある）の他、職業高校に相当する音楽科、あん摩マッサージ指圧師養成課程の保健理療科があり、多様な生徒へ対応するための生活技能科、生活情報科等が設置されている学校もある。

■ 高等部専攻科

高等部専攻科には、三療師といわれる鍼師、灸師、あん摩マッサージ指圧師の養成課程である理療科が設置されている他、理学療法士養成課程、音楽科、あん摩マッサージ指圧師養成課程のみの保健理療科が設置されている学校がある。理療科、保健理療科、理学療法科を卒業すると、それぞれの国家試験受験資格が得られる。高等学校、専門学校や大学卒業後、あるいは一般企業や公務員として就職後に、疾病や受傷による視力低下などで学齢を超えて高等部専攻科へ進学ケースも多いことから、教員よりも年長の生徒が在籍することもめずらしくない。これは他の障害種の特別支援学校にはない大きな特徴である。

■ 進路

文部科学省などの統計では、2017年度高等部普通科卒業生は全国で約200名である。その中で、視覚障害・聴覚障害のあることが受験資格となっている国立大学法人筑波技術大学、一般の大学・短大への進学48名（進学準備中を含む）、高等部専攻科への進学42名、その他110名となっている。その他の110名には就職する生徒も含まれているが、その多くは重複障害のある生徒と見られ、進路先は施設入所などの福祉就労と考えられる。視覚特別支援学校の小学部、中学部を卒業後に普通小学校・中学校・高等学校へ進学した例や途中で転校した例もあると思われるが明確でない。

高等部専攻科や高等部保健理療科を卒業して、国家試験に合格した後、従来のあん摩マッサージ指圧師や三療師として従事する視覚障害者は多い。

■ サマースクール

視覚特別支援学校の中には、視覚障害児を対象に長期休業期間を利用してサマースクール、ウィンタースクールを開催する学校が多い。そこでは、同じ障害がありながら学校外ではなかなかふれあうことの少ない子どもたちや保護者同士の交流を図り、見えにくさの改善等の相談の機会を提供している。また、筑波大学附属視覚特別支援学校等では、普通校で特に体験しにくい体育の実技や理科の実験観察などの教科的な内容を中心に実施している学校もある。こうしたサマースクールの開催は，特別支援学校のセンター的な役割の一環といえよう。

（間々田和彦）

 check ▶ **視覚障害児が学ぶ場や進路を、小学部・中学部（小学校・中学校）、高等部（高等学校）、高等部専攻科（専門学校）、大学別に整理してみよう。**

［参考文献］
・筑波大学特別支援教育センター・斎藤佐和／四日市章編『講座特別支援教育1　特別支援教育の基礎理論（第2版）』教育出版、2016年
・橋本創一編著『改訂新版　障害児者の理解と教育・支援』金子書房、2012年
・鳥山由子編著『視覚障害指導法の理論と実際』ジアース教育新社、2007年

●点字の読み方（50音）

（ア　イ　ウ　エ　オ
カ　キ　ク　ケ　コ
サ　シ　ス　セ　ソ
タ　チ　ツ　テ　ト
ナ　ニ　ヌ　ネ　ノ）

●点字

紙面に突起した6つの点（縦3点、横2列）を一定の法則により組み合わせた視覚障害者用の指先の触覚を働かせて読む文字。点字は6つの点（凸字）の組み合わせから構成されている仮名文字である。

●三療師

鍼師、灸師、あん摩マッサージ指圧師の3資格を合わせた名称で国家資格である。あん摩マッサージ指圧師と同様の業種として、国家資格の柔道整復師があり、ともに健康保険の対象となっている。

●筑波技術大学

筑波技術大学は、1987年に開学した筑波技術短期大学を母体とし、2005年に開学した。聴覚障害者対象の産業技術学部と視覚障害者を対象とした保健科学部の2学部4学科から構成されている。保健学部には、鍼灸学専攻と理学療法学専攻があり、ともに卒業すると学士号と、各々の国家試験受験資格が得られる。

第2章
068

聴覚障害児と学校教育

わが国の聴覚障害教育は、1872年の学制発布の数年後に開始され、今日まで障害発見から就学、卒業後の社会生活につながる教育を行ってきた。現在でも多様な教育ニーズに対応した学校教育が、家庭や地域および関係機関との連携のもとで行われている。その制度の仕組みを知り、各地域の特色を生かした教育支援体制についての理解をすすめることが大切である。

●新生児聴覚スクリーニング
　検査(NHS)
　眠っている新生児に検査音を聞かせ、脳波や内耳反射による音響放射を測定し、難聴の有無を選別する検査。
　簡易検査機器が産科等に普及し、検査経費を補助する自治体もあり、聴覚障害児のより早期発見が可能となったが、合わせて心理的ケアも含めた保護者支援ニーズが高まっている。

●特別支援学校等の就学の目安
①特別支援学校
　両耳の聴力レベルがおおむね60デシベル以上のもののうち、補聴器等の使用によっても通常の話声を解することが不可能又は著しく困難な程度のもの（学校教育法施行令第22条の3）。
②特別支援学級
　補聴器等の使用によっても通常の話声を解することが困難な程度のもの。
③通級による指導
　補聴器等の使用によっても通常の話声を解することが困難な程度の者で、通常の学級での学習におおむね参加でき、一部特別な指導を必要とするもの。
　(②③平成25年文部科学省初等中等教育局長通知)

■ 早期教育と地域連携ネットワーク

　学校教育は一般には満3歳以降の幼稚園教育からはじまるとされるが、聴覚障害児の教育は、その目的達成のため難聴発見・診断後、速やかな保護者への相談支援が必要である。このため3歳未満の乳幼児と保護者への早期教育支援が特別支援学校（幼稚部・保育支援部・乳幼児教室など）や児童発達支援センター、医療機関のクリニック等で行われ、それぞれの方針に基づいて特色ある言語・コミュニケーション等に関する指導と共に、全人的な発達を促す幼児教育や子育て相談等が展開されている。

　個々の障害の程度、発達状況、家庭の教育方針や地域の教育リソース等に応じた多様な早期教育をすすめる中で、医療・福祉・教育の機関が相互に連携して義務教育につなげる地域連携ネットワークを作り上げることが重要である。

■ 小・中学校教育

　義務教育では特別支援教育の体制が充実し、下表のように多様な教育の場が設けられている。

◎特別支援学校、小・中学部

　手話や音声言語等でのコミュニケーション環境を整え、聴覚障害による困難性や特性理解に基づいた言語活動などに留意して、小・中学校に準じた教育が行われる。全国で約3,000人が在籍し、その2割強が聴覚以外の障害を併せ有する重複障害児とされる。

　2006年6月に学校教育法の「盲・聾・養護学校」が「特別支援学校」に改まり、学校の規模や地域の教育事情等を踏まえた併置や統合、校名変更などが国や自治体で検討され、現在は「聾（ろう）学校・聾話学校」「聴覚特別支援学校・聴覚支援学校・ろう支援学校」「特別支援学校」等の多様な校名となっている。

◎難聴学級と通級指導教室

　1960年に岡山市立内山下小学校に初めて難聴学級が設置され、全国の小・中学校に広がった。小・中学校の教育課程を基本に聴覚障害に配慮した個別学習と通常学級での学習が個に応じて計画的に配分して行われる。

　各自治体によって聴覚障害児在籍校に難聴学級を設置

表1　義務教育における聴覚障害児の就学先

特別支援学校	聴覚障害を対象とする特別支援学校（126校） 小学部設置 97校・1842名　中学部設置 89校・1165名 ※全ての特別支援学校在籍の聴覚障害児 小学部2935名　中学部1853名
特別支援学級 （難聴）	難聴学級の学級数・人数 小学校 793学級・1242名　中学校 329学級・470名
通級による指導 （難聴）	通級指導教室を設置している学校数 小学校 73校　中学校 17校　特別支援学校 42校
通常の学級	日常的な支援に加えて、通級による指導を受けている人数 小学校 1750名　中学校 446名

全国聾学校実態調査（平成29年度）平成29年6月　全国聾学校長会
特別支援教育資料（平成29年度）平成30年6月　文部科学省より

する場合、拠点校に設置して通学区域外就学する場合、その両者を並立させる場合などがある。ほとんどの学習を通常学級で行い、難聴学級で音の聴取、言葉、障害理解などの指導を行う形態は1993年に「通級による指導」として制度化され、難聴学級在籍数を超える数の聴覚障害児が指導を受けている。

■ 高等学校教育

◎特別支援学校高等部・専攻科

高等部には就職や高等教育機関進学を目的として、各校に普通科や多様な職業学科・専門学科および専修コースがあり、高卒後1〜2年間の専門教育を行う専攻科を設置する学校もある。卒業後の進路は進学と就職が、それぞれ約4割を占め、進学者の半数が四年制大学等の高等教育につながり、就職先は製造・事務・サービス関係とその幅が広がっている。また約1割強が生活自立を目指して就労支援事業所等を利用している。

◎高等学校

高等学校では補聴援助機器や文字情報提示などが、本人や保護者の申し出等によって導入されている場合があるが、京都府立山城高等学校のように聴覚障害教育支援体制を整備する高校は全国的に少ない。発達障害等への支援に対応して平成30年度より「通級による指導」も制度化され、聞こえにくい情報を保障する支援だけにとどまらず、学習指導要領の改訂趣旨である「主体的・対話的で深い学び」を実現する過程で、聴覚障害生徒のコミュニケーション特性も理解した教育内容の精選や授業の改善・工夫をすすめる必要がある。

■ センター的役割

障害児が共に学ぶ「インクルーシブ教育システム」の整備をすすめる上で、特別支援学校には地域の教育を支援するセンター的役割が求められ、教育センター・特別支援学校・特別支援学級等の相談支援機能を活用して、医療機関と連携した聴覚管理や補聴器適合、個別の指導計画作成やコミュニケーション支援、地域交流や教職員研修支援などが各地域の実情に応じて行われている。

聴覚障害教育・支援体制（京都）はおよそ右図のとおりであるが、福祉機関である聴覚言語障害センターが聴覚障害児放課後等デイサービス、乳幼児と保護者の休日サロン、特別支援学校への通学支援、高等部卒業後の福祉的就労支援などを担っている。

多様なニーズを有する聴覚障害児の教育は、このように医療・福祉の機関との連携・協力で成果をあげてきた。地域の特性に応じたネットワーク構築の担い手として、学校の役割は今後よりいっそう重要であり、子どもの育ちと共に、新たな時代の聴覚障害教育が創造されていくのだといえよう。　　　　（本庄良一）

●通級指導の形態（難聴）

自校通級378名（17%）
他校通級1,512名（69%）
巡回指導306名（14%）
2017(平成29)年度

●特別支援学校高等部の学科（聴覚障害の学科）

高等部設置64校。

普通科の他に機械・産業工芸・デザイン・印刷・材料技術・商業・家政・被服・理容・美容・クリーニング・歯科技工・美術、他のべ98学科が設置される。

各校で設置学科やコース設定の改編工夫を重ね、資格取得や大学・専門学校でのキャリアアップをめざすなど、幅広い教育が展開されている。

2018（平成30）年度在籍数
高等部1,338名、専攻科162名

●筑波技術大学

わが国初の視覚・聴覚障害生徒の大学。

1987年に短期大学、2005年に4年制大学を発足。聴覚部門には産業情報やデザインの専門学科が設置されているが、教職課程を開設したり、コミュニケーションや情報支援の研究をすすめるなど、聴覚障害学生のニーズに応じたユニークな取り組みがすすめられている。

表2　京都の聴覚障害教育・支援体制

				普通学校		支援学校
高等学校			山城高等学校	聾学校	高等部	支援学校 高等部
中学校		二条中学校	難聴学級	聾学校	中学部	支援学校 中学部
小学校	通級指導教室	二条城北小学校 九条弘道小学校 難聴学級		聾学校	小学部	支援学校 小学部
幼稚園・保育園	京都市児童福祉センター 児童発達支援センター（うさぎ園）			聾学校	幼稚部 乳幼児教室（さくらんぼ教室）	

京都大学医学部附属病院・京都府立医科大学　及び　耳鼻咽喉科専門医

（平成30年度　京都府立聾学校　京都府聴覚支援センター　支援ネットワークより）

学校がコーディネートする　ねらい
◎聴覚障害児と保護者の不安を受け止め孤立させない。
◎医療・福祉等との個に応じた支援体制をつくる。
◎大切な居場所となる地域交流等の連携をすすめる。

 check 住んでいる地域の聴覚障害教育システムについて、教育・医療・福祉の各機関が果たす役割の視点から成果や課題を整理してみましょう。

［参考文献］
・文部科学省『特別支援教育資料』2018年
・全国聾学校長会『聴覚障害教育の現状と課題』2018年

病虚弱教育と学校教育

病気の子どもの学校教育に対して、「治療優先」「病気が治ったら学校」という考え方が強い。しかし、医療の進歩で、完全治癒だけでなく多くの慢性疾患は「病とともに生きる」ことになり、治療開始の時点から、その後の社会参加を見通した教育が必要である。また、最期を迎える子どもにとっても、学校・教育の役割がある。病気の時だからこそ必要な教育がある。

●文部科学省「病気療養児の教育について（通知）」（1994）
　国として、入院中の学校教育の必要性を明らかにし、「治療上の効果の向上」にもつながるとした。

●文部科学省「病気療養児に対する教育の充実について」（2013）
　医療の進歩等による入院期間の短縮化や、短期間で入退院を繰り返す者、退院後も引き続き治療や生活規制が必要なために小・中学校等への通学が困難な者への対応の必要性を提起した。自宅療養中の子どもも視野に入れた総合的な支援体制が求められている。

●幼児・高校生への支援
　幼稚部設置の特別支援学校（病弱）は1校のみで、現在は利用者がおらず活用されていない。病棟保育・院内保育の必要性に対する理解は徐々に広がっているが保育士の配置、保育内容の充実は十分ではない。特別支援学校（病弱）の高等部設置も少なく、義務教育ではない高校段階の編入手続きの難しさもある。
　病気の子どもが青年期・成人期を迎え社会参加していく今日、高校教育の保障が不可欠である。大阪府では、一人の高校生の投書から入院中の高校生に対する高校からの教員派遣が始まっている。入院していても年齢にふさわしい教育・文化・生活が提供されなくてはならない。

■ 病気の子どもの教育──その対象と場

　学校教育法施行令第22条の3では、特別支援学校（病弱）の対象は病弱者と身体虚弱者に分けられ、明確な病名があり、治療が必要な慢性疾患児の場合は、病弱者、なんらかの健康上の理由で通常の学校生活を送ることが困難な場合を身体虚弱者としている。特別支援学級でも「障害のある児童生徒の就学について（通知）」で、「慢性の呼吸器疾患等の医療又は生活の管理を必要とする」病弱者と「生活の管理を必要とする」身体虚弱者が対象とされている。

　病気の子どもの教育の場には、特別支援学校（病弱）のほか、病院に併設された分校・分教室、特別支援学校からの訪問教育がある。また、小・中学校の校舎に設置された病弱・身体虚弱学級のほか、大きな病院には小・中学校の病弱・身体虚弱特別支援学級が設置されている場合があり「院内学級」と呼ばれている。

　これらの病弱教育の場がすべての自治体で、同じように整備・運用されているわけではない。例えば、病院への訪問教育で慢性疾患児の準ずる教育を行っているのは、大病院の多い都市部の一部である。また、入院中の教育は整備されてきたが、自宅療養中の子どもへの訪問教育はごく一部の自治体しか行っていない。義務教育に比べ幼児や高校生の教育保障は遅れている。地域による医療機関や学校教育の場の整備の格差をなくし、子どものニーズに応じる仕組みとして確立する必要がある。

■ 病虚弱教育の歴史

　今日、特別支援学校（病弱）の学校数・在籍数は少ないが、明治以降のわが国の障害児教育で、病虚弱教育は富国強兵・健民健兵政策のもとで重視され、対象人数も一番多い領域であった。その対象は虚弱児で、社会を結核から守るため虚弱児対策が重視されてきたが、結核やハンセン病の療養所などでの公教育は行われなかった。

　戦後、学校教育法制定時（1947）にも病気の子どもは治療優先という考え方で病弱者・病弱養護学校は規定されず、病弱養護学校が学校教育法に規定されたのは1961年である。入院中の子どもの教育が進むのはさらに遅く、80年代後半に小児がん治療が進み、医療関係者から教育が治療効果を高めると評価されてからであった。入院中の教育を求める子ども・保護者の声の高まりの中で、文部科学省（1994）「病気療養児の教育について（通知）」が出され、国立大学

附属病院等への院内学級設置などが進んだ。

■ 入院中の教育と学籍移動

　病気の子どもの教育は、病状・治療によって生活や教育の場が変化する。現在は入院期間の短縮が進み、小児科での入院期間は平均10日以下、3、4日で退院していく子どもも少なくない。転出入手続きが追いつかないほか、特別支援学校・学級への学籍移動を希望しない家庭も少なくないため、短期の入院については、学籍を移さずに教育支援を行う学校も増えてきている。また、すべての病院に学校教育の場が用意されているわけではない。小・中学校の院内学級はあっても高校生は利用できず、高校の場合は中退・編入などの手続きが必要なため、入院中の高校生のための教育保障は立ち遅れている。

■ 病虚弱教育の今日的課題──地元校・通常の学級での理解と援助

　院内教育は学習保障だけでなく、病気治療や入院に伴う不安を軽減し、病気であっても自信をもって生きていけるように援助してきたが、入院期間が短縮化する現在、病気である自分を受けとめていく時間がないまま、地元の学校に復帰する子どもも少なくない。「元の学校に戻る」と思っていても実際には、学習が先に進んだクラスに帰る不安は非常に大きい。そのため、安心して入院から退院へと移行できる「復学支援」が重要であり、院内教育は、子どもが転入してきた時から地元校に帰っていくことを前提に、地元校との連携が不可欠である。

　入院中の教育への理解は広がってきたが、見落としがちなのが虚弱児教育である。寄宿舎のある病弱養護学校では、入院するほどではないが配慮が必要な子どもの心身の健康問題と福祉的ニーズを受けとめてきたが、寄宿舎の統廃合が進んでいる。虚弱児の一部は学校不適応を起こし、不登校や保健室登校などになっているが、病気による長期欠席は「病気だから仕方がない」と放置されがちである。怠けている・家庭の理解不足とみなされ、福祉的支援が必要な虚弱児への理解が非常に弱くなっている。

　90年代以降、不登校・学校不適応、養育困難が複合している子どもが特別支援学校（病弱）に増加しており、背景に発達障害を併せ持つ子どもも多い。本来の病弱教育ではないと虚弱児の受け入れに消極的な自治体もあるが、子どもの病気は時代とともに変化する。こうした子どもの教育と福祉、医療を保障する場の整備は現代的な課題である。

　入院期間の短期化のなかで、慢性疾患の子どもの9割は通常学級に在籍しており、虚弱児の大半も通常学級の中で困難を抱えている。病気の子どもの教育にとって、通常の学校・学級における支援体制が不可欠になってきている。病弱教育専門機関のセンター的役割と連携して、地元校・通常の学級での理解と援助を進め、支援ネットワークを構築していくことが必要である。（猪狩恵美子）

●学籍を移さない病弱教育

　90年代初め、院内教育を求める保護者のもう一つの要望は「二重学籍を認めてほしい」であった。

　入院によって家庭からも離れ、学校からも離れることは、友だちや今までの自分からも切り離される大きな不安となる。

　「地元校＝今までの自分の足場」があること、そこに戻るということは大きな希望である。入院期間の短期化による手続き上の煩雑さだけでなく、学籍を移さずに入院中の教育が受けられるしくみはこれから追求すべき課題である。

●学習保障と心理的安心

　地元の学校に戻った時に学習が遅れていないように、という点が強調されると、勉強に追い立てられ、教員との信頼関係が結びにくい。

　病弱教育においては子どもの気持ちをていねいに受けとめ、不安を軽減する関わり方が求められる。

●通常学級での支援のために

　通常学級での理解と支援を広げるために、院内教育・特別支援学校（病弱）からの連携の取り組みが重要である。転入してきた時から地元校に帰っていくことを前提に入院中の子どもの様子や地元校での学習・行事など、情報を交換していくことが有効である。

　その際、子ども・保護者との合意形成をていねいに行い、当事者として通常学級に帰っていく準備をする必要がある。必要な支援について相談を進めるが、「特別扱い」にならないような配慮の姿勢も大切にしたい。

 check 　**入院や退院後、心身症・発達障害などで学校不適応をかかえた子どもが、不安なく学校生活を送るためには、どんな学校づくりが求められていますか。**

［参考文献］
・全国病弱教育研究会『病気の子どもの教育入門』クリエイツかもがわ、2013年
・貝塚養護学校の実践を考える会『仲間とともに育ちあう貝塚養護学校──寄宿舎のある病弱養護学校の実践記録』クリエイツかもがわ、2018年

第2章 070 訪問教育

通学困難の子どものための教育形態である「訪問教育」は、家庭のほか施設・病院に特別支援学校教員が訪問して授業を行う。通学困難の理由は、本人の障害・健康状態だけでなく、学校が遠い、通学手段がないなど、教育条件整備の遅れもある。こうした改善とともに、今日、さまざまな理由で学校に通えない子どもに、学校が出向いていく教育の形を生かす必要がある。

●訪問学級在籍者の割合

平成29年度版「全国特別支援学校実態調査」（校長会編集）をもとに集計すると、訪問学級在籍者の割合が5%を超えているのは佐賀県（6.10%）、1%未満は岐阜（21名）、京都府（21名）、栃木（14名）、滋賀（4名）である。

●病院訪問

入院中の教育の意義が医療関係者からも高く評価され、90年代以降、大病院が集中する都市部で病院への訪問教育が活用されている。

入院中でも勉強ができる・不安な気持ちが楽になる・生活に見通しが生まれ、意欲的になるなどの効果を上げている。

しかし、授業回数・教科専門性の確保などのほか、平均入院期間が10日以下となり、特別支援学校に学籍を移すことを躊躇する子ども・家族もみられる。

●医療的ケア

医療的ケアが必要な子どもは、訪問学級に措置されること

■ 訪問教育とは？

障害や病気が原因で特別支援学校に通うことが困難な子どものもとを教員が訪れ授業を行う教育形態である。1学級3人の学級編制で1人あたり週3日、1回2時間ほどをめやすに授業が行われる。

子どもの実態に合わせ、教員と子どもの1対1の授業を基本とするが、施設・病院で複数の子どもがいる場合、集団での学習も工夫して行う。健康状態等が整えば特別支援学校へのスクーリングを行い、学習経験・集団参加を広げ、経過を見ながら通学する形（通学籍）に移行することも可能である。

■ 訪問教育の歴史

1960年代の「障害が重い子どもに教育を」という就学猶予・免除をなくすうねりの中で、1970年前後に各地で徐々に開始され、障害児の希望者全員就学の先駆けとなった。学校教育法第75条（現在81条）を活用し、当初は小・中学校特殊学級として訪問学級を開設し、教員を派遣した。養護学校教育義務制実施（1979年）を前に文部省（1978）「訪問教育の概要（試案）」が示され、養護学校の教育として、心身の障害が重度であるか重複しており、通学が困難な子どもが対象とされた。しかし、義務制実施直後は養護学校も少なく遠距離通学であったため、通学困難な子どもが多く訪問教育が不可欠であった。また、重症児施設や医療機関では、子どもの障害のほか送迎体制などによる通学困難があり訪問教育が導入された。そのため、当時、訪問学級在籍者の割合が高く（図参照）、本来保障されるべき毎日の学校教育が保障されていない「安上がりの教育」として批判された。

義務教育の保障として開始された訪問教育でも、中学部3年を迎えると「もっと学びたい」と、教育年限延長の要求が生まれた。通学籍の場合、80年代後半に各地で高等部希望者全員入学を求める運動が進められたが、訪問学級で高等部設置の要望が高まるのは1990年代半ばであった。小児医療の進歩で思春期の危機といわれる15歳前後を越えて高等部の年齢を迎える子どもが増加し、高等部進学が現実的な要求となっていったのである。しかし、「障害の重い子どもには教育ではなく医療・福祉が必要ではないか」「高校は選抜があり単位取得が条件なのに週6時間程度の授業で高校進学はありえない」「学習指

特別支援教育資料より作成

図　特別支援学校在籍者数に占める訪問学級在籍者数

導要領にない」と国や自治体は難色をしめしていた。そのため全国訪問教育親の会が結成され（1994）、訪問学級の保護者自身が積極的に国会や自治体への請願運動を展開し「小児医療が救った命に豊かな教育と生活を」という願いが実現した（1997年試行、2000年本格実施）。

　これによって施設・病院訪問で中3卒業後、教育を受けていなかった過年度卒業生の高等部教育や、義務制実施以後も就学猶予・免除のままであった成人の就学も実現し、障害が重い人の生涯発達支援・社会教育の必要性も明らかになってきた。

■ 障害の重度化と授業づくり

　2017年度現在、特別支援学校在籍者数に占める訪問学級在籍者数（2,814名）の割合は2.06％である。訪問教育を受けている理由は、本人の健康や障害の状態だけではなく、①近くに学校がない、②学校における医療的ケア実施体制の不十分さ、③通学手段の確保などのむずかしさなどがあり、自治体の条件整備によっても異なっている。しかし、複数の障害種に対応する特別支援学校の増加、医療的ケア体制の改善などにより、訪問学級在籍者数の割合は着実に減少している（図参照）。その一方、在宅医療が進み、訪問学級では人工呼吸器を含む複数の医療的ケアを必要とする超重症児など、きわめて障害の重い子どもが増加していることが全国的な特徴である。

　そうした中でも、訪問学級では、毎回の授業のほかスクーリング、修学旅行なども取り組まれている。ICT活用により、本校や他の訪問学級の友だちとつないだ授業、スイッチや視線など入力方法の工夫などで、子どもの可能性・コミュニケーションの力を引き出す実践も広がっている。特別支援教育が進み、訪問学級でも、本校の教員との連携、訪問看護師・ヘルパー・訪問リハビリテーションなど、子ども・家族に関わる関係者のネットワークづくりが積極的に取り組まれている。大規模な自然災害を想定し、在宅重症児の防災対策も検討されつつある。

　このように障害の重い子どもの訪問教育の授業づくりは積極的に進められているが、入院や自宅療養により地元校に通学できない慢性疾患の子どもの訪問教育は未実施の自治体が多い。入院中の訪問教育は行っても、自宅療養中の訪問教育は認められていないというように、自治体によって、その運用はさまざまである。慢性疾患児の9割が通常学級に在籍し、さまざまな困難を抱えている。入院期間の短縮化、心理的要因による学校不適応などに対して、子どものもとに出向く訪問教育形態の活用が求められる。訪問教育活用の可能性を追求するとともに、特別支援学校に学籍を移さなくても受けられる教育、地元からの支援が求められている。小・中学校や高校からの訪問教育・教員派遣についても再び検討していく必要がある。また、就学前の訪問保育・訪問療育は少なく、就学前の子ども・家族への訪問型のケアも急がれる課題である。　（猪狩恵美子）

が多いが、近年、特別支援学校への看護師配置等、医療的ケア実施体制が整備され、保護者の付き添い負担も軽減されてきた。

　そのため、通学籍を選択するケースが増え、通学時の支援も求められている。さらに訪問学級の指導時における教員による医療的ケア実施についても検討される必要がある。

●就学猶予・免除問題

　義務制実施（1979）以前は、障害の重い子どもは、学校教育を受ける権利が認められず、福祉施設等に入所する場合は「猶予・免除願」を保護者が提出することが求められた。

　1979年時点で学齢期を過ぎていた猶予・免除者は、その後も養護学校教育を受けられないまま成人を迎えていたが、高等部訪問教育実施以降、各地の重症児者を守る会等が教育権回復の運動を進め、多くの自治体で訪問教育を受けられるようになった。

●訪問教育担当教員の研修機会

　訪問教育担当教員は多くの場合、一人で訪問先に出向き、非常に障害の重い子どもの授業を行っている。教材・教具の工夫や子どもの実態把握等に苦心するが訪問教育担当教員は全校1、2人のみで実践を相談・検討する機会をもちにくい。

　授業づくりやいろいろな悩みを語り合う場として、自治体主催の訪問教育担当者研修会のほか近隣の自治体のなかでの自主的な実践交流会、全国訪問教育研究会などが研修機会の場として活用されている。こうした研修の場が、訪問教育の充実・発展に欠かせない。

check ▶ 訪問学級での授業を充実させるための教材・教具、学校や関係機関との連携について、どんな工夫ができるか考えてみよう。

［参考文献・ホームページ］
・特集「訪問教育のいま」『障害者問題研究』第30巻1号、全国障害者問題研究会、2002年.
・全国訪問教育研究会編『訪問教育入門　せんせいが届ける学校』クリエイツかもがわ、2007年.
・猪狩恵美子『就学猶予・免除の成人障害者の教育権』障害者問題研究第36巻1号、全国障害者問題研究会、2008年.
・全国訪問教育研究会　http://homepage3.nifty.com/kazu-page/

071 寄宿舎での生活教育

第2章

特別支援教育の導入をきっかけに寄宿舎の機能を通学保障に限定する動きが全国各地で強められている。その結果、統廃合に追い込まれる寄宿舎も少なくない。しかし、障害児教育の歴史の中で寄宿舎は、通学と同時に障害のある子どものゆたかな生活を保障してきた。寄宿舎の機能を通学保障に限定する動きは障害のある子どものゆたかな発達を保障する機会を奪うものである。

●寄宿舎の設置

学校教育法第78条

特別支援学校には寄宿舎を設置しなければならない。ただし、特別に事情があるときは設けないことができる。

学校教育法第79条

寄宿舎を設ける特別支援学校には、寄宿舎指導員を置かなければならない。

●「ただし書き」の解釈

〈『逐条学校教育法第7次改訂版』鈴木勲編著　学陽書房〉

1、本条は、特別支援学校に寄宿舎の設置を義務づける規定である。従前施行規則で規定されていた寄宿舎の設置義務を、昭和49年の法改正により、法律で明確にしたものである。

2、特別支援学校について、寄宿舎を義務設置としたのは、これらの学校に在学する児童・生徒の状況及び特別支援の設置状況にかんがみて、特別な場合を除き、通学が困難な児童生徒のために、寄宿舎を設置することが必要であるとの考えによるものである。

寄宿舎を設けないことができる「特別の事情」とは、就学者が自宅から通学可能な範囲にのみ居住する場合とか、医療機関とか児童福祉施設に併設する学校で、就学者が医療機関又は、児童福祉施設の入所者に限定されている場合である。

■ 寄宿舎の機能と役割

特別支援学校寄宿舎の歴史は古く、1881（明治14）年に京都盲唖院（現京都府立盲学校および聾学校）に日本初の寄宿舎が設置されている。当時の寄宿舎規則によると、貧困生徒には衣食費、雑費まで貸し付けられており、寄宿舎設置の目的が就学と生活の保障であったことがわかる。その後、1974年の学校教育法改正で盲・聾・養護学校への寄宿舎設置が義務づけられるが、「ただし書き」とその解釈により、寄宿舎設置率は3割程度にとどまっている。

寄宿舎の機能や役割を規定する法的根拠はなく、寄宿舎は時代のニーズに合わせて、その機能や役割を変化させてきた。近年、放課後等デイサービス、ショートステイなど障害のある子どもの生活を支援する福祉施策が充実しつつある。しかし、これらの福祉施策の充実は、寄宿舎の機能や役割を補完するものではない。寄宿舎の生活教育は、学校教育との関連の中で発展してきたからである。

■ 養護学校義務制実施と障害のある子どもの生活

障害のある子どもが学校に通うこともできず、一日の大半を家の中で家族と過ごしていた頃、子どもの生活は、目の覚めた時間が朝であり、お腹が空いた時が食事の時間であった。出かける用事のない日は着替える必要もなかった。

しかし、養護学校の義務制実施によりその生活は一変する。毎日学校に通う生活は、朝起きて夜しっかり眠るという生活のリズムを作り出し、顔を洗う、着替えるといった基本的な生活習慣の確立をもたらした。つまり、学校教育を受ける権利の保障は、ゆたかな生活も子どもたちに保障したのである。このように教育の保障と生活の保障は、常に表裏一体の関係として存在している。

■ 学部教育と生活教育

以前、寄宿舎に帰るとすぐに手紙を書き始めた子がいた。この子はその日、学校でハガキを書く学習をしていた。また別の子は、寄宿舎中に模造紙を敷き詰め、道路をいっぱい描き、学校でつくってきた車を走らせていた。

学校にいる時間が、様々な活動を通して発達に必要な栄養を摂取する時間であるとすれば、放課後以降の生活の時間は、摂取した栄養を消化・吸収し、自分の力に変える時間である。子どもにとってはどちらも大切であり、そのバランスが重要になる。

寄宿舎での生活教育は、合宿やキャンプのように楽しいことが次々と用意さ

れた非日常の生活ではなく、食事や睡眠を軸とした日々淡々と繰り返される日常の生活である。以前、小学部6年生男子のお母さんが「思い切って入舎させて良かったです。もし入舎させていなかったら、私は一生わが子の体を洗っていました」と話してくれた。その子は一学期間の教育入舎をきっかけに一人でお風呂に入れるようになった。他にも短期間の寄宿舎生活をきっかけに偏食が改善するなど保護者を驚かせるような姿を見せることがある。どのような指導をしたのかと尋ねられることもあるが、何か特別な個別の指導があったというよりも、友だちと一緒に楽しく散歩や買い物に出かけ、夕食をとり、お風呂に入り眠るといういわば“あたりまえ”の生活があっただけである。

　子どもは、憧れたり、憧れられたり、励ましたり、励まされたりする関係の中で友だちの存在を意識する。友だちに憧れて何度も挑戦し、やっとできたという経験が、自分への信頼を深め、やがては自分の生活の主体者へと育っていく。子どもを生活の主体者に育てていくためには、仲間・時間・空間の「三つの間」が必要であり、これらを集団編成や日課にうまく編み込んでいくことが、生活を教育的に組織していく上でとても大切になってくる。

■ 子育て支援の場としての寄宿舎

　子どもが寄宿舎に入舎することは、家族にとっても大きな意味をもつ。障害のある子どもを中心とした生活は、精神的にも身体的にもゆとりのない生活にならざるを得ない。そういった生活が長く続くことで、親子関係や家族関係に、もつれやゆがみが生じやすくなる。子どもが寄宿舎に入舎し、物理的に少し距離をおくことで、子どもの姿を客観的にとらえたり、きょうだい児にゆっくり関わる時間をつくることもできる。先ほどの男の子の場合も、一人でお風呂に入らせることができないというお母さんの思い込みや不安もあったはずである。寄宿舎に入舎し、手を放してもなんとかなるというお母さんの自信が、一人でお風呂に入れるようになったという事実につながっている。

■ 学校論として寄宿舎のあり方を考える

　青木嗣夫氏は、寄宿舎の必要性について「子どもたちに一つの生活集団をきちっと与えていく必要があるし、共に生活する中で、みんなと一緒に生きていこうという力をつくり出していく必要があるわけですね。そういう点でどうしても寄宿舎が必要だ」と語っている。これは学校論として寄宿舎のあり方を考える必要があるという重要な提起でもある。しかし一方で、現実には寄宿舎のない学校が圧倒的多数を占めている。寄宿舎の統廃合をはじめ、生活の視点をもちにくい仕組みが特別支援学校に持ち込まれつつある。改めて障害のある子どものゆたかな発達を保障することの意味と具体的な方法を考え、その上で寄宿舎の必要性について論議することが重要になっている。　　　　（能勢ゆかり）

●寄宿舎の機能

　寄宿舎の機能ついて以前は、入舎理由（地理的な理由、福祉的な理由、教育的な理由）との関連でとらえられていたが、現在は、入舎するすべての子どもに保障される機能として
　①通学保障機能
　②福祉的機能
　③教育的機能
　④放課後保障機能
があるとされる。また近年では寄宿舎のある学校の機能として「子育て支援機能」への着目もある。

●教育入舎

　子どもの発達の必要に応じて、一定期間寄宿舎での集団生活を経験させる取り組み。「期間入舎」「体験入舎」といった呼び方をする場合もある。教育入舎が制度化されているところはほとんどなく、多くが現場の努力によって展開されている。

●公立義務教育諸学校の学級編成及び教職員定数の標準に関する法律

　平成29年5月17日改正公布
　第十三条　寄宿舎指導員の数は、寄宿舎を置く特別支援学校ごとに次に定めるところにより算定した数の合計数（その数が12に達しない場合にあつては、12）を合計した数とする。
　1　寄宿舎に寄宿する小学部及び中学部の児童及び生徒（肢体不自由者である児童及び生徒を除く。）の数の合計数に5分の1を乗じて得た数
　2　寄宿舎に寄宿する肢体不自由者である小学部及び中学部の児童及び生徒の数の合計数に3分の1を乗じて得た数

 check 障害のある子どもの発達を保障するために、生活を教育的に組織することの意味とその具体的な方法について考えてみよう！

［参考文献］
・越野和之・全障研八日市養護学校サークル編『仲間の中で育ちあう』クリエイツかもがわ、2004年
・藤本文朗・黒田学編『障害児と家族のノーマライゼーション』群青社、1999年
・寄宿舎教育研究会編『子どもの現在と寄宿舎教育』寄宿舎教育研究会、2012年
・大泉溥『寄宿舎教育研究会25年のあゆみと実践の課題』寄宿舎教育研究会、2006年
・全障研出版部『障害者問題研究』vol,38、2010年

貧困と障害

　現代社会において、多くの市民が、その問題の当事者であることから逃れられない貧困は、障害と非常に親和性の高い問題である。障害者およびその家族は、貧困に陥るリスクが最も高いグループの一つであると言えよう。本稿では、貧困と障害がどのような関連性をもつのか、述べていくこととする。

不可視化されている障害者の貧困

　現在、そもそも障害と貧困の関連性を証明できる公式統計は、存在しない。以前は、行政調査において、障害者を含む世帯の生活保護率の有意な高さや、世帯類型や業態の特性などが把握され、固有の特徴をもつことが示されてきた。その後、当事者を中心に、調査方法や対象者抽出の方法、プライバシーの問題に関わり、反対運動が行われたことにより、障害者にかかわる公式調査はいったん途絶え、現在行われている「生活のしづらさなどに関する調査（全国在宅障害児・者実態調査)」では、家族や家計の状況がわかる項目は皆無である。その他の各種統計においても、障害者世帯の抽出はほぼされておらず、障害者の貧困の現状把握という点からも、障害者を家族員に含む世帯の把握が求められる。

障害者を含む家族の貧困の特徴

　障害者本人の低所得は、障害基礎年金と工賃を合わせても最低生活費を下回ることが自明のことであるが、それを包摂する家族の問題も看過できない。収入だけではなく、支出（生活水準）および世帯員間の配分や相対的剥奪状況についても目を向ける必要がある。ここでは、障害者を含む家族の貧困の特徴を四点に整理する。

　第一には、世帯所得が低位であり、その要因として、障害者自身の低所得に加え、家計がシングルインカムによって支えられていることがあげられる。障害者のケア役割を期待される母親の就労が長期・永続的に制限されることは、労働者全体の賃金が低下している現代において、貧困リスクを最も高める要因となる。

　第二には、障害を理由に、医療やリハビリ、福祉サービスなどの社会資源へのアクセスのためなど、さまざまな追加的支出が発生することである。障害者の社会参加の機会は拡大する一方で、障害基礎年金をはじめとする所得保障は依然として低位に据え置かれており、障害者の社会参加の可否は、家族の経済力に規定されているといっても過言ではない。

　第三に、ケアを担う親たちの稼働期の低収入は、高齢期の低位な年金へと反映され、よりいっそう深刻な貧困状態へと陥ることとなる。そのような状況の中でも、多くの親たちは、自らへの支出配分を縮小させ、障害のある子どもの生活を維持している。

　第四に、障害者本人および家族が関係的貧困ともいえる状況に陥っていることも見逃せない。障害者本人は、低位な所得に起因した生活の制限が、家族には、本人への優先的配分が経済・時間的両側面に生じており、自らの社会的関係を縮小せざるを得ない状況にある。

　障害者の自立を目指すには、家族のノーマライゼーションの実現も射程にいれた社会の条件づくりが喫緊の課題である。

（田中智子）

第3章

障害児者の発達・障害・生活

障害と発達の基礎概念

障害の診断・判断・支援

072 発達保障論とパラダイム転換

第3章

発達保障論は、障害児者の発達保障（障害者の人格発達の権利を徹底的に保障すること）を出発点として、すべての人びとの発達保障（教育、福祉、保健・医療などの幅広い領域による総合保障）を追求する考え方である。

●糸賀一雄
「この子らを世の光に」

「『この子らに世の光を』あててやろうというあわれみの政策を求めているのではなく、この子らが自ら輝く素材そのものであるからいよいよみがきをかけて輝かそうというのである。『この子らを世の光に』である。この子らが、うまれながらにしてもっている人格発達の権利を徹底的に保障せねばならぬということなのである」（『福祉の思想』より）

●「タテの発達」と「ヨコへの発達」

発達保障論では、諸能力の獲得などの発達の高次化過程である「タテの発達」に着目するにとどまらず、「ヨコへの発達」、つまり他者との人間的かかわりの多様さや文化性、生活の質に基づく、水平方向に広がる発達に対しても着目している。

「ヨコへの発達」は、結果的には「タテの発達」に開かれているととらえられ、たとえ同じ発達段階と見られても、身につけた能力をさまざまな場面で応用したり、他者との関係の中でも発揮できるような確かさを求めることを実践的な課題としている。

■「この子らを世の光に」

障害児者の尊厳性に依拠し、人間的発達を保障する取り組みから出発した発達保障が提起されて50年あまりの歳月が経過している。発達保障は、現代社会において、障害児者の教育や福祉にとどまらず、とりわけ1980年代以降は、教育、福祉、保健・医療の各分野で、実践的にも理論的にも注目されてきた。発達保障が課題とする人間的諸能力の獲得と人格発達の保障は、現代の私たちの生活や人生にとって重要な価値観となっている。

発達保障が生成し登場してきたのは、1960年代初頭、障害児者の権利保障の取り組みにおいてである。滋賀県立近江学園（知的障害児施設）の実践と運動の中で、糸賀一雄は「この子らに世の光をではなく、この子らを世の光に」という有名な言葉を述べ、すべての障害者が主人公になるような社会を展望し、障害者の人格発達の権利を徹底的に保障することとして、発達保障を追求した。

当時の重度重複障害の子どもたちは、教育不可能な存在と見なされ教育や福祉の対象からはずされ、教育を受ける権利や生存権を侵害されていた。それに対して、発達保障は、教育権保障をはじめ、人間としての尊厳性を確保し人間的発達の保障を求めたものである。1960年代後半以降、障害者の権利保障をめざす実践・研究・運動において、その先駆的な考え方として大きく広がった。田中昌人らによる発達心理学研究の成果、系統的で組織的な実践研究によって、発達保障の考え方は理論化された。

■ 個人の発達と集団・社会の発展

発達保障論の理論的根拠は、人間の発達の権利性への着目であり、発達心理学を軸とする諸科学の成果に基づく人間の発達過程の科学的解明である。発達保障論は、個人の発達と社会の歴史的発展の法則を解明し、諸科学の成果と結んだ理論的体系として展開してきた。つまり人間の発達を個人レベルの視点、狭義の心理学的理解にとどめない理論として培われてきた。

とくに田中昌人の「発達保障における3つの系の統一的発展」の提起は、発達保障を歴史的かつ社会的な基軸から把握すること、発達保障が構造的かつ動態的な枠組みをもつことを示し、個人の発達の系を集団の発展の系、社会体制の進歩の系とのかかわりで展開している。集団の発展の系を個人と社会をつなぐ媒介項としてとらえ、集団の発展こそが個人と社会の発展にとって重要な意味を持つことを示している。

ここで言う人間の発達とは、環境や社会に対する「適応への発達過程」ではなく、環境や社会を変え、わがものとしていくという「獲得への発達過程」としてとらえられている。それは、消極的な社会自立や社会適応を課題とするのではなく、発達の可能性に着目し、その人の内面を理解し、より豊かに育むこと、その人の思いやねがいを社会的に実現していくことである。人間は受動的でなく、外界に働きかける能動的活動を通して発達するものとして理解されている。獲得への発達過程は、「人格の解放と結合した能力の発達」であり、部分的・個別的能力の積み重ねというような能力主義的な理解ではなく、人格の発達と結びつけた理解が重要である。

したがって発達保障論は、生きがいの追求や自己実現の課題を含み込んだ理論であり、人間の内面的豊かさをも含めた生存を社会的にすべての人間のものにしていくことを探求している。

(出所：国際連合広報センター
http://www.unic.or.jp/files/sdg_logo_ja_2.pdf)

■「ミレニアム開発目標（MDGs）」から「持続可能な開発目標（SDGs）」へ

国際的な視点から発達保障をとらえると、全世界の人びとの生命・生活・発達の保障を国際的な共同の中で保障していくという「人間の安全保障」という考え方に相通じるものがある。「人間の安全保障」は、1990年代中盤以降、発展途上国を中心として、貧困撲滅のための「人間を開発の中心におく社会開発」の必要性が国際的合意となりつつある中で提起された。1995年に開催された国連「社会開発サミット」では、蔓延する貧困の撲滅、失業の削減、社会的統合の3点を主要課題にして、人間を中心にした社会開発の方向が議論され、UNDP（国連開発計画）『人間開発報告書』などに引き継がれてきた。

さらに、国連「ミレニアムサミット」（2000年）における「ミレニアム開発目標（MDGs）」には、2015年までに達成すべき8つの目標が定められた。2008年9月には、目標達成に向けた進捗状況および達成に向けた協議が行われ、2011年12月からは、MDGsの達成期限である2015年が迫る中、「ポストMDGs」の策定が議論された。その後継目標が「持続可能な開発目標（SDGs）」であり、貧困削減や気候変動への取り組みなど2030年までに達成すべき17の目標と169のターゲットを掲げ、地球上の「誰一人として取り残さない（leave no one behind）」ことをめざしている。目標4にはインクルーシブ教育の確保と生涯学習の推進が設定され、障害者の教育機会の平等がターゲットとされている。

発達保障の考え方は、理論的背景やニュアンスの違いこそあれ、人々に共通する普遍的な原理であり、「持続可能な開発目標（SDGs）」における「あらゆる年齢のすべての人々の健康的な生活を確保し、福祉を推進する」（目標3）などは、発達保障論が提起してきた課題と一致しているといえよう。　　　　（黒田 学）

●「発展の権利に関する宣言」（Declaration on the Right to Development, 1986, UN）

1986年国連総会で採択され、「発展の権利は譲ることのできない人権」（第1条）であり、「人間は、発展の中心的主体」（第2条）であると規定されている。

なお発展の権利は、発達の権利、開発の権利とも訳され、環境への権利、平和の権利などとともに「第三世代の人権」として主張されている。

●アマルティア・セン（Sen, Amartya 1933-)

インドの経済学者で、人生の選択の幅を広げる「潜在能力」の形成を経済政策の主軸におくことを提起した。

UNDP（国連開発計画）「人間開発報告書」執筆者の一人としてUNDPに大きな影響を与え、「人間の安全保障」概念の確立に取り組んだ。1998年ノーベル経済学賞を受賞。

 発達保障という考え方がなぜ生まれてきたのか。その背景を踏まえながら、発達保障に取り組む意義を考えよう。

[参考文献・ホームページ]
・越野和之・全障研研究推進委員会編『発達保障論の到達と論点』全障研出版部、2018年
・アマルティア・セン『福祉の経済学─財と潜在能力』岩波書店、1988年
・糸賀一雄『福祉の思想』NHK出版、1968年
・人間発達研究所のホームページ（http://www.j-ihd.com/）

発達可能性と教育

発達は他者とのコミュニケーションを通して、その文化に特有の活動に参加することにより達成される。教育はその参加を可能にする営みである。心身に障害がある場合でも、教育が活動への参加を保障することによって、発達可能性はむしろ大きく開かれる。

●ヴィゴツキー (L.S.Vygotsky 1896-1934)

ロシアの心理学者。芸術から障害児教育に至るまで幅広い関心をもち、当時の主観的心理学や行動主義に含まれる二元論を批判し、マルクス主義的弁証法に基づいた新しい理論体系を作り上げた。

優れた著作を多数残したが、スターリン時代の著作発禁や冷戦の影響で学会への浸透が遅れた。日本での翻訳は1960年代からすでにあるが、とくに1980年代からはアメリカの文化心理学との接合によって心理学や教育学をはじめとした多様な分野で世界的に再評価されている。

➡256ページ参照

●文化的発達の一般的発生法則

ヴィゴツキーの発達理論における重要な考え方の一つ。子どもの文化的発達の過程でみられるすべての機能は、最初は社会的なもの、すなわち他者とのコミュニケーションの中で現れ、それがのちに個人内に現れるとする。個人内で機能しているように見える思考も、その起源に

■ 発達と教育の関係

　心理学者のヴィゴツキーは、子どもの発達と教育の関係をめぐる当時の3つの立場を批判的に検討している。彼の批判をまとめると次のようになる。すなわち、ピアジェに代表される第一の立場は、教育と発達を独立したものと考えている。子どもの発達は個人の中のプロセスであると見なされる。教育には発達の進行を補うという位置づけが与えられるが、教育が発達を引き起こすという視点はきわめて薄い。

　他方で、行動主義に代表される第二の立場は、外からの刺激によって引き起こされた反応の積み重なりが発達だとする考え方をとる。外からの働きかけ（教育）の重要性を強調するが、人間のもつ発達の独自のダイナミクスを解明しようとする視点がないために、発達と教育の関係を追求することが難しくなる。

　これら2つの立場の折衷案が、コフカに代表される第三の立場である。人間の発達には、神経系の発達に依存する「成熟」と他者からの働きかけからなる「教育」の両方の側面があると主張する。成熟と教育の双方を視野に入れなければならないと強調した点は評価できるが、それにとどまり、発達と教育の関係について明らかにするには至らなかった。

　ヴィゴツキーは、これらの3つの立場を越えて新しい理論化をおこなわなければ、発達と教育の関係を真に解明することはできないと考えた。そのために提起された概念こそが、「最近接発達領域（Zone of Proximal Development: ZPD）」である。

■ 最近接発達領域

　最近接発達領域は、「子どもが一人で成し遂げられること（現在の発達水準）と、大人や年長児との共同で成し遂げられること（潜在的発達水準）との間の隔たり」と定義される。ヴィゴツキーによれば、現時点で最近接発達領域にあるものは、次の時点では現在の発達水準に移行する。すなわち、「子どもが今日共同でできることは、明日には独力でできるようになる」。

　この最近接発達領域の概念は、次の2つの点において画期的と言える。第一は、子どもの発達を「いま自分でできること、すでにできるようになったこと（現在の発達水準）」で測るのではなく、「まだ形としては現れていないけれども、何らかの変化の可能性を予感させる状態」や「他者や環境の何らかの支えがあれば活動への向かい方が変わる状態」も含めた概念として捉えようとしたこと

である。そして、それは必然的に第二の点、すなわち、子どもの発達には他者との関係性、対話、コミュニケーションが必須であり、教育は「現在の発達水準」を後追いするものではなく、「潜在的な発達水準」に働きかけるものなのだという考え方につながる。

最近接発達領域の概念は、大人主導の詰め込み主義であるとの批判を一部で受けてきた。ヴィゴツキーによる定義が簡潔すぎるゆえ、大人あるいは社会の側で、一方的に決めた到達目標に向けて、一段階ずつ子どもを引き上げていく教育モデルとして解釈されたからだろう。だが、それは明らかな誤解であり、ヴィゴツキーが「発達の原動力は子どもの主体的な活動にある」と捉えていたことを見落としてはならない。

は他者とのコミュニケーションがある。そして、個人内で展開される思考には、具体的な他者こそ存在しないものの、自己を相手としたコミュニケーション機能が保たれているという。

●**発達の原動力**

発達の当事者が周囲を取り巻く文化的環境（「発達の源泉」）を自分なりのものとして獲得（appropriate）する主体的な活動。それは、他者との関係性、対話やコミュニケーション（「発達の条件」）によって可能になる。

●**最小限要求主義**

「能力の低い子ども」は、発達可能性が少ないので、教育は最小限しか必要ないと考える立場。この考え方の誤りは、ヴィゴツキーによってすでに理論的に明らかにされている。

■ 障害によって発達可能性は制限されるか

人間はじつに多様であって、見えない（見えづらい）、聞こえない（聞こえづらい）、自由に体を動かすことが難しい、思考に時間がかかる、人と関係を結ぶことが苦手など、多数派の人たちとは異なる特性をもつ人がいる。それらの特性を、あるときには「障害」と呼ぶのだが、特性がすなわち「発達の困難」なのではない。その特性にうまく周囲が対応できないことによって、活動への参加の仕方を制限されたり、他者との関係性の構築ややりとりを経験する機会を妨げられたりすることが、発達上の困難を生じさせるのである。

ヴィゴツキーは「障害」という概念を、心身の「異常」として現れる「一次的障害」と、それによって社会的なやりとりや活動への参加に困難が生じるために、発達に必要な経験が培われない「二次的障害」に分けて考えることを提唱した。一次的障害から二次的障害が引き起こされないためには、社会的なやりとりや活動への参加を適切に保障することが何より大切で、それこそが教育の存在意義なのだという。

障害のある子どもは、教育による発達可能性が少ないから最小限の教育しか必要ないとする考え方がある。しかし、ヴィゴツキーの主張に沿って見るかぎり、むしろ事実は逆なのだ。一次的障害によって活動への参加が制限されやすい状況にあるからこそ、教育により活動への十全な参加を保障し、二次的障害を予防することによって、発達可能性は大きく広がるのである。　　　　（藤野友紀）

 check 実際の子どもの姿や実践をもちいて最近接発達領域の概念を自分なりに説明してみよう。
一次的障害と二次的障害の具体例を考えてみよう。

[参考文献]
・ヴィゴツキー（大井清吉・菅田洋一郎監訳）『障害児発達論集』ぶどう社、1982年
・ヴィゴツキー（柴田義松訳）新訳版 『思考と言語』新読書社、2001年
・ヴィゴツキー著『文化的—歴史的精神発達の理論』（柴田義松訳）学文社，2005年
・Berk,L.E. & Winsler,A. 1995 Scaffolding Children's Learning. National Association for the Education of Young Children.（田島信元・田島啓子・玉置哲淳編訳『ヴィゴツキーの新・幼児教育法』北大路書房、2001年）

第3章 074

国際障害分類と
国際生活機能分類

1980年制定の「国際障害分類」は、これまで曖昧に捉えられてきた障害を階層性からとらえ直したことに重要な意義がある。その後、2001年5月に「国際生活機能分類」に改訂された。これは病者や障害者のマイナス面にのみ注目するものではなく、個人のプラス面を重視する画期的な考え方への転換であった。特別支援教育においてもその活用が期待される。

●国際障害分類：ICIDH
　International Classification of Impairments, Disabilities, and Handicaps : A Manual of Classification Relating to the Consequences of Disease
　機能障害、能力障害、社会的不利の国際分類。

●国際生活機能分類：ICF
　International Classification of Functioning, Disability and Health
　生活機能、障害、健康の国際分類。

■ 障害を階層構造で捉える国際障害分類（ICIDH, 1980）

　国際障害分類は、障害の理解やリハビリテーション・福祉、その他の施策に理論的枠組を提供した。それまで、人や立場により定義が異なった障害を3つの階層として捉えた点に重要な意義がある。そのモデル（図1）は、疾患・変調が原因で「機能・形態障害」が起こり、それから「能力障害」が生じて「社会的不利」を起こすものである。また、直接に機能・形態障害から社会的不利への経路も示されているが、例えば、顔面のひきつれのような形態障害が、それ自体で能力障害を生じないが、社会的不利を起こしうる場合である。

　階層は障害の異なる面を示し、重要な点は以下の2つである。①単純な階層の上に、より複雑な階層があり、その上にさらに複雑な階層が乗る立体的構造で捉えたことである。②階層間の関係には「相互依存性」と「相対的独立性」がある。前者は、階層間の因果的作用であり、作用は隣接する階層に留まらない。後者は、ある階層の法則が他の階層の法則によりすべて規定されず、必ず階層には独自の法則があることを示す。例えば、脳性麻痺により歩行障害が生じても杖などの使用により歩行能力が向上するように、ある階層に障害があっても他の階層の影響を解決できることである。

　これらの意義を認めつつも建設的な指摘を受けて改訂に至る。主な指摘は次の通りである。障害のみに着目している・社会的不利状況を生む環境の重要性が考慮されていない・社会的不利の分類が不十分である・欧米以外の文化への考慮が不足している・障害者の意見を聞かず専門家のみにより構築された、などである。

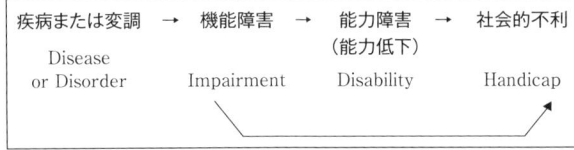

図1　国際障害分類（1980）

■ 国際障害分類から国際生活機能分類へ

　国際障害分類の改訂には多くの国・団体・障害者が参画し、2001年のWHO総会で改訂版が採択された。正式名称は英語の頭文字をとって「ICF」の略称とし、厚生労働省による公定日本語訳は「国際生活機能分類」（図2）である。

　ICFは人の「生活機能（生きること）」について「個人因子」と「環境因子」の両面を視野に入れながら、「心身機能」「活動」「参加」の階層構造で捉える。障害のある人についても障害の影響を受けていない部分も含めた主体的な総体と位置づけ、潜在能力の開発と発揮の機会を社会的に保障して自己実現を図る理念に貫かれている。

改訂の特徴は、①プラス面の重視：障害を3つの階層で把握する点は変わらないが、マイナス面（障害）のみを対象とした点を変更してプラス面を示す用語で表記された。生活機能とは「人が生きることの全体像」を示し、心身機能・構造、活動、参加での状態をすべて含む包括概念である。そして、各階層に問題が生じた状態が機能・構造障害、活動制限、参加制約であり、「障害」とは、これらの状態のすべてを含む包括概念である。障害の状態だけでなく、障害の影響を受けていない残存能力や潜在能力を含めて、個人の生活機能の理解を促す。

②相互作用モデル：ICFでは両方向の矢印が用いられ、生活機能（または障害）が階層・背景因子・健康状態の間で影響し合うことを示す。矢印は要素間の関係を示し、この意味を相互依存性と相対的独立性から理解することを促す。

③背景因子：障害の発生や経過に影響する環境因子と個人因子を取り上げ、環境因子分類が加えられた。物的・人的・制度的・社会意識面などが含まれる。個人因子は個人固有の特徴を指し、きわめて多様なことから分類には至らなかったが、性・年齢・民族・生活歴・価値観などを含む。

④「疾患」から「健康状態」へ：疾患だけでなく妊娠・高齢・ストレス状態・先天的異常・遺伝的素因など、生活機能に影響する要素を拡大した。

⑤「能力」と「実行状況」の区別：活動の評価を、能力と実行状況に分けた。実行状況とは、生活で実際に行っている行為であり、能力とは訓練や評価時に一時的に発揮された能力である。なお、参加の評価は実行状況のみである。能力と実行状況の差が、より安定した能力発揮に向けた支援のあり方や潜在能力の開発に有効な情報を与える。

■ ICFの活用と意義

上田（2004）は「リハビリテーションの究極の目的は個々の患者・障害者における最大限の生活機能（QOL）の実現」とし、障害をもちながら「新しい人生の創造」に向けて実践を進めることの意義を説いている。そのための実践目標を「本人がこれから創っていく人生の具体像」とした。そして、目標設定過程について、大川（2004）はICFを活用して次のように述べている。まず「参加」での人生の目標を具体的に立てる。これを主目標として、具体的生活像である「活動」の目標が決まる。これにより、具体的な生活機能の相互関係の捕捉が可能となり、主目標の実現に向けた実践プログラムが作成できる。この過程は専門家だけではなく、本人・家族が主体的に関与して進められる。

特別支援教育実践においても、本人のニーズに基づき目標を設定し、実践プログラムとして作成する。ICFは生活機能を見落としなく理解する枠組みとなる。そして、プログラムの実行結果から、本人自らが目標に修正をかけて、新たなニーズを生み出せる存在へと育てることに寄与する。　　（吉川一義）

ICFモデルをつかって自分の生活をチェックしてみよう。

健康状態（health condition）
（変調：disorder または病気 disease）

心身機能（body function）・身体構造（body structure）　←→　活動（activity）　←→　参加（participation）

環境因子 environmental factors　　個人因子 personal factors

背景因子（contextual factors）

図2　国際生活機能分類（2001）

●心身機能・構造

機能とは、手足の動き、精神の働き、視・聴覚の機能。構造とは、手足の一部、心臓の一部など身体の部分。

●活動

生活上の目的をもち、一連の動作からなる個人の具体的生活行為。社会生活上必要な行為や余暇活動などが含まれる。

●参加

人生のさまざまな状況に関与して、そこで役割を果たすこと。家庭や地域、職場等々での役割など、さまざまなものが含まれる。

●ICF-CY（ICF–Children and Youth Version）

ＷＨＯは2007年10月、ＩＣＦでは人生の最初の20年間の急激な成長と変化を十分に把握できないことから、"この重要な発達期におけるより細やかな対応が可能になる"ものとして、ＩＣＦの分類に235項目の追加・修正を加えたICF-CYを公表・刊行した。

［参考文献］
・障害者福祉研究会編『ICF 国際生活機能分類』中央法規、2002年
・上田　敏『リハビリテーションの思想　第2版』医学書院、2004年
・大川弥生『介護保険サービスとリハビリテーション——ICFに立った自立支援の理念と技法』中央法規、2004年

いじめと障害

心身に障害をもち特別な支援を必要とする子どもは、特に普通学校（学級）においては、斉一性志向の強い学級集団の中にあって「異質」な存在とみなされやすく、いじめ被害のリスクは高い。対応に当たっては、教職員が当該児童生徒の障害の特性への理解を深めるとともに、個別の教育支援計画の活用と、障害特性を踏まえた適切な指導・支援が不可欠である。

●いじめ防止対策推進法

　2013（平成25）年6月21日成立、6月28日交付、9月28日施行。社会総がかりでいじめ問題に向き合い、対処していくための、基本的な理念や体制を定めた法律。

　いじめの定義、いじめの防止等のための基本方針、基本的施策及びいじめ防止等に関する措置、重大事態への対処等について定められている。

●児童生徒の問題行動・不登校等生徒指導上の諸問題に関する調査

　校内暴力・不登校・いじめ等の児童生徒の問題行動等について、事態をより正確に把握し、これらの問題に対する指導の一層の充実を図るため、1982（昭和57）年度より毎年全国の公立小・中・高等学校及び特別支援学校において調査を行っている。

　社会の変化とともに多様化する児童生徒を取り巻く問題に適切に対応し、効果的な施策を講じるための基礎的なデータの収集を行っている。

　調査項目は、(1)暴力行為、(2)いじめ、(3)出席停止、(4)小・中学校の長期欠席（不登校等）、(5)高等学校の長期欠席（不登校等）、(6)高等学校中途退学等、(7)自殺、(8)教育相談であり、これらデータを経年的に知ることができる。

■ いじめ防止対策推進法によるいじめの定義と実態

　いじめ行為をどのように定義し、どのように運用していくのかという問題は、いじめの実態把握はもとより、予防・対応においても重要である。2013（平成25）年に成立・施行された「いじめ防止対策推進法」（平成25年法律第71号）は、いじめを、「児童等に対して、当該児童等が在籍する学校に在籍している等当該児童生徒と一定の人的関係にある他の児童等が行う心理的又は物理的な影響を与える行為（インターネットを通じて行われるものを含む）であって、当該行為の対象となった児童等が心身の苦痛を感じているもの」と定めている。

　この定義は、従来いじめと判断されなかったより広範な行為をいじめとして認知、対応することを求めるものであることから、学校現場では、定義の解釈や運用の難しさを指摘する声も少なくない。しかしながら、一般に「いじめ」と認知されないような些細な行為でも見過ごされ、被害が継続すれば、時に重大な事態にまで深刻化することがあることを理解しなければならない。いじめを「芽」の段階で早期に把握し、適切に対応することが重要である（文部科学省、2016）。

　文部科学省による児童生徒の問題行動・不登校等生徒指導上の諸課題に関する調査によると、いじめ防止対策推進法が施行された平成25年度以降の特別支援学校におけるいじめの認知率（1000人当たりの認知件数）は他の校種同様に年々増加傾向にあり、平成29年度調査結果では14.5であった。この値は、普通高等学校（4.3）を上回る値であり、特別支援学校においても、いじめは喫緊の課題であることを示している。いじめの態様については、「ひやかしやからかい、悪口や脅し文句、嫌なことを言われる」といった口頭によるものが53.7％と最も多く、次いで「軽くぶつかられたり、遊ぶふりをして叩かれたり、蹴られたりする」といった軽度の暴力（23.6％）であった（文部科学省、2018）。

■ 障害をもつ児童生徒の抱えるリスク

　森田と清永（1994）は、日本のいじめの特徴を「同一集団内の相互同質化過程における異質者に対する同調ないし排除への圧力」と説明している。これは、集団内における多数派と少数派という数を基準とした不均衡な力関係における力の乱用と理解できる。特定の集団において何が「同質（多数派）」となり、何が「異質（少数派）」となるのかは、集団構成員の特徴や集団の雰囲気によって異なるが、子ども達の社会は、制度や組織の構造が大人の社会ほど明確ではないため、その基準は子ども達自身の価値観によるところが大きく、時に大人

の目には映りにくいこともあるため注意が必要である。

特に心身に何らかの障害をもった児童等が普通学校（学級）に通う場合、いじめのリスクはより大きなものとなる。その理由として第一に、障害児が抱える種々の障害特性が健常児にとっては "わかりやすい"「異質」な部分となるため、からかいや冷やかしの対象となりやすい点が挙げられる。

第二に、高機能自閉症やアスペルガー症候群などの自閉症スペクトラム児（ASD）においては、その障害特性である「心の理論の障害」「実行機能障害」「中枢性統合障害」等による適切なコミュニケーションの困難さや、いわゆる "空気が読めない" ことなどから、周囲の子どもをイライラさせたり、あるいは本人がイライラして周囲の子どもに対して攻撃的に振る舞ってしまうことにより、無自覚にいじめの加害者となってしまう点や、そうした振る舞いを「落ち度」として捉えられ、いじめの標的とすることへの正当化に使われてしまう点である。

そして第三に、いじめの標的にされてしまった時に助けてくれるはずの仲の良い友人等の社会的支援のための資源が乏しく、いじめの標的とされてもすぐに助けが求められず逃げ場がないことが少なくない点が挙げられる。

水野（2008）は、発達障害児の保護者への調査から、障害児に対するいじめは、学校・学級の問題よりも児童の障害特性によるものである場合が多く、また児童自身にいじめ被害に遭っているという認識が乏しいことも被害が長期化する可能性を高めていると指摘している。

■ いじめへの対応

いじめ関与リスクの高い障害児に対しては、健常児とは異なる特別な支援が必要な場合が少なくない。文部科学省（2017）による「いじめの防止等のための基本的な方針」においては、水野の指摘にもあるように、発達障害を含む障害のある児童生徒がかかわるいじめについては、「教職員が個々の児童生徒の障害特性への理解を深める」こと、そして、「個別の教育支援計画や個別の指導計画を活用した情報共有を行いつつ、当該児童生徒のニーズや特性を踏まえた適切な指導及び必要な支援を行う」（p.51）ことの重要性が示されている。

さらに本方針においては、保護者との連携や周囲の児童生徒に対する適切な指導の重要性についても触れられている。いじめ事案は、学校と保護者の関係に否定的な影響を及ぼすことも少なくないため、普段から保護者と学校とで信頼関係に基づく密な連携体制を構築しておくことが重要である。保護者の協力のもと、障害児自身への支援に加えて、障害児を取り巻く周囲の児童生徒への適切な働きかけによる、いじめを許さない学級の雰囲気づくりが求められる。

（金綱知征）

 check　**障害児がいじめ被害者にならないようにするためには、学校はどのような配慮と対策が必要か考えてみよう。**

［参考文献］
・文部科学省『いじめの正確な認知に向けた教職員間での共通理解の形成及び新年度に向けた取組について（通知）別添資料「いじめの認知について」』文部科学省、2016
・文部科学省『いじめ防止等のための基本的な方針』文部科学省、2017
・文部科学省『平成29年度児童生徒の問題行動・不登校等生徒指導上の諸問題に関する調査について』文部科学省、2018
・水野薫「発達障害といじめ(1)：保護者からみたいじめの実態と課題」日本教育心理学会第51回総会発表論文集、2008
・森田洋司・清永賢二『いじめ：教室の病』金子書房、1994

●学校いじめ防止基本方針

いじめ防止対策推進法第13条において規定された学校におけるいじめの防止等のための対策に関する基本的な方針を定めたもの。

具体的には、いじめの防止のための取り組み、早期発見およびいじめ事案への対処のあり方、教育相談体制、生徒指導体制、校内研修など、いじめの防止等全体に係る内容であることが求められる。

特に年間の学校教育活動全体を通じていじめの防止に資する多様な取り組みが体系的・計画的に行われるよう包括的な取り組みの方針を定めたり、その具体的な指導内容のプログラム化を図ることが求められる。

●自閉症スペクトラム児（ASD）

「心の理論の障害」とは相手が自分とは違う考えや価値観をもっていることなど、相手の感じていることや考えていることを理解することに対する困難さ。

「実行機能障害」とは目標達成に向けた計画立案・実行・評価など、物事を順序立てて処理したり、注意を別の方に向けたりすることの困難さ。

「中枢性統合障害」とは木を見て森を見ないなど、限定的な情報から全体像を把握することに関する困難さ。

●「発達障害」
➡164ページ参照

●088「自閉症スペクトラム（ASD）」
➡190ページ参照

第3章
076

発達障害と非行

少年司法では「健全育成」（少年法第1条）の観点から、障害にあった処遇の必要性が論じられる。近年、重大かつ特異な印象の少年犯罪について、自閉症スペクトラム障害などの発達障害が鑑定あるいは鑑別されることが続き、知的障害を伴わない発達障害が注目されている。司法領域で家庭裁判所調査官として非行少年の調査と処遇にあたってきた立場から解説を試みる。

●発達障害

自閉症スペクトラム障害（ASD：アスペルガー障害、広汎性発達障害を含む）、注意欠如・多動性障害（ADHD）、学習障害（LD）などの総称。生まれつきの脳機能の障害で、低年齢時から症状が現れる。言動などが周囲から異質と見られがちで、いじめなどを受けて心理的ストレスやトラウマをかかえる例が少なくない。

●088「自閉症スペクトラム（ASD）」
➡190ページ

●087「注意欠如・多動症（ADHD）」
➡188ページ

●086「読み書き障害（ディスレクシア：dyslexia）」
➡186ページ

●児童自立支援施設

犯罪などの不良行為をしたり、またはするおそれがある児童や、家庭環境から生活指導を要する児童を入所または通所させ、必要な指導を行って自立を支援する児童福祉施設（児童福祉法第44条）。退所後の児童に対しても必要な相談や援助を行う。かつては教護院という名称であったが、1998年4月に現在の名称に改められた。

■ 犯罪・非行の変化

少年非行は社会の鏡だとよくいわれる。社会性が未熟な子どもたちは、真っ先に社会悪の影響を受けるからであろう。戦後の少年非行の変化を振り返ると、高度成長期には若年労働者は「金の卵」扱いをされていて、学校嫌いの子どもも中学校の間さえがまんすれば次々に職につくことができていた。したがってその時期の非行といえば、暴力団などの不良集団に加わった少年や家出少年による事件が目立っていた。

しかし生活が豊かになり、高校進学率が高まるのと並行して、遊び型あるいは無気力型と呼ばれるような事件が増えた。暴走族があちこちに誕生し、シンナー吸入、覚せい剤使用、売春類似行為など、大人の裏カルチャーが子どもたちに伝播した。少年人口の増加もあって1983（昭和58）年前後の5年間ほどが、戦後の少年非行のピークになっている。

その後、子どもの数が減りだし、ポケベルや携帯電話が連絡手段となって屋内でのゲームが遊びの中心になる。1997（平成9）年に発生した中学3年生による猟奇的な神戸児童連続殺傷事件が契機になって、2000（平成12）年、少年法改正議論が高まり、厳罰化、被害者への配慮などを柱にした改正が行われた。そして、2015年6月、旧少年院法が60年以上を経て全面改正され、新少年院法、少年鑑別所法として施行された。

2004（平成16）年以降、少年犯罪は年々減少しているが、再犯者、単独犯の率が高まっている。つまり懲りる力の弱い少年が単独で事件を起こす例が目立つ。また、年間に数件あるかないかの重大かつ特異な印象の少年事件が大きく報道されており、それらの多くに生物的要因として発達障害が指摘されている。

■ 発達障害を鑑別することの意義

発達障害の視点が入るまでは、解明の困難な事例については、ごく早期の母子関係の不全が対人関係能力の未熟さを形成しているとみなされがちであったが、近年の脳科学は、脳機能の障害によって、学習障害（LD）、注意欠如・多動性障害（ADHD）、自閉症スペクトラム障害（ASD）といった不適応症状がもたらされることを明らかにした。

このうち、対人相互性の障害とこだわり（想像力の障害）を特徴とするASDは、社会生活を送るうえで困難をきたしやすい。友だちができにくい、あるいは友だちを必要としない、家族関係の破綻などのために社会的に孤立した結果、

「対人接近型（対人スキルをもたないため、アダルトビデオの模倣など不適切なやり方で異性に接近するetc）」「実験型（主知的であることから、人体実験、理科実験を試みるetc）」「パニック型（過去の経験の突然のフラッシュバックetc）」「障害本来型（恥ずかしいという感覚をもちにくいためetc）」というようにさまざまな動因によって非行が引き起こされている。

■ 処遇についての留意点

　筆者らが2004（平成16）年に家庭裁判所で行った調査では受理件数における発達障害出現率は、ADHD（疑いを含む）が5.7%、広汎性発達障害（以下PDD。疑いを含む。ASDとほぼ同義）が2.7%であった。10年後の現在、チェックリストの開発などもあってアセスメント能力は向上しており、この率は上昇していると思われるが、処遇に当たっては、発達障害の特性に応じた指導が不可欠である。

　類型化したPDD（広汎性発達障害）事例（前述）では、非行を犯して初めてPDDが指摘されたものが大半を占めているが、養育者は「聞き分けがないので、放っておいた」「幼少期から対人的なトラブルが多かった。口で言っても理解しないので体罰を加えた」などを述懐しており、PDDの特性に合った養育や指導がなされなかったために孤立や弱小感など二次的な問題が生じていた。

　更生させるにはまず、周囲が障害の特性を正しく理解することによってこれらの二次的な問題を整理しなおすことが重要である。障害者本人に対しては、視覚的な支援が有効であり、社会のルールをわかりやすく説明し、予測情報や全体像を明らかにしたうえで、ソーシャル・スキルを習得させる。

　「（障害があるからと）悪事を大目に見る」「人によって指導方向が異なる」「感情的にしつこく叱る」などは、本人を混乱させるので望ましくない。

　再非行を抑止するためには、本人にとっての環境側すなわち、養育者と矯正機関（少年院）、教育・福祉機関（児童自立支援施設）などが連携し、医学、心理学的アセスメントをもとに、一貫した支援を行うことが重要である。

（藤川洋子）

表　文部科学省と東京家庭裁判所の調査結果の比較

実施機関と期間	文部科学省 （2002.2〜02.3）	東京家庭裁判所 （2004.7〜04.10）
対象者の年齢、属性	6〜15歳の小・中学校生	14〜19歳の男女
母集団	4万1579人	862人
不注意、多動・衝動性	約1040人　　2.5%	49人　　5.7%
対人関係やこだわり	約330人　　0.8%	24人　　2.8%

 重大事件を犯した少年あるいは少女が「ごく普通の子どもでした」と言われることがめずらしくない。その理由を考えてみよう。

［参考文献］
・藤川洋子「広汎性発達障害事例についての実証的研究」（家裁調査官研究紀要創刊号　2004年）『発達障害と少年非行』第5章所収、金剛出版、2008年
・藤川洋子「青年期の高機能自閉症・アスペルガー障害の司法的問題―家庭裁判所における実態調査を中心に―」『精神科』第7巻第6号：507-511　2005年
・藤川洋子・井出浩編『触法発達障害者への複合的支援』福村出版、2011年

●少年院法の抜本的改正

　改正の柱は、①再非行防止に向けた処遇の充実強化、②在院者の権利義務関係等の明確化、③社会に開かれた施設運営の推進であり、円滑な社会復帰のための支援の充実や不服申立制度の整備に力点が置かれている。

●少年院の種類

第一種少年院

　心身に著しい障害がないおおむね12歳以上23歳未満の者を収容する。旧法の初等少年院と中等少年院に相当。

第二種少年院

　心身に著しい障害がない犯罪的傾向が進んだおおむね16歳以上23歳未満の者を収容する。旧法の特別少年院に相当。

第三種少年院

　心身に著しい障害があるおおむね12歳以上26歳未満の者を収容する。旧法の医療少年院に相当。少年院法で「医療少年院」に該当するのは全国で関東医療少年院（東京都府中市）、京都医療少年院（京都府宇治市）の2ヶ所のみ。

第四種少年院

　少年院において刑の執行を受ける者を収容する。

●発達障害を有する少年の処遇

　重い知的障害を併存するなどにより「心身に著しい障害がある」と判定されても、医療反応性の強弱によって、処遇先は病院型の第三種少年院か、特別支援学校型の少年院かは分かれる。高機能発達障害を有する少年の大部分が第一種あるいは第二種少年院に送致されているのが現状といえる。

不登校と発達障害

不登校の解決は従来から喫緊の課題と言われ、各学校で対応しているものの苦慮している。不登校出現率から見ると、小・中学校では年々増加傾向にあり、高等学校では微増である。最近、不登校の児童生徒は、発達障害と密接にかかわっていることが指摘されている。そのため、不登校の予防対策と不登校が起きてからの即時対策など、新たな手法を活用して抜本的な対策を講じる必要がある。

●不登校対策の５つの視点

1. 将来の社会的自立に向けた支援の視点
2. 連携ネットワークによる支援
3. 将来の社会的自立のための学校教育の意義・役割
4. 働きかけることや関わりをもつことの重要性
5. 保護者の役割と家庭への支援

●発達障害児の不登校の割合

齊藤（2012）は、精神科を受診した初診疾患児756人のうち、不登校を主訴としている227人について診断した結果、不安障害（23％）、気分障害（19％）、広汎性発達障害（19％）、適応障害（11％）、身体表現性障害（8％）、ADHD（5％）の順であると報告している。中野（2009）は、不登校763人に調査した結果、発達障害が小学生で16.1％、中学生7.9％、高校生13.3％であると報告している。星野（2003）は、不登校121人に調査した結果、発達障害が小学生で60.0％、中学生37.9％であると報告している。

■ 不登校とは

　文部科学省・不登校問題に関する調査研究協力者会議は、2003年4月の『今後の不登校への対応の在り方について（報告）』において、不登校の定義は、「何らかの心理的、情緒的、身体的あるいは社会的な要因・背景により、登校できない状況にある年間30日以上欠席した者のうち、病気や経済的な理由による者を除いたもの」と示している。

　不登校の要因としては、家庭要因、個人要因、学校要因、社会文化的要因などの諸説が指摘されている。要因や背景は、個々に起こるものではなく、それぞれが影響し合い複合化・多様化している。最近では、発達障害、起立性調節障害、不安障害、気分障害（躁鬱）にかかわる不適応のほか、SNSへの書き込み、いじめ、虐待、育児放棄などによって登校が困難なケースも報告されている。

■ 不登校数と不登校出現率

　小・中学校の不登校数は、2001年度をピークに緩やかに減少したが、2013年度以降、再び増加傾向にある（図1）。2017年度では、不登校数が144,031人（小学校35,032人、中学校108,999人）、不登校出現率が1.47％（小学校0.54％、中学校3.25）である。

　一方、高等学校の不登校数は、2012年度から減少してきたが、2017年度から再び増加傾向にある（図2）。2017年度では、不登校数が49,643人、不登校出現率が1.51％である。なお、不登校生徒のうち、中途退学者は、13,560人（出現率27.3％）、原級留置は3,589人（出現率7.2％）である。高等学校では、不登校になると3割程度が中途退学または原級留置になるという深刻な状況である。

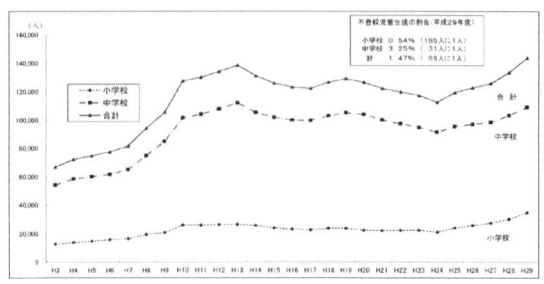

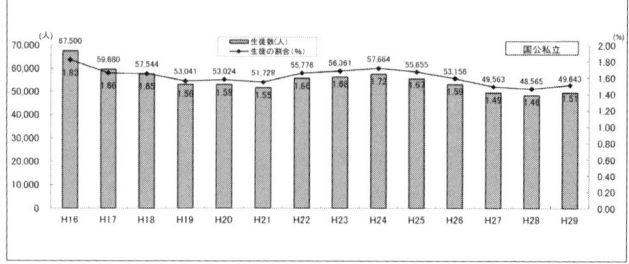

図1　小中学校における不登校の推移（文部科学省、2016）図2　高等学校における不登校の推移（同）

■ 不登校対策

文部科学省（2003）は、不登校対策の指針として、『今後の不登校への対応の在り方について（報告）』とともに、『不登校への対応について』のパンフレットを配布して、5つの視点（欄外参照）、魅力ある学校づくり、不登校に関する施策などを示した。また、国立教育政策研究所（2004）でも『不登校対策事例集』の報告書を示すなど、教育現場に具体的な対応を促してきた。これまで全国の各学校や関連施設では、不登校の対応に関して数々の取り組みを行ってきた。家庭から適応指導教室（教育支援センター）へ、民間のフリースクールから教育支援センターへ、教育支援センターから学校（別室）へ、別室から教室へ、など多岐にわたっている。しかし、このような個別的な取り組みや学校全体での取り組みは、わずかな不登校数の減少につながっているものの、長期的な視点から概観すると劇的には減少せず、その減少が数年先まで持続しないことである。文部科学省（2017）の『不登校児童生徒の指導結果状況』では、指導の結果、登校する、またはできるようになった児童生徒が4分の1程度（小学校25.0%、中学校25.5%、高等学校32.2%）である一方、不登校の状態が前年度から変化も見られず継続している児童生徒が半数以上（小学校53.2%、中学校53.5%、高等学校53.1%）であることなど、不登校改善には、なお一層の取り組みが必要である。

■ 発達障害と不登校

通常の学級では、学習障害（LD）、注意欠陥多動性障害（ADHD）、自閉症スペクトラム障害（ASD）などの発達障害をかかえている児童生徒の存在がクローズアップされている。このような発達障害児は、学習不振、対人関係の希薄、いじめ被害、精神不安などをかかえ、その対応が不十分であると二次障害として不登校に陥るケースも少なくない。不登校の児童生徒の30〜60%が発達障害をもっているのではないかと推測される（欄外参照）。発達障害児一人ひとりのニーズに応じた特別支援教育的対応が必要不可欠となっている。

■ 発達障害児への不登校対応と「本人参加型改善会議」

不登校を出さないための最も重要なことは、担任や関係者の「気づき」や「予防」、そして初期対応である。そこで、学校では、「不登校チェックリスト」や「不登校予防・対応マニュアル」を備えておくべきであろう。

最近、発達障害児への不登校（不登校傾向）の対応として、本人、保護者、学校関係者、支援者が一堂に会して「本人参加型不登校改善会議」を実施することが劇的な成果（改善率8割以上）を示すことが注目されている。この会議では、本人が自身の障害や気質等を自己理解しながら不登校の状況を把握し、改善の方向性を自己決定しながら見出し、それを不登校改善計画書として作成し実行していく内容である。　　　　　　　　　　　　　　（三浦光哉）

●不登校予防チェックリスト
①兄弟姉妹に不登校や不登校傾向がいないか。
②親が精神不安定（躁鬱傾向）になっていないか。
③発達障害等をかかえていたり様相を呈していないか。
④学力が急に下がり学習についていけない状態でないか。
⑤過去に不登校傾向や学校不適応状態になっていないか。
⑥過去に登校を渋り、母子分離不安がなかったか。
⑦家庭状況の急変（離婚、不和、経済状況等）がないか。
⑧友だちからのいじめや仲間はずれの兆候がないか。
⑨少人数から大人数の学級になり集団適応できているか。
⑩長期休業後に、急激な変化が見られないか。
⑪休み時間に一人で居ることが多かったりしないか。

●不登校対応マニュアル例
欠席1日：家庭に電話連絡
欠席3日：家庭訪問の実施
欠席5日：対策会議の実施
欠席7日：教育委員会に報告
　　　　　校長が本人面談
欠席10日：専門家チーム要請
欠席15日：「本人参加型不登校改善会議」の検討
欠席20〜29日：「本人参加型不登校改善会議」の実施

●本人参加型改善会議の手順
①会議の目的を説明
②不登校に至る経緯の確認
③自己理解と課題把握
④不登校の定義と不利益
⑤生活環境の改善と将来展望
⑥改善の自己決定と日程
⑦居場所での学習内容・方法
⑧改善のためのテクニック把握
⑨改善計画書の作成と合意

 新たな不登校対策として、どのような取り組みが効果的となっているかを調べて、その対応を実践してみよう。

［参考文献］
・文部科学省・不登校問題に関する調査研究協力者会議『今後の不登校への対応の在り方について（報告）』、2003年
・中野明徳「発達障害が疑われる不登校／児童生徒の実態」『福島大学総合教育研究センター紀要』第6号、9-16、2009年
・齊藤万比古編『発達障害が引き起こす不登校へのケアとサポート』学研、2011年
・三浦光哉編『本人参加型会議で不登校は改善する！』学研、2014年

第3章 078 ADL と QOL

リハビリテーションの目的は、単に機能の獲得・改善ではない。日常生活動作の技術を高め日常生活を豊かにすること、さらには日常生活の動作効率を上げるだけでなく一人ひとりの生活の質を高め、人間として豊かな生活を過ごすことにある。

●している ADL

現在、個人が行っている ADL（Activities of Daily Living）。自分のもっている力を自分なりに工夫して ADL につなげている。そのため、将来を考えて望ましくない身体の使い方、効率の悪い使い方を行っていることもある。

●できる ADL

PT・OT たちの援助により、さらに効率的で身体に無理がかからない方法で ADL 能力を高める。しかし、訓練室など環境設定が整っているから「できる」ということもある。障害をもつと、ある特定の条件ではできても日常生活に汎化するには困難なことが多いので、実際の日常生活でさまざまな外的要素が加わってもできるような、ていねいな援助が必要となる。

●目標指向"活動"向上訓練・目標指向的アプローチ

大川弥生（現・国立長寿医療研究センター）らが開発したアプローチ（参考文献参照）。

●アメリカの IL 思想

1960年代はじめ、黒人の公民権運動が盛り上がっていたが、その影響を受け障害者の自立生活運動が始まった。きっかけは1960年代後半、カリフォルニア大学に重度の障害をもつ学生が入学し、その学生生活を保障しようとすることからである。この運動により、「障害者自身の選択に基づく自己決定こそ

■ ADLとは

ADL（Activities of Daily Living）は「日常生活動作」という。この概念は第二次世界大戦直後に戦傷者を対象として開発され、その後、朝鮮戦争を経て、シドニー・カッツ（Katz,S.）により発展させられた。

日本では1976年、日本リハビリテーション医学会が規定した概念では「ADLとは、ひとりの人間が独立して生活をするために行う基本的な、しかも各人ともに共通に毎日繰り返される一連の動作群をいう」とされている。家庭における、セルフケア・移動・食事・整容・更衣・排泄・入浴などが含まれる。

広義には ASL（Activities of Social Life）に属する、家事動作・外出、コミュニケーション能力なども含まれる。現在では、文化・余暇活動も含まれるようになった。

第二次世界大戦直後にリハビリテーション医学が独立したが、この時の重要な概念が ADL であった。これまでの医学は「生命」「治療＝治す」であったが、ADL の概念によって医学の世界に「生活」という視点が導入された意義は大きい。

「できる ADL」「している ADL」と分けて考えることが、現場では求められている。両者を正確に分析して、「している ADL」から改善点を考察して目標指向的アプローチのもと、目標として設定した「する活動」にむけて「している活動」「できる活動」を向上させるプログラムが開発されている。現在は、ADL のみでなく活動全般を対象にして「目標指向的"活動"向上訓練」として提唱、実践されている。

ADL は身体機能・認知機能・社会環境・精神面と関連している。ADL の自立というと「自分の身の回りのことは自分でできること」と考えられやすいが、すべて自分で行うことが ADL の自立ではない。前述した要因を関連づけて「ADL の自立」を考えることが重要である。

障害の程度や生活年齢・発達段階等によっても目標を細かく検討して設定されなければならない。

障害の重い子の ADL をどう考えるかは課題である。①子どもはこれまでどのような発達過程をたどってきたのか、②今後、生きていくうえで生活上どんな困難性があるのか、③さまざまな要因を含めて、現時点で最優先させる援助はどんなことかの分析が重要となる。障害が大変重い子どもたちは、援助や介助を受け入れることができるということが「ADL の自立」といえる。個々に合わせた適切な ADL への援助を行い、ADL の力を膨らませていくことが可能である。

■ QOLとは

QOL（Quality Of Life）は、「生活の質」と訳されていることが多いが、「生命（いのち）の質」「人生の質」などの意味でも使われている。

医療の分野でQOLが言い出されたのは、アメリカのIL（Independent Living）「自立生活」思想をもつ運動を始めた人たちからの当時のリハビリテーションへの批判からである。IL思想は当初「たとえADLにおいては完全な自立を達成しえず、部分的あるいは全介助を必要とする人でも、その知的能力により職業に就いて社会的に役割を果たすことができる」というものであったが、人権思想の発展の中で「より障害が重くて、有益な社会的な役割を果たすことができなくても自己決定権を堅持している限り、たとえ全面的な介助を受けていても人格的には自立しているのだ」という人格的自立へと発展していった。

障害の重い子どもたちのQOLを考える時、「いのちの質」では「いのちが輝いているか」「生きいきとしているか」、「人生の質」では「その子の人生が自分なりに満足できるものであるか」など、子どもが主体的・能動的に生きているかが意味あるものになる。障害が重くても、春の風を心地よいと感じたり、電車の揺れを楽しんだり、その中から人とのコミュニケーションを快適に感じ、外界へ身体や心を開いていくことで社会参加も積極的になりQOLが高まる。

■ ADLとQOL

「ADLからQOLへ」とスローガン的になり、ADLを軽視する傾向も出てきた。これは誤りで、QOL思想を伴いながらADL能力を改善することによって、個人の自由度が高まり、その中で社会性を学習し、文化を享受するなど生活の質は高まってくる。しかし、最初からQOL思想を考えずに身体的訓練ばかり行っていては、身体的には歩行可能という高いレベルにあっても人生を楽しむといった生活の質を高められない人もいる。ADLとQOLの関係は個々によって異なり、さまざまな場合があるが、ADLの改善がQOLの向上につながることも多い。

ここ近年、医療的リハビリテーション軽視の傾向が生じている。特に18歳以上の方の病院でのリハビリテーションは受けられない傾向にある。政府の「地域で」という方針で地域の訪問リハを勧められ、病院でのリハビリテーションが終了となるのだが、地域では十分な受け皿がない。学校卒業後の人生が長いにもかかわらず、学校生活より劣悪な生活を強いられることが多い。基本的な運動能力の改善・変形拘縮の進行を予防するなどのリハビリテーションを受けることができず、ADLさらにはQOLの低下につながる危険性がある。

特に障害の重い子は、医療的リハビリテーションや日々の濃厚な医療的ケアを受けなければ、健康を維持していけずADLの改善やQOLにも影響してくる。1日1日を精いっぱい生きている子どもたちが、自分らしさを大切にした輝きのある人生を過ごせるような公的保障が必要である。　　　　　　　（坂野幸江）

が自立である」とする自立生活モデルがうちだされた。
➡99ページ参照

●医療的リハビリテーション軽視の傾向

ADL・QOLという視点が医療の世界に入ってきたのは画期的なことだが、最近の流れとして、慢性疾患に対しての医療的リハビリテーションが軽視される傾向がある。障害は治らないが、医療的リハビリテーションが十分保障されれば、障害をもちながらも豊かな生活を過ごせるということを忘れてはならない。

●診療報酬

診療報酬とは医療保険から医療機関に支払われる治療費のことで2年おきに見直されている。

1点10円と計算される。

2006年4月の診療報酬の改定で、医療的リハビリテーションに日数制限が設けられたことにより、障害児者へのリハビリテーション利用に影響が出た。

2014年の診療報酬改定では、医療的リハビリテーションにおける慢性期リハビリテーションの報酬引き下げなどが行われた。また、維持期リハビリテーションを必要とする方を医療から介護に移行させる措置が導入されている。

2018年4月からの改定では、点数は変わらなかったが、それまで医療費としては最高点数である脳血管疾患としていた方の多く（18歳以上）が「障害児（者）リハビリテーション」に移行された。それを先取りしてか、ここ数年、18歳以上の方が病院でリハビリテーションを受けることが難しくなっている。

 障害の重い子どもたちのQOLを高めるADL援助を考えてみよう。

［参考文献］
・大川弥生『新しいリハビリテーション—人間「復権」への挑戦』講談社現代新書、2004年
・辛島千恵子『発達障害をもつ子どもと成人、家族のためのADL』および『同・実践編』三輪書店、2008年
・藤岡一郎『重症児のQOL』クリエイツかもがわ、2000年
・塩見陽介『「医療リハビリテーションの打ち切りに関する実態調査」結果について』障害者（児）を守る全大阪連絡協議会、2009年

中年・高齢期の障害者問題

中年・高齢期はさまざまな原因によって、医療・介護・福祉の支援が必要となる。障害者問題と高齢者問題を改善する制度の再構築に向けて、基本となる共通課題と相違課題がある。一人ひとりの健康で安心できる生活を保障するために、今後の改善すべき課題は何かを検討する。

●介護保険制度

　介護保険法（1997年成立、2000年施行）によって加齢に伴う病気などによる介護を利用者の選択に基づいて、必要なサービスを提供する仕組み。制度の運営主体は市区町村が保険者となる。

●障害者総合支援法

➡242ページ参照

●アルツハイマー病

　記憶、思考、行動に影響する認知症の一種。原因は不明。

●認知症

　生後、正常に発達した種々の精神機能が慢性的に減退・消失し、日常生活を営めない状態。中枢神経系に発生した疾患が原因。

●早期老化

　高齢期の老化は人間発達上で自然発生的に起こる。30代や40代から身体的、認知的に老化が認められる場合を早期老化という。ダウン症者は40歳頃から身体機能や認知機能の老化が認められ、加齢に伴うアルツハイマー病の罹患率の増加が確認されている。

●生産性

　かつて貧困のあまり口減らしとして、生産活動に携われなくなった高齢者を捨てる「姥捨て」が行われた事例もある。競争の原理が支配すれば、目に見える物理的な生産性を求め、高齢者や障害者への差別を増長し、制

■ 中年・高齢期の障害者と現状

　中年期は40歳前後から50歳代後半までを言い、壮年期とも言う。高齢期とは60歳代以降をさすが、法的には65歳以上を高齢者としている。医療保険制度では、74歳までを前期高齢者、75歳以上を後期高齢者と区別する。中年・高齢期の障害者は、幼少期から障害のある者が加齢した場合と加齢の過程において障害を発症した場合がある。発症原因、発症時期、障害の種類など多種多様である。

　近年、障害者に関わる状況は医療や科学などの社会発展により変化し、重度知的障害児や重症心身障害児を含む障害者の寿命がのび、その医療や老化にどう対応していくかが課題となっている。障害者の概念も変化し、内部疾患患者や精神障害者など、保険・医療の対象となっていた病気が社会的にハンディキャップのある障害として認められるようになっている。成人以降に事故や疾患などにより障害者となる例が増え、高次脳機能障害などへの対応が求められている。

　もともと障害者と高齢者は別の制度体系において福祉の対象とされてきた。福祉の対象であった障害者が高齢化したこと、高齢者の福祉ニーズが増加したことから、制度体系の改革と支援の見直しが課題となっている。現状では制度が複雑であり、支援内容が身体的な支援に集中しているため、当事者のための最適な支援が得られていない。

■ 高齢者制度と障害者制度の問題

　高齢化が進む中、2000年から施行されたのが介護保険制度であり、高齢者の介護を社会全体で支えあう仕組みとして作られた。2006年には、障害者が一人でも地域で自立して生活できるよう支援する目的で作られた障害者自立支援法（2013年より、障害者総合支援法）が施行された。どちらも支援上で必要なものをサービスとして提供するが、施行初年度から利用数が想定した数を超え、財源不足が問題となった。

　高齢になった障害者の医療・介護については、65歳以上になれば原則、介護保険制度によるサービスに移行し、給付限度額を超過する部分や介護保険制度にないサービスは障害者福祉から給付される。現状として、65歳になり介護保険制度に移行した障害者には、自己負担が発生するため、受けられる生活支援が減るケースがみられる。そのため、2018年4月に低所得者に限り、介護保険制度への移行で生じる自己負担をゼロとする改正障害者総合支援法が施行された。

障害者総合支援法によってグループホーム等を利用する地域移行が進められているが、生活支援を主として受けている障害者が中年・高齢期となり医療と介護のニーズが増えていく中、設備や職員などの設置基準は変化する現状に合っていない。入所施設で生活する障害者も高齢化しているが、入所施設は介護保険制度の適用外のため障害者福祉制度しか利用できず、生活支援員である職員が医療と介護を担っている現状がある。

■ 知的障害者の高齢化

知的障害者の中で、ダウン症者は中年期でアルツハイマー病様の認知症を発症することがあり、身体機能などを含む早期老化の症状が認められている。他の知的障害者でも障害の原因疾患や脳障害に関係する病気を合併しやすく、本人の訴えに周りが気づきにくいため発見と受診が遅れ、疾患を重篤化させることがある。高齢化していく知的障害者が健康的な生活を送り、変化にいち早く気づける支援が求められ、医療と介護サービスの充実が急がれる。知的障害者は他の障害に比べ入所施設にいる人の比率が高く、自宅生活者の場合は家族が世話をしていることも多い。地域移行による自立生活はすすまない現状があり、意思表示に支援を必要とする知的障害者が制度を理解して使うことには難しさもある。

また、知的障害者がどのような生きにくさや生活の困難をかかえているか理解されにくい点も原因と考えられる。たとえば、滋賀県の「もみじ・あざみ」では、ダウン症などの知的障害者の老化・高齢化への取り組みの蓄積の中で、継続してかかわってきた人にしかわからない困難を把握、支援することが課題となっている。知的障害者の家族の高齢化も並行して進行し課題は山積している。

■ 老いや死別への不安を支援する

国連は1999年を国際高齢者年と定め、高齢者の自立、参加、ケア、自己実現、尊厳の実現をめざす原則を採択している。障害の有無にかかわらず高齢者を保護する対象としてではなく、自己実現し続ける存在として発達的意味からとらえる必要があることを示している。生産性を重要視する現代社会では、医療や介護の対象であり支援されるばかりの存在としてとらえられやすい。

知的障害者は意思表示の困難をかかえているだけであって、ライフステージにおける情動的な変化は障害のない人とまったく変わらないと理解しなければならない。中年・高齢期になれば、身近な人の老いや死を体験し、自分自身の老いや死を意識するようになり、不安を抱くようになる。不安を抱いても表現できず、他者に伝わりにくいため、心理的変化を支援の対象とされてこなかった。先に示した「もみじ・あざみ」では、系統的な老いと死別への不安に対する学習と支援を行ってきた。高齢期になった知的障害者が健康で安心して暮らし、環境や自分の変化から感じる不安と向き合えるよう支援するシステムが構築できるなら、すべての高齢者が豊かな老後を送ることにつながる。　（張　貞京）

度的にも最低限のものしか認めないおそれがある。

●不安を語る知的障害者

身近な人の老いと死を体験した知的障害者は悲しみと不安を話すことができずにいた。話すまでに時間がかかること、相手に合わせて話すことが難しいこと、言葉にして良いかわからないこと、機会を与えられなかったことが彼らの障害である。悲しみや不安と主体的に向き合えるよう支援が望まれる。

●もみじ・あざみ

滋賀県にある入所型施設。暮らし、仕事、集団を柱に、生涯発達の視点に立ち、知的障害者一人ひとりの発達保障に取り組んでいる（もみじ寮・あざみ寮は、2016年より名称をもみじ・あざみに改めている）。

毎年恒例の劇：車いすにのって歌う友だちを見守るもみじ・あざみの人たち

四十九日の集まり：僧籍のある元施設長の話を聞くもみじ・あざみの人たち

---

 check → **障害者問題と高齢者問題を改善する制度の再構築に向けて、基本となる共通点と相違点を整理してみよう。**

[参考文献]
・張　貞京「障害者施設に暮らす人びとの発達と生活—老いと死を意識する」『障害者問題研究』Vol.41、No.1、全国障害者問題研究会、2013年
・石原繁野・張　貞京「あざみ寮の生活のなかでの表現活動」『障害者問題研究』Vol.46、No.3、全国障害者問題研究会、2018年

080 第3章

知能検査
(Intelligence Test)

個人の知的能力や知的発達の程度を一定の検査条件や手続きのもとで客観的に測定するために考案された道具。測定された結果は、標準化の手続きを経て作成された基準に基づいて数量的に表示される。開発当初の目的から離れて、教育の効率化や兵士の選抜をする手段として活用されたという歴史もある。

●ピアジェ（Piaget, J）

シモンの要請を受けて知能テストをフランス語で標準化する作業に従事していたピアジェは、子どもたちが感じる困難さや誤答に関心をもち、いろいろな質問を通して子どもたちが正答に到達するために考え出す道具（手段）を明らかにする質的分析を始めた。

●知能検査結果の表示法

・精神年齢（MA）：知能発達の程度を年齢で表現しようとしたもので、知能検査で正解した問題数、もしくは合計得点から求められる。

・知能指数（IQ）：精神年齢と生活年齢との比に着目したもので、知能指数（IQ）＝（精神年齢(MA)／生活年齢(CA)）×100で表される。平均は100。

・知能プロフィール：個々の下位検査ごとに尺度化し、知能の個人内差異をわかりやすくグラフ状に表示したもの。

●知能指数の恒常性

ターマンは、同一被検者を2回検査し両検査間の相関係数が高かったという事実から「IQの変化は多くの場合比較的小さい」と結論づけた。しかし、バークレー発達研究（BGS）や狩野広之（1952）らの大規模な追跡研究では、乳児期と17、8歳の時期との相関はほぼゼロであること、学童期では学年が離れるにしたがって相関係数が低くなっていることなどが明らかに

■ 知能検査のはじまり

知能を客観的に測定しようとする試みの源流は、19世紀後半の心理学における個人差の研究とフランスの精神遅滞者の研究とに求めることができる。20世紀を迎えたフランスでは「異常児」にとっての適切な教育的処遇のあり方が模索されていた。しかし、当時の精神科医たちは知的に遅れた状態の程度を判別する具体的な方法をもたず、診断の仕方は主観的なものであった。

こうした状況に対して、鑑別診断学の厳密な基礎が欠けていると指摘した心理学者のビネー（Binet, A.）は、フランス文部省の要請に応え、医師シモン（Simon, T.）の協力を得て、「早くできて、正確」かつ、「ある年齢の子どもは成功するが、それより1年だけ若い子どもが平均して成功しない」「被検児がその年齢に相当する知能をもっているか、進歩または遅滞が何年何か月であるかを決定することができる」検査を探究し、1905年に難易度の順に配列された30の問題からなる知能検査尺度を作成した。これが世界で最初の知能検査といわれるビネー＝シモン尺度である。学業成績や諸検査相互間の相関関係を表す数値（相関係数）を求めて人間の能力について検討したスピアマン（Spearman, C.E.）は、検査された各課題に一つの共通知的能力が働いていると考えられることに気づき、1914年に「一般知能」という概念を提案した。いくつかの検査問題に答える際に、ある能力が共通して働いているという考え方はビネーの検査法における理論的根拠づけになっている。ビネーの検査法は、その後2回の改訂（1908年、1910年）を経て、現在世界各国で広く用いられているビネー式知能検査の基礎をなすものとなった。

■ 知能検査の普及とその弊害

同じ頃、アメリカでは大量の移民の子どもの流入と義務教育制度の整備に伴う就学児の増大により教育の「効率化」が急務であると考えられ、この課題に対処する有効な道具として導入されたのが知能検査であった。さらに、1917年にアメリカがドイツに宣戦布告した際には、短期間に多数の兵士を選抜するための集団知能テストが必要とされ、スタンフォード大学のターマン（Terman, L. M.）がその開発に加わった。その後、全国知能検査の開発が進められ、1916年に出版されたスタンフォード改訂ビネー＝シモン知能尺度では、シュテルン（Stern, W.）の提唱した知能指数（IQ）が採用されることになった。ターマンはIQの恒常性を主張するとともに、IQが低い子どもたちは「通常の教師のエ

ネルギーを消耗させる」「他の子どもたちの成績水準を引き下げ教育の仕組みを妨げる」などと考えて学校に特殊学級を設置することを勧奨した。ここで勧奨された特殊学級は、子どもの発達の可能性を固定的かつ限定的にとらえたうえで教育の効率を最優先する考えであり、発達保障の立場で吟味された学習集団の組織化とは異なるものであった。

以後、知的能力の指標としてIQが用いられ、個人間の知的発達の程度を比較することができるようになったが、このことは同時に人間を選別し序列化する指標として用いられたという歴史的な経緯もある。

■ 診断性知能検査の開発と臨床的な活用

ニューヨークのベルヴュー病院で長年臨床に携わっていたウェクスラー（Wechsler,D.）は、個人の知能の特徴を診断的にとらえるための知能検査として1939年にウェクスラー＝ベルヴュー知能尺度を作成した。6個の言語性検査と5個の動作性検査からなる10歳から60歳までを適用範囲とする個別検査であり、言語性IQ、動作性IQ、全体IQの3種の知能指数が得られるほか、下位検査の得点のプロフィール表示が採用されるなど、尺度構成の面で斬新なものであった。このウェクスラー式知能検査は世界各国で標準化されて鑑別診断や教育相談に活用されている。アメリカでは2002年にWPPSI-Ⅲ、2014年にWISC-Ⅴ、2008

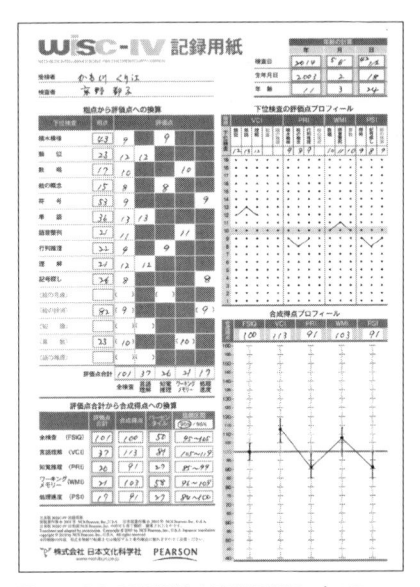

図　WISC-Ⅳ知能検査記録用紙のプロフィールページ記入例

年にWAIS-Ⅳが開発され、日本では現在、WPPSI-Ⅲ（適用年齢2歳6か月〜7歳3か月）、WISC-Ⅳ（5歳〜16歳11か月）、WAIS-Ⅳ（16歳以上）が刊行されている。WISC-Ⅳの改訂では、認知機能の新たな神経学モデルに基づき、言語性IQ、動作性IQという群指数にかわって「知覚的な推理（perceptual reasoning）」や「作業記憶（working memory）」に着目した下位検査、および指数が導入された。

また、グッドイナフ（Goodenough, F. L.）は知能検査の実施に抵抗を示す児童の知能を測定するための手法として、人物画知能検査を標準化した。現在はGoodenough Draw-A-Man Test（DAM）として発展させられ、WISCやビネー式検査を補うものとして臨床的に使用されている。　　　　　（服部敬子）

された。したがって知能は生得的・固定的なものではなく、発達過程で変化し得ると理解すべきである。

●鈴木ビネー知能検査

ビネー、ターマン等の研究を参考に鈴木治太郎が尺度を検討し、1930年に「実際的個別的智能測定法」を出版したのが初版。1万6千人もの児童を対象とした標準化、年齢順と困難度順に従う問題構成によって検査時間が短く正確で使いやすいことが特徴。2007年には、現代にふさわしい材料への変更、「美の比較」や「絵の中の欠所発見」の図版を人物から日常事物に変えるなどの改訂が行われ、76問から72問に精選されて2歳2か月から21歳までを対象とする年齢尺度が作成された。

●田中ビネー式知能検査

ターマンが開発したスタンフォード＝ビネー知能検査テストの改訂案（1937）をもとに田中寛一が日本人向けに改め1947年に標準化した個別知能検査。1987年には全訂版が刊行された。言語、動作、記憶、数量、知覚、推理、構成などの内容から成る118問が難易度順に1歳級から成人Ⅲ級までに割り当てられ、合格した問題数によって精神年齢が算出される。2005年に刊行された「田中ビネー知能検査Ⅴ」では、「1歳級」以下の発達をとらえる（対象は2歳以上児）指標として「発達チェック」項目が新たに設けられた。結果は知能指数で表されるが、加えて行動観察から意欲などが評価される。

　知能検査の有用性と、知能指数偏重がもたらす弊害についてさらに調べ、知能検査では測り得ない発達の側面とはどのようなものかを考えてみよう。

［参考文献・ホームページ］
・辰野千寿『新しい知能観に立った―知能検査基本ハンドブック』図書文化社、1995年
・ポール・デイビス・チャップマン（菅田洋一郎・玉村公二彦監訳）『知能検査の開発と選別システムの功罪―応用心理学と学校教育―』晃洋書房、1995年
・A.ビネー, Th.シモン（中野善達・大沢正子訳）『知能の発達と評価：知能検査の誕生』福村出版、1982年
・http://asdweb.net/wisc4【WISC-Ⅳ】「アスペルガーな娘が知能テストを受けて分かったこと」2014.6.27記

ウェクスラー式検査
(WPPSI-Ⅲ、WISC-Ⅳ、WAIS-Ⅲ)

心理教育アセスメントでは、知能水準や認知特性を個別検査により把握することにより、信頼性、客観性のある資料を提供してくれる。近年、発達障害児への障害の診断や判断、指導プログラムの作成などについて、WPPSI（幼児用）、WISC（児童用）、WAIS（成人用）が活用されている。

●WISC-Ⅳの下位検査能力
類似：言語推理、概念の形成、
　　　語の発達
単語：一般知識、言語概念形成、
　　　語いの知識
理解：社会的ルールの理解、経
　　　験を評価し利用する能力
知識：一般事実に関する知識
語の推理：言語的推理能力、言
　　　　　語理解、言語抽象概
　　　　　念
数唱：聴覚的短期記憶、注意力、
　　　符号化、メモリースパン
語音整列：順序づけ、集中力、
　　　　　注意力、聴覚的短期
　　　　　記憶
算数：数的推理能力、計算力、
　　　算数能力
積木模様：視覚認知と視覚的体
　　　　　制化、視覚－運動の
　　　　　協応
絵の概念：抽象的推理能力、帰
　　　　　納的推理力
行列推理：視覚情報の処理能力、
　　　　　抽象的推理能力
絵の完成：知覚的細部の認識、
　　　　　位置空間関係
符号：視覚的探索能力、事務的
　　　処理の速さ
記号探し：視覚的短期記憶、知
　　　　　覚処理速度
絵の抹消：選択的視覚的注意、
　　　　　知覚処理速度

●WISC-Ⅳの解釈の手順
　基本的なプロフィール分析の方法は、①全検査の報告・記述、②言語理解指標の報告・記述、③知覚推理指標の報告・記述、④ワーキングメモリー（WM）の報告・記述、⑤処理速度指標

■ ウェクスラー式知能検査の種類

　米国のウェクスラー（Wechsler, D.）は、1939年に知能について「目的的に行動し、合理的に思考し、能率的にその環境を処理する総合的・全体的な能力である」と定義づけ、それ以来、W-BⅠ、W-BⅡ、WPPSI、WISC、WAISの5種類の個別式知能検査を作成した。日本では、WPPSI（幼児用）、WISC（児童用）、WAIS（成人用）の3種類の検査が標準化されている。この知能検査は、欧米をはじめとして世界で多く活用されている。

■ WPPSI（幼児用）

　幼児用知能検査WPPSI（Wechsler Preschool and Primary Scale of Intelligence）は、1963年（日本版1969年）に作成され、1990年にWPPSI-R、2002年にWPPSI-Ⅲ（日本版2017年）、2012年にWPPSI-Ⅳと改訂を重ねている。

　日本版WPPSI-Ⅲは、適用年齢が2歳6か月～7歳3か月である。検査は、幼児の認知発達の変動を考慮して、2歳6か月～3歳11か月と4歳0か月～7歳3か月の2部構成となっている。

　下位検査は、2歳6か月～3歳11か月が基本検査4（「ことばの理解」「知識」「積木模様」「組合せ」）、補助検査1（「ことばの理解」）、また、4歳0か月～7歳3か月が基本検査7（「知識」「単語」「語の推理」「積木模様」「行列推理」「絵の概念」「符号」）、補助検査5（「理解」「類似」「絵の完成」「組合せ」「記号探し」）、オプション検査2（「ことばの理解」「絵の名前」）で構成されている。これらの検査の実施数により、全検査IQ（FSIQ）、言語理解指標（VCI）、知覚推理指標（PRI）、ワーキングメモリー（WMI）、処理速度指標（PSI）、を算出することができる。

■ WISC（児童用）

　児童用知能検査WISC（Wechsler Intelligence Scale for Children）は、1949年（日本版1953年）に作成され、1974年（日本版1978年）にWISC-R、1991年（日本版1998年）にWISC-Ⅲ、2003年（日本版2010年）にWISC-Ⅳ、2014年にWISC-Ⅴと改訂を重ねている。

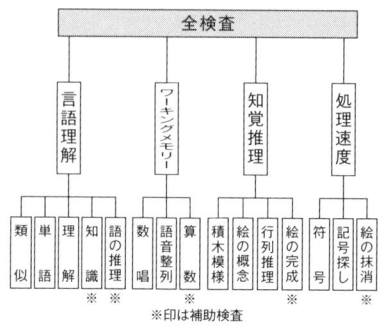

図　WISC-Ⅳの構成

日本版WISC-IVは、適用年齢が5歳0か月〜16歳11か月である。下位検査は、基本検査が10（「類似」「単語」「理解」「数唱」「語音整列」「積木模様」「絵の概念」「行列推理」「符号」「記号探し」）、補助検査5（「知識」「語の推理」「算数」「絵の完成」「絵の抹消」）で構成されている（図1）。これらの検査の実施数により、全検査IQ（FSIQ）、言語理解指標（VCI）、知覚推理指標（PRI）、処理速度指標（PSI）、語い総合得点（GLC）を算出することができる。

言語理解指標は、言語概念形成、言語推理、環境から得た知識を測定する。

知覚推理指標は、知覚推理・流動性推理・空間処理・視覚—運動の統合を測定する。ワーキングメモリーは、ワーキングメモリー（情報を記憶に一時的に留め、その記憶を使って一定の運用や操作を行い、結果を算出する）の能力を測定する。処理速度指標は、単純な視覚情報を素早く正確に読み込む、順に処理する、あるいは識別する能力を測定する。

日本版WISC-IVの解釈では、指標間や下位検査間の差（ディスクレパンシー）の比較、強い能力（S）と弱い能力（W）の判定、「積み木模様」「数唱」「絵の抹消」の結果からプロセス得点の算出とディスクレパンシーの比較ができ、子どもの検査結果についてより詳しい情報が得られることになった。

また、CHC 理論（Cattell-Horn-Carroll）の広範な知能因子10のうち、「結晶性知能」（過去の学習経験を高度に適用して得られた判断力や習慣、流動性知能を基盤とする言語能力や知識に関する知能）、「視空間能力」（視覚的なパターンや刺激の知覚・分析・貯蔵・検索・操作・思考に関する能力）、「流動性推理」（新しい場面への適応を必要とする際に働く能力）、「短期記憶」（与えられた情報を数秒間保持し、その後、取り出すことに関する能力）、「認知的処理速度」（時間をかければ解ける比較的単純な課題を素早く正確に解いていく能力）、の5つの能力の解釈も可能となった。

■ WAIS（成人用）

成人用知能検査WAIS（Wechsler Adult Intelligence Scale）は、1955年（日本版1958年）に作成され、1990年にWAIS-R、1997年にWAIS-III（日本版2006年）と改訂を重ねている。

日本版WAIS-IIIは、適用年齢が16歳〜89歳である。下位検査は14で構成され、7つの言語性検査（「単語」「類似」「算数」「数唱」「知識」「理解」「語音整列」）と7つの動作性検査（「絵画完成」「符号」「積木模様」「行列推理」「絵画配列」「記号探し」「組合せ」）がある。「語音整列」「記号探し」「組合せ」は、代替え検査である。

これらの検査の実施数により、言語性IQ（VIQ）、動作性IQ（PIQ）、全検査IQ(FIQ)の3つのIQのほか、言語理解（VC）、知覚統合（PO）、作動記憶（WM）、処理速度（PS）の4つの群指数も測定できる。　　　　　（三浦光哉）

の報告・記述、⑥指標間の得点の差を評価、⑦強い能力と弱い能力の評価、⑧下位検査間の得点の差の評価、⑨下位検査内の得点のパターンの評価、である。

●WISC-IVの解釈
〈言語理解が苦手な場合〉
・指示を簡潔にはっきり言う
・繰り返して言い確認する
〈WMが苦手な場合〉
・説明は短く伝える
・意味づけして覚えやすくする
〈知覚推理が苦手な場合〉
・目印や文字を書いて示す
・一つ一つ順を追って説明する
〈処理速度が苦手な場合〉
・課題に取り組む時間の確保
・大きなマス目ノート等を用意

●DN-CAS認知評価システム
認知処理特性を把握する検査として、DN-CAS（Cognitive Assessment System）がある。DN-CASは、カナダ・アルバート大学のJ. P. Dasと米国オハイオ州立大学のJack A. Naglieriにより、1997年（日本版2007年）に作成された。DN-CASは、ルリアーダスのPASSモデル（プランニング、注意、同時処理、継次処理）を理論背景としている。適用年齢は5歳0か月〜17歳11か月の範囲である。下位検査は12（「数の対探し」「文字の変換」「系列つなぎ」「図形の推理」「関係の理解」「図形の記憶」「表出の制御」「数字探し」「形と名前」「単語の記憶」「文の記憶」「発語の速さ／統語の理解」）で構成されている。

（check）**WPPSI-III、WISC-IV、WAIS-IIIの検査結果から、幼児児童生徒個人内差や認知特性を把握し、長所活用型や短所改善型の指導プログラムを考えてみよう。**

［参考文献］
・日本版WISC-IV刊行委員会（上野一彦・藤田和弘・前川久男・石隈利紀・大六一志・松田修）『WISC-IV知能検査』日本文化科学社、2010年
・藤田和弘・前川久男・大六一志・山中克夫『WAIS-IIIの解釈事例と臨床研究』日本文化科学社、2011年
・上野一彦・バーンズ亀山静子訳『WISC-IVの臨床的利用と解釈』日本文化科学社、2012年
・上野一彦監訳『エッセンシャルズWISC-IVによる心理アセスメント』日本文化科学社、2014年
・上野一彦・松田修・小林玄・木下智子『日本版WISC-IVによる発達障害のアセスメント』日本文化科学社、2015年

カウフマン式検査（KABC-Ⅱ）

心理教育アセスメントでは、知能水準や認知特性を個別検査により把握することにより、信頼性、客観性のある資料を提供してくれる。KABC-Ⅱは、認知処理過程と習得度を1つの検査で測定することができる。とくに、アカデミックスキル（国語・算数）を測定することができる検査として注目されている。

●認知処理様式の指導方略

　K-ABCは、子どもの得意な認知処理様式（継次処理様式、同時処理様式）を明らかにして、それを学習に活かすことをねらいとしている。両様式に有意差がある場合には、得意な認知処理様式を活かすように指導方略を工夫しなければならない。

〈継次処理指導方略5原則〉
①段階的な教え方
②部分から全体への方向性をふまえた教え方
③順序性をふまえた教え方
④聴覚的・言語的手がかりの重視
⑤時間的・分析的要因の重視

〈同時処理指導方略5原則〉
①全体的な教え方
②全体から部分への方向性をふまえた教え方
③関連性をふまえた教え方
④視覚的・運動的手がかりの重視
⑤空間的・統合的要因の重視

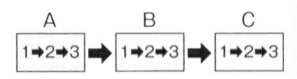

図2　継次処理のモデル

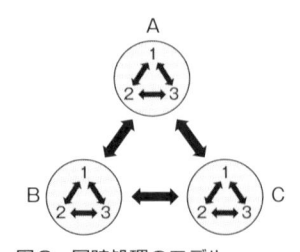

図3　同時処理のモデル

■ カウフマン式検査

　K-ABC（Kaufman Assessment Battery For Children）は、米国のカウフマン夫妻（Kaufman, A. S. & Kaufman, N. L.）により、1983年（日本版1993年）に作成され、その後、2004年（日本版2013年）にKABC-Ⅱとして改訂された。

　K-ABCは、①知能（新しい問題を解決する能力）と習得度（日常生活や教科学習で実際に習得した知識）を分けて測定すること、②知能を認知処理過程（継次処理、同時処理）で測定することにより、その検査結果（得意な認知処理スタイル）から教育指導に直結させることである。K-ABCは、ルリア（1970）の高次精神機能の神経心理学的モデルから知能を定義しており、子どもの課題解決のプロセスに視点をあてた検査である。

　改訂されたKABC-Ⅱは、これまでのK-ABCを継承しながらも、最新の理論モデル（ルリアの神経心理学理論、キャッテル–ホーン–キャロルの広範的能力と限定的能力の階層組織〈CHC理論〉）に基づいて尺度や下位検査が拡大した。また、日本版KABC-Ⅱでは、習得検査を充実・発展させ、初めてアカデミックスキル（国語・算数）を個別に測定できる検査となった。認知検査と比較することにより、支援・指導といった教育的な働きかけに直結できるものである。

■ KABC-Ⅱ

　日本版KABC-Ⅱは、適用年齢が2歳6か月〜18歳11か月である。機械は、大きく認知総合尺度と習得総合尺度の2つに分けられている。

　認知総合尺度は、「継次」「同時」「計画」「学習」の4つの尺度を総合したものである。子どもの継次処理能力、同時処理能力、計画能力、学習能力の指標であり、知的能力のレベルを示す。下位検査は、「継次」3検査、「同時」4検査、「計画」2検査、「学習」2検査、計11検査で構成されている（図1）。

　継次処理とは、入ってくる情報を1つずつ順番に処理して問題を解決することを測定する。与えられた情報に気づき、情報を構成している要素と要素とをその特徴により弁別し、短い時間に情報を記憶して順番に再生する（図2）。

　同時処理とは、入ってくる情報を全体として空間的・類推的に統合して問題を解決することを測定する。複数の視覚的あるいは言語的な情報を全体として統合するプロセスである（図3）。

　計画能力とは、時系列に順序よく並べる能力や刺激パターンの規則性を見つけ出すことを測定する。高次の意思決定に関する実行機能を反映する。

学習能力とは、新しい情報を学ぶ能力を測定する。新たな情報を効率的に学習し、保持するための戦略を生み出す機能である。

一方、習得総合尺度は、「語彙」「読み」「書き」「算数」の4つの尺度を総合したものである。認知処理能力を活用して獲得した知識や技術を測定する。読み、書き、算数、初期の言語発達、言語概念など、教科学習の基礎をなす知識や技能に関する子どもの特徴を示す。下位検査は、「語彙」3検査、「読み」2検査、「書き」2検査、「算数」2検査、計9検査で構成されている（図1）。

従来のK-ABCと比較してみると、認知総合尺度には、新たに「計画」と「学習」といった2つの処理能力が追加された。このことにより、流動性推理やプランニング、記憶の保持や長期記憶の検索といった能力も解釈することができるようになった。また、習得総合尺度には、新たに〈理解語彙〉〈ことばの書き〉〈文の構成〉の下位検査が追加された。習得総合尺度と認知総合尺度を比較することにより、国語や算数の能力（語彙・読み・書き・計算・数的推論）、つまり、学習障害（LD）についても測定可能となった。このことにより、小学生から高校生に至るまでの発達障害児等の認知処理能力や教科の基礎的学力を詳細に測定できるようになった。

さらに、CHC理論の広範な知能因子10のうち、「長期記憶と検索」「短期記憶」「視覚処理」「流動性推理」「結晶性知能」「量的知識」「読み書き」の7つの能力の解釈も可能となった。 　　　　　　　　　　　　　　　　　　　　（三浦光哉）

● カウフマンモデルの解釈

〈継次尺度〉
高い：継次型指導方略
低い：同時型指導方略

〈同時尺度〉
高い：同時型指導方略
低い：継次型指導方略

〈計画尺度〉
高い：方略の使用を確認利用
低い：方略や考え方を提示

〈学習尺度〉
高い：連合学習の高さを利用
低い：記憶術に関する対策

● CHCモデルの広範的能力

〈長期記憶と検索〉
新しい学習または以前に学習した情報を記憶し効率的に検索する。

〈短期記憶〉
情報を取り込み、保持し、数秒のうちにそれを使う。

〈視覚処理〉
視覚的なパターンを知覚し、記憶し操作し、そして考える。

〈流動性推理〉
演繹や帰納などの推論能力を使って新規な問題を解く。

〈結晶性知能〉
その人の属する文化によって獲得された知識の幅や深さ。

〈量的知識〉
計算し、数学的に推論する。

〈読み書き〉
ことばの読み、文を理解する。ことばの書き、文を構成する。

● 学習障害（LD）の判断例
認知＞読み：読字障害の可能性
認知＞書き：書字障害の可能性
認知＞算数：算数障害の可能性
＊ただし、認知総合尺度の標準得点が85程度以上の場合。

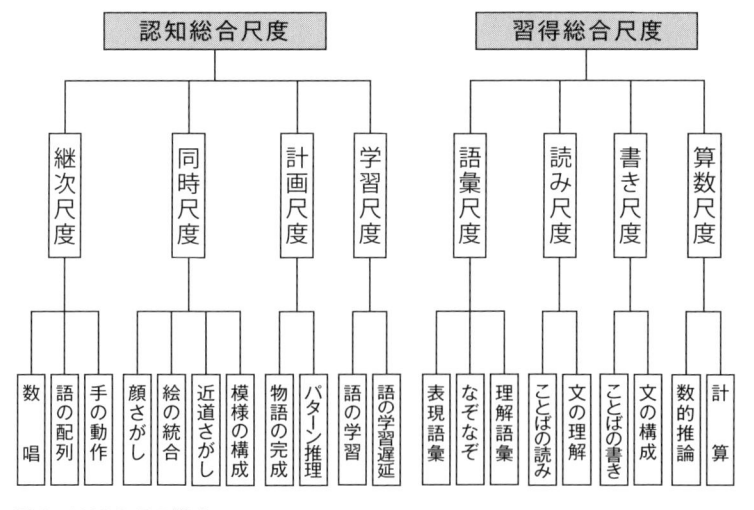

図1　KABC-Ⅱの構成

 check

KABC-Ⅱの検査結果から、幼児児童生徒個人内差や認知特性を把握し、得意な認知処理様式を活かした指導のプログラムを考えてみよう。

［参考文献］
・藤田和弘監修・熊谷恵子・柘植雅義・三浦光哉・星井純子編著『長所活用型指導で子どもが変わるPart 3〈小学校・中学校用〉』図書文化、2008年
・Kaufman Assessment Battery for Children, Second Edition：Kaufman, A. S.・Kaufman, N. L.・日本版KABC-Ⅱ制作委員会『日本版KABC-Ⅱ』丸善、2013年
・藤田和弘・石隈利紀・青山真二・服部環・熊谷恵子・小野純平『エッセンシャルズ　KABC-Ⅱによる心理アセスメントの要点』丸善出版、2014年
・藤田和弘監修・熊谷恵子・高畑芳美・小林玄編著『長所活用型指導で子どもが変わるPart 4〈幼稚園・保育園・こども園用〉』図書文化、2015年
・藤田和弘監修・熊谷恵子・熊上崇・小林玄編著『長所活用型指導で子どもが変わるPart 5〈思春期・青年期用〉』図書文化、2016年
・小野純平・小林玄・原伸生・東原文子・星井純子「日本版KABC-Ⅱによる解釈の進め方と実践事例」丸善出版、2017年

第3章 083 発達検査 (Developmental Test)

乳児期〜成人期における一人ひとりの発達の状態について、身体運動能力や手指の操作・コントロール、言語・認知能力、社会性などの面から調べ発達診断を行うために開発された検査。発達検査は発達の様相を明らかにするための一つの手段であり、それぞれの検査の目的と特徴、有効性と限界を熟知しておく必要がある。

●発達年齢（DA）、発達指数（DQ）、発達の順序尺度

DA、DQは知能検査における精神年齢や知能指数と同様に算出される。精神発達は新しい構造が段階的に現れてくるものであり、どの子どもにおいても年齢的な遅速はあってもほぼ同一の順序で段階が生起するという考えに基づいて、発達検査の結果を精神年齢などの数値ではなく、系列のどこまで進んだかで示そうとするものは「発達の順序尺度」と呼ばれる。

●ウキン（ウィーン）式テスト

ビューラーらが考案したのは計170個の検査課題であり、6つの領域（感覚受容、身体運動、社会性、学習、材料処理、精神的生産）に分類され、各年齢区分の中に割り当てられた。わが国では早くから「ウキン（ウィーン）式テスト」などの名で紹介され、愛育研究所の牛島義友らによって再標準化された。

●ゲゼル
（Gesell, A. L.1880-1961）

アメリカの発達心理学者で、乳幼児の行動発達について科学的な分析を試み、発達診断という概念を提案した。『発達診断学』（Gesell & Amatruda、新井清三郎・佐野保訳、1958年、日本小児医事出版社）の「はしがき」では、「本書はいかなる意味でも知能テストや知能指数（IQ）"測定"の参考書ではない」「我々が主として意図しているところは、神経運動組織の成熟と組織化で

■ 知能検査から発達検査へ〜乳幼児期への着目

現在の発達検査項目にも多くが採用されているビネー＝シモン知能測定尺度（1905年、1908年、1911年）は学齢期の精神遅滞児を検出しようとするものであった。よってその後、多くの研究者によって乳幼児を対象とする検査の開発が試みられたが、それぞれの検査は、何を測定しようとするか、標準をどうとらえるか、さらにその背景をなす発達観そのものにおいて異なっていた。その中で、シャルロッテ・ビューラー（Büler, Charlotte）の研究とゲゼル（Gesell, A.）の研究は、乳幼児の緻密な観察に基づく多面的な検査項目の考案・精選、および、障害の有無にかかわらず一人ひとりの子どものよりよい発達をねがう方法上の理念といった点で、今日の発達検査の礎を築いたといえる。

■ 発達検査の礎を築いたビューラーとゲゼル

オーストリアのシャルロッテ・ビューラーはヘッツァー（Hetzer, H.）と協力し、長年の研究成果をふまえて、生後1年目から6年目までの子どもの発達検査の方法を吟味した本を公刊した（1932年）。生活場面での自然観察も重視し、乳幼児の精神活動を多面的にとらえようとするこの検査は、乳児院や保育所における保育上の示唆を与えうるように考慮されたものであった。ビューラーらの観察で重要なのは、子どもの一つのひとつの反応を「できる」か、「できない」かという視点でみるのではなく、テスト場面というある特殊な状況において、子どもがそれをどのような課題として受けとめ、自己の要求を伴ってどのように応えようとするかを組織的にとらえよ

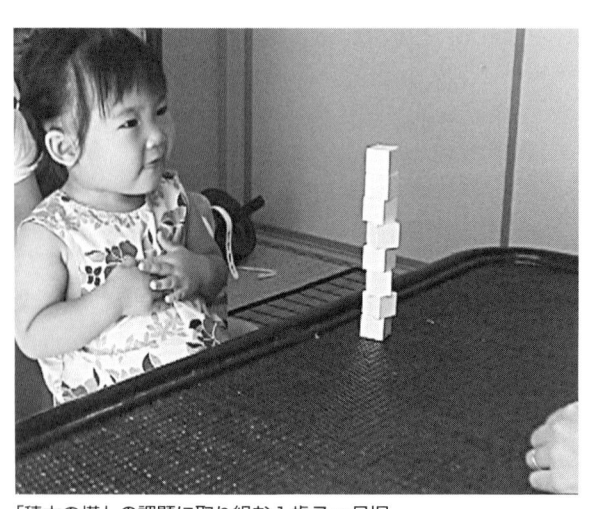

「積木の塔」の課題に取り組む1歳7ヵ月児
モット、モット……と次々に気持ちも積み上げていき、8個目を積んで初めて正面の検査者に視線を送った。いったん気持ちをしめくくり、ほっとしたうれしさが手の動きにも表れた。

うとしたことであった。

　ビューラーらの研究とほぼ同じ頃にアメリカでは、心理学と医学に通じたゲゼル（Gesell, A.）が「発達してゆく子どもの生活を愛育し、保護するためには、子どもというものの性質とそのニーズを理解せねばならない」との考えで乳幼児の行動発達の研究を始めていた。当時、下痢や発熱などの対策に追われていた小児医学界の中でゲゼルがめざしたのは、神経学的な欠陥や感覚障害を明らかにし、個人内での発達の偏りを見出して「発達指導を建設的に行う」ための発達診断の手がかりとなる検査であった。5つの領域（適応行動、粗大運動行動、微細運動行動、言語行動、個人－社会的行動）から乳幼児の行動を観察する方法、および、発達診断を実施する大切な時期として生後4週、16週、28週、40週、52週、18か月、24か月、36か月、48か月、60か月が「鍵年齢（Key Age）」として示された。

■ 日本における発達検査の開発と活用上の留意点

　わが国では、児童福祉法制定によって戦災孤児や浮浪児、心身障害児などの対策が急務の課題となり、保育所増設に伴う保育相談の要請も高まった。1931年に当時としては珍しく新生児から学童に及ぶ広範囲の子どもたちを対象に、心身両面からの発達の問題に取り組むべく開設された京都市児童院（現在の京都市児童福祉センター）は、ゲゼル、ビューラー、ビネー法などを参考にして検査項目の選定に取り組んだ。この「K式発達検査」は未公刊ながら各地の児童相談所や保健所でも活用されるようになり、1985年にようやく『新版K式発達検査法』として刊行された。

　対象児の年齢が低いほど、また、障害が重度であるほど対象児のコンディションが検査結果に大きく影響するため、結果の解釈については生育歴や日常の姿などと照らして慎重に行う必要がある。体調や機嫌など子どもの側の条件に十分留意しながら、検査自体がそのときの子どもにとっての教育的な働きかけとなり、養育者および保育・教育者の子ども理解を深める契機となることが望まれる。

　発達年齢や発達指数の算出だけではその子どもの発達的理解をしたことにならない。ある課題に対して抵抗を示すようになる、それまでの「正答」が揺らぐといった姿には、現状を乗り越える新たな矛盾の発生という積極的な意味を見いだせる場合もある。それぞれの課題を子どもがどのように受けとめ、検査者と関係を結んで応えようとするのか、「＋（通過）」と「－（不通過）」の「間」（÷）の応え方をていねいにとり出すためには、標準化された手続きによる応え方を把握したうえで、視覚的、あるいは言語的な支えを入れた場合にどのように応え方が変化するかをみることも必要であろう。こうした視座があってこそ、臨床・教育の場で活用され得る検査となるといえる。　　　　　　　（服部敬子）

ある」と述べられている。

●代表的な発達検査

　脳性麻痺や精神遅滞の鑑別診断のために小児科医によく利用されている『遠城寺式乳幼児分析的発達検査法』、ゲゼルの発達診断をもとに津守真らが質問紙調査法にした『乳幼児精神発達診断法』、発達遅滞や発達上のゆがみがある可能性の高いものを見出すスクリーニングのために用いられる『日本版デンバー式発達スクリーニング検査』、4歳〜小学校低学年の子どもの視知覚上の問題点を発見し、適切な訓練を行うために実施される『フロスティッグ視知覚発達検査』などがある。

●新版K式発達検査2001

　新版K式発達検査は2001年に、この間の社会状況の変化を考慮し、検査項目が取捨選択され、再標準化が行われた。3か月未満児に対する尺度が整備され、これまで13、4歳までであった適用年齢が成人まで拡張された。328個の検査項目が、姿勢―運動、認知―適応、言語―社会の3領域に分けて0か月〜成人Ⅲまでの月齢、年齢級に割り当てられたもので、検査結果は領域ごとと全体の発達年齢と発達指数および、プロフィールの形で表される（通過と不通過の境目の線を記入し、相対的に発達が進んでいる領域や遅れている領域が一目でわかるようにする）ことが多い。

　現在、検査に対する社会的要請の変化等に対応するため2020年の改訂作業が進められている。

---

 check ▶ 種々の発達検査の項目や手続きを比較し、どのような場・目的で利用されるのにふさわしいか、聴き取りによって評価する際の留意点についても考えよう。

[参考文献・ホームページ]

・大島剛・川畑隆ほか『発達相談と新版K式発達検査──子ども・家族支援に役立つ知恵と工夫』明石書店、2013年
・木戸啓子・山口茂嘉「乳幼児発達検査の変遷と保育への応用」『岡山大学教育実践総合センター紀要』第3巻、2003年（http://ousar.lib.okayama-u.ac.jp/file/11405/003_057_065.pdf）
・生澤雅夫編著者代表『新版K式発達検査法：発達検査の考え方と使い方 第2版』ナカニシヤ出版、1989年

084 発達診断と発達相談

対象児・者の健康、教育、福祉などの問題を発達という観点からとらえ、聴き取りや観察、検査の結果をもとに発達上の課題を見きわめ、必要な予防、治療、教育上の対策を講じるために行われるのが発達診断である。子どもの発達を保障していくために必要な生活および保育・療育・教育上の留意点などを助言・指導する発達相談のニーズはますます高まっている。

●ゲゼルが示した発達診断の諸機能

①正常、異常、および優秀児の発達成熟度の段階と型を確認する、②全体の行動能力を分析し、正常、知的障害、および特殊な発達の偏りの鑑別診断を可能にする、③普通の臨床検査では現れない神経学的欠陥および感覚障害を明らかにする、④情緒的傾向、およびパーソナリティ統合に関する重要な、客観的情報を提供し、時には親子関係の適不適を明らかにする、⑤発達指導を建設的に行う。定期的発達検査によって、個々の子供と両親を指導する手がかりとなる。

●可逆操作

「発達における自己運動として外界をとりいれ、運動・実践を産出するにあたって、活動の源泉であり活動の結果としてうまれる欲求を人間的な発達要求にたかめつつ間接性を操作していく際の基本様式の一つ」(田中昌人『人間発達の科学』p.150)。人が外界に働きかけ変化させて新しい活動や産物をつくり出し、そのことによって自らの本性を変化させ、内面を豊かにしていくそのしかたがどのように質的・量的に変化していくのかというみかたで発達の本質をとらえるために必要な概念である。

●母子保健法

➡210ページ参照

■ 発達を診断する方法の開発

発達診断は主として心理学的診断の一つの分野であり、医学診断や教育診断とも相互に関係をもちながら相対的に区別される独自の領域と課題をもつ。

1905年にフランスの心理学者ビネー(Binet, A.)は、特別な教育上の配慮を要する児童の発見と治療・教育を目的として知能の測定尺度を発表した。ビネーの検査項目では不十分であった3歳以下の乳幼児の行動観察を精緻に行い、発達段階や程度を「系列のある成熟の価」として生後60か月までの行動発達標準を示したのが『発達診断学』を著したゲゼル(Gesell, A.)である。「恒常性」を前提として分類・選別を目的とする知能指数ではなく、個人の発達変化をとらえるために2回またはそれ以上の検査を継続的な年齢で行うこと、できるだけ早くしっかりと両親を助けて現実に立ち向かわせられるように知らせることが診断を行う者の義務であると説いた。

わが国では1960年ごろから田中昌人・田中杉恵らが発達保障の立場で人間発達における合法則性を追究し、「新しい発達の原動力」がどのように順調に、あるいは可能性をもって、さらには援助を求めて発生してきているかに着目する発達診断の方法が考案されてきた。新版K式発達検査の項目を独自の理論的観点から吟味し、発達年齢や発達指数に還元することができない「新しい発達の原動力」の発生状況、「可逆操作」としてとり出される発達の基本単位の質と発達連関、自我の発達などをとらえようとする課題が加えられ、活動の自由度や密度の高さ、検査者の「支え」に対する応え方を評価する観察点が示された。

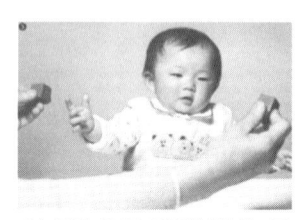

6か月児にみられる可逆対追視。両手をあげ、撓側がひらく(田中・田中・有田、1981、p.130)

■ 高まる育児・保育相談ニーズと発達相談活動の実際

わが国では現在、雇用不安や長時間労働を強いられるなど子どもを生み育てにくい社会状況にあり、ストレスや育児不安から育児困難な状態にある親が増えている。そこで、すべての子どもたちの健康と発達を保障していくために、憲法、児童福祉法、母子保健法に基づいて行われるのが乳幼児健診であり、その中で医師による診察、保健師による保健指導・育児相談などとならび、心理の専門家による発達相談が位置づけられている。また、近年は発達相談員が保育の現場に出向き、園で「気になる」子どもに関わる相談を行う保育巡回相談

へのニーズも高まってきている。

　発達相談は、発達診断に基づいて行われる。発達診断では、まず育児の主人公である保護者の訴えを傾聴し、子どもの生育歴や病歴、家庭環境などの詳細を把握するよう努める（受理：インテイク）。そのうえで対象児・者の観察や検査を行い、対象児・者のかかえる問題の現状・実態を明らかにする。「診断」は「検査」と同義ではなく、検査結果から総合的に問題となる症状（行動、発達上のつまずきやアンバランス）や徴候に関わる原因を解明し、治療や教育の方法と予後の見通しなどを説明・指導する行為までが含まれる。

　発達相談では、子どもの姿から出発して親、きょうだい、保育士、教師など子どもに影響を及ぼしている環境へと視野を広げ、顕在的・潜在的な問題を見抜いて受けとめることが重要である。育児の主人公である保護者の考えや生活を尊重しながら、発達の主人公であるその子どもの発達を保障していくために必要な手立てをできるかぎり具体的に提示しなければならない。それゆえ、発達相談員はその地域の歴史や地理、育児環境に通じていることが求められる。

　障害の早期発見とその指導にあたっては一つの専門分野だけで対応してはならず、医療や心理、福祉にかかわる専門職チームが必要である。発達上の障害が疑われ、早期治療、早期訓練、福祉措置および両親に対する早期援助が必要な場合は、関係者の合意を得て専門機関に紹介することになる。その際、保護者を一方的に被援助者の立場に立たせるのではなく、それぞれの専門機関が引き受ける子どもの発達上の課題とその中での保護者の役割を、短期的・長期的な視点から明らかにし、相互協力的な関係を築いていくことがのぞまれる。

　保育現場で行われる巡回相談では、子どもと保育者、保育者と保護者が信頼関係を築いていけるように、子どもの気になる姿を発達的に理解する見方や援助する方法を助言するほか、園内の協力体制づくりや園と専門機関との関係づくりを支援することなどが求められる。その保育園の、そのクラスの状況、保育者の経験などを考慮して実践可能な方法を示すことが大切であり、今ある条件を最大限に生かしながらよりよい条件やルールをつくり出していく努力をともにするという責任ある助言・指導が必要とされる。

■ これからの発達診断・発達相談に向けて

　今後、発達診断が医学的治療や保育・教育実践の基本に生かされ、さらに、「今ある問題に対する対応」としての診断から「予防の基礎」としての診断へと相互の対策を充実させつつ発展していくことが求められる。また、治療や訓練の内容・方法がどのような発達的有効性をもっているのかを評価し、その内容を発達にふさわしいものに系統的に発展させて有効性を高めていくことに貢献することが期待される。「発達障害を早期に発見し、発達支援を行うことに関する国及び地方公共団体の責務」（「発達障害者支援法」第1条）の一つとしても、発達相談活動を充実させる公的な財源保障を求めていく必要がある。　　　　　（服部敬子）

 check　発達の状態を表す指標として、「発達年齢」や「発達指数」が不十分である理由について、発達診断を行う立場、発達相談を受ける立場から考えてみよう。

［参考文献］
・白石正久・白石恵理子編『教育と保育のための発達診断』全国障害者問題研究会出版部、2009年
・浜谷直人編『発達障害児・気になる子の巡回相談─すべての子どもが「参加」する保育へ』ミネルヴァ書房、2009年
・田中昌人・田中杉恵／有田知行（写真）『子どもの発達と診断』1～5、大月書店、1981～1988年
・白石正久『障害が重い子どもの発達診断』クリエイツかもがわ、2016年

●発達段階

　人間の発達をとらえる際にその分析の対象を、「行動」ではなく「活動」へと転換したときに、その水準を規定する心理的基盤としての「発達段階」を論じることが可能になる。「活動」においては主体の存在と意識とが統一してとらえられ、その発達は、成熟や学習（刺激─反応）に還元されることなく社会的諸関係の中で実現するものと考えられる。発達の段階理論においては、段階間の質的非連続性が、機能の変化と機能間の連関性のもとに説明されねばならない。ピアジェは認知発達に限定して「知能」から「操作」に至る諸段階を明らかにし、ワロンは段階間の対立─否定関係に着目し、神経・生理的成熟から人格発達までを視野に入れた諸段階の様相を明らかにした。

●障害児保育巡回相談

　公的制度ではなく、自治体によって実施主体や巡回方法は異なる。公的責任のもとにチームとして活動し、ていねいな保育観察、検査が行えるよう条件整備が求められている。

●発達診断と教育実践

　発達診断の結果だけから、ストレートに教育実践の中身が出てくるわけではない。かつて発達検査の項目を直接的に指導・訓練するという誤りもみられたが、教育実践においては、教育の中身を編成し、教材、教具を作る場合に、科学性、文化性、真実性を基本に、その子の発達診断に基づく、発達段階、障害、生活条件、学習集団性を考えて進めなければならない。

知的障害
——状態像としての知的障害

第3章 085

知的障害を状態像ととらえる見方が今日広く受け入れられている。これは、①知的機能の平均以下、②適応行動の平均以下、③発達期での発現、の3要件を満たしたとき知的障害の判定をするというものである。こうした状態像としての知的障害は、広く受け入れられているとは言え、病因を問わない定義であり、現実には病因の明確な器質性知的障害と非知的障害に分類される。しかし、これ以外にも、知的障害の定義が存在する。

●アメリカ知的障害・発達障害協会（AAIDD）による知的障害定義（2010年版）

知的障害は、知的機能と適応行動の双方における有意な制約を特徴とし、概念的、社会的、実用的スキルに現れる。この障害は、18歳以前に発現する。次の5つの前提が、この定義の適用に当たり必須である。

1. 現在の機能上の制約は、個人の同輩や文化にとって典型的なコミュニティ環境という文脈で考察されなければならない。
2. 有効なアセスメントはコミュニケーション、感覚、運動、行動の諸要因はもとより文化的、言語的な多様性を考慮したものでなければならない。
3. 制約は、しばしば、個人内において、得手と共存しているものである。
4. 制約を特定する重要な目的は、サポートのニーズのプロフィールを開発することである。
5. 一定期間にわたり適切な個別サポートが提供されるなら、知的障害をかかえる人の生活機能は一般的に改善する。（"Intellectual Disability Definition,Classification and Systems of Supports" the 11th Edition.2010による）

■ 定義

福祉施策で知的障害が説明されることはあるが、日本において知的障害の法令上の定義はない。知的障害の判定は、児童期では児童相談所が、また成人にあっては厚生相談所が行い、判定を受けると障害者（療育）手帳（都道府県により呼称が異なる）が発行されて各種福祉サービスが受けられるようになっている。しかし、学問的には、知的障害は状態像として把握するのが一般的である。そのことは、病因を問わないということである。また、知的障害は、次のような3要件がそろったときの状態像であることから、実像は多様ですらある。

①知的機能が平均よりも有意に劣位である。（具体的には、知的機能は、個別の知能検査により測定され、そこから算出されるIQ値が2標準偏差以上劣位であるときとされることが多い。しかしながら、知能検査は知的機能の一部を測定しているに過ぎないという意見がある）

②適応行動が平均よりも有意に劣位である。（適応行動とは、特定の文化やコミュニティの中で、同年齢者が社会から期待される行動のことである。そのため、適応行動は、当事者の年齢により異なり、また文化や社会により異なることになる。たとえば、就学前にあっては、歩行移動などの可能性、排泄の自立、衣服の着脱の自立など、学齢児童であれば、学校での学習が学年相応で学べるということが社会的に期待されるが、その社会的期待の程度は、文化により異なっている。具体的には、身辺処理、意思交換、健康・保健管理、移動能力、金銭処理、読み書きスキル、時間観念、作業・職業能力などが適応行動と考えられている。適応行動が知的障害判定の要件に加えられたのは、知能検査の算出する数値で知的障害を判別することへの疑義であった。しかし、適応行動の状態を測定する物差しは精度が低いと考える人もいる。そうした人たちは知能検査の数値だけで判定しても十分であると主張している。日本においても適応行動を評定するテストとしては、「S-M社会生活能力検査」がある）

③発達期での発現である。（発達期での発現とは、18～20歳までと考えてよい。この要件は、認知症と区別するためのものであり、発達期を過ぎたところで、知的機能や適応行動が落ちるような事例は知的障害とは言わないといえる）

■ 分類

知的障害といわれる状態像を生起するにいたる原因は多様であるが、一つには、中枢神経系疾患や染色体異常（ダウン症など）などの病因が明らかなケー

スがある。その人たちは器質性知的障害（病理型とも呼ばれたりもする）と一括される。他方で、病因が不明な人たちがいる。その人たちは非器質性知的障害（生理型など多様な呼称が存在する）と呼ばれ、「軽度」の知的障害者の多数を占める。器質性知的障害者は、多くの場合、身体的なスティグマをもち、知的機能の遅れは中・重度のことが多い。そのため、就学前に発見される。それに対して、非器質性知的障害者は、見かけ上は正常発達者と変わらないで、知的機能の遅れは軽度であることが多く、就学後に継続的な学習不振として顕在化することが多い。彼（女）らは、学校卒業後に社会に出て、直面する問題処理にまごつきながら生き、累犯犯罪者になったり、風俗産業から抜け出せない人が多いことが現在的なトピックになっている。

■ 歴史

知的障害者は、古くは「白痴」と総括的に呼ばれていた。20世紀に入る頃には、程度別に、重い者が「白痴」、比較的軽い者が「痴愚」と呼ばれるようになり、知能検査が開発された以後、「痴愚」よりも軽い者として「魯鈍」が「発見」された。当時、知的障害は遺伝性であり犯罪性向をもち、低知能は恒久的であるとされて、社会病理の元凶として隔離されるべきであると主張された。当時の呼称は「精神薄弱／精神欠陥者」であった。そして、第二次世界大戦後に、「精神遅滞」者なる呼称が使用されるようになった。それが今日では「知的障害」という用語になっている。こうした用語の変遷は、それぞれの時代の知的障害者観を反映しているだけでなく、知的障害という「障害」へのアプローチの仕方の違いを示している。なお、「白痴」「痴愚」「魯鈍」なる用語は今日では死語となっている。

今日的アプローチとして、アメリカ知的障害・発達障害協会（American Association Intellectual and Developmental Disabilities：AAIDD）のものを紹介すると、同協会は、1992年に「障害モデルからサポートモデルへの転換」といわれる新しい知的障害の概念化を提起した。同協会の知的障害定義は、前述した3要件（低知能、低適応行動、発達期での発症）で知的障害判定を行うものであるが、判定過程で障害当事者のかかえるニーズを多面的に把握し、ニーズに確実に対応してサポートを提供するというものである。

■ 社会システム論的アプローチ

AAIDDの知的障害定義とは別に、社会学者・マーサー（Mercer, Jane）による社会システム論アプローチがある。それによれば、知的障害は逸脱の一種類であり、家庭、コミュニティ、学校、職場などの社会システムが、その構成員の一部を「逸脱している」と判定してラベリングすることで獲得する地位と考える。このアプローチでは、知的障害者、とくに「軽度」の知的障害者は、知的障害という個人内的特性をかかえているのではなく、社会から知的障害の役割を付与された（ラベリングされた）ことで知的障害者になっていると理解する。
（清水貞夫）

● AAIDDの知的障害判定

AAIDDは1992年の「精神遅滞定義」第9版を発刊する。そこで示された知的障害判定手続きは、当事者のニーズを確定する行為であるとの考えに基づいている（以後、2010年版まで続いている）。その手続きは、多段階多面的アセスメントといわれ、当事者が知的障害定義に示された3要件を満たしていることを確認したあと、「心理・情緒面において、できることと、できないことを明確にして必要なサポートを明らかにする」「健康状態を明らかにして必要なサポートを明らかにする」「個人の環境状況を精査し、最適な環境上のサポートを明らかにする」などが判定手続きとして続くことになる。この考え方は、今日まで続いている。

● AAIDDの知的障害の程度別分類

1992年の「精神遅滞定義」第9版以前においては、AAIDDは、知的障害の程度分類の用語として「最重度」「重度」「中度」「軽度」の用語を使用してきたが、それ以後は、それを改めて、「広汎なサポートを必要とする（pervasive）」「長期のサポートを必要とする（extensive）」「限定されたサポートを必要とする（limited）」「断続的にサポートを必要とする（intermitten）」の用語を使用することを提起した。この提起は、ニーズを明らかにしてサポートを提供することなしの知的障害判定はあり得ないとの立場からの当然の帰結であった。

しかし、この提起は、論争を起こし、旧来の「最重度」「重度」「中度」「軽度」を併用することを認めるようになっている。

---

check 友人100人に「知的障害者とはどのような人」という質問をぶつけて、その回答を分類整理して、知的障害者の世間におけるイメージを考察してみよう。

［参考文献］
・清水貞夫「知的障害はいかに理解され概念化されてきたか」『障害者問題研究』Vol.37(2)、2009年
・柴田長生「知的障害と発達診断」『発達』Vol.99、2004年

第3章
086

ダウン症

ダウン症は染色体の異常により、約800〜1,000人に1人の割合で生まれる。これまでの研究から、強い点と弱い点などが明らかにされており、こうした特性を踏まえた効果的な支援が重要となる。近年では多様な分野で活躍している人がみられており、本人のねがいに寄り添いながら、才能を発揮させるような支援が求められよう。

●ダウン症の報告と名称

ダウン症候群は、1866年にジョン・ランドン・ダウンによって、最初に報告された。その後、1959年にフランスのLejeuneにより、21番目の染色体の過剰であることが発見された。そして、最初の報告者であるダウンにちなみ、ダウン症候群と言われるようになった。

●ダウン症の合併症

表1　多くみられる合併症

循環器系	先天性心臓疾患（約40〜50%）、肺血管組織の異常
消化器系	十二指腸閉鎖、鎖肛
耳鼻科系	難聴（約60%）、中耳炎
整形外科・骨系	頸椎の環軸椎（亜）関節異常（約20%）、外反足、偏平足
血液系	白血病
眼科系	屈折異常、弱視、内斜視、白内障
内分泌系	甲状腺機能低下症・亢進症

●ダウン症の特性

表2　強い点と弱い点

強い点	弱い点
視空間機能	言語性短期記憶
ノンバーバルなコミュニケーション	数概念
社会的スキル	発語不明瞭
良好な対人関係	運動機能

■ ダウン症と生涯を見通した支援

ダウン症の原因は、21番目の染色体異常である。出生頻度は、約800〜1,000人に1人程度とされている。しかし、近年では高齢妊娠や医療技術の進歩により、より高い頻度の数値も報告されている。

ダウン症には、21トリソミー、転座型、モザイク型の3つのタイプがある。ダウン症のうち約95%が21番目の染色体が1本多い21トリソミーである。転座型は約4%、モザイク型は1〜2%である。

一般に、ダウン症は、誕生から数か月以内に診断される。診断告知において、親はショックを受けることも多い。そのため、親へのカウンセリングが大切になる。なお、近年新たな出生前診断として、妊婦の血液を調べるだけで胎児の染色体異常が高い確率で判明する方法が開発された。わが国でも導入されたが、さまざまな議論を起こしている。

ダウン症には、多くの合併症がみられる。主な合併症は、表1の通りである。青年期・成人期においては、甲状腺機能亢進症、白内障や高脂血症、さらには急激退行や認知症などが報告されており、生涯を通して医療機関との連携が大切になる。

乳幼児期のダウン症の子どもへの療育に対しては、これまでも早期療育が実施され、知的発達などの面において、その成果が証明されている。小学校・中学校の段階では、特別支援学級や特別支援学校に所属する子どもが多かったが、近年ではインクルージョンの流れで通常学級に所属するダウン症の子どもも増加している。

中学校卒業後は、特別支援学校高等部に進学することが多いものの、なかには高等学校や専門学校、さらには大学に進学する者もみられる。そして、社会人としても芸術面で高い才能を発揮したり、ダンサー、俳優、翻訳家・作家として活躍するダウン症の人もおり、彼らの可能性は無限に広がっている。

ダウン症は、かつては短命とされてきた。しかし、医療技術の進歩などにより、平均寿命も大幅にのびてきており、65歳以上の高齢者もみられるようになってきた。したがって、こうした長い生涯を見通した支援が大切になる。

■ ダウン症の強さと弱さの理解から効果的な支援へ

ダウン症の一般的な心理・行動特性として、表2にも示したようなその強さと弱さが明らかにされてきている。知的機能の特徴としては、視覚機能につい

ては得意であるものの、聴覚的な情報による短期記憶が苦手である。したがって、何かを記憶するときや説明するときには、絵や写真など本人にとって理解しやすい視覚的な手がかりを活用することが大切になる。

　知的機能は、青年期頃までは伸びる可能性が高く、言語面においては理解面に比べると表出面に遅れが認められる。理解しているものの、うまく表現できないことも多いと予想される。したがって、本人の気持ちや考えを代弁したり、ジェスチャーや視覚的な手がかりなどを活用してコミュニケーション支援を行っていくことが大切である。

　読み書き能力については、青年期においても向上がみられる可能性の高い領域であり、幼児・児童期からの継続した支援が望まれる。今後は、教育・支援の現場においてよりいっそうIT機器を効果的に活用していくことも期待される。

　運動面においては、乳幼児期から筋緊張低下がみられ、児童期・青年期にかけて筋力の低下がみられる。また、平衡機能も低下しており、片足立ちなどを苦手としている。また、ダウン症のある人は、運動のスピードがゆっくりであると評価されることも多い。幼児・児童期から少しずつバランス感覚を養う運動とともに、筋力を育てるような支援が大切になろう。

　対人関係面においても、穏やかで好印象をもたれることも多いとされるが、頑固であると評価されることも多い。自分の思い通りにならないと、他者からの意見を受け入れることが難しい状態となることもある。こうした行動の背景には、さまざまな要因が考えられるが、見通しをもたせることや本人の意見の一部を受け入れるような交渉を行い、気持ちの切りかえができるように支援を行っていくことが大切である。

　なお、これらの特性については個人差も存在することを考慮すべきであり、支援を含めた環境要因によって、変化していくものである。

■ 新たな課題と支援

　すべてのダウン症の人が生涯にわたり豊かな生活を送れるように支援するためには、まずは日々心身ともに健康に過ごすことが大切である。したがって、定期健診などは不可欠である。くわえて、その人自身が精神的な豊かさを実感できるような支援も必要である。そのためには、本人のねがいに寄り添いながら、本人の能力を最大限引き出す支援が求められる。また、日々の生活の中で、自己決定の機会をできる限り多く確保していくべきである。

　とくに、思春期・青年期においては、急激に退行がみられることもある。本人の内面世界に寄り添いながら、その人のプライドを大切にしたていねいな支援が必要となる。なお、橋本（2010）によって提案された2010年代に期待されるダウン症研究のキーワードは表4の通りである。　　　　　　（小島道生）

● 成人期の４つのタイプ

表3　青年期・成人期の４つの生涯発達タイプ

健康加齢	加齢に伴う自然な衰えが認められるものの、顕著な能力低下はない
青年期の急激退行	20歳前後に認められる日常生活能力の急激な低下
認知症	アルツハイマー型認知症など
顕著な能力低下	身体疾患、精神疾患などが原因

● 2010年代に期待されるダウン症研究

表4（橋本、2010より）

・早期療育
・青年成人期支援を考える
・自己理解／本人の障害受容
・健康問題（身体疾患、精神疾患）
・芸術活動／スポーツ
・知的機能の特性
・インクルーシブ教育や特別支援教育
・高等教育
・退行や老化
・余暇活動
・性と結婚
・親の会／当事者の会／きょうだい支援
・疫学的検討（出現率、寿命など）
・言語コミュニケーション特性（発語、発音）

---

 check 　**成人期を迎えたダウン症の人が豊かな生活を送るために大切な事柄について、考えてみよう。**

［参考文献］
・佐藤功一『ダウン症児をたくましく育てる教室実践──学校現場からのデータ＆テクニック』田研出版、2013年
・菅野　敦・玉井邦夫・橋本創一・小島道生（編）『ダウン症ハンドブック　改訂版』日本文化科学社、2013年
・橋本創一「ダウン症者の心理・行動特性と支援に関する研究動向2010」『発達障害研究』32(4)、315-327、2010年

読み書き障害（ディスレクシア：dyslexia）

読み書き障害は、学習障害の中心をなす障害で、文字の読みや書きが知的理解の程度に比べて「予想外」（unexpected）の著しい困難がある場合をいう。出現率は、5％から20％。連続帯を構成するので、アセスメントに明確なカットオフポイントはない。とはいえ、入学時にリスク児の把握は可能であり、早期対応の必要性と有効性が説かれている。

●DSM-5のカテゴリー変更

2013年に改訂されたアメリカ精神医学会の「診断・統計マニュアル」であるDSM-5では、「学習障害」はこれまでのカテゴリー分類を改め、障害児教育法の分類とほぼ同様となったが、その際、「ディスレクシア」を診断カテゴリーとしては使用しないと規定したため、ディスレクシア関係者から批判が起きている。

近年、学習障害のほとんどが「読み障害」であり、ディスレクシアは「読み障害」（reading disability）であるという説もあるが、誤解を生む表現であり問題である。

ドイツ語圏では、dyslexiaに相当する用語としてレガステニー（Legasthenie）という独特の用語と「読み書き障害」（LRS:Lese-Rechtschreib-störungまたは「読み書き困難」（Lese-Rechtschreib-schwäche）が用いられている。いずれも、明確に一語で「読みと書き」に困難があるとしている。ただし、常に同時に生じるわけではない。

●ヒドゥン・ディスアビリティ

読み書き障害は、「見えない障害」（ヒドゥン・ディスアビリティ）といわれ、読み書き障害があることを認めてもらえない、わかってもらえないことが多い。最近では、刑務所に入っている人に読み書き障害が多いことが注目されているが、その意味でも、ヒドゥン・ディスアビリティといわれる。

■ 学習障害とは？

学習障害の一つである「読み」「書き」の困難が読み書き障害にあたり、学習障害の80％から90％を占める。日本語ではとくに医学領域で「読字障害」と訳されてきた経過もあるが、元来Dyslexiaはギリシャ語の「困難」を表す"dys"と「文字言語」を表す"lexis"から作られた用語であり、文字の読み書きに困難があることをさす。

■ 定義

代表的なディスレクシアの国際的組織である国際ディスレクシア協会（International Dyslexia Association ;IDA 2002）の定義を次に示す。

「ディスレクシアは神経学的な原因による特異的な学習障害である。ディスレクシアは、**単語の認識の正確さと流暢さ**の一方または両方に困難があり、（単語の）**綴りと再符号化（文字の音読）**の能力が低いという特徴がある。これらの困難は通常、他の認知能力や有効な学校の授業にもかかわらず、期待されるよりも低い言語の音韻的要素の障害から生じる。二次的な結果として読み理解と少ない読み経験に問題が起き、その結果として語彙とその背景となる知識の拡充を妨げることがあるかもしれない」（滋賀大キッズカレッジ訳）

この定義に明らかなように、ディスレクシアは、単語を基本単位として、読む、書く（スペリング）の障害を中心としている。また、その他に、情緒的問題、運動バランスなどの問題を併せ持つことも少なくない。

ディスレクシアのある人の困難は、読み書き障害という障害による困難と、それ以上に「わかってもらえない」ことから来る困難、苦しさである。マイルズ（Miles）が指摘するように、「ディスレクシアという障害」だけでなく、「ディスレクシアのある人」の困難にしっかり目を向けることが大切である。

■ 原因、出現率

原因は未だ明確ではないが、家族的連続性が見られることが多い。遺伝子遺伝のような遺伝性のものではないが、何らかの遺伝的要因が関与する多因子遺伝（複数の遺伝的要因と環境的要因による）と考えられている。

原因と現象型の間には直線的関係ではなく、さまざまな要因が関係し、二次障害が生じやすく、二次障害の「悪魔の循環」によって困難が拡大増幅する傾向がある。したがって、現象型から直ちに障害診断を行うことにはリスクが伴

う。日本での出現率は、2013年の文部科学省（文科省）調査は学齢期の発達障害を6.5%とし、そのうち学習障害4.5%（4.2%～4.7%）。文科省の学習障害の分類別では「読む」または「書く」に著しい困難を示す者2.4%（2.3%～2.6%）であった。

■ 音韻意識障害（コア）仮説

音韻意識は、文字の読み書きの前提となる認知的な能力であり、幼児期の音韻意識の発達が学齢期の読み書き能力に深く関連すると言われているが、これを読み書き障害の原因とする理論が音韻意識障害仮説であり、アルファベット言語ではほぼ定説となっており、日本語のひらがなにほぼ当てはまる。音韻意識の定義は、単語を構成する音（英語では音素、日本語ではモーラ）を、分解、抽出、逆唱、抹消などして意識的に操作する力である。たとえば、/あり/は/ア/と/リ/の二つの音からなること、/ア/を取れば/リ/が残り、逆に言えば/リア/となるなどである。音節（日本語ではモーラ）の数が大きくなると記憶により大きな負荷がかかり、困難となる。音韻意識は入学前にほぼ完成するので、読み書き障害のリスクの把握は入学直前で可能である。

■ 教育的・発達的指導と制度

障害だけでなく、障害のある人の困難に目を向ける必要がある、指導は教育的でなければならないというマイルズの言葉が教育的、発達的指導に当たっては重要である。近年、認知科学の発達に伴って読み書き障害の分野でも認知検査によって把握された個々の認知機能の反復訓練が広がっているが、読み書き障害のみならず発達障害の指導は、個別認知スキルや社会性スキルの訓練ではなく、全体的、人格的な発達の指導でなければならない。滋賀大キッズカレッジでは、「安心と自尊心」を基盤に、自己認識の発達を軸にアセスメントと学習指導を行っている。

図はこの関係を図式化したものであるが、その際「子どもの本質」（まじめ、一生けんめい。がんばり、やさしい）を教育学的フィルターとすることが重要である。自らの障害（困難）に気づき、それを修正し、克服する方略を自ら発見することが何より大切となる。発達障害があっても、人格全体の発達は基本的に通常の発達の筋道をたどる。

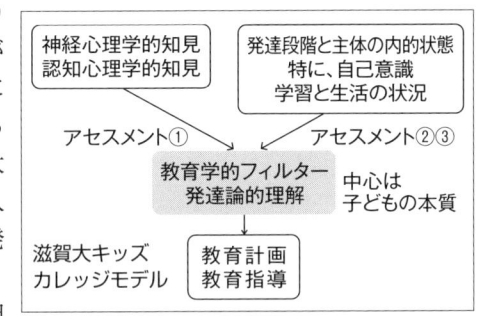

文科省は、主として通常学級担任が配慮して指導することとし、通級指導教室や支援学級の担任を活用することで対応するとしている。アメリカでは学齢児全体の約5%が学習障害児として専門的教育を受けている。日本の学習障害の教育は読み書き障害・算数障害の専門的教育機関（ディスレクシア学校や相談機関）に関して、諸外国に比べるとはるかに遅れているといわざるを得ない。　　　　　　　　　　（窪島　務）

●理論的仮説

読み書き障害の主要な理論仮説としては、1）音韻意識障害（コア）仮説（シェイウィッツ、スノーリング、ラームス等）、2）二重障害仮説（ヴォルフ）、3）視覚的知覚障害仮説（大細胞仮説：シュタイン等）、4）小脳障害仮説（ニコルソン、フォーチェット）がある。このうち、最も重要で大方のコンセンサスのあるのが音韻意識障害（コア）仮説である。

●出現率

欧米では、学齢児の読み障害は4%（APA, 2000）、書き障害は10%(Lyon, Fletcher, & Barnes, 2003)という報告がある一方で、ディスレクシア団体は、軽度のディスレクシアまで含めると約10～15%にのぼると見積もっている。

●アセスメント

スクリーニングとアセスメントの区別が重要である。イギリスでは、5歳児全員に第一次のスクリーニングを行い、さらに抽出されたリスク児に障害診断のためのアセスメントを行う。その結果に基づいて適切な指導を行い、1年生で2次のアセスメントを行う（Fawcett）。

アセスメントには、音韻意識の検査は必須であるが、それ以外に、その他の障害の併存の有無、知能検査、認知検査、描画、運動バランス、自己認識のレベル、保護者の障害認識、指導のあり方、教師の専門性などの環境アセスメントも重要である。

●専門的教育機関

イギリスには、公立私立を含めて通常学校でディスレクシアにフレンドリーな学校作り（ディスレクシア・フレンドリー・スクール運動）が行われ、単独のディスレクシア学校も存在する。

---

 check　**音韻意識をヒントに読み書きの発達と障害の関係を考えてみよう。**

［参考文献］
• 窪島務『発達障害の教育学』文理閣、2018年
• 窪島務『読み書きの困難を克服する子どもたち』文理閣、2005年
• 文部科学省初等中等教育局特別支援教育課「通常の学級に在籍する発達障害の可能性のある特別な教育的支援を必要とする児童生徒に関する調査結果について」平成24年12月5日

第3章

088　注意欠如・多動症（ADHD）

ADHDは発達に不相応な不注意、多動性、衝動性を中核症状とした神経発達症であり、子どもの約5％に生じるとされ、ADHD児の多くは通常学級に在籍している。早期から適切な支援をすることにより二次障害を最小限に抑えることができるため、環境調整や心理社会的な介入、医療的な介入などを組み合わせ、包括的な介入を行い、周囲の理解や協力を得ることが重要である。

■ ADHDとは

ADHDは、英語のAttention-Deficit/Hyperactivity Disorderの頭文字をとった略語であり、日本語では「注意欠如・多動症」または文部科学省が「注意欠陥多動性障害」としてきたが、学会では「注意欠如・多動症」または「注意欠如・多動性障害（主症状）」と訳される。

ADHDは発達に不相応な不注意、多動性、衝動性を中核症状（主症状）とする神経発達症〈神経発達障害〉であり、DSM-5によると子どもの約5％に生じるとされ、ADHD児の多くは通常学級に在籍している。

不注意の症状として、注意の持続が困難である。話しかけられても聞いていないように見える、物をなくすなどの他に、順序立ててものごとを進めていけないなど、いわゆる実行機能の障害を含めることが多い。多動性と衝動性は区別がつきにくく、まとめて扱われる場合が多い。多動性－衝動性の症状として、授業中の離席や席から落ち着きのなさなどの他に、しゃべりすぎる、順番が待てない、質問が終わる前に答える、他人を邪魔するなどの症状がある。なお、これらの中核症状により学校・園や家庭での不適応が著明な場合にADHDと診断される。

ADHDの原因として現時点で主にと考えられているのは、生来的な脳の機能障害であり、他の神経発達症と同様、親の愛情不足やしつけなどを原因とする考えは一般的に受け入れられない。ADHDは成長に伴い、明らかな中核症状は改善していく場合も多いが、適切な支援が低下するなどの二次障害が出現する場合もあるので注意することにより、自尊感情が低下するなどの二次障害が出現する場合もあるので注意が必要である。

ADHDは子どもの頃だけの障害だと考えられていた時代もあったが、現在では中核症状は年齢が上がるにつれこれら改善するものの、完全には消失せず、さらに思春期では二次障害、成人期ではうつ病や不安障害などを併存することが多いことがわかってきている。よって、ライフサイクルに応じた支援が重要である。

表　ADHDの中核症状

中核症状	具体的な症状
不注意	注意の持続困難、話しかけられても聞いていないように見える、よく物をなくす、忘れ物が多い、順序立てて課題が遂行できない、外からの刺激で注意が容易にそらされる
多動性－衝動性	じっと席に座れない、落ち着きがない、じっとするのが苦手、しゃべりすぎる、順番が待てない、質問が終わる前に答える、他人を邪魔する

■ ADHDの包括的支援

支援は環境調整、心理社会的介入、医療的な介入、環境調整は座

●DSM-5

アメリカ精神医学会が発行している『精神疾患の診断・統計マニュアル』（Diagnostic and Statistical Manual of Mental Disorders）の最新版である第5版のこと。2013年5月に英語版が、2014年6月に日本語版が出版された。精神疾患の診断基準の他、それぞれの疾患の有病率や鑑別診断、併存症などさまざまな情報が盛り込まれている。

●ADHDにおける脳の機能障害

実行機能、報酬系、時間処理（タイミングをうまくとる等）などを司る脳の領域やネットワークの障害が考えられている。神経科学的にはドーパミンとノルアドレナリンの調節障害があることなどとされる。

●063「ソーシャルスキルトレーニング（SST）」
→138ページ参照

●ペアレント・トレーニング

行動療法に基づいた、発達障害児の親に対する系統的なトレーニングのこと。子どもの行動に注目して、ほめることで適応行動を増やし、不適応行動を減らすことを目的として行われる。近年は教師を対象としたティーチャー・トレーニングも注目されている。

席の位置を配慮するなど教育的支援に加え、家庭でも積極的に行ってもらう。環境調整だけで適応が良くなる児童も多い。さらに心理社会的介入として子ども自身がロールプレイや遊びを通して適切な社会的スキルを学ぶソーシャルスキルトレーニング（Social Skills Training：SST）や、保護者が子どもに対して適切な対応を学ぶペアレント・トレーニングなどがある。以上の支援でも学校や家庭での適応が改善しない場合は医療的介入を検討する。医師や心理士から専門的なアドバイスを受けたり、薬物療法の適応を判断してもらう。

現時点で日本において、ADHDに対して保険適用を取得している治療薬にはメチルフェニデート徐放錠（商品名：コンサータ）、アトモキセチン（商品名：ストラテラ）、グアンファシン（商品名：インチュニブ）がある。薬物療法が単独で行われることはなく、環境調整や心理社会的介入と組み合わせて行われるべきである。しかし、薬物療法により環境調整や心理社会的介入への導入がスムーズになったり、取り組みがスムーズに進むことが多く、相乗効果が期待できる場合も多い。

既述したように、ADHDは学童期だけではなく思春期以降や成人期でも困難があるケースも多いので、支援に関しては学校現場だけではなく、他の専門機関と連携して、包括的に行われるべきである。

■ ADHD児への教育的支援

環境調整は家庭と十分に連絡を取り合い、学校現場では教育的支援として行う。まずは対象となる子どもの特性を把握することが重要である。学校での様子からもある程度の特性を把握できるが、なるべく客観的なデータを得るために心理検査を専門機関に依頼することが望ましい。WISCなどの知能検査からも得られる情報が多く、子どもの個人内差や認知特性を正確に把握することが支援の大きなヒントになる。それらアセスメントからその子どもになぜ不適応が生じているのかを考えよう。それにより具体的な支援が見えてくる。

たとえばADHD児に多い、聴覚的な短期記憶が弱く、それに比し視覚的な短期記憶が強い場合は、口答指示は少なくして、板書やプリントなど、なるべく視覚的に訴えるような働きかけをする。また、黒板を見ながらノートを写すなどの同時処理が弱い場合は、書き写す時間を配慮したり、前もって板書の内容をプリントで配布しておくのもよい。周囲の刺激に反応しやすい、落ち着きのない児が多いので、座席の位置はなるべく周囲の刺激の入らない前方の席がよい。また掲示物が多いと授業に集中できない場合があるので、必要最小限の物だけ提示するなど教室内の整理が必要である。

以上のような配慮が適切に行われないと、自尊感情の低下など二次障害が重篤になる場合があり、不登校の原因になりうる。また本人への支援に加え、周囲の理解と協力がなければ、いじめなどの原因にもなりやすいので、教師は周囲への配慮も必要である。 （根來秀樹）

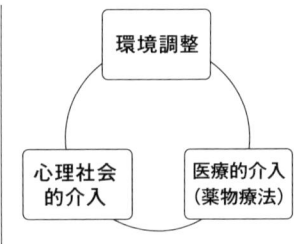

図 ADHD児の支援

●二次障害

生来ある中核症状（主症状）とは別に、中核症状に対して周囲から適切に対応されなかったことにより生じる二次的な障害をさす。自尊感情の低下や学習面の問題、不登校、非行、情緒的な問題などがある。

●メチルフェニデート徐放錠

商品名はコンサータ。主にADHD患者に存在するドーパミンの調整障害を改善するとされる。効果の発現は速く、持続時間は10～12時間程度とされ、学校生活など日中の症状を改善する働きが強い。食欲低下、不眠の副作用がある。

●アトモキセチン

商品名はストラテラ。主にADHD患者に存在するノルアドレナリンの調整障害を改善するとされる。効果発現は遅いが効果が現れると1日を通して作用すると考えられている。消化器症状、眠気の副作用がある。

●グアンファシン

商品名はインチュニブ。主に後シナプスのα2Aアドレナリン受容体を刺激し、後シナプスでの神経伝達をスムーズにすると考えられている。徐放性製剤で1日を通して効果が持続すると考えられている。低血圧、眠気の副作用がある。

---

 check ➡ ADHDの症状があることで学校生活や家庭での生活で、どのような困難が生じやすいのか、また、なぜそれら困難が起きているのかを判断することにより、それに対しどのような支援が必要なのか考えよう。

[参考文献]
・齊藤万比古ほか編『知ってほしい 乳幼児から大人までのADHD・ASD・LD ライフサイクルに沿った 発達障害支援ガイドブック』診断と治療社、2017年
・齊藤万比古編『注意欠如・多動症-ADHD-の診断・治療ガイドライン 第4版』じほう、2016年
・岩坂英巳『ADHDの子どもたち（子どものこころの発達を知るシリーズ）』合同出版、2014年

第3章
089

自閉症スペクトラム (ASD)

DSM-5（2013）は、これまでの自閉症の診断基準を再整理し、スペクトラム障害として位置づけた。ASD児者をどのようにとらえ理解するのか、局所処理優位性、弱い全体性統合仮説から論じた。「こだわり」「常同行動」などのASD児者の特徴的な行動をもたらす背景について論じ、感覚の主観性を相互に語りあうことによって「感覚の同違性」に気づくことが、相互主観的体験を生み出す契機になることを提案した。

●DSM-5

アメリカ精神医学会の診断統計マニュアル（Diagnostic and Statistical Manual of Mental Disorders）の略。アメリカ精神医学会から1952年に初版のDSM-Ⅰが発表され、その後いくつかの版や改訂版が出され、DSM-5（数字が使われている）は2013年に発表された。具体性を有する操作的診断基準が導入されており、世界的に普及している。

●自閉症スペクトラム概念

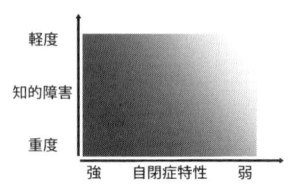

図　自閉症スペクトラム概念
（奥住、2008年）

自閉症の特性の程度を横軸に、知的障害の程度を縦軸にした場合、右上にかけてその濃さ（程度）は薄いグラデーションの状態になる。発達や障害も縦軸、横軸で考えると、自閉症だけが連続性にあるのではなく、すべての人の発達や障害も連続性にあるという見方もできる。

●感覚過敏・感覚鈍麻

感覚とは、外的環境および身体内部からの刺激を受容する役割である。感覚は、受容する情報の種類によって、視覚、聴覚、嗅覚、味覚、皮膚感覚（触覚はこの一部と考える）の五感と運

■ 自閉症スペクトラムとは

DSM-5は、自閉症スペクトラムの診断基準をA. 社会的コミュニケーションの障害 [(1)社会的、情緒的な相互関係の障害、(2)他者との交流に用いられる非言語的コミュニケーションの障害、(3)年齢相応の対人関係、仲間に対する興味関心などの欠如（3項目すべて）]、B. 行動、興味および活動力の限局性ならびに反復的常同行動 [(1)常同的で反復的な運動動作や物体の使用、あるいは話し方、(2)同一性へのこだわり、日常動作への融通性のなさ、言語・非言語上の儀式的行動パターン、(3)集中度や焦点づけが異常に強く限定、固定された興味、(4)感覚入力に対する敏感性あるいは鈍感性、あるいは感覚に関する環境に対する普通以上の関心（うち2項目）] に整理した。

さらに、C. 症状は発達早期の段階で必ず出現するが、後になって明らかになるものもある、D. 症状は社会や職業その他の重要な機能に重大な障害を引き起こしている、という4つの大項目で診断される。加えて、レベル1からレベル3の3段階の重症度でとらえようとするなど、障害を個人の固定的なものではなく、環境や支援との関係でとらえ、一人ひとり「多様な存在としての個」として理解し、多元的で多面的な支援が求められることを教唆している。

■ こだわり、常同行動をどう理解するか

ASD児者の知覚の特徴の一つに「全体性統合の弱さ」が指摘されている（Frith、2009）。さらに、ASD児者は局所処理（細部の情報処理）が優位であり、「似ているものをまとまりとする（類同）」ことに弱さをもっている（局所バイアス）という指摘もある（田中・神尾、2007）。細部や一部分への注意傾性が高いため、微妙な変化や違いを見分け、ちょっとした違いや変化も弁別する（「高い弁別力」）。高い弁別力は、狭い範囲の、細かい部分に注意を向け、細部までもが完全一致してはじめて同一と判断するため、全体を把握することを難しくする（弱い全体性統合）。私達には「同一」と思われる知覚も、ASD児者は「弁別力が高い」ため、微妙な違いを見分けてしまい、毎回異なった知覚をしていると推察される。そのように考えると、ASD児者の「強迫的行動」や「常同行動」は、弁別力の高さがもたらす行動と理解することができる。

■ 感覚の問題がもたらす困難と支援

感覚過敏・感覚鈍麻は、大きく分けると以下の6つがある。

①聴覚過敏（突然不意に鳴る音への恐怖）、②視覚過敏（目の前を不意に人が横切る、物体が現れることへの恐怖・不安）、③触覚過敏（後方から突然触られる、服の肌触りへの不快感）、④味覚過敏・鈍麻（濃い、薄いなど極端な味つけを好む）、⑤嗅覚過敏（微かな匂いが気になり、繰り返し嗅がずにはいられない）、⑥身体感覚過敏・鈍麻（気圧や温度変化による身体不調、自身の疲れ具合がわからない）

ASD者の自伝（ニキ・藤家、2004）には、これらの感覚の問題が大きな苦痛になっている、反対にその感覚を楽しむ独特の世界をもっているなどが記されている。多くの人にとって何でもない感覚刺激も、ASD児者には苦痛をもたらす不快な刺激になっていることがしばしばあるということである。さらに、感覚の問題は、同一個人内においても状況によって変動し、主観性を伴うため、お互いの感覚を他者と語る機会がなければ、自分の感覚と他者と感覚に同違性があることには気づけない。

そして、このことは単に感覚の問題にとどまらない。すなわち、これらの生理的な初期発達の問題を基盤として、ASD児者が自分と他者の感じ方や考え方の同違性へ気づく等、自分と他者の体験を共有する共有体験に困難をもたらす。刺激への過敏・鈍感が、不快感や不安、緊張など情動を撹乱させ、回避行動としての離室、あるいは、混然とした周囲の刺激への不安から安心を求めるための「反復的常同行動（こだわり）」が生起する可能性も示唆される。さらに、感覚過敏・感覚鈍麻は、初期発達における周囲への興味関心を制約し、自分の体や手を自らが主体的に操作し、外界へ働きかけることに不安をもたらし、選好する感覚の世界へ没入することのパターンを形成すると推察される。

支援においては、まず「感覚の問題」への配慮や理解が重要である。一律の環境になじめない不快感からさまざまな社会性の問題が引き起こされていることも想像される。学級集団の状況や教師の関わりも含めた環境について「あたり前」を再考することが求められる。

その上で、ASD児者の感覚の特異性を個別に理解し、安心できる環境をつくり、ASD児者の感覚の問題から生じる苦しみや不快感を代弁することがあげられる。ASD児者の特異な感覚（そっと触れられるより、強くぎゅっと触れられることを"快"と感じるなど）を共有することは、お互いの感覚を相互に理解しあう、社会的相互作用の形成につながる。ASD児者がこれらの経験を積み重ねながら、自分の感覚と他者のそれらの同違性に気づき、自分の感覚を理解してもらえる他者の存在と相互主観的体験の共有が可能となる。

ASD児の豊かな想像の世界と他の児童のそれらが共有され、わかりあう過程をとおして相互理解を深める教育活動が期待される。互いの多様性（Diversity）を認めあい、共に社会、文化を創造していく仲間であるという相互承認を基盤とした、インクルーシブな社会の形成に向けた教育活動が期待される。

（小渕隆司）

動感覚、平衡感覚、内臓感覚、計8種類に分類できる。そもそも感覚は個人に属するものであり、一人ひとり刺激の程度の感受性は異なっている。同じ刺激に対しても敏感性（過敏）だけではなく、鈍感性（鈍麻）もある。

鈍感性（鈍麻）もあり、ASDにおいては、独特の「感覚の問題」を持っているため、そのことから派生する「回避―接近行動」の調節に不全が生じることが指摘されている。

たとえば、場を離れる、何でも匂いを嗅ぐ、いつも同じ服でないと気になってしまうなどは、「社会性の問題」という見方に派生することもある。不快感が不穏な情動状態を生起し、場を離れるのである。

DSM-5において明確に「感覚過敏・感覚鈍麻」が診断基準に取り入れられたことは、これらの問題を踏まえて、配慮・指導、支援を考えることの必要性を示唆している。

●インクルーシブな社会

インクルージョンとは、「含み込んである」という意味であり、エクスクルージョン（排除、除外）しない状態をいう。あらゆる人びとが、人種や障害、貧困によって、排除されたり、社会への参加が制約されることがない状態が、インクルージョンである。

インクルーシブな社会とは、社会における一人ひとりの差異や多様性が尊重され、共に社会を創造する主体として、共生、共存する社会である。

➡15ページ参照

 まわりの人と生活の中の感覚の問題について語り合い、学校やそれ以外の生活の場における不快や不安、苦痛にはどのようなことがあるか、考えてみよう。

［参考文献］
・田中優子・神尾陽子「自閉症における視覚認知研究の新しい動向」『心理学評論』50号、2007年
・奥住秀之・白石正久編著『自閉症の理解と発達保障』全障研出版部、2012年
・ウタ・フリス著、冨田真紀、清水康夫、鈴木玲子訳『新訂 自閉症の謎を解き明かす』東京書籍、2009年
・ニキリンコ・藤家寛子『自閉っ子、こういう風にできてます！』花風社、2004年

脳性麻痺

脳性麻痺とは、一定の要件を満たす脳性運動障害の集まりであり、全国特別支援学校で肢体不自由教育を受ける生徒の約40％を占める。生徒によって、麻痺の部位、種類や程度に違いがあるばかりでなく、知的障害のほか、呼吸器や消化器などの内臓障害、てんかんなどのさまざまな合併症をもつことが少なくない。教育と医療が連携し、一人ひとりの教育ニーズと医療ニーズを融合させた特別支援教育が求められよう。

●**国際的な定義**

国際ワークショップ（米国Bethesda,2004）において「運動と姿勢の発達の異常の一つの集まりを説明するものであり、活動の制限を引き起こすが、それは発生・発達しつつある胎児または乳児の脳の中で起こった非進行性の障害に起因すると考えられる。脳性麻痺の運動障害には、感覚、認知、コミュニケーション、認識、それと／または行動、さらに／または発作性疾患が付け加わる」と定義され、基本的な概念は、日本の定義と共通している。

●**産科医療保障制度**

産科医療の労働環境の過酷さ、分娩に伴う医療紛争の多さから、産科医療体制の確保が喫緊の課題であった。そこで、分娩に関連して発症した重度脳性麻痺児とその家族の経済的負担を補償し、脳性麻痺発症の原因分析を行って、再発防止に資する情報を提供し、紛争の防止・早期解決および産科医療の質の向上を図ることを目的として2009年に創設された。

●**評価法**

訓練や教育の効果を客観的にみるため、さまざまな評価法が活用されている。下肢機能には、「粗大運動能力分類システム（gross motor function classification system: GMFCS）」、上肢機能には、「脳性まひ児の手指操作能力分類システム（manual ability classification system: MACS）」

■ 脳性麻痺の定義・病型分類

（1）定義

脳性麻痺とは包括的な概念であり、日本では1968年「厚生省脳性麻痺研究班会議」で「受胎から新生児期（生後4週間以内）までの間に生じた脳の非進行性病変に基づく、永続的なしかし変化しうる運動および姿勢の異常である。その症状は満2歳までに発現する。進行性疾患や一過性運動障害または将来正常化するであろうと思われる運動発達遅延は除外する」と定義された。一次的な症状は、筋緊張の異常、筋力低下、バランスや選択的運動コントロールの障害であるが、筋肉や関節の拘縮、大腿骨・下腿骨の回旋変形、股関節の脱臼・亜脱臼、足部変形、脊椎側弯などの二次障害もみられる。

（2）病型分類

①麻痺の分布によって、四肢麻痺、両麻痺、対麻痺、片麻痺のほか、単麻痺、三肢麻痺に分類できる（図1）。呼吸や摂食に関与する顔面、体幹の麻痺の有無も重要である。

②筋緊張異常の種類により、痙直型、アテトーゼ型、失調型、混合型などに分類される。平成19年度全国特別支援学校肢体不自由教育校長会の資料では、痙直型が66％と最も多く、アテトーゼ型8％、低緊張型8％、混合型8％と続く。

（3）原因と発症率

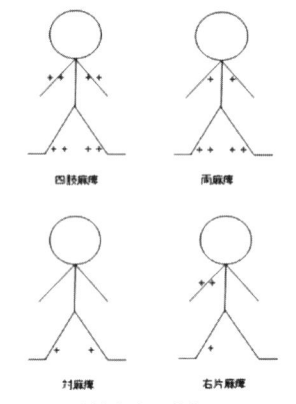

図1　脳性麻痺の分類

発症の危険因子として、出生前では早産、低出生体重、子宮内感染、多胎、胎盤機能不全が、周産期では新生児仮死、高・低血糖、脳室周囲白質軟化症、脳室内出血、脳内出血が、出生後は感染、けいれん、新生児黄疸などが挙げられる。周産期医療の進歩による核黄疸の激減によりアテトーゼ型は減少し、不妊治療による多胎の増加、早産児の救命により痙直型が増加した。しかし今なお、原因が特定できない場合も少なくない。

発症率は1950〜1960年代、出生1000人に対して3人前後であったと推測されているが、NICUの普及など新生児医療が発展したことにより、1970年代は1人程度に低下した。その後、重度の新生児の救命が可能となり1980年代から再度増加し、現在は2人程度であると報告されている。

■ 診断と治療

⑴診断

　主に乳幼児健診において、危険因子、運動発達（首のすわり、寝返り、お座り、はいはい等）の遅れ、筋緊張の異常（低さ、高さ）、原始反射の残存などにより総合的に判断され、疑わしい場合は二次健診を経て専門医療機関で確定診断に至る。早期診断、早期訓練が望ましいが、重度で生後3か月、中等度で生後6か月ごろまでの確定診断は難しい。

⑵治療

　病変が確立されると、本来の意味での治療はないが、障害の軽症化と運動能力の向上をめざし、神経発達学的治療法（ボバースアプローチ）、ボイタ法、上田法など、種々のリハビリテーションが行われる。また痙縮は、関節の変形拘縮、脱臼、側弯のほか、胃食道逆流現象、呼吸器障害、循環器障害などさまざまな二次障害を引き起こすため、コントロールが重要となる。これには、経口薬物療法、ボツリヌス療法、バクロフェン髄腔内投与などが病態に応じて選択される（図2）。そのほか、筋短縮、関節拘縮の予防には補装具が、社会参加のために座位・立位保持装置や歩行補助具、車いす・電動車いすを用いるなど、複数の方法を組み合わせ、相乗効果が図られている。

　特別支援学校では、臨床動作法、静的弛緩誘導法などが、自立活動のなかで教員によって実施されている。また近年、指導効果を高めるため、理学療法士、作業療法士が特別非常勤講師などの立場で教員と共に指導にあたる場合も少なくない。

図2　痙縮の治療法の選択

■ 合併症と成人期の問題

　合併症や課題は、さまざまなものが挙げられる（表）。成人期には、疼痛、股関節や脊柱の変形、排泄の問題などの訴えがあり、仕事の能力低下は30歳代ころより目立ち始める。知的障害のない、あるいは少ない場合、自尊感情を高めるために、社会生活プログラムやピアグループ活動、適切な性に関する情報提供などが必要とされる。なお、養育者の高齢化に併せて、家屋改造、地域資源活用、入所施設整備、成年後見人制度などの体制の充実が求められる。　　（小谷裕実）

表　脳性麻痺に見られる合併症

嚥下障害・消化器障害
呼吸障害
てんかん
コミュニケーション障害
視覚・視知覚障害
排泄コントロール
骨粗鬆症・骨折
疼痛
自閉症スペクトラム
性の問題

などがある。

●家族の障害受容過程

　脳性麻痺児の養育者の障害受容・非受容は（Schuengel C, 2009）、子どもの年齢や障害の重症度が影響し、受容方略（表現適応、信念適応、生活適応）は児の年齢に関連があると報告されている。

　支援者は、家族の障害受容過程が子どもの成長発達に伴いダイナミックに変化するプロセスであることを忘れてはいけない。

●バクロフェン髄腔内投与

　広範囲で重度の痙縮や、ジストニアを認める場合に有効である。皮下に埋め込んだ薬液ポンプから髄腔内に留置したカテーテルを通し、バクロフェン（ギャバロン®）を常時注入する。

　薬量は小型コンピューターで調整する。ポンプの電池は4〜7年ほど有効である。

●ボツリヌス療法

　ボツリヌス毒素（ボトックス®）を筋肉内注射すると、化学的脱神経作用により選択的に筋肉を弛緩させる。効果は一時的で元の状態に戻るため、年数回実施する。

　痙縮に対するリハビリテーションの補助療法であり、痙性斜頸、小児脳性麻痺の下肢痙縮に伴う尖足、上肢痙縮・下肢痙縮への治療へと認可が拡大している。

 医療的リハビリテーションと、自立活動での「身体の動き」を主とした指導の違いは何か、教員が医療職と連携する意義は何か、考えてみよう。

［参考文献・ホームページ］

・公益社団法人　日本リハビリテーション医学会監修『脳性麻痺リハビリテーションガイドライン第2版』金原出版、2014年
・梶龍兒総監修『小児脳性麻痺のボツリヌス治療　改訂第2版』診断と治療社、2012年
・有馬正高監修『小児神経学』診断と治療社、2008年
・公益財団法人日本医療機能評価機構　産科医療補償制度 http://www.sanka-hp.jcqhc.or.jp/outline/purpose.html

第3章 091 小児の高次脳機能障害

知識に基づいて行動を計画し実行する高度な脳機能を高次脳機能と呼び、この機能に障害があるため社会生活に問題を生じるものを高次脳機能障害と呼ぶ。小児の高次脳機能障害の原因としては、脳外傷、急性脳症が多い。小児の高次脳機能障害に対しては、学校生活や家庭生活で困っていることを通して評価し対応策を考えていくことが重要である。

●**高次脳機能障害の頻度**

成人では病院ベースの調査により全国に約50万人の高次脳機能障害者がいると報告されているが、小児での調査は難しい。栗原の調査によると、全国で最低5万人、おそらく約7万人の高次脳機能障害をもつ小児がいると推測されている。

●**精神障害者保健福祉手帳**

精神保健福祉法では精神障害者を、統合失調症、中毒性精神病、知的障害、精神病質その他の精神障害を有するものとしている。高次脳機能障害は「その他の精神障害」に含まれる。1級は日常生活に著しい制限を受けており常時援助を必要とする程度、2級は日常生活に著しい制限を受けており時に応じて援助が必要な程度、3級は日常生活または社会生活に一定の制限を受ける程度である。医師が所定の診断書に記入し、市町村に申請する。

●**記憶障害への対応**

生活リズムを整えて、覚醒レベルをあげる。絵カード、単語カードなどを用いて「覚える―思い出す」の訓練をする。生活環境を整え、記憶に頼らずに生活が流れるようにする。声に出したり、字に書いたり、絵に描いたりして覚える。情報をまとめて思い出しやすくする。メモやノートなどの使い方を身につける。学習課題を工夫する。スモールステップで進める。

■ 高次脳機能障害とは

人間の脳には、呼吸や循環など生命維持に欠かせない機能にはじまり、知的能力、運動能力、視覚、聴覚などの基本的な機能、さらに知識に基づいて行動を計画し、実行する高度な機能があり、この高度な機能を「高次脳機能」と呼び、この機能に障害があるため日常生活や社会生活に問題を生じるものを「高次脳機能障害」と呼ぶ。「高次脳機能障害の用語は一般には後天性に生じた脳損傷に対して用いられる」。

疾患の種類や発症率は異なるが、脳外傷、脳血管障害などの後天性脳損傷における高次脳機能障害に対する基本的な考え方は、小児でも成人でも同じである。しかし小児では生まれつきの障害（発達障害）に伴う高次脳機能障害と類似の症状が後天性の高次脳機能障害より高頻度にみられ、それに対しては小児特有の考え方が必要である。

■ 小児の高次脳機能障害の原因と症状

小児において高次脳機能障害を生じる原因は脳外傷、急性脳症、低酸素性脳症、脳血管障害、脳腫瘍などで、脳外傷と急性脳症が多く、原因ごとに高次脳機能障害の症状に特徴がある。脳外傷では記憶障害、注意障害、感情コントロール低下、遂行機能障害、対人技能拙劣などが多い。急性脳症では注意障害、視覚認知障害が多い。低酸素性脳症では視覚認知障害が最も多く、注意障害がそれに次ぐ。脳出血では注意障害、記憶障害、失語が、脳梗塞では注意障害、視覚認知障害、失語が多い。

■ 小児の高次脳機能障害の特徴

小児の脳には可塑性（回復していく力）があるため、成人より回復する。さらに発達に伴って症状も改善していく。しかし年齢の低い時期での脳損傷は、その後の発達全体に悪影響を与えていることも少なくない。高次脳機能障害に対する検査は限られているため、日常生活から問題点を把握することが重要である。症状は就学後に目立ってくるが、環境によっても、本人の体調によってもその症状には変化がみられる。本人が自分を卑下したり、反抗的になったりしないように支援することも重要である。

■ 発達障害との関連

　学習障害における読字・書字・計算の能力低下、注意欠如・多動性障害（ADHD）における不注意・多動性・衝動性、自閉症スペクトラム障害におけるコミュニケーションの障害、社会的相互関係の欠如などは、後天性脳損傷にみられる失認・注意障害・対人技能拙劣・固執性などと共通の症状を示している。早産低出生体重児や水頭症児にみられる視空間認知障害も後天性脳損傷児にみられる視覚認知障害と類似の症状である。

■ 小児の高次脳機能障害への支援

　高次脳機能障害に対する神経心理学的検査の中で小児に行うことができ、標準化されたものはわずかしかない。したがって家庭や学校で問題となっている情報を収集することが重要である。神経心理学的検査ではWISC-IV知能検査、K-ABCⅡ、DN-CAS認知評価システムが適している。

　小児の高次脳機能障害の支援を行うにあたっては、高次脳機能障害だけに注目するのでなく、発達全体をみていくことが大切である。また家族だけでなく、本人と家族をとりまく多くの支援者との関わり、および環境の調整が重要である。高次脳機能障害に対する支援は、障害を正しく評価し、目標と支援方法を設定することからはじまる。まずできることから無理をせずにはじめ、本人、家族、支援者と調整を続けていく。支援方法の基本的な考え方は、まず障害そのものの改善をめざすが、必ずしも改善が得られるとは限らないので、障害の理解を深め、代償手段の利用や環境の調整を行っていくことである。

　2005（平成17）年に施行された発達障害者支援法の通知では「脳外傷や脳血管障害の後遺症としての高次脳機能障害は発達障害の一つとして法の対象とする」と明記されている。高次脳機能障害は発達障害の症状と類似した点があるので、高次脳機能障害の小児を発達障害の小児と一緒に支援していこうという法である。発達障害の症状は疾患によりほぼ一定しているが、高次脳機能障害の場合は子ども一人ひとりの症状が異なり、またその症状も時間の経過とともに変化していくので、対応がより難しい。全国に約100万人いると言われている発達障害をもつ小児の中で、全国に約7万人いる後天性脳損傷による高次脳機能障害をもつ小児を支援していくには、特別支援教育の中にある「個別の教育支援計画」を用いることが有効で、それに基づいた手厚い教育支援が必要である。（栗原まな）

表　高次脳機能障害の症状

認知障害	社会的行動障害
記憶障害	依存性・退行
注意障害	感情コントロール低下
遂行機能障害	対人技能拙劣
病識欠落	固執性
半側空間無視	意欲・発動性の低下
失語	抑うつ
失行	感情失禁
失認	

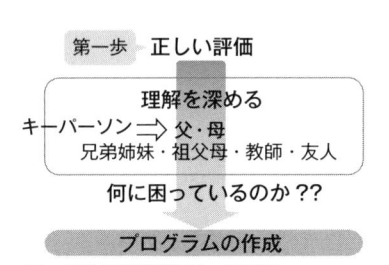
図　高次脳機能障害への理解

●注意障害への対応
　ADHDへの対応に類似する。

●遂行機能障害への対応
　手順をことばで言ったり、書きだしたりする。テーマの方向性を見つけ出してから作業をはじめるようにする。スモールステップで進める。学習にあたっては、重要な部分にマーカーで印をつける、解答欄を線で囲む、文字だけでなく形を工夫した教材を利用する。

●視覚認知障害への対応
　指で追ったり、マーカーをつけて示したりしながら読む。提示物の大きさや配色に配慮する。一度に見る物を減らす。見る物に注意を集中させる。トランポリンなどでボディーイメージを形成する。迷路課題や抹消課題をする。

●感情コントロール低下への対応
　原因となる行動パターンを見つけ出す。興奮しそうになったら合図をして抑える。対応法を統一して混乱を防ぐ。その場では放っておき、落ち着いてから説明する。手を握って数を数える、深呼吸をするなど、感情をコントロールする手段を学ばせる。

●対人技能拙劣への対応
　問題が生じるきっかけを分析する。少人数の交流から慣らしていく。よいこと、悪いことを1つずつ教えていく。会話がすれ違ったときには、お互いの気持ちを確認する。

●固執性への対応
　原因となるきっかけを把握する。見通しを立て、伝えておく。いくつかの選択肢を示して誘う。

---

check　高次脳機能障害をもつことで日常生活や学校生活でどのような問題が生じるのか、どのような支援が必要なのか考えよう。

［参考文献］
・栗原まな『よくわかる子どもの高次脳機能障害』クリエイツかもがわ、2012年
・栗原まな『わかりやすい小児の高次脳機能障害対応マニュアル』診断と治療社、2010年

てんかん

正確な診断に基づくてんかん発作予後を認識する。合併する神経症状（脳性麻痺や知的障害）と基礎疾患との関係と一人ひとりの病態を理解し、その理解を固定的に考えない。脳の発達とともに（年齢的に）発作症状は変容するので常に定期的な考察が必要である。

●イオンチャンネル病

最近、遺伝性神経・筋疾患などでイオンチャンネルの遺伝子異常が明らかになる。

イオンチャンネルは神経、筋の細胞膜にあり、イオンの出入りにより細胞膜の脱分極を引き起こし、シグナルの伝達に大きな役割がある。

●神経細胞遊走障害

胎生早期に神経芽細胞は脳室周囲から外側の皮質形成に向かって移動するが、本来の位置に移動しなかった場合をいう。

皮質形成異常で樹状突起の走行異常や神経細胞の配列異常でてんかん発作が形成されやすい。MRIで理解がすすんだ。

●脳波の取り方

本来は覚醒閉眼状態で取り始め入眠期まで記録できたらよいが、障害をもつ場合はなかなか入眠できない。トリクロリールシロップなどの睡眠薬で入眠期を記録する。熟睡になると異常は出にくい。通常、発作の間欠期の脳波で診断・治療評価をする。

■ メカニズム・脳の過剰興奮

神経細胞は樹状突起、神経体部、軸索からなる。そしてほかの神経細胞と興奮性シナプスと抑制性シナプスと結合している。すなわち神経細胞は発電装置である。脳の過剰興奮は神経細胞の異常興奮と同期化が存在し、脳波にはそれがてんかん波として示される。過剰興奮がけいれん症状を起こす。

■ てんかんの成因

主に二つに分けられ、一つは、けいれん性素因といわれてきたものであるが、最近は脳内のイオンチャンネルの遺伝子異常と考えられる。もう一つは分娩時脳障害など完成した脳への二次的脳障害によるものと考えられてきたが、最近では胎内の早期に起こる神経細胞遊走障害による大脳形成異常が基礎にあって、その病変による興奮の亢進（発症時期はさまざま）が考察されている。

■ てんかんの治療

正確な発作診断が必要である（表1）。複数の発作型をもつ場合もある。てんかん発作症状と脳波で診断する。発作型によって有効な抗てんかん薬は異なる（表2）。

表1　てんかん発作の国際分類（1981年）

1. 部分（焦点性）発作（体の局部から始まる）
   A　単純部分発作（1〜2分以内で意識あり）
   　①運動発作
   　②感覚発作（特殊知覚）
   　③自律神経発作（発汗、蒼白、紅潮など）
   　④精神発作（幻覚、錯覚、言語など）
   B　複雑部分発作（5分以内で意識障害あり）
   　①単純性で始まる複雑部分発作
   　②発作のはじめから意識障害がある
   　a　意識障害のみ　b　自動症
   C　二次性全般化を示す部分発作
2. 全般発作
   A　①欠神　②非定型欠神（多くは5秒前後）
   B　ミオクロニー発作（1秒以内）
   C　間代発作
   D　強直発作
   E　強直間代発作
   F　脱力（矢立）発作
3. 分類不能発作

表2　発作型別からみた抗てんかん薬

部分発作（主に複雑部分発作）と二次性全般化：
　CBZ, ZM, PHT, CZP, PM, VPA, CLB, GBP, TPM, LTG, LEV, PMP, LCM（PBはほとんど使用しない）
全般性強直間代発作：VPA, PHT,（PB）
欠伸発作：VPA, ESM, CZP
ミオクロニー発作：VPA, CZP, ESM, NZP, DZP, CLB
症候性全般てんかん
　Lennox-Gastaut症候群：VPA, CZP, NZP, ESM, CLB, TPM, LTG, LEV, RFN
West症候群：ACTH 筋　注, vitamin B6, NZP, VPA, CZP

VPA：（デパケン）、PHT：フェニトイン（アレビアチン）、CZP：クロナゼパム（ランドセン、リボトリール）、NZP：（ベンザリン）、CBZ：（テグレトール）、ESM：（ザロンチン）、ZM：（エクセグラン）、PM：（マイソリン）、DZP：（セルシン）、PB：（フェノバール、ルミナール）、CLB：クロバザム（マイスタン）、GBP（ガバペンチン）、TPM：トピラマート（トピナ）、LTG（ラミクタール）、LEV（イーケプラ）、PMP（フィコンパ）、LCM（ビムパット）、RFN（イノベロン）＊（　）内は商品名

■ てんかんへの誤解

てんかんを告知した場合、①遺伝か、②治らないのか、③長期の薬服用の副作用は大丈夫か、④日常生活の制限は、などの質問がでる。一つひとつの質問に誤解がある。①一部のてんかんは遺伝子異常がある。しかし多くは原因不明であったり、二次的な脳障害による。②8割は治る。難治性てんかん（一週間に1回以上てんかん発作がある）は発作型が決まっている。③致命的な副作用はきわめてまれ。定期的な診察と血液検査を行えば、問題はまず起こらない。副作用は薬とその投薬量によって予測がつく。④光過敏がある場合を除いて、ほとんど生活制限はない。難治性てんかん発作による二次的な外傷（頭部や顔面打撲など）には気をつける。

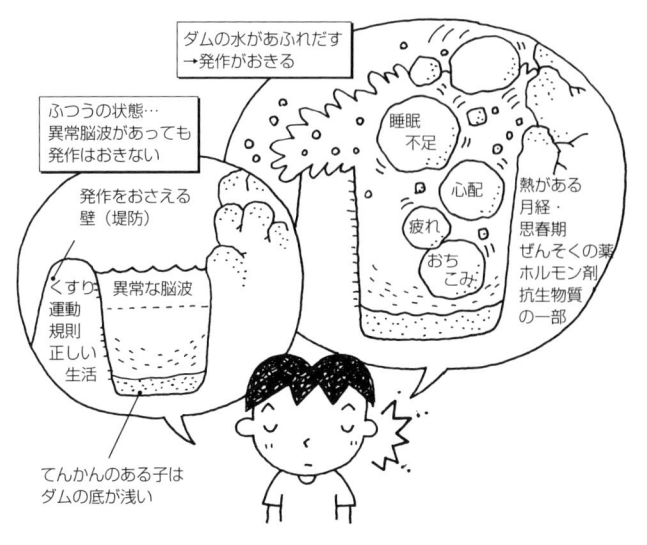

図　てんかん発作と日常生活の関連
『てんかんのある子どもたち』掲載の図を参照改変したものです。

■ 教育上の課題

一人ひとりの症状の特徴を正確に理解する。過剰防衛的な対応をしないこと。夏のプール学習でよくある対応であるが、「てんかん」というだけで、帽子の色を変えたり、保護者をプールサイドに待機させたりすることは、なんの医学的根拠もない。てんかん発作の症状と合併症の症状をきちんと整理し理解すること。眠気は一番多い副作用であるが、抗てんかん薬＝眠気と単純にとらえないこと。薬剤の特徴（作用、副作用）を認識して、さらにその投与量、血中濃度、眠気と濃度予測推移などを考察の上、結論すべきである。曖昧な知識で保護者との対応をしないこと。なにもかも発作があることへ責任転嫁しないこと。十分に一般知識をもって（下調べ）、主治医に個別性を問うべきである。

脳障害をもつ児は合併症として睡眠障害がある。保護者の協力や主治医の治療で夜に十分睡眠がとれるようにするだけでてんかん発作は激減する。難治性てんかん児のてんかん発作は必ずしも完全に止められない。発作が日常生活や発達にどのように悪影響しているかを検討する。影響の少ない場合は無理に薬剤を多量使用するのではなく、むしろ発作はそのままにする場合もある。

学校で発作が起こったら、顔を横に向け、口にはなにも入れず（入っていたら出す）、静かに止まるのを待つ。持続時間と形をしっかりメモをしておく。前もって保護者と救急車を呼ぶ基準を話し合っておく。けいれんをすぐに止める目的では、ダイアップ®坐剤は無効である。有効濃度に達するまでに最低15分を要する。学校でダイアップ®を預かる場合はその目的を明確にして、関係者に徹底すること。

(杉本健郎)

●発作の起こりやすい時

睡眠不足、緊張しすぎの後、疲労、発熱、月経、思春期、ぜんそく、アレルギーの薬の一部。（図参照）

●点頭てんかん

早期発見、早期治療が原則のてんかん症候群である。通常、5、6か月から1歳半までに発症する。

発作間欠期脳波はヒプスアリスミアである。たとえ発作が止まっても知的予後は悪い。治療までの見逃し期間が長ければ、知的退行が起こり、治療が難しくなる。

学齢期に同病名が記載されていることがあるが、これは過去の病名である。てんかん発作型は複雑部分発作などに変容している。

check 　運動障害（脳性麻痺）がなく知的障害をもち、難治性てんかんで脱力発作をもつ児のクラス（クラス編成や教室の場所）のあり方を考えてみよう。

[参考文献・ホームページ]
・三宅捷太・稲沢潤子『てんかんのある子どもたち』障害を知る本③、大月書店、1998年
・川崎淳・日本てんかん協会編『てんかん発作　こうすればだいじょうぶ―発作と介助［改訂版］』クリエイツかもがわ、2014年
・皆川公夫・日本てんかん協会編『すべてわかる　こどものてんかん［改訂版］』クリエイツかもがわ、2018年
・日本てんかん協会 http://www5d.biglobe.ne.jp/˜jea/

第3章 093 弱視

弱視児は、全盲児に比べて数的にも多く、その障害の程度も多様である。学校教育法施行令によれば、特別支援学校で学ぶ対象となる視覚障害児の視力は、おおむね矯正した視力が0.3未満の子どもたちを示しているが、弱視児だけの規定はない。近年では、医療での「弱視」との混乱を避けるため、教育場面で対象となる弱視児を「ロービジョン」と呼ぶようになってきた。

●試験

　センター入試試験や大学入試試験、国家公務員試験等の採用試験や社会保険労務士等の資格試験では、あらかじめ申請することによって、拡大文字の問題が配布されたり、拡大読書器の使用等により、点字使用者と同様に回答時間の延長が認められている。

●白黒反転文字

　駅の行き先表示のように、文字の白黒が反転している文字のこと。

【情報・意思疎通支援用具】
情報・通信支援用具
点字ディスプレイ
点字器
点字タイプライター
視覚障害者用ポータブルレコーダー
視覚障害者用活字文書読上げ装置
視覚障害者用拡大読書器
盲人用時計
点字ディスプレイ

●色盲（赤緑色盲）

　ヒトの網膜の錐体には、赤、緑、青を中心に感知する三種類があり、緑を感知する錐体に障害があるのが赤緑色盲である。赤緑色盲は色盲の中で最も割合が高く、日本人の男子では5％といわれている。なお、現在、色盲ではなく「色覚多様性」と呼称することが提唱されている。

■ 弱視とは

　弱視児は、おおむね視力が0.3未満で、基本的に眼鏡などの使用によっても、矯正が十分にできる健常児と同レベルまでの視機能の改善は困難とされている子どもたちである。ここで視機能としているのは、見え方は単に視力だけではないためである。視野が欠損していたり、色の見え方が異なったり、眼球が震盪する等の原因で見えにくさのある弱視児も多い。視野では、視力が1.0であっても、トンネルの中から外を見るような視野しかない中心部分（中心視野）が10度未満のように狭いと、通常の生活に大きな支障をきたすことになる。中心視野ばかりでなく、その他の部分に視野の欠損がある場合も同様である。色覚で見えにくさがある場合では、まったく色の区別がつかない全色盲ばかりでなく、多く使われている緑色の黒板で赤色のチョークの字が見えにくい赤緑色盲である場合もある。また、数的には少ないが、先天性白皮（アルビノ）が弱視の原因となる場合がある。

　弱視児への指導の中で最も気をつけなければならないのは、彼らがこれまでの自分の見え方に慣れていて、他者も自分と同様な見え方をしていると捉えがちであることだ。比較的、幼少時から他者と外部環境の把握の方法が異なることを自覚できる全盲児と異なり、弱視児は他者と見え方が違うことを自覚しにくい状況があることに注意したい。また、弱視児は全盲児と違い、視覚を使用できることから、特別支援学校内では「見ることができる」立場になることがあり、学校外で健常児と自分を比べると「見えにくい」立場になることがある。そのため弱視児は、心理学での青年期のような周辺人的な位置づけになっている。また、全盲児と違い、外見から健常児と変わらないように思われることも多く、見えにくさを原因としたいじめの対象となることや、よく見ようと凝視することがあり、問題行動であるように誤解されることもある。

　よく見られる弱視児への誤解として「眼鏡を使用すれば見えるのではないか」がある。眼鏡を使用しておおむね視力が0.3以上となる場合には、弱視児ではない。そのほか、普通自動車免許の取得には、片方の目の視力がそれぞれ0.3以上か片方の目の視力がないか、0.3未満の場合には、もう片方の視野が150度以上で視力が0.7以上あることが求められる。

■ 弱視児への配慮

　指導者が眼科医と連携しながら、弱視児の見え方をできるかぎり詳細に、そ

の状態を把握することから、彼らへの配慮が始まる。ここでは弱視児自身が求める配慮が、必ずしも適切な配慮とならない場合もあることに注意したい。弱視の原因（眼疾）によっては進行性のものもあり、視力だけではなく、視野、色覚、暗いところでの見え方などを継続的に把握することが必要となる。そのデータをもとに、自らの疾病の状況の理解を深める指導も重要である。

弱視児の多くは、通常の文字と背景とが反転している白黒反転文字や、明朝体の文字よりもゴチック体が見えやすいとされている。その中には、数的には多くないものの、通常の文字や明朝体の方が読みやすい弱視児もいる。また、赤緑色盲の場合には、通常の緑色の黒板に書かれた赤字のチョーク字は見にくくなる。そのため、強調するときには赤色を使わず、黄色を用いて見えやすくするなどの配慮が必要でなる。

事故や疾病で視力が低下したり、以前からの疾病により、視力の低下が急激に進行した弱視児へは、自立活動の時間を中心に、視力低下への心のケアとともに今ある視力を十分に活用した見え方の指導を行う。

弱視児が在籍する普通学校や普通学級では、視覚に障害のない子どもたちにとっても、自分と同じように見えていると認識しがちであり、自分とは見え方の違う弱視児がいることを理解しにくい。全盲児の場合は、見た目に障害のあることがわかるが、見えにくさのある級友がいることを理解するように、積極的に障害理解の指導を行うことが必要となる。

■ 弱視児が学ぶ場

弱視児が学ぶ場は、特別支援学校（視覚支援学校）、弱視特別支援学級、弱視通級指導教室である。ここでは、自立活動の時間を中心に、視力を保持しながら、視覚による認識能力を高める指導を行うために、拡大文字教材の提供を始めとして、拡大読書器、弱視レンズ（単眼鏡）の活用、照明や書見台の使用など、一人ひとりの見え方に適した教材・教具や学習環境を提供している。

教科学習では、触って観察や実験を行う全盲児への配慮が、弱視児にも有効であるとされている。弱視児の中には、触ることへの抵抗がある場合もあるが、積極的に取り入れて指導したい。

また、視覚障害のある重複障害児の場合、障害の重さなどを配慮して学習先を決定している。そのため、知的障害の特別支援学校等に視覚障害がある子どもたちが多く在籍している。 （間々田和彦）

書見台

単眼鏡

●教科書

教科書を拡大して読むことができる弱視児には、ゴシック体の18ポイントから28ポイントの文字の大きさの拡大教科書がある。

拡大教科書は単に元の教科書を拡大しているものもあるが、多くは教科書本文と図や表の位置などとを見やすいように適正に配置されている。

その他、電子データ化された教科書を個人の情報機器で使用し、白黒反転にする場合もある。

●拡大読書器

弱視者用で、ディスプレイの下に読むものを置く。携帯用もある。

check→ **特別支援学校、普通学校の教室場面での弱視児への具体的な配慮を考えてみよう。**

［参考文献］
・筑波大学特別支援教育センター・斎藤佐和・四日市編『講座特別支援教育2　障害の理解（第2版）』教育出版、2016年
・芝田祐一『視覚障害児・者の理解と支援』北大路書房、2007年

第3章
094
難聴

難聴についての学習は、音の情報を獲得する重要な感覚器である聴覚のしくみを正しく知ることからはじめられる。難聴はコミュニケーションでの困難をきたす場合があり、特に幼少期からの難聴は、発達全体に及ぼす影響を考慮し、学校および社会生活等での多様な困難性について、当事者と共に理解し、協同して、その軽減・解消につながる取り組みが大切である。

●オージオメータ（Audiometer）
　健常者が聞こえはじめる最小の音圧レベルを基準（0dBHL）と定めて、検査音の強さを正確に加減するようにJIS規格に規定、校正されている聴力検査機器。付属のヘッドホン・骨伝導ユニット・スピーカーなどからさまざまな検査音を提示して難聴を調べる。健康診断用、精密診断用など目的に応じて必要な機能が装備されている。

●他覚的聴力検査
　検査音によって発生する脳波を測定する聴性脳幹反応（ABR）や聴性定常反応（ASSR）、検査音に対する内耳の音反射を測定する誘発耳音響放射（TEOAE）・歪成分耳音響放射（DPOAE）、さらに中耳機能である鼓膜の動きを測定するティンパノメトリー、耳小骨筋反射検査などが、難聴の鑑別診断に用いられる。

●オーディオロジー（Audiology）
　「聴覚学・聴能学」などに翻訳され、難聴・補聴器・人工内耳・装用児者のコミュニケーションや学習支援など、医学・教育学・心理学・工学等が複合した専門分野で、欧米では難聴者への聴覚支援の専門資格者としてオーディオロジストがその役割を果たしている。
　わが国では難聴に関わる医師、教師、補聴器メーカーや販売店協会が日本聴覚医学会、日本教育オーディオロジー研究会、テクノエイド協会をはじめとする組織を作って研究研修をすすめている。

■ 難聴とは

　難聴は「聞こえにくい状態」のことで、発症時期・部位・原因・症状などによる医学的分類や、教育や福祉で目安とする区分がある。現代医学で治療可能なものもあれば、治療困難または症状が反復・継続する場合には、補聴器や人工内耳の装用やコミュニケーション支援を行い、その技術や方法は飛躍的進歩が見られる。難聴の程度は規定の聴力検査音（純音）が聞こえはじめる強さ（最小可聴閾値）を調べた「聴力レベル（単位dBHL：デシベル）」や、音声を強めればどの程度聞き分けられるかを調べた「最高語音明瞭度（単位%）」などで表される。乳幼児や発達上の課題のため検査困難な場合、脳波や内耳反射などを用いた他覚的聴力検査、音への行動反応の観察、遊びの要素を取り入れた聴力検査の工夫がなされている。

表1　難聴のさまざまな分類

障害部位による	伝音性 感音性（内耳性 後迷路性 中枢性）混合性など
発症時期による	先天性 後天性 若年性 老人性など
原因による	機能性 心因性 遺伝性 外傷性 騒音性など
症状等による	突発性 進行性 両側性 一側性 特発性など

表2　難聴の程度区分（例）

区分	平均聴力レベル	補聴器をしない時の聞こえ方、補聴器等の効果、配慮事項など
軽度難聴	26-40 dBHL	小さい声での会話、遠く離れた相手との会話が聞き取りにくい 騒音下や大人数の会議における会話の理解が困難なことがある 難聴に気づきにくく、補聴器の使用にはつながりにくい
中等度難聴	41-55 dBHL	普通の会話でしばしば不自由を感じる 正面からの大きい声での会話は理解できる 補聴器の使用効果が期待できるが、ためらう場合が多い
準重度難聴	56-70 dBHL	大声で話しても理解できない場合がある 視界を外れた場所からの話しかけに気づかないことがある 補聴器の使用が必要であるが、その効果に個人差が大きくなる
重度難聴	71-90 dBHL	耳元30cmほどの距離からの大きな声も聞き取りにくい 補聴器の使用効果は聴力・弁別能力・読話能力などにより大きく左右される 対面した会話が可能であっても、不特定多数になると極端に難しくなる
最重度難聴	91dBHL以上	補聴器で音声を聴覚理解するには、読話や身振りなどの手がかりが必要となる 補聴器の使用は聴話を助け、環境音認知するなどの効果が期待できる 聴覚活用をすすめるために、人工内耳の適応が検討される

※区分はWHOによるもの。補聴器をしない時の聞こえかた・補聴器の効果などには個人差があり、特に重度・最重度難聴者では大きくあらわれる。ここでは一般的な目安を示している。

■ 聞こえの仕組みと難聴の多様性

　難聴は音の振動を内耳に伝える部位が障害される伝音（性）難聴、その振動を神経伝達信号に変換して脳に伝える機能が障害される感音（性）難聴に大別され、両者を併せ有するものを混合（性）難聴という。伝音難聴は自分の声は聞こえるが外部の音が聞こえにくくなり、難聴の程度は軽度から中等度である。医学的治療が比較的可能で補聴器の効果も期待できる。内耳には

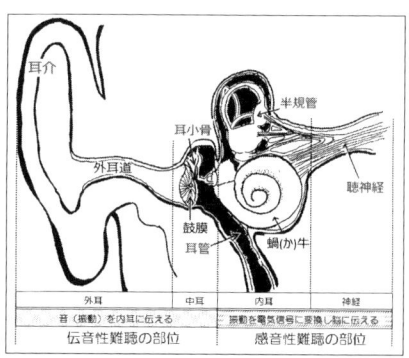

図1　耳の仕組みと役割（模式図）

振動を電気信号に変換する多数の感覚細胞があり、それにつながる聴神経で脳と信号のやり取りをして、音の高低や大小の違いを捉える働きをしている。

感音難聴の程度は軽度から最重度難聴に及び、治療困難な場合も多い。内耳の感覚細胞や聴神経、脳の聴覚中枢のいずれかが障害を受けるため、補聴器や人工内耳で音が聞こえても聞き分けには著しい個人差があり、個々のニーズに応じた教育やコミュニケーション支援方策等を要する。また、一側性難聴でも音の方向感や騒音下の聴取に困難があり、中枢性難聴には、音は聞こえるが音声や音楽など特定の音が聞き分けにくい場合もある。

■ 難聴に対する支援

難聴に対するコミュニケーション支援には、難聴者が「よく聞こえる」「見てわかる」「類推しやすい」ための右図に示すような工夫がある。現在の補聴器や人工内耳はデジタル技術による雑音処理やワイヤレス通信機能などで、生活騒音下での音声聴取改善が可能であり、スマートフォンやタブレットの通信機能、音声文字変換機能を応用した文字情報支援システムも実用化されている。コミュニケーションとは双方向で行われるものであり、「難聴者＝要支援者」「支援機器＝介護機器」と捉えるのではなく、会話する双方が支援を活用する視点で捉えることが最も重要である。

ここで述べた「難聴」については、医療・教育・福祉などでの分類であり、当事者がこれらの分類の名称を好まない場合もある。その意見も充分理解・尊重し、コミュニケーション支援の目的を達成することが大切である。そのため難聴の程度にかかわらない幅広い概念として「聴覚障害（がい）」という表現が用いられることが多い。　　　　　（本庄良一）

表3　さまざまな補聴器具

補聴器	インプラント
耳掛け形・箱形・挿耳形 骨導ヘッドバンド形 軟骨伝導形	人工内耳（CI） 骨導埋込形補聴器 人工中耳 聴性脳幹インプラント（ABI）
残存聴力活用形人工内耳（EAS） 低音を補聴器で、高音を人工内耳で聞くハイブリッドタイプ	

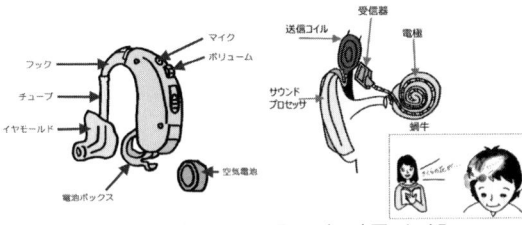

図2　補聴器（耳掛け型）　　図3　人工内耳のしくみ

表4　聴覚支援の手だてと取り組み

1　聴覚支援の手だて
①読話情報を支援する
・読話しやすさを意識した発声・口形・話法の活用
・音響的環境整備（周辺雑音の抑制・残響の軽減など）
・補聴援助機器の活用（磁気ループ・FM・デジタルワイヤレス通信機器など）
・生活支援機器の活用（電話の音量や話速変換機能・簡易拡声機能など）
②視覚情報を支援する
・指さしや身振りの活用、手話通訳
・筆談、要約筆記やノートテイク（手書き・パソコン）
・事前のスピーチ原稿提供や音声字幕提示
・生活支援機器の活用（お知らせランプ・振動式アラームなど）

2　聴覚支援に必要な取り組み
①話者の理解・協力
・情報獲得上の困難性について理解し、改善に向けて協力する
・支援機器の役割や操作方法を理解し、効果的利用に向けて協力する
・第3者（通訳者）介在の役割について理解し、その作業に協力する
②物的・人的リソースの確保
・話者の必要とするリソースを整備する（ホワイトボード・色つきチョーク・教材提示装置等）
・支援機器の整備とその操作・管理者を確保する
・要約筆記・手話通訳者などを確保する
③難聴者自身がともに参加する研修機会
・手話・身振り・話法や支援機器等についてともに学ぶ機会
・疑問や不安を、相互に理解・確認し合える関係づくり

●言語聴覚士（ST）

言語療法士とオーディオロジストの2つの領域にわたる資格として、1997年に言語聴覚士法が制定された。その一部は医療および教育機関において難聴に関する専門的業務に携わっている。

●認定補聴器技能者

日本耳鼻咽喉科学会認定の補聴器相談医の診断・指導に基づき、補聴器の安全かつ効果的な使用のための相談・調整等を的確に行う知識・技能を有すると公益財団法人テクノエイド協会が認定する補聴器技能者。

●人工内耳

補聴器による効果が不十分な最重度難聴児者を対象とし、内耳に電極挿入手術を行い、音の信号を直接聴神経に届ける人工聴覚器。

わが国では1985年に初めて手術が行われて以来、現在までの手術数は10,000件を超え、小児では相対的に1～2歳の割合が増加し、低年齢化がうかがえる。日本耳鼻咽喉科学会は、小児・成人のそれぞれに適応基準を設け、小児については術後の本人および保護者への教育支援体制整備が条件とされている。

●聴覚情報処理障害（APD）

聴力検査では正常であるが、聞こえにくさ、聞き間違いなどがある。両耳または片耳に発症し、片耳でも騒音下では著しい聞きにくさを感じる。大脳の認知機能との関連があるとされる。

●難聴者・ろう者

医学的な定義と異なり、聴覚障害者の社会的立場を表す意味で、難聴の程度に関わりなく、音声言語を主とする人を「難聴者」、手話を主とする人を「ろう者」という場合がある。

---

 check **難聴学級は、特別支援教育体制へ移行されたが、難聴をもつ子どもの実態から、コミュニケーション手段を軸にそのあり方を考えよう。**

[参考文献・ホームページ]
・「京都府南部域小中学校在籍の聴覚障害児童生徒への合理的配慮に関する研究」京都府スーパーサポートセンターホームページ
・京都府立聾学校「聴覚に障害のある高校生の理解・支援」京都府聴覚支援センターホームページ

第3章 095 ろう文化と手話

近年、日本手話を用い、ろう文化を体得している言語的少数者としてろう者を定義するとらえ方が広がりを見せ、そしてろう者が日本手話で教育を行う「バイリンガルろう教育」による私立聾学校も誕生した。その一方で、全国のろう学校では、音声日本語に手話を併用する「日本語対応手話」を導入するようになった。その両立をどう図るかが今後のろう教育の課題である。

●聴者

聴覚に障害のない者のことを、従来は「健聴者」と称してきたが、とくに文化的に「ろう者」を位置づけて語る文脈においては、聞こえる方が健常である、という価値観からの脱却をめざす意図を含め、「聴者」と称することが多い。

●聴者と聾者の文化摩擦

ろう文化における「机を叩く」という方法は、ただ単に叩けばよいのではなく、強弱を場面や状況に応じて使い分けている。それを知らない聴者が強く机を叩いてしまって「怒っている」と誤解を与えてしまうことや、逆に、日本手話では違和感のない明示的な話し方をするろう者が、婉曲表現を多用する日本の聴者社会の中では「ズケズケと言う人」と評されてしまうことなどが、異文化摩擦の例といえる。

●日本手話の音韻

言語において他の「音」と区別される「音」の最小単位を音韻という。たとえば英語では「ra」と「la」は区別されるが、日本語では両者は区別されずに「ら」として扱われる。

日本手話の場合、音自体があるわけではないが、音韻は同様に定義され、位置・手型・動き・手のひらの向きの4要素により同定される。

■ 独自な言語としての日本手話と、ろう文化

「ろう者とは、日本手話という、日本語とは異なる言語を話す、言語的少数者である」という宣言文で始まる「ろう文化宣言」が、1995年3月の『現代思想』に掲載されたことで、文化的視点からの「ろう」のとらえ方が一躍注目されるようになった。手話こそがろう者の母語であり、ろう者コミュニティには「ろう文化」が根付いているという彼らのろう教育への主張は、「聴覚口話法による日本語の獲得こそが最優先課題であり、手話は日本語が獲得できた後からでよい」と考えるろう教育の関係者に衝撃を走らせた。

「ろう文化」には、ろう者が自然に行う方法から芸術表現に昇華されたものまでさまざまなものがある。聞こえない身体状況ゆえのやり方として、注意喚起する際に肩や机を叩くという方法や、手話話者であるがゆえに生まれたものとして、聴者の場合は最も奥まったところが「上座」となるのに対してろう者の場合はみんなの視線が集まりやすい真ん中の位置になること、さらに、芸術表現として、手話ポエム(手話歌)、演劇、手話文学も生まれている。

こうしたろう文化はもともとろう者コミュニティに存在していたものであったが、それが高らかに宣言されるようになるには、ろう者同士で用いられている日本手話が、音声言語と比べて遜色なく機能し、異なる統語構造によって成り立っている一つの完成された言語であることが学術的に「発見」されたという背景がある。たとえば、日本人は「曖昧な表現を好む」と言われるが、ろう者は日本人であっても結論を先に言い、婉曲表現を避ける。これは、日本手話が結論を先に明示する言語であることに起因するといえる。言語構造はその母語話者の思考や文化と密接に関わるものであり、日本手話が一つの独立した言語であるならば、そこには必然的に独自のろう文化が形成されるといえる。

なお、ここでいう日本手話とは、ろう者同士の会話で用いられるものであり、聴者が音声日本語を発しながら手話単語を併用して表出する日本語対応手話とは構造的に異なっている。日本手話には位置、手型、動き、手のひらの向きにより構成される音韻があることに加え、非手指標識(NMM)が文法上の重要な要素となっている。こうした知見が示されるようになったのは世界的にも1960年代以降であり、日本においては1990年代中頃からであった。

■ ろう教育における手話

ろう教育では明治期以降、手話を用いた教育方法が採用されてきた。しかし

大正期に入り、読話と発語によって日本語を獲得させようとする口話法が提唱されたことで、手話は「手真似」「猿真似」と揶揄され、口話習得を妨げるものとして日本中で禁止されていった。その一方で、ろう児同士が寝泊まりして生活する寄宿舎などで手話は使われ続け、次代に伝承されてきた。

そして1995年頃から、ろう幼児の指導において、手話を「併用」した実践が一部の聾学校で始まり、広がりを見せていく。こうした流れは、公立ろう学校において聴覚活用がきわめて困難なろう児、ろう者の両親のもとに生まれたろう児、他の障害も有している聾重複児の子どもたちといった、聴覚口話法による日本語獲得が困難な子どもの問題が顕在化していった結果ともいえる。

この手話は音声に手話単語を併用するものであるため、前述した「日本手話」とは異なるものの、結果的にはろう児同士での自由な手話の使用を認めることにもなり、ろう児の日本手話環境が整っていくことにもつながっていった。

■ ろう者によるろう教育の実践と90%ルール

ろう教育における手話の導入に関して、もう1つ見逃せない動きが、2000年前後に全国各地でフリースクールの形で始まった、「日本手話」によるろう教育を求める、成人ろう者たちによる活動である。そしてその1つであり先駆けでもあった「龍の子学園」が、2008年4月に私立のろう学校「明晴学園」となり、日本手話で教育を行うろう学校が誕生するに至った。「バイリンガルろう教育」と言われる彼らの教育方法は、日本手話をろう児の母語として獲得させ、その上で書記日本語を獲得させようとするものである。

ただし、ろう者が望むろう教育が、ろう児の教育に広く浸透しているわけではない。その障壁となるのが、①ろう児の親の9割程度が聴者、②ろう者の結婚相手の8割程度がろう者、③ろう者同士の結婚から生まれる子どもの9割程度が聴児、という「90%ルール」と呼ばれる特徴である。

聴者両親にとっては、「障害をもった子どもを分け隔てせずに、普通の子どもと一緒に過ごさせる」ためのインクルーシブ教育が、ろうコミュニティにとっては、「ろうの子どもを、他のろう児から分離させ、聴児集団の中で孤立させる」最も大きな「脅威」となってくる。ろう児の親の9割である聴者両親が、ろう者の望む教育を同じように望むとは限らない点に、ろうコミュニティの悲哀がある。

現在のろう教育において、日本手話はろう者がろう者らしく学ぶための母語であり、ろう者の理想の教育の象徴ともいえる。しかしその一方で、ろう教育関係者が積み上げてきた実践では、残存聴力を活用して日本語を学ぶための有効な補助手段としての日本語対応手話も重視されてきた。ろう者のねがいと聴者のねがいの両立をどのように図っていくかが大きく問われている。

（金澤貴之）

（check） インクルーシブ教育を、ろう文化に生きるろうコミュニティの立場からとらえた場合、どのようにとらえ直しができるか、考えてみよう。

［参考文献］
・金澤貴之著『手話の社会学―教育現場への手話導入における当事者性をめぐって』生活書院、2013年
・松岡和美『日本手話で学ぶ手話言語学の基礎』株式会社くろしお出版、2015年
・我妻敏博「聾学校における手話の使用状況に関する研究(3)」『ろう教育科学』50(2)、27-41、2008年
・木村晴美『日本手話とろう文化―ろう者はストレンジャー』生活書院、2007年
・現代思想編集部編『ろう文化』青土社、2000年

●非手指標識（NMM）

Non-Manual Markers の略。眉や顎、目の動きといった、手指以外の動作で表現される文法の構成要素。これにより、WH疑問や、条件節を表現したり単語を倒置したりすることができる。

●ろう学校での手話の広がり

我妻（2008）によれば、2007年時点で、幼稚部段階で教員全員が指導中に手話を用いている学校は全体の77.5%であり、半数以上の教員が指導中に手話を用いている学校となると全体の86.3%（1997年では22.5%）を占めている。

そして逆に指導中に手話を使用する教員が1人もいない学校は5%（平成9年では71.5%）に過ぎない状況になっている。このように、わずか10年ほどの間にろう学校における手話使用をめぐる情勢は大きく変化している。

第3章
096

重症心身障害児（重症児）

重度の知的障害、運動障害を併せもつ子どもの教育は、その命を守ることを基礎に、認識の力を伸ばし、能力を高めるとともに、他の人との共感関係、自己肯定感を形成することが大切な課題である。

●大島分類

1971年、東京都立府中療育センターの医師大島一良が考案した重症児の区分法。縦軸にIQ、横軸に運動能力を置く。

				(IQ) 80
21	22	23	24	25
				70
20	13	14	15	16
				50
19	12	7	8	9
				35
18	11	6	3	4
				20
17	10	5	2	1

走る　歩く　歩行障害　座れる　寝たきり

太線内の1〜4が重症心身障害児
（藤岡一郎『重症児のQOL』クリエイツかもがわ、2000年より）

●超重症児

気管切開や人工呼吸器など、濃厚な医療、介護を必要とする最重度の障害児をさす。

運動機能が座位までであり、呼吸管理、食事機能、消化器症状などの各項目をスコア化し、基準を超える状態が6か月以上続く場合、超重症児と判定される。

■ 重症心身障害児の定義

重症心身障害児（以下、重症児）とは「重度の知的障害及び重度の肢体不自由が重複している児童」（児童福祉法1967年改正）と規定されているが、歴史的には、この概念規定もさまざまな変遷を遂げている。これは、かつて児童福祉法で救済されることのなかった重度の障害児を広く救うことをねらい、対象を広くとろうとした措置によるものである。現在では、重症心身障害といえば大島分類1〜4を対象とすることが一般的であり、医療、福祉、教育においてほぼ共通の対象概念となっている。

重症児施設が誕生する以前の1960年代においては、重症児は「不治永患」であり、長期生存はきわめて困難とされていた。しかし、医療、福祉、教育が保障されることにより、命をとりまく環境は改善され、現在、成人期を越えてなお人生を謳歌する重症心身障害者は多く存在する。

しかし、障害が重度であるほど死亡率が高いこと、摂食障害や呼吸障害などの合併症と生命予後の関連が深いこと、生活習慣病などの合併症が現れていることなど、命を守るうえでの深刻な課題は残っている。

近年、従来の重症心身障害を超えるほどの濃厚な医療、介護を必要とする重度児が増え、「超重症児」と呼ばれている。

■ 養護学校義務制による教育権保障

1979年の養護学校義務制により、それまで学校教育から排除されてきた重症児も学校教育が保障されることとなった。知的にも身体的にも最も重度とされる子どもたちが教育実践の舞台に登場することにより、この子たちにあった教育課程、授業、学習集団、教材・教具が開発され、教育史の新たな段階を拓く実践が試みられた。

運動障害の改善、克服のみに視点を当てた訓練主義的な教育実践を乗り越えて、重症児を学習の主体として把握し、人類の文化や科学をこの子たちにわかる形で伝えようとする教育実践が広まっていった。その中で、子ども自身が認識の力を伸ばし、能力を高めることと合わせて、教師と子どもとの共感関係を築くこと、また、子ども本人の安心感、自己肯定感を育てることが教育課題であることが明らかとなってきた。

教育実践の深まりは、教育条件改善の要求へと結びつき、訪問教育の条件改善運動、高等部希望者全員進学運動、高等部訪問教育実施運動、学校における

医療的ケア実施を求める運動など、全国各地で教育権運動が進められ、貴重な成果が生まれた。

■ 発展のために

　今後の重症児教育をすすめていくうえで、とくに重要となる観点を2点述べたい。一つは、対象把握の力量をさらに高める必要性である。

　重症児を理解するうえで、医療的な知識をもって臨むのはもちろん大切であるが、ここで強調したいのはそれだけではなく、その人を人格的存在として理解するという課題である。目の前の重症児が何を感じ、何をねがいながら生きているのか、発達の力がどのように育っているのかを、その人の生活に寄り添いながら、また教育実践の中で具体的に把握することが求められている。研究分野においても、白石らの提起する重症児の発達診断や、片桐らの生理心理学的アプローチなど、先進的な報告に学ぶ必要がある。

　二つ目は、「教育の個別化」にどう対応するか、という課題である。

　『今後の特別支援教育の在り方について（最終報告）』（2003年3月）において「個別の教育支援計画」作成が明記されて以降、子どもに対する個別的アプローチを重視する傾向が強まっている。重症児教育においては、かねてより子ども一人ひとりの実態、目標、指導計画、評価などを個別的にとらえる努力はよくなされてきたが、一方で、それが教育活動の孤立化、教育課題の一面化につながらないよう、どの子どもにおいても共通して追求されるべき教育目標、それを支える学習集団、教師との人間関係が重視されてきた。個別的な能力獲得のみが教育の課題として強調される現代にあっては、重症児教育における普遍的な教育的価値は何なのかを、常に確かめながら教育実践が進められる必要があろう。

（三木裕和）

●「見かけの重度」
　白石正久は四肢の麻痺やウエスト症候群など、いわゆる「寝たきり」の子どもたちの中に言語的認識をもつグループが存在することを指摘し、それを通して、重症児の発達認識をもっと正確に行おうと提起している。
　特別支援学校教員などからは「自らの経験と一致する」と共感的な反応が多い。

●生理心理学的アプローチ
　反応がとらえられにくい重症児研究にあって、脳波、心拍、眼球運動など生理的な反応から重症児の心理的過程を理解し、援助しようとする研究。

●重症児の授業づくり
　渡部昭男は、論文「重症児の授業づくり」において、重症児施設での療育、養護学校義務制以降の教育実践、現在の創造的な実践などを歴史的に跡づけ、その教育学的価値について検討を行っている。

●065 「医療的ケア児の就学前と学校教育」
　→142ページ参照

---

check　**最も障害が重いとされる重症児の教育において、その授業づくりの基本となるものは何か。実際に授業を行うと仮定して、考えてみよう。**

［参考文献］
・白石正久『発達障害論・第1巻・研究序説』かもがわ出版、1994年
・小谷裕実・三木裕和『重症児・思春期からの医療と教育—思春期からの医療ガイド』クリエイツかもがわ、2001年
・兵庫重症心身障害児教育研究集会実行委員会『重症児教育—視点・実践・福祉・医療との連携』クリエイツかもがわ、2004年
・三木裕和・原田文孝『重症児の授業づくり』クリエイツかもがわ、2009年
・田中昌人『講座発達保障への道2　夜明け前の子どもたちとともに』全障研出版部、1974年
・片桐和雄・小池敏英・北島善夫『重症心身障害児の認知発達とその援助—生理心理学的アプローチの展開』北大路書房、1999年
・三木裕和・越野和之・障害児の教育目標・教育評価研究会『障害のある子どもの教育目標・教育評価—重症児を中心に』クリエイツかもがわ、2014年

強制優生手術と障害者

　2018年1月30日、宮城県の一女性が、旧優生保護法により自らの受けた強制不妊手術の違法性を主張して、国家賠償請求訴訟を起こした。それ以後、旧優生保護法下での優生断種手術にかかわる記録の開示が進み、都道府県での実態が続々と明らかになってきている。

　旧優生保護法は、1940（昭和15）年の国民優生法に代わるものとして1948（昭和23）年に議員立法として成立したものであった。国民優生法は、ドイツ・ナチスの遺伝性疾患子孫防止法（1933年制定）の影響のもとに1940年に制定されたものの、明治以来の家族国家観の下、"産めよ殖やせよ"が戦争遂行のために求められていた時代であったこともあり、実効性を十分にもたなかった。しかし、敗戦後直後、海外からの引き揚げ者や戦災孤児、浮浪者があふれ国民生活は困憊を極めた。そうした時世で、闇の中絶が幅をきかせる中、母体保護と遺伝性疾患者の優生手術を一体化した法律として旧優生保護法は制定された。このとき、基本的人権を保障する日本国憲法は、すでに施行されていた。

　日本経済は、朝鮮戦争を境に回復し、高度経済成長期の到来とともに、経済成長を続けるために人口の質が問われるようになった。良質な人口を確保し不良な人口を排除する人口政策の下、旧優生保護法は、知的障害者など障害者の強制優生手術の根拠法になる。

　優生不妊手術は、国の主導のもとで、地方自治体が、機関委任事務として、それに協働し、官民の共同で進められた。日本における優生思想は、高度経済成長を受けて、福祉国家をめざし、福祉的施策が本格化しつつある時期にさかんになった。その被害者は、女性／女児が8割ほどをしめ、9歳という月経がはじまったかも不明な女児までが犠牲になり、半数以上が未成年であった。

　当時、多くの障害者が優生断種手術を受けさせられた。山形県では障害児施設の子どもが「組織的」に強制不妊手術を受けさせられた。北海道では、優生手術の件数の実績をあげるために障害児施設長が協力した。宮城県では、「愛の10万人運動」で優生思想が広められ、施設長の説得の下、障害児施設が「組織的」で優生断種手術を受けさせた疑いが強い。

　旧優生保護法は、優生保護審査会の審査をして強制不妊手術を認める法律であったが、同審査会の審議は形式的であり、当時の優生不妊手術の執刀した医師は、「当時は止む得なかった」と証言している。また国は、「当時は適法であった」との主張をし続けている。各地の情報開示が進み、国会では、超党派の議員連盟が救済と賠償に向けて活動を開始した。しかしながら、救済と賠償だけでなく、歴史的経緯の検証も必要である。

　優生思想は、劣等な遺伝子をもつ者を減少させ、良質な遺伝子をもつ者を増やすことで人種／民族の劣化を防ぐことができるとする思想である。優生思想は、劣等とされる人々の生存のために、良質な人々の社会福祉への金銭投入が妨げられるとして、社会福祉の振興と深く親和性をもっている。そして、障害者は、安楽死ないし隔離の対象とされ、強制優生不妊手術の対象とされてきた。しかし、こうした優生思想は、現在においても社会に根強い。

（清水貞夫）

第4章

障害者のライフステージと教育・福祉

就学前から就学へ、そして青年期から成人へ

就学前期の課題

学齢期の放課後

青年期の課題

成人期の課題

第4章
097

出生前診断と障害児者

妊婦の血液から高精度で胎児の染色体異常がわかるという「新型出生前診断」が日本でも本格的に導入されることになった。診断技術が飛躍的に進歩する中、出生前診断についての正しい理解、妊婦や家族がかかえる不安や葛藤を支える相談支援体制の整備、そして何より、出生前診断が「命の選別」につながらないような社会をつくっていくことが私たちに求められている。

●侵襲

医学用語で「医療行為を含め、生体の内部環境を乱す可能性がある刺激全般」をいう。

●13トリソミー症候群

13番染色体の過剰により起こる先天性疾患でパトー症候群とも呼ばれる。出生頻度は5,000〜8,000人に1人とされ、小頭症、小眼球、口唇口蓋裂、頭皮欠損、重度心疾患を伴うことが多い。一般的には長期生存が難しいとされているが個人差も大きい。

●18トリソミー症候群

18番染色体の過剰により起こる先天性疾患でエドワーズ症候群とも呼ばれる。出生頻度は約5,000人に1人とされ、低体重で出生することが多い。

後頭突出、小下顎、手指重合、揺り椅子状足底などの特徴がみられ、重度の心奇形により生命予後は悪いとされる。

■ 出生前診断とは

出生前診断とは、広義には「胎児の健康状態や発育状況を診断すること」であり、1970年代に導入された超音波診断（エコー検査）は、現在では妊婦健診でも使用され、医学的な治療や診断、出産方法の決定などに役立てられている。しかし、狭義には「胎児の疾患や先天異常の有無を診断すること」を意味し、診断で胎児に重い疾患や障害が見つかった場合には、人工妊娠中絶されることも少なくないことから、「出生前診断は命の選別につながる」との批判もある。

出生前診断に用いられる検査には、大きく分けて確定的検査と非確定的検査がある。確定的検査には「羊水検査」や「絨毛検査」があり、羊水や絨毛から採取した胎児の細胞やDNAを直接解析することでダウン症などの染色体異常については、ほぼ確実な診断が可能となる。しかし、妊婦の子宮や胎盤に針を刺して羊水や絨毛細胞を取り出す「侵襲的検査」のため、流産のリスクが伴う。

一方、非確定的検査には、胎児の後頸部にある浮腫の厚さを測定することで染色体異常や心疾患の確率を計算する「NT（Nuchal Translucency）検査」や、母体の血液中に含まれる胎児・胎盤由来のホルモンやタンパク質の値から染色体異常や神経管閉鎖不全の可能性を推定する「母体血清マーカー検査」がある。いずれも「非侵襲的検査」のため流産の危険はないが、検査精度は決して高くない。日本でも2013年4月から2018年3月まで臨床研究が行われ、一般診療化されることが決まった新型出生前検査（NIPT）は、母体の血漿中に浮遊する胎児のDNA断片を解析することにより高い精度で胎児の染色体異常を検出できるとされるが、あくまで非確定的検査であることに留意しなければならない。

表　日本で導入されている主な出生前検査の種類、実施方法、対象疾患等

種類	非確定的検査			確定的検査	
	超音波断層法（エコー検査）	母体血清マーカー検査（トリプルマーカー）	新型出生前検査（NIPT）	羊水検査	絨毛検査
導入時期	1970年代	1980年代	2013年4月	1960年代	1980年代
方法	妊婦の腹部に超音波をあて得られた胎児の画像を分析	妊婦の血液に含まれる胎児由来のタンパク質等を分析	妊婦の血液に含まれる胎児のDNA断片を量的に解析	子宮に針を刺して羊水中の胎児の細胞を採取して遺伝子や染色体を分析	胎盤に針を入れて絨毛から胎児の細胞を採取して遺伝子や染色体を分析
侵襲的／非侵襲的	非侵襲的	非侵襲的	非侵襲的	侵襲的［流産率が0.3〜1%］	侵襲的［流産率が1〜4%］
実施時期（妊婦週数）	11〜13週※NT検査による診断時期	15〜21週	10週〜	15週〜	10〜14週
対象となる疾患	13トリソミー18トリソミー21トリソミー（ダウン症）さまざまな先天性疾患	18トリソミー21トリソミー（ダウン症）神経管閉鎖不全（二分脊椎や無脳症）	13トリソミー18トリソミー21トリソミー（ダウン症）	13トリソミー、18トリソミー、21トリソミー（ダウン症）等の染色体異常による各種疾患およびDNA塩基配列の異常による各種疾患	13トリソミー、18トリソミー、21トリソミー（ダウン症）等の染色体異常による各種疾患およびDNA塩基配列の異常による各種疾患
精度（感度）【ダウン症の場合】	75〜80%	80〜85%	99.1%	99.9%	99.9%

「赤ちゃんをとりまくさまざまな問題―新型出生前診断」（ニュートン別冊『赤ちゃん学』、2014年に所収）および坂井律子『いのちを選ぶ社会　出生前診断のいま』（NHK出版、2013年）を参考に筆者が作成。

■ 出生前診断と生命倫理をめぐる状況

　新型出生前検査（NIPT）の臨床研究を実施しているNIPTコンソーシアムによると、2013年4月から2018年3月までの5年間に58,150人が新型出生前検査を受け、そのうち1,038人（1.79％）が陽性と判定された。その後、羊水検査などの確定検査で陽性が確定したのは783人（21トリソミー［ダウン症］が531人、18トリソミーが205人、13トリソミーが47人）で、NIPTでは陽性判定を受けたものの胎児に異常がなかった人（擬陽性）も89人いた。そして、検査で陽性と判定された人のうち729人が妊娠人工中絶を「選択」したという。

　2004年から妊婦健診で母体血清マーカー検査を無料提供しているイギリスでは、高齢の妊娠が増えて染色体異常の妊娠は増加傾向にあるにもかかわらず、出生前診断の普及に伴う中絶の増加により染色体異常の赤ちゃんの誕生が抑制されているという研究結果がある（Joan K. Morris et. al, 2009）。また、妊婦へのスクリーニング検査紹介が医師に義務づけられ、費用も全額国負担となっているフランスでは、出生前診断でダウン症の92％が「検出」され、そのうち96％が中絶しているため、ダウン症の出生数が減少傾向にあるという。

　一方、出生前診断をめぐり国民的な議論を続けてきたドイツでは、2009年、急速に普及する出生前遺伝子診断に対応すべく「遺伝子診断法」を制定するとともに「妊娠葛藤法」を改正し、医師に相談所や支援団体の紹介を義務づけた。全国1,500か所以上に設置されている妊娠（葛藤）相談所では、障害がある子どもを育てる親の自助グループや障害児者を支援する団体、中絶を体験した女性を支援する団体、補助金や税負担軽減の窓口まで紹介するなど、妊婦や家族がかかえるさまざまな不安や葛藤に寄り添い、支援する体制が整えられている。

■ すべての生命が大切にされる社会へ

　いま、出生前診断は、技術的に急速な発展を遂げるとともに激しい市場競争の中にある。胎児の全DNAが解析される日も近いといわれる中、全胎児の疾患や障害の発見を目的としたマススクリーニング検査への移行が懸念される。また、わが国でも出生前診断が「命の選別」に直結しているという現実に対し、法律の整備はもちろん、妊婦や家族の疑問に答え、不安や葛藤に寄り添い、決断を支える心理社会的な相談体制の構築が不可欠である。そして何より、出生前診断をめぐる問題は私たちに社会のあり方を問うている。

　ダウン症の障害がある岩元綾さんは「生まれてくる新しい尊い命を出生前診断で摘むよりも、ダウン症や障害のある人、すべての人が生きやすい社会をつくる方が先ではないか」と述べている。

　障害や病気があっても幸せに生きられるインクルーシブな社会を築いていくことこそが私たちに求められている。　　　　　　　　　　　　（平沼博将）

●新型出生前検査

　正式には「非侵襲的出生前遺伝学的検査」（Non-Invasive Prenatal Genetic Testing/NIPT）という。母体の血中に混在している母親と胎児のDNAの断片をシーケンサーという読み取り機で分析することで各DNA断片が何番染色体に由来するのかがわかる。全染色体に占める21番染色体のDNA量の割合は通常1.3％であるが、ダウン症の場合には1.42％とわずかに増えるという。

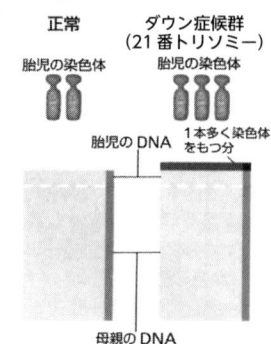

「赤ちゃんをとりまくさまざまな問題─新型出生前診断」（ニュートン別冊『赤ちゃん学』、2014年に所収）より抜粋して引用

●出生前検査の精度

　検査精度の指標には、感度、特異度、陽性的中率があり、感度は「陽性である人が陽性と診断される確率」、特異度は「陰性である人が陰性と診断される確率」である。NIPTの精度が「99％以上」とされるのは感度（99.1％）や特異度（99.9％）をさしており、「陽性と判定された人が真に陽性となる可能性」を示す「陽性的中率」は、日本で行われた臨床研究において、ダウン症で96.5％、18トリソミーで88.1％、13トリソミーで58.4％であった（ただし真偽不明者を除いた数値）。

 出生前診断が「命の選別」につながらないために、私たちはどのような社会をつくっていけばよいか、そのためには何が必要かを考えてみよう。

[参考文献・ホームページ]
・坂井律子『いのちを選ぶ社会　出生前診断のいま』NHK出版、2013年
・玉井真理子・渡部麻衣子『出生前診断とわたしたち「新型出生前診断」（NIPT）が問いかけるもの』生活書院、2014年
・「赤ちゃんをとりまくさまざまな問題─新型出生前診断」（ニュートン別冊『赤ちゃん学』所収）、2014年
・岩元綾『生まれてこないほうがいい命なんてない─「出生前診断」によせて』かもがわ出版、2014年
・「NIPTコンソーシアムの実績と報告」2018年（http://www.nipt.jp/nipt_04.html）

乳幼児健診と障害の早期発見

母子保健法に基づいて全国の市町村で実施されている乳幼児健診は、障害の早期発見・早期対応において重要な役割を果たしている。近年は、発達障害の把握と対応、虐待リスクの早期発見、子育て支援など多くの役割が求められている乳幼児健診だが、市町村によって内容や実施方法に格差が生じていることから、専門職の育成や適正配置、健診後のフォロー体制の充実が課題となっている。

●母子保健法

1965年8月に制定された「母性並びに乳児及び幼児の健康の保持及び増進を図るため、母子保健に関する原理を明らかにするとともに、母性並びに乳児及び幼児に対する保健指導、健康診査、医療その他の措置を講じ、もって国民保健の向上に寄与すること」(第1条)を目的とした法律。

乳幼児健診に関しては同法第12条で「1歳6か月児健診」と「3歳児健診」について市町村の実施義務を定めている。また、同法第13条で「前条の健康診査のほか、市町村は、必要に応じ、妊産婦又は乳児若しくは幼児に対して、健康診査を行い、又は健康診査を受けることを勧奨しなければならない。」としている。

●発達障害者支援法
➡213ページ参照

●098「5歳児健診」
➡212ページ参照

●「発達診断と発達相談」
➡180ページ参照

■ 乳幼児健診とは

乳幼児健康診査(以下、乳幼児健診)とは、「母子保健法」の規定に基づいて市町村が実施している乳幼児を対象とした健康診査のことで、市町村は「満1歳6か月を超え満2歳に達しない幼児」と「満3歳を超え満4歳に達しない幼児」に対して健康診査を行わなければならないと定められている(同法第12条)。これらの乳幼児健診は法定健診と呼ばれ、一般に前者を「1歳6か月児健診」、後者を「3歳児健診」という。市町村には、これら法定健診以外にも必要に応じて乳幼児を対象とした健診を行うことが推奨されており(同法第13条)、ほとんどの自治体が乳児期の前期(1〜5か月)と後期(6〜12か月)に健診を実施している。また、2004年に制定された「発達障害者支援法」では、市町村が乳幼児健診を行うにあたって「発達障害の早期発見に十分留意しなければならない」(第5条)とされており、発達障害を就学前に把握し、適切な環境を整えることを目的に「4歳児健診」や「5歳児健診」を実施する市町村が増えている。また、乳幼児健診によって、より精密な検査が必要と判断された場合は、医療機関等の専門機関で精密健康検査が実施される。

下表は2016年度における全国の乳幼児健診実施状況をまとめたものである。受診率は1歳6か月児健診は96.4%、3歳児健診で95.1%、また3〜5か月児を対象とした乳児健診の受診率は95.6%となっている。高い受診率を誇る乳幼児健診ではあるが、受診していない数パーセントの中に育児不安や虐待リスクを抱えた家庭、障害の疑いがある子どもが数多く含まれているという指摘もあり、そうした家庭や子どもへの支援が大きな課題となっている。

■ 乳幼児健診の現状と課題

乳幼児健診で実施される項目は「母子保健法施行規則」(1965年厚生省令第55号)で定められており、1歳6か月児健診では、①身体発育状況、②栄養状態、③脊柱及び胸郭の疾病及び異常の有無、④皮膚の疾病の有無、⑤歯及び口腔の

表　乳幼児健診の実施状況（2016年度）

	乳　　　　児				幼　　　　児		
対　　象　　児	1〜2か月児	3〜5か月児	6〜8か月児	9〜12か月児	1歳6か月児	3歳児	4〜6歳児
受　診　者　数	252,807	991,573	365,853	730,780	1,008,405	1,000,319	42,420
受　診　率（％）	85.7	95.6	83.2	83.7	96.4	95.1	80.2
精密健診受診者数	−	−	−	−	14,916	59,734	2,179

厚生労働省「平成28年度地域保健・健康増進事業報告の概況」(2018年3月)より作成

疾病及び異常の有無、⑥四肢運動障害の有無、⑦精神発達の状況、⑧言語障害の有無、⑨予防接種の実施状況、⑩育児上問題となる事項、⑪その他の疾病及び異常の有無の計11項目が実施される。3歳児健診では、これらの項目に加えて、⑫眼の疾病及び異常の有無、⑬耳、鼻及び咽頭の疾病及び異常の有無を確認することになっている。しかし、各項目の具体的内容や、それらをどのような方法で実施するかは各市町村に委ねられており、自治体による差も大きい。

乳幼児健診の実施方法には、市町村の保健センターなどで行われる集団健診と市町村から委託された医療機関で実施される個別健診がある。集団健診では、医師、歯科医師、保健師、栄養士、心理職、保育士など様々な職種が関わることで、多面的・包括的な評価と支援が行いやすく、未受診者を早く把握できるなどのメリットがある。しかし、集団健診を実施するためには一度に多くの専門職を確保する必要があり、その実施体制は市町村によって大きく異なる。一方、個別健診は、保護者の都合や子どもの体調に合わせて受診できるというメリットがあるものの、複数の医療機関を受診しなければならないことの負担の大きさや、地域によっては小児の発達相談に対応できる専門医がいないなどの課題もある。

■ 乳幼児健診が果たしてきた役割と今後の課題

これまで見てきたように、乳幼児健診の内容や実施方法には、市町村によって「格差」が生じているのが実情である。21世紀における母子保健の主要な取り組み目標を示した「健やか親子21」の最終評価報告書（2013年11月）においても「母子保健に関する計画策定や取組・実施体制等に地方公共団体間の格差があること」「乳幼児健診事業の内容や手法が標準化されていないこと」が指摘されており、2015年度から始まった「健やか親子21（第2次）」では、「すべての国民が地域や家庭環境等の違いにかかわらず、同じ水準の母子保健サービスが受けられること」が目指されている。

乳幼児健診は「受診もれをなくす」「発見もれをなくす」「対応もれをなくす」を3つの柱に体系づけられた「大津方式（1974年方式）」をはじめ、これまで様々な障害や疾病の早期発見と早期対応において重要な役割を果たしてきた。近年では、発達障害の把握と対応、育児不安・育児困難への支援、虐待リスクの早期発見など、さまざまな役割が乳幼児健診に求められており、専門職の育成や適正配置、「育てにくさ」を感じている保護者に寄り添った支援の充実がよりいっそう求められている。とりわけ、母子で通える「親子教室」、2歳児健診などの経過健診、心理専門職による発達相談、療育機関や理学療法士（PT）・作業療法士（OT）・言語聴覚士（ST）などの専門家との連携など、乳幼児健診後に行われているフォロー事業を拡充していくことが重要である。（平沼博将）

●健やか親子21

母子保健水準の維持・向上を目的に2001年から始まった国民運動計画で、21世紀における母子保健の取り組みの方向性と目標が示された。①思春期の保健対策の強化と健康教育の推進、②妊娠・出産に関する安全性と快適さの確保と不妊への支援、③小児保健医療水準を維持・向上させるための環境整備、④子どもの心の安らかな発達の推進と育児不安の軽減という4つの主要課題が設定された。

●健やか親子21（第2次）

「健やか親子21」（2001年～2014年）の評価を踏まえ、2015年度から始まった「健やか親子21」の第2次計画。10年後に「すべての子どもが健やかに育つ社会」を目指して、「切れ目ない妊産婦・乳幼児への保健対策」など3つの基盤課題と「育てにくさを感じる親に寄り添う支援」「妊娠期からの児童虐待防止対策」という2つの重点課題が設定されている。

●乳幼児健診「大津方式」

滋賀県大津市で1974年に始まった乳幼児期の発達を保障するためのシステムで、「受診もれをなくす・発見もれをなくす・対応もれをなくす」の3つを柱に体系づけられた。2006年度からは「新大津方式・発達支援療育事業」として、これまで十分な手立てがうてていなかった発達障害の子どもたちを含め、発達上の支援を必要とする子どもたちへの療育の場の充実が関係機関の合意と努力のもとですすめられている。

---

 check あなたの住んでいる市町村や周辺の自治体では、どの時期に、どのような方法で乳幼児健診やフォロー事業が行われているか調べてみよう。

[参考文献・ホームページ]
・原朋邦（編）『みんなで取り組む乳幼児健診』南山堂、2018年
・平岩幹男『乳幼児健診ハンドブック（改訂第4版）』診断と治療社、2015年
・厚生労働省「平成28年度地域保健・健康増進事業報告の概況」
　https://www.mhlw.go.jp/toukei/saikin/hw/c-hoken/16/index.html

第4章

099

5歳児健診

集団生活の中で困難をかかえやすい発達障害を、就学前に把握して適切な対応を図ることをめざして、5歳児健診や発達相談が多様に取り組まれている。保育現場との協働、就学移行支援とのつながりが図られてきた。保護者が子どもの障害に向き合う力を励まし、子育ての展望を得られるよう、事後相談を整備するとともに、地域における発達支援システムの整備が求められる。

●5歳児健診2つのタイプ

保護者に案内して子どもと来所してもらう集団健診型、健診スタッフが保育所や幼稚園を訪問する訪問型がある。訪問型は集団場面の行動観察をもとに問診や相談を行う。

健診型では、構造化した手順による診察で、言語や認知面の遅れ、行動統制の弱さや社会性の未熟さがうかがえた場合、障害特性を意識したインタビューを行って保護者と子どもの事実を確認し合う。小規模町村の集団健診型では、診察だけでなく集団遊びを取り入れている所もある。

●5歳児発達相談

大規模の自治体では、マンパワーの確保など実施上の問題のため、希望者を募る5歳児発達相談が実施されている。希望する保護者は子どもの発達について気がかりがある場合が多いため、受診者は限られるが事後処遇の割合は高い。

近年SDQという行動等の質問票を用いて一次スクリーニングを行い、閾値以上の事例に医師の診察を行う形で、悉皆の健診に近い実施をしている自治体もある。

「乳幼児健診システムに関する全国調査」（平成17年度・18年度実施）で5歳児健診を実施している自治体数は55であった。

●5歳児健診と相談の現状

鳥取県と栃木県では5歳児健診または発達相談が全県で実施されているが、「乳幼児健診シ

■ 5歳代に健診を行う背景

AD/HDや知的遅れのないASD、LDをはじめとする発達障害の子どもたちは、小学校の入学後に学校不適応や心身症の状態に陥る等、二次的な障害をかかえる例が少なくないことが憂慮されてきた。就学前から発達障害を把握して適切な環境や対応を整え、二次的な不適応を予防することをめざして、多様な取り組みが模索されている。その一つが、1996年から鳥取県で始められ、各地に広がってきた5歳児健診である。その背景と意義は、以下の4点にまとめられる。

①発達障害は集団生活を通して困難が見えやすくなる幼児期後半に健診を実施することで、障害特性に応じた把握ができる可能性がある。②保護者は、落ち着かない・聞き分けがない行動は、他児にもよくあるものと感じたり、家庭と園での子どもの様子が食い違ったりして、子どもの発達的な困難さがわかりにくい。一方で育てにくさを感じて困っていたり、発達障害の情報が周知される社会状況の中で、不安をかかえていたりする。保護者に健診を「気づき」の機会としてもらい、子育てを支えるつながりを築く。③保育現場では、子どもをどう理解するか追求しつつ保護者と共有する難しさをかかえている。保健機関が相談の場としてかかわることで、協働するきっかけになる。④就学が迫っている時期に子どもの発達上の困難を把握し、保護者を中心に保育・保健・教育等の関係機関が連携して、就学についての相談支援をすすめる機会とする。

■ 5歳児健診の実際

3歳児健診等が母子保健法に基づいて実施されているのとは異なり、5歳児健診は法制化されておらず、自治体によって多様な方法で取り組まれている。ここでは、鳥取県の事例を中心に紹介する。

5歳〜5歳6か月児を対象に、年中組後半〜年長組夏頃までには実施する。多くの場合、担任の保育者が健診に同席する。保護者と担任双方に発達アンケートや行動チェックを記入してもらい、保護者から子どもの様子を聴取するとともに担任から集団場面での情報を補足してもらう。家庭と園での姿を把握するために、双方から情報を得るよう努めている。わずかな時間で子どもの認知・社会性・行動統制の発達の概略を知るために、診察手順が構造化されている。健診実績は、受診率90％台を維持している。発達障害の可能性があると判断された事例は全体の9〜10％、実際に障害として確定するのは、その半数程度と見込まれている。

必要な事例には医師から子育ての助言をし、事後処遇につなげる。就学を控

えて子どもの障害の可能性に向き合っていくことは、保護者の不安感を大きくする。ていねいな事後相談体制（図を参照）をとる必要がある。医療・療育機関に案内される場合は、担当保健師が受診に同伴し、相談を継続する。これをベースに次の3種の事後相談が組まれている。

①保育士が、保護者の育てにくさを共有しつつ、子育ての具体的な工夫についてともに考える。②心理士が個別相談を設け、発達検査場面を保護者に見てもらいながら子どもの気づきを深め、保護者の気持ちの揺れを受けとめる。③就学を見通し、保護者の希望に沿って教育相談や発達支援教室を紹介するとともに、必要に応じて就学相談に案内する。

■ 5歳児健診の課題

保護者が子育ての展望を持てるよう、地域での相談支援体制を整えていくことが何より必要である。相談の場に加え、子どもに対する療育（言語療法や小集団療育等）の場を設けるとともに、保育・教育機関との連携が欠かせない。

①保育者にとって、5歳児健診がその子の発達や障害特性を理解し、問題行動への対処について助言を得る機会となるとともに、子どもの育ちを考え合う保護者との関係を結ぶ機会となってきた。一方、2016年に改正・施行された発達障害者支援法でも提起された、保育所等への巡回相談（コンサルテーション）を充実し、集団生活における保育の工夫を支えたい。

②保護者に、学校で相談できる人がいることを具体的に示す。子どもに合った指導を体験することで、入学後の支援の道を示す。こうしたつながりの中で、保護者が二つの手応え—その子に合った配慮が子どもを成長させる手応え・その配慮をともに考える先生方とつながり合える手応え—を実感されると、自ら就学相談に出向かれる。保護者が子どもの障害に向き合う力を励まし、見通しをもって就学を迎えられる支援体制が求められる。

また、健診に関わる専門職の養成など実施上の課題もある。さらに保育者らが、当該児童についての気がかりを2〜3歳代から感じていたこと、3歳頃に障害特性は明らかでなくても5歳以降に発達障害と診断された事例に「かんしゃくがきつい」「落ち着かない」等の育てにくさを保護者が感じていたことも明らかになった。その頃から発達障害の可能性を見据えた継続相談を展開し、保護者の育児を支える早期からの対応を追求することも課題である。　（田丸尚美）

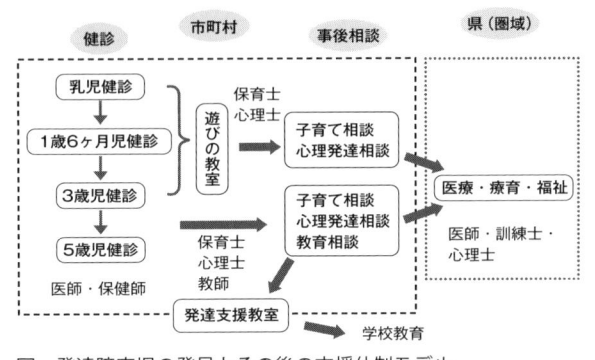

図　発達障害児の発見とその後の支援体制モデル

ステムに関する全国調査」（平成17年度・18年度実施）で5歳児健診を実施している自治体数は55であった。以降、厚生労働省の事業報告書では4〜6歳児に健診を行った児の数は増加傾向にある。

●発達障害者支援法

2005年発達障害者支援法が施行され、発達障害児の早期発見と支援の方針が出された。2016年に改正施行され、ライフステージを通じた切れ目のない支援の実施を提起して、幼児期からの就学移行を支える課題がより鮮明になった。

厚生労働省は、5歳児健診実施にあたって「軽度発達障害児に対する気づきと支援のマニュアル」を公開している。

●コーディネーターの役割

就学という節目の近い時期に、さまざまな支援者や機関とつながり、多様な課題を考えていくプロセスに伴走し、コーディネートする役割を、それぞれの地域でどのように設けるか、保護者にとってわかりやすく継続的に相談できる体制を築く必要がある。

●SDQ (Strengths and Difficulties Questionnaire)

就学前児の行動評価尺度としてイギリスを中心に欧州で広く使われており、行為面・多動・不注意、情緒面、仲間関係、向社会性の5分野について答える質問紙である。

子どもの「困難さ」のみならず「強み」を評価できる点が特徴的で、5歳児健診でも活用されている。公式サイトhttp://www.sdqinfo.com/からダウンロードできる。

check▸ 身近な地域で、発達障害を早期から把握するためにどのような取り組みがあるか・どんなシステムになっているか調べてみよう。

［参考文献・ホームページ］
・田丸尚美『乳幼児健診と心理相談』大月書店、2011年
・小枝達也（編）『5歳児健診』診断と治療社、2008年
・小枝達也「軽度発達障害児に対する気づきと支援のマニュアル」
　　http://www.mhlw.go.jp/bunya/kodomo/boshi-hoken07/index.html

保育所・幼稚園・認定こども園での障害児保育

第4章 100

1974年に始まった国の障害児保育事業を足がかりとして、現在では、発達障害の疑いがある子どもを含む多くの障害児が保育所・幼稚園・認定こども園等に通っている。しかし、障害児保育への補助事業は保育士加配への補助が中心で、自治体による格差も大きい。障害児保育は「統合保育」（インテグレーション）から「インクルーシブ保育」への転換期を迎えているが、それを実現するための条件整備が早急に求められている。

●保育所

保育所は児童福祉法に定められた児童福祉施設で、「保育を必要とする乳児・幼児を日々保護者の下から通わせて保育を行うこと」（同法第39条）を目的としている。また、市町村は「保護者の労働又は疾病その他の事由により、その監護すべき乳児、幼児その他の児童について保育を必要とする場合において、次項に定めるところ※によるほか、当該児童を保育所において保育しなければならない」（同法第24条第1項）とされている。

※認定こども園、家庭的保育事業、小規模保育事業、居宅訪問型保育事業、事業所内保育事業

●保育所・幼稚園の基準
➡217ページ参照

■ 保育所・幼稚園における障害児保育

保育所や幼稚園における障害児保育が国の制度・施策として行われるようになったのは1970年代に入ってからである。1974年に厚生省（当時）は「障害児保育事業実施要綱」を定め、保育所への保育士加配の経費を市町村と国が補助するようになった（2003年度からは一般財源化）。また、文部省（当時）も同年に「心身障害児幼稚園助成事業補助金交付要綱」を出すとともに、「私立幼稚園特殊教育費国庫補助金制度」を開始し、保育所・幼稚園における障害児の受け入れが行われていった。

こうした国の制度化に先立って滋賀県大津市では1973年に全国に先駆けて障害児保育制度を開始し、翌年には「障害乳幼児対策1974大津方式」というシステムが整備された。これは「乳幼児健診における障害の早期発見・早期対応」に始まり、「通園施設等における早期療育と両親教育」を行うとともに「毎日通える保育所等での障害児保育」へと繋ぐことによって、希望するすべての障害児の保育所入所をめざした画期的な制度であった。併せて、障害児保育を担う保育者を支援するための「巡回相談」の制度が構築された。

現在では、障害児保育を行っている保育所・幼稚園の数も増え、2016年度末の時点で保育所に通っている障害児（特別児童扶養手当支給対象児）の数は11,778人（保育所数は7,469か所）で、軽度障害児を含めた数は64,718人（保育所数は16,482か所）と10年前に比べ約2倍となっている（左図参照）。

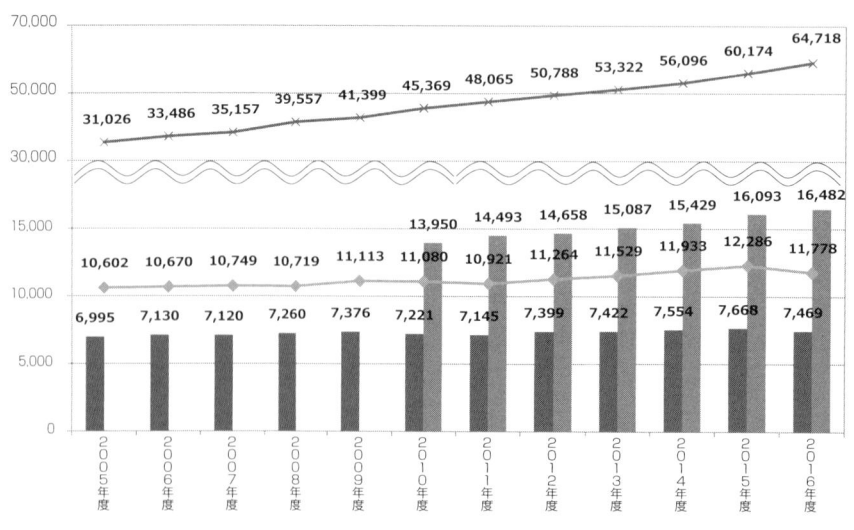

（出典：厚生労働省「障害児保育の実施状況について」）　　各年度3月31日時点

図　障害児保育の実施状況

■ 障害児保育の現状と課題

　2017年3月に改定された「保育所保育指針」には「障害のある子どもの保育については、一人ひとりの子どもの発達過程や障害の状態を把握し、適切な環境の下で、障害のある子どもが他の子どもとの生活を通して共に成長できるよう、指導計画の中に位置付けること」と記載されおり、同時に改訂された「幼稚園教育要領」「幼保連携型認定こども園教育・保育要領」では「障害のある幼児などへの指導に当たっては、集団の中で生活することを通して全体的な発達を促していくことに配慮し、特別支援学校などの助言又は援助を活用しつつ、個々の幼児の障害の状態などに応じた指導内容や指導方法の工夫を組織的かつ計画的に行うものとする」とされている。

　しかし、実際に保育所、幼稚園、認定こども園などの集団保育の場において、障害のある子どもたちと他の子どもたちが「共に成長できる」「適切な環境」を保障することは容易なことではない。これまで保育現場の献身的な努力によって障害児保育の豊かな実践が積み上げられてきた一方で、国の障害児保育事業は開始から45年が経った今なお保育者（保育士や幼稚園教諭）加配の補助に留まっている。現在の保育所運営費の公定価格にも障害児保育の加算措置は行われていないため、市町村は独自の基準で障害児保育事業を行っており、自治体による格差が広がるとともに固定化されている状況にある。また、障害児保育担当者が非常勤職員であることも多く、クラス担任と障害児保育担当者の間の連携が上手くいかないケースや、障害児への対応が担当者任せになってしまう（あるいは担当者が抱え込んでしまう）ケースもある。園全体で障害児保育を実施する体制をつくることや専門機関との連携が不可欠と言えよう。

■ 統合保育（インテグレーション）からインクルーシブ保育へ

　保育所・幼稚園における障害児保育は、制度開始当初から統合保育（インテグレーション）を中心に進められてきた。しかし、現在では「障害のある子ども」と「障害のない子ども」に分けること自体が難しくなっており、一人ひとりを「特別な教育的ニーズ」（SEN）をもつ子どもと捉えることが必要である。また、外国にルーツをもつ家庭、ひとり親家庭、貧困家庭など社会的に困難を抱える家庭も増えており、一人ひとりの多様性（diversity）を前提としたインクルーシブ保育への転換が求められている。そのためには、障害を含む特別な教育的ニーズをもつ子どもを「クラス全体の活動を前提として、そこに参加させる」という発想ではなく、「一人ひとりの要求から活動内容を考えていく」ことが大切である。そして、そのためには加配補助を中心とした障害児保育施策ではなく、職員の配置基準の抜本的な改善やクラス規模の適正化などインクルーシブ保育を実現するために必要な条件整備を国として早急に行うことが求められる。（平沼博将）

●幼稚園

　学校教育法に定められた学校の一種で、「満三歳から小学校就学の始期に達するまでの幼児」（同法第26条）を対象として、「義務教育及びその後の教育の基礎を培うものとして、幼児を保育し、幼児の健やかな成長のために適当な環境を与えて、その心身の発達を助長すること」（同法第22条）を目的としている。幼稚園における教育課程の基準を定めた「幼稚園教育要領」は、2017年3月に改訂され、2018年4月から施行されている。

●認定こども園

　2006年10月に新たに創設された保育所と幼稚園の機能を併せ持つ施設のことで、都道府県が条例で定める認定基準を満たし、都道府県知事による認定を受けたものを「認定こども園」という。設置主体等の基準によって、①幼保連携型認定こども園、②保育所型認定こども園、③幼稚園型認定こども園、④地方裁量型認定こども園の4つのタイプがある。

●障害児保育担当職員の配置基準

　国は各市区町村に「概ね障害児2名に対し、保育士1名を水準」を求めているが、実際には、具体的な基準を設けていない自治体が4割以上ある。また、障害の程度を問わず一律の基準を設けている自治体（全体の28.0%）の中でも、「障害児1人に保育士1人」が34.3%、「障害児2人に保育士1人」が19.7%「障害児3人に保育士1人」が23.0%と、配置準備は自治体によって大きな差がある。

---

 check 　保育所・幼稚園・認定こども園における障害児保育の実践について調べ、インクルーシブ保育を実現していくためには何が必要かを考えてみよう。

[文献・ホームページ]
・浜谷直人・芦澤清音・五十嵐元子・三山岳『多様性がいきるインクルーシブ保育―対話と活動が生み出す豊かな実践に学ぶ』ミネルヴァ書房、2018年
・白石恵理子・松原巨子・大津の障害児保育研究会『障害児の発達と保育』クリエイツかもがわ、2001年
・みずほ情報総研株式会社「保育所における障害児保育に関する研究報告書」2017年
　https://www.mizuho-ir.co.jp/case/research/pdf/kosodate2017_03.pdf

第4章 101 保育所・幼稚園での「気になる子」の指導

保育所・幼稚園で「気になる子」の中には発達障害が疑われるケースもあるが、さまざまな要因が関連し合って状態像を形成している場合が多い。指導にあたっては行動や状況をていねいに分析し、その子がかかえる困難さを理解したうえで、教育的な手立てを工夫することが大切である。また、多様な子どもたちをインクルージョンするための条件整備が早急に求められる。

●軽度発達障害

一般に「知的障害を伴わない発達障害」という意味で使用されてきた用語だが、正式な診断名（障害名）ではない。小枝達也らが作成した「軽度発達障害児に対する気づきと支援のマニュアル」（2006年）では、注意欠陥／多動性障害（ADHD）、学習障害（LD）、高機能広汎性発達障害（HFPDD）、軽度精神遅滞の4つの障害を「軽度発達障害」と定義している。

ただし、最近では「軽度」という表記が「軽い障害」と誤解されやすいことや、2007年に文部科学省が「『軽度発達障害』の表記は、その意味する範囲が必ずしも明確ではないこと等の理由から、今後は原則として使用しない」としたことから使用を控える向きもある。なお2013年に改訂されたDSM-5では、広汎性発達障害のうち「自閉性障害」「アスペルガー障害」「特定不能の広汎性発達障害」が「自閉症スペクトラム障害」に統合された。

●発達障害の早期発見

保育所や幼稚園での「気になる子」とともに小学校の通常学級に在籍する「発達障害」と思われる子どもたちの問題が指摘される中、発達障害の早期発見が課題とされている。

「発達障害者支援法」では、「市町村は、母子保健法第12条及び第13条に規定する健康診査を行うに当たり、発達障害の早期発見に十分留意しなければなら

■ 保育所・幼稚園における「気になる子」とは

1990年代頃から、障害や発達の遅れがないと思われるにもかかわらず、保育所や幼稚園で「落ち着きがない」「集団行動がとれない」「保育者の指示が入りにくい」「他児とのトラブルが多い」「思い通りにならないとパニックになる」といった「気になる」行動を見せる子どもたちの問題が指摘されるようになった。こうした、いわゆる「気になる子」の中には、注意欠陥／多動性障害（ADHD）、学習障害（LD）、高機能広汎性発達障害（HFPDD）などの「（軽度）発達障害」が疑われるケースも含まれるが、発達障害の早期発見については課題も多い。

また、「気になる子」のすべてに発達障害があるということではなく、(1)生活年齢にもとづく発達要求、(2)何らかの障害に起因すると思われる特性、(3)家庭の状況や生育環境、(4)保育場面の環境や条件といったさまざまな要因が複合的に関連し合っているものと考えられる。そのため「気になる子」の状態像は、家庭と保育所・幼稚園、集団場面と個別場面でも異なる場合があり、家庭や専門機関との連携を難しくしている一つの要因となっている。

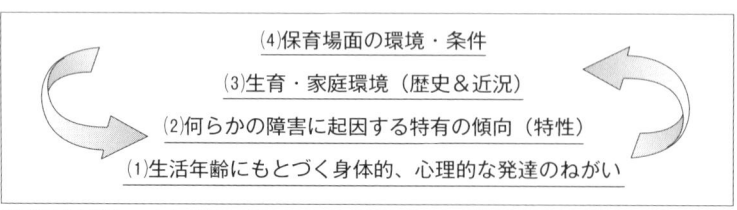

図 「指導が難しい」子どもの姿をとらえる重層的な相互作用構造（服部敬子、2011）
※全国保育問題研究協議会編『困難をかかえる子どもに寄り添い共に育ち合う保育』所収

■「気になる子」の指導で大切にしたいこと

保育所・幼稚園における「気になる子」の指導・支援を考える際には、まず、子どもの発達要求（発達のねがい）に寄り添いながら、その実現を難しくしている特性や要因を探ることが大切である。そのためには「この子はいつも問題を起こす」「発達障害があるに違いない」などと一面的・固定的に捉えるのではなく、日誌や場面記録も活用しながら、どのような活動や状況下で「気になる」行動が起こりやすいのか、どこに「困難」を抱えているのか、そして本当はどんな自分になりたいと願っているのかを職員集団全体で検討することが求められる。また、発達検査や発達相談を通じて発達の偏り（アンバランスさ）に気づいたり、専門家が保育所や幼稚園を訪問して指導助言を行う「巡回相談」を

利用することで指導や支援方法のヒントが得られたりすることも多い。

　実際の指導にあたっては、子どもの「特性」をふまえた支援も必要となるが、「視覚優位の子どもには絵カードを使って説明する」といった個別的・機械的な対応に終始するのではなく、すべての子どもにとって過ごしやすい保育環境（物理的環境や人的環境）を創意工夫することが求められる。例えば、何らかの原因で活動の場面や状況を理解することが苦手な子どもの場合、活動の意味や集団あそびのルールが理解できない不安から逃れるために、わざと傍若無人に振る舞ったり、問題行動をエスカレートさせたりすることがある。もちろん活動の流れや遊びのルールを理解しやすいように環境を調整したり、見せ方・伝え方を工夫したりすることは大切であるが、そこに「周囲の友だちの理解」や「親密な仲間関係」があることで、クラスに自分の「居場所」ができ、安心感をもって主体的に活動に参加できる場面が増えるだろう。

　また、「気になる子」は、親や保育者から厳しく注意されたり、友だちとトラブルになってしまうことが多く、結果的に「嫌な記憶」ばかりが残り、それがパニックの原因になる場合もある。保育所や幼稚園では「気になる」行動を減らすことに注意が向けられがちであるが、生活の中に「楽しい」と思える活動の見通しをもたせてあげること、仲間に認められる経験や共感的な集団あそびを通して「快い記憶」を積み重ねてあげることを何より大切にしたい。

　「気になる子」の場合、保護者も「育てにくさ」を感じていることが多く、そのことが「厳しいしつけ」や「放任」につながっているケースもある。まずは育児の「困り感」に共感した上で、具体的な状況でのかかわり方をアドバイスすることが大切である。逆に、保育所や幼稚園が家庭との連携を焦るあまり、過度に発達診断を受けるよう勧めたり、「気になる」姿ばかりを伝えたりすることで保護者を追い込まないよう注意しなくてはいけない。

■ 多様な子どもたちをインクルージョンするための条件整備を

　今では「気になる子」がクラスに複数名いることが当たり前の状況となっているが、保育所・幼稚園のクラス規模（学級定員）、職員配置基準、面積基準などの保育条件は一向に改善されていない。それどころか、待機児童対策として保育の条件・基準の切り下げが続いており、中でも「詰め込み保育」（保育所定員の弾力化）が常態化することで、子どもたちの生活環境は悪化し、保育者の労働条件は厳しさを増している。また、こうした劣悪な保育環境も相まって、保育では子どもたちに「みんなと一緒に活動する」「みんなと同じように楽しむ」ことを求め過ぎているようだ。

　「気になる子」の問題は、「気になる側」である大人の問題でもあり、保育制度や保育実践を見直す一つの契機としたい。そして、「気になる子」に限らず、多様性をもったすべての子どもたちを保育所・幼稚園でインクルージョンしていくための条件整備が喫緊の課題といえる。　　　　　　　　（平沼博将）

ない」（第5条）とされているが、発達障害は幼児期後半になって顕在化する場合も多く、1歳半健診や3歳児健診での早期発見は難しいとの指摘もあり、独自に5歳児健診を実施する自治体も増えている。また、早い時期から不用意に発達障害の疑いをかけることは避けるべきであり、むしろ問題が顕在化してくる時期に発見・対応する「適正発見」が望ましいとの意見もある。

●保育所・幼稚園の基準

　保育所の基準は「児童福祉施設最低基準」（厚生労働省令）に定められた全国一律の基準であったが、2012年4月から都道府県・政令市等の条例に委任されている。保育所には1クラスあたりの児童数に関する規定はなく、職員配置基準が定められているだけで、0歳児は3人、1・2歳児は6人、3歳児は20人、4・5歳児は30人の子どもに1人の割合で保育士が配置される。

　幼稚園の基準は「幼稚園設置基準」（文部科学省令）に規定されており、1学級あたりの幼児数は「35人以下を原則」（第3条）としている。ただし、3歳児については学級編成を20人程度に設定したり、副担任を置いたりする場合もある。

●保育所の定員弾力化運用

　1998年2月の厚生省児童家庭局保育課長通知「保育所への入所の円滑化について」により、保育所では（最低基準を満たす範囲内で）認可定員を超えた児童の入所が進められてきた。2010年度からは年度当初から弾力化の上限（超過規制）が撤廃され、都市部を中心に「詰め込み保育」が深刻な問題となっている。

 「気になる子」を保育所・幼稚園でインクルージョンしていくためには、どのような環境・条件・制度を整備する必要があるか考えてみよう。

［参考文献］
・浜谷直人『困難をかかえた子どもを育てる―子どもの発達の支援と保育のあり方―』新読書社、2004年
・丸山美和子・大阪保育研究所『保育現場に生かす「気になる子ども」の保育・保護者支援』かもがわ出版、2008年
・全国保育問題研究協議会（編）『困難をかかえる子どもに寄り添い共に育ち合う保育』新読書社、2011年
・木下孝司『「気になる子」が変わるとき―困難をかかえる子どもの発達と保育―』かもがわ出版、2018年

第4章 102 子ども・家族・地域を支える児童発達支援

2003年支援費制度導入、2006年障害者自立支援法施行、2012年児童福祉法の改正と、療育に関する制度はめまぐるしく変わってきた。規制緩和による事業所の急増や療育内容の多様化が進む現在、育ちにくさをもつ子どもたちへの発達支援、さらには子育てに不安を感じる保護者への育児支援の場として、子どもの姿も親の思いも揺れ動く乳幼児期を支える児童発達支援の役割を考える。

●第一種社会福祉事業・第二種社会福祉事業

第一種社会福祉事業とは、利用者への影響が大きいため、経営安定を通じた利用者の保護の必要性が高い事業（主として入所施設サービス）であり、経営主体は行政および社会福祉法人が原則である。それに対し、第二種社会福祉事業とは、比較的利用者への影響が小さいため公的規制の必要性が低い事業（主として在宅サービス）。経営主体の制限がないため、届出をすればすべての主体が経営可能となる。

●児童発達支援センター・児童発達支援事業

児童発達支援センターは、主に旧障害児通園施設（知的障害児通園施設・難聴幼児通園施設・肢体不自由児通園施設）が移行した。児童発達支援センターは、児童発達支援とあわせ

■ 制度の変遷と現状

障害や育ちの支援が必要な乳幼児への療育の場には、児童福祉法に基づいて設置されていた通園施設（知的障害児通園施設・肢体不自由児通園施設・難聴幼児通園施設）と、障害者自立支援法の下で行われていた児童デイサービスに大別されていた。2012年、児童福祉法の改正により、身近で専門的な療育を受けられることを目的として障害児通園施設の一元化が行われ、障害児通園施設および児童デイサービスは「児童発達支援」に再編された。

それ以前にも療育を取り巻く制度は何度も改変されているが、2003年の支援費制度導入、2006年障害者自立支援法施行により、措置制度から利用契約制度への移行、サービス提供実績に応じた給付費の支給となったことで公的支援の色合いが後退した。さらには通所・通園施設が公的規制の低い第二種社会福祉事業に移ったことで、企業や各種法人などさまざまな運営主体とする事業所の参入が可能となり、療育の場は自由競争の様相を呈してきている。

このような一連の規制緩和や緩い指定基準により、児童発達支援のみならず学齢期以降を対象とする放課後等デイサービスの事業所が爆発的に増加した一方、支援の指針がないため提供される支援内容や質の格差を生み、多くの問題を引き起こすこととなった。そのため、2015年に『放課後等デイサービスガイドライン』、続いて2017年に『児童発達支援ガイドライン』が策定され、児童発達支援が提供すべき支援の内容を示した全国共通の枠組みが作られたのである。

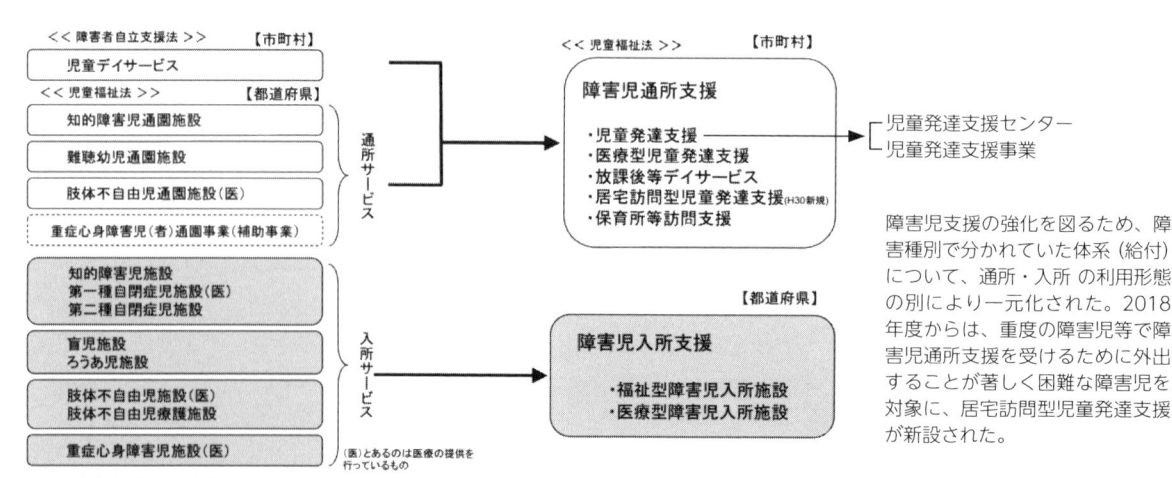

障害児支援の強化を図るため、障害種別で分かれていた体系（給付）について、通所・入所 の利用形態の別により一元化された。2018年度からは、重度の障害児等で障害児通所支援を受けるために外出することが著しく困難な障害児を対象に、居宅訪問型児童発達支援が新設された。

図　障害児施設・事業の一元化

■ 地域の支援システムの一端を担う

　児童発達支援は、専門的な療育を受ける場所としてだけでなく、障害が確定していない時期の子どもやその保護者を受け入れる場所として、地域の障害児・子育て支援システムの一端を担ってきた。しかし現在、事業所と利用者の直接契約という仕組みの下、居住地域を越えた施設利用や複数の施設利用が可能となっている。さらに、療育内容も、障害に関する研究の進歩や支援方法の開発により、多様なメニューが登場している。そのような中、利用者の個別のニーズに応えることに主眼が置かれ、新規事業所の多くが、地域の支援システムの中に十分に位置づいているとは言いがたい現状がある。

　そのため、児童発達支援で提供される支援内容が、子どもを断片的に捉えたものであったり、家庭生活や地域生活と切り離された計画にならないよう、留意が必要である。さらに、乳幼児健診をはじめとする母子保健とのつながりや、自立支援協議会や保育所・幼稚園・児童館・小学校・行政機関等とのネットワークへの参加など、地域のさまざまな支援システムの中に位置づく専門施設としての役割を模索し続けていくことが重要である。

■ 子ども・保護者が主体者になれるように

　障害や発達のアンバランスをもつ子どもたちの中には、乳児期から夜泣きや偏食などの生活面での課題や、言葉の遅れや激しい癇癪など発達面での課題を抱えていることが多く、子育ての大変さから虐待につながってしまうケースもある。保育所・幼稚園に入園してからも、他の子とわが子を比べて保護者が不安を抱いたり苛立ちや焦りを感じてしまうこともある。

　また、保護者の背景として、赤ちゃんや子どもと関わった経験が乏しく接し方がわからなかったり、保護者自身が発達障害などの特性をもっている場合があり、子どもの目線で物事をとらえ、柔軟に対応することが難しいことがある。

　そのような子育て環境の中、児童発達支援における子ども支援は、子どもが「楽しい」と感じる力、「やってみたい」と思う意欲、「できる」という自信、それらを他者と一緒に感じ合うといった、発達する主体者としての育ちの土台を育むことである。療育という小集団だからこそ、一人ひとりの興味や気持ちに寄り添いながら、時間をかけて経験の幅を広げることが発達を促したり障害の軽減につながり、それが子ども自身の豊かな人生につながっていくのである。

　また、家族への支援においては、保護者がわが子と向き合い、共に生活し成長していく家族の関係を築いていくための支援が重要である。保護者の気持ちの揺れや不安に寄り添い、時には子どもや家族の課題を一緒に整理しながら、保護者が親としての自信をもち、育児の主体者となっていく力を培っていくことができるような支援が求められる。　　　　　　　　　　（長崎純子）

て保育所等訪問支援事業・障害児相談支援事業の実施が必須であり、地域の障害児や家族、施設への援助・助言を行うなど、地域の中核的な役割を担うことを目的としている。

　児童発達支援事業は、主に児童デイサービスから移行し、地域の障害児やその家族に対する支援を行う身近な療育の場として位置づけられた。

●発達支援の指針

　ガイドラインの策定に先立ち、全国児童発達支援協議会（CDS-Japan）から発達支援の一つの方向性を示すものとして『発達支援の指針2014年度版』、続いて『発達支援の指針2016年改訂版』が発刊された。そこでは、発達支援を「障害の軽減・改善」という「医学モデルの支援」にとどまらず、地域・家庭での育ちや暮らしを支援する「生活モデルの支援」をもつ概念として定義づけている。

●児童発達支援ガイドライン

　児童発達支援について、障害のある子ども本人やその家族に対して質の高い児童発達支援を提供するため、児童発達支援センター等における児童発達支援の内容や運営およびこれに関する事項を定めたもので、2017年策定された。

　ガイドラインでは、児童発達支援の目的や基本理念が示され、役割としては障害のある子どもの最善の利益を考慮しながら、「本人への発達支援」「家族への支援」「保育所等への後方支援」を行うこと、さらに、それらの目的を達成するために職員の専門性や地域資源との連携の必要性があげられている。

---

 check → 　地域の障害児・子育て支援システムや療育の場には、どのようなところがあるのか調べてみよう。

[参考文献・ホームページ]
・近藤直子・全国発達支援通園事業連絡協議会『療育って何？──親子に笑顔を届けて』クリエイツかもがわ、2018年
・こどもたちの保育・療育をよくする会編『療育ってええな〜ママとパパの声でつくりました〜』かもがわ出版、2012年
・全国児童発達支援協議会（CDS-Japan）『発達支援の指針（CDS-Japan 2016改訂版）』
・児童発達支援ガイドライン
　https://www.mhlw.go.jp/file/06-Seisakujouhou-12200000-Shakaiengokyokushougaihokenfukushibu/0000171670.pdf

第4章
103

障害児の放課後保障と放課後等デイサービス

障害児の放課後保障は、①余暇保障（第三の居場所としての時間・空間・仲間の保障）、②障害児と家族への生活支援（子育て支援）、③障害児の人格発達の保障からなる。学校5日制の実施を経て障害児の放課後保障は学齢障害と家族にとっての主要な課題の一つとなり、2012年4月、放課後等デイサービスの実施により、障害児の放課後保障は大きく広がっている。

●学校5日制
1992年9月から月1回第2土曜日を休日とし、1995年4月からは第2・第4土曜日の2回、2002年からは完全5日制に移行した。

導入のきっかけは労働時間短縮の外圧、ゆとりある生活、地域での子育て環境の整備が根拠とされた。平日の授業時間数が増えたため下校時間が遅く、放課後の時間的余裕がかえって失われている。

●学童保育
1997年の児童福祉法改正によって「放課後児童健全育成事業」として法制化された。
→222ページ参照

●レスパイトケア
レスパイト（respite）とは一時休息というような意味があり、障害児の家族介助の軽減、介助・介護からの一時的解放、緊急一時的な施設利用など家族の生活支援、子育て支援の一つである。

●子どもの権利条約（1989年）
第31条【休息・余暇、遊び、文化的・芸術的生活への権利】
「1 締約国は、休息及び余暇についての子どもの権利並びに子どもがその年齢に適した遊び及びレクリエーションの活動を行い並びに文化的な生活及び芸術に自由に参加する権利を認める。
2 締約国は、子どもが文化的及び芸術的な生活に十分に参加する権利を尊重しかつ促進する

■ 放課後保障の三つの意味

障害児にとって平日の放課後の過ごし方は、ひとりぼっちか保護者と家庭で過ごすことが多く、遊び方もテレビを見るかテレビゲームをするかというように単調である。障害児の放課後に関する各種の実態調査から明らかなように、障害の種別や軽重、生活年齢、発達年齢、地域の社会資源、学校種別の違いによって若干のばらつきがあるものの、社会的支援なくては障害児の多くは豊かな余暇を過ごしにくい。また、長期休日における過ごし方についても、仲間と過ごす機会は少なくひとりぼっちで家庭に閉じこもりがちである。障害児の放課後保障は、大別して、第一に障害児の余暇の権利保障、第二に子育ての社会化（障害児と家族への子育て支援と就労保障）、第三に、第一の余暇の権利保障と第二に子育ての社会化を通じての発達保障（障害児自身の人格発達の保障、第三の居場所としての時間・空間・仲間の保障）という意味をもつ。

第一の余暇の権利保障は、学齢障害児が気軽に利用できるような、遊びや文化、スポーツ活動の社会資源（児童館、体育館、プールなど）を整備することが課題である。地域のクラブ・サークル活動の設立と支援も必要である。

1992年の学校5日制実施以後、夏期長期休暇中にサマースクールが各地で実施され、また障害児童クラブ（障害児学童保育などの呼称は多様）も開設されてきたが、それらは主に保護者や地域のボランティアによって担われてきた。2005年4月には「障害児タイムケア事業」（2006年10月からは障害者自立支援法「日中一時支援事業」に統合）、2012年4月の放課後等デイサービスが実施され制度化された。しかし、いずれの活動においても障害に起因する特別な支援、発達的視点という専門性を備えた指導員の配置など条件整備には課題が多い。

第二の障害児の子育ての社会化は、保護者・家族の精神的・肉体的負担を軽減するために、居宅介護（ホームヘルプ）や短期入所（ショートステイ）、行動援護などの生活支援がある。他に保護者の就労保障としては学童保育（放課後児童健全育成事業）があり、障害児の受け入れが促進されてきたが、市町村ごとの地域間格差が大きい。

第三の余暇保障と子育ての社会化を通じて学齢障害児自身の人格発達を保障するということは、障害や発達的視点からの遊びや生活の指導、障害児の集団保障、インクルージョンなどの視点から豊かな実践をつくり出すことが課題である。障害児の学齢期の過ごし方は大人になってからの余暇の過ごし方に関係すると考えられ、ライフステージを見通した活動を工夫することも必要であろ

う。学童期だけでなく中高生期をふくめた放課後保障、余暇保障も課題であり、生涯学習の観点やその整備も重要である。子どもの権利条約、障害者権利条約の各条項からも余暇保障の実施は主要な課題の一つである。

■ 学校5日制実施を契機とした放課後保障の課題

1970年代後半以降、重度・重複障害児の就学保障の飛躍的進展、1980年代以降の共同作業所づくりに代表される就労保障、1990年代以降の子育て支援施策や学童保育所の法制化（児童福祉法・放課後児童健全育成事業）、子どもの権利条約の批准、2002年の完全学校5日制を契機とする学齢障害児の放課後生活支援と余暇活動の展開という社会的背景をもつ。

とくに1992年、学校5日制の実施を契機に、土曜日、日曜日を豊かに過ごせるように遊びと仲間との交流、余暇を保障することが課題となった。障害児の場合、障害の種別や軽重にもよるが、家族とゆとりをもって過ごすことは難しい。家族で行楽や旅行に出かけるにも子どもの介助が必要であること、目が離せないことなど、家族の精神的・肉体的負担が大きい。障害児と家族への社会的支援なしには過ごせない。

「障害のある子どもの放課後保障全国連絡会」（全国放課後連）が2004年8月に結成され、放課後活動を発展させる運動を進め、政策提起を行ってきた。放課後活動の制度化を求めて国会請願（2008年末衆参両院採択）を行い、放課後等デイサービスの実現に取り組んだ。放課後等デイサービスの活動の質を高めることを目的に調査研究活動や各地での研修会にも取り組んでいる。

■ 放課後等デイサービス

放課後等デイサービスは、2012年4月、児童福祉法に基づく障害児通所支援事業の一つとして、障害のある学齢期の子どもたち（小中高生、特例で20歳未満まで利用可）を対象に実施された。放課後等デイサービスは、「学校教育法第1条 に規定する学校（幼稚園及び大学を除く。）に就学している障害児につき、授業の終了後又は休業日に児童発達支援センターその他の厚生労働省令で定める施設に通わせ、生活能力の向上のために必要な訓練、社会との交流の促進その他の便宜を供与すること」と定められている（児童福祉法、第6条の2第2項）。

厚生労働省によれば、放課後等デイサービスの利用者数は、20万787人、事業所数は、1万2,773か所（2018年8月）である。開設当初の利用者数約5万人に比べ4倍化しており、大きな広がりを見せているが、他方で事故や虐待、公費の不正請求など、様々な問題が生じている。「ビジネスチャンス」を期待した営利目的の事業所の参入、支援の知識や経験の乏しい職員の配置などが要因となっている。低い報酬単価など制度上の問題も大きい。厚生労働省は、活動の質の向上を目的に、2015年、「放課後等デイサービスガイドライン」を定めた。

（黒田　学）

ものとし、文化的及び芸術的な活動並びにレクリエーション及び余暇の活動のための適当かつ平等な機会の提供を奨励する。」

●障害者基本法
（2011年7月改定）
第25条【文化的諸条件の整備等】

「国及び地方公共団体は、障害者が円滑に文化芸術活動、スポーツ又はレクリエーションを行うことができるようにするため、施設、設備その他の諸条件の整備、文化芸術、スポーツ等に関する活動の助成その他必要な施策を講じなければならない。」

●放課後等デイサービスガイドライン（厚生労働省、2015年4月）

同ガイドラインは、「放課後等デイサービスを実施するに当たって必要となる基本的事項を示すもの」であり、各事業所は「不断に創意工夫を図り、提供する支援の質の向上に努めなければならない」と定めている。

あわせて「事業者向け放課後等デイサービス自己評価表」「保護者等向け放課後等デイサービス評価表」を定め、事業所における自己評価の際に活用することを想定している。

check　放課後等デイサービスについて実際の活動を調べたり、放課後活動を支えるボランティア活動に参加して、放課後保障の意義を考えてみよう。

[参考文献・ホームページ]
・障害のある子どもの放課後保障全国連絡会「放課後等デイサービスハンドブック」かもがわ出版、2017年
・村岡真治『揺れる心が自分をつくる―放課後活動だからできること』全障研出版部、2013年
・白石正久『障害児がそだつ放課後』かもがわ出版、2007年
・障害のある子どもの放課後保障全国連絡会のホームページ（http://www.houkagoren.sakura.ne.jp/）

104 障害児と学童保育

女性就労の拡大、共働きの増加、男女共同参画社会の進行に伴って、学童保育所数、利用者数の増加とともに、学童保育での障害児の受け入れが拡大してきた。子ども・子育て支援法によって「市町村子ども・子育て支援事業計画」の策定が市町村に義務づけられ、事業計画には、学童保育の整備計画も含まれるようになった。

●児童福祉法第6条の3第2項（2012年8月10日改定、2015年4月施行予定）

「この法律で、放課後児童健全育成事業とは、小学校に就学している児童であって、その保護者が労働等により昼間家庭にいないものに、授業の終了後に児童厚生施設等の施設を利用して適切な遊び及び生活の場を与えて、その健全な育成を図る事業をいう。」

●児童福祉法第34条の8第2項（2012年8月10日改定、2015年4月施行予定）

「市町村は、放課後児童健全育成事業の設備及び運営について、条例で基準を定めなければならない。この場合において、その基準は、児童の身体的、精神的及び社会的な発達のために必要な水準を確保するものでなければならない。」

●子ども・子育てビジョン（少子化社会対策基本法に基づく大綱の策定、2010年1月）

「新しい少子化社会対策大綱の案の作成方針について」（2008年12月、少子化社会対策会議決定）を受け、2009年1月に内閣府に「ゼロから考える少子化対策プロジェクトチーム」、2009年10月に内閣府の少子化対策担当の政務三役で構成する「子ども・子育てビジョン（仮称）検討ワーキングチーム」を立ち上げ、2010年1月、少子化社会対策会議を経て、「子ども子育てビジョン」が策定された。

■ 女性就労の拡大と共働き家庭の増加を背景に

　学童保育は、戦後、働く保護者のねがいから誕生し、女性就労の拡大と共働き家庭が増加する中で、小学生の居場所保障と保護者・家族の就労保障として、都市部を中心に自治体レベルで制度化されてきた。さらに、長年のねばり強い運動を経て、1997年の児童福祉法改正によって「放課後児童健全育成事業」として法制化（1998年施行）され、国レベルでの制度保障を達成させた。その後、今日まで学童保育所数も入所児童数も急増しているが、各所の大規模化が進行しており課題は大きい。なお、全国の設置状況は、2万3,315か所、入所児童数は121万1,522人（新制度施行の2015年度に比べ20万人増）である。他方で、学童保育の待機児童数は、1万6,957人であり、学童保育のない市町村（廃止含め）が121市町村、小学校区に学童保育がない校区は2,935（小学校区数の15.2％）となっており、学童保育が未だに不足していることがわかる（2018年5月、全国学童保育連絡協議会）。

　また学童保育は、障害児とその保護者・家族にとって、子育て支援と就労保障の意義をもつとともに、障害児自身の人格発達の保障の意義をあわせもっている。また、障害児と健常児が放課後をともに過ごす中で相互に理解し合い共に育つという点で、共同学習・交流教育の意味をもち、インクルージョンの具体的実践形態の一つでもある。

■ 学童保育所への障害児の受け入れ

　学童保育所への障害児の受け入れは、障害のある子どものいる保護者が就労を継続させるうえで、なくてはならないものになっている。1979年の養護学校義務制実施以降、障害児の就学率が向上し、就学前の「早期発見・早期療育」体制の整備、さらには乳幼児保育における障害児の受け入れがすすむ中で、子どもが就学してからも就労を継続できるように、学童保育での障害児受け入れの運動とその取り組みが展開されてきた。

　厚生労働省の「放課後児童健全育成事業（放課後児童クラブ）の実施状況調査」（2017年5月現在）によると、障害児を受け入れている学童保育数は、13,648か所で、全か所のうち55.5％（前年12,926か所、同54.7％）である。障害児数は36,493人（前年33,058人）で、全登録児童数に対する障害児の登録児童数の割合は3.1％（前年3.0％）である。

　学童保育への障害児受け入れにあたっての補助金制度については、国は2001

年度より、「障害児受け入れ促進試行事業」を実施し、281日以上開設で4名以上の障害児がいる学童保育（100か所）に対して、年間71万円の補助金を支出していたが、2006年度からは障害児加算の人数要件を撤廃した。2008年度からは学童保育への運営費加算ではなく、専門的知識をもつ指導員1人分の人件費を市町村に補助するようになり、1クラブあたりの加算額は、2013年度には160万8,000円となった。2018年度には、障害児受入強化推進事業による職員1人の加配に加え、障害児3人以上の受け入れを行う場合に、職員1名が加配され、医療的ケア児に対する支援に必要な専門職員（看護師等）の配置等に要する経費の補助を行うこととなった（補助基準額179万6,000円、医療的ケア児がいる場合の支援384万7,000円）。

また、学童保育は、改正前の児童福祉法では、「小学校に就学しているおおむね10歳未満の児童」とされていたが、改正後の児童福祉法（2012年8月）では、「小学校に就学している児童」（2015年4月施行予定）としてその対象が拡大された。しかしながら、中高生期においても、障害によっては目が離せない状況があることから、保護者の就労継続が困難になる場合が多い。

なお、発達障害者支援法（2005年4月施行）は、その第9条に「市町村は、放課後児童健全育成事業について、発達障害児の利用の機会の確保を図るため、適切な配慮をするものとする」と定めている。

■ 学童保育の展開と課題

「子ども・子育て支援法」によって、学童保育は、市町村が行う「地域子ども・子育て支援事業」（市町村事業）として位置づけられるようになり、2015年4月から施行された。「市町村子ども・子育て支援事業計画」の策定が市町村に義務づけられ、事業計画には学童保育の整備計画も含まれている。学童保育への補助金は、市町村の「市町村子ども・子育て支援事業計画」に基づく交付金として支出され、交付金は国から市町村への直接補助となり、都道府県は予算の範囲内で補助することになる。

また、児童福祉法の改定では、学童保育は対象児童を6年生までの「小学生」に引き上げ、国としての学童保育の基準を厚生労働省令（第63号「放課後児童健全育成事業の設備及び運営に関する基準」2014年4月）で定め、市町村は国の定める基準に従い、条例で基準を定めることになった。また、国は2015年3月に「放課後児童クラブ運営指針」を策定し、学童保育はこれらの基準と指針にもとづいて運営されるようになり、指導員の資格（「放課後児童支援員」）と配置基準についても定められた。しかしながら、政府は、2018年11月、省令で定めている指導員の配置や資格などの「従うべき基準」を「参酌すべき基準」に変更する方針を示した。この方針に対しては、学童保育の質が低下し、市町村格差が拡大するという懸念が生じている。　　　　　　　（黒田　学）

めざすべき社会への政策として4つの柱（①子どもの育ちを支え、若者が安心して成長できる社会へ、②妊娠、出産、子育ての希望が実現できる社会へ、③多様なネットワークで子育て力のある地域社会へ、④男性も女性も仕事と生活が調和する社会へ「ワーク・ライフ・バランスの実現」）と12の主要施策を定めている。

●子ども・子育て支援新制度

2012年8月に成立した「子ども・子育て支援法」、「認定こども園法の一部改正」、「子ども・子育て支援法及び認定こども園法の一部改正法の施行に伴う関係法律の整備等に関する法律」の子ども・子育て関連3法に基づく制度のことをいう。

➡218ページ参照

---

 check 学童保育施策は障害児に対してどのような対応を行ってきたのか、これまでの展開と課題について、保護者の就労保障をふまえて考えよう。

[参考文献・ホームページ]

• 社会保障審議会児童部会放課後児童クラブの基準に関する専門委員会「報告書～放課後児童健全育成事業の質の確保と事業内容の向上をめざして」2013年12月（http://www.mhlw.go.jp/file/04-Houdouhappyou-11906000-Koyoukintoujidoukateikyoku-Ikuseikankyouka/0000033472.pdf）。
• 全国学童保育連絡協議会『学童保育情報＜2018-2019＞』2018年10月。

障害児者と相談支援事業

障害児者の相談支援事業においては、地域の中で安心して自立した豊かな生活を営むことができるように、機能障害だけではなく、「個人」を尊重し、日常生活を営むために必要な「社会生活環境」や「機能障害特性」を理解して、さまざまな福祉サービスの活用や、本人・家族のちからを引き出して、権利を擁護しつつ、総合的な支援を行うことが求められている。

●「障害者総合支援法」相談支援規定

市町村は、障害者等の福祉に関する各般の問題につき、障害者等からの相談に応じ、必要な情報の提供及び助言その他の障害福祉サービスの利用支援等、必要な支援を行うとともに、虐待の防止及びその早期発見のための関係機関との連絡調整その他の障害者等の権利擁護のために必要な援助（相談支援事業）を行う。

●「障害者基本法」（相談等）

国及び地方公共団体は、障害者の意思決定の支援に配慮しつつ、障害者及びその家族その他の関係者に対する相談業務、成年後見制度その他の障害者の権利利益の保護等のための施策又は制度が、適切に行われ又は広く利用されるようにしなければならない。

国及び地方公共団体は、障害者及びその家族その他の関係者からの各種の相談に総合的に応ずることができるようにするため、関係機関相互の有機的連携の下に必要な相談体制の整備を図るとともに、障害者の家族に対し、障害者の家族が互いに支え合うための活動の支援その他の支援を適切に行うものとする。

●「障害者地域生活支援センター基本構想」（2000）「7つの基本的性格」

①総合性：障害の種別・年齢・性別を問わず、入院中、入所中の人も支援。②個別性：サービ

■ 障害児者相談支援事業の目的と定義

障害児者相談支援事業とは、改正障害者基本法（2011）の目的に基づき、①障害児者またはその家族等の関係者からの相談に応じて、必要な情報提供や助言を行いながら、②障害児者の状況、家庭・地域等の環境、本人・家族の必要性などを十分に把握し、③一人ひとりの課題を解決するための方針と計画を本人中心に立て、④社会福祉サービスや地域の社会資源を適切に利用できるように、社会福祉サービスを提供する事業者や関係機関との連絡調整をして、⑤ときに本人や家族どうしの連携も支援しつつ、⑥当事者、関係者とともに不足する資源の開発・改善を行うなどを総合的な視点で問題の解決を図るソーシャルワーク実践である。

■ 障害児者相談支援の枠組み

障害者総合支援法と児童福祉法による地域での市町村の障害児者相談体制の枠組みは、図1の通り。基本は、「一般的な相談支援」である。基幹相談支援センターと子ども発達支援センターが担う。市町村が責任をもつが、社会福祉法人などに委託をすることも可能である。

2012年度より「障がい者制度改革推進本部等における検討結果をふまえて障害福祉施策を見直すまでの間における障害者等の地域生活を支援するための関係法律の整備に関する法律」により、相談支援の充実が図られた。このときに相談支援体制の強化を図るために総合的な相

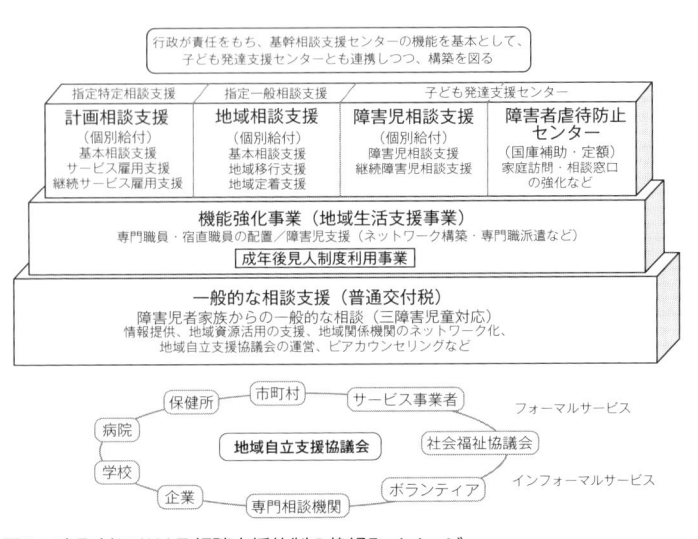

図1 市町村における相談支援体制の枠組みイメージ

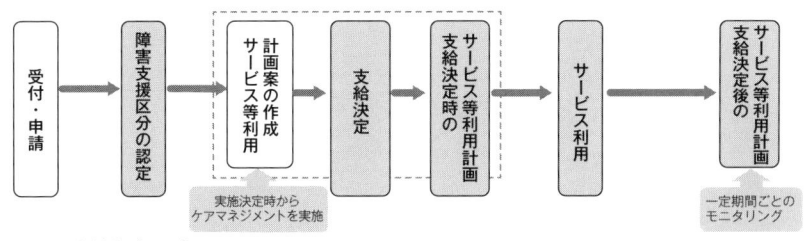

図2 支給決定のプロセス

受付・申請 → 障害支援区分の認定 → 計画案の作成 サービス等利用 → 支給決定 → サービス等利用計画 支給決定時の → サービス利用 → サービス等利用計画 支給決定後の

実施決定から ケアマネジメントを実施

一定期間ごとの モニタリング

談支援センター（基幹相談支援センター）を市町村に設置するとともに、自立支援協議会の法律上の根拠を設け、地域移行や地域定着の促進のための各支援事業の個別給付化と、図2のように、居宅介護、生活介護などの介護給付、就労継続支援などの訓練等給付など、福祉サービスを利用するときには、「支給決定の前にサービス等利用計画を作成」するとともに対象者を拡大していく施策が導入された。

2014年度末までに自分でサービス等利用計画を作成する「セルフプラン」を除いて、指定特定相談支援事業所に属する相談支援専門員が、サービス等利用計画を作成することになった。はじめてサービスを利用する場合は「サービス利用支援」であり、モニタリングなどを行うときの支援は、「継続サービス利用支援」である。障害児相談支援は、児童発達支援事業、放課後等デイサービス事業、保育所等訪問事業を利用するときのサービス等利用計画を作成するときに必要である。

■ 障害児者相談の課題

相談支援は、「骨格提言」に書かれているように、「福祉制度を利用する際の相談のみでなく、障害、疾病等の理由があって生活のしづらさ、困難をかかえている人びとに、福祉・医療サービス利用の如何にかかわらず幅広く対応する」、「障害者本人のかかえる問題全体に対応する包括的支援の継続的なコーディネートを行う」、「障害者のニーズを明確にするとともに、その個別ニーズを満たすために、地域でのあらたな支援体制を築くための地域への働きかけも同時に行う」など重要な役割を担っている。こうした役割は、これまでも『障害者地域生活支援センター基本構想』（2000）の「7つの基本的性格」にも示されている。

障害者権利条約の批准を目的とした改正障害者基本法（2011）では、第23条「相談等」において「意思決定の支援への配慮」と「関係機関相互の有機的連携の下に必要な相談体制の整備」などが新たに加えられた。障害者総合支援法においても、地域における基本的な相談窓口となる基幹相談支援センターの充実と、指定相談支援事業におけるサービス等利用計画の作成など施策の拡充が図られようとしている。しかしながら、「骨格提言」においても指摘されているように、療育分野における早期発見と早期療育の連携、療育と学校との縦の連携、就労支援と福祉サービスとの連携など地域における連携の仕組みの不備、相談支援事業者の不足や相談員の未熟さ、財政の不足など、課題は多い。　　（木全和巳）

スを人に合わせるのではなく、ニーズにサービスを合わせる。③即応性：困難に直面したときに、すぐとりあえずの対応。④利便性：近距離、24時間365日対応。⑤責任性：たらい回しはしない。また継続性をもって支援。⑥参加性：自己決定の尊重、当事者・行政・提供機関の運営参加およびピアカウンセリング。⑦開拓性：必要なら新たなサービスの創出をはかる。

●「骨格提言」と相談支援事業

「骨格提言」とは、障がい者制度改革推進会議のもとで、障害者、障害者の家族、事業者、自治体首長、学識経験者等、55名からなる同会議「総合福祉部会」が2011年8月にまとめた「『障害者総合福祉法』（仮称）の制定」に関する意見書。

相談支援機関の果たすべき機能については、

①人口規模による一定の圏域ごとに、地域相談支援センター、総合相談支援センターの配置を基本とし、エンパワメント支援事業を含む複合的な相談支援体制を整備する。

②身近な地域での障害種別や課題別、年齢別によらないワンストップの相談支援体制の整備充実、一定の地域における総合的な相談支援体制の拡充を行い、さらに広域の障害特性に応じた専門相談支援や他領域の相談支援（総称して以下、特定専門相談センター）との連携やサポート体制の整備を行う。

③給付の決定を行う市町村行政やサービス提供を行う事業所からの独立性が担保される必要性などを指摘している。

➡101「子ども・家族・地域を支える児童発達支援」218ページ参照

 check 地域において家族がともに安心して豊かな日常生活と社会生活が営めるような社会資源の活用計画作成など相談支援のしくみづくりに必要な諸条件について考えてみよう。

[参考文献]
・きょうされん広報出版情報委員会『障害のある人とともにあゆむ相談支援』きょうされん、2013
・障害者相談支援従事者初任者研修テキスト編集委員会『障害者相談支援従事者初任者研修テキスト』中央法規、2013

4 障害者のライフステージと教育・福祉／就学前から就学へ、そして青年期から成人へ

大学教育と合理的配慮

高等教育機関に在籍する障害のある学生は、2017年度に３万人の大台を超えた。障害のある
学生が充実した学生生活を送るためには、障害者差別解消法に規定された差別的取り扱いの
禁止や合理的配慮の提供が求められている。ここでは大学等において合理的配慮を行う際の
プロセスや基本的な考え方について取り上げる。

●国連・障害者権利条約（2006
年採択）

　障害者の人権および基本的
自由の享有を確保し、障害者固
有の尊厳の尊重を促進すること
を目的とし、障害者の権利の実
現のための具体的な措置につい
て定めている。この条約では障
害の社会モデルの考え方が貫か
れ、障害者の人権と基本的自由
を確保するための方策として合
理的配慮について規定している。

●障害者差別解消法（2016年
施行）

　障害者差別を解消するための
措置を講ずることで共生社会の
実現を図ることを目的とする法
で、①行政機関や民間事業者は
障害を理由として不当な差別的取
扱いをすることで障害者の権利利
益を侵害してはならないとし、②
行政機関は障害者から合理的配
慮に関する意思の表明があった場
合、実施に伴う負担が過重でな
い限り社会的障壁を除去するため
の合理的配慮が義務づけられた。
なお民間事業者については努力
義務となっている。

●障害の社会モデル

　障害者を支援するアプローチ
には２つのモデルがあります。
医学モデルは障害者問題を個人
の障害に起因する問題ととらえ、
専門職は医療における治療プロ
セスをモデルにして支援を組み
立てていく。社会モデルは障害
者問題を障害者と社会（環境）
との間に起きた社会問題ととら
え、社会が障害者を排除した結

■ 障害のある学生とは

　障害のある学生とは、障害者基本法に規定された「身体障害、知的障害、精
神障害（発達障害を含む）その他の心身の機能の障害がある者であって、障害
及び社会的障壁により継続的に日常生活又は社会生活に相当な制限を受ける状
態にある」学生を指し、単に障害者手帳や診断書の有無によるものではない。
さらに精神障害や発達障害、内部障害、高次脳機能障害のように外見上はわか
りにくい場合も含まれる。またこの法では、社会的障壁を「障害がある者にとっ
て日常生活又は社会生活を営む上で障壁となるような社会生活における事物、
制度、慣行、観念その他一切のもの」としている。

　大学等における事物、制度、慣行、観念等は社会的障壁になる可能性があり、
障害のある学生からさまざまな配慮を求められることが想定される。なお障害
のある学生を支援する際の根拠となる国連・障害者権利条約、障害者基本法、
障害者差別解消法は、いずれも障害の社会モデルの考え方に基づいている。

　高等教育機関（以下、大学等）に在籍する障害のある学生総数は2017年度に

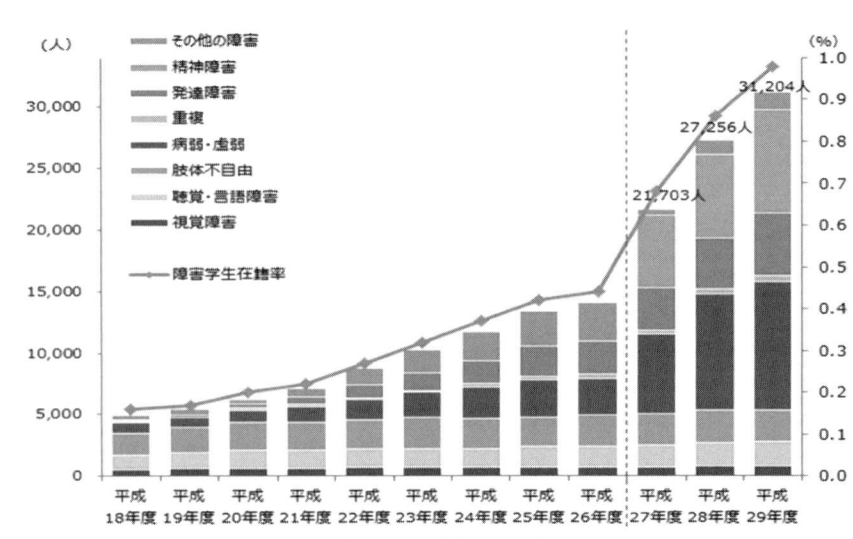

図　障害等がある学生の在籍状況（日本学生支援機構 2018）

３万人を超えた。障害別に学生数の推移（図）を見ると、視覚障害、聴覚障害、肢体不自由学生の割合はほぼ変化していない。これに対し病弱・虚弱、発達障害、精神障害学生が急激に増加している。なかでも2014年まで統計上「その他の障害」に含めていた精神障害学生の増加は顕著である。このように大学等における学生支援の対象は大きく変化している。

　障害のある学生に対する学内における支援体制は、障害者差別解消法の施行を契機に整備が進んでいる。2005年度に授業で障害学生支援を実施した学校数は206校であったのに対し、2017年度では741校（約3.6倍）に増加している。その一方で学校の規模によって支援体制に大きな格差が生まれている。

　障害学生支援に関する専門委員会の設置状況では、学生数1万人以上の大学等での設置が54.4％に対し、2,000 ～ 4,999人規模では24.4％、499人以下では11.5％となっている。さらに障害学生支援に携わる専任担当者の配置では、学生数1万人以上の大学等での配置が60.3％に対し、2,000 ～ 4,999人規模では18.4％、499人以下では8.2％となっている（2017年度 日本学生支援機構）。また、障害者差別解消法によって障害学生に対する合理的配慮が義務づけられた国公立大学と同法で努力義務とされた私立大学・私立短期大学との格差も深刻である。

■ 障害等がある学生に対する合理的配慮

　大学等における合理的配慮のプロセスは、学生本人からの申し出によって始まる。その際、申し出がうまくできない学生には教職員による支援が必要である。次に合理的配慮の妥当性を判断するため、当該学生から根拠資料の提出を求める。根拠資料の例としては、①障害者手帳、②医師による診断書、③心理検査等の結果、④学内外の専門家の所見、⑤高等学校（特別支援学校）等での支援状況に関する資料があげられる。

　合理的配慮を検討する際は学生本人の意思を尊重し、学生が抱える問題を真摯に受けとめる姿勢が重要で、学生と大学側が建設的対話を積み重ねることによって、両者が納得できる配慮内容を模索する。学生単独で意思の表明が難しい場合は、教職員が意思決定に向けて支援することが必要である。合理的配慮の決定手続きは学内規定に沿って行い、その内容は特定の教職員による判断ではなく、組織として決定できる体制整備が必要である。

　合理的配慮を提供する際に問題となる「過重な負担」については明確な基準がなく、大学等では障害学生支援部署の予算に限定せず、学生支援全体の問題ととらえていくことが期待される。さらに、決定した合理的配慮の内容に学生が納得できない場合に備え、相談窓口を準備する必要がある。なお、相談や調整を行う部署は、障害学生の支援部署とは別の第三者組織が望ましい。

（柏倉秀克）

果生じた問題ととらえていくものである。

●合理的配慮
　52ページ参照。

●障がいのある学生の修学支援に関する検討会（2012年, 2017年）
　高等教育段階における障害のある学生の修学支援について検討するため文部科学省に設置された。2012年度と2017年度に開催された。第2次まとめでは、①高等教育機関における「不当な差別的取扱い」や「合理的配慮」の考え方について、②各大学等が取り組むべき主要課題について、③「社会で活躍する障害学生支援プラットフォーム」の形成について、議論の成果が示されている。

●全国高等教育障害学生支援協議会（Ahead JAPAN）
　この会は高等教育機関における障害学生支援に関する相互の連携・協力体制を確保するとともに、実践交流を促し、障害学生支援に関する調査・研究および研修・啓発を行い、実務への還元を図り、大学における障害学生支援の充実、学術研究の発展に寄与することを目的として2014年に発足したものである。2018年現在、96の教育機関が加盟している。

4

障害者のライフステージと教育・福祉／就学前から就学へ、そして青年期から成人へ

 check → **大学に入学した障害のある学生が学生生活を送っていく上で、社会的障壁となる学習場面や施設設備について考えてみましょう。**

[参考文献・ホームページ]
・川島聡・飯野由里子・西倉実季・星加良司『合理的配慮』有斐閣、2016年
・高橋知音著『発達障害のある大学生への支援』金子書房、2016年
・竹田一則編著『よくわかる！大学における障害学生支援』ジアース教育新社、2018年
・全国高等教育障害学生支援協議会：https://ahead-japan.org/conf/2018/
・日本学生支援機構：https://www.jasso.go.jp/

第4章
107

トランジション

障害のある青年の「学校から社会へ」「子どもから大人へ」のトランジション（移行）は、長期間にわたる継続的な過程であり、「学校から仕事へ」の移行に限定されない幅広さをもつものである。労働等の「日中活動」だけでなく、「居住」や「余暇」を視野に入れながら、トランジションを考える必要がある。また、中等教育後の教育・学習の機会の拡充など、トランジションを支えるための社会的環境の整備も課題である。

●OECD／CERI
　OECD（Organization for Economic Co-operation and Development：経済協力開発機構）のCERI（Centre for Educational Research and Innovation：教育研究革新センター）は、障害のある青年のトランジションに関する調査・研究を1978年に開始しており、『障害青年の教育―学校から労働生活へのトランジション（*The Education of the Handicapped Adolescent: the Transition from School to Working Life*）』（1983年）、『障害のある青年―成人への権利（*Young People with Handicaps: the Road to Adulthood*）』（1986年）、『障害青年―成人への権利（*Disabled Youth: the Right to Adult Status*）』（1988年）、『障害青年―学校から仕事へ（*Disabled Youth: from School to Work*）』（1991年）などの刊行物をまとめている。

●ノーマライゼーション
　⇒「2つのノーマライゼーションから社会的包摂へ」
　➡12ページ参照

●国連・障害者権利条約第30条
　「文化的な生活、レクリエーション、余暇及びスポーツへの参加」について定められた条文である。「障害者が他の者との平等を基礎としてレクリエーション、余暇及びスポーツの活動に参加することを可能とする」た

■ 継続的な過程としてのトランジション

　障害のある青年の「学校から社会へ」「子どもから大人へ」の移行は、トランジション（transition）の問題として議論されてきた。
　その議論に大きな影響を与えたのは、OECD／CERIによる一連の刊行物である。1986年に出された『障害のある青年―成人への道』では、「家族・コミュニティ・国家政策によって形成される社会的、文化的、経済的、法的な文脈のなかで、個人が思春期から成人期へと成長していく過程」としてトランジションが定義されており、次のような3つの段階を含むものとしてトランジションがとらえられている。
　①学校における最後の数年（the final years in school）
　②継続教育や職業訓練（continued education and training）
　③成人生活の最初の時期（the early stages of adult life）
　トランジションは、「就職」というような瞬間的・短期的なできごとを指すのではなく、何年にもわたる継続的・長期的な過程を意味するのである。日本の学校教育について考えると、特別支援学校高等部等における後期中等教育は、その全体がトランジションの過程に含まれると理解することもできる。トランジションの概念や理念は、「学校から社会へ」「子どもから大人へ」の移行という観点から青年期の教育をとらえ直すものだと言えるだろう。

■ 幅広い過程としてのトランジション

　OECD／CERIが1991年に刊行した『障害青年―学校から仕事へ』は、「成人であること（adulthood）」の定義は国や文化によって異なるとしながらも、「成人であること」に関わるものとして以下の4領域を挙げている。
　①個人としての自律と自立
　②生産的活動
　③社会的交流、コミュニティへの参加、レクリエーションや余暇活動
　④家族のなかでの役割
　同様の整理は1986年の『障害のある青年―成人への道』においても示されているが、「生産的活動」だけが「成人であること」を構成しているのではないという点に注意が必要であろう。学校教育においては、「学校から仕事へ」の移行に関心が集まりがちである。しかし、「学校から仕事へ」の移行は、トランジションの重要な要素ではあるものの、トランジションと同一視されるべきも

のではない。

　ノーマライゼーションの考え方においても、労働等の「日中活動」とともに、「居住」や「余暇」が大切なものとみなされてきた。ノーマライゼーションの提唱者であるバンク-ミケルセンは、「障害者も含めてすべての人びとにとって基本的で重要な幾つかの権利」として「住む所、職場など活動する所、余暇時間を過ごし休息する所の三つを持つ権利」があるとしている。

　障害のある青年のトランジションを考えるうえでも、「日中活動」だけでなく、「居住」や「余暇」を視野に入れる必要がある。場合によっては「居住」のあり方の移行がトランジションをめぐる大きな課題となるし、「余暇」の充実は豊かな成人生活のために欠かせないものである。

　また、「自律（autonomy）」や「自立（independence）」も、重要な視点である。障害のある青年について「親離れ」や「子離れ」が語られることがあるが、親子関係のあり方なども、トランジションに関わって考えられるべきことであろう。状況に応じて必要な援助を受けながら自分らしい生活をつくっていくという意味での「自立」は、障害のある青年のトランジションの過程のなかでも追求されることになる。

■ トランジションを支えるために

　幅広い過程としてトランジションをとらえるならば、トランジションを支える学校教育には幅広さが求められるはずである。しかし、近年の特別支援学校高等部においては、「キャリア教育」が政策的に強調されるなか、就労の準備に傾斜した教育が目立つ。福祉施設ではなく企業等において就労することが重視され、学校に職場の環境を再現するようなことがされており、長期間に及ぶ職場実習が広がっている。

　また、清掃や接客などについての技能検定が学校教育に導入されてきており、清掃等の作業が学校生活の大きな部分を占める実態がみられる。そうした学校教育のあり方は、トランジションという観点からも批判的に問い直されるべきものであろう。

　そして、18歳以降の教育・学習の機会が障害のある青年に保障されていないことも、トランジションという観点からみて問題である。特別支援学校高等部専攻科の役割に対する社会的関心が高まり、「福祉事業型専攻科」などと呼ばれる取り組みが各地に広がってきているものの、特別支援学校高等部卒業者の進路は大部分が「就職」または「社会福祉施設等」である。高等部を卒業して進学する青年は少ない。

　障害のある青年が自分に合ったかたちでトランジションを実現していけるよう、20歳前後の時期に多様な経験・学習を重ねることが可能になるような社会的環境を整備することが課題になっている。　　　　　　　　　　（丸山啓史）

めに「適当な措置をとる」ことなどが、締約国に求められている。そこで規定されているような「文化的な生活に参加する権利」は、トランジションに関しても重視されるべきものである。

●個別移行支援計画
　「学校から仕事へ」「学校から社会へ」の移行のための支援計画であり、その移行期における「個別の教育支援計画」として説明されることがある。

　「個別の教育支援計画」は、「障害のある幼児児童生徒一人一人のニーズを正確に把握し、教育の視点から適切に対応していくという考え方の下に、福祉、医療、労働等の関係機関との連携を図りつつ、乳幼児期から学校卒業後までの長期的な視点に立って、一貫して的確な教育的支援を行うために、障害のある幼児児童生徒一人一人について作成した支援計画」（文部科学省）であるとされている。

●「個別の教育支援計画」
➡86ページ参照

●自立と自律
➡98ページ参照

●キャリア教育・進路指導
➡110ページ参照

●高等部専攻科と福祉事業型専攻科
➡232ページ参照

 check 「自律・自立」「日中活動」「余暇」「居住」等のそれぞれに焦点を当てて、トランジションの観点から学校教育に求められることを考えてみよう。

［参考文献］
・花村春樹（訳・著）『「ノーマリゼーションの父」N・E・バンク-ミケルセン（増補改訂版）』ミネルヴァ書房、1998年
・渡部昭男『障がい青年の自分づくり―青年期教育と二重の移行支援』日本標準、2009年
・鳥取大学附属特別支援学校（三木裕和監修）『七転び八起きの「自分づくり」―知的障害青年期教育と高等部専攻科の挑戦』今井出版、2017年
・山中冴子『オーストラリアにおける障害のある生徒のトランジション支援』学文社、2014年

義務教育未終了成人の教育保障

1979年の養護学校義務制実施時、就学猶予・免除障害者に教育権が回復されるのに15歳、18歳、20歳などの年齢制限が設けられた。義務制実施後20年、高等部訪問教育の本格実施時に「高等部入学は義務教育終了が前提」の理由で未就学の状態が続いた。その後の教育権保障の粘り強い運動で、受け入れ学年・期間に格差はあるものの義務教育実施の自治体が増えていった。

●就学猶予・免除

学校教育法第23条（および第39条3項）により、「病弱、発育不完全その他やむを得ない事由のため、就学困難と認められる者の保護者に対して」「就学させる義務」を猶予または免除することができることをさす。

この制度は、保護者の就学義務を猶予・免除するとしているが、実際には、重度障害児を不就学（猶予・免除）にしたのである。

就学猶予・免除を書いた保護者は「医者に、学校なんてやったら命がないといわれて、死なせたくないと思って書いた」「わら半紙を渡されよくわからずに書いた」「いつのまにか猶予になっていた」と述べている。

就学猶予については、未熟児など医学的な問題から就学を遅らせることが適切な場合もあるが、就学免除については、教育を受ける権利を保障する観点からすれば、廃止されるべきである。

●養護学校教育の義務制実施

学校教育法は、9年間の義務教育制を規定している。この中には、障害児も含まれている。小学校は1947年度に義務制が実施され、新制中学校も47年度から学年進行で実施された。盲・聾学校は運動の結果、48年度から学年進行で実施された。しかし、養護学校の義務制はながらく見送られた。義務制が実施されない中で、障害児の多くは不就学・未就学（就学猶予・

■ 就学猶予・免除障害者の教育権保障の歴史

1979年の養護学校義務制実施以前は、施設・病院に入っている障害児は就学猶予・免除を受けることが前提であった。1967年の就学猶予者は全国で1万1,676人、就学免除者は全国で9,427人であった。義務制実施時、15歳、18歳、20歳など自治体によって異なるがその年齢以下の障害児者には教育権が保障された。その年齢以上の障害児者は、そのまま義務教育未終了の状態が続いた。

義務制実施から20年、養護学校の高等部希望者全員入学の実現後、高等部訪問教育の本格実施（2000年）を求める運動に前後して、義務教育未終了の成人障害者本人・家族・関係者から養護学校高等部（訪問教育）への入学を求める声が上がった——「ぼくは学校へ行きたい。家庭教師やカルチャーセンターじゃなくて、学校へ行きたいんです。黒板があって、先生がいて、クラスメートがいる学校へ行きたいんです。理科や社会の勉強がしたいんです」。

このような声が教育委員会へ届けられたが、希望者の高等部入学は認められなかった。その理由は、「義務教育を卒業していない者は、高等部教育は受けられない」というものであった。

「義務教育を受けたい」と要望すると、学校教育法では、小学部は満12歳を迎える学年まで、中学部は15歳を迎える学年の終わりまでとの規定があると言われ、要望はかなわなかった。このように、義務教育年限を超えた人は、高等部入学以前の義務教育も受けられない状態が続いたのである。

■ 教育権実現の運動と就学猶予・免除者受け入れ自治体の増加

2000年以降、義務教育未終了の不当性を追求し、教育権保障の実現をめざす運動が粘り強く続けられる中で、いくつかの自治体で就学猶予・免除者の受け入れが始まった。全国重症心身障害児（者）を守る会は、発足以来、重症児の医療・福祉の充実と年齢超過者問題を含めた義務制実施に向けて取り組んできた。

入学を求める声は1979年前後にピークを迎えるが、年齢超過者の受け入れが進まないなか、80年代には学校教育への期待は弱まった。しかし、多くの保護者は、80年代の高等部希望者全員入学や90年代後半からの高等部訪問教育の実現のたびに「次はわが子」と待ち続けた。また、就学猶予・免除の青年たちは、同室の同年代の友だちが訪問教育の高等部で学ぶ姿を見て、「私も学校へ行きたい」という気持ちを高めていった。

運動により自治体の受け入れが始まったが、受け入れ学年や教育期間などに大

きな格差があった。筆者の勤務した兵庫県においても、本人・保護者、施設・病院関係者・学校関係者・教職員組合などが粘り強い運動を続けた結果、2005年に「就学猶予・免除者就学モデル事業」が開始された。中学部3年生に編入して1年間の訪問教育を受けるものであった。

続けて2007年「就学猶予・免除者就学プラン事業」が開始された。中学部3年生に編入して1年間で卒業し、高等部3年間と計4年間の訪問教育が、施設・病院の訪問学級で実施された。2011年には、和歌山県で76歳の人が中学部3年生に編入して教育が開始された。宮城県では、2012年から小学6年と中学3年の2年間の教育保障を始めていたが、2017年から高等部の進学が認められた。

■ 学校教育が育む人間性の深まり

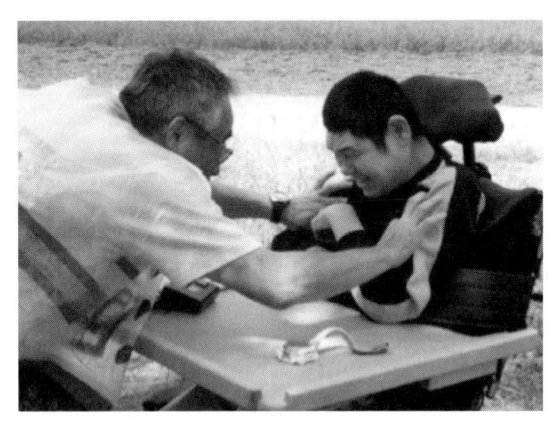

筆者が担当した40年間病棟で過ごしてきたある生徒は、オムツ交換や着替えで担任がかかわろうとすると、大きな声を出して、激しく怒っていた。他者にかかわられることの不安が強い生徒であった。それは、スキンシップの不足や治療・リハビリでのつらい体験から「本当は触れてほしいけど、触れられたくない」という悩み、葛藤している姿ではないかと考えた。また、今自分がされていることの意味がわかりにくいことからくる不安や尊重したかかわりを求める叫びでもあったと思われた。

この生徒の40年間の入院生活でつくられた人間不信に対して、「人間って優しいよ」というかかわりや学習をすることで、人間観に葛藤を起こしてもらう取り組みを行った。「本当は触れてほしい」というねがいを高めるために、「ふれあい文化」を学ぶ学習などを行った。2年間のかかわりや学習で、くすぐり（写真）を楽しむようになった。不快なくすぐりが、筆者を信頼することで、喜びに変わったのである。人間に対する信頼感が生まれてきたのである。

人間への信頼が深まるにつれ、生活年齢に応じた「寂しい歌」「哀しい歌」を味わえるようになったり、面会の後は寂しそうな表情になったり、同室の人が亡くなると声を出し涙を流して泣いたりするようになっていった。この感受性の高まりと感情表現の豊かさは、人間性の深まりの証であると思われた。高年齢の生徒も教育を受けることで人間性を豊かにするのである。

筆者は、義務教育未修了者や生活年齢の高い生徒を何人も担任した。その生徒たちは、筆者と人間関係が深まる中で、眠っていたねがい（要求）が目覚め、それを表現することで人間性を深めていったのである。　　　　　（原田文孝）

免除）の状態に置かれていた。

1960年代後半から、こうした不就学・未就学をなくす運動が広がり、73年に義務制予告政令が出され、74年度から東京都の障害児希望者全員入学が試行された。そして、47年の小学校義務制実施から32年遅れて、1979年度に養護学校教育の義務制が実施された。

➡130「養護学校教育の義務制実施」
　278ページ参照

4

障害者のライフステージと教育・福祉／就学前から就学へ、そして青年期から成人へ

●**義務教育未終了者の教育権保障**

障害児の教育権保障だけでなく、義務教育未終了者の教育権保障は、夜間中学校においても取り組まれている。「生きるために学び直したい」と願う人たちの受け皿である。

2017年に公布された「義務教育の段階における普通教育に相当する教育の機会の確保等に関する法律」では、すべての都道府県および市町村に夜間中学の設置を義務づけた。

しかし、設置は8都府県31校（2017年）で、文部科学省は設置・充実を求める依頼を都道府県・指定都市の教育委員会に出した（2018年8月）。

●**学校教育が求められている理由**

重症児者施設や病院での義務教育未終了者の訪問教育の実践の中で、学校教育が求められる理由が明らかにされてきた。

①「みんなと同じように学校へ行きたい」という権利性・平等性、②「私の先生がほしい、級友がほしい」という関係性、集団性である。「学校教育とは何か」の問いを深めることが、さらに必要である。

 障害児者の教育権保障も含めて、登校拒否や貧困、虐待などでの実質的な義務教育未終了者の教育権保障について考えてみよう。

[参考文献]
・河合隆平「学ぶことで生きなおす──就学猶予・免除者の教育権回復－」『月刊社会教育』国土社、2017年12月号
・芦田朗子「訪問教育高等部の歴史と現状──学齢超過者への教育権保障に関する考察」平成29年度　武庫川女子大学大学院修士学位論文

高等部専攻科と福祉事業型専攻科

第4章 109

「障害があっても、もっと学校で学びたい」という声をもとに、後期中等教育以後の教育年限延長を実現する機会・場の整備が拡大している。その声を叶える場として、特別支援学校高等部で専攻科を設置する学校も存在するが、その数は少ない。一方で、障害福祉サービスを活用した「福祉事業型専攻科」が、学校としての専攻科の代位の役割を果たす場として期待されている。

●全国専攻科(特別ニーズ教育)研究会

2004年11月、「特別なニーズ教育を必要とする青年達の専攻科、大学や生涯にわたる学習の充実、発展をめざす」(会則第2条)ことを目的に結成した研究運動団体。

特別支援学校高等部専攻科の設置要求の声を組織するとともに、実際に専攻科や福祉事業型専攻科の実践などに学びながら、青年期教育の意義を深めて発信している。事務局は、やしま学園高等専修学校。

●学校専攻科の状況(知的障害)

2018年度、知的障害対象の特別支援学校で高等部専攻科を設置している学校は、次の通りである(カッコ内の数字は修業年限)。なお、鳥取大学附属特別支援学校(国立大学法人)を除くと、他の8校の設置者はいずれも私立(学校法人立)である。

いずみ高等支援学校(宮城・2年)、光の村養護学校土佐自然学園(高知・2年)、旭出学園(東京・3年)、聖坂養護学校(神奈川・2年)、若葉高等学園(群馬・2年)、聖母の家学園(三重・4年)、三愛学舎(岩手・2年)、鳥取大学附属特別支援学校(鳥取・2年)、光の村養護学校秩父自然学園(埼玉・2年)

■ 教育年限延長を求める声の高まり

障害児の教育権保障は、養護学校義務制を実現させた第一のうねり、高等部希望者全員入学を実現させた第二のうねりに続き、第三段階に到達している。具体的には、特別支援学校高等部等の学校教育を終える18歳において、その後も継続して教育を受ける権利が学校教育の枠組みで保障されることを求める声である。障害があるからこそ、時間をかけた教育の必要性が求められるが、実際には障害児の多くが後期中等教育を終えて「離学」している現状である。

後期中等教育段階は、いわゆる青年期のライフステージに位置し、青年期の課題である「子どもから大人へ」「学校から社会へ」という二重の移行が存在している。しかし、障害のない青年が18歳以降も大学等へ進学して「学校から社会へ」の移行のタイミングが延びていることに対し、障害児の後期中等教育修了後の進路に「進学」の位置づけは弱く、障害児の方が社会への移行の時期が早期に訪れる形になっている。そこで、障害者権利条約の趣旨を踏まえた「同一年齢、同一権利保障」(小畑耕作)の視点からも、18歳段階で学校教育を終える教育システムではなく、希望すれば20歳を超えても学校教育が受け続けられる選択肢の確保が求められる。

特別支援学校には大学部は存在しないが、高等部には「専攻科」を設置することが可能となっており、継続教育的に専攻科で学び続けることを可能としている特別支援学校が存在する。

■ 学校教育における「専攻科」の現状

専攻科は、学校教育法第1条に規定される学校(1条校)のうち、高等学校・中等教育学校・大学(短期大学を含む)・高等専門学校といった教育機関に設置することが可能なものである。

対象者は、当該種の学校を卒業もしくはそれと同等以上の学力を有する者などで、「精深な程度において、特別の事項を教授し、その研究を指導すること」を目的とし、1年以上の修業年限を設定している。

特別支援学校においては、同法第58条における高等学校での専攻科・別科に関する設置条項に基づき、第82条の準用規定によって高等部に設置することが可能である。統計上、専攻科に進むことは「進学」として扱われるが、法的には上級の教育階梯ではなく、後期中等教育という同じ教育階梯における継続教育機関として位置づけられる。また、専攻科を修了した後の教育階梯として、

独自に「研修科」を設置している例もある。

文部科学省の統計上、特別支援学校の専攻科設置校の数は明らかではない。従来から、視覚障害（盲学校）、聴覚障害（聾学校）の専攻科は、多くは職業科の形で設置されてきた。その他の障害種では、知的障害を対象とする9校に普通科の形で置かれている。このうち、国立大学法人の附属校1校を除けば、他は学校法人（私立）が設置する形である。

この他、知的障害を対象とした専攻科を設置する私立高等学校、専攻科の規定がない専修学校や無認可高校などにおいても、知的障害・発達障害を有する人を対象として「専攻科」を独自に設けている例も存在する。

■ 福祉事業型「専攻科」の拡大

教育年限延長を求める声を受けとめる形として、特別支援学校の高等部専攻科の設置には大きな意義があるが、知的障害を対象とした学校の専攻科設置は拡大していない。しかし、専攻科で行う教育の意義を、障害福祉サービスを活用する形で実現している取り組みが拡大している。その皮切りとなったのは、2008年に和歌山県田辺市に誕生した「たなかの杜・フォレスクール」（ふたば福祉会）である。障害者自立支援法（現：障害者総合支援法）における「自立訓練（生活訓練）」事業を活用したもので、「学びの作業所」というフレーズで専攻科教育型のプログラムを取り入れ、教育年限延長を望む声を福祉事業で受けとめた。

「自立訓練事業」は、「自立した日常生活又は社会生活を営むことができる」ように「身体機能又は生活能力の向上のために必要な訓練」を行うことを目的としている。この事業目的が、青年期の移行支援機関として専攻科が行ってきた教育実践と重なりあうことから「学びの作業所」と称される福祉事業の展開へと結びついていった。しかし「学びの作業所」と称する中には専攻科教育型でない取り組みも存在するため、近年ではその区別を図る意味でも「福祉事業型専攻科」または「福祉型専攻科」という名称を用いている。

特別支援学校の専攻科増設には課題が多いが、拡大する福祉事業型専攻科を福祉の領域に留めるだけでよいのだろうか。國本真吾は、学校専攻科の「代位」として福祉事業型「専攻科」や「学びの作業所」を位置づけている。また、渡部昭男は、既設の専攻科とあわせて「福祉事業型『専攻科』」や「学びの作業所」の双方を連結させた「ハイブリッド方式」の積み上げを提起している。福祉事業型専攻科の拡大により、公教育としての学校専攻科の設置を求めることにつながることが期待されるだろう。

また、福祉事業型専攻科における教育実践が、青年期の発達課題を踏まえた青年期教育として展開されることも望まれる。二重の移行を支える形で、青年期の自分づくりに資する実践の充実も、場所づくりの設置要求とあわせて広げていく必要がある。 (國本真吾)

●専修学校などの専攻科

専修学校の専攻科としては、私立やしま学園高等専修学校（大阪府堺市）が、特別な教育的ニーズを有する青年を対象として設置。また、無認可高校であるが、LD（学習障害）を対象としたNPO法人立見晴台学園（愛知県名古屋市）が、本科・専攻科を含めた5年制の教育を実施している。

高等学校としては、私立鹿児島城西高等学校（鹿児島県日置市）が、軽度の知的障害を対象とした福祉共生専攻科を設けている。

●自立訓練（生活訓練）事業

障害者総合支援法では、「自立訓練事業」は「自立した日常生活又は社会生活を営むことができるよう」に、「身体機能又は生活能力の向上のために」必要な訓練などとされる。

同法施行規則では、この事業を「機能訓練」と「生活訓練」に分け、「生活訓練」は2年間（長期入院者は3年間）を期間として定め、知的障害・精神障害に対し「入浴、排せつ及び食事等に関する自立した日常生活を営むために必要な訓練、生活等に関する相談及び助言その他の必要な支援」と定義づけている。

この事業目的である「日常生活又は社会生活を営むことができる」ための「必要な訓練」という部分が、「学校から社会へ」の移行支援機関として学校専攻科の教育が行ってきた実践と重なることから、本事業を活用した「学びの作業所」が創設され「福祉事業型専攻科」と称するようになった。

 専攻科を設置する学校や福祉事業型専攻科を調べ、それぞれの実践の特徴を整理してみよう。

[参考文献・ホームページ]
・國本真吾「障害青年の教育年限延長要求と生涯学習」『人間発達研究所紀要』第31号、2018年
・鳥取大学附属特別支援学校著・三木裕和監修『七転び八起きの「自分づくり」』今井出版、2017年
・岡本正・河南勝・渡部昭男編著『福祉事業型「専攻科」エコールKOBEの挑戦』クリエイツかもがわ、2013年
・全国専攻科（特別ニーズ教育）研究会編『もっと勉強したい！』クリエイツかもがわ、2008年

青年学級、生涯学習

障害者青年学級は障害者の学校卒業後、地域での精神的支えとしての場および、学習・文化的活動の場として大きな役割を果たしている。障害者の学習要求を生涯にわたり保障する必要性とその人らしく生きるために、ライフステージに応じて学びたいときに、学びたいこと、身につけたいことが学べるように学習機会を設けることが大切である。

●日本青年団協議会

青年学級は社会教育法のもとで自主性と地域性を尊重して取り組まれるべきと主張し、共同学習運動を提唱し、青年の自主性と共同性の学習を推進した。

●青年期の保障

宮原誠一(1961年)は、「青年は社会によって青年期をあたえられながら、社会によって青年期を台無しにされている。青年期があたえられる以上、青年は青年らしく生活することを保障されるべきであり、青年はそれを権利として求めるべきである」と述べる。

青年期は主体性を発揮できる人間として成長することが課題となることを提起している。

●発達障害者の大学校開設

1990年に発達障害児の高等部5年生を設置、95年に中等部を開設した「見晴台学園(無認可学校)」は、2013年10月に名古屋市に「見晴台大学校」を開設した。

●障害者権利条約 第24条

5. 締約国は、障害者が、差別なしに、かつ、他の者と平等を基礎として一般の高等教育、職業訓練、成人教育及び生涯学習の機会を与えられることを確保する。このため、締約国は、合理的配慮が障害者に提供されることを確保する。

■ 青年学級

第二次世界大戦後の青年学校廃止に伴って勤労青年たちの一部は定時制高校に通うが、多くの青年たちは学習要求が満たされず各地で学習活動が取り組まれた。日本青年団協議会は、法制度化に反対の決議をしたが、1953年に「青年学級振興法」によって制度化された。1955年に青年学級設置数はピークに達し、その後は激減した。原因は、高校進学率の上昇、農村青年の都市への移動、社会変動による青年の要求の変化、法制度化による自主性の後退などで、1999年に同振興法は廃止された。

■ 障害者の青年学級

1960年代後半、学校卒業後も教育の場が必要であるという考えから障害青年を対象とした「障害者青年学級」の活動が全国各地ですすめられた。東京都では、「非行から子どもたちを守り、就労が継続されるために学校卒業後も安心して集まることができるような場が欲しい」という要望から公民館が主催する「社会教育」の一環として福祉事務所との協力ではじまり、現在も公民館活動のひとつとして続けられている。

また、かつての青年学級は義務教育を終え、就労や在宅生活を送っていた障害青年が主であった。それは、学校に代わる新たな教育の場としての青年学級が存在していた。1979年の養護学校義務制に伴い、養護学校卒業生が増え、卒業後のアフターケアの一つとしての青年学級や、親や作業所職員による地域の障害青年の交流の場としての青年学級が開設された。しかし、公的支援のないものが多く学級数についての把握は難しい。

■ 青年学級の実態と課題

全国各地で取り組まれている青年学級や青年サークルの形態は、①障害児学校や障害児学級の同窓会から発展したもの、②公民館など社会教育施設や機関が独自に取り組んでいるもの、③親や施設職員などが子どもたちのために開設しているものなどさまざまである。

仲間との交流と生活に必要な知識・技能の獲得を中心に、月に1・2回の活動が大半である。「青年学級に来てほっとする」「悩みが相談できる」「いつも励ましてくれる」など活動を通して、青年たちの精神的な支えの拠点となっている。また、学校卒業後の青年たちの自主的な交流の場として広がりをみせ、青

年教育の場としても大きな役割を果たしている。

青年学級は、生涯にわたる居場所であり、そこに集うのは人生を共に歩む仲間であるといえよう。しかし現実には、そのような場へ参加できない障害者も多い。公的支援、ボランティアの確保のほかに、学校教育とは違い「教える側の教師」ではなく「支える側のスタッフ」が、「自分たちのやりたいことを自分たちがやる」という青年期教育の視点に立つことが求められる。社会教育の「自己教育」「相互教育」にそって、障害青年本人のニーズをとらえることが大切である。関係機関の地域の「障害者活動センター」や「就業・生活支援センター」との連携も今後の課題である。

■ 生涯学習

1960年代半ば以降、生涯教育がユネスコで提唱され、その後、学習する主体に焦点がおかれ、生涯学習の重要性が国際的な関心となった。日本においては1980年代後半まで、「生涯にわたる学習機会の拡充」が叫ばれたが、臨時教育審議会答申で「生涯学習体系への移行」へと変わった。そして、学校教育と社会教育を含む既存の教育制度の再編成として生涯学習が位置づけられ、1990年に生涯学習振興整備法が成立した。

生涯学習政策が、国際的な経済競争に対応した労働力政策の一環として教育制度に組み入れられるとともに、教育学習産業としての生涯学習が体系化された。ユネスコの「学習権宣言」にうたわれているように、学習権は、「基本的人権のひとつであり」「学習権なくしては、人間的発達はあり得ない」だけではなく、学習活動は「人々を自らの歴史をつくる主体者に変えていくもの」としてとらえられるべきである。

■ 障害者の生涯学習の課題と展望

文部科学省は、省内に「障害者学習支援推進室」を設置、2017年度に「特別支援教育の生涯学習化」「学校教育から生涯学習へ」の政策を打ち出し2018度から新たに「学校卒業後における障害者の学びの支援に関する実践研究事業」を始めた。

障害のある人も地域の人々と同じように、その人らしく生きるために、ライフステージに応じて学びたいときに、学びたいこと、身につけたいことが学べるようにするための学習機会とプログラムをどのように開発していくかが緊急の課題である。また、どこに行けば、どのような学習の機会があるか、どのような支援が可能なのかなど、障害者の生涯学習は、情報提供と支援体制の整備の課題がある。

また、学習に参加したくても交通手段がない、家族の付き添いなしには参加できないなども学習機会への参加を制約するものになっている場合もある。2014年1月に日本が批准した障害者権利条約において「他の者と等しく、高等教育や生涯学習の機会を与えられることを確保する」とうたわれていることからも、障害者の学習要求を生涯にわたり保障していくことが求められている。（小畑耕作）

●東京都町田市障がい者青年学級

1974年、中学校の障害児学級の卒業生が非行や犯罪に巻き込まれないために親の切実な願いで開設し、知的障がいのある方を対象に、音楽・スポーツ・演劇・創作活動などをとおして、集団活動に取り組む「生きる力・働く力の獲得」という目標のもと、「自治」「生活づくり」「文化の創造」の3つを柱に活動を行っている。

●東京都国立市しょうがいしゃ青年教室

1960年に開設し現在、公民館1階ロビーにある喫茶店（わいがや）を社会人や学生のスタッフで運営。コーヒーハウスの人々が自由に講座を企画・開催し、学びあうことができる空間（たまり場）に集まって活動を繰り広げ、ワイワイ楽しく、スローにのんびりと、多彩なイベントを展開している。

●宮津障害者青年学級

1971年与謝の海養護学校の卒業生の就職者のアフターケア、卒業後の学習の場として、週1回自主開設した。青年学級から成人教室へと発展した。現在、月1回開催している。

●ユネスコの「学習権宣言」

学習権は、万人に共通する権利として1985年、第4回ユネスコ国際成人教育会議（パリ）で採択された。

学習権は、人間の生存にとって不可欠な手段でもあり、学習権なくしては人間的発達はあり得ない。

 障害者の青年学級や生涯学習の取り組みを進めていくうえで、青年期教育として大切にしなければならないことを考えてみよう。

[参考文献・ホームページ]
・田中良三・藤井克徳・藤本文朗編『障がい者が学び続けるということ』新日本出版社、2016年
・井上悦子・久古直子「宮津障害者青年学級の47年の歩み」『障害者問題研究』46-3全国障害者問題研究会出版部、2018年
・文部科学省「障害者の生涯学習の推進について」www.mext.go.jp/a_menu/ikusei/gakusyushien/index.htm

障害者雇用政策

日本の障害者雇用政策は障害者雇用促進法37条以下で定められる雇用義務制度である。この雇用義務制度は、障害者雇用率制度と障害者雇用納付金制度から成り立つ。1960年身体障害者雇用促進法により雇用率制度が採用され、1976年には障害者雇用納付金制度が導入された。

●雇用義務の範囲

雇用義務となる対象障害者は身体障害者、知的障害者、精神障害者（精神保健福祉手帳保持者）。雇用率にカウントされるのは障害者手帳を持っている人のみに限定される。難病患者の約70％は障害者手帳を持っていないため、雇用義務制度から取りこぼされている。日本の場合、手帳を持っていない障害者の雇用実態は不明である。そのため日本の障害者就労率は16％と世界に比べて非常に低い（スウェーデン62％、ドイツ50％、フランス47％、アメリカ38％）。

●離職率と月額賃金

障害者の40％が就労後1年以内に離職している。障害種別の職場定着率は発達障害71.5％、知的障害68.0％、身体障害60.8％、精神障害49.3％である。発達障害者、知的障害者の職場定着が安定しているのに対して、精神障害者の定着率は低い水準となっている。

離職理由は、職場の人間関係、賃金・労働条件、仕事内容のミスマッチなどである（平成29年9月20日厚生労働省職業安定局資料「障害者雇用の現状等」）。職場定着率の低さは障害者の低賃金の原因でもある。常用労働者の平均月額賃金26.1万円に対し、身体障害者25.4万円、精神障害者12.9万円、知的障害者11.8万円であり、精神障害者、知的障害者の賃金は圧倒的に低い（内閣府『平成25年度　障害者白書』19ページ）。

■ 障害者雇用の現状と障害者雇用率制度

日本では障害者雇用促進法にもとづいて、民間企業、国・地方公共団体などの事業主に対し、一定の割合以上の障害者の雇用を義務づけている。2018年4月から法定雇用率は民間企業2.2％、国・地方公共団体等2.5％（都道府県の教育委員会2.4％）としている。精神障害者も雇用義務の対象となった。雇用率は原則5年ごとに見直される。

図1のように民間企業の障害者雇用率は一貫して上昇してきた。2017年では49万6千人の障害者が雇用されている。民間企業がどれだけの割合で障害者を雇用しているかを示す指標が実雇用率である。2017年の法定雇用率2.0％に対して、図1の実雇用率は1.97％である。同年企業規模別の実雇用率は50〜100人未満規模で1.6％、100〜300人未満規模で1.8％、300〜500人未満規模で1.82％、500〜1,000人未満規模で1.97％、1,000人以上規模で2.16％であった。企業規模が大きいほど法定雇用率が高いことがわかる。また、全企業に占める法定雇用率達成企業は50％であった。

実雇用率の著しく低い民間企業に対しては、ハローワークが障害者雇用推進計画書（2年間）の作成を命じ、行政指導を実施している。雇用計画書を作成しても、障害者雇用を実施しなかった企業に対しては、実施勧告後に企業名の公表を行うようになった。

実雇用率算出時のカウント方法は、表のように障害の程度と週の労働時間によって異なる。週の所定労働時間が30時間以上の常用労働者が実雇用率の算定の基礎となる。重度の身体障害者や知的障害者は1人

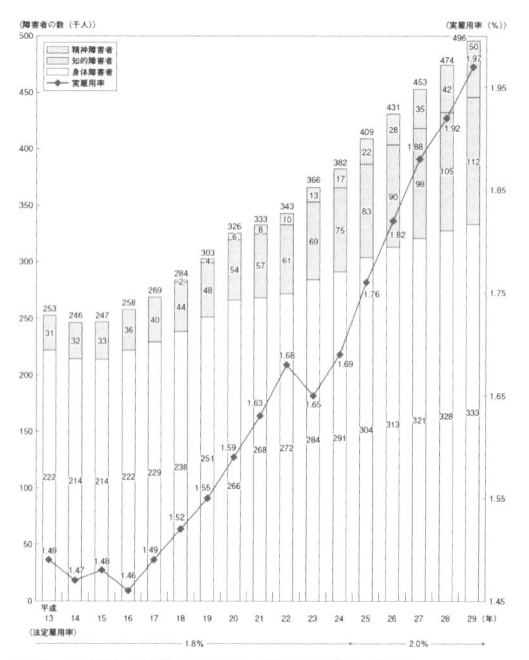

出典：内閣府『平成30年度　障害者白書』78頁
図1　民間企業における障害者の雇用状況

を雇用しても2人分としてダブルカウントする。重度の身体障害者や知的障害者のうち短時間労働者については1人を1人としてカウントし、重度でない身体、知的、精神障害者は1人を0.5人としてハーフカウントする。

■ 障害者雇用納付金制度

障害者雇用促進法は、障害者雇用率制度に加え、障害者雇用納付金制度を定めている。

図2のように独立行政法人高齢・障害・求職者雇用支援機構は、常用労働者数100人超の法定雇用率未達成企業から不足1人当たり月額5万円の納付金を徴収する。この納付金が障害者雇用調整金、報奨金、助成金などの原資となる。つまり、法定雇用率達成企業には超過1人当たり月額2万7千円の障害者雇用調整金が支給される。納付金制度の適用対象外の100人以下の中小企業が雇用率を達成した場合は超過1人当たり2万1千円の報奨金が支払われる。また助成金制度には「障害者作業施設設置等助成金」、「障害者介助等助成金」、「重度障害者等通勤対策助成金」、「障害者福祉施設設置等助成金」などがある。

障害者雇用納付金制度の財政構造は「納付金収入－調整金・報奨金・助成金・事務事業費」である。法定雇用率達成企業が増加していくと、納付金の徴収額が減少、調整金や報奨金の支給額が増加することになり、雇用納付金制度の収支は赤字化する。財政収支を改善するためには法定雇用率の引き上げを実施しなければならない。実際には法定雇用率を持続的に上昇させるわけにはいかないので、雇用納付金制度は未達成企業の存在を前提にしたシステムといえよう。現状では、障害者雇用が進んでいない中小企業が納付金を支払い、大企業が調整金を受け取っている構図があり、中小企業が大企業に補助金を出しているという奇妙な現象がみられる。

（小西　豊）

表　実雇用率のカウント方法

週の所定労働時間	30時間以上	20時間以上30時間未満（短時間労働者）
身体障害者	○	△
重度	◎	○
知的障害者	○	△
重度	◎	○
精神障害者	○	△

○＝1カウント、◎＝2カウント（ダブルカウント）、
△＝0.5カウント（ハーフカウント）

●法定雇用率の算定

2018年4月から精神障害者の雇用義務化した結果、法定雇用率が急激に上昇することを避けるため、労働者（失業者を含む）の総数に対する対象障害者である労働者（失業者を含む）の総数の割合に基づき「対象障害者の雇用の状況その他の事情」を勘案して政令で定める（2023年3月までの激変緩和期間）。

2023年4月から法定雇用率は以下の計算式によって算出する。法定雇用率＝（常用雇用身体障害者数＋常用雇用短時間身体障害者数＋失業身体障害者数＋常用雇用知的障害者数＋常用雇用短時間知的障害者数＋失業知的障害者数＋常用雇用精神障害者数＋常用雇用短時間精神障害者数＋失業精神障害者数）÷（常用雇用労働者数＋常用雇用短時間労働者数×0.5－除外率相当労働者数＋失業者数）。

●学校から職場へ

特別支援学校高等部（本科）卒業後、就職する生徒の割合は全体で28.4%（視覚障害17.6%、聴覚障害36.1%、知的障害31.1%、肢体不自由6.5%、病弱17.5%）である。

社会福祉施設などに入所、通所する生徒は全体で64.2%、進学する生徒は全体でわずか2.1%であるが、視覚障害28.1%、聴覚障害40.2%の生徒が進学している。

就職者を増やすには、就労支援コーディネイターが就労先を開拓したり、在学中からインターンシップ制度によって職場でのジョブトレーニングを受けて適応力をつけていくことが大切である。

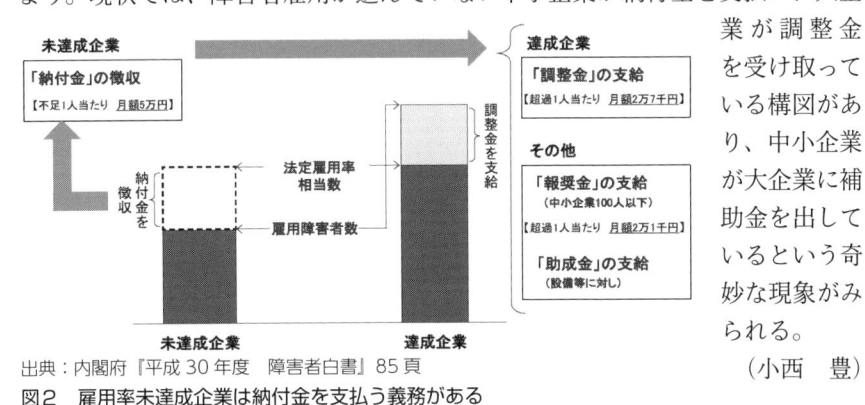

出典：内閣府『平成30年度　障害者白書』85頁

図2　雇用率未達成企業は納付金を支払う義務がある

 check ▶ ホームページ情報などから障害者雇用に積極的な企業を調べてみて、なぜその企業は障害者の働く力に注目しているのか、その理由を考えてみよう。

［参考文献・ホームページ］
・伊藤修毅『障害者の就労と福祉的支援』かもがわ出版、2013年
・永野仁美・長谷川珠子・富永晃一編『詳説 障害者雇用促進法 増補補正版』弘文堂、2018年
・中島隆信『新版　障害者の経済学』東洋経済新報社、2018年
・厚生労働省ＨＰ「障害者雇用対策」
　https://www.mhlw.go.jp/stf/seisakunitsuite/bunya/koyou_roudou/koyou/shougaishakoyou/index.html

福祉的就労から
一般就労への移行

福祉的就労とは一般労働市場で働くことが困難な障害者に対して、障害者総合支援法が定める福祉サービスを利用しながら、就労の機会を提供することである。障害者自立支援法（2005年制定、現在の障害者総合支援法）以後、我が国では福祉的就労から一般就労への移行施策が実施されている。

●授産施設

一般就労することが困難な障害者に対して、自立を目指して生活指導や作業指導を行った。障害者自立支援法以前は、身体障害者福祉法、知的障害者福祉法、精神保健福祉法に基づく法定授産施設とそれ以外の小規模授産事業所が存在した。

●福祉工場

一般就労の困難な障害者に仕事を与え、生活指導と健康面の配慮を行いながら、社会生活を支援する工場のこと。

障害者は一定の作業能力を有し、職場の設備、通勤時の交通事情にも配慮を行っている。

●小規模作業所

共同作業所とも呼ばれ、障害者とその家族、ボランティアによって自主的に設立され、一般企業に就職することが困難な障害者に社会活動の場を提供してきた通所施設。

パン、手芸品などの製造販売、清掃・ガーディング作業の請負、カフェ・レストラン運営、弁当製造販売などを展開する作業所もあり、その活動内容は多種多様である。

●就労移行支援事業

一般就労を希望する障害者に技能習得の機会を提供し、障害者の適性にあった職場を探すために事業所や企業で作業実習を行い、職場定着のための支援を実施する。

65歳未満の個人を対象とし、

■ 自立訓練、就労移行支援から一般就労へ

日本の障害者雇用施策は一般就労支援と福祉的就労の二層システムであった。2006年障害者自立支援法の施行によって、福祉的就労から一般就労への移行という政策転換が実施された。

ここでは、移行施策の転換の内容と問題点を概観してみよう。

図1は、2004年に厚生労働省によって策定された福祉的就労から一般就労へのグランドデザインである。図1の縦軸が就労形態であり、横軸が工賃（賃金）の高低である。つまり、右上がりで移行していくと障害者が納税者に変わるという理念を表現している。しかしながら、障害者のなかには職業リハビリテーションや合理的配慮を行っても、一般就労が困難な人もいることを考慮しなければならない。

障害者自立支援法によって、かつての福祉的就労の場であった授産施設、福祉工場、小規模作業所（共同作業所）は、就労移行支援事業、就労継続支援事業A型およびB型に再編成された。

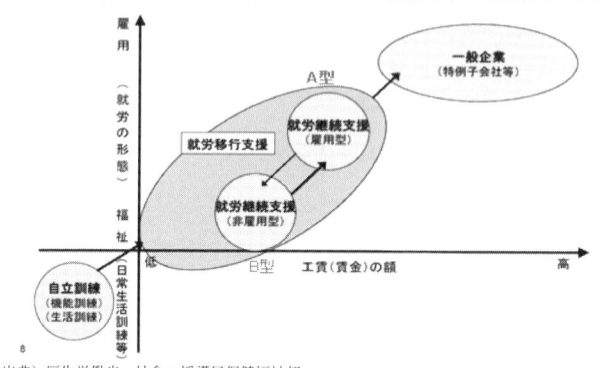

（出典）厚生労働省、社会・援護局保健福祉部
「障害者自立支援法における就労支援と障害福祉計画」（2006年4月26日）
http://www.mhlw.go.jp/bunya/shougaihoken/shingikai01/pdf/3-1a.pdf
図1　障害者の就労支援と各事業の関係

■ 就労継続支援事業（A型・B型）の現状と課題

A型事業所とB型事業所の制度的な違いは何か。それは雇用契約を締結し、労働基準法や最低賃金法の適用がなされるA型に対し、B型は授産施設の多くが移行したものであり、雇用契約も締結されず、各都道府県で定められた最低賃金（時給）の適用外となる。A型では一般就労が困難な18歳から64歳までの人が働いているが、B型では一般就労あるいはA型で就労困難な人が働き、年齢制限はない。A型の平均賃金は月額70,720円（2016年）であるのに対し、B型の平均工賃は月額15,294円（2016年）というように工賃は非常に安価である。また図2、3のA型、B型事業所数の推移をみれば、A型には社会福祉法人以

外の営利法人が急激に参入していることがわかる（この5年間で約10倍の増加）。B型の担い手が社会福祉法人やＮＰＯ法人であるのとは対照的である。

なぜＡ型事業所数は2010年1890か所から2015年3149か所へと急増したのであろうか。この背景には、障害者総合福祉法に基づき支給される訓練等給付金（障害者一人当たり年額120万円）と特定求職者雇用開発助成金（年額80万円）を目的に新規参入した営利法人による事業制度の誤用があった。これらの事業者は、利用者（障害者）に単純作業を短時間だけさせて賃金は払うのだが、事業性、営利性を追求する努力をしないまま経営不振に陥り、最終的に障害者を大量解雇、事業破綻し、社会問題となった（2017年10月から各マスコミで報道されたが、福祉事業者のあいだではいつか発覚する問題として認識されていた）。新聞報道や就労継続支援事業所から一般就労への就職者数が増えていないことを見れば、厚生労働省による福祉的就労モデルには制度設計上の大きな問題があることが理解できよう。

一方、B型事業所のなかには収益性が低く、障害者の就労機会の提供を重視するので、障害者に支払う賃金の多寡には執着していないところもある。例えば、岐阜市にあるＣ福祉会の運営者たちは当初からＡ型事業所の制度的な問題点を見抜いていたので、地元企業から工業製品加工の仕事を受注することでB型でありながらもＡ型以上の工賃を利用者に支払っているのである。B型事業所であっても高賃金を支払っている事業所には独自の経営努力と戦略があり、事業性、市場性、福祉性の調和のとれた事業運営の実態を確認することができる。

（小西　豊）

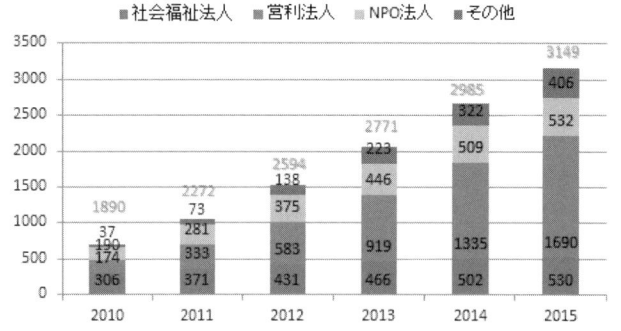

出典）厚生労働省、社会・援護局保健福祉部障害福祉課「「障害者の就労支援施策の動向について」平成29年3月1日
http://www.zenjukyo.or.jp/small_info/h29kyusyu_okinawa_kaigi.pdf

図2　Ａ型事業所数の推移

出典）厚生労働省、社会・援護局保健福祉部障害福祉課「「障害者の就労支援施策の動向について」平成29年3月1日
http://www.zenjukyo.or.jp/small_info/h29kyusyu_okinawa_kaigi.pdf

図3　B型事業所数の推移

標準利用期間は24か月を上限とする。障害者と事業者は雇用契約を締結しないため、労働関係法規の適用外である。

●2018年度障害福祉サービス等報酬改定の影響

きょうされんが実施した調査結果によると、今回の報酬改定でもっとも大きな影響を受けたのは就労継続支援B型事業所と就労移行支援事業所であった。

平均工賃や一般就労定着率を重点とした報酬改定により、生産性や効率性が重視された結果、障害の重い人の働く可能性を狭めることになった。

アンケートに回答した6割の事業所で基本報酬が減収となり、職員確保の悪化、支援の質の低下につながる影響が出ていることが判明した。

●Ａ型事業所の収益構造

「Ａ型事業所は、原則として最低賃金以上を事業収入から支払うことになっているが、2157事業所では収入から必要経費を差し引いた利益が、就労している障害者に支払う賃金総額を下回る状況になっていた」（『毎日新聞』2018年3月15日付朝刊）

●一般企業への就職者数（2014年）

　　　　Ａ型事業所／B型事業所
0人……60.1%／77.8%
1人……19.3%／14.8%
2人……10.5%／ 5.0%
3人…… 4.9%／ 1.4%
4人…… 2.7%／ 0.6%
5人～… 2.4%／ 0.4%

出典）厚生労働省、社会・援護局保健福祉部障害福祉課「障害者の就労支援施策の動向について」平成29年3月1日

---

 check → **障害者は自己責任で福祉サービスを提供する事業所を選択する必要がある。この就労支援施策には、どのような問題点と課題があるのか、調べてみよう。**

[参考文献・ホームページ]

- 中尾文香『障害者への就労支援のあり方についての研究―就労継続支援B型事業所をフィールドとした混合研究法による考察―』風間書房、2017年
- きょうされん「2018年度報酬改定の影響調査の結果」（2018年1月）
http://www.kyosaren.or.jp/wp-content/uploads/2019/01/08adcb4e289d8503a13c415756324343.pdf

障害者施策の国際動向と障害者差別解消法の成立

1981年の国際障害者年以降、障害者の権利保障は国際的課題となり、米国のADA法を皮切りに障害者差別禁止法が制定された。国連・障害者権利条約の採択（2006年）と発効（2008年）後、日本国内では2009年に「障がい者制度改革推進本部」が設置され、その下で「障がい者制度改革推進会議」を通じた障害者制度改革が取り組まれ、障害者差別解消法（2013年）が成立した。

●米国のADA法（Americans with Disabilities Act：ADA障害のあるアメリカ人法、1990年）

本法は、「明確かつ包括的に障害者差別を禁止し、他の少数者や他の人びとと同様に障害者を差別から守り、障害者差別禁止についての強制力を持った基準を定める」（2条b）を目的に、雇用差別の禁止と合理的配慮、公共サービス・民間サービスにおける差別の禁止などから構成されている（竹前栄治・障害者政策研究会編『障害者政策の国際比較』明石書店、2002年、pp.73-74.）。

なお、本法は、「2008年ADA改正法」として、アメリカ議会の当初の意図に立ち返り、ADAに基づく障害者の保護を形骸化する結果となった誤った連邦最高裁判所判決を覆し、障害の定義の厳格な解釈を否定し、障害に基づく差別に直面するすべての人々を広く保護することがADAの目的であることを明白にするとしている（「ADA改正法成立へ」2008年9月25日、（障害保健福祉研究情報システムのHP、http://www.dinf.ne.jp/doc/japanese/law/anti/ada2008.html）。

●EU指令（雇用均等一般枠組み指令〈2000/78/EC〉、2000年11月採択）

本指令は、EUのアムステルダム条約（1997年署名、現行はニース条約）の第13条において、障害を含む差別

■ 障害者の権利保障と各国の差別禁止法

1981年の国連・国際障害者年、障害者の10年などを契機に、2006年の障害者権利条約の採択という一連のプロセスを通じて、障害者の権利保障と差別禁止、合理的配慮は国際的課題となってきた。先進国においては、米国のADA法（障害のあるアメリカ人法、1990年）を皮切りに、イギリスの障害者差別禁止法（1995年）、平等法（2010年）、オーストラリアの障害者差別禁止法（1992年）、ドイツの障害者平等法（2002年）、スウェーデンの差別禁止法（2008年）などが制定されている。また、EU指令（雇用均等一般枠組み指令〈2000/78/EC〉、2000年11月採択）によって、障害者の雇用・就労分野の非差別と権利保障を加盟各国に求めている。アジアにおいては、韓国の障害者差別禁止及び権利救済等に関する法律（2007年）が先駆的である。これらの法律の共通点は、障害を理由とした差別を禁止し、障害者の社会参加を促進することにあるが、他方で、各国の障害者施策の歴史的・文化的背景によって「合理的配慮」の捉え方や具体的な取り扱い方に違いが見受けられる。

■ 障害者権利条約の差別禁止（第5条）と差別の類型

障害に基づくあらゆる差別の禁止は、国連・障害者権利条約全体に貫かれた原理であるが、とくに第5条は、以下のように規定している。

「1　締約国は、すべての者が、法律の前に又は法律に基づいて平等であり、並びにいかなる差別もなしに法律による平等の保護及び利益を受ける権利を有することを認める。

2　締約国は、障害に基づくあらゆる差別を禁止するものとし、いかなる理由による差別に対しても平等かつ効果的な法的保護を障害者に保障する。

3　締約国は、平等を促進し、及び差別を撤廃することを目的として、合理的配慮が提供されることを確保するためのすべての適当な措置をとる。

4　障害者の事実上の平等を促進し、又は達成するために必要な特別の措置は、この条約に規定する差別と解してはならない。」（日本・外務省訳）

なお、国連・障害者権利条約の策定過程の中で議論された差別の類型は、①直接差別：障害があることを直接の理由として差別を受けている場合、②間接差別：表面上は障害を理由とした差別は行われてはいないが、正当ではない一定のルールや基準によって、結果的に障害者が排除されてしまっている場合、③「合理的配慮」の不提供：本人が必要としている合理的な配慮が提供されな

い場合、として整理されている（「障害を理由とする差別の禁止に関する法制の制定に向けて―論点に関する中間的な整理―」障がい者制度改革推進会議差別禁止部会、2012年3月）。

■ 障害者差別解消法の策定の背景

国連・障害者権利条約は2006年に採択、2008年に発効した。日本政府は、2007年に同条約に署名し、2014年に批准した。この間、障害者基本法の改定（2011年7月）、障害者自立支援法に代わる障害者総合支援法制定（2012年6月）とともに障害者差別解消法（2013年6月制定、2016年4月施行）が成立した。

障害者差別解消法の制定については、障がい者制度改革推進会議において、2010年11月に「差別禁止部会」が設置され、議論が行われた（2012年7月まで）。さらに、障害者基本法・障害者基本計画に基づく「障害者政策委員会」において、差別禁止部会が再設置され、障害を理由とする差別の禁止に関する法制の制定に向けた検討が行われた（2012年7月〜12月）。

■ 障害者差別解消法の要点と問題点

国連・障害者差別解消法は、障害者基本法に定められた差別の禁止（第4条）を具体化し、「障害を理由とする差別の解消を推進」することを規定している。同法第6条は、「政府は、障害を理由とする差別の解消の推進に関する施策を総合的かつ一体的に実施するため、障害を理由とする差別の解消の推進に関する基本方針」を定めている。

第7条では、行政機関等における障害を理由とする差別の禁止が規定され、第2項では、行政機関等は、「障害者から現に社会的障壁の除去を必要としている旨の意思の表明があった場合」「その実施に伴う負担が過重でないときは、障害者の権利利益を侵害することとならない」ように、「社会的障壁の除去の実施について必要かつ合理的な配慮をしなければならない」と定めている。

第8条では、民間事業者における障害を理由とする差別の禁止が同様に規定されているが、「合理的な配慮」の不提供の禁止は、努力義務に留めている。第9条、第10条では、行政機関等ごと、分野ごとに障害を理由とする差別の具体的内容等を示す「対応要領」「対応指針」を作成することを定めている。

その他、第17条では「障害者差別解消支援地域協議会」の設置を定め、障害を理由とする差別に関する相談や紛争の防止、解決の取り組みをすすめることを目的としている。

本法の問題点は、民間事業者による社会的障壁の除去と合理的配慮が努力義務にとどまっている点、権利侵害を救済する第三者機関の新たな設置を定めていない点、障害者に対する差別的な制度や法律（年金制度や65歳になると介護保険に切り替えられる障害者総合支援法）の存在などが指摘されている。

（黒田　学）

撲滅のための適切な措置の具体化として定められ、就労保障としての合理的配慮を求め、雇用と職業への参加を、障害のある人の機会の均等を保障するひとつの鍵として捉えている（引馬知子「EU地域の『障害』にかかわる均等法政策の複層的な展開と合理的配慮」『障害者雇用にかかる「合理的配慮」に関する研究－EU諸国及び米国の動向－』調査研究報告書No.87、2008年3月、障害者職業総合センター研究部門のHP、http://www.nivr.jeed.or.jp/research/report/houkoku/houkoku87.html）。

●韓国の障害者差別禁止及び権利救済等に関する法律（2007年）

本法は、計6章、50か条および付則から構成され、その目的（第1条）を「すべての生活領域での障害を理由とした差別を禁止し、障害を理由に差別を受けた人の権益を効果的に救済することにより、障害者の完全な社会参加と平等権の実現を通じ、人間としての尊厳と価値を具現すること」としている。第4条では差別行為を定義し、「直接差別」「間接差別」「正当な便宜供与の拒否」「不利な待遇の表示・助長を直接行う広告あるいは効果」という4類型を規定している（崔栄繁「韓国の障害者法制」小林昌之編『アジア諸国の障害者法』アジア経済研究所、2010年、pp.38-41.「韓国 障害者差別禁止及び権利救済等に関する法律」2011年3月、（障害保健福祉研究情報システムのHP、http://www.dinf.ne.jp/doc/japanese/law/anti/korea_law.html）

---

 check 　各国の障害者差別禁止法制と障害者権利条約に照らして、日本の障害者差別解消法のもつ意義と役割、課題を確かめてみよう。

[参考文献・ホームページ]

・権借珍、小原愛子、韓昌完「障害者差別禁止法の国際動向に関する文献的考察―アメリカ・イギリス・韓国・日本の国際比較を通して―」『琉球大学教育学部附属発達支援教育実践センター紀要』No.4、2012年

・国内外の障害者差別禁止法・条例（障害保健福祉研究情報システムのHP、http://www.dinf.ne.jp/doc/japanese/law/anti/）

障害者基本法の改定と障害者総合支援法

第4章
114

国連・障害者権利条約の採択（2006年）と発効（2008年）後、日本国内では2009 年から「障がい者制度改革推進本部」が設置され、その下で「障がい者制度改革推進会議」が各種の課題を検討し、障害者制度改革が取り組まれた。その一環として障害者基本法の改定（2011年）が行われ、障害者総合支援法（2012年）が成立した。

●障害者自立支援法（2006年施行、2012年に障害者総合支援法に改正、2013年施行、2018年完全施行）

障害者自立支援法は、次の5点を柱として構成された。1．利用者本位のサービス体系（障害の種別（身体障害・知的障害・精神障害）にかかわらず、サービスの一元化、事業体系の再編）。2．サービス提供主体の一元化（市町村に責任の一元化）。3．支給決定手続きの明確化（必要度に応じたサービス利用のための障害程度区分の規定など）。4．就労支援の強化（障害者の就労の場を確保する支援強化）。5．安定的な財源の確保（利用者の所得に応じた応能負担から応益負担へ。原則1割の費用負担）。

●障害者自立支援法違憲訴訟・基本合意文書（2010年）

違憲訴訟は、2008年当初8地裁、その後第2次、第3次訴訟を加え計14地裁で行われたが、2010年、違憲訴訟原告団・弁護団と国との間で「基本合意文書」が締結され、訴訟は和解、終結した。

基本合意文書は大きく次の5点からなる。1．障害者自立支援法廃止の確約と新法の制定（国は、速やかに応益負担〈定率負担〉制度を廃止し、遅くとも2013年8月までに、障害者自立支援法を廃止し新たな総合的な福祉法制を実施する。憲法等に基づく障害者の基本的人権の行使を支援する）。2．障害者自

■ 障害者基本法の改定、障害者総合支援法成立の背景

日本政府は、2007年に障害者権利条約に署名し、2014年に批准した。この間、障害者基本法の改定（2011年7月）、障害者自立支援法に代わる障害者総合支援法（「障害者の日常生活及び社会生活を総合的に支援するための法律」）制定（2012年6月、2013年施行、一部2014年施行、2018年完全施行）、障害者差別解消法（2013年6月）が成立した。その背景は次の3点から説明できる。

第1は、障害者権利条約に適合した国内法整備が課題になるとともに、2006年施行の障害者自立支援法の問題性が明らかになった点である。同法は、障害当事者をはじめ国民各層から応益負担等の問題が指摘され反対運動が隆盛した。2008年に全国各地で障害者自立支援法違憲訴訟が起こされたが、2010年、違憲訴訟原告団・弁護団と国との間で「基本合意文書」が締結された。

第2は、国は、障害者権利条約の締結に必要な国内法の整備を図るため、2009年、内閣に「障がい者制度改革推進本部」を設置し、その下で「障がい者制度改革推進会議」を開催し、各種の課題を検討した点である。

第3は、第1、第2と関わって、2010年4月、障がい者制度改革推進会議の下に、「総合福祉部会」が、障害を理由とする差別の禁止に関する法制を検討するため、2010年11月、「差別禁止部会」が、それぞれ開催された点である。2011年8月には「総合福祉部会」が、障害者自立支援法を廃止した後の新法に関する「骨格提言」を発表した。

■ 障害者基本法改定の要点と問題点

障害者基本法は、1993年、「心身障害者対策基本法」（1970年）の改定によって制定され、その後、2004年、2011年に改定された（2012年施行）。2011年改定の主な要点は以下の通りである。

①目的規定（第1条）が見直され、「すべての国民が、障害の有無にかかわらず、等しく基本的人権を享有するかけがえのない個人として尊重される」とし、「障害の有無によって分け隔てられることなく、相互に人格と個性を尊重し合いながら共生する社会を実現する」と定められた。

②障害者の定義（第2条）が見直され、これまでの3障害区分「身体障害、知的障害、精神障害」を基本としつつ、精神障害に「発達障害」を含め、「その他の心身の機能の障害」、「社会的障壁」（障害がある者にとって日常生活又は社会生活を営む上で障壁となるような社会における事物、制度、慣行、観念その

他一切のものをいう）を加えた。

③差別の禁止（第4条）が新設され、「障害を理由として、差別することその他の権利利益を侵害する行為」を禁止し、「社会的障壁の除去」と「合理的な配慮」を求め、国は差別防止のために「情報の収集、整理及び提供を行う」とされた。

⑤教育（第16条）は、障害者権利条約の教育条項（第24条）におけるインクルーシブ教育、「あらゆる段階の教育制度及び生涯学習を確保」を受け、国及び地方公共団体は、「障害者が、その年齢及び能力に応じ、かつ、その特性をふまえた十分な教育が受けられるように」、「可能な限り障害者である児童及び生徒が障害者でない児童及び生徒と共に教育を受けられるよう配慮しつつ、教育の内容及び方法の改善及び充実を図る等必要な施策」を講じること、「十分な情報」の提供や「交流及び共同学習」、「相互理解」の促進などを定めた。

⑤地域社会における共生（第3条）、国際的協調（第5条）、療育（第17条）、防災及び防犯（第26条）、消費者としての障害者の保護（第27条）、選挙等における配慮（第28条）、司法手続きにおける配慮等（第29条）、国際協力（第30条）がそれぞれ新設された。

本法改定にかかわる問題点は、地域社会における共生（第3条）に「可能な限り」とする留保が付されている点、自己決定権の尊重が確認されていない点、「合理的配慮」を行わないことが差別にあたることが不明確などを指摘する声がある。

■ 障害者総合支援法の特徴

ここでは、障害者総合支援法の大まかな特徴として次の4点を記しておく。

①法の目的（第1条）は「障害者及び障害児が基本的人権を享有する個人としての尊厳」に基づき、「地域生活支援事業その他の支援を総合的に行い、もって障害者及び障害児の福祉の増進」を図るとしている。

②基本理念（第1条の2）は「障害の有無によって分け隔てられることなく、相互に人格と個性を尊重し合いながら共生する社会」の実現、「社会参加の機会が確保されること及びどこで誰と生活するかについての選択の機会が確保され」、「日常生活又は社会生活を営む上で障壁となるような社会における事物、制度、慣行、観念その他一切のものの除去」を総合的かつ計画的に行うとする。

③障害者の定義（第4条）は、制度の谷間のない支援という観点から、障害者の定義に新たに難病等（「治療方法が確立していない疾病その他の特殊の疾病であって政令で定めるものによる障害の程度が厚生労働大臣が定める程度である者」）を加えている。

④障害支援区分（第4条）は、「障害程度区分」を改め、「障害者等の障害の多様な特性その他の心身の状態に応じて必要とされる標準的な支援の度合を総合的に示すものとして厚生労働省令で定める区分」としている。なお、政府は、本法施行後3年をめどに障害支援区分認定を含めた支給決定のあり方を検討するとしている（附則第3条1項）。　　　　　　　　　　（黒田　学）

立支援法制定の総括と反省（国は、憲法第13条、第14条、第25条、ノーマライゼーションの理念等に基づき、違憲訴訟を提訴した原告らの思いに共感し、これを真摯に受け止める）。3.新法制定に当たっての論点（①利用者負担のあり方、②支給決定のあり方、③報酬支払い方式、④制度の谷間のない「障害」の範囲など）。4.利用者負担における当面の措置（低所得〈市町村民税非課税〉層の利用者負担無料）。5.履行確保のための検証（適正な履行状況等確認のため、国との定期協議実施）。

●「骨格提言」（「障害者総合福祉法の骨格に関する総合福祉部会の提言」、2011年8月）

障がい者制度改革推進会議総合福祉部会は、障害者自立支援法を廃止した後の新たな法律の「骨格提言」を発表した。これは、障害者自立支援法違憲訴訟・基本合意文書（2010年）および障害者権利条約に依拠して作成された。

また、障害者総合福祉法制定にあたって次の6つの目標を求めた。①障害のない市民との平等と公平、②谷間や空白の解消（障害の種別間の谷間や制度間の空白の解消）、③格差の是正、④放置できない社会問題の解決（精神障害者の「社会的入院」に対する地域移行）、⑤本人のニーズにあった支援サービス、⑥安定した予算の確保（財政面の裏打ち、障害者福祉予算の確保）。

なお、その後制定された障害者総合支援法の内容は、骨格提言と大きな格差があり、各界からの批判の声や地方議会の意見書が多数出されている。

---

 check 障害者基本法の理念と各条項をふまえつつ、障害者自立支援法の問題点や課題を確かめてみよう。

［参考文献・ホームページ］
・障害者自立支援法に異議あり！応益負担に反対する実行委員会編、佐藤久夫、藤原精吾、峰島厚『いのちの権利はゆずれない骨格提言・権利条約にもとづく障害者総合福祉法を』かもがわ出版、2013年。
・障害者生活支援システム研究会『提言　障害者・高齢者総合福祉法』かもがわ出版、2013年。
・障害者自立支援法訴訟の基本合意の完全実現をめざす会（http://www.normanet.ne.jp/~ictjd/suit/）

第4章

115

障害児が利用できる福祉サービス

障害のある子どもたちが利用できる福祉サービスは、児童福祉法に基づき、①障害児通所支援事業、②障害児入所施設、③相談事業が、障害者総合支援法に基づいて、居宅事業等が体系化され、障害のある子どもの状態に応じて、市町村を軸に地域での柔軟で専門的な対応がめざされている。

●児童福祉法

児童福祉法は、1947年に制定され、満18歳に満たない者を対象とし、第1条【理念】には「すべて国民は、児童が心身ともに健やかに生まれ、且つ、育成されるよう努めなければならない。」「すべて児童は、ひとしくその生活を保障され、愛護されなければならない」として、保育施策や障害児支援施策、相談援助など、児童福祉の基盤を定めている。

■ 障害児および障害者が利用できるサービス

障害児者が利用できるサービスは、児童福祉法（2012年4月）および障害者総合支援法（2013年4月、障害者自立支援法から改称）にもとづいている。なお、障害者総合支援法は、2018年4月に全面実施（2016年法改正）され、「障害者の望む地域生活の支援」「障害児支援のニーズの多様化へのきめ細かな対応」「サービスの質の確保・向上に向けた環境整備」が掲げられた。

障害者総合支援法による支援は、自立支援給付と地域生活支援事業で構成されている。福祉サービスは、個々の障害のある人々の障害程度や勘案すべき事項（介護者、居住の状況、サービス利用の意向等）およびサービス等利用計画案を踏まえ、個別に支給決定が行われる「障害福祉サービス」「地域相談支援」と、市町村等の創意工夫により、利用者の状況に応じて柔軟に実施できる「地域生活支援事業」に大別される。また、介護の支援を受ける場合には「介護給付」、訓練等の支援を受ける場合は「訓練等給付」に位置づけられ、それぞれ、利用の際のプロセスが異なる。

■ 障害児が福祉サービスを利用するには

障害児者が利用できる福祉サービスの体系は、図1、図2のように整理できる。

障害児を対象とするサービスは、都道府県における「障害児入所支援」、市町村における「障害児通所支援」があるが、図3のように、法律、実施主体、サービス内容によって相談窓口が異なっている。障害児通所支援を利用する場合は、保護者はサービス等利用計画に基づいて支給決定を受けた後に、利用する施設と契約を結ぶことになる。障害児入所支援を利用する場合は、児童相談所が対応して

法律	児 童 福 祉 法		障害者総合支援法
実施主体	都 道 府 県	市　　町　　村	
障害児	障害者施設の入所については児童福祉法に基づき児童相談所が窓口になります（入所には契約と措置があります）。 **児童相談所** （都道府県が支給・入所決定） ↓ 障害児入所施設 （都道府県知事指定） **障害児入所施設** 知的、自閉、盲、ろうあ、肢体不自由、重心児	障害者の通所サービスと居宅サービスの相談窓口となる相談支援事業者は以下のとおり個別ですが、両方の指定を受けた相談支援事業者が相談を受け付けて通所と居宅のサービス計画を一体的に作成します。 障害児相談支援事業者 （市町村長指定） **障害児相談支援** （障害児支援利用援助） （市町村がサービス支給決定） ↓ 障害児通所支援事業者 （都道府県知事指定） **通所サービス** （例示）児童発達支援　放課後等デイサービス	特定相談支援事業者 （市町村長指定） **計画相談支援** （サービス利用援助） （市町村がサービス支給決定） ↓ 障害福祉サービス事業者 （都道府県知事指定） **居宅サービス** （例示）居宅介護

図3　サービス内容によって異なる相談窓口

いる。また、障害者総合支援法に基づくサービスも一部利用することができる。なお実際上は、障害児者からの一般的な相談（福祉サービス利用援助、社会資源活用、権利擁護など）を含め、市町村の障害福祉関係課の窓口が対応している。具体的には、各自治体のホームページ等で確認してほしい。

（黒田　学）

図1　障害福祉サービス等の体系①（障害児支援、相談支援に係る給付）

障害児通所系	障害児支援に係る給付	児童発達支援	児	日常生活における基本的な動作の指導、知識技能の付与、集団生活への適応訓練などの支援を行う
		医療型児童発達支援	児	日常生活における基本的な動作の指導、知識技能の付与、集団生活への適応訓練などの支援及び治療を行う
		放課後等デイサービス	児	授業の終了後又は休校日に、児童発達支援センター等の施設に通わせ、生活能力向上のための必要な訓練、社会との交流促進などの支援を行う
障害児訪問系		【新規】居宅訪問型児童発達支援	児	重度の障害等により外出が著しく困難な障害児の居宅を訪問して発達支援を行う
		保育所等訪問支援	児	保育所、乳児院・児童養護施設等を訪問し、障害児に対して、障害児以外の児童との集団生活への適応のための専門的な支援などを行う
障害児入所系		福祉型障害児入所施設	児	施設に入所している障害児に対して、保護、日常生活の指導及び知識技能の付与を行う
		医療型障害児入所施設	児	施設に入所又は指定医療機関に入院している障害児に対して、保護、日常生活の指導及び知識技能の付与並びに治療を行う
相談支援系	相談支援に係る給付	計画相談支援	者児	【サービス利用支援】・サービス申請に係る支給決定前にサービス等利用計画案を作成・支給決定後、事業者等と連絡調整を行い、サービス等利用計画を作成　【継続利用支援】・サービス等の利用状況の検証（モニタリング）・事業所等と連絡調整、必要に応じて新たな支給決定に係る申請の勧奨
		障害児相談支援	児	【障害児利用援助】・障害児通所支援の申請に係る給付決定の前に利用計画案を作成・給付決定後、事業者と連絡調整等を行うとともに利用計画を作成　【継続障害児支援利用援助】
		地域移行支援	者	住居の確保等、地域での生活に移行するための活動に関する相談、各障害福祉サービス事業所への同行支援等を行う
		地域定着支援	者	常時、連絡体制を確保し障害の特性に起因して生じた緊急事態等における相談、障害福祉サービス事業所等と連絡調整など、緊急時の各種支援を行う

※ 障害児支援は、個別に利用の要否を判断（支給区分が認定する仕組みとなっていない）　※ 相談支援は、支給区分によらず利用の要否を判断（支給区分を利用要件としていない）
（注）表中の「者」は「障害者」、「児」は「障害児」であり、利用できるサービスにマークを付している。

図2　障害福祉サービス等の体系②（介護給付・訓練等給付）

訪問系	介護給付	居宅介護（ホームヘルプ）	者児	自宅で、入浴、排せつ、食事の介護等を行う
		重度訪問介護	者	重度の肢体不自由者又は重度の知的障害若しくは精神障害により行動上著しい困難を有する者であって常に介護を必要とする人に、自宅で、入浴、排せつ、食事の介護、外出時における移動支援、入院時の支援等を総合的に行う
		同行援護	者児	視覚障害により、移動に著しい困難を有する人が外出する時、必要な情報提供や介護を行う
		行動援護	者児	自己判断能力が制限されている人が行動するときに、危険を回避するために必要な支援、外出支援を行う
		重度障害者等包括支援	者児	介護の必要性がとても高い人に、居宅介護等複数のサービスを包括的に行う
日中活動系		短期入所（ショートステイ）	者児	自宅で介護する人が病気の場合などに、短期間、夜間も含めた施設で、入浴、排せつ、食事の介護等を行う
		療養介護	者	医療と常時介護を必要とする人に、医療機関で機能訓練、療養上の管理、看護、介護及び日常生活の世話を行う
		生活介護	者	常に介護を必要とする人に、昼間、入浴、排せつ、食事の介護等を行うとともに、創作的活動又は生産活動の機会を提供する
施設系		施設入所支援	者	施設に入所する人に、夜間や休日、入浴、排せつ、食事の介護等を行う
居住支援系	訓練等給付	【新規】自立生活援助	者	一人暮らしに必要な理解力・生活力等を補うため、定期的な居宅訪問や随時の対応により日常生活における課題を把握し、必要な支援を行う
		共同生活援助（グループホーム）	者	夜間や休日、共同生活を行う住居で、相談、入浴、排せつ、食事の介護、日常生活上の援助を行う
訓練系・就労系		自立訓練（機能訓練）	者	自立した日常生活又は社会生活ができるよう、一定期間、身体機能の維持、向上のために必要な訓練を行う
		自立訓練（生活訓練）	者	自立した日常生活又は社会生活ができるよう、一定期間、生活能力の維持、向上のために必要な支援、訓練を行う
		就労移行支援	者	一般企業等への就労を希望する人に、一定期間、就労に必要な知識及び能力の向上のために必要な訓練を行う
		就労継続支援（A型）	者	一般企業等での就労が困難な人に、雇用して就労の機会を提供するとともに、能力等の向上のために必要な訓練を行う
		就労継続支援（B型）	者	一般企業等での就労が困難な人に、就労する機会を提供するとともに、能力等の向上のために必要な訓練を行う
		【新規】就労定着支援	者	一般就労に移行した人に、就労に伴う生活面の課題に対応するための支援を行う

（注）表中の「者」は「障害者」、「児」は「障害児」であり、利用できるサービスにマークを付している。

> **check**　発達期にある「子どもの福祉」という特性から、障害のある子どもに対する福祉サービスとはどうあるべきか考えてみよう。

[参考文献・ホームページ]
- 全国社会福祉協議会『障害福祉サービスの利用について（2018年4月版）』2018年10月
- 柏倉秀克『障害者総合支援法のすべて』ナツメ社、2017年
- 東京都社会福祉協議会『障害者総合支援法とは…（改訂版）』東京都社会福祉協議会発行、2014年5月

●**子ども・子育て支援の新制度（2015年度施行）**
障害児に対する支援については、市町村計画における障害児の受入れ体制の明確化、様々な施設・事業における障害児の受入れ促進のための財政支援の強化など、障害児支援の充実を図るとしている。

●**障害者自立支援法（2006年施行、2012年に障害者総合支援法に改正、2013年施行）**

●**障害者自立支援法違憲訴訟・基本合意文書（2010年）**

●**「骨格提言」（「障害者総合福祉法の骨格に関する総合福祉部会の提言」、2011年8月）**
➡243ページ参照

●**保育所・幼稚園・認定こども園での障害児保育**
➡214ページ参照

図1、図2の出所
厚生労働省のHP（「障害児支援施策の概要について」、「障害福祉サービスについて」）から抜粋。
図3の出所
東京都社会福祉協議会『障害者総合支援法とは…（改訂版）』東京都社会福祉協議会発行、2014年5月、17ページから一部抜粋。

障害者を取り巻く経済環境と経済学の課題

　経済学は障害者問題に冷たい。障害者問題を経済学から分析する研究は数えるくらいしか存在しない。また、筆者がある場で「障害者雇用の国際比較」の口頭発表を行った際、指定討論者である労働経済研究者から「障害者が労働市場に参入することのメリットは何か、また障害者が労働市場に入って本当に労働市場は機能するのか」という筆者の研究動機からかけ離れたコメントを頂戴した経験がある。

　経済学は本当に障害者を無視しているのだろうか。例えば、今から20年前に市場経済を信奉する日本の経済学者たちが共同執筆した八田達夫・八代尚宏編『「弱者」保護政策の経済分析』（日本経済新聞社、1995年）という研究書がある。そこで経済分析の対象となっている「弱者」とは、農業、中小企業、中小小売店、高齢者、過疎地の住民、専業主婦、小規模土地所有者である。経済分析の俎上にのせられる「弱者」は制度が作り出すものであり、社会が「弱者」扱いすることで本来ならば「弱者」でない人たちが規制・補助金・税制といった優遇政策を甘受し、既得権益のうえにあぐらをかき、自らの努力を怠ることの経済的不合理性と経済的非効率性を指摘している。この本の「弱者」には障害者は含まれていない。執筆者たちは障害者を分析の対象外においたのか。それとも皮肉な言い方になるが、市場信奉者であるからこそ障害者を真の「弱者」だと見なしたのであろうか。

　障害者のなかでも社会に出て、働いている人たちの数は、社会的合意の形成や企業の受け入れ体制の整備とともに増加している。ここでは厚生労働省が2013年11月に実施した「平成25年度障害者雇用実態調査」（事業所調査と個人調査を5年ごとに実施）の概要を紹介したい。

　事業所調査では、従業員規模5人以上の事業所に雇用されている障害者数は63万1,000人で前回調査（平成20年度44万8,000人）に比べて18万3,000人増加している。その内訳は身体障害者43万3,000人（同34万6,000人）、知的障害者15万人（同7万3,000人）、精神障害者4万8,000人（同2万9,000人）である。全体的に障害者雇用が着実に進展しているが、前回調査と比較して、正社員比率、賃金、勤続年数の低下が見受けられ、日本経済の低迷が障害者の生活を直撃している。

　個人調査では、職場における改善が必要な事項および要望として最も多い項目は「能力に応じた評価、昇進・昇格」（身体障害者28.0％、精神障害者31.2％）、「今の仕事をずっと続けていたい」（知的障害者26.5％）であった。また、「障害のある人の地域生活実態調査の結果（最終報告）」（2012年10月、きょうされん）は、障害者の99％は年収200万円以下、生活保護の受給率は障害のない人の6倍以上、障害者の6割弱が親と同居しており、既婚者は4％に過ぎないと報告している。

　障害者問題研究に経済学を応用する際、望ましい制度と最適なインセンティブ・システムの構築を目的にした合理性と効率性追求のための分析道具としてのみ活用してはならない。「温かい心と冷徹な頭」（イギリスの経済学者、アルフレッド・マーシャルの言葉）でもって、障害者とその関係者たちが自分たちの利益のために行動した結果として、すべての人が幸せになれるような制度設計をめざすことが大切であると考える。　　　　　　　　　　　　（小西　豊）

第5章

障害児者教育の歴史

欧米の障害児教育の黎明

障害者問題は貧民問題であり続けた。その貧困問題の中から障害児教育は呱呱の声をあげるにいたる。貧民や障害者に対する偏見や差別に共通性が存在するとすれば、それは、こうした事情に由来するのかもしれない。そして、障害児の教育は、貧民処遇の文化として成立してくるのである。

●手話——口話論争の始原

ド・レペはパリの聾学校で聾児教育に手話を使い、それに対して、ハイニッケは口話を使用したことから、2人は対立したといわれる。とくに、ハイニッケは自らの方法以外は認めず、

■ 貧民問題としての障害者問題

近世（1800年頃）に至るまで、障害者問題は一般論として貧民問題であった。これは障害者が存在しなかったということではない。富裕な家庭にあっては、障害者は社会的に顕在化することはなかった。障害者はそれぞれの家族や知人のケアを受けながら生活していた。それがかなわないときは、路上で物乞いして生活を維持していた。それでも、生活が困難であったり、身体の不自由や疾病をかかえて生活の糧を得られない人たちは、教会の設けたシェルターに救護された。

障害者の中でも、可視的な障害者（聾者や盲者）に対しては、散発的に、社会復帰のための訓練（教育）が試みられ（多くは聖職者）、その成功が知られているが、その多くは貧民として括られた障害者ではなかった。不可視的な障害者（知的障害者）は、逸脱した行動により精神疾患と混同されることも多く、独立した障害と認識されることはなかった。

14世紀以降、中世都市の拡大とともに、貧民や病者などを収容するシェルターが教会の手で都市に建てられるようになる。これは院内ケアの先駆けである。また乞食と浮浪が都市で禁止されるようになると、シェルターは貧民であふれた。人口の多くがプロテスタント系であった都市などでは、シェルターはワークハウス（workhouse）と呼ばれ、そこには孤児、病者、身体障害者、盲者、聾唖者、乞食、高齢者などが貧民として集められた。

■ 盲者・聾者へ教育・訓練のはじめ

啓蒙思想の時代（18世紀）になるとフランスのパリがヨーロッパにおける知的刺激と新思考の中心地になり、そこで障害児教育が呱呱の声をあげる。

イギリスのジョン・ロック（John Lock）は、『人間悟性論』（1690年）で、人間は感覚的経験で初めて観念を獲得するという「白紙」論（tabula rasa）を唱えた哲学者であった。彼は、教育学的には経験／感覚主義者であり、先天的盲者が触覚に頼らないで視覚だけで事物を正しく理解できるかという問題（「モリニュー問題」）を提起して、ヨーロッパの知識人を刺激した。

またロックに刺激されたドゥニ・ディドロ（Denis Diderot）は、『盲人書簡』（1749年）を表し、ロックの経験論を踏まえ感覚＝体験と思考活動の密接な関連を論じるとともに、教育者が視覚ではなく盲人の所有するスキルに焦点を当てるなら教育可能であるとした。この考えが盲教育の思想的基盤となり、最初の盲学校（1784年）が、貧児を対象として、ヴァランタン・アユイにより創設

された（経済的基盤が弱く国立聾唖院に1791年になる）。彼は凸文字を作り盲者の教育可能性を世に知らしめたのである。その後、盲学校はイギリスやアメリカ等に伝播していった。その後、パリの盲学校教師であったブライユは点字という書記方法を考案して盲教育の進展に寄与した。

他方、盲者と同様に可視的な障害者である聾者の教育は、富裕層の聾者を対象とした個別の教授として散発的に行われ、その教授法は秘術とされることが多かった。だが、18世紀末には、学校形式での指導が成立してくる。フランスでシャルル・ミシェル・ド・レペが聾学校（1760年頃）を建設した。レペの教授法は、独自に考案した手話法であったとされる。それと同時期に、ドイツのライプチヒで、サミュエル・ハイニッケが聾学校を建設するが、そこでは読話と発話を強調する口話法であった。その後、19世紀になると聾学校が欧米の都市に設置されるようになる。

■ 知的障害児教育の遅れ

知的障害は「白痴（idiot）」と総称され、相続人なしで死亡したとき財産は没収されるとの法律が中世以来施行されていた。「白痴」が教育の対象として顕在化するためには、まず「狂人（insane）」と区別されて可視化されなければならなかった。「狂人」は「悪魔憑き」であるのに対して、「白痴」は「生得的無能力者」であった。生活困難な「狂人」と「白痴」はともに救貧院収容対象者であった。18世紀のフランス・パリには男子用のビセートル院と女子用のサルペトリエール院という巨大な救貧院が設けられた。

ピネル（Philippe Pinel）が、1789年、ビセートル院の医師になり、「狂人」を鎖から解き放ちモラル・トリートメント（moral treatment）を開始した。モラル・トリートメントは、フィジカル・トリートメント（理学療法）の反対語で、瀉血、鞭打ち、下剤など物理的手段を用いない人間的処遇のことである。彼は、当時の多くの精神科医と同様に、「白痴」は教育不能との考えをもっていた。

ピネルの役職を引き継いだのがエスキロール（Jean Esquirol）であった。彼は、モラル・トリートメントに加えてミリュー・セラピー（milieu therapy、環境療法）を用いたといわれる。彼も、また「白痴」は教育不能であると考えていたが、ビセートル院内の隅に設置された「白痴」病棟でフェラス（G. M. A. Ferrus）が「白痴」教育を開始するのを容認した。

こうした記録から、「白痴」と「狂人」、換言すれば、知的障害者と精神疾患者との分離が18世紀末には精神疾患者の境遇改善が急速に進みながらも、「白痴」の教育不可能論は未だ支配的であった。そうしたとき、若きイタールが、「アベロンの野生児」の教育実験を開始し、またセガンが「アベロンの野生児」の記録を批判的に読み直してモラル・トリートメントの下、「白痴」教育を開始した。セガンは、フェラスの「白痴」教育を引き継いだものであった。セガンの「白痴」教育の成功は救貧院に収容されたままの「白痴」の処遇に困惑していた欧米の有識者をパリに引き寄せることになる。　　　　　　　　　　（向井啓二）

批判・中傷を繰り返したといわれる。この両者の対立は、聾教育における手話—口話論争の始原とされる。この両者間には、ド・レペは貧児を対象にできる資産をもち、フランス啓蒙思想の下、哲学者たちの間で起きていた言語起源論争を踏まえて聾児の言語として手話を理解し、その指導方法を公開したのに対して、ハイニッケは聾教育の伝統とされてきた裕福な家庭の子弟を対象にした秘術と考え、聾教育方法を公開しなかった。

●イタール、ブライユ、セガン
➡254〜255ページ参照

●ド・レペ（Abbe Charles Michel de l' Epée, 1712-1789）

彼は、早くから、数学、物理、地理、歴史をカリキュラムに入れ、ラテン語でなくフランス語で教えることを主張し、当時の改革派の主張の持ち主であった。聖職から追放されたものの、聖職に復職し、50歳前後に教区をまかされ牧師になる。その教区で2人の聾児に遭遇し聾児教育を手がける。その後、1760年代にパリに聾学校を開く。

●ハイニッケ（Samuel Heinicke,1727-1790）

教師としての修行中に、聾児の家庭教師になり、聾教育にのめり込んでいく。1768年にエッペンドルフに聾学校を開くも1778年にはライプチヒに移転する。

●アユイ（Haüy Valkentin 1745-1822）

フランスの田舎町ピカデリに生まれた。1771年に市場で興行師が盲人を見世物にしている光景に出合い、憤りを感じ、視覚障害者に対する教育をすることを決意した。

 世界史の中で18世紀が経済・社会・政治・文化の面でいかなる時代であったかを調査し、それらの障害児教育の開始の関係をまとめなさい。

［参考文献］
・中村満紀男他『障害児教育の歴史』明石書店、2003年
・Margreta A. Winzer "The history of Special Education; From Isolation to Integration" Gallaudet University, 1993

米国の障害児教育のはじまり

20世紀初頭以来の米国での障害児教育の進展を概括する。欧米での障害児教育の歩みは、それぞれの文化や伝統を反映して微妙な差異をもちながらも、児童労働の禁止法制により義務就学の実質化、多様な児童生徒の国民教育制度への組み込み、障害児のための特殊学級や特殊学校の設置による障害児教育システムの生成、さらには障害児に対する「適切な教育」の保障へと歩んできた。

●米国の特殊教育行政

米国では、教育は州政府の所管であり、独自の徴税権と所管区画をもつ地方教育委員会が州政府から財政支援を受けて当該学区の教育行政を担っている。

連邦政府は、直接教育行政に関与しないで、一定の条件のもと、州政府へ財政支援を行い、州政府がその財政支援を州政府方針に従い地方教育委員会に与え、実際の学校教育に影響を与える仕組みをとっている。

今日、米国の連邦法であるIDEA (Individuals with Disabilities Education Act)の下で特殊教育が運営されているが、IDEAは州政府への資金援助法である。

●最少制約環境（LRE）

LRE (Least Restrictive Environment) は、政府が私的権利を制約しなければいけないとき、その制約は必要最少でなければならないとする法理である。

日本でも存在し、郵便局員が選挙運動をして逮捕されたとき、最高裁は選挙活動の自由の制約は、必要最小限のものでなければならないとした。

LREの法理により、非障害児と同じ環境（通常学級）を障害児が享受できないとき、障害児の教育を受ける権利が制約されると理解し、その制約は最少でなければならないとされるのである。

■ 20世紀初頭の学校教育

移民の国・米国は、建国後、19世紀になり、戦争と買収により領土を次々と拡大した。その国土は広大であり、基本的には農業国であった。ほぼすべての子どもが学校に就学するようになったのは20世紀初頭のことであった。当時、児童労働が禁止され、路上の子どもや工場で働く子どもたちも含めて、子どもたちが学校に就学することになる。教育現場を困惑させたのが南欧や東欧出身で言語や文化を異にする子どもたち、学業達成度や人種など実に多様な子どもたちの就学であった。「人種のるつぼ」の学校は3 R's の伝達に加えて「アメリカ化」の役目を担うことになる。都市の学校は等級制を採用した。後日、特殊学級の原基となる「遅れた子ども」の学級もあったが、それでも多くの学級が多数の中途退学とリピーターを搬出した。障害児を学校から排除することを明確にした州政府もあった。

■ 知能検査と「精神薄弱」特殊学級

この時期、フランスで開発された知能検査が米国に導入され、ターマン（Lweis Terman）により考案されたIQテストが学校教育現場に入っていく。この知能検査は多数の"魯鈍"（軽度「精神薄弱」）を発見し、「IQ値の不変性」「遺伝性」「犯罪性」が信じられた。また優生学思想のもと、「精神薄弱」者の知的障害施設への隔離の必要が叫ばれたが、それは対応不能な数であった。心理学者はIQ値を高めることはできないが職業訓練により安全な市民に育てることは可能と主張し、その責任は学校に期待された。

特殊教育家は、通常学級から「精神薄弱」児を分離して教育することで、彼（女）らに適合したカリキュラムを用意できるし、通常の子どもたちの邪魔にならないで済むと主張した。この主張を受けて、都市部に「精神薄弱」児特殊学級が、1910年代以降、開設される。しかし、心理学者が期待するほどの広がりは示さなかった。その一因は、保護者の反対が強かったためであるとされている。それ以上に、特殊学級は「精神薄弱」児、肢体不自由児、盲・聾児、怠学児、行動異常児など通常学級では手に負えない子どもたちが寄せ集められる場だった。特殊学級のこうした状況は1930年頃まで続き、特殊学級は都市部の通常学級から排除された子どもたちのものであり続けた。1930年以降、世界恐慌のもと、財政的支援のない中で、特殊学級は苦闘するか閉鎖を余儀なくされた。

■ 保護者の運動

第二次世界大戦後、障害児施策に多大な影響を及ぼしたのは「知的障害者の会（NARC）」（最初は"知的障害児"の保護者の会として1950年に発足したが、その後当事者の会になる）であった。同会は、弁護士等の白人中産階級の保護者で組織され、権利としての障害児教育を訴えた。保護者たちは、知的障害施設ではなくコミュニティに相談機関や特殊学級の開設を各地の地方教育委員会に求めた。また自力で特別学校をコミュニティに開設・運営した。

1960年、身内に障害児をかかえるケネディが大統領に就任して、「精神遅滞と闘う国家戦略」を策定し、連邦政府が障害者施策に関与し始める。知的障害施設では、その「人間倉庫」化した悲惨な実態が暴露された。またリンカーンの奴隷解放以後ジム・クロウ法（黒人差別法）により諸権利を奪われ二級市民化した黒人による公民権運動が活発に展開された。ベトナム戦争反対の運動も活発であった。こうした社会状況下、知的障害者の教育を含めて人権の確立を求める訴訟が各地で起こされ、最少制約環境（LRE）の法理が訴訟を通して浮上してきた。さらに、ノーマライゼーション思想が北欧からもたらされた。

しかしながら、1960年代に、各地で急増した特殊学級は、社会経済上の貧困層子弟が多数を占め人種的マイノリティの「過剰在籍」を示した。貧困と特殊教育の関係が浮上し、ヘッドスタート計画が連邦政府により開始される。「過剰在籍」問題は病理を示さない軽度児を特殊学級や特別学校に分離することの可否、「分離」か「統合」かの議論につながった。その中からカスケード論が提案される。カスケード論は、障害児就学の場を通常学級を底辺としてリソースルーム、特殊学級、施設内教育の場にいたるまでピラミッドに図示し、障害児は可能な限り通常学級にメインストリーミングするものとした構想である。この構想は、地方教育委員会が障害児の就学の場を用意するモデルとして機能することになる。

1970年代になって、特殊学級は学習障害（LD）等の障害種別を拡大した。障害種の拡大は特殊教育の拡大であった。それは地方教育学区による特殊学級や特別学校の開設につながった。同時に、中度・重度障害児の特殊学級や特別学校も当たり前になった。また各地で訴訟が続き、各州法で障害児の就学義務が確立し、連邦政府議会は、1975年に、3歳から21歳までのすべての障害児に"最少制約環境の下での無償の適切な教育"を保障する「全障害児教育法」を通過させた。

■REI論争とインクルージョン論争

1980年代、州政府への特殊教育補助金を少しでも削減したいと考える連邦政府により通常教育主導主義（REI）が打ち出される。それは、軽度の障害児を通常学級で教育するというものであった。この通常教育主導主義は特殊教育と通常教育の「合流（merge）」の主張として理解され大きな論争に発展する。その論争の中から、サポート付き通常教育の主張としてインクルーシブ教育が登場する。なお、「全障害児教育法」は、その後、「障害をかかえる個人の教育法（IDEA）として名称変更して今日を迎えている。　　　　　　　（清水貞夫）

check → 米国の特殊教育の進展と日本のそれを比較考察して、両者間に見られる差異を論じてみよう。

［参考文献］
・清水貞夫　『アメリカの発達障害児の教育―無償の適切教育―』クリエイツかもがわ、2012年

●マイノリティの「過剰在籍」

1960年代の「過剰在籍」問題は、特殊学級の振興を叫んでいた特殊教育家の自己批判として提起された。この問題を先鋭的に提起したのは1968年のダン（Lloyd Dunn）の論文「軽度精神遅滞児の特殊教育は正当化できるか」であった。同論文は、明確に、通常学級からの「分離教育」を否定するものであった。

また特殊教育界では「6時間だけの精神遅滞児」が全米的話題になる。「6時間だけの精神遅滞児」は、学校にいる間の6時間だけ精神遅滞児としての扱いを受けるものの、放課後はコミュニティで非障害児として生活する子どもたちのことである。

このとき、特殊教育界は知能検査にだけ依存した特殊学級対象児の判別手続きの改正に動いた。だが「過剰在籍」問題は、その後も変わらないことから、連邦政府は、1981年以降、州政府に対して、人種別特殊教育在籍者数の報告を義務づけている。

「過剰在籍」は特殊学級の誕生以来の問題であり、今日も続いている。1960年代においては、アフリカ系黒人子弟の「過剰在籍」であったが、今日のそれはアフリカ系黒人子弟に加えて急増しているプエルトリコ系移民子弟の「過剰在籍」である。

第5章 118 米国の知的障害者福祉のはじまり

欧米における社会福祉の進展に伴って、障害者がどのように扱われてきたのかを具体的に理解することは、障害者に対する教育がどのように進められてきたかを知る上でも重要なことであり、教育と福祉を切り離してとらえるのではなく、統一的に理解する必要がある。

●ナチスの障害者の安楽死政策

ナチスの障害者安楽死・断種計画は、米国の断種法に学んだことが明らかにされている。

1934年、ドイツは、「遺伝性欠陥をかかえる子孫の予防に関する法律」を制定した。同法で強制的に断種されたのは30万人に及ぶと言われている。

また1939年に国家内務省が助産婦や医師に「特定の医学的所見をかかえる乳幼児」の報告を求める極秘命令を出す。これにより、多くの医師の協力の下、ダウン症や小頭症などの乳幼児が秘密に安楽死させられたという。

その後、この計画は対象が成人にまで拡大された。知的障害施設は入所居住者の名簿提出を求められ、医師と大学教授の協力の下、名簿をもとに各施設居住者が選別されてガス室に運ばれた。1939〜41年までに約8万の障害者がガス室に送られたと言われる。

ドイツの断種法を模して、日本では昭和15年に同種の法律が制定された。

●小規模コロニー・パロル制度・ファミリー・ケア

米国の知的障害施設は、社会防衛的施設観が支配する時代から、施設の過密化解消等をめざして、施設敷地外に小規模農場や家屋を借用して、施設居住者の労働訓練と社会復帰をはかっていた。コロニーは日本では大規模施設群のことであるが、それとは違う。

■ 院外救護から院内救護への転換

中世以来、「白痴」と言われた知的障害者は「村のお馬鹿さん」としてコミュニティでケアを受けながら生活してきた。欧米では、困窮の時は、救護の必要な貧民としてキリスト教的慈善に助けられて生活していた。

19世紀初頭、建国間もない米国では、東部諸州において救貧院外救護を廃止して救貧院内救護に限定して公的救済を行う方針が打ち出される。これは、救貧費の削減をめざすものであり、政府は救貧院に失業労働者等の貧民を一括して収容し、保護する方針であった。救貧院は19世紀半ばまでにカウンティ（郡）やタウンごとに整備されることになり、貧民は経済の回復するまでの間、そこで労働訓練を受けた。だが労働訓練になじまなかったのが「白痴」者等の障害者であり、彼（女）らは救貧院に滞留した。多様な滞留者を分類して施設に収容して処遇する「施設の時代」「福祉の専門化」がここに始まったのである。

■「白痴学校」から知的障害施設へ

救貧院は収容者の分類に基づき分化していく。救貧院の盲者のために盲院が、聾者のために聾唖院が、病者のために公立病院が、急性期精神障害者のためには精神病院が建設された。盲者、聾者、病者、急性期精神病者は、一定の「治療」や「訓練」で労働能力を回復し社会に戻れると考えられた。救貧院に最後まで残されたのが「白痴」者で、それは労働能力の回復が期待できなかったからである。

こうした状況下、フランスでセガンが「白痴（知的障害）」の教育に成功したという情報に接したハウ等により「白痴」実験学校が開設される。マサチューセッツ州、ニューヨーク州、ペンシルヴァニア州で「白痴」学校が開設された。こうした試みはほとんどが小規模で実験的なものであった。これら「白痴」学校は救貧院等から「改善見込みのある」若年児を選択して社会復帰に尽力したのである。

19世紀半ばに各地で整備された救貧院には、労働能力のリハビリテーションにも馴染まない存在として「白痴」者が滞留していた。他方、「白痴」学校にも「改善見込みのない」と教育の結果判断された「白痴」者が滞留した。こうした状況下で「白痴」学校は規模を拡大して知的障害施設へと変身する。農村部の広大な土地に移転した知的障害施設は、社会の期待する役割が遂行できない社会的不能力者とされた知的障害者が、外界の競争市場とは異なる環境で恒久的に生活できる場として構想された。また施設の経済的な運営のために、収容者が収容者の世話をするシステム（第二次世界大戦後「使役労働」として告発される）を

早くから導入する。規模を拡大した知的障害施設では、「白痴」と「痴愚」の二分法が成立することになる。

■ 優生思想と知能検査

20世紀初頭、フランス人・ビネとシモンが、フランス政府から求められて特別な対応の対象を就学義務にかかわり判別するために知能検査を開発する。知能検査はすぐに米国に導入され、「白痴」と「痴愚」に加えて「魯鈍」の存在が明らかにされ人びとを「驚愕」させた。ここに３分割された知的障害者は、精神薄弱の用語で括られ、知的機能の欠弱による社会的不能力者と理解された。また知能検査により、精神薄弱の遺伝性、犯罪性、道徳的欠陥性、恒久的遅滞性が「証明」されたとして、社会防衛のために隔離するか断種すべきであると叫ばれ、各州で断種法が成立した。かくして、知的障害施設は社会防衛のための施設と考えられ、また、すべての知的障害者が州政府により管理される州政府ケアが制度化した。知的障害施設は慈善行政から離れ精神保健行政下に入った。断種法は州によっては州憲法違反として廃止されるが、南部諸州では1930年前後まで断種が行われた。断種の対象は精神障害者が施設を出ることが多いとの理由が多数にのぼったが、精神薄弱者も対象であった。

この間、東部諸州の施設長たちは、知的障害者をすべて施設内に隔離することはできないと悟るとともに、小規模コロニーに踏み出す。それは、男子の労働能力をもった収容者が自給自足で施設外の農場等で働き、女子入所者は町内で家事労働者として働くシステムであった。施設から出所した者の予後調査で、多くがトラブルを起こすこともなく生活している実態調査に後押しされて、パロル制度、ファミリー・ケアなども取り組まれた。しかし、女子精神薄弱者は男子精神薄弱者よりも長期に施設に留め置かれるのが普通であった。

■ 世界恐慌・戦争と知的障害施設

1929年に世界恐慌が起き、それは各州の知的障害施設にとくに甚大な影響を及ぼした。経済的に困窮した家庭は家族メンバーであった重度児（脳性麻痺児など）の施設入所を求めた。施設は恐慌の影響で予算が削減され、スタッフを減らさざるをえない状況に直面した。施設でケアする障害者の重度化は、軽度者を中心とする小規模コロニー運営を困難にし、その閉鎖につながり、スタッフ不足はソーシャルワーカーに依存したパロル制度も崩壊させた。

第二次世界大戦の勃発は労働市場を復活させるが、予算と人材は軍隊に取られ、施設は「人間倉庫」化する。ニューディールの公共投資により新設・拡張した知的障害施設においても、入所者の重度化とスタッフ不足で「人間倉庫」化は緩和されなかった。ときには新設施設は軍事病院として徴用された。「人間倉庫」化した施設は1960年代になり告発されるまで続くことになる。1970年以降、施設の非人間化は、脱施設化へとつながっている。精神薄弱が精神遅滞と名称変更されたのは第二次世界大戦後であるが、それには保護者の運動があってのことであった。　　　　　　　　　　　　　　　　　　　　　　　　（清水貞夫）

パロル制度は、ソーシャルワーカーが社会復帰した知的障害者を巡回指導するシステムである。ファミリー・ケアは知的障害者を私人に預けケアをしてもらう制度である。日本の里親ないし職親制度のモデルである。

●ハウ（サミュエル・グリドリー・ハウ）

視覚・聴覚障害児に対する教育だけでなく、「白痴」教育＝知的障害児教育を1848年、マサチューセッツ州の援助で実施したが、州が望む学校の大規模化・収容保護と対立した。結果、彼の死後1882年には白痴学校は救貧施設化した。

●優生学

進化論で知られるダーウィンのいとこフランシス・ゴルトンが作った用語。

それは、ある人種の生得的質の改善に影響を及ぼす要因を扱い、生得的質を最善の状態に導こうとする学問だと定義づけ、結婚制限・断種・隔離などによって望ましくない遺伝因子を排除することを正しいものとした。

この考えに従い、ドイツではナチス政権下で障害者が安楽死させられた。アメリカでも断種法が制定され、手術が実施されたし、ノルウェーなど北欧諸国や日本でもハンセン氏病患者への断種が行われた。

 欧米で障害者福祉が発展するきっかけとなったのは、何だったのか。それがどのように分離・独立して展開していったのかをとらえよう。

[参考文献]
・中村満紀男他『障害児教育の歴史』明石書店、2003年
・津曲祐次他『障害者教育史』川島書店、1985年

欧米の障害児教育の先達たち

17〜18世紀に庶民教育が普及する中で、まず聾唖学校、盲学校が設立された。そして19世紀初頭にはイタールによる知的障害児の教育が試みられ、セガンに継承されていった。一方、アユイによって設立された学校で教師になったブライユは6点点字法を考案した。

●アベロンの野生児

1799年に野生児が発見され、イタールに教育されたことにより、世界的に知られるようになった。しかしリンネ（C. Linne）によると17〜18世紀にも野生児が発見されており、10人にのぼるという。そして、インドにおいて、1912年ごろに生まれ、狼に育てられていたアマラとカマラという女の子が発見され、1920年にJ. A. Lシング牧師夫妻の経営する孤児院に連れてこられた。アマラはすぐに亡くなったが、カマラは1929年に亡くなるまで、孤児院で生活した。発見された当時は動物のような状態であったが、孤児院の生活で遊びも、休憩も、仕事も小さい孤児たちと同じようなものになったと記録されている。多くの野生児が発見されてきたが、しかし、最近ではそのようなことは知られていない。
（アーノルド・ゲゼル著〈生月雅子訳〉『狼に育てられた子』家政教育社、1980年）

●6点点字法

点字とは、平面から盛り上がった部分（点）によって文字・数字を表現したものである。通常用いられる点字は、横2×縦3の6つの点を構成して表されたブライユ（Braille）式点字である。
日本では石川倉次が日本点字に翻案し、1934年に官報に掲載された「日本訓盲点字」によって日本点字の完成をみた。点字では、アルファベット、数字、

■ イタール (Itard, Jean Marc-Gaspard 1774 〜 1838)

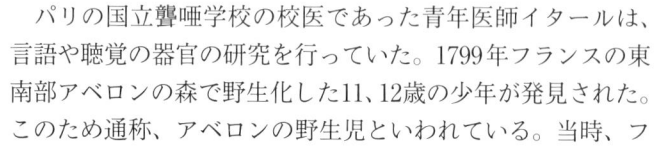

パリの国立聾唖学校の校医であった青年医師イタールは、言語や聴覚の器官の研究を行っていた。1799年フランスの東南部アベロンの森で野生化した11、12歳の少年が発見された。このため通称、アベロンの野生児といわれている。当時、フランスの精神科の権威であったピネルが診断にあたり、この少年を教育不可能な重度の知的障害児と診断した。しかし、イタールは教育の可能性を信じ教育を試みようとし、フランス・アカデミーもこの少年の教育をイタールに委託した。感覚主義に傾倒していたイタールは、この少年にヴィクトールという名を付け、聴覚を中心にした感覚教育を試みた。

約5年間の教育により、ヴィクトールは日常の生活にも慣れ、養育者の夫人やイタールに愛着を示すようになったし、事物を認知し、アルファベットの文字を区別し多くの単語の意味を理解するようになった。しかし、思春期を迎え養育者に危害を加えるようになり、イタールは、この試みを断念せざるをえなくなった。結局、イタールは人間にとって最も重要な言葉を使用するようにはならなかったために、少年は、知的障害児であったとし、野生児に対する自分の試みは失敗だったと結論付けた。だが、フランス・アカデミーは、イタールの試みを称賛したし、彼の野生児の教育は、知的障害児の教育への先鞭となりセガンへと継承されていった。

■ ブライユ (Braille, Louis 1809 〜 1852)

最初の盲学校はアユイによって1784年にフランスのパリに創設された。フランスにおいて唯一の盲人施設であった養育院は21歳以上を入所資格としていたため、盲児の多くは入所することができなかった。これに対し、博愛協会は、貧しい労働者の盲児で2〜21歳までの12名に毎年生活扶助を与える計画を発表した。この計画に対し、当時政府の通訳官であったアユイは、盲人の教育を引き受けることを申し出た。それが受け入れられ、1784年に委託された17歳の青年に読み、書き、計算などの教育を試みた。この成果が報告され、それを契機に盲児の数も増え、学級として経営され、やがてパリの盲学校として発展していった。

一方、ブライユは3歳のころ事故で失明し10歳でアユイの創設したパリの盲学校に入学した。この盲学校ではアユイの考案した字を紙面に浮き出し、触覚で識別する凸字法で教育が行われていたが、盲人にとって触覚で識別することは困難であるため実用的ではなかった。パリ盲学校の教師となったブライユは、フランス軍人のバルビエの考案した12点点字法を基にして、6点の構成でアルファベットを示す6点点字法を考案し、盲教育に革命的な変化をもたらした。6点点字法は、各国に広まり、わが国においては1890年に東京盲唖学校の石川倉次がブライユの点字から「日本訓盲点字」を翻案作成し、それが今日の点字教育の基礎となっている。

■ セガン（Segin, Edouard Onesimus 1812～1880）

セガンは、1812年中部フランスのニェブル県クラムシで生まれた。中等教育をオゼールのコレージュで受け、パリに出てリセ・サン・イルで学んだ。1837年、25歳の時、イタールや精神科医エスキロールの指導を受けたセガンは、「白痴」の子どもの教育を行い、大きな成果をあげた。この成果により、1841年にはサルペトリエールの不治永患者院で10人の「白痴」児の教育を委託され、また、内務大臣命の委嘱を受け、1843年の末までビセートル院で90人の「白痴」児の教育を行った。

セガンが考案し、行った教育は「生理学的方法」というものであった。この方法は生理学的手段と器具を使用して、生理学の原理を応用し、力学的、感覚的、反射的、および自発的諸機能を発展させようとするものである。人間は、人為的には行動性、知性、意思の三要素に分けることができ、知的障害児はこの三位一体性に欠ける存在と見なし、三機能を一つの統一体とみて教育する必要があると考えていた。イタールは視覚、聴覚を重視した感覚訓練を行ったが、セガンは触覚を最も重要なものとみなし感覚訓練を体系化した。

ビセートル院での活動が著名になったものの院の方針との齟齬により院を辞職した。しかし、1846年に「白痴の道徳的治療、衛生及び教育」を著し、この著書は知的障害教育における不朽の名作となり各国で激賞された。1848年に二月革命がおこり、共和制への弾圧が強まる中、セガンは1850年にアメリカに移住した。彼はアメリカにおいて進められようとした「白痴学校」の設立に貢献し、1879年には自らの生理学的方法を適用する学校をニューヨーク市に設立したが、翌年には生涯を閉じ、彼の事業は夫人に受け継がれた。1891（明治24）年に、日本で最初の知的障害児の施設、滝乃川学園を創設した石井亮一は、重度の知的障害児の指導をセガンに求めて渡米した。しかし、セガンはすでに死亡していたため、セガン夫人に会い、そこで得られた知見を帰国後、滝乃川学園で生かした。

（渡邉健治）

理数記号、楽譜、仮名を表現でき、仮名遣いは墨字（点字に対して一般の文字をすみじという）に対応している。

選挙における点字投票や大学入試や公務員試験で点字受験が認められており、公共施設には点字が広く用いられている。

●白痴学校

セガンの影響を受け、アメリカにおいて1848～1860年ごろに重度の障害児である「白痴」児を教育する学校として「白痴学校」が設立された。

1842～1843年にホーレス・マンとジョージ・サムナーはフランスのビセートル院を訪問し、セガンの実践を見学した。サムナーはセガンの実践の見学記を雑誌に寄稿した。この記事が「白痴」児の教育に関心を持っていたマサチューセッツ州のハーベイ・B・ウィルバーの目にとまった。

彼は、1848年7月に自宅を開放して私立の「白痴学校」を設立した。このような学校は、州立の学校設立に発展し、1860年ごろまでに10校ほどになった。しかし、これらの学校は、次第に福祉的性格を濃厚にして知的障害者の施設へと転換されていった。（S・P・ディビス著 杉田裕監修 『精神薄弱と社会』）

●石井亮一
➡262ページ参照

 check ▶ **聾教育、盲教育、知的障害教育は、いずれもフランスにおいて試みられている。なぜ、フランスにおいて障害児教育が試みられたのか、その要因を調べてみよう。**

［参考文献］
・エドワード・セガン著（末川博監修　薬師川虹一訳）『障害児の治療と教育』ミネルヴァ書房、1975年
・松矢勝宏「セガンと『白痴』教育」津曲裕次他編著『障害者教育史　Ⅰ－2』川島書店、1985年
・レオ・カナー著（中野善達他訳）『精神薄弱の教育と歩み』福村出版、1976年
・茂木俊彦編集代表『特別支援教育大事典』旬報社、2010年

第5章
120

ソビエト連邦の
障害児教育研究者たち

1917年のロシア革命によりソビエト社会主義共和国連邦が誕生した。新しい社会主義国家の建設とともに、ソビエトにおける心理学、障害学の樹立のために取り組んだヴィゴツキー、ルリヤの研究は、ソビエトにおいてばかりでなく、今日のわが国や世界においても影響力を発揮し続けている。

●児童学批判

1920年代ソビエトにおいて、新しい教育には児童の研究が不可欠であるという認識が広まり「児童学」という学問が急速に普及した。

1927年の第1回ソビエト児童学大会には、クループスカヤ、ルナチャルキーなど主要なソビエトの指導者も参加し、国をあげての学問への期待となった。

児童学研究推進の中心人物の一人にヴィゴツキーがいた。ヴィゴツキーは児童学を「統一ある全一体としての子どもの科学」と定義し、障害児、非行児、性格障害児を含めて困難児とし、「困難児」部門の責任者になり児童学研究を進めていった。

しかし、スターリン体制の強化とともに、資本主義的傾向を有していたという児童学への批判が強まり、1936年7月の共産党中央委員会決定「教育人民委員部の系統における児童学的偏向について」が出され、児童学の教授の廃止、児童学関係出版物への批判、児童学教科書の廃絶、教育困難児のための学校から大多数の子どもを普通学校に移すこと、等が定められた。

この決定により、ソビエト社会から児童学は完全に抹殺されてしまった。したがって、ヴィゴツキーの著書もスターリンが没するまでは目にすることができなかった。

●**最近接発達の領域論**
➡158ページ参照

■ エリ・エス・ヴィゴツキー
(Выготский Лев Семенович 1896〜1934)

ヴィゴツキーは、1896年ベラルーシの首都ミンスクに近い小都市オルシャに生まれた。ゴメリ市の中学校を卒業した1913年にモスクワ大学法学部に入学し、同時にシャニャフスキー人民大学で心理学と哲学を学んだ。1917年に大学を卒業し、ゴメリにもどってソビエト労働学校で文学と心理学担当の教師になった。彼は、高次心理機能の研究を行い1924年1月に「第2回全ロシア精神神経学大会」において発表した。この論文が評価され、1924年2月から国立モスクワ大学付属心理学研究所に赴任することになった。すでにその研究所には、ルリヤ・ア・エルやレオンチェフ・ア・エヌがいた。ヴィゴツキーは同年の7月からソビエト教育省の未成年者社会的権利保護部身体障害児課に勤務するようになった。この年の秋に開催された「未成年者社会的権利保護第2回大会」において、ヴィゴツキーは、障害児教育改革の提案を行い、旧ソビエトの障害児教育の理論と実践を方向づけた。その主たる内容は、①障害児の教育を狭い生物学的アプローチに求めるのではなく、社会的教育に求めるべきである、②障害児と正常児の発達の筋道は共通である、③障害児学校と通常学校の綿密な共同や連携を深めることであった。

ヴィゴツキーは障害児をも含めた人間の発達の問題を生涯の研究テーマにした。その一連の研究から今日の障害児教育においても注目されている「最近接発達の領域論」を考案した。また、知的障害児の抽象的思考への働きかけの必要性を強調し、「一人に放っておかれた知的障害児は、抽象的思考のいくらかでも発達した形式に到達することは決してないがゆえにこそ、学校の課題は全力をあげてまさにこの方面に向かって前進させる」ことが課題であるといっている。

1920年代後半から30年代初めにソビエトで隆盛をきわめた児童学の確立にも精力を傾け、「児童学は、子どもについての総合科学である」という定義を提起し、児童学における障害児教育部門の責任者になった。しかし、1930年代に入ると、児童学批判が激しくなり、ヴィゴツキーも査問委員会にかけられた。肺結核が進行し、自己批判を迫られるなか、児童学の正当性を主張しつつ37歳の若さで病没するにいたった。共産党の決定により1936年以後、ヴィゴツキーの著書は没収され、ソビエトでは目にすることができなくなった。1953年にス

ターリンが亡くなり、ヴィゴツキーの著書も復刻され、世界中で彼の研究が進み、ヴィゴツキー・ルネッサンスといわれるほどになっている。ヴィゴツキーが提唱した障害児教育の考えは多くの国で継承され、発展され続けている。

■ アレクサンドル・ロマノヴィッチ・ルリア （Лурия Александр Романович 1902〜 1977）

ルリヤは、1902年にロシア共和国中西部の自治共和国の首都カザンで生まれた。カザンの8年制ギムナジウムを6年で卒業し、1918年にカザン大学の社会科学学部に入学した。大学卒業後、カザン労働科学組織研究所で助手となり、心理学や精神分析を研究している。そこでの心理学的研究を国立モスクワ大学付属心理学研究所の所長であるコルニーロフに送ったところ、関心を惹き、1923年から研究所に赴任することになった。1924年1月に「第2回全ロシア精神神経学大会」でヴィゴツキーの発表を聞き、ルリヤは感銘し、ヴィゴツキーを招くため再三コルニーロフに進言し、実現して心理学研究所でともに働くことになった。

ルリヤはヴィゴツキーの提唱した心理過程における文化的歴史的発達理論をレオンチェフとともに発展させ、ヴィゴツキー学派と言われる一翼を担った。1945年よりモスクワ大学の教授となり生涯を心理学、神経言語学の研究にささげた。

人間の行動は進化的過程、歴史的過程、固体発生的過程の所産であるというヴィゴツキーの構想を実証するため、ルリヤは1931〜1932年にかけてウズベキスタン地方への学術調査を実施した。その結果、未開文化の人びとの心理特性は、民族的差異ではなく、文化的差異によるものであることを証明した。ルリヤは、知的障害児と正常児による道具の使用の実験を行い、高次の道具の使用は重度の障害児には困難で文化的形態の段階に至っていないことや、記憶の実験では、知的障害児は補助的手段の利用の困難さがあるなど、文化的発達における問題を明らかにした。

1950年代には、ソビエト欠陥学研究所で知的障害部門の部長となった。言語活動はコミュニケーションと思考の手段といわれるが、ルリヤは、この他に言語は行動を調節する手段であるということを明らかにし、世界的に著名になる。知的障害児の言語活動も研究し、知的障害児にとって言語が行動の調整に重要であるものの、知的障害児の言語は知的活動の形成や行動の調節に積極的な役割を果たすことができないことを明らかにした。

一方、1940年代からは、戦争等で銃弾により脳に局所的な損傷を受けた患者の心理過程の多様な障害を研究し、脳機能局在論に論拠を呈するとともに、失語症的言語障害を研究し、神経言語学的アプローチを開拓した。　　　（渡邉健治）

●言語による行動の調節

言語の機能は、主としてコミュニケーションと思考の手段といわれている。ルリヤはこの機能に加えて、言語による行動の調節的機能を明らかにした。

人は、他の人のことば（外言）により、注意を向けたり、行動を起こしたりするし、自分でつぶやき（内言）、考えて行動する。発達的には、言語は外言から内言を経て思考の手段に転化していく。ルリヤは内言による行動の調節機能に注目し、「言語による行動の調節」とした。

彼は、子どもの前においてあるランプが点灯したらゴムのバルブを押すという課題で、ランプがついたときに「押せ」と大人が掛け声をかけてやったり、ランプがついたときに「押せ」と子ども自身に言わせたりする課題を設定し、ランプの点灯に対するバルブ押しという運動行動が、言語によってどのように調節されているのかを確かめた。

そして、4歳から4歳半のときに内言による行動調節機能ができ始め、言語による行動調節機能が最終的に形成されるのは、4歳半から5歳にかけてであることを明らかにした。

また、彼はこの言語による行動の調節機能の十分でないことも知的障害児の特徴を示す要因の一つであるとしている。
（ルリヤ著 〈松野豊訳〉『人間の脳と心理過程』 金子書房、1976年）

---

check → **ヴィゴツキー、ルリヤが取り組み明らかにした課題は、障害児教育の発展過程においてどのように位置づけるべきか考えよう。**

[参考文献]
・Hysse Forchhammer(1991):Luria Lectures:Sovjet Contributions of 1990. Hans Reitzels Forlag
・レヴィチン著（柴田義松監訳）『ヴィゴツキー学派―ソビエト心理学の成立と発展』プログレス出版所、1984年
・ヴィゴツキー・ルリヤ著（大井清吉・渡邉健治監訳）『人間行動の発達過程』明治図書、1987年
・渡邉健治『ロシア障害児教育史の研究』風間書房、1996年
・ルリヤ著（山口薫他訳）『精神薄弱児』三一書房、1979年

第5章 121 日本の障害児教育のはじまり

幕末から明治期にかけて欧米諸国に旅立った人びとは、現地でさまざまな学校や施設、進んだ教育方法を目の当たりにし、日本でも障害児教育を行うべきだと考えた。わが国の障害児教育の黎明期の様子がどのようなものであったかを知ることは、その後の障害児教育の発達を知るうえでも重要なことである。

●幕末の寺子屋への障害児の通学状況(単位:校)

	地域通学あり	地域の寺子屋総数
奥羽地方及び北海道	46 (14.6%)	314
関東地方	43 (10.2%)	422
中部地方	60 (8.3%)	726
近畿地方	57 (7.9%)	725
中国地方	17 (5.0%)	343
四国地方	24 (8.3%)	289
九州地方及び沖縄県	19 (7.0%)	271
全国総計	266 (8.6%)	3090

原典は、乙竹岩造『日本庶民教育史』中・下巻。ここでは、中村満紀男・荒川智編著『障害児教育の歴史』の表を整理した。

●楽善会

1876年、政府有力者が東京訓盲院設立のために結成した団体。メンバーには、岩倉具定、滝谷琢治、津田仙、中村正直、浦田長民、大内青巒、山尾庸三、前島密、増田充績、古川正雄、小松彰、渥美契縁、岸田吟香、島地黙雷、杉浦譲の15名であった。

■ 寺子屋で行われた障害児教育

江戸時代、庶民に対する教育は、主に各地に作られた寺子屋で行われていた。地方を含め都市部の寺子屋では、視覚障害児や聴覚障害児、肢体不自由児が学んでいたことが明らかになっている。幕末に確認された全国3,090の寺子屋中、266校(全体の8.6%)で障害のある子どもたちを受け入れていた。当時、寺子屋で障害児に対する教育が行われていたことは、保護者からの受け入れ要求に師匠が応えるという消極的な理由から開始されたものであったが、注目に値する。指導に当たった師匠は、聴覚障害児に対しては日用品や玩具、絵草紙などを見せ、実物や絵と文字との結びつきを教え、漢字を学ばせる直観教授法を採用した。一方、視覚障害児には、指を動かさせて字を覚えさせたり、凸字のいろはを作り、読ませた。こうした努力は、鎖国下の日本で営まれたもので海外の障害児教育とは切り離された独自の教育であったが、明治以後の障害児教育を進めるうえで土台となったものと考えられる。

■ 海外知識の移入

幕末から明治維新期にかけて、欧米に派遣された日本人は、各国で進んだ障害児教育の実態を目の当たりにし、その導入に努めた。例えば、1860年、日米修好通商条約批准書交換のため渡米した仙台藩士玉虫左太夫は、手話や点字の方法などについて記録(『航米日録』)している。また、福沢諭吉は、二度にわたる渡航の際、欧米の福祉施設や学校を細かに調査した。福沢は1862年、イギリスを訪れた際、聴覚障害者と会話したことを驚きをもって記している(『西航記』)。さらに、1871年、岩倉具視を特命全権大使とする使節団一行は、欧米諸国を歴訪し、「指状」(指文字による手話法)を使った聴覚障害児への教育や「ブライユ式点字」を利用した教育を視覚障害児が受けていることを使節団の記録(『米欧回覧実記』)に記している。こうした見聞に基づく記録だけでなく、幕府の設置した蕃書調所などは、教育方法や慈善救済に関する書籍購入の依頼もしていたようである。

彼ら欧米に派遣された人びとは、寺子屋で続けられていた障害児に対する教育についてはおそらく知らなかっただろうが、欧米の実態を把握することで障害児が教育の対象者となり得ること、教育により障害児が成長していく可能性があることを明らかにしたのである。

■ 盲・ろう教育のはじまり

1872年に頒布された「学制」には、「廃人学校アルヘシ」という規定があるが、具体的な説明はまったくなされていない。おそらく海外の教育課程や教育方法が導入された影響で、障害のある子どもに対しても何らかの対応をすべきだと考え、この項が記されたのだろうが、政府はその具体化に向けて努力をしたわけではなかった。しかし、幕末から欧米に派遣された官僚の中には盲学校やろう学校を創立すべきだという建白をする者もいた。

京都盲唖院表門（伊藤政雄『歴史の中のろうあ者』より）

こうした建白などが功を奏し、1874年、京都府管下の第十九番校（後の待賢小学校）で聴覚障害児に対する教育が始まったのを皮切りに、1878年には京都盲唖院が創設された。だが、学校経営は苦しく、翌79年には京都府立盲唖院となった。府立に移行してからも盲唖院の財政状況は改善されず、1889年にはついに府から市に移管された。同じ頃、東京でも盲唖院設立が計画されていた。1876年、駅逓頭だった前島密らを中心に楽善会が結成され、民間有志による慈善事業として訓盲院を設置することが認められた。楽善会メンバーには政府関係者が多かったことから、皇室からも3000円が下賜され、1879年には校舎が完成した。翌80年から授業が始まり、同年6月からは聴覚障害児も受け入れ、名称を楽善会訓盲唖院と改めたが、1885年には経営困難のため文部省に移管された。

京都・東京で開始された盲・ろう教育は、関係者の熱意に支えられ実行に移されたものだったが、障害児に対する教育への関心の低さや、財政的裏付けが乏しいなどの問題をかかえていたため、学校を維持するための苦労がたえなかった。

■ 就学の督促と不就学

1872年に頒布された「学制」は、国民皆学をめざしたものであったが、就学義務が明確に規定されていなかった。府県によっては就学督促を強く行い、不就学についてはその理由を申し出させる場合もあった。だが、全体の就学率は伸展しなかった。こうした中で1881年、文部省は「就学督責規則起草心得」を発し、障害児を就学義務の猶予・免除対象とした。さらに、1886年に出された小学校令でようやく就学義務が明記されたが、その第5条で就学猶予も定められた。これは、従来の就学猶予規定を受け継いだもので、1890年の第二次小学校令、1900年の第三次小学校令でも同様の内容が記されている。

こうして就学義務が徹底され、就学率が急速に上昇していく一方で、障害児は義務教育の対象者からはずされ、教育を受ける権利を奪われる結果となったのである。 (向井啓二)

●就学猶予・免除規定

「就学督責規則起草心得」(1881) では、「疾病ニ罹ル者、…廃疾ノ者…」とあり、小学校令 (1886) では、「疾病…其他止ムヲ得サル事故」の場合、府知事（県令）が就学猶予を許可することとなった。

第二次小学校令 (1890) では、同様の理由で、監督官庁の許可を得て市町村長が就学猶予を許可した。

第三次小学校令 (1900) では、「病弱又ハ発育不全」の場合は就学猶予、「瘋癲白痴又ハ不具廃疾」の場合は就学免除を監督官庁の認可を得て市町村長が許可した。

幕末から明治維新期を経て、欧米諸国からどのような障害児教育の方法を学び、それを定着、実施しようとしたかを考えてみよう。

[参考文献・ホームページ]
・中村満紀男・荒川智編『障害児教育の歴史』明石書店、2003年
・中野善達・加藤康昭『わが国特殊教育の成立』改訂新版、東峰書房、1991年
・津曲裕次・清水寛・松矢勝宏・北沢清司編『改訂新版　障害者教育史』川島書店、1985年

第5章 122 視覚・聴覚障害児教育に尽力した人たち

明治期に障害児のためにつくした山尾庸三、古河太四郎、小西信八の生涯とその実践について紹介する。

彼らは、教育の機会を与えられることなく、放置されていた障害児たちに何とかして教育を受ける機会を与えようと努力した人びとである。

山尾庸三

●楽善会訓盲院

「最初の生徒は二人しかいませんでした。授業料は無償で寄宿舎生には補助金をだすことにしていたのです。二人の生徒の通学のために、山尾が人力車賃を負担していました。就学を勧誘しても、それに応じる家庭はめったになかったのでした。これは親たちの無理解という面もありましたが、山尾たちが親たちの必要としていることを十分に汲み取ることができないまま計画したことも一因と思われます」（中野善達編著『障害者教育・福祉の先駆者たち』麗沢大学出版会）

■ 山尾庸三（やまお　ようぞう、1837 ～ 1917）

山尾は、1837年、長州藩士の次男として生まれた。1863年4月、山尾は伊藤博文・井上馨らとともにイギリスに渡航・留学した。

渡英後、彼はロンドン大学で英語を学び、その後、グラスゴーに移り、造船所の見習いとなり、ここで造船技術を学んだ。その期間中に彼は障害者と「運命的な出会い」をした。それは、聴覚障害者たちが手話で会話しながら作業する姿を目の当たりにしたことである。その後、山尾は在英中、イギリス各地の聾唖学校や盲学校を見学すると同時に、日本で学校設立を実現させようと考えはじめたのである。

1871年9月、山尾は太政官に盲唖学校設立建白書（「盲唖学校ヲ創立セラレンコトヲ乞フノ書」）を提出した。この建白書について、先行研究は、次のような特徴があると指摘している（『わが国特殊教育の成立』）。第一に、障害者が自立した生活をすることを原則としている。第二に、自立した生活を基礎に、障害者が結婚することを認めている。第三に、障害者に対する教育は、国家にとって有用であるか否かにより判断されている。第四に、学校創設の費用については、慈善家から集める予定であった。結局、この建白書は政府が採用しなかったため学校設置は実現しなかったが、山尾の建白書は明治初期に発表された完成度の高いものであったと評価できる。

山尾は1876年3月、楽善会に入会する。学校設立のため、木戸孝允ら政府関係者の協力を要請すると同時に、学校建築・教育方法・入校規則・資金募集の仕方など細々としたことを山尾は次々と指示した。こうした努力が実り、1879年12月、東京築地に煉瓦造りの二階建て校舎が完成し、1880年1月5日、楽善会訓盲院が開校した。開校当初は、保護者の理解も乏しく生徒を集めるのに苦労したようである。

■ 古河太四郎（ふるかわ　たしろう、1845 ～ 1907）

古河は、1845年、京都の教育者一家の子として生まれた。古河と障害児教育との結びつきは、いくつかの偶然が重なってのことである。第一に、彼が文書偽造に関する理由で入獄させられた際、獄中から外の様子を窺うと、聴覚障害児がいじめられているのを目撃したこと。第二に、1872年に出獄後、家の近くにできた窮民授産施設に障害児者が入所していることを知ったこと。第三に、1873年8月小学校教員になった時、砂糖問屋の主、熊谷伝兵衛から、5人の聴

覚障害児が教育を受けずにいることを相談
されたこと。こうした偶然が重なって古河
は、1875年、有志の資金援助をもとに京都
府待賢校に特別教室を設け、聴覚障害児に
対する教育を開始した。

　1878年5月24日、京都盲唖院が仮校舎
ながら開設された。これが日本初の盲唖学
校であり、古河はこの学校で授業を行った。

　古河の授業法は、手勢法とよばれる指
文字（手話の一種）を利用したもので、常
に外国の手話を研究していたと言われてお

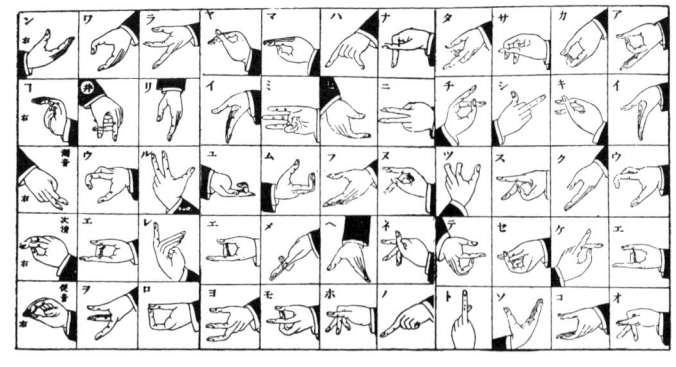

形象五十音文字および五十音符符号手勢

り、先行研究でも「寺子屋に育った庶民的実学精神と算術修業によってつちか
われた合理的思考の結びつきともいえる実証的精神が貫いて」いると評価され
ている（『わが国特殊教育の成立』）。

■ 小西信八（こにし　しんぱち、1854〜1938）

　小西は1854年、長岡藩医の家に生まれた。1886年1月から文部省訓盲唖院掛
事務となり、楽善会訓盲唖院（1885年12月から文部省に移管）に赴任した。87
年10月、楽善会訓盲唖院は東京盲唖学校と改称されるが、小西はここに止まり、
1893年9月から1925年3月まで同校校長として活躍した。

古河太四郎

　小西は、校長在職中の1896年12月、文部省から留学を許され、米・英・仏・
独の進んだ障害児教育の方法などを学び、1898年に帰国した。欧米での調査・
研究は、後に小西が進める障害児教育に大きな影響を与えた。とくに、同僚の
石川倉次らに依頼し完成した点字（日本訓盲点字）は、大きな成果である。また、
小西が盲・聾教育の分離を進めたこともよく知られている。彼は二度にわたり
東京盲唖学校の分離を文部大臣に上申し、1909年4月に東京盲学校が、翌10年
東京聾唖学校が設置され、盲・聾学校の分離が始まった。小西は、新設の東京
聾唖学校の校長として、引き続き聴覚障害児教育に携わった。

　小西が進めた教育方法について、あと一つ注目しておかねばならないことは、
現在で言う「インテグレーション教育」の推進であろう。小西は師範学校附属
小学校に盲唖教室を設置するように求めた。とくに視覚障害児については「普
通生徒ト同室ニ教フルモ多ク他ヲ妨ケスシテ望外ノ良績ヲ見ルコト本校カ数年
前実験スル所ナリ。或ハ他ノ生徒ニ罵言嘲弄セラレンコトヲ危ムモノナキニ非
レトモ同学中己ニ優レル盲人アルヲ知ラハ愛怜ノ情ヲ加フルノミナラス尊敬ノ
意ヲ生シ自レ奮励興起スルニ至ルヘシ」と述べて障害の有無に関係なく同じ教
室で学ぶことを奨励した。

小西信八と石川倉次
1937年11月点字競技会に
招かれた際の写真。右が石
川、左が小西（Istyle　市民グ
ラフいちはら　2004-4　vol.107
http://www.city.ichihara.chiba.jp/
graph/より）

（向井啓二）

 3人の生涯を理解するとともに、彼らが障害児教育をどのように進めていったのかを考え
よう。

［参考文献・ホームページ］
・中野善達・加藤康昭『わが国特殊教育の成立』改訂新版、東峰書房、1991年
・文部省『特殊教育百年史』東洋館、1978年
・梅根悟監修『世界教育史大系第33巻　障害児教育史』講談社、1974年
・「石川倉次」　http://www.city.ichihara.chiba.jp/graph/ichihara0404/style/

知的障害児・肢体不自由児教育に尽力した人たち

第5章 123

知的障害児教育に尽力した石井亮一と、肢体不自由児教育を進めた高木憲次の2人の生涯と、その仕事を紹介する。盲・ろう教育に比べ、遅れていたこれら知的障害児・肢体不自由児に対する教育を切り開いた。

石井亮一
「石井亮一・筆子夫妻の生涯①」
(http://wellstone-world.hp.
infoseek.co.jp/ryoichi_
fudeko_01.htmより)

●石井筆子の生涯

石井亮一について話すとき、石井筆子のことを外すわけにはいかない。彼女は肥前大村藩士・渡辺清の長女として生まれる。上京後、英語、フランス語を学び、津田梅子とともに渡欧し、帰国後、「鹿鳴館の華」といわれる。西欧の男女平等論などを吸収し、貧困家庭の女子の自立を図るための職業教育を無料で行う大日本婦人教育会附属女紅女学校を開校したりする。

筆子と前夫の間に生まれた長女は知的障害児であった。その長女を滝乃川学園に入学させたことが縁で石井亮一と出会い再婚する。筆子は、亮一とともに、国の福祉施策の貧しい中、学園への寄付金集めや経費の捻出に奔走する。学園では学園附置の保母養成部の教員を引き受けていた。筆子は教員よりも園生とともにいる時間を好んだと伝えられている。「筆子・その愛—天使のピアノ」（製作・現代ぷろだ

■ 石井亮一 （いしい りょういち、1867 〜 1937）

石井は、1867年佐賀県に生まれた。後に彼は、米国の大学に留学を果たすため、英語を身につける必要があり立教大学校に入学した。立教大学校の在学時から同校で仲間とともに教育改革を進めた彼は、学生でありながら併設の立教女学校の教師となり、女学校でも教育改革を行い、1891年大学校卒業と同時に女学校の教頭となった。

1891年12月、石井は女学校の附属として東京教育院（孤児院）を創設した。この施設は、同月28日に発生した濃尾大震災で孤児となった子どもたちを収容した。東京教育院は1894年に閉鎖されたが、石井は引き続き孤児救済に取り組んだ。彼は、孤児のうちでも最も悲惨な状況に陥っているのは「孤女」（女の孤児）であることを理解し、教育院とは別に1891年、友人と孤女学院を創設した。ここに収容された孤女の中に2人の知的障害児がいた。それが、石井と知的障害児との出会いであり、彼が知的障害児教育を始める契機となった。

石井は、知的障害児教育について以下のように記している。「一、天性魯鈍の者といへども、其稟性（生まれつきの性質）に随ひ心理上の刺激法を用いて、知能を啓発せられしにより、終に其性を一変するに至りしものあり。／一、不幸にして病などの為め、世に白痴と唱ふる不運の身なりし者は、……不撓不屈の精神とを以て、これが啓発誘導を試られしより、今は尋常小学校の科程をさへ卒へ、何の女児か不具の者なりしを知ること、能はざるに至らしめられし者あり」（『女学雑誌』1896年12月10日）。つまり、従来、教育不能とされてきた知的障害児に情熱を込めて教育すれば、教育は可能で、彼らは成長すると述べている。

石井は1896年、米国の知的障害児教育を学ぶために渡米した。8か月ほどの期間であったが大きな成果をあげることができた。知的障害児教育の先駆者エドワード・セガンの未亡人から「生理学的教育法」を学んだのである。帰国後、孤女学院を滝乃川学園と改称し、知的障害児教育を本格化させた。彼の教育は熱心で本格的なものであったが、1928年になると優生学の影響を受け、障害の「軽症のものは去勢することがやはりいいでせう」（「低能者保護に関する問答」、『社会事業』第12巻第7号）と述べ、1931年に発表した論文では、「異常児にとって重大なる問題は、異常児教育というよりも、如何にしてかやうな人間を社会から絶滅させるかにある。その方法としては、一つは隔離、一つは去勢である」（「精神薄弱者と其取扱ひ方」、『体性』第17巻第3号）と記した。この論理はハ

ンセン氏病患者への対応と同様のものであり、知的障害児教育の先駆者石井を
しても、こうした問題をかかえていたことは注目する必要がある。

■ 高木憲次（たかぎ　のりつぐ、1889 ～ 1963）

　高木は、1889年2月9日、医師の次男として誕生した。父は、患者に偉ぶっ
た様子も見せず、献身的な診療を行った人であった。こうした人に対する接し
方は、憲次にも十分に受け継がれているといえる。

　高木が肢体不自由児を救いたいと考えるきっかけになったエピソードが二つ
ある。一つは、尋常小学校4年生のとき、鎌倉に遠足に行ったときのことであ
る。彼は当時のことを次のように記している。「大仏に行く途中、孤児院を見か
けた。その頃普通の孤児院には健康な子供しかいなかったのに、そこには手足
の不自由な子供がいた。引率の先生に質問したところ、そういう子供は乞食に
でもなるよりほかはないのに、ここでは世話をしてあげている。ここは大変立
派なところだと言われた。『乞食になるよりほかはない』という言葉が幼い私の
心に住みついてしまった」という。もう一つは、高校時代のことで、入学祝い
に父に買ってもらったカメラを手に、たびたび富士山を写して歩いているとき、
富士育児院に収容されていた3、4人の肢体不自由児に出会い、彼らを何度か
写したことで、子どもたちや育児院の人と交流するようになったという。

　その後、高木は1908年、東京帝国大学医科大学医学科（現在の東大医学部）
に入学した。1915年、大学を卒業した彼は、翌年整形外科医局に勤務した。当
時整形外科学は、始まったばかりの学問であったが、高木は恩師田代義徳のも
とで、レントゲン撮影やその他の研究に励むと同時に、肢体不自由児の実態調
査を行った。1918年、高木は、「夢の楽園救療所」と呼ばれる治療と教育を兼
ねた施設を創設する提案をするが、実現できなかった。

　1922年、レントゲン学研究のためドイツへ留学した彼は、1924年、「クリュッ
ペルハイムに就いて」と題する論文を発表した。「クリュッペル」とは、「躯幹
肢体の機能に欠くるところあるもの」という意味で、後に高木は「肢体不自由」
という語に訳し直し、これが定着していった。彼は、この肢体不自由者のため
のハイム＝療養と教育のための施設設置、の必要性を医学界に説いた。

　1942年、念願の整肢療護園の開園にこぎつけた。高木が「夢の楽園救療所」
創設提案から追い続けた夢の実現であった。この療護園は1945年3月の米軍に
よる東京大空襲によってそのほとんどの施設が焼失したが、1952年1月に復興
した。

　戦後も高木の活躍は続いた。1947年制定・公布された児童福祉法第43条に
肢体不自由施設の規定を組み込む努力をし、48年には日本肢体不自由児協会設
立にも努めた。

(向井啓二)

高木憲次
(http://www.sitaifujiyuujisisetu.
jp/rekisi.htmより)

●肢体不自由という用語

　かつては、「カタワ」「アシナエ」
などと蔑視されてきたが、高木
憲次は1928、29年頃、自身も
障害をもちながら、後に国会議
員として活躍した元厚生大臣橋
本龍伍や、子どもの意見を聞い
て、これをヒントにこの語を生
み出したようである。

　具体的には、「肢体不自由とは
肢体の機能だけの不自由さのみ
に限局」せず、「運動機能の障碍
や支持機能の障碍ばかりでなく、
形態が異常である為の不自由
さ等も含めて、凡そ肢体に関す
る不自由は全部包含すべきであ
る。況や単なる運動機能障碍だ
けに制限されるものではない」
としている。

（くしょん）という映画が公開さ
れている。

check → **石井亮一と高木憲次は、障害をもつ子どもたちに対し、どのように接し、彼らの教育を進
めたのか考えよう。**

［参考文献・ホームページ］
・村田茂『高木憲次』大空社、1998年
・村田茂『新版　日本の肢体不自由教育』慶應義塾大学出版会、1997年
・津曲裕次・清水寛・松矢勝宏・北沢清司編『改訂新版　障害者教育史』川島書店、1985年
・「肢体不自由児とは」　http://www.normanet.ne.jp/~jsdc/salon/shitaihujiyu.html
・井出孫六『いばら路を知りてささげし―石井筆子の二つの人生』岩波書店、2013年

5

障害児者教育の歴史

1920年代の障害児教育
——大正期の障害児教育

明治以降、視覚・聴覚障害児に対する教育は始まっていた。大正期になると、「すべての障害児に教育を」という考えが生まれ、次第に理解され、進展していったことを理解することは、重要なことである。

●戦前の知的障害児施設

・石井亮一「滝乃川学園」（東京）明治29年
・脇田良吉「白川学園」（京都）明治42年
・岩崎佐一「桃花塾」（大阪）大正5年
・川田貞治郎「藤倉学園」（伊豆大島）大正8年
・三田谷啓「三田谷治療教育院」（兵庫）大正3年

●盲学校及聾唖学校令

その第1条には「盲学校ハ盲人ニ聾唖学校ハ聾唖者ニ普通教育ヲ施シ其生活ニ須要ナル特殊ノ知識技能ヲ授クルヲ以テ目的トシ特ニ国民道徳ノ涵養ニカムベキモノトス」とあり、普通教育と職業教育を基本とすることが明らかにされた。

表　東京市内における補助学級数の変遷

年次	学校数	学級数	児童数
1920	2	2	38
1921	2	4	72
1922	20	22	405
1923	関東大震災により不詳		
1924	関東大震災により不詳		
1925	20	22	427

『日本障害児教育史』による

■ 盲・ろう教育の充実

明治末期の1906年、日本聾唖技芸会が主催した第1回全国聾唖教育大会で、「盲唖学校令」の発布が要望された。翌年には日本盲唖学校教員会が結成され、政府に対し盲・ろう教育の改善要求がなされていった。しかし、日露戦後の経済悪化を理由とし、政府は盲・ろう学校の増設、補助金増額に積極的な対応をとらなかった。一方、教師の側では実践を通して、本来、盲教育とろう教育とは同時に行うべきではないことを理解し始め、1910年には、東京盲唖学校が、東京盲学校と東京聾唖学校に分離独立し、盲・ろう教育の方向性が示された。

こうした機運を背景に、同年、文部省も盲唖其他特殊児童教育取調委員会を設置し、障害をもつ子どもたちへの対応を図ることとなった。教育関係者も、1920年、第7回全国盲唖教育大会で盲唖教育令期成会を発足し、運動を本格化させた。その結果、1923年8月28日、枢密院本会議で「盲学校及聾唖学校令」が可決、公布され、翌24年4月1日から施行された。

この学校令とあわせて同日、「公立私立盲学校及聾唖学校規程」が定められた（同日公布、翌年4月1日施行）。この学校令は、盲・ろう教育にとって「画期的な法令」と評価できるが、一方で視覚・聴覚障害児に対する就学義務を欠き、学校設置義務は、すべて道府県によるとされたために、緊縮財政の下で苦しむ地方の負担は増すばかりであった。

さらに、より根本的な問題としては、町田則文東京盲学校長が指摘するように（『帝国教育』第436号）、障害児教育行政が、文部省の出す法令と内務省の救済事業と社会事業の対象とされ、教育と社会事業（社会福祉）が未分離状態であったのである。

上記のような問題はあったが、盲学校・聾唖学校が学校教育としての体制を確立する契機となったことは事実である。今その内容を簡潔に示すと、

①修業年限は、盲学校は初等部6年、中等部4年。聾唖学校は初等部6年、中等部5年とされた。
②入学資格は、初等部が6歳以上、中等部が「初等部を卒りたるもの又は之に準すべきもの」とされた。
③中等部は、盲学校の場合、普通科・音楽科・鍼按科に分け、聾唖学校では、普通科・図画科・裁縫科・工芸科とし、「土地の情況に依り必要なる学科」を置くことができるとされた。さらに、
④盲学校・聾唖学校初等部・中等部の学科目が個々記載された。

国民新聞（大正13年2月25日）に掲載された柏学園の記事（小川克正編『写真・絵画集成　日本の福祉　第3巻　可能性を拓く』日本図書センター、1999年より）

⑤両学校の初等部・中等部の「毎週教授時数（授業時間のこと―引者注）」が決められていた。

⑥両学校の「予科・別科・研究科・選科生」についても記されている（文部科学省「公立私立盲学校及聾唖学校規程（抄）（大正12年8月29日文部省令第34号）。

これ以外にもいくつかの問題はあるが、全体として視覚・聴覚障害児の教育が進展していったことには間違いない。

■ 肢体不自由児教育、病弱児、虚弱児教育のはじまり

肢体不自由児に対する教育は、1921年、柏倉松蔵により柏学園が設立されたことにはじまる。柏倉や高木憲次らが肢体不自由の子どもたちを教育しなければならないと考え、不自由な身体を可能な活用し、肢体の能力を復し、自立できるようにするという教育方法が考え出されたのは1920年代のことだった。

もっとも、彼らに対するとらえ方には、昭和初期に明確になる「健民健兵策」があったと考えられる。また、1920年、「学校医ノ資格及職務ニ関スル規定」が定められ、病弱児・虚弱児に対する対応も考慮されはじめた。この規定では、彼らに対し「就学猶予、免除、休学、退学」などの措置を取れることが決まっているが、これまで「放置」された状態であった子どもたちに対する対応が考慮された点で、評価することができるだろう。　　　　　　　　（向井啓二）

●学校医ノ資格及
　職務ニ関スル規定

その第3条には、「学校医ハ生徒児童中病者、虚弱者、精神薄弱者ヲ発見シ若ハ学校長其ノ他ノ職員ヨリ之ニ関スル通知アリタルトキハ其ノ状況ニ依リ一科目若ハ数科目ノ授業免除、就学猶予、就学免除、休学、退学又ハ治療、保護矯正等ヲ要スヘキコトヲ学校長ニ申告スヘシ」と記されている。

●健民健兵策

健兵健民策（政策）ともいう。健康で体力のある兵士を作るためには健康な国民を作る必要があるとして衛生行政を充実させ、国民健康保険制度を確立させた。

しかし、障害を持つ人々は、体力のある兵士になれないと考えられ、事実上排除された。

---

 check 　1920年代（大正期）に障害児教育がどのように進展していったのかを考えてみよう。

[参考文献・ホームページ]
・全国病弱虚弱教育研究連盟病弱教育史研究委員会『日本病弱教育史』デンパン株式会社、1991年
・文部省『特殊教育百年史』東洋館、1978年
・荒川勇・大井清吉・中野善達『日本障害児教育史』福村書店、1976年
・文部科学省「公立私立盲学校及聾唖学校規程（抄）」http://www.mext.go.jp/b_menu/hakusho/html/others/detail/1318106.htm

第5章 125 アジア太平洋戦争下の障害児教育

1941年、小学校は国民学校と改められた。これは、単に名称の変更にとどまらず、子どもたちを戦争に駆り立てる国家主義教育の中に押し込もうとするものだった。そうした教育が進められていく中で、障害児教育にも影響が及んでいった。

●国民学校令施行規則第53条

　国民学校二於テハ身体虚弱、精神薄弱其ノ他心身二異常アル児童二シテ特別養護ノ必要アリト認ムルモノノ為二特二学級又ハ学校ヲ編制スルコトヲ得

　前項ノ学級又ハ学校ノ編制二関スル規程ハ別二之ヲ定ム

■ 国民学校令の制定

　1941年3月、国民学校令が公布され、同年4月に施行された。ここでは「忠良ナル皇国臣民ノ錬成ヲ主眼」とすることが明記されていた。つまり、「天皇の赤子」として、進んで戦争に協力する臣民を作ることが最大の課題となったのである。この時期の障害児教育にとっては、国民学校令第9条と同令施行規則第53条・第74条が大きな意味をもつ。同令第9条では、1900年の第三次小学校令を受けて、「病弱、発育不全その他の理由の者は、市町村長は地方長官に報告し、就学を猶予し、瘋癲（精神障害）、白痴または不具廃疾の者は就学を免除する」ことを、地方長官の認可を受けて市町村長が認めるとしていた。また、同令施行規則第74条では、盲学校・聾唖学校は国民学校の課程と同等のものと認められた。さらに、同令施行規則第53条において、身体虚弱、精神薄弱その他心身に異常ある児童のために特別学級または特別学校を任意に設置することを許可したのである。その結果、養護学級は飛躍的に増加し、障害児学校も国民学校となっていった。あわせて1943年、中等学校令が制定され、中学校・高等女学校でも障害児のための学級編制が認められた。

　こうした一連の法制上の整備は、障害児をも総動員体制に組み込み、戦時下の人的資源確保につなごうとする考えの表明であり、障害児を放置すれば犯罪を起こす可能性があり、教育を施すことで犯罪を未然に防ぐという社会防衛の観点から出たものであった。しかし一方では、従来から障害児教育に取り組み、障害児の発達を保障するために尽力してきた教師や保護者らの成果でもあった。

■ 戦局の激化の中で

　1942年のミッドウェー海戦での敗北以降、戦局は悪化の一途をたどり始める。1942年、すでに大阪思斉国民学校の児童数は75人に激減し、ついには校舎も兵舎に利用されることになった。また、知的障害児の教育を担っていた補助学級も担任の応召などにより休止されるものが増え、1944年には東京の補助学級はすべて解散させられ、翌45年には京都でも解散命令が出された。

　さらに、1944年大都市の学校には学童集団疎開が実施されることになった。次ページ表にある通り障害児学校も集団疎開を実施している。この内、東京都立光明国民学校（肢体不自由児）の集団疎開については、疎開時期が遅く、校舎が空襲により焼失したことで、疎開終了が1949年5月28日と遅かったことで知られているが、表内の徳島県立聾唖学校は、開始が1945年7月下旬とさらに

[光明国民学校の疎開の様子（「語り継ぐ学童疎開」、全国疎開学童連絡協議会ホームページより)

遅く、和歌山県立盲唖学校は、1946年2月1日から疎開を開始し、終了は48年8月31日である。また、愛知県立盲学校は49年3月、佐賀県立盲唖学校は敗戦後の1945年9月1日に疎開を開始し、終了は52年3月31日である。学校によってさまざまな事情があってこうなったのであろうが、戦後になっても集団疎開を開始した学校が複数校あったことは注目される。

また、疎開中、障害児は疎開地域で勤労奉仕や学徒動員されることもあり、盲学校生徒——年少者だけでなく、年長の生徒が疎開に加わっている場合はなおさら——陸軍病院などに出向き、「治療奉仕」活動を行っている。そして、原子爆弾投下により被害を被った施設もある。広島の知的障害児施設、広島教育治療学園（現・六方学園）は施設が破壊されると共に、園児・職員が死傷し、園児らは原爆の後遺症で苦しんだ。

障害児は、戦時下で教育を受ける権利を奪われるだけでなく、校舎を兵舎に転用されたため、長い期間授業が実施できなかった。また、米軍の空襲で校

表　全国障害児学校学童疎開の状況

県　名	学校名	疎開の期間	疎開先
宮　城	宮城県立盲唖学校	1945.7.21 ～ 45.10.25	宮城県宮野村
東　京	官立東京盲学校	1944.9.10 ～ 46. 3	静岡県・富山県（分散）
	官立東京聾唖学校	1944.9.15 ～ 46.12.5	埼玉県高野村・百間村
	都立聾唖学校	1944.5.15 ～ 46.4.1	神奈川県小淵村、吉野村、千木良村、小原村
	都立聾学校	1944.8.21 ～ 45.12.3	東京都花畑町
	私立日本聾話学校	1945.4.27 ～ 45.11.6	長野県滋野村
	都立光明国民学校	1945.5.15 ～ 49.5.28	長野県上山田村
神奈川	横浜市立聾話学校	1944.9.1 ～ 46.1.15	横浜市井戸ケ谷・保土谷（分散）
新　潟	新潟県立長岡聾唖学校	1945.9.10 ～ 48.10.18	県立長岡高等女学校
富　山	富山県立盲唖学校	1945.9.15 ～ 48.10.31	富山県八幡村
岐　阜	岐阜県立岐阜盲学校	1945.9.15 ～ 47.1.23	岐阜県梅原村
山　梨	山梨県立盲唖学校	1945.9.20 ～ 46. 9.22	山梨県共和村
愛　知	愛知県立盲学校	1944.9.30 ～ 49.3	愛知県一宮市、津島市（再）
	愛知県立聾唖学校	1944.8.27 ～ 46.2.4	愛知県知立町、猿投村（再）
大　阪	大阪府立盲学校	1945.5.26 ～ 45.10頃	大阪府富田林町・津田町（分散）
	大阪府立聾口話学校	1944.9.13 ～ 45.10.20	大阪府八尾市・高安村・和泉村、奈良県大淀町（分散）
	大阪市立盲学校	1944.10.28 ～ 45.10.15	大阪府高槻市
	大阪市立盲唖学校	1944.9初旬 ～ 46.1.1	大阪府寝屋川町
	大阪市立思斉国民学校	1945.4.15 ～ 48.11.4	大阪府南池田村
兵　庫	兵庫県立聾唖学校	1945.6.10 ～ 47.2	兵庫県垂水町、県立盲学校、自治会館（再）
	神戸市立盲学校	1945.1.29 ～ 47.1.31	県立盲学校、真野小学校（再）
和歌山	和歌山県立盲唖学校	1946.2.1 ～ 48.8.31	和歌山県西脇
広　島	広島県立盲学校	1945.4.1 ～ 46.6.1	広島県幸村
	広島県立聾学校	1945.4.5 ～ 46.12.16	広島県吉田町、寺院（分散）
山　口	山口県立下関盲唖学校	1945.5.10 ～ 45.10頃	山口県二俣瀬村
徳　島	徳島県立盲聾唖学校	1945.7下旬 ～ 46.7末	穴吹高等女学校、富岡高等女学校、民家
高　知	高知県立盲唖学校	1945.7.15 ～ 45.8.31	高知県黒瀬村
佐　賀	佐賀県立盲唖学校	1945.9. 1 ～ 52.3.31	佐賀市名井寺院・民家、佐賀郡道場、多布施町会社青年寮（分散・再）
長　崎	長崎県立盲学校	1945.6.23 ～ 48.5.28	長崎県長与村
	長崎県立聾唖学校	1945.5.3 ～ 47.5.29	長崎県加津佐町、大村市（再）
熊　本	熊本県立盲唖学校	1945.7.7 ～ 45.9.15	熊本県砥用町
大　分	大分県立盲唖学校	1945.5下旬 ～ 46.3	大分県狭間町
宮　崎	宮崎県立盲学校	1945.6.27 ～ 46.2中旬	宮崎県野尻村
	宮崎県立聾唖学校	不明	不明

表内、(分散)とは同一校が異なる地域に疎開したこと。(再)とは、同一校が再疎開したことを示す。
引用：清水寛『太平洋戦争下の全国の障害児学校』96 ～ 97ページ。

舎が消失してしまい、再建まで教育を受けることができなかった。ただ、重度の障害のためや貧困が原因して疎開にすら参加できなかった障害児も多く、彼らは残留組とよばれ、学校やその他の施設で寺子屋式に細々と続けられていた授業——授業という名の各種の作業を含めて——を受けていた。さらに、東京・大阪などの大都市や中小地方都市に繰り返された空襲で死亡した障害児の数はまったくわかっていない。

（向井啓二）

> check　**アジア太平洋戦争下で、障害児がおかれた劣悪な状況を知り、戦後どのように変化していったかを考えてみよう。**

［参考文献］
・清水寛『太平洋戦争下の全国の障害児学校』新日本出版、2018年
・中村満紀男・荒川智編『障害児教育の歴史』明石書店、2003年
・長浜功『国民学校の研究』明石書店、1985年
・津曲裕次・清水寛・松矢勝宏・北沢清司編『改訂新版　障害者教育史』川島書店、1985年

第5章

126

戦後障害児教育の発足

戦後の障害児教育は、関係者のさまざまな思いから出発し、憲法・教育基本法・学校教育法に規定された教育制度の下「特殊教育」として出発した。盲・聾関係者の運動によって、盲・聾教育の義務制は実現したが、養護学校のそれは延期された。

■ 敗戦 (1945年8月)、それぞれの出発

1945年8月14日、日本政府はポツダム宣言を受諾し、翌日に敗戦となり、太平洋戦争は終結した。街には傷ついた人びと、浮浪する子どもたちがあふれ窮乏生活がはじまった。人びとは生きることに精一杯であった。こういう状況の中で戦後教育ははじまった。

日本最初の肢体不自由児学校の東京市立光明養護学校の戦後第1回 (1946年3月) 卒業式の答辞では、「…平和日本、文化日本建設の為前途を激励して下さいましていっそう力の湧く…激しい空襲の夜や…集団生活も経験致しました。八月十五日には一緒に泣きました。…今日こそは、私どもにとって第二の誕生日になる…私どもは身体の不自由な事はもとより覚悟して出発いたします…」と、戦中生活の苦しさと「第二の誕生日」の「出発」が記されている。

数少ないが、戦時下に運営されていた障害者施設もあった。知的障害者施設に働いていた田村一二 (石山学園・滋賀県) は、8月15日 (敗戦) を防空壕掘りの最中に知り、「しばらくは…何も手につかなかったが、やがて9月にはいると、再び猛然と立上がった」(『特異工場』1946年) と記している。

さらに、茨城県で戦後最初 (1950年) に特殊学級を設置した静小学校 (梅根悟の指導でコア・カリキュラムを進めた) では、「国家の総力と運命を賭けた大戦も終止符をうち、残ったのは廃墟と化した山河と路頭に迷う同胞、はびこる社会悪であった。そのような中、足下に祖国再建の息吹を見た。それは、純真で生活意欲旺盛な子供達の姿であった。この子供のことを考えたとき、新即真日本の建設の基盤は新教育即真教育以外にあり得ないと思った」(静小学校「昭和25年度学校経営案」要旨) として、「新教育即真教育」をめざす学校づくりの過程で特殊学級を設置した。

上記は、学校や施設関係者の「それぞれの出発」を紹介したが、そこには、戦後障害児教育の新しさ (不連続) と同時に戦前とのつながり (連続) もあった。

■ 教育制度の確立と盲・ろう教育の義務制

新たな教育制度は、日本国憲法の公布と、この新憲法の理念の下、教育の目的や方針の根本を定めた教育基本法の制定、同時に制定された学校教育法から始まる。この法に、「第6章特殊教育」条項が規定され、盲・聾・養護学校 (知的障害、肢体不自由、病弱) の義務教育制度が位置づけられた。この条項の成立には、全国聾唖学校職員連盟 (1946年2月結成) や日本盲教育会 (1946年11

月結成）の運動、教育刷新委員であった城戸幡太郎や川本宇之介（東京聾唖学校長）らの努力があった。しかし、義務制の実施は、教員養成の困難さや経済的理由から延期（学校教育法附則第93条）されてしまった。

　この困難を克服し、盲・ろう教育を義務制へ導いたのは、「戦前の聖代の恩澤に浴する請願運動」から「民主化転換」を成し遂げた盲・聾関係の団体や1947年6月に結成された日本教職員組合（「教え子をふたたび戦場に送るな」との呼びかけで結成。略称は日教組）の特殊学校部（盲・聾の二団体は組織的に合体）などの運動であった。これにより、盲・聾学校教育の義務制は、1948年度（通常学校から1年遅れ）から学年進行で実施された。

「汽車ごっこ」をする近藤益雄。益雄は「この子らとゆく道は、ひとすじ、はるかなれどまようことなし」と記している。（近藤原理・清水寛編、城台巌写真『この子らと生きて』日本図書センター、2009年より）

　その後、日教組特殊学校部や文部省関係者も含めた運動によって、「盲・聾・養護学校の就学奨励に関する法律」（1954年）や「公立養護学校整備特別措置法」（1956年）が制定された。それ以前に比べて養護学校建設も前進し、養護学校教育義務制への条件をつくった。しかし、完全な義務制までには、さらに20年（1979年）待たなければならなかった。

■ 民主教育思想の形成

　戦後、国際社会は資本主義と社会主義が対立する冷戦が始まり、朝鮮戦争の勃発もあり、民主勢力や労働運動、教育政策は、アメリカの反共政策の下で早くも反動期に入った。この時期、長崎県で小学校長職を辞して（1950年）、特殊学級を創設し自ら担任となった教師、近藤益雄（1907〜1964年）がいた。近藤は、マッカーサーによる2・1ゼネスト禁止（1947年）頃の日記に「軍閥、官僚、地主などが結託してひきおこしてしまった太平洋戦争のために、…人間がどんなに駄目にされてしまったことか、そして教育もまたその一役を受け持って…」、「誰が誰を幸福にするのか、私はそんなことを考える。それは人民が人民を幸福にするのでなくてはならない」「今まで自分は、よい子と思って素直なこどもを考えていた。しかし、素直ということは、何に対して素直なのかが問われなければいけない」と記している。また、朝鮮戦争勃発期には、粗末なノートに「ぎりぎりのねがいのために」と題し「今のこの　いのちのなかにある／たったひとつのことば　戦争を止めろ」と、詩を書いた。ここに、戦争体験をくぐり、戦後の障害児教育を代表する一教師の民主教育思想の形成過程がうかがえる。

（船橋秀彦）

●学校教育法

　教育基本法と同じ1947年3月公布され、「第6章特殊教育」として障害児教育に関する条項が規定された。審議過程には、「軽度児のみを障害児教育の対象とする」能力観もあったが、障害児教育が日本の教育体系に位置づき、教育史上初めて盲・聾・養護学校の義務教育制度が規定された法律である。

●城戸幡太郎（きど　まんたろう、1893-1985）

　1946年から47年にかけて、文部省教育研修所所長（「精神薄弱」児実験中学校の設立）、米国対日教育使節団日本側教育家委員会委員（改革案の提出）、教育刷新委員会委員などの立場から、学制改革や教育基本法、学校教育法、児童福祉法の作成・審議・制定に直接関与した。

---

 check → 戦後の障害児教育と戦前のそれとで、連続する内容と不連続な（新しい）内容について、実践・制度・要求運動から考えてみよう。

［参考文献］
・高橋智・清水寛『城戸幡太郎と日本の障害者教育科学』多賀出版、1998年
・荒川勇『戦後盲、聾教育の運動と制度的整備』田研出版、1992年
・河添邦俊・清水寛・藤本文朗『障害児と学校』新日本出版、1979年

知的障害児教育の実践
——近藤益雄の生涯

アジア太平洋戦争終了後、知的障害の子どもたちになんとかして教育を行おうと努力を続けた近藤益雄の生涯を通じて、彼の教育実践がどのようなものであったかを学ぶことにしたい。

近藤益雄
『障害者教育・福祉の先駆者たち』
中野善達編著、麗澤大学出版会、
2006年より

●生活綴方教育
1910年頃からはじめられた日本独自の教育。子どもの生活全体の指導を目的とする。子ども自身が日常生活の中から取材し、作文や詩などの表現を通じて自らの生活や社会について理解を深めようとするもので、教師はこれを指導することで、国語力を身につけさせると同時に社会に対する理解を深めさせる。

●近藤益雄の主張
　知的障害児に読み書き指導は不要であるという批判に対し近藤は、「子どもの生活に読み書きの力がなくてはならないものなら、それをつけてやらねばならない」と主張した。さらに、「子どもたちに人間らしい生活へのあこがれをとげさせてやるために」「自信、いくらかの誇り、いくらかの幸福感をあたえることができるために」読み書き指導は必要だと述べている。(近藤益雄『精神薄弱の読み書き指導』)

■ 近藤益雄（こんどう　えきお、1907 ～ 1964）

青年期までの生活

　近藤は、1907年3月、長崎県佐世保市に生まれた。6歳のとき、父が病死したため、母の郷里である平戸に移り、母子家庭で育った。決して裕福な家庭ではなかったが、母の愛情につつまれた生活をすごした。幼いときから、貧しい子どもたちや障害のある人たちが周囲にいる環境の中で、彼らに愛情をもって接するよう母から教育を受けた。

　1919年、小学校卒業後、長崎県立中学校猶興館（ゆうこうかん）に入学し、5年間の学生生活をすごした。1924年、国学院大学高等師範部に入学した。近藤は在学中から川路柳虹（じりゅうこう）（曾祖父は幕末の外国奉行、川路聖謨。口語体自由詩を発表し、注目された）の主宰する『炬火（たいまつ）』同人となり、詩集を発表した。一方で、大学2年生後半から卒業まで、巣鴨の桜楓会託児所でボランティア活動をした。この体験を通じ、近藤は小学校教員になることを決意した。

　後に当時のことを近藤は「教育というものが、人間の幸福のために、愛と忍耐とでつづけられなければならないことを、私は巣鴨の託児所で、いつしかさとっていたのである」（近藤えい子『地虫のはうがごとく—いくじなし先生の記』）と述べている。

小学校教員として

　1927年、大学卒業後、近藤は長崎に戻り、佐世保郊外の北松浦郡山口尋常高等小学校の代用教員として勤務することになった。しかし、肋膜炎に罹り、退職した。翌年、回復した近藤は、同郡上志佐村立上志佐（かみしさ）尋常高等小学校の代用教員となった。同校では、同僚らとともに生活綴方教育を実践する。この教育は、子どもたちが詩や作文を書くことを通じて自らを見つめ直し、生活や社会を深く理解するものである。教員としての近藤も指導を通じ、当時の社会の矛盾や問題を学んでいったと考えられる。

　1937年の日中戦争開始とともに、国家主義的な傾向が強まっていく中で、生活綴り方教育を実践している教員に対する処分・弾圧も行われ、近藤のように、当時の共産主義運動に参加していない者までが「赤化教員」と見なされ、特別高等警察（特高）の監視下に置かれた。勤務先小学校（田助尋常高等小学校）校長から退職を勧告された結果、同校を去り、1941年平戸高等女学校国語科教員となった。

女学校教員としての近藤は、「真の日本人とは天皇に生命をば捧げ国に殉ずる魂の持主となることである」（1943年『教育記録ノート』）と、国策協力を説いている。その後、45年6月兵員不足のため、38歳で徴兵され、8月15日の敗戦の詔書発表後、同年9月20日復員した。

知的障害児の教員として

近藤は、高等女学校教員に戻った後、1947年、平戸町立田助中学校教頭に赴任し、翌年、田平村立田平小学校校長になった。校長時代から、知的障害児に絵や文字を教えていた彼は、1950年、校長を辞し、知的障害児のための「みどり組」を組織し担任となった。近藤を障害児教育に向わせた理由は、小学校教員時代に知的障害者と出会ったことや、知的障害児を指導した経験による。

近藤は、「みどり組」で生活綴方教育を中心にすえた教育を行った。彼は、障害児が文を書けるようになるためには、彼らに「生活」・「教科」・「労働」の大切さを身につけさせねばならないと考えた。この点について以下のように述べている。「かく力をそだてるために、私たち子どもの生活力をそだててやらなくてはならない。みる力、話す力、きく力、考える力、などから、生活力がすこしづつ、きずきあげられる」。「それでいて私は生活綴方の本道を忘れはしない。どんなにおくれていても、文字さえ習得できたら、子どもはかかないではいられない―そのような子どもをつくるために、生活の根につちかい、それをそだてなくてはならない」（『この子らもかく』）。

近藤は、子どもたちが文を書けるようになるためさまざまな努力をした。まず、口や舌をどう動かし、声を出すのか練習し、次に物の形を見分ける練習をした後、平仮名が書けるようにことばカード（名前カード）を作り、文字に慣れ親しむ環境を整備した。こうした訓練や教具は、近藤の日頃の実践の中で生み出されたものであった。

1953年、近藤は元農業学校校舎を購入し、自宅兼用の施設「のぎく寮」を創設した。当時、長崎県に知的障害児施設がなかったことがその理由である。近藤は障害児学級の教員をしながら、寮で暮らす子どもたちの生活を支えた。62年、近藤が退職したことと、寮に住む生徒数が増えたことなどを理由に、寮を「のぎく学園」と改めた。同年、あわせて成人障害者の生活を支えるために「なずな寮」を設置した。

知的障害者に対する近藤の努力は、妻・息子夫妻により支えられていたが、彼の身体と精神は次第に弱まっていった。その結果、1964年4月、近藤は佐世保中央病院に入院する。5月16日、一時帰宅したが、翌日「のぎく学園」2階にある自室で自殺した。享年57歳。まだまだこれからの年齢であった。このあまりに早い死は、近藤の心労の深さを物語っているといえるだろう。社会から排除・疎外され、苦しんでいた知的障害者への差別を否定し、彼らと寝食をともにし、彼らの生活を少しでも豊かにしようと努力した近藤の姿は、忘れてはならないものである。

（向井啓二）

●「のんき」「こんき」「げんき」

近藤益雄が「特殊」教育の教師像として「のんき」「こんき」「げんき」の3つをあげたことはよく知られている。

「のんき」について、近藤は次のように記している。

「のんき」は、精薄児にたずさわるものの美徳である。…なにはともあれ、あせってはいけない。それこそ普通学級の何十倍もゆっくりあるかなければならない。子どもといっしょに、子どもをおきざりにせず、子どもたちに先ばしりさせず、ゆっくりあるくことである。だから、私のいう「のんきの精神」は、けっして「なげやり」なのではない。…それには、のんきにあそぶことからはじめたら、どうだろう。

「こんき」については、次のように述べる。

この子らを教育するには、ものすごく「こんき」がいる。私どもの方は、すっかりあいて、いやになっていても、子どもの方は、すこしも、あくことをしらないという調子だから、いっそうやりきれない。でもこんきづよくやらないと、なかなか、子らがあたえるものを、うけとってくれない。

「げんき」については次の通りである。

生々した動作は、この子どもたちに快い刺激を与える。それは担任当初にも必要だし、途中で挫折しそうになるときには、いっそう必要なものである。…とにかく「げんき」もまたすばらしい道徳だと、教師たるものはすべておもわねばならない。

『のんき・こんき・げんき』近藤益男著作集5（明治図書）

---

 check 近藤益雄が生活綴方教育を通じて知的障害児に読み書きする力をつけるために、どのような努力をしたのかを考えてみよう。

［参考文献］
・近藤原理・清水寛編『この子らと生きて』日本図書センター、2009年
・清水寛・近藤原理編『子どもに生きる』日本図書センター、2009年

5

障害児教育の歴史

知的障害児に教科教育を
──遠山啓の取り組み

数学者として著名であった遠山啓は、知的障害児に教科教育、なかでも当時は無理であり、無駄と考えられていた算数教育を行うことに取り組んだ。その内容がどのようなものであるのか、理解したい。

遠山 啓
（写真提供：遠山真学塾）

●水道方式

遠山啓・銀林浩が小学校の算数教科書を作るための会議で考え出した計算練習の理論。くりあげの有無や0などの要素で計算を型分けしていくもので、ダムの水源地から水道管に水が流れるように、典型を確実に身につければ、特殊型の計算もできるようになることからこのように呼ばれる。

●障害児教育原点論

遠山は、障害児の発達は、健常児の発達をスローモーションで見るようなもので、障害児教育が障害をもたない子どもの教育と発達の関係を知る機会になることを強調した。しかし、両者の教育分野の独自性と普遍性を考えるべきであろう。

●発達の量的差異論

遠山は、知的障害児の発達は非知的障害児と質的に差異がないことを主張したことで知られ

■ 遠山 啓（とおやま ひらく、1909～1979)

略歴

遠山は、1909年朝鮮の仁川で生まれたが、すぐに熊本県に戻る。その後東京に移った。いったん、東京帝国大学理学部に入学するが退学し、東北帝国大学理学部に再入学し、1938年卒業した。同年から43年にかけ、海軍霞ヶ浦航空隊教官（海軍教授）を経て、翌年から東京工業大学に勤務し、69年まで数学を教えた。

「原数学」の提唱

遠山は、1950年頃から数学教育に関心をもつようになり、1958年には「水道方式」と呼ばれる計算方法を確立した。彼は、1945年の敗戦を契機に導入された生活単元学習を批判し、教科教育の重要性を説いた。その理由は、能力主義的な意味からではなく、子どもたちに生きていくための真の学力をつけさせたいと考えたからであった。

東京工大退職直前の1968年、彼は東京八王子養護学校の教育研究活動に参加した。彼は「学校の試験の点数で生徒を差別し、それを一列に系列化しようとする考え」があり、「このような差別の強化をめざす教育体制の最大の被害者はいうまでもなく障害児である」（『歩きはじめの算数』）と述べ、障害児教育に取り組んでいった。

知的障害児には教科教育を行うことは無理なことで、数を理解させることは無駄なことであり、せいぜいやれても、教育内容の程度を下げ、進度を遅らせたカリキュラムを教えればよいとする「水増し教育」が当然視されていた時期に、遠山は知的障害児にも教科教育が可能だと主張し、「原数学」という考え方を生み出した。彼はこの点について、要約すれば以下のように述べている。すなわち、アメリカから経験単元学習理論が導入され、知的障害児教育に影響を与えていた。その内容は、教科教育を否定し、健常児の教育をアレンジしただけの「水増し教育」に過ぎなかった。知的障害児に対する算数教育は、教科教育ではなく、生活教育の一環としての従属物に他ならなかった（『同前』）。

遠山はこうした現状を憂慮したのである。これに代わり彼が提唱した「原数学」とは、「従来の教科教育、とくに算数教育が始まる前に、その準備として、このような学習が必要である」として、考えられることを教えようとするもので、「未測量」と「位置の表象」、その2つをつなげる「分析と総合」（概念形

成の方法）から成り立つものであった。「未測量」とは、「数として測定していない段階の量」という意味で、大きい／小さい、長い／短い、多い／少ないと表現される事柄について教具を使い理解させることである。つまり、何cm、何kgといった単位ではなく、物の大小、長短などを理解させることである。次に「位置の表象」とは、「平面上での物（形）の存在している位置関係を知ること」であり、ここ／あそこ、上／下、右／左を正確に知ることで、図形を理解させる前提になる事柄である。この「未測量」と「位置の表象」が結びつき「分析と総合」の思考ができるとされる。つまり、「赤いまる」は、「赤」という色の概念と「まる」という形の概念に分けられる（分析）が、それらが１つになり（総合）、「赤いまる」という新しい概念が作られるのである（『同前』）。これらからも理解できるように、色と形の認識（色が同じ／違う、形が同じ／違う）が必要とされており、そのことが強調されている。

　遠山は、なぜ、知的障害児に教科教育が必要なのかという疑問に対し、「たとえちえ遅れの子どもであっても、人間として発達していくのには、知的発達が必要であるし、それは教育によってある程度まで可能」だと考えたからだと述べている。また、「教育がしだいに下降していって、もっとも根源的なものに深く下降していく必要がある」（『同前』）とも述べて、従来行われていた「水増し教育」ではない、新たな教科教育を開拓する必要性を説いている。

　遠山は、こうして数学だけでなく他の教科にも通じる「原教科」が考えられるべきだと述べた。彼の「原教科」の提案に対しては異論もあるが、遠山と八王子養護学校の教員とで行われた実践は画期的なものであったことは間違いない。事実、現在の特別支援学校では「ことば」と「かず」の授業が行われており、それを基礎に数の計算につながる教育が行われている。

遠山に対する評価

　遠山の教育実践・教育内容を茂木俊彦は、「基本的にはヴィゴツキーと考え方を共有しつつ、それを障害の重い子どもにおいて具体化したものだといえる」と評価し、「教科は通常考えられてきたよりもはるかに早い時期から教えることができる」ことが理解されるようになったこと、「発達が遅れている子どもたちは、あるいはそういう子どもたちこそ、安易に用意された教科の指導を受けつけず、諸科学についての高度な知識を援用して構成した、いわば『ほんもの』の教科を要求することを学んだ」（『障害児と教育』）と述べている。

　知的障害児には教科教育などは無理で無駄なことという当時の考え方を打破し、教育内容を根本から変革させることで、教科教育を可能にさせた遠山の実践は、名著『歩きはじめの算数』に詳述されている。とくに彼の教具へのこだわりと工夫について、もう一度学び直す必要があるだろう。

（向井啓二）

ている。遠山が「原教科」論を説いた当時、支配的な知的障害児発達論は、知的障害児と非知的障害児の発達は質的差異があり、異なるという見方が一般的だった。その考えは精神年齢（MA）をそろえて、知的障害者と非知的障害者の知能検査結果を比較すると、知的障害者は通過問題に不規則が大きく存在するという事実に基づいていた。質的差異論は、非障害児を教育するのに同じ内容を薄めたりしただけでは通用しないので、質的に異なる方法論が採用されなければならないという主張につながり、知的障害児の指導は生活単元学習でなければならないとされた。こうした主張に遠山は挑戦した。

　知的障害児の発達と非知的障害児の発達の差異を質的差異論と理解すべきか量的差異論と把握するかは、今日においても発達論の分野で対立が続いている。これは、比較対照する対象として、いかなる課題や領域を取り上げるかにより違ってくることによる。

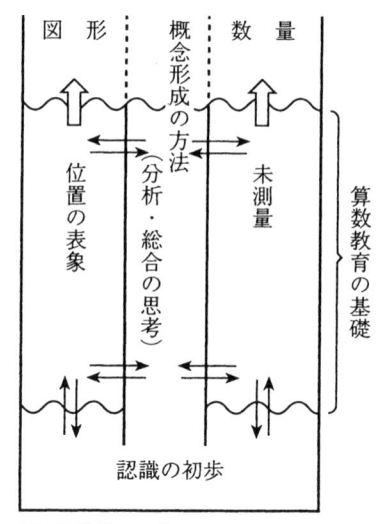

図　原数学の３分野

check 遠山啓が組み立てた「原数学」論の内容を学び、教科教育をどのように進めたのかを理解しよう。

［参考文献］
・遠山啓『歩きはじめの算数―ちえ遅れの子らの授業から』（現代教育101選）国土社、1992年
・茂木俊彦『障害児と教育』岩波新書、1990年
・茂木俊彦『障害児教育を考える』岩波新書、2007年

第5章

129

病弱児教育の進展

病弱児に対する教育は、すでに明治期から始まった。虚弱児についても、大正期には空気が良く環境の良い海辺や山間地などで、臨海学校や林間学校といった療養と教育を兼ねた学校・施設が設けられ、対応がなされていた。その後1945年以降、現在に至る病弱児教育がどのように進展したのかを概括したい。

●病弱児・虚弱児とは

文部科学省は、特別支援教育の「(5)病弱・身体虚弱教育」の項で、「病弱とは、慢性疾患等のため継続して医療や生活規制を必要とする状態、身体虚弱とは、病気にかかりやすいため継続して生活規制を必要とする状態をいいます」と区分をしている。つまり、「病弱児」とは、「継続して医療（治療）を受けねばならないか、もしくは生活規制が必要な児童」をさし、「身体虚弱児」は「明確な病気ではない」か、あるいは「病名診断ができない状態にある児童」をさしている。但し、「病弱」も「身体虚弱」も共に医学用語ではなく、「一般的な意味（用語）」として、使用されている。

●病弱児の実態

文部科学省は2013年4月1日から翌14年3月31日までの間、「長期入院児童生徒に対する教育支援に関する実態調査」を実施し、これに基づき「長期にわたり入院している児童生徒への教育支援の実態と課題」（以下、「実態と課題」と略記）を公表した。これによれば、2013年度1年間で年間延べ30日以上の長期入院した児童生徒は、約6300人おり、在籍児童生徒が長期入院した小中学校は約2400校ある。彼らに対する教育の状況は、彼らが在籍する学校の教員が病院を訪問し指導する形式が多いが、実施回数は週1日以下、1日75分未満が過半数を占めており、約4割の

■ 病弱児教育の歴史

明治期

近代初頭、幕末から諸外国との外交・貿易を通じ、人とモノが入るようになるとコレラをはじめとする各種の病気が広がり、わが国は公衆衛生制度の確立をする必要が生じた。1879年の「教育令」においても感染児に対する登校禁止が定められたが、病弱児の教育について述べているわけではない。その後、1898年、三重尋常師範学校の全生徒の6割以上が脚気に罹り、転地療養と教育が行われた。これが日本最初の病弱教育だとされている。

また、1897年「学校伝染病予防法及び消毒法」が制定され、すべての学校で身体検査が行われることとなり、翌年には全国の公立小学校に学校医が配置された。子どもに対する健康への関心の高まりは、近代国家を支える労働力・兵力の維持向上を目的とする政府の意図に沿ったものであった。

大正期

日清・日露期の産業革命により資本主義が発展した明治末から大正期にかけて、低賃金・長時間労働、劣悪な待遇で働く労働者の健康は悪化の一途をたどり、社会問題として認識されるようになった。1919年「結核予防法」、「トラホーム予防法」、「学校伝染病予防規定」が定められ、対策が講じられていった。しかし、前年の乳幼児死亡率は、出生者1000人対し、189と最悪の数字となり、より細やかな対応をする必要があると理解されるようになった。特に学校では子どもたちの体格・衛生状態・感染者数の把握だけでなく、教員の疾病・結核対策が講じられることとなった。

この時期の病弱児教育の事柄としては、1917年、民間の社団法人白十字会附属林間学校が設立されたことがあげられる。同校は「小学校令」第16条による私立小学校であり、神奈川県知事から認可された学校で、虚弱児に対する教育を行った。

昭和戦前期

満洲事変・日中戦争・アジア太平洋戦争を戦う兵士を育てる必要があり、国民の健康はこれまで以上に管理された。

1937年「保健所法」が公布され、結核予防・母子保健が強調されることとなった。1940年「国民体力法」が制定され、国民の身体・精神・運動機能・疾病予

防の検査が行われることとなった。1941年の「国民学校令施行規則」で「身体虚弱……心身に異常ある児童」に対して養護学級を設置する旨が定められた。その結果、翌42年の「国民学校の養護学級総数は1682学級、児童数65930人、身体虚弱は1616学級（96%）、児童数64891人（98%）」であった（西牧謙吾「病弱児教育の歴史と制度（1）」）。

敗戦後

1946年公布された日本国憲法第26条では「すべて国民は法律の定めるところにより、その能力に応じて、ひとしく教育を受ける権利を有する」と国民の教育を受ける権利を規定している。また、同年2月、文部省は体育局長通知「学校衛生刷新ニ関スル件」で病弱・身体虚弱児に対する施設の増加を奨励した。

さらに、翌47年制定された「学校教育法」第23条では病弱児・虚弱児は就学猶予・免除の対象とされた。また、同第71条で特殊教育諸学校の設置目的が明確化された。しかし、病弱児は学校教育の対象外とされた。同法第75条でも特殊学級は、虚弱児だけが対象となり、病弱児は除かれた。

■ 社会の変化と養護学校義務制

1950年代後半から高度経済成長が始まった。しかし、病弱児教育の進展は緩やかだった。ようやく1956年の「公立養護学校整備特別措置法」で病弱児養護学校設立についても必要性が理解され、57年までに新たに3校の病弱児養護学校が設置された。

1961年「学校教育法」第71条が改正され、病弱児のための養護学校設立が明確化された。さらに、翌62年には「学校教育法施行令」の一部改正がなされ、病弱児・虚弱児については、医療又は生活規制6カ月程度以上ものとされ、病弱児も他の障害児と同じく教育の対象と明記された。

病弱児学校の学習指導要領は、1963年に文部事務次官通達がなされ、同年から実施された。この指導要領で考慮されたのは、病弱児に対し①「養護活動」の領域を設定し、②小学校の学習指導要領における最低授業時間数を確保するように努め、1単位時間を35分と短縮した。③効果的な学習のために、ア基礎的内容を重視し、イ個別指導を心がけ、ウ不可能・困難な内容は省略し、エ図書館・視聴覚教材を活用することとした。

1979年には養護学校義務制が実施され、病弱児を含めすべての障害児への教育が開始されることとなり、就学猶予・免除されてきたすべての病弱児に対する教育機会が保障された。さらに、2002年には「学校教育法施行令」第22条の三が改正され、盲・聾・養護学校に就学すべき障害の程度（就学基準）の運用が弾力化され、就学基準を満たしても、市町村教育委員会が認める場合は、小・中学校に就学が可能となった。

(向井啓二)

2520人には在籍校の学習指導が実施されていなかった。その理由として「治療に専念するための病院からの指示や感染症対策」、「指導教員・時間の確保が難しい」、「病院が遠方である」などであった。

また、病類別にみた在籍者数は、全体的には平衡状態であるが、「心身症などの行動障害」——器質的脳疾患・精神病・神経症・食思不振症、発達障害・不登校といった精神・行動障害——が増加している。

●ハンセン病児に対する教育

1919年、香川県の大島療養所内に設置された「大島学園」では、患者の中に教師がいたことで、教育が施されたことが確認できる。1947年には、先の大島青松園、菊池恵楓園（熊本）、49年には東北新生園（宮城）に、50年星塚敬愛園（鹿児島）、53年多摩全生園などに特殊学級が設置された。

声言語・動作によるサイン・線画シンボルの三つのコミュニケーション様式を同時に用いる教育が実施された。

 病弱児・身体虚弱児に対する教育が権利として保障されてきた歴史を学び、今後どのように発展していけば良いかを考えてみよう。

[参考文献・ホームページ]
- 文部省『特殊教育百年史』東洋館出版、1979年
- 全国病弱虚弱教育研究連盟『日本病弱教育史』デンパン株式会社、1991年
- 小野次朗・西牧謙吾・榊原洋一郎『特別支援教育に生かす病弱児の生理・病理・心理』ミネルヴァ書房、2011年
- 文部科学省「特別支援教育について（5）病弱・身体虚弱教育」http://www.mext_go.jp/a_menu/shotoku/tokubetu/004/005.htm

障害児教育における 1960 年代
——高度経済成長期の障害者問題

1960年、『経済白書』は「戦後ではない」と述べたが、『厚生白書』は「福祉国家としての水準は西欧諸国に遠くおよばない」とした。高度経済成長期、日本は「経済成長なくして福祉なし」の掛け声の下、経済優先政策をとった結果、公害、薬害、交通公害、労災などにより、さまざまな障害者を生み出した。また、敗戦後初期に制定された児童福祉法は破綻状態であった。

●**障害種別親の会の誕生**
　（1960年代）
・1961年　全国肢体不自由児父母の会
・1964年　全国重症心身障害児（者）を守る会
・1964年　日本筋萎縮症協会
・1966年　脳性マヒ児を守る会
・1967年　自閉症児親の会
・1967年　全国スモンの会
・1967年　サリドマイド被害児を守る会
　障害種別親の会の抱える弱点を克服するものとして、1967年に全国障害者問題研究会及び障害者の生活と権利を守る会が、1967年に結成された。全国障害者問題研究会は発達保障論を掲げて不就学の解消を訴えた。

●**コロニーづくり**
　1965年に、佐藤栄作内閣の社会開発懇談会が「知的障害コロニー」の建設を答申したあと、厚生省（当時）の「コロニー懇談会」の意見具申の下、群馬県高崎に国立コロニー「のぞみ園」が1971年に開設される。

●**3つの民間重症児施設の成立**
　草野熊吉は、家庭裁判所調停委員を務めていたとき、障害児を抱えた家族に離婚が多いことに気づく。ある日、障害児を抱えて皇居前の堀に身を投げた親子を助けたものの、子どもが死亡する。草野熊吉は、子どもの死を契機に施設づくりを思い立つ。資金を得ようと厚生省等に

　高度経済成長期、ベトナム反戦運動にゆれ、安保に対する反対闘争や大学紛争があり、学生運動が活発化した。日本経済は、毎年、10％をこえる成長を遂げ、石油危機（1973）で一時停止した。社会では、テレビ、冷蔵庫、洗濯機が普及し、東京オリンピック（1964）があり高速道路が建設され、新幹線が走った。教育面では、高校進学率は、1955年51.5％、1960年70.7％、1970年82.1％と一貫して上昇し、高校入試が激化した。他方、農村・漁村の中卒次男以下は、この間、集団就職列車で工業地帯に出向き中小工場や商店に就職した。

　しかし、自動車で交通災害が起きた。工場排煙で大気を汚染し、喘息患者を多数生み出した。企業では、労災や職業病など、有病・罹患率の異常な上昇がみられた。熊本県水俣では、窒素水俣工場の廃液中の水銀による水俣病が明らかになった。また、サリドマイド薬害による四肢障害児が生まれた（1960年頃から）。整腸剤・キノホルムを原因とするスモンは、1960年代になり多発した。こうした公害、薬害、交通公害等への行政の対応は理念もなく後手であった。

■ 家庭介護の危機と障害児親子心中の多発

　経済成長による税収膨張で、社会保障では拠出制「国民皆年金」と「児童扶養手当」が実現した（1961）が限定的であった。また同年、配偶者控除が実現し専業主婦が大規模に生み出される。そうした中で、障害児を抱えた家庭は、大きな十字架を背負った。3歳児までの家庭養育を主張する「3歳児神話」が流布され、1961年に、3歳児健診が実施された。

　だが、小家族化した家庭で専業主婦化した妻は、介護の必要な障害児を抱えて孤立化し、帰宅の遅い夫を待った。疲労と障害児を抱えての見通しのなさが、妻・母親を追い詰めた。障害児施設は満杯であり、養護（特別支援）学校の数は少なく、学齢児は就学猶予・免除された。障害児施設から、また学校からも拒否された母親は、親子心中などを余儀なくされた。障害児が肉親の手により生存を奪われたのである。ときには、障害児は座敷牢や鉄格子の精神病院に「収容」された。1965年前後、障害児を抱えた家庭は、障害を抱えた困難と政治の貧困からくる困難という二重の十字架を背負ったのである。

■ 初期児童福祉法体制の破綻

　児童福祉法（1948）は、子どもの福祉と厚生に対し国が責任をもつことを明確にし、精神薄弱児施設及び療護施設などを位置づけたが、それは、浮浪児や戦災孤児対策の一環であり、敗戦後初期、孤児や養護に欠ける生活困窮者の子

どもが施設に「収容」された。

成人施策の欠如 時の経過とともに、施設では、「収容」児が軽度から最重度までにまたがり、分類収容の必要がさけばれるとともに、「収容」児は大人になり、18〜20歳を超える年齢超過者と重度者の処遇問題が浮上した。行政は、精神薄弱者福祉法を制定し（1960）、1963年には知的障害（精神薄弱）児施設に重度棟付設のための国庫補助金を交付しはじめた。だが、それは重度化への弥縫的対応であった。成人化した障害者を抱えた施設は、生活保護施設である救護施設に転籍させたが、それができないときもあった。知的障害成人を抱えた親たちは、親なき後の保障、援護施設や作業施設の開設を求めた。行政は、それに対して大規模施設・コロニーづくりで対応した。

児童福祉法は「入所」児の「自活」を目的と規定していた。だが、その自活論は、進行性肢体不自由児である筋ジストロフィー児、重度肢体不自由と重度知的障害を併せもつ重症心身障害児、重症肢体不自由児とされた脳性麻痺児、盲知的障害や聾知的障害、サリドマイド児、動く重症児（器物破壊や自傷の激しい障害児者）が社会的顕在化し、「自活論」と障害種別処遇の行き詰まりにより破綻した。こうした子は児童福祉法の谷間に落とされていたのである。重度児と重症児及び重複児の社会的顕在化は、児童福祉法のカテゴリー別処遇論の破綻でもあった。

この時期、これら子どもの保護者たちは、相互援助で「訓練会」を通して「親の会」を組織して行政に要求を突きつけた。重症心身障害児と筋ジストロフィー児は、親の要求を踏まえて結核患者のいなくなった国立療養所へ措置されるが、それは親の会の要求運動の成果であった（1967）。保護者たちは施設を求めたのである。そして、国立療養所への「収容」により、「児者一貫した処遇」が確保された。行政の対応は理念なしの対応であった。

福祉と教育の分断 児童福祉法下、施設は子どもの教育機関でもあった。そのため、知的障害（精神薄弱）児施設は、職員や保育士を工面して施設内で「指導」を行うか、近隣の小・中学校の「特殊」学級に就学させていた。しかし、施設内の「指導」に対して、教育行政側は教員が指導したときに修学と認められるという立場であった。そのため、施設の子どもたちは就学猶予・免除を余儀なくされた。加えて、児童福祉施設に措置されるには、学齢児の保護者は教育委員会に就学猶予・免除を申し出なければならなかったのである。1956年、知的障害通園施設が制度化するが、その対象児は、就学猶予・免除された子どもたちであり、養護（特別支援）学校と同じ発達レベルの子どもたちであった。教育と福祉は分断され、福祉をうけるためには教育を放棄せざるをえなかった。

公立養護学校整備特別措置法（1956）により養護（特別支援）学校建設が促されるが、それは遅々としたものであった。また特殊（特別支援）学級5カ年計画（1961）が策定されるが、その特殊（特別支援）学級には就学猶予・免除されていない学業不振児が在籍したのであった。地域の就学猶予・免除児に目を向ける教師は相対的に少なかった。かくして、「中・重度」児等の就学猶予・免除数は累加していった。 （清水貞夫）

懇願するがかなわず、東京都武蔵野に空き家を借り「秋津療育園」をやっとの思いで開園する（1959）。

小林提樹は、軍務から帰還して日本赤十字産院小児科で障害児の「日赤両親の集い」を開催していた。1957年の全国社会福祉大会で「（重症心身障害児が）児童福祉法によって措置されない矛盾」を強く訴える。小林提樹は、島田伊三郎の協力を得て、1961年5月1日に「島田療育園」の開設にこぎつける。

糸賀一雄を中心とする「近江学園」では、重度の知的障害児のための生活の場として「落穂寮」を開設した後（1950）、1954年に脳性麻痺と知的障害を併せ持つ子、重度知的障害でテンカン発作の強い子、知的障害に行動障害を併せ持つ子らの「療護グループ」を発展させて「杉の子組」を発足させる。そして、1973年に、「びわこ学園」の竣工にたどり着く。

●教育と福祉の分断
—通園施設の問題—

教育と福祉の連携のなさを示す典型は、精神薄弱児通園施設である。1957年に通園施設が制度化されたとき、①六歳以上、②中度知的障害、③就学猶予・免除、が「三原則」であった。この「三原則」は、教育行政の養護（特別支援）学校の対象既定と重複していた。就学猶予・免除された障害児が通園し始めると、親たちは、徴収金がかかるばかりか、学校であるなら当然と考えられる検診や保健指導に加えて就学奨励費などもなく、修了証書もだされないことに、クレイムを出し始める。その後、クレイムに対して、教育行政は教員を派遣して学籍を与えるようになる。

check→ **1960年代の新聞記事から障害児のからむ親子心中事件を探り、その事件と経過を調べて討論しよう。**

[参考文献]
・朝日新聞学芸家庭部編『おんもに出たい—身体障害児の苦悩について』雪華社、1967
・水上勉「拝啓　総理大臣殿」中央公論、1963年3月号

5

障害児者教育の歴史

第5章
131　養護学校教育の義務制実施

1960年代の特殊教育は、高度成長政策のもとで、「能力主義」にゆがめられたが、それとは異なる「発達保障」や「権利としての障害児教育」の考えが生まれた。それらを背景に不就学児をなくす運動が全国に広まり、また革新自治体の政策も影響し、義務制が実現した

●日本国憲法の「ひとしく」と「能力に応じて」

日本国憲法第26条には「全て国民は、法律の定めるところにより、その能力に応じて、ひとしく教育を受ける権利を有する」と規定している。この条項の「ひとしく」と「能力に応じて」の関係について、「教育を受けるに適するかの能力に応じて」の意味であるとする理解が当時においては通説であった。これに対して立法過程等の検討から反論したのが埼玉大学名誉教授・清水寛の業績である。こうした業績なくして養護学校教育の義務制は実現しなかったであろう。清水寛は次のように述べている。

憲法・教基法の「教育の機会均等」条項の「ひとしく」は、新憲法の国民主権主義の原則に基づく権利の無差別平等の保障を意味するものであり、「能力に応じて」は、その権利の実質を保障するために不可欠の補充規定であると考える。われわれは、憲法第26条の「ひとしく」と「能力に応じて」の規定は、すべて国民は「その発達に必要かつ適切な」教育を平等に保障される権利を有する、という意味に解釈すべきである。(『教育学研究』第36巻1号、1969年、28～37頁)

■ 高度成長政策と特殊教育の振興、発達保障の萌芽

1960年代は経済の高度成長政策のもとで工業開発と地域開発が進んだが、一方で災害や公害問題などが引き起こされた。

経済審議会は、1963年「経済発展における人的能力開発の課題と対策」を答申し、「教育政策の原理として能力主義」を示し、「競争と選別」の施策を進めた。障害児教育も、人的能力開発の立場から「障害に応ずる教育を行えば埋もれた能力が発見され、その能力に応じて人的能力の開発に貢献することができる」と「職業教育の積極的な振興」が位置づけられた。

文部省は、中央教育審議会答申(「特殊教育の充実振興について」1959年)に沿って、特殊学級や肢体不自由養護学校の計画設置を進め、「特殊教育の振興計画について」(1969年)、「特殊教育の拡充計画」(1970年)と特殊教育の振興を図った。だが、その振興は経済界主導の「人的能力開発」を反映し、特殊学級の計画設置を進めた香川県(充足率全国第1位)では、特殊学級に多くの高IQ(IQ75以上)児を在籍させながら、学力テスト成績日本一をとった。茨城県では、特殊学級の増加(1970年479学級、1971年524学級)にもかかわらず、就学猶予・免除児も増加(1970年409人、1971年501人)した(特殊学級の高IQ児在籍率も高かった)。

しかし、こうした「能力主義」原理に貫かれた特殊教育とは異なる「発達保障」の考え方が、知的障害や重症心身障害施設の実践から芽生えていた。近江学園園長の糸賀一雄は、「社会復帰の困難な対象に対しては投資は無駄」との考えを批判(1965年)し、「この子たちは、人として生きる権利があるばかりではなく、その発達が保障されるべきだということを知った」「コペルニクス的転回である」(1967年)と記している。

■「権利としての障害児教育」と不就学児をなくす運動

日教組に結集する教師たちは、1960年代に入り、教育研究運動(教研集会)を「国民教育の創造」と位置づけ展開した。特殊教育分科会では、1950年代の「社会適応・社会順応」的な主張から脱却し、「差別教育と解放教育」の議論を経て、分科会名称を「障害児教育」(1967年、第16次)と改め、「権利としての障害児教育」との考えを確立させた。その背景には、和歌山、大阪、京都、群馬などの実践と運動があった。この分科会から全国的な研究会の組織化が呼びかけられ、1967年8月に「障害者の権利を守り、その発達を保障する」(会則の目的)

研究運動を進める全国障害者問題研究会が結成された。また、同年11月に、要求運動を進める障害者の生活と権利を守る全国連絡協議会が結成された。

こうした考えに支えられ1960年代後半から70年代初頭に、「不就学児をなくし、すべての子どもに就学を保障する運動」が、全国各地で野火のように広がった。藤本文朗らは1967年に福井県鯖江市で「未就学障害児」の実態調査を行い、問題提起を行った。全国に調査活動は広がり、支えには各地の全障研会員と同時に教育系学生サークル（全教ゼミ）や社会福祉系サークルの参加があった。調査活動はやがて地域活動（日曜学校など）、そして「不就学児をなくす会」の結成・運動へと広がった。「愛知県障害児の不就学をなくす会」（1972年結成）の会長（本山政雄）は、名古屋市の革新市長（1977年）となった。

■ 養護学校教育の義務制実施

1960年代後半から70年代に誕生した革新自治体の政策により義務制への動きは加速された。京都の蜷川府政は、関係者のねがいを受け止め、就学猶予・免除されていた子どもを受け入れる学校を作った。与謝の海養護学校（1970年開校）の設立理念は「①すべての子どもにひとしく教育を保障する学校をつくろう。②学校に子どもを合わせるのではなく子どもに合わせて学校をつくろう。③学校づくりは箱づくりではない、民主的地域づくりである」だった。与謝の海の教師は、「服も脱がせ方によって教育になる」（『よさのうみ』12号）と報告した。1971年、京都府議会は、国に「すべての子どもの教育権保障」の意見書を送致した。東京都では、1967年に美濃部都政が誕生し、1974年に希望者全員就学を実現させた。東京都議会でも政府宛意見書を採択した。

文部省も対応に迫られ、1969年の「特殊教育の基本的な施策のあり方について」（特殊教育総合研究調査協力者会議、会長・辻村泰男）で「重複障害児教育の拡充」を、1970年の中教審「特殊教育の基本的施策のあり方」を、1971年の「今後における学校教育の総合的な拡充整備のための基本的な施策について」で「特殊教育の積極的拡充」を提起し、特殊教育拡充整備計画（養護学校整備7か年計画など）を開始（1972年〜）した。1971年には盲・聾・養護学校の学習指導要領を告示（高等部は72年）した。

1973年11月には「学校教育法中、養護学校における就学義務及び養護学校の設置義務に関する部分の施行期日を定める政令」が公布され、1979年度より義務制が実現することとなった。政令公布後の答申では「障害がいかに重度であり重複している場合であろうとも、もとより教育基本法に掲げる目的の達成をめざして行われるべきもの」（1975年、「重度・重複障害児に対する学校教育のあり方について」特殊教育の改善に関する調査研究会）とした。その後、関係法令の整備や学習指導要領の改訂（1979年）を行い、1979年の養護学校教育の義務制を迎えた。横浜市の在宅訪問指導のように養護学校の義務制をいかに迎えたかは、都道府県の政治風土、障害者運動、県民性などにより差異があった。

（船橋秀彦）

●横浜市の在宅訪問指導

横浜市では、養護学校義務化に先立ち、1964年に、就学猶予・免除児のための在宅障害児家庭訪問教育制度を発足させた。その後、1972年に、重度障害児が通学できる「訪問学級」という特殊学級を市立中村小学校内にスタートさせ、通学生に学籍を持たせるとともに、集団的教育指導の保障をいち早く実現させた。

神奈川県で、横浜市に合わせてマン・ツー・マンの在宅障害児指導制度を開始させたが、学籍問題を解決したのは1974年になってからであった。

養護学校義務制発足後、横浜市では、「訪問学級」を解消し、中村小学校以外に新たに三小学区内に教室を整備して、不満足にしか教育の手を差し伸べることのできなかった重度障害児に教育を提供する。これが、横浜市のミニ養護学校の発足の経過である。ミニ養護学校は、小学校に溶け込み、玄関や給食の提供、保健指導などは小学校と同じである。違うのは、ミニ養護学校の子どもたちは、医療機器と体制の整備されたスクールバスで登校することだけである。

障害児にとって教育が必要なのは仲間が必要ということであり、学籍を与えることは集団を保障するということである。

---

 check 障害の重い子どもの教育が保障されるまでの歴史を、子ども観（教育可能か否か）や就学猶予・免除の規定に着目して考えてみよう。

［参考文献］
・平野日出男・河添邦俊・戸崎敬子『重複障害児の教育』青木書店、1984年
・河添邦俊・清水寛・藤本文朗『障害児と学校』新日本出版、1979年

高等部全入運動の展開

希望する障害児に後期中等教育を保障する運動があり、特別支援学校高等部の拡大や高等支援学校の新設などがあり、今日、希望する障害児の高等部進学は実現した。だが、特別支援学校高等部の設置形態は多様化するとともに、在籍生徒も多様化し、教育現場は新たな課題に直面した。そして、多様な障害児に豊かな青年期教育を保障する闘いは今も続いている。その方向を見定めるためにも歴史的な検討が必要である。

●6つの障害差別

渡部昭男（神戸大学）は、障害児教育に6つの障害差別が存在することを1990年の論文で指摘している。その6つの差別とは次の通りである。

1. 障害児差別（高等学校と盲・聾・養護学校の高等部があるが、その双方について受け皿自体が障害児ゆえに限定されている）
2. 障害種別による差別（盲・聾学校は高等部本科に加えて専攻科・別科を設置して教育保障をしているのに、養護（特別支援）学校は高等部の整備が悪く進学率が低い）
3. 都道府県間の格差（中学校卒業生の進学率は全都道府県が90％台であるのに対して、養護〈特別支援〉学校の場合は京都府96％から北海道の27％まで約4倍の格差がある）
4. 地域間の格差（盲・聾・養護〈特別支援〉学校の配置が適正でなく、加えて高等部が一部しか設置されていない）
5. 障害程度による格差（一部都府県を除いて、養護〈特別支援〉学校の高等部では選抜制が採用されている）
6. 訪問教育児差別（なぜか高等部には訪問教育の制度そのものがない）

（渡部昭男「障害児と中等教育制度」『教育』、No.519、1990年）

■ 障害児の後期中等教育保障

知的障害児の後期中等教育の場である高等部が最初に設置されたのは、1957年、都立青鳥養護（特別支援）学校であった。中学部卒業時に就職できない生徒を高等部に受け入れ、早期に就職に移行させる試みであった。当時は、青年期の障害児の人格形成にとっての重要性より、義務教育期間が終了したら教育はおわりであり、そこで自立できない障害者は福祉施設に委ねるという考えが強かったといえる。また当時は、養護（特別支援）学校の義務制実施前であり、小・中学部の整備も進んでいない時代でもあった。

1979年に養護（特別支援）学校の義務制が実現した。そして、3年後の1982年、文部省・特殊教育研究調査研究協力者会議から「心身障害児に係わる早期教育及び後期中等教育のあり方」が報告された。同報告では、（1）重度児対応として児童福祉施設の整備状況を考慮しつつ高等部の整備を進める、（2）高等部未設置県をなくす、（3）高等部だけの養護（特別支援）学校を設置して中学校特殊（特別支援）学級卒業生の受け入れを図る、などが示された。この報告は、高等学校進学率が90％を超え中学校卒業で就職するのは障害児だけといわれる状況の下、高等部未設置県をなくすことをめざしながらも、高等部卒業時に就職できると予想される高等部だけの養護（特別支援）学校の開設を進める方針を示したものであった。

■ 高等部全入運動と高等部の多様化

高等学校への進学率は、1974年以降、90％を上回り、高等学校は義務教育を終えたほとんどの者が進学する国民教育機関になった。その間、障害児の高等部進学は増えたが、自力通学可能、身辺処理の自立、教育課程履修が可能という入学要件を設定している地方自治体もあった。しかし、1980年代末から90年代にかけて、障害ゆえに手厚い教育を、また障害児だからこそ長期の教育を求める声は高まり、"高等部全入運動"が各地で展開される。こうした声に押されて、高等部への進学を希望する障害児は毎年のように増加した。その増加にあわせて各都道府県は高等部の整備を図った。そして、1989年10月、盲・聾・養護学校の学習指導要領の改訂告示が行われたが、同改訂告示の内容は、知的障害養護（特別支援）学校高等部に、①教育課程の類型化の導入、②職業に関する教科（家政・農業・工業等）の導入、③職業を主とする学科の設置とそこでの職業に関する教科の授業時間の標準化（全体の3分の1）、であった。就

職できる障害児のための高等部の強化という意向がいっそう深まったといえる。各地の"高等部全入運動"の影響の下、高等部増設は続き、障害児の希望者の後期中等教育は実現するにいたる。これは非障害児の希望者高等部全入の実現から数えてほぼ20年以上の遅れであった。加えて、高等部における訪問教育が本格実施（2000年）され、高等部にも重度・重複障害児の学級が編成されるまでなった。だが、こうした動向の受けとめ方には、地方自治体間で差があり、地域間格差を生み出した。中学校特殊（特別支援）学級の卒業生等の「軽度」者のために高等養護（特別支援）学校を新設する地方自治体がある一方で、養護（特別支援）学校小・中学部に併置した高等部の新設・拡大で進学希望者に対応した地方自治体等もあった。こうした経過を受けて、障害児の後期中等教育の場の設置形態は多様化した。同時に、教育現場は、高等部在学者の多様化が進み、教育課程編成（類型化ないしコース制）など、新たな苦闘を余儀なくされた。

■ 高等学校に特別支援学級の設置を！

　前期中等教育段階で最大多数の障害児が在籍するのが中学校特殊（特別支援）学級である。同学級に在籍する生徒の保護者たちは、1970年代以降、各地で「高等学校にも特殊学級を！」の声をあげて行政当局に働きかけてきたが、実現しないままで今に至っている。保護者たちは、分離された養護（特別支援）学校でなく通常の中学校内での教育指導を高等学校でも引き継いでほしいとねがったのである。実際、学校教育法（第81条）には高等学校での特別支援学級の設置が可能である旨が規定されている。大阪府立高等学校には知的障害児のための「自立支援コース」と「共生推進室」が開設されているが、本格的な実施ではない。また政府は高等学校での特別支援学級については沈黙し続けている。今日、知的障害について言えば、後期中等教育としての進学先は、特別支援学校高等部、高等養護（支援）学校、高等学校定時制（昼間）、私立高等専修学校などに分かれるが、障害児の実態の多様性とニーズに依拠しつつ、共通性・統一性を保持しつつ、青年期を豊かなものにするための多様な教育システムが、「競争選抜」「学校間格差」「中途退学」などの課題をかかえる高等学校の改革と並行して、確立されなければならない。

　今日、特別支援学校は適正規模を超えてマンモス校化に苦闘している。これは、「軽度」といわれる生徒が特別支援学校高等部に進学してくるためである。そのため、多くの特別支援学校で教室不足などの狭隘化が生じている。加えて、特別支援学校の適正配置がなされないため、高等部生は通学等で困難をかかえている。保護者や教師たちは、特別支援学校の教育条件の改善を求めて運動を進めているが、その声は特別支援学校の適正規模と適正配置を求めるものである。"高等部全入運動"の成果で、高等部や高等支援学校が整備されたが、貧困な学校教育保障になっていないか否かが問われている。　　　　（清水貞夫）

　　各自の都道府県における特別支援学校の歴史を調査して、都道府県間の差異について討論しよう。

［参考文献］
・松矢勝宏「精神薄弱養護学校高等部の歴史と現況」『発達の遅れと教育』No.419、1992年
・越野和之「特別支援学校高等部をめぐる近年の諸問題」『障害者問題研究』Vol.42(1)、2014年
・渡部昭男『「特殊教育」行政の実証的研究』法政出版、1996年
・永野佑子・森下芳郎・渡部昭男『障害児の思春期・青年期教育』労働旬報社、1994年

●青年期教育

　渡部昭男は人間発達でいう青年期の特徴を踏まえて、満12歳からの時期を継続した青年期前半と把握して青年期教育としている。そして、渡部昭男は、「国民大衆にとって、青年期とは、社会の生産諸力の発展と労働者の権利拡充の運動の過程で、歴史的に獲得されたものである。すべての青年は、本来の青年にふさわしい青年期を開花させることを権利として要求しうる」（渡部昭男『特殊教育行政の実証的研究』）との立場から、障害児の青年期の教育課程を次のように構想している。

①教科学習―各教科・科目（教科・科目の再編成、テーマ学習の展開―性と生、人間等）
②総合学習―労働学習、生活学習、地域学習等
③学校生活―生徒会活動、ホームルーム、学校行事等
④養護学習―障害の学習、養護・訓練（自立活動）等
⑤進路学習―職場実習、進路選択等
（永野佑子＋森下芳郎＋渡部昭男『障害児の思春期・青年期教育』労働旬報社、1994年）

●山田洋次監督「学校Ⅱ」

　山田洋次監督の「学校Ⅱ」は、北海道の高等支援学校を舞台とした映画／ビデオである。口もきかず心を閉ざす高志と、ところかまわず小便や脱糞する佑矢を中心にして物語は展開する。リュー先生の指導の下、高志は、次第に自信を取り戻し、佑矢の世話をするまでになる。卒業を目の前にして、2人は寄宿舎を抜け出す。雪原上空のバルーンに乗った2人は見つけ出され卒業式を迎える。卒業式でのリュー先生の言葉、これは、ビデオの視聴で確認してください。

日本障害児教育史年表

年　代	障害児教育関係	教育・福祉一般・社会的背景
1866（慶応2）	福沢諭吉『西洋事情』でヨーロッパの盲院、唖院・痴児院の紹介	
67（慶応3）		大政奉還・王政復古
71（明治4）	山尾庸三、盲唖学校設立の建白書を太政官に提出	文部省設置・廃藩置県
72（明治5）	学制において「廃人学校アルヘシ」と規定	学制頒布・師範学校開設
74（明治7）	古河太四郎らが京都待賢小学校にてろう教育開始	
75（明治8）	古川正雄らが「訓盲所取立度建言書」を東京府に提出	
76（明治9）	東京楽善会訓盲院開設	
	熊谷実弥、東京に私立廃人学校設立	
77（明治10）	遠山憲美らが「盲唖訓学設立ヲ促ス建議意見書」を京都府に提出	
78（明治11）	京都盲唖院開設（翌年、府立となる）	
79（明治12）	大阪府が模範盲唖学校を開設（翌年、廃止）	『教育令』制定（義務教育の明確化）
80（明治13）	楽善会訓盲院発足（のち、楽善会訓盲唖院へ）	
	「就学督責規則起草心得」通達	
85（明治18）	訓盲院は文部省直轄の東京盲唖学校となる	
	文部省総務局に訓盲唖院掛設置	
86（明治19）	小学校令において就学義務の猶予を規定	「小学校令」「中学校令」「帝国大学令」「師範学校令」公布
87（明治20）	訓盲唖院、京都市立盲唖院に改称	
	「幼稚園図書館盲唖学校職員其他小学校ニ類スル各種学校及私立小学校等規定」（盲唖学校教員資格任用等の規定）	
89（明治22）		大日本帝国憲法公布
90（明治23）	長野県松本尋常小学校で落第生学級の設置（最初の特殊学級）	
	石川倉次、日本訓盲点字の創案	「教育ニ関スル勅語」発布
	第二次小学校令において就学義務の免除も規定	第二次小学校令公布
91（明治24）	石井亮一、孤女学院開設（のち、滝乃川学園へ）	
94（明治27）		日清戦争勃発
96（明治29）	石井亮一、知的障害児施設滝乃川学園開設	
	長野県長野尋常小学校で晩熟生学級の設置	
97（明治30）	「学制生徒身体検査規定」制定	
98（明治31）	グラハム・ベルが来日、聾教育について各地で講演	内務省は、「盲唖院」を内務省地方局管轄下におく
99（明治32）	小西信八、文部省へ盲・ろう分離についての意見書提出	
1900（明治33）		第三次小学校令公布
01（明治34）	石川倉次翻案の「日本訓盲点字」官報に掲載	
02（明治35）	石川重幸著『盲人教育』刊行	
	宮城県師範学校附属小学校においてろう児の特殊学級開設	
03（明治36）	東京盲唖学校において教員養成開始（教員練習科）	
	「東京盲唖学校教員練習科卒業生服務規則」制定	
	京都市立盲唖院編纂『盲唖教育論』刊行	
	伊沢修二、楽石社設立	
04（明治37）		日露戦争勃発
06（明治39）	鈴木治太郎、大阪府師範学校附属小学校に教育治療室設置	
	群馬県館林尋常小学校に特別学級設置	
07（明治40）	文部省、師範学校附属小学校に盲児・ろう児または発育不完全児の特殊学級設置を勧告（訓令第6号）	第三次小学校令改正（尋常科を6年とする）
07（明治40）	第1回全国盲唖学校教員会開催され、盲唖教育令・盲	

年　代	障害児教育関係	教育・福祉一般・社会的背景
07（明治40）	唖教育義務制及び盲唖教育の分離等を文部大臣に建議 乙竹岩造、帝国教育会主催講演会で「低能児教育法」 講演	
09（明治42）	東京盲学校設置 京都に白川学園開設	
10（明治43）	東京盲学校を廃止し、東京盲唖学校設置 文部省「訓盲楽譜」刊行 「東京盲学校規程」、「東京聾唖学校規程」制定 「東京盲学校、東京聾唖学校師範科卒業者服務規則」 制定	
11（明治44）	岸高式盲人そろばん考案 全国盲唖教育大会開始 川田貞治郎、日本心育園創設 白十字会、林間学校設置	
12（明治45）	東京盲学校『内外盲人教育』創刊 文部省、第1回盲唖学校教員講習会開催	
13（大正 2 ）	文部省『古川氏盲唖教育法』刊行	
14（大正 3 ）	京都盲唖保護院設立	
16（大正 5 ）	日本赤十字社、夏期児童保養所開設	
17（大正 6 ）	大阪に桃花塾創設	ロシア革命
18（大正 7 ）	東京盲学校『訓盲箏譜入門』刊行 高木憲次、夢の楽園教療所を唱える	
19（大正 8 ）	文部省、第1回全国盲唖学校校長会開催	
20（大正 9 ）	日本聾話学校開設、口話法の普及がはじまる 帝国盲教育会結成	経済恐慌はじまる
21（大正10）	柏倉松蔵、日本初の肢体不自由児施設柏学園開設 帝国盲教育会『帝国盲教育』創刊	
22（大正11）	南雲総次郎、私立盲学校創立	小林卯三郎ら国定教科書刊行
23（大正12）	「盲学校及聾唖学校令」、「公立私立盲学校及聾唖学校 規定」公布 道府県に盲学校・聾唖学校の設置義務、公立校の増加 大阪市御津尋常小学校に郊外校舎 浜寺林間学校開設	
24（大正13）	日本聾唖教育会結成 日本聾口話普及会発会 文部省、盲唖教育補助実施 高木憲次「クリュッペルハイムに就いて」発表	
25（大正14）	第1回聾口話教員養成講習会開催 日本盲唖教育会第1回総会開催 京都市立盲唖学校が京都市立盲学校と京都市立聾唖学 校に分離独立 日本盲教育会設立	
26（大正15）	東京市八名川尋常小学校において言語矯正学級（吃音 学級）設置 東京聾唖学校に難聴学級設置 東京市鶴巻尋常小学校に養護学級（虚弱児学級）設置	
27（昭和 2 ）	初の身体虚弱児の児童愛護会、一宮学園創設	
28（昭和 3 ）	「学齢児童就学奨励規程」制定 帝国盲教育会『盲教育』創刊	
29（昭和 4 ）	文部省著作教科書盲学校用刊行 文部省著作教科書聾学校用刊行	世界恐慌
31（昭和 6 ）	京都市立盲学校・京都市立聾唖学校はそれぞれ府立学 校になる	
32（昭和 7 ）	東京市立光明学校（肢体不自由児教育）の開設（現在 の都立光明特別支援学校）	満州国建国宣言 五・一五事件

年　代	障害児教育関係	教育・福祉一般・社会的背景
33（昭和8）	東京市南山尋常小学校に初の視力保存学級設置	日本、国際連盟脱退
34（昭和9）	東京市礫川尋常小学校に難聴学級設置 日本精神薄弱者愛護協会設立	ドイツヒットラー内閣成立
35（昭和10）	衆議院「肢体不自由者救済教育令制定ニ関スル建議」決議	
36（昭和11）	日本精神薄弱者愛護協会『愛護』創刊 文部省、学齢盲聾児童生徒調査実施	日中戦争勃発
38（昭和13）	教育審議会、盲・ろう教育の就学義務制 「他の障害児の教育推進の必要性についての答申」 愛育研究所、知的障害幼児の保育開始	
40（昭和15）	大阪市立思斉学校（知的障害児教育）の開設 大阪市立児童教育相談所に併設	
41（昭和16）	国民学校令施行規則において「身体虚弱、精神薄弱ソノ他心身ニ異常アル児童」のための養護学校、養護学級を設置できることと規定 東京聾唖学校、半年課程の聾唖学校教員養成講習会を開催	「国民学校令」公布 アジア太平洋戦争勃発
42（昭和17）	整肢療護園開園	
43（昭和18）	中学校令が制定されて「中学校規程」「高等女学校規程」などが整備される（身体虚弱その他の体に異常のある生徒のための学級編成について規程）	「教育ニ関スル戦時非常措置ニ関スル件」通達
44（昭和19）	東京市立九段中学校、養護学級設置（肢体不自由児対象）	「集団疎開学童ノ教育ニ関スル件」通達
45（昭和20）	文部省「新日本建設ノ教育方針」発表 連合国軍総司令部「日本教育制度ニ対スル管理政策ニ関スル件」指令	連合国に無条件降伏
46（昭和21）	「官立盲学校及び聾唖学校官制」公布（勅） 全国聾唖学校職員連盟・全国盲学校職員連盟の結成 糸賀一雄ら近江学園開設 日本盲教育会結成 教育刷新委員会設置	米国教育使節団報告書 日本国憲法公布 UNESCO開設(国連教育科学文化機構) UNICEF開設（国連児童基金）
47（昭和22）	「学校教育法」で障害児教育の義務制規定（盲・聾学校教育だけ翌48年から実施） 特殊教育研究連盟結成（現、全日本特別支援教育研究連盟） 特殊教育教員再教育講習会開催 臨時国勢調査実施 「盲・おし及びつんぼ」の数調査 盲・聾学校の戦災復旧に補助 教育刷新委員会「学制に関することに」心身障害児の就学について追加審議	「教育基本法」「学校教育基本法」「学校教育施行規則」「児童福祉法」公布 日本教職員組合結成 六・三制発足 「職業安定法」公布 「肢体障害者職業安定要綱」策定 オランダ「障害者基本法」制定 ドイツ「重度障害者法」制定 「あん摩・はり・きゅう柔道整復等営業法」公布
48（昭和23）	「社会保障制度審議会設置法」制定 「中学校の義務教育並びに盲学校及び聾学校の就学義務及び設置の義務に関する政令」公布 日本盲人連合会 日本肢体不自由児協会結成 盲学校・聾学校小学部教員臨時養成所開設	国連総会「世界人権宣言」採択 世界保健機構憲章効力発生（WHO） 「教育委員会法」公布 教育指導者講習開催
49（昭和24）	「教育職員免許法」公布 「児童福祉法」改正(盲聾唖児施設を療育施設から分離) 全国身体障害者団体連合会結成 全日本聾唖連盟結成 東京盲学校及び東京聾唖学校は、国立盲教育学校、同附属盲学校及び国立聾教育学校、同附属聾学校と改組	新制国立大学発足 「身体障害者福祉法」公布 教育公務員特例法公布
50（昭和25）	「児童福祉法」改正（療育施設の明確化） 盲・聾学校運営全国協議会開催	「生活保護法」制定 「国立学校設置法」改正

年　代	障害児教育関係	教育・福祉一般・社会的背景
50（昭和25）	国立盲教育学校、同附属盲教育学校及び国立聾教育学校、同附属聾学校を東京教育大学に併設 門司市立白野江養護学校創設（初の公立病弱養護学校） 全国盲教育研究大会開催 全国聾学校校長会結成 特殊教育研究集会開催 山梨県立盲学校、盲聾重複障害児の教育を開始	
51（昭和26）	「児童憲章」制定 異常児鑑別基準作成委員会設置 東京教育大学教育学部特設教員養成部開始（後の特殊教育学科） 東京教育大学教育学部盲・聾の両附属学校を開始	
52（昭和27）	文部省初等中等教育局に特殊教育室設置 全日本精神薄弱者育成会結成 身体障害児の療育指導・補装具の交付制度創設 全国精神薄弱児育成会結成（手をつなぐ親の会） 全国盲学校理療科教育連盟結成 第1回全国特殊教育学級研究協議会開催	「社会福祉事業法」公布 財団法人中央社会福祉協議会発足 中央教育審議会設置 「義務教育費国庫負担法」公布 UNESCO日本加盟 WHO・ILO日本加盟 世界ろう連盟結成
53（昭和28）	文部省「教育上特別な取扱を要する児童生徒の判別基準について」通知 「盲学校及びろう学校に関する部分の規程の施行期日を定める政令」公布 中央教育審議会「義務教育に関する答申」（特殊教育の振興について） 世界障害者関係団体協議会結成 「精神薄弱児対策基本要綱」閣議決定 広島大学教育学部に初の盲学校教員養成課程設置 東京学芸大学に初の聾学校教員養成課程設置 精神薄弱児実態調査実施 標準教育施設設備について養護学校に国庫補助（単年度事業）	「学校教育法」一部改正 「学校教育法施行令」公布 「公立学校施設費国庫負担法」公布 「危険校舎改築促進臨時措置法」公布
54（昭和29）	「盲学校、ろう学校および養護学校への就学奨励に関する法律」の公布 文部省「特殊教育ならびにへき地教育振興に関する答申」発表 特殊学級教員養成講習会開催 「肢体不自由児及び身体虚弱児実態調査」実施 「児童福祉法」改正（身体障害児の育成医療の給付）	「学校給食法」制定
55（昭和30）	養護学校・特殊学級整備促進協議会結成 肢体不自由児協議会設立 文部・厚生・労働省「義務教育諸学校における不就学および長期欠席児童生徒対策要綱」通知 盲・弱視児及び聾・難聴児実態調査実施 養護学校建物の新築について国庫補助（単年度事業）	ILO総会 「障害者の職業リハビリテーションに関する勧告」採択 「第1回盲人福祉会議」東京で開催
56（昭和31）	「公立養護学校整備特別措置法」公布 文部省は特殊教育事務を初等特殊教育課の所掌に 大阪府立養護学校・愛知県立養護学校開校（公立初の肢体不自由養護学校） 全国精神薄弱児育成会『手をつなぐ親たち』創刊 第1回肢体不自由教育研究発表会開催 全日本特殊教育研究連盟『児童心理と精神衛生』創刊 特殊教育指導者養成講座開催 盲学校特殊教科（理療）教員養成講習会開催	「地方教育行政の組織及び運営に関する法律」公布
57（昭和32）	「学校教育法」改正（養護学校への就学を就学義務の	

年　代	障害児教育関係	教育・福祉一般・社会的背景
57（昭和32）	履行とみなすことを規定） 「児童福祉法」改正（知的障害児通園施設を明記等） 東京都立青鳥養護学校（知的障害者教育）開設（公立初の知的障害養護学校） 「盲学校・聾学校及び養護学校の幼稚部及び高等部における学校給食に関する法律」公布 盲学校及びろう学校について、それぞれ小学部・中学部学習要領一般編制定 大阪市思斉学校が思斉養護学校に 全国養護学校校長会結成 特殊教育事務、特殊教育主任所掌に特殊学級設備費補助開始	
58（昭和33）	重度精神薄弱児施設国立秩父学園創設 各地で勤務評定をめぐる問題勃発 東京教育大学教育学部附属養護学校（肢体不自由）設置 「公立義務教育諸学校の学級編成及び教職員定数の標準に関する法律」公布 日本盲教育研究会結成 文部省「国立療養所における入所児童の教育について」通達 盲学校及びろう学校について、それぞれ小学部・中学部指導要録作成 「公立義務教育諸学校施設費国庫負担法」公布	「学校保健法」公布 「職業訓練法」公布 「国民健康保険法」公布
59（昭和34）	中央教育審議会「特殊教育の充実振興について」答申 戦後初の「精神薄弱児の全国実態調査」実施 第1回肢体不自由児養護学校義務設置促進大会開催	「国民年金法」公布 デンマーク「1959年法」
60（昭和35）	文部省、養護学校設置5か年計画策定 東京学芸大学附属養護学校（知的障害）設置 東京教育大学附属大塚養護学校（知的障害）設置 全国肢体不自由児父母の会連合会結成 「聾学校職業教育講座」開催 東京学芸大学及び広島大学教育学部に初の養護学校教員養成課程設置 全国病虚弱教育研究連盟結成 全国肢体不自由児父母の会連合会結成	「身体障害者雇用促進法」公布（最低雇用率の義務づけ、非強制） 「精神薄弱者福祉法」公布
61（昭和36）	文部省、全国一斉学力調査実施 重症心身障害児施設島田療育園開設 「学校教育法」改正（特殊教育の規定大幅改正） 「公立高等学校の設置適正配置及び教育職員定数の標準に関する法律」公布 「児童福祉法」改正（3歳児健康診査及び新生児訪問指導制度の開設） 弱視教育研究会結成 機能訓練実技講習会開催	カナダ「職業リハビリテーション法」制定
62（昭和37）	「学校教育法施行令の一部を改正する政令」公布（心身の障害程度を規定） 「義務教育諸学校の教科用図書の無償に関する法律」公布 文部省、特殊教育課設置 「学校教育法および同法施行令の一部改正に伴う教育上特別な取り扱いを要する児童・生徒の教育的措置について」通達	
62（昭和37）	教育職員養成審議会「教員養成制度の改善について」建議	

年　代	障害児教育関係	教育・福祉一般・社会的背景
62（昭和37）	全国特殊学校校長会結成 盲学校・ろう学校の高等部の建物の新増築について国庫補助	
63（昭和38）	初の養護学校学習指導要領の告示 日本特殊教育学会発足 「教科書無償法案」成立 文部省著作「盲学校小学部国語補充教材（各学年用）」発行 文部省、特殊教育資料で養護学校種別提示 教育課程審議会「盲学校・聾学校教育課程の改善について」答申（小学部教育課程） 「盲者・聾者等の就学の適正な措置と指導について」通達 弱視教育研究会『弱視教育』創刊	
64（昭和39）	初の盲・聾学校学習指導要領の告示 養護学校学習指導要領通達（中学部肢体不自由教育・病弱教育） 特殊教育学会『特殊教育研究』創刊 第1回全国特殊教育振興大会開催 全国特殊学級設置学校長協会結成 文部省著作教科書養護学校（精神薄弱）用『算数』『音楽』初刊行 特殊教育教育課程研究集会開催 「重度精神薄弱児扶養手当法」公布 全国特殊教育推進連盟結成 全国重症心身障害児（者）を守る会結成	アメリカ「公民権法」制定 UNESCO「障害者の教育に関する決議」採択
65（昭和40）	盲・聾学校学習指導要領（中学部編）の告示 「母子保健法」制定（母子保健施設の整備） 特殊教育学校寮母講習会開催 養護学校の高等部の建物の新増築について国庫補助 文部省主催第1回心身障害児判別と就学指導義務講習会開催 全国精神障害者家族会連合会結成	「理学療法士及び作業療法士法」公布 第1回全国身体障害者スポーツ大会開催
66（昭和41）	京都府立聾学校高等部生徒会の「授業拒否」 重複障害教育設備費計画的実施（毎年50学級） 文部省「盲学校・聾学校の高等部の学科を定める省令」 総理府に心身障害児対策連絡会議設置 「就学義務猶予免除者の中学校卒業程度認定規則」制定 特殊教育諸学校の幼稚部の建物の新増築について国庫補助 全日本聾教育研究会結成 特殊教育内地留学制度開始	中央教育審議会「期待される人間像」を発表 「特別児童扶養手当法」公布
67（昭和42）	東京教育大学大学院教育学研究科に特殊教育専攻開設 全国障害者問題研究会結成 「児童福祉法」改正（重症心身障害児施設の規定創設等） 自閉症児親の会結成 身体障害者福祉法の改正（障害の範囲拡大等） 全国筋ジストロフィー症児教育研究会結成 全国情緒障害児教育研究会結成 文部省、児童生徒の心身障害に関する調査実施 言語障害担当教員講習会開催	ILO総会「障害・老齢及び遺族給付に関する条約」採択
67（昭和42）	特殊教育推進地区指定 重複障害教育調査海外派遣費補助開始 特殊教育諸学校の幼稚部の危険建物の改築について国	国連総会「児童権利憲章」採択

年　代	障害児教育関係	教育・福祉一般・社会的背景
	庫補助	
68（昭和43）	北九州市立門司養護学校で訪問教育実施（初の訪問教育）	国連の国際人権年
	特殊教育総合研究調査会議「特殊教育総合研究機関の設置について」報告	国際精神薄弱者育成会連盟 エルサレム宣言
69（昭和44）	東京学芸大学、言語障害児教育教員養成課程設置	西ドイツ「雇用促進法」公布
	東京教育大学教育学部に理療科職員養成施設設置	オランダ「保護雇用法」公布
	特殊教育総合研究調査協力者会議「特殊教育の基本的な施策のあり方について」報告	RI 世界会議 「国際シンボルマーク」及び「リハビリテーションの10年」採択
	心身障害児発生の原因となる先天性代謝異常4疾患と血友病に対し医療給付開始	国連総会「社会的発展と開発に関する宣言」採択
	肢体不自由児通園施設事業開始	心身障害者扶養保険制度実施
	教育課程審議会「盲・聾・養護学校の教育課程の改善について」答申	職業訓練法全面改正
	全都道府県に肢体不自由養護学校設置	
	沖縄の風疹障害児の調査及び指導開始	
70（昭和45）	「心身障害者対策基本法」公布	国連・国際教育年
	日本肢体不自由教育研究会『肢体不自由教育』創刊	「心身障害者福祉協会法」制定
	機能訓練等担当教員講習会開催	イギリス「慢性疾患・身体障害者法」制定
	盲学校リハビリテーション科担当教員講習会開催	
	東京都世田谷区堀之内小学校に初の情緒障害学級開設	
	情緒障害担当教員講習会開催	
71（昭和46）	特殊教育諸学校学習指導要領（小学部・中学部）「養護・訓練」領域新設	中央教育審議会「今後における学校教育の総合的な拡充整備のための基本的施策について」答申
	養護・訓練担当教員講習会	
	国立特殊教育総合研究所開設	聾唖者世界大会「聴力障害者の権利宣言」決議
	日本点字委員会『日本点字表記法』刊行	国連総会「知的障害者の権利宣言」採択
	全国公立学校難聴言語障害児研究会議結成	
72（昭和47）	教育課程審議会「盲学校・聾学校および養護学校の教育課程の改善について（高等部）」発表	教育職員養成審議会「教員養成の改善方策について」建議
	特殊教育諸学校学習指導要領（高等部）発刊	
	特殊教育拡充整備計画策定	
	文部省「就学猶予・免除児実態調査」実施	
	国立特殊教育総合研究所研修事業開始、短期専門研修（3か月）派遣開始	
73（昭和48）	東京都、心身障害児「就学希望者全員の入学許可方針」	身体障害者福祉法の改正
	東京学芸大学、広島大学および熊本大学教育学部に初の特殊教育特別専攻科設置	アメリカ「リハビリテーション改正法」
	「特別児童扶養手当法」の対象障害の範囲拡大	「教育職員免許法」一部改正（教員資格認定試験制度創設）
	国立久里浜養護学校設立	
	文部省編集『特殊教育』創刊	
	厚生省「療育手帳制度要綱」通知	
	心身障害児の養護学校教育を昭和54年から小・中学校と同様に義務教育化、閣議決定	
	「長期欠席児童生徒実態調査」実施	
	国立の全教員養成大学・学部に養護教員養成課程設置	
74（昭和49）	養護学校教育義務制等準備活動費	国際協力事業団（JICA）成立
	訪問指導員経費及び介助職員経費について国庫補助	オーストラリア「障害者援助法」制定
	「特別児童扶養手当等の支給に関する法律」公布	
	文部省「発達状態実態調査」及び「軽度心身障害児（者）生活実態調査」実施	
75（昭和50）	文部省「重度・重複障害児に対する学校教育のあり方について」発表	国連総会「障害者の権利に関する宣言」採択
	財団法人重複障害教育研究所設立	ILO総会「心身障害者の職業更生及び

年　代	障害児教育関係	教育・福祉一般・社会的背景
75（昭和50）	「特別児童扶養手当等の支給に関する法律」改正（中程度の障害児に拡大）	社会復帰に関する決議」 アメリカ「全障害児教育法」制定 フランス「障害者福祉基本法」制定 ドイツ「障害者社会保険法」制定
76（昭和51）	身体障害者雇用審議会「障害者の雇用の促進と安定のための構ずべき今後の対策について」を答申 「身体障害者雇用促進法」の改正	WHO世界保健総会「障害の防止とリハビリテーション」採択 国連総会「国連障害者年」決議 　テーマ：完全参加と平等
77（昭和52）	厚生省、1歳6か月児健康診査制度創設 全国病弱・障害児の教育推進連合会結成 訪問指導担当職員講習会開催	
78（昭和53）	特殊教育に関する研究調査会「軽度心身障害児に対する学校教育のあり方」報告 「学校教育法施行令及び学校保健法施行令の一部を改正する政令」公布（養護学校における就学義務の施行に係わる関係規程等整備） 全国特殊教育推進連盟が文部省依託事業『就学する子のために』冊子作成 文部省「教育上特別な取り扱いを要する児童生徒の教育措置について」通達 精神薄弱児施設第二おしま学園開設	UNESCO総会「特殊教育分野におけるユネスコ活動の拡大に関する報告」採択
79（昭和54）	養護学校の義務制実施 「盲学校、聾学校及び養護学校小学部・中学部学習指導要領」「盲学校、聾学校及び養護学校高等部学習指導要領」告示（学習指導要領に交流教育明記） 「幼稚園における心身障害幼児指導法等調査研究協力者会議」設置	国連・国際児童年 ILO総会「身体障害者に関する決議」採択 UNESCO総会「特殊教育に関するユネスコ専門者会議の結果」報告 国連総会「国際障害者年行動計画」決議
80（昭和55）	心身障害児総合医療療育センター設置 総理府に国際障害者年推進本部設置 「国際障害者年事業の推進方針」決定 総理府「勤労意識・心身障害者の就業に関する世論調査」実施 盲・聾・養護学校小学部学習指導要領実施 『心身障害児の理解のために』刊行 第二おしま学園第二種自閉症児施設へ認可変更	UNICEF委員会「児童の障害：その予防とリハビリテーション」採択 WHO「国際障害分類試案」発表
81（昭和56）	盲・聾・養護学校中学部学習指導要領実施 文部省初等中等局特殊教育課『わが国の特殊教育』刊行 国際障害者年記念特殊教育推進会議 第6回全国特殊教育振興大会 全国視覚障害児（者）親の会結成	国連・国際障害者年 首相「国際障害者年を迎えて」と題する声明発表 政府、毎年12月9日を「障害者の日」と宣言 「障害に関する用語の整理のための医師法等の一部を改正する法律」公布
82（昭和57）	盲・聾・養護学校高等部学習指導要領実施 特殊教育研究調査協力会議「心身障害児に係わる早期教育及び後期中等教育のあり方」報告 国際障害者年推進本部「障害者対策に関する長期計画」決定 障害者対策推進本部を設置（閣議決定）	国連総会「障害者に対する世界行動計画」及びその実施を採択 国連「障害者の10年」の宣言
83（昭和58）	「障害に関する用語の整理に関する法律」公布 「心身障害児の義務教育終了後の対策について」策定 文部省、幼稚園教諭対象に『心身障害児教育教育の手引き』作成 視聴覚障害者のための国立短期大学創設準備開始 教職員養成審議会「教員の養成及び免許制度の改善に	ILO総会「職業リハビリテーション及び雇用に関する条約」「職業リハビリテーション及び雇用に関する勧告」採択

年 代	障害児教育関係	教育・福祉一般・社会的背景
84（昭和59）	ついて」答申 「身体障害者雇用促進法」改正（障害者の範囲拡大等） 「身体障害者福祉法」改正	世界盲人連合設立
85（昭和60）	「職業能力開発促進法」公布	
86（昭和61）	特殊教育諸学校の教育課程の基準の改善に関する調査 研究会議、特殊教育諸学校の学習指導要領改訂のための の基本方針の検討を開始	オーストラリア「障害者サービス法」 制定 イギリス「障害者法」制定
87（昭和62）	中央心身障害者対策協議会「『障害者対策に関する長期計画』の実施状況の評価及び今後の重点施策について」意見具申 「身体障害者雇用促進法」改正 障害者対策推進本部「障害者対策に関する長期計画」後期重点施策策定 筑波技術短期大学設置 教育課程審議会特殊教育部会に対し「盲学校・聾学校及び養護学校の教育課程の基準の改訂について」諮問	総理府「障害者に関する世論調査」実施
88（昭和63）	教育課程審議会「盲学校・聾学校及び養護学校の教育課程の基準の改訂について」答申	
89（平成元）	盲学校・聾学校及び養護学校学習指導要領告示 厚生省、知的障害者のグループホーム制度化 手話通訳士制度創設 保育所保育指針	国連総会「児童の権利に関する条約」採択 ゴールドプラン策定
90（平成 2）	国立筑波技術短期大学開設 厚生省、精神薄弱児（者）福祉対策基礎調査実施	アメリカ「ADA」（障害をもつアメリカ人法）公布 福祉関係8法の改正 韓国「障害者雇用促進法」制定
91（平成 3）	中央心身障害者対策協議会「『国連・障害者の10年』の最終年に当たって取り組むべき重点施策について」意見具申	中国「障害者保障法」制定
92（平成 4）	「障害者の雇用の促進等に関する法律」改正 第13次国民生活審議会総合政策部会1次報告、「個人の生活を重視する社会へ」（ノーマライゼーションの理念実現のための諸政策の推進を提唱）	国連・ESCAP「アジア太平洋障害者の10年」決議 国連総会「国際障害者デー」とする宣言の採択 オーストラリア「DDA法」（連邦障害者差別禁止法）制定
93（平成 5）	中央心身障害者対策協議会「『国連・障害者の10年』以降の障害者対策のあり方について」意見具申 障害者対策推進本部「障害者対策に関する新長期計画」「全員参加の社会づくりをめざして」策定 日本障害者協議会設立 「障害者基本法」公布 文部省、軽度の障害がある児童生徒に対する通級による指導の制度化	国連・ESCAP「アジア太平洋障害者の10年」行動課題決定 国連総会「障害者の機会均等化に関する基準規則」採択 職業能力開発促進法の一部改正 労働省　障害者雇用対策基本方針を告示
94（平成 6）	『障害者白書』の刊行	UNESCO「サラマンカ声明」 国連総会障害者の社会への完全統合に向けて、「障害者の機会均等化に関する基準規則」と「2000年及びそれ以降への障害者に関する世界行動計画を実施するための長期戦略」を採択
95（平成 7）	障害者対策推進本部「障害者週間」の設定 「障害者プラン（ノーマライゼーション7ヵ年戦略)」策定 総理府「市町村障害者計画策定指針」を策定「障害者対策に関する新長期計画」の具体化	イギリス「障害者差別禁止法」制定
96（平成 8）	文部省「盲学校、聾学校及び養護 学校施設整備指針」	教育課程審議会発足

年　代	障害児教育関係	教育・福祉一般・社会的背景
96（平成8）	策定 中央教育審議会「21世紀を展望したわが国の教育のあり方について」発表	教育職員養成審議会発足
97（平成9）	特殊教育調査研究協力者会議「特殊教育の改善の改善・充実について」発表 「介護等体験特例法」成立 高等部における訪問教育の試行的実施 「言語聴覚士法」制定	教育改革プログラム イギリス・ブレア労働党政権誕生
98（平成10）	幼稚園教育要領、小学校及び中学校学習指導要領告示 中央教育審議会「今後の地方教育行政のあり方について」答申 「幼稚園、小学校、中学校、高等学校、盲学校、聾学校及び養護学校の教育課程の基準の改善について」答申 「精神薄弱の用語の整理のための関係法律の一部を改正する法律」の公布	障害者雇用対策基本方針告示
99（平成11）	盲学校・聾学校及び養護学校学習指導要領（第6次改訂）告示 法律用語「精神薄弱」から「知的障害」へ改訂 学習障害児等に関する調査研究協力会議「学習障害児に対する指導について（報告）」公表 情報バリアフリー環境の整備のあり方に関する研究会報告書公表	中央児童福祉審議会「児童福祉法及び知的障害者福祉法の一部改正について」答申 WHO、ICIDH-2改正草案
2000（平成12）	高等部における訪問教育の実施 障害者対策推進本部「障害者に関わる欠格条項の見直し」の進捗状況報告 地方分権一括法（文部省初等中等教育局長通達309号、278号通達失効） 「21世紀の特殊教育のあり方に関する調査研究協力者会議」設置	UNESCO、世界教育会議「ダカール行動枠組み」採択 国連ミレニアムサミット、ミレニアム開発目標（MDGs）
01（平成13）	バリアフリーに関する関係閣僚会議 中央省庁再編で文部省・科学技術庁統合され文部科学省に（文部省；特殊教育課→文部科学省；特別支援教育課） 「今後の特別支援教育のあり方に関する調査研究協力者会議」設置 文部科学省「21世紀の特殊教育のあり方について」最終報告（特殊教育からの特別支援教育への転換を提起）	WHO、ICIDHを改訂し、「国際生活機能分類（ICF）」を採択
02（平成14）	学校教育法施行令の一部改正、291号通知（就学基準の弾力化・重度化、認定就学者） 「今後の特別支援教育のあり方に関する調査研究協力者会議」中間報告 「新障害者プラン」策定（重点施策5ヵ年計画；特別支援教育への具体的プラン）	国連・ESCAP「21世紀における、アジア太平洋地域の障害者にとって包括的でバリアフリーの権利に基づいた社会の促進」決議 バンコクで国連ESCAP専門家会議開催。「障害者にとって包括的で、人権が尊重され、障壁のない社会をめざすびわこミニレアム行動計画（案）」採択
03（平成15）	文部科学省「今後の特別支援教育のあり方について」最終報告 特別支援教育推進モデル事業スタート（校内委員会・特別支援教育コーディネーター・専門家チーム・巡回指導）	
04（平成16）	小・中学校におけるLDなどのガイドライン（案）公表 文部科学省、特別支援教育について中教審に諮問 中教審特別支援教育特別委員会設置 特別支援教育推進体制事業第二年次スタート	

年　代	障害児教育関係	教育・福祉一般・社会的背景
04（平成16）	障害児学校からの小中学校への支援（個別の教育支援計画・特別支援地域連携協議会設置など） 「障害者基本法」改正 中央教育審議会、特別支援教育特別委員会で中間報告提示 「発達障害者支援法」成立	
05（平成17）	特別支援教育推進体制事業延長（03・04事業の延長） 特別支援教育研究開発校（福島県立川俣高校・高槻市立五領小学校） 発達障害者支援体制整備事業などスタート 中央教育審議会「特別支援教育を推進するための制度のあり方について（答申）（案）」発表	文部科学省「第8次公立義務教育教職員定数改善計画」発表、後に撤回 「中央教育審議会答申」発表（義務教育費国庫負担制度堅持、教員免許状更新制、学習指導要領の見直し、全国学力テストの実施など）
06（平成18）	「学校教育法施行規則73条の21」の改正および「平成5年文部省告示第七号」の改変（通級による指導） 特別支援教育推進体制事業 特別支援教育にかかわる「学校教育法」「公立義務教育諸学校・高等学校の学級編制及び教職員の定数に関する法律」「教員免許法」など52本の法律を改正（2007年4月施行）18文科初第466号通知	「障害者自立支援法」施行 「教育基本法」改正 「行政改革推進法」成立 国連総会において「障害者権利条約」を採択
07（平成19）	幼稚園、小学校、中学校、高等学校等におけるLD、ADHD、高機能自閉症等のある幼児児童生徒への教育支援体制整備状況調査結果について報告 学校教育法等の一部を改正する法律の施行に伴う関係政令の整備等に関する政令 特別支援教育資料（平成18年度）発表 文部科学省『特別支援教育』（パンフレット）発刊 特別支援教育制度施行 19文科初第125号通知「特別支援教育の推進について」	全国学力・学習状況調査実施（第1回） 学校教育法・地方教育行政法・教育免許法改正 幼稚園教育要領、小学校・中学校学習指導要領の改定公示
08（平成20）	19文科初特支第22号通知「特別支援学校の在籍児童生徒などの増加に伴う大規模化・狭隘化への対応について」 発達障害等支援・特別支援教育総合推進事業（外部専門家の巡回・派遣など） 特別支援教育支援員の配置 小・中学校学習指導要領改訂 幼稚園教育要領改訂 保育所保育指針改訂	国連・「障害者権利条約」発効 全国学力・学習状況調査実施（第2回） 教育振興基本計画を閣議決定
09（平成21）	特別支援学校学習指導要領（告示） 文科省・調査研究協力者会議「特別支援教育の更なる充実に向けて」を公表 発達障害等支援・特別支援教育総合推進事業の継続 文科省・調査研究協力者会議ワーキング・グループ「高等学校における特別支援教育の推進について（高等学校ワーキング・グループ報告）」を公表 高等学校における発達障害等支援モデル事業の実施	アメリカ合衆国・オバマ政権（民主党）成立 民主党中心（社民・日本新党）の連立政権成立 連立3党「障害者自立支援法廃止」で合意
10（平成22）	障がい者制度改革推進会議（第1次及び第2次意見） 中央教育審議会初等中等教育分科会・特別支援教育のあり方に関する特別委員会「論点整理」発表	子ども手当支給開始 高校授業料無償化実施 全国学力・学習状況調査の抽出方式への変更 文部科学省・教育政策を議論するインターネット上のサイト「熟議カケアイ」を開設した

年　代	障害児教育関係	教育・福祉一般・社会的背景
11（平成23）	障害者基本法の改定	東日本大震災発生・福島第一原子力発電所メルトダウン 障害者虐待の防止、障害者の養護者に対する支援等に関する法律（障害者虐待防止法）成立（施行は2012年） 障害者基本法改定 民主党（野田）政権崩壊
12（平成24）	重症心身障害者の地域生活モデル事業（2012年から実施） 中教審「共生社会の形成に向けたインクルーシブ教育システム構築のための特別支援教育の推進（報告）」	第二次安倍政権発足（アベノミクスと呼ばれる金融政策などを執行） 国などによる障害者就労施設等から物品等の調達に関する法律・施行 障害を理由とする差別の解消に関する法律（障害者差別解消法）・公布 子ども・子育て支援新システム関連3法成立（2015年から本格実施）
13（平成25）	障害者権利条約　国会で批准承認 福祉型「専攻科」エコール開校（神戸市） 学校教育法施行令の一部改定（就学指導システムの改定）	障害者の雇用の促進等に関する法律の一部改正を改正する法律・成立 障害者の地域生活の推進に関する検討委員会（2013年7月開始） 障害者日常生活及び社会生活を総合的に支援する法律（障害者総合支援法）・成立（平成25年4月1日施行） いじめ対策推進法・公布 グローバル化に対応した英語教育科改革実施計画（英語教育を小学校中学年から実施）・発表
14（平成26）	障害者権利条約批准、発効 障害児特別支援教育修学奨励費の改定（通常学級で学ぶ障害児をも補助対象に拡大。高等部生の学用品購入費を拡充及び高等部の交通費等の補助対象範囲の拡大」（年次進行） 要日本語指導児に対する「特別の教育課程」編成が可能になる（学校教育法施行規則の改定）	消費税8％（「社会保障と税の一体改革」がうたい文句） 地方教育行政法の改正（首長権限を強化する教育委員会制度に改正する） 中教審「道徳の時間」を「特別の教科」とする答申 教育実行再生会議「学制改革」を提言（六・三制を市町村が柔軟に変更できるようにする、また5歳児からの義務教育の実施を提言する） 障害者の雇用促進等に関する法律の一部改正・施行 障害を理由とする差別の解消の推進に関する法律・施行 難病医療法成立（難病患者に医療費を助成する対象を拡大） 厚生労働省・研究会（障害者雇用における「合理的配慮」「差別禁止」報告を発表 秘密保護法強行採決 集団的自衛権・閣議決定 「子どもの貧困対策の推進に関する法律」（平成25年制定）が施行される（1月）。
15（平成27）	文部科学省、小中学校学習指導要領、幼稚園教育要領の改訂案を公表 「文部省所管事業分野における障害を理由とする差別の解消の推進に関する対応の策定」	改正公選法成立（選挙権年齢を18歳以上に引き下げる）（6月） 政府、「共謀罪法案」（組織的犯罪処罰法改正案）を閣議決定 学校教育法一部改正（1条校として「義務教育学校」（小中一貫校）を規定、

年　代	障害児教育関係	教育・福祉一般・社会的背景
	政府、教育勅語を「教材として用いることまで否定されない」とする答弁書を閣議決定	森本学園問題起きる 中教審「チームとしての学校の在り方と今後の改善方策について（答申）」 中教審「新しい時代の教育や地方創生の実現に向けた学校と地域の連携・協働の在り方と今後の推進方策について」（答申）
16（平成28）	「高等学校における通級による指導の制度化及び充実方策について」（高等学校における特別支援教育の推進に関する調査研究協力者会議報告）	国連・持続な能な開発目標（SDGs） 神奈川県・津久井やまゆり園（障害者入所施設）で優生思想を強くもつ元職員が入居者19名殺戮、26名傷害
	「今後の不登校児童生徒への支援に関する最終報告――一人一人の多様な課題に対応した切れ目のない組織的な支援の推進―」（不登校に関する調査研究協力者会議）	「義務教育の段階における普通教育に相当する教育の機会の確保等に関する法律」（「教育機会確保法」）が議員立法で制定される。
	発達障害者支援法の一部改正（改正障害者基本法に対応）	加計学園の獣医学部問題及び森友学園問題が国会で紛糾 厚生労働省「児童発達支援ガイドライン」発表 フリースクール検討会議「不登校児童生徒による学校以外での学習等に対する支援の充実―個々の児童生徒の状況に応じた環境づくり」 中教審「幼稚園、小学校、中学校及び特別支援学校の学習指導要領等の改善及び必要な方策について」（答申）
17（平成29）	小学校・中学校、幼稚園教育要領、高等学校学習指導要領が発表される。 特別支援学校（幼稚部・小学部・中学部）学習指導要領が発表される。	教員勤務実態調査が発表され、教員の週時間当たりの勤務実態は小学校で約70時間、中学校で約93時間であった。
	所謂「義務諸学校の教員定数法」の改訂により、障害児の通級指導教員の定数化（13人に1名）と要日本語指導教員の定数化（18人に1名）が実現	日本語指導が必要な児童生徒の受入状況等に関する調査（平成28年度）の結果
18（平成30）	「障害のある幼児児童生徒と障害のない幼児児童生徒の交流及び共同学習の推進について（依頼）」を各都道府県等に通知	旧優生保護法の下、強制不妊手術被害者が謝罪と国家賠償を求めて提訴
	長期療養児や長期欠席者がインターネットを活用して双方向の授業参加し場合、出席扱いをすることを各県都道府県に通知	政府関係機関で障害者法定雇用率の水増しが発覚 愛知・小学生保護者が「付き添い要求」は差別として地裁に訴える。 西日本災害及び北海道胆振東部地震（震度7）
	障害等により教科書を使用して学習することが困難な児童生徒のため「デジタル教科書」の使用を認める（学校教育法一部改正）	2007年から実施している学力テストで7割が事前対策を講じている（全日本教職員組合調査）。
	政府の有識者会議が学校における医療的ケア児の実態「中間報告」を発表。保護者付き添いは「真に必要なときに限る」ように求める。	「障害者による文化芸術活動の推進に関する法律」の成立・施行

索 引

さ

し

執筆者一覧 (50音順)

相澤　雅文（京都教育大学附属特別支援教育臨床実践センター）
猪狩恵美子（九州産業大学人間科学部）
伊藤　英一（元長野大学社会福祉学部）
伊藤　修毅（日本福祉大学教育・心理学部）
井上　和久（大谷大学教育学部特別支援教育）
大宮とも子（日本福祉大学スポーツ科学部）
小渕　隆司（北海道教育大学教育学部釧路校）
柏倉　秀克（桜花学園大学人間科学専攻）
片岡　美華（鹿児島大学教育学部特別支援教育）
金澤　貴之（群馬大学教育学部障害児教育講座）
金綱　知征（香川大学教職大学院）
木全　和巳（日本福祉大学社会福祉学部）
國本　真吾（鳥取短期大学幼児教育保育学科）
窪島　　務（滋賀大学名誉教授・NPO法人滋賀大キッズカレッジ）
窪田　知子（滋賀大学教育学部障害児教育）
栗原　まな（神奈川県総合リハビリテーションセンター小児科）
黒田　　学（立命館大学産業社会学部）
小島　道生（筑波大学人間系障害科学域）
児嶋　芳郎（立正大学社会福祉学部）
小谷　裕実（京都教育大学発達障害学科）
小西　　豊（岐阜大学地域科学部）
小畑　耕作（大和大学教育学部）
今野　和夫（元秋田大学教育文化学部）
坂野　幸江（理学療法士）
澤　　月子（南山城学園・湊川短期大学人間生活学科）
清水　貞夫（宮城教育大学名誉教授）
下川　和洋（NPO法人地域ケアさぽーと研究所）
菅井　裕行（宮城教育大学教育学部特別支援教育講座）
杉浦　　徹（独立行政法人国立特別支援教育総合研究所情報・支援部）

杉本　健郎（小児神経医師）
田中　智子（佛教大学社会福祉学部）
玉村公二彦（京都女子大学発達教育学部）
田丸　尚美（広島都市学園大学子ども教育学部）
張　　貞京（京都文教短期大学幼児教育学科）
堤　由香里（奈良県立奈良東養護学校）
長崎　純子（NPO法人夢いろ児童発達支援ぱれっと）
二通　　諭（札幌学院大学名誉教授）
根來　秀樹（一般財団法人信貴山病院ハートランドしぎさん児童精神科医）
能勢ゆかり（元滋賀県立特別支援学校寄宿舎職員）
服部　敬子（京都府立大学公共政策学部）
原田　文孝（ＮＰＯ法人ささゆり会）
平沼　博将（大阪電気通信大学共通教育機構人間科学教育研究センター）
藤川　洋子（京都工芸繊維大学アクセシビリティ・コミュニケーション支援センター）
藤野　友紀（札幌学院大学人文学部）
船橋　秀彦（福祉型専攻科シャンティつくば）
本庄　良一（京都府立聾学校・京都府聴覚支援センター）
間々田和彦（カンボジア王国王立プノンペン大学教育学部）
丸山　啓史（京都教育大学発達障害学科）
三浦　光哉（山形大学大学院教育実践研究科）
三木　裕和（元鳥取大学地域学部）
向井　啓二（種智院大学人文学部）
村上　公也（元京都市立特別支援学級）
吉川　一義（金沢大学人間社会学域学校教育学類）
渡邉　健治（東京学芸大学名誉教授）

資料・写真提供／全国疎開学童連絡協議会（266p）、遠山真学塾（272p）
写真引用／小社編集・発行の『障害児の発達と保育』（159 p）、『重症児の心に迫る授業づくり』（205 p）より引用した。（ページはいずれも本書）

新版・キーワードブック特別支援教育
──インクルーシブ教育時代の基礎知識

2015年 4 月30日	初版第 1 刷発行
2018年 2 月28日	初版第 4 刷発行
2019年 4 月10日	新版第 1 刷発行
2024年 4 月15日	新版第 7 刷発行

編著者　玉村公二彦・黒田　学・向井啓二・
　　　　平沼博将・清水貞夫

発行者　田島英二　taji@creates-k.co.jp

発行所　株式会社クリエイツかもがわ

〒601-8382　京都市南区吉祥院石原上川原町21
電話 075(661)5741　FAX 075(693)6605
郵便振替　00990-7-150584
ホームページ　http://www.creates-k.co.jp

印刷所──モリモト印刷株式会社

ISBN978-4-86342-255-1 C0037　　　　Printed in Japan

子どもと作戦会議CO-OPアプローチ™入門
塩津裕康／著

子どもの「できた！」をかなえる——子ども中心の問題解決型アプローチ。大人が子どもに教えるのではなく、子どもが選んだ目標からはじまり、 子ども自身が解決法を発見し、スキルを身につけていくアプローチ。カナダで開発されたアプローチを日本で初めて紹介！

2420円

運動の不器用さがある子どもへのアプローチ
作業療法士が考えるDCD(発達性協調運動症)

東恩納拓也／著

運動の不器用さで困っている子どもたちがいませんか？ DCD（発達性協調運動症）の基本的な知識から不器用さの捉え方、アプローチの流れとポイント、個別と集団の実践事例。課題の工夫や環境調整など、周りが変わることで子どもの力は十分に発揮できる！

2200円

子ども理解からはじめる感覚統合遊び
保育者と作業療法士のコラボレーション

加藤寿宏／監修　高畑脩平・萩原広道・田中佳子・大久保めぐみ／編著

保育者と作業療法士がコラボして、保育・教育現場で見られる子どもの気になる行動を、感覚統合のトラブルの視点から10タイプに分類。その行動の理由を理解、支援の方向性を考え、集団遊びや設定を紹介。

1980円

乳幼児期の感覚統合遊び
保育士と作業療法士のコラボレーション

加藤寿宏／監修　高畑脩平・田中佳子・大久保めぐみ／編著

「ボール遊び禁止」「木登り禁止」など遊び環境の変化で、身体を使った遊びの機会が少なくなったなか、保育士と作業療法士の感覚統合遊びで、子どもたちに育んでほしい力をつける。

1760円

学童期の感覚統合遊び
学童保育と作業療法士のコラボレーション

太田篤志／監修　森川芳彦×角野いずみ・豊島真弓×鍋倉功・松村エリ×山本隆／編著

画期的な学童保育指導員と作業療法士のコラボ！
指導員が2ページ見開きで普段の遊びを紹介×作業療法士が2ページ見開きで感覚統合の視点で分析。子どもたちに育んでほしい力をつける！

2200円

こどもと家族が人生を描く 発達の地図
山口清明・北島静香・特定非営利活動法人はびりす／著

理想的な家族像にとらわれた家族の悩みはつきない。子育てや療育の専門家と相談しても、発達段階ごとの問題が次々とやってくる。子育て家族のべ3万人以上、10万件に近い発達相談を受けてきた作業療法士がつくりあげた『発達の地図』。3つの道具と9つの質問で自分と対話し、1枚の「地図」を描くだけで、こどもと家族の未来は希望に輝く！

2970円

みんなでつなぐ読み書き支援プログラム
フローチャートで分析、子どもに応じたオーダーメイドの支援

井川典克／監修　高畑脩平、奥津光佳、萩原広道、特定非営利活動法人はびりす／編著

くり返し学習、点つなぎ、なぞり書きでいいの？　一人ひとりの支援とは？　読み書きの難しさをアセスメントし、子どもの強みを活かすオーダーメイドのプログラム。教育現場での学習支援を想定、理論を体系化、支援・指導につながる工夫が満載。

2420円